LETTRES

DE

L'ABBÉ LEBEUF

PUBLIÉES

PAR LA SOCIÉTÉ DES SCIENCES

HISTORIQUES ET NATURELLES DE L'YONNE

SOUS LA DIRECTION

DE MM. QUANTIN ET CHEREST

VICE-PRÉSIDENTS DE LA SOCIÉTÉ.

TOME PREMIER.

AUXERRE
G. PERRIQUET, IMPRIMEUR DE LA SOCIÉTÉ.

PARIS
DURAND, LIBRAIRE, RUE DES GRÈS, 7.

M DCCC LXVI.

LETTRES DE L'ABBÉ LEBEUF.

LETTRES
DE
L'ABBÉ LEBEUF

PUBLIÉES

PAR LA SOCIÉTÉ DES SCIENCES
HISTORIQUES ET NATURELLES DE L'YONNE

SOUS LA DIRECTION

DE MM. QUANTIN ET CHEREST
VICE-PRÉSIDENTS DE LA SOCIÉTÉ.

—

TOME PREMIER

—

AUXERRE
C. PERRIQUET, IMPRIMEUR DE LA SOCIÉTÉ.

—

M DCCC LXVI.

PRÉFACE.

La publication des *Lettres de l'abbé Lebeuf* est une de celles dont l'opportunité n'a pas besoin d'être justifiée ; depuis longtemps elle est réclamée par les voix les plus compétentes, soit comme un hommage dû à la mémoire de l'infatigable historien, soit comme une occasion d'ouvrir aux travailleurs une mine féconde en renseignements précieux [1]. Déjà quelques fragments de cette volumineuse correspondance ont été insérés dans divers recueils où ils ont paru dignes de fixer l'attention des érudits. Déjà le nouvel éditeur de l'*Histoire du diocèse de Paris*, M. Cocheris, a manifesté le désir de reprendre et de compléter l'œuvre ainsi ébauchée [2]. Mais la Société des Sciences historiques et naturelles de l'Yonne n'a voulu se laisser devancer par personne dans l'accomplissement d'une tâche que des motifs spéciaux

---

[1]. Voyez, entr'autres, l'opinion émise par M. Quicherat, *Bibliothèque de l'école des Chartes*, 4ᵉ série, t. III, p. 365.

[2]. « Je suis dans l'intention de publier un jour la correspondance de

recommandaient à son active sollicitude. Lebeuf est, avec Sainte-Pallaye, le plus illustre représentant des études historiques dans l'Auxerrois. S'il est vrai que la publication de ses lettres soit un hommage dû à sa mémoire, n'est-il pas juste que cet hommage lui vienne de la ville où il est né et de la Compagnie qui se place sous le patronage de son nom? Si ses lettres sont instructives pour tout le monde, n'est-il pas certain que les renseignements qu'elles renferment concernent particulièrement notre histoire locale, et que le soin de les recueillir incombe à ceux qui doivent en tirer le meilleur profit? Une dernière considération nous a déterminés. La correspondance de l'abbé Lebeuf, surtout pendant sa jeunesse, lorsque sa vie s'écoulait presqu'entièrement dans l'enceinte du pays natal, risquerait d'être mal comprise, si des annotations explicatives ne venaient jeter quelque lumière sur les incidents ou les personnages peu connus auxquels l'écrivain fait sans cesse allusion. Partout ailleurs qu'à Auxerre, ces annotations seraient presqu'impossibles; car il faut souvent les emprunter à des documents inédits qui n'existent que dans nos collections, parfois à des traditions particulières qui ne vivent que dans nos souvenirs. Voilà pourquoi la Société des Sciences a cru devoir entreprendre, avant tous autres, une édition complète des Lettres de Lebeuf. Elle n'a rien négligé pour rendre cette publica-

« l'abbé Lebeuf. Les lettres que j'ai trouvées ne sont pas nombreuses, mais « elles offrent en général beaucoup d'intérêt. » *Lebeuf, sa vie et ses œuvres*, par H. Cocheris, p. 55. Ce travail de M. Cocheris sert d'introduction au tome I de la nouvelle édition de l'*Histoire du diocèse de Paris*.

tion digne à la fois du savant auteur qui en est l'objet, et du public éclairé qui en sera juge. Est-ce à dire qu'elle ait réussi? Elle n'a pas cette vaine prétention. Il lui suffit de penser qu'elle ouvre ici la route à de plus habiles, et prépare les matériaux d'une édition irréprochable.

Le premier volume comprend tout ce qu'on a pu découvrir de lettres portant une date antérieure à 1726. Sauf un petit nombre d'entr'elles, éparses et isolées dans quelques dépôts publics ou dans quelques collections particulières, l'immense majorité, la presque totalité provient exclusivement de quatre sources principales, savoir : la collection de la Société des Sciences historiques et naturelles de l'Yonne, celle de M. de Fontaine, et deux recueils conservés à la bibliothèque Sainte-Geneviève de Paris.

La collection de la Société a fourni peu de pièces, mais elle en a fourni de très intéressantes, et notamment la plus ancienne de toutes, une longue lettre adressée par Lebeuf à l'abbé Chastelain, en 1708, à propos de recherches hagiographiques qu'il venait de faire en Lorraine. La reconnaissance nous oblige d'ajouter que cette collection, réunie à grands frais dans les ventes publiques de Paris, est due à la générosité de M. le comte Léon de Bastard. Avant de donner les originaux autographes à la Société des Sciences, il en avait publié le texte dans notre Bulletin, et il l'avait accompagné de notes que nous avons reproduites en partie. Il avait même conçu la pensée d'entreprendre un jour, pour son compte personnel, la publication complète des Lettres de Lebeuf. Nous avons trouvé dans ses papiers, que la bienveillance de sa famille nous a confiés, la copie de l'un des recueils appartenant à la bibliothèque Sainte-Geneviève, d'autres copies moins importantes, des extraits, des analyses, des matériaux recueillis pour servir à des annotations, des remarques curieuses sur les divers écrits de Lebeuf, en un mot, une foule de documents qui nous ont été d'un grand secours. C'est un nouveau service, et ce n'est pas le dernier, que rend aux études historiques le regrettable et regretté collègue dont une mort prématurée a brisé trop tôt la carrière laborieuse.

La seconde source, où nous avons puisé, est sans contredit la plus importante et la plus féconde de toutes. Il s'agit de trois volumes in-quarto [1], contenant à eux seuls 147 lettres autographes, écrites de 1713 à 1752, et adressées successivement, par Lebeuf, d'abord à Charles-Henri Fenel, doyen du Chapitre métropolitain de Sens, puis à Jean-Basile-Pascal Fenel, neveu du précédent, membre de l'Académie des Inscriptions et Belles-Lettres. Cette collection hors ligne, conservée dans la famille Garsement de Fontaine [2] comme

---

1. Cette collection a été commencée par le doyen Fenel, qui avait réuni les lettres de Lebeuf à toutes celles qu'il recevait de divers correspondants, au sujet de la liturgie sénonaise. Voyez, à la bibliothèque de Sens, *Cartons de la liturgie sénonoise*, t. II, p. 361. Pascal Fenel en a formé plus tard un recueil spécial, comme il l'indique dans une note de la page susvisée. Mais nous ignorons comment on est parvenu à joindre les lettres des deux Fenel à celles de leur ami, en sorte qu'aujourd'hui les unes et les autres se trouvent amalgamées dans les trois volumes appartenant à M. de Fontaine.

2. A Fontaine-la-Gaillarde, près de Sens. Observons que la mère du

copies de Sainte-Geneviève. Le résultat nous autorise à leur donner place dans notre édition, avec autant de confiance que si nous avions sous les yeux tous les autographes. Elles prouvent, en outre, qu'on n'a pas attendu jusqu'à nos jours pour apprécier la haute valeur de la correspondance de Lebeuf, puisqu'au commencement du xviiie siècle on prenait soin de la rassembler en volume, et de copier ce qu'on ne pouvait conserver en original.

Le recueil de la même bibliothèque, catalogué sous la rubrique 3 F, 13, contient quarante-trois lettres, adressées par Lebeuf à son ami et compatriote Claude Prévost, chanoine et bibliothécaire de l'abbaye Sainte-Geneviève. Celles-ci sont bien autographes. Elles commencent à 1719 et s'arrêtent à 1729. C'est de ce dernier recueil que M. Quicherat a tiré les deux pièces qu'il a publiées en 1857, dans la *Bibliothèque de l'école des Chartes,* les offrant comme un spécimen de la correspondance du savant Auxerrois, et témoignant le désir que la correspondance tout entière fût bientôt l'objet d'une publication complète.

Telles sont, en quelques mots, les sources principales qui ont fourni la matière de notre premier volume. En ce qui touche les lettres de Lebeuf lui-même, les éditeurs se sont imposé le devoir de les publier intégralement et avec la fidélité la plus scrupuleuse, se bornant à faire disparaître les fautes d'inadvertance que l'auteur n'eût pas manqué de corriger à l'impression, et quelquefois aussi laissant les imprimeurs rajeunir l'orthographe, à l'inverse du copiste

un précieux héritage, a été mise à la disposition des éditeurs avec une complaisance, une générosité, dont ils sont heureux de témoigner ici leur profonde gratitude. Jamais possesseur de manuscrits n'a mieux compris que M. de Fontaine qu'un pareil trésor est une richesse qui oblige, et jamais personne n'a fait de cette richesse un usage plus libéral.

Parmi les recueils de la bibliothèque Sainte-Geneviève, le premier, porté au catalogue sous la rubrique Df, 42, n'est qu'un recueil de copies, renfermant vingt-sept lettres attribuées à Lebeuf, adressées par lui à divers correspondants, et portant la date des années 1717-1724. Ces copies paraissent contemporaines ou à peu près contemporaines des originaux : car elles ont été faites par un écrivain, qui, ayant en orthographe des habitudes plus archaïques que Lebeuf lui-même, les a prêtées à son modèle. Sauf cette altération insignifiante, aucun motif sérieux ne saurait faire suspecter l'exactitude de la reproduction, pas plus que celle de l'attribution. Nous sommes d'ailleurs parvenus à retrouver trois des lettres copiées dans le recueil Df, 42 : l'une à la bibliothèque de la ville de Troyes, l'autre à Solesmes, chez les Bénédictins, et la troisième dans la collection de la Société des Sciences de l'Yonne[1]. Grâce à cette heureuse rencontre, nous avons pu contrôler le mérite des

doyen Fenel, grand-mère de Jean-Basile Pascal, était née Garsement de Fontaine. C'est là ce qui explique la transmission de la collection dont s'agit entre les mains de MM. de Fontaine.

1. Ces trois lettres portent dans notre édition les numéros 39, 48 et 75.

dont nous parlions plus haut ; il ne s'agit pas ici d'un littérateur, dont le style mérite d'être calqué jusque dans ses moindres détails, mais d'un savant dont il suffit de conserver le texte dans ce qu'il a d'essentiel. Tout au plus, en deux ou trois cas, rencontrant des détails véritablement oiseux, sur des achats de médailles ou des corrections d'épreuves, les éditeurs se sont décidés à les supprimer, en prévenant le lecteur par une note. Ils ont reproduit tout le reste, dût-on y trouver des longueurs, des redites, et quelques menuailles. S'ils ont eu tort, que leur respect pour la mémoire et les œuvres de Lebeuf leur serve au moins d'excuse.

Ici se présentait une question plus délicate. Devait-on, avec les lettres de notre célèbre compatriote, publier celles de ses correspondants [1], comme certains érudits, entr'autres M. Cocheris, en avaient exprimé le vœu? On trouve, en effet, dans le recueil de copies de la bibliothèque Sainte-Geneviève, plusieurs lettres adressées à Lebeuf par divers ; et la collection de Fontaine contient un nombre considérable de pièces émanant des deux Fenel. Les éditeurs n'ont point

---

[1]. « Les lettres que Lebeuf recevait des savants de province méritent « également de voir le jour. Elles témoignent des progrès de l'érudition au « xviii° siècle et du savoir de ceux qui s'occupaient d'archéologie. » M. Cocheris ajoute avec malice : « Il y avait alors moins de sociétés savantes, « moins de congrès, par conséquent moins d'éclat et moins de bruit ; « mais il y avait peut être des travailleurs plus sérieux, plus consciencieux « et surtout plus modestes. » La modestie nous interdit de répondre à cette critique, alors même que nous aurions conscience d'appartenir à une société savante qui cherche la lumière et la vérité plus que l'éclat et le bruit.

hésité à reproduire tout ce qui était indispensable à l'intelligence des Lettres de Lebeuf, tout ce qui leur servait de réponse ou de complément nécessaire ; en dehors de quoi, pour ne pas élargir outre mesure le cadre de la publication, ils ont usé d'une extrême réserve, ne choisissant que les pièces d'une importance exceptionnelle, et les faisant connaître par extraits plutôt que par des reproductions complètes.

Ils ont fait notamment d'assez larges emprunts à la correspondance de celui des Fenel qui, le premier, entretint avec Lebeuf des relations amicales. C'est un personnage peu connu, mais assurément fort digne de l'être davantage. Né à Sens, le 1er septembre 1665, Charles-Henri Fenel appartenait à l'une des familles les plus considérables du Sénonais [1]. Il devint, en 1694, membre du Chapitre métropolitain, et peu après il succéda, comme doyen, à son oncle maternel Taffoureau de Fontaine, récemment promu à l'évêché d'Aleth. A partir de ce moment, le doyen Fenel sut diriger avec une constante sagesse la Compagnie qu'il présidait, et jouer un rôle important dans les affaires ecclésiastiques du diocèse. Il consacra de longues années à la réforme des livres de liturgie et de plain-chant, réforme commencée par d'autres, mais continuée par lui, et dans laquelle il déploya autant d'habileté que de savoir. Enfin, il

---

1. Voyez, sur Charles-Henri Fenel, les détails biographiques contenus dans le *Catalogue des dignités de l'Église de Sens* dont il sera parlé dans la note suivante. Voyez encore la correspondance que nous publions, et les notes dont nous l'avons accompagnée, *passim*.

employa ce qui lui restait de loisirs à l'étude de l'histoire sénonaise, et ses travaux, conservés jusqu'à nous, constituent l'essai le plus sérieux, le plus digne de confiance qu'on ait jamais tenté sur cette matière. Lebeuf, qui les connaissait et les appréciait à leur juste valeur, suppliait son ami d'en faire imprimer au moins le premier volume. Un sentiment regrettable de modestie empêcha le doyen Fenel de condescendre à ce désir ; des infirmités prématurées vinrent ensuite refroidir son activité ; il mourut le 7 février 1727, laissant l'œuvre de toute sa vie manuscrite et imparfaite [1]. Néanmoins, on comprend que les lettres d'un homme aussi laborieux et aussi éclairé ont dû fournir de nombreuses et d'utiles citations. Souvent même en les citant par extraits ou par simple analyse, les éditeurs ont regretté de ne pouvoir les imprimer tout entières.

Nous aurions voulu faire connaître d'une manière analogue la correspondance d'un autre ami de Lebeuf; car celui-là mérite autant d'égards que le doyen Fenel. Claude Prévost, à qui sont adressées les quarante-trois lettres du recueil Sainte-Geneviève, était né à Auxerre le 22 janvier 1693 [2].

1. Les travaux du doyen Fenel sur l'histoire des archevêques de Sens composent deux volumes in-folio compacts, conservés à la bibliothèque de la ville de Sens. Fenel a dressé, en outre, un *Catalogue des dignités, chanoines, etc., de l'Église de Sens*. Ce catalogue, que nous citerons souvent, parce qu'il contient une grande quantité de notices biographiques sur les membres du clergé sénonais, appartient aujourd'hui aux Archives départementales de l'Yonne.

2. Voyez l'*Éloge de Claude Prévost* dans le *Journal de Verdun*, du mois de novembre 1752, p. 400. Cpr. la lettre de l'abbé Lebeuf sur le P. Prévost, insérée dans ce même journal, février 1753, p. 122.

Il entra dans la congrégation de chanoines réguliers connue sous le titre de Congrégation de France, et devint bibliothécaire de l'abbaye-mère, c'est-à-dire de l'abbaye Sainte-Geneviève de Paris. Sa vie s'écoula au milieu des livres, dans le commerce des savants et la paix d'un labeur assidu. Modeste et communicatif, il a fourni des matériaux à plusieurs ouvrages justement estimés, et lui-même il n'a laissé que des travaux manuscrits. Mais ces travaux sont considérables, et lui ont valu les éloges de tous ceux qui les ont consultés. Les lettres qu'il écrivait à Lebeuf, sur les objets de leurs communes études, devaient contenir une foule de détails intéressants. Elles étaient nombreuses : on en avait recueilli jusqu'à 200 dans une seule collection [1]. Malheureusement elles ont disparu ou dorment dans la poussière de quelque bibliothèque. Toujours est-il que nous n'avons pu les retrouver et leur donner place dans notre livre.

Quant aux notes, dont nous avons cru devoir accompagner les textes, nous avons pris modèle sur les fragments publiés avant nous par M. de Bastard, ou encore, sur l'édition des *Lettres de Madame de Sévigné* que donne aujourd'hui M. Régnier dans la *Collection des grands Écrivains de la France*. Un jour le doyen Fenel, écrivant à Lebeuf, à propos d'un ouvrage de ce dernier, lui disait : « J'aime à « savoir d'où viennent ceux dont on me parle [2]. » Les lec-

---

[1]. C'est ce qui résulte d'une mention insérée à la table d'un manuscrit de la Bibliothèque impériale, supplément français, n° 2440.

[2]. Lettre du 24 décembre 1723.

teurs modernes professent en général la même opinion que le doyen Fenel. Ils trouveront ici des renseignements biographiques sur tous les hommes dont le nom figure dans la correspondance. Ils y trouveront aussi quelques détails bibliographiques sur les ouvrages cités, quelques éclaircissements sur les faits dont les correspondants parlent entre eux, comme on parle en pareil cas, à demi-mot. Nul doute qu'une juste critique puisse relever, dans ces notes, bien des erreurs ou bien des lacunes. Encore une fois les éditeurs n'ont d'autre prétention que de frayer la voie à des travaux plus parfaits.

Maintenant, nous sera-t-il permis de résumer, en tête de ce premier volume, les réflexions que nous a suggérées l'étude approfondie des documents qu'il contient ?

On aurait tort d'y chercher ce qu'on admire ordinairement dans les productions postérieures et plus connues de l'abbé Lebeuf. Quand le célèbre écrivain eut atteint la maturité de son âge et conquis la plénitude de son talent, il prodigua, dans ses ouvrages et jusque dans les moindres fragments de sa correspondance journalière, les trésors d'une immense érudition. Au lieu de restreindre l'activité de son esprit aux minuties de l'histoire locale, il scruta les antiquités de la France entière. Il aborda même, quoique rarement, les hautes questions de l'histoire générale. C'est qu'alors il avait par des lectures sans nombre, par des recherches opiniâtres, par des voyages intelligemment dirigés, et par un commerce fécond avec les savants les plus illustres de l'époque, accumulé des matériaux de tout genre, que la mort ne lui permit pas d'épuiser complétement. Lui aussi put dire, en laissant échapper sa plume : *Pendent opera interrupta*! Mais les lettres qu'on va lire sont œuvres de sa jeunesse, puisqu'elles s'arrêtent à 1725, lorsqu'il comptait à peine trente-huit ans. Depuis qu'il était chanoine et sous-chantre, c'est-à-dire depuis 1712, il vivait presque toujours enfermé dans son pays, où le retenaient à la fois les devoirs de ses fonctions, la médiocrité de sa fortune, les sacrifices qu'il s'imposait pour sa famille, et surtout la rigueur taquine avec laquelle ses collègues du Chapitre lui appliquaient les statuts disciplinaires en matière de résidence. A Auxerre, les bons livres lui manquaient. Un grand nombre de documents originaux avait disparu pendant les guerres de religion, et ceux qui restaient n'étaient pas toujours livrés sans répugnance à la curiosité du jeune investigateur. Que faire avec d'aussi minces ressources? Lebeuf ne songeait guère à dépasser les limites de l'histoire locale, et même, dans ces limites étroites, il marchait plus ou moins timidement sur les traces de ses devanciers, Noël Damy, D. Viole, et Charles-Henri Bargedé.

D'ailleurs l'étude de l'histoire, comme il devait un jour la comprendre et la pratiquer, exige de ceux qui s'y livrent un esprit calme, assidu, qu'aucune préoccupation étrangère n'absorbe, qu'aucune lutte irritante ne détourne. Tel n'était pas, au début de sa vie, le sous-chantre Auxerrois. On savait déjà qu'avant d'être historien il avait débuté avec succès dans la composition du plain-chant. Mais son ardente jeunesse entreprit bien d'autres travaux et connut bien d'autres soucis. Il consacra les forces les plus vives de son intelligence à la liturgie proprement dite et à l'hagiographie. Il se jeta tête baissée au plus fort des querelles qui divisaient alors les liturgistes et les hagiographes. Sans craindre de soulever contre lui de véritables tempêtes, il essaya de faire prévaloir ses doctrines dans le cérémonial de plusieurs églises ; et, lorsqu'en 1723 il imprima son *Histoire de la prise d'Auxerre*, lorsqu'il détacha ce fragment, cet essai, des grands Mémoires sur le diocèse, qui ne parurent que vingt ans plus tard, il y fut décidé par une pensée de controverse liturgique ; il y vit une occasion favorable de combattre indirectement ceux qu'il nomme *les dévots et les demi-rubriquaires* [1].

On savait aussi que Lebeuf avait suivi quelque temps les opinions jansénistes. Mais peut-être ne se faisait-on pas une idée exacte du rôle capital qu'il joua dans son parti et de la propagande énergique à laquelle il se livra. On semblait même avoir oublié l'existence de l'ouvrage dans lequel il défendit alors ses convictions religieuses, bien que cette production remarquable, imprimée en 1719, soit assurément la première où se révèlent les qualités éminentes du futur académicien.

Voici donc, en ce volume, au lieu des choses qu'on y pou-

1. Lettre du 4 juin 1716.

vait attendre, d'autres choses qu'on n'y attendait pas ou qu'on soupçonnait à peine ; au lieu des lettres d'un historien, les lettres d'un compositeur, d'un liturgiste, d'un hagiographe, d'un théologien, d'un homme de controverse et de polémique ; au lieu des épanchements d'une existence paisible et respectée par tous, l'écho d'une vie agitée et dans laquelle la douceur des premiers succès est corrompue par l'amertume de nombreux déboires. A un certain point de vue, le tableau n'en est que plus intéressant. Ce n'est pas seulement la jeunesse de Lebeuf qui s'y montre sous un aspect nouveau, c'est le cortége de ses amis, de ses partisans, et, dans la pénombre, le groupe de ses adversaires, on dirait presque de ses ennemis. C'est enfin, dans le cadre qui les réunit tous, une partie de la société française au commencement du XVIII° siècle. Il est vrai que c'est la partie sérieuse, austère, celle dont les idées, les passions, les tendances sont le plus étrangères aux préoccupations mondaines de notre époque. Mais, après tout, ce livre ne s'adresse pas aux mondains : il ne saurait plaire qu'aux esprits sérieux, et ceux-là nous pardonneront d'entrer dans quelques détails.

Lorsqu'on examine avec soin les conditions dans lesquelles s'ouvrit la carrière de Lebeuf, on n'éprouve aucune surprise à le voir cultiver la liturgie et les sciences qui s'y rattachent avec plus d'ardeur que l'histoire. Il ne faisait que suivre le courant général des événements contemporains et se laissait gagner, comme tant d'autres, par le goût des discussions, par la soif des réformes liturgiques, dont l'Eglise entière était alors tourmentée. Tout en nous gardant de prendre parti dans un débat qui échappe à notre compétence, nous croyons néanmoins indispensable d'exposer sommairement quelles en étaient la nature et la portée, afin de rendre les nombreux passages de la correspondance qui se rapportent à cet objet, plus facilement et plus complétement intelligibles.

Vers la fin du xviie siècle, Mgr de Péréfixe, archevêque de Paris, résolut de publier une nouvelle édition du bréviaire de son diocèse, et nomma, pour en surveiller l'exécution, une commission choisie parmi les membres les plus éminents du clergé diocésain. L'œuvre entreprise fut l'objet de longues études, elle entraîna peu à peu de profonds remaniements, et ne fut terminée qu'après la mort du prélat qui en avait eu l'initiative, sous l'épiscopat de Mgr de Harlay, en 1680. Du moment où l'on réformait le texte des livres d'église, on était conduit par une pente inévitable à en refondre le chant : presqu'en même temps que le nouveau bréviaire, en 1684, parut un nouvel antiphonier. La réforme, une fois commencée par le bréviaire et par l'antiphonier, s'étendit successivement à tous les livres de liturgie et de plain-chant. Du diocèse de Paris, elle gagna les diocèses voisins. Bientôt, la plupart des églises de France s'engagèrent dans la même voie, et déployèrent, à l'envi l'une de l'autre, une activité passionnée, qu'aucune résistance ne découragea, qu'aucune réflexion ne parvint à calmer. La patience du bibliographe le plus obstiné s'épuiserait à dresser l'interminable liste des compositions que produisit ce mouvement singulier : bréviaires, antiphoniers, missels, rituels, graduels, expositions doctrinales, traités scientifiques, dissertations en faveur des réformes ou thèses en sens contraire, réflexions critiques, lettres de toute forme et de toute opinion, sans compter les pamphlets et les libelles, qui ne manquent jamais de se mettre de la partie. Tant d'écrits et tant de luttes supposent un mobile sérieux : et, derrière les questions abstraites de liturgie pure, l'œil le moins habitué à de pareilles matières ne tarde pas à découvrir le choc de principes d'un ordre plus élevé, le contrecoup des luttes religieuses de l'époque.

Au reste, les auteurs du bréviaire parisien de 1680 ont pris soin d'exposer eux-mêmes les doctrines qui ont présidé à l'accomplissement de leur tâche, doctrines que leurs sectateurs n'ont fait qu'exagérer en les reproduisant[1]. La première, celle qui domine toutes les autres, c'est que chaque diocèse a droit de conserver ses rites particuliers, dans tout ce qui n'est contraire, ni à la foi, ni aux convenances. Les novateurs soutenaient que « les conciles généraux ont « maintenu les églises dans ce droit ; les papes les y ont « laissées ; les Saints-Pères l'ont appuyé de leur autorité, et « l'usage l'a confirmé[2]. » Ils ajoutaient même que, « quand

---

1. Voyez l'ouvrage intitulé : *Réponse aux remarques sur le nouveau bréviaire de Paris* (par Cl. Chastelain). Paris, 1680, in-8°.
2. Voyez *loco citato*, p. 20.

« on a voulu renverser cet usage, les puissances qui veil-
« lent si utilement à la conservation des droits de la France
« et des libertés de l'Église, ont bien su se servir de leur
« autorité, pour arrêter l'entreprise de ceux qui en ont
« formé le dessein [1]. »

Est-il besoin d'observer qu'une théorie si hardiment gallicane, même à la fin du XVIIe siècle, était de nature à soulever de vives contradictions? Une partie notable du clergé commençait à professer l'opinion que la bonne discipline de l'Église catholique exige partout l'adoption d'une liturgie uniforme ou à peu près uniforme, et qu'on doit en chercher le type dans celle que les Souverains-Pontifes, tels que Pie V et Clément VIII, ont établie d'après les prescriptions du concile de Trente. Cette école n'allait pas jusqu'à prétendre que la liturgie romaine fût partout obligatoire; mais elle considérait comme indispensable de s'en rapprocher autant que possible, pour ne pas aboutir au désordre et à l'altération des rites les plus essentiels. De ce côté comme de l'autre, on sent que, sous la question liturgique, se cache la question beaucoup plus grave de savoir quelle est au juste l'autorité des papes dans l'administration disciplinaire des églises diocésaines de France.

Après avoir discuté sur le droit de réforme, les liturgistes discutaient sur la manière d'user de ce droit. Voici comment l'un des auteurs du bréviaire de 1680 exposait la

---

[1]. Voyez, *eodem*, p. 26.

méthode suivie par les membres du comité de rédaction [1] :

« 1° Ils ont prétendu expliquer les principaux mystères de la religion par les passages et les autorités des Pères de l'Église, et principalement ceux des premiers siècles ;

« 2° Ils ont cru devoir éviter non-seulement tout ce qui est manifestement apocryphe, mais aussi tout ce qui est douteux, et tout ce qui peut faire ou entretenir des sujets de contestation parmi les savants ; l'esprit de prière étant entièrement opposé à celui de contention ;

« 3° Ils ont pensé que ce que les Pères et les Saints ont dit des autres Saints devait être préféré aux compositions qui n'avaient pas toute l'autorité nécessaire, ou qui n'en avaient pas tant que les ouvrages des Saints-Pères et les actes dont ils se sont servis ;

« 4° Ils ont produit des témoins irréprochables des miracles qu'ils ont rapportés et qui ont été opérés par l'intervention des Saints ;

« 5° Ils se sont particulièrement appliqués à rapporter ce que les Pères, et principalement ceux des premiers siècles, ont dit de plus grand et de plus considérable à l'honneur de la Sainte-Vierge ;

« 6° Ils ont fait une exacte recherche de tous les monuments les plus authentiques pour prouver l'autorité de l'Église et du Saint-Siége ;

« 7° Ils se sont étudiés à montrer par des preuves cer-

---

[1]. *Réponse aux remarques sur le nouveau bréviaire de Paris.* p. 7.

taines l'ancienneté du culte des Saints et de la piété pour les morts ;

« 8° Ils ont rapporté plusieurs choses qui regardent la discipline de l'Église, et ils les ont appuyées par des preuves certaines ;

« 9° Enfin, ils ont donné leurs principaux soins à rechercher les beautés de l'Écriture-Sainte, à les faire voir dans leur jour par les plus belles homélies des Pères, et à fournir cette divine et sainte nourriture aux ecclésiastiques, afin qu'en étant remplis les premiers, ils puissent la distribuer aux fidèles. »

A ces propositions énergiquement soutenues et rigoureusement appliquées, les adversaires objectaient qu'en ne citant que l'Écriture et les Pères des premiers siècles, on semblait imiter l'exemple des protestants et partager l'une de leurs hérésies ; qu'en repoussant tant de miracles, sous prétexte qu'ils étaient douteux, en supprimant tant de légendes taxées de fausseté, on risquait d'encourager l'esprit de critique rationaliste, et d'ébranler la croyance au surnaturel, fondement nécessaire de toute religion. Les partisans de la liturgie romaine se plaignaient aussi de trouver dans les nouveaux bréviaires, à propos de la discipline de l'Église, un grand nombre de documents contraires à l'autorité du Saint-Siège. En sorte que les détails de la réforme entreprise soulevaient des questions aussi graves, des difficultés aussi sérieuses que le principe même de cette réforme.

Ce n'est pas tout. La nouvelle école se faisait gloire de

rester fidèle aux vieilles traditions de la France, et de rétablir dans leur pureté primitive les anciens rites, altérés par le temps. De là, dans les livres, dans les manuscrits, dans les archives des abbayes et des chapitres, une longue série de recherches qui devaient profiter à l'histoire autant et plus qu'à la liturgie. De son côté, l'hagiographie redoublait d'activité pour vérifier l'authenticité des Saints dont plusieurs étaient l'objet de vives critiques, et surtout pour mettre en lumière dans chaque diocèse une liste de Saints particuliers et locaux, dont le culte pût remplacer celui des Saints du calendrier romain. Chaque église voulait avoir son martyrologe spécial. Une foule empressée d'érudits accumulait, dans ce but, documents sur documents, tandis qu'à Anvers les Bollandistes, profitant de toutes les trouvailles, continuaient, dans la tranquillité de leur studieuse retraite, l'œuvre gigantesque connue sous le titre d'*Acta Sanctorum Bollandi*.

Enfin, ceux qui combattaient l'adoption de la liturgie romaine, établie d'après les prescriptions du concile de Trente, n'admettaient pas davantage le plain-chant, tel qu'il avait été remanié à Rome, vers la même époque. Ils avaient la prétention de faire mieux, ou du moins la ferme volonté de faire autrement. Mais on n'avait pas retrouvé, comme aujourd'hui, les sources authentiques du plain-chant grégorien. Sur quel type pouvait-on prendre modèle? On était réduit à chercher dans les meilleurs siècles du moyen-âge les vieux chants alors en usage, pour les appliquer aux nouveaux textes; et si la nouvelle liturgie exigeait impérieusement une musique nouvelle, on s'efforçait de composer celle-ci d'après les anciennes traditions, tâche difficile, où le goût des compositeurs s'égara plus d'une fois, malgré la rigueur de leurs principes.

En résumé, la réforme, commencée dans le champ restreint et aride de la liturgie proprement dite, avait fait irruption dans le domaine des sciences qui s'y rattachent. Elle allait soulevant de toutes parts des questions délicates, des problèmes fondamentaux, dignes d'émouvoir et même de passionner un esprit ardent, comme était, au début, l'esprit de Lebeuf. Une circonstance particulière décida la vocation du jeune abbé, et l'engagea dans les rangs des liturgistes novateurs.

Parmi ces derniers, l'un des plus hardis et des plus éminents était, sans contredit, Claude Chastelain, savant chanoine de l'église Notre-Dame de Paris. Il avait fait partie de la commission instituée par Mgr de Péréfixe pour la révision du bréviaire, et il s'était chargé de répondre aux critiques que ce livre suscita dès son apparition. La brochure qu'il publia dans ce but, intitulée : *Réponse aux remarques sur le nouveau bréviaire de Paris*, contient une exposition complète de la doctrine des réformateurs, avec une discussion très habile, très ferme, et souvent trop vive des objections de leurs adversaires. C'est là que nous avons puisé les diverses citations dont nous nous sommes servis plus haut pour résumer l'objet du débat. Claude Chastelain fut aussi le principal auteur de l'antiphonier parisien de 1681, et il profita de l'occasion pour transporter dans le plain-chant le système de remaniements, soi-disant rétrospectifs, qu'il avait préconisé pour le texte. Il mit le comble à sa réputation par ses travaux hagiographiques. Pour leur donner un caractère particulier d'exactitude, il ne se borna pas à compiler les livres et les documents que Paris lui fournissait à profusion : il fit de nombreux voyages en France, en Italie, en Allemagne, consultant partout les archives et les traditions des églises qu'il visitait, et recueillant avec soin le fruit de ses patientes recherches. On lui doit, entr'autres ouvrages imprimés, un *Martyrologe universel*, qui fait autorité dans la science; une traduction annotée, et malheureusement incomplète, du *Martyrologe romain*; quelques autres opuscules de moindre importance; sans compter une masse considérable de notes et de projets manuscrits qu'il laissa en mourant et qui n'ont pas été sans utilité pour ses disciples.

Tel était l'homme auprès duquel Lebeuf, en quittant les bancs de l'école, vint compléter son instruction[1]. Il ne fut pas seulement l'élève favori de Chastelain : il vécut dans son intimité. Il s'inspira de ses exemples, comme il se pénétra de ses leçons. Il devint, lui aussi, liturgiste, compositeur, hagiographe, et, dans les différentes matières qu'il embrassa, il tint à honneur de marcher autant que possible

---

1. Nous n'avons pu découvrir par suite de quelles circonstances Lebeuf fut mis en relation avec l'abbé Chastelain et devint son élève.

sur les traces vénérées du chanoine de Notre-Dame. Dans les lettres de sa jeunesse, il parle constamment de l'abbé Chastelain ; il le cite comme une autorité décisive, il l'invoque comme une recommandation toute puissante auprès des érudits ; et d'un autre côté, ceux de ses correspondants qui ont connu Chastelain, ne manquent pas de s'en prévaloir auprès de lui comme d'un titre à son amitié[1]. Plus tard, dans les œuvres de son âge mûr ou de sa vieillesse, il ne néglige aucune occasion de renouveler les mêmes témoignages de reconnaissance et de respect[2]. On peut dire que jamais élève n'a gardé de son maître une empreinte plus profonde et plus durable.

Tout porte à croire que c'est la protection de l'abbé Chastelain qui valut à Lebeuf, bien jeune encore et tout-à-fait inconnu, l'honneur d'être choisi pour refondre, d'après les nouveaux principes, l'antiphonier du diocèse de Lisieux, et qui lui procura le plaisir de passer quelque temps en Normandie, tantôt travaillant, tantôt voyageant, recueillant çà et là ses premiers succès en liturgie et en composition[3]. Ce doit être aussi dans la maison du célèbre chanoine, qu'il

1. A cet égard, consultez les lettres contenues dans la première moitié de ce volume, *passim*.
2. Voyez notamment le *Traité hist. et prat. du plain-chant*, pages 100, 151, 187, etc... Voyez encore les *Dissertations* de Lebeuf, t. 1, p. 300 ; à propos de l'abbé Chastelain, Lebeuf parle du respect qu'il doit à ce savant chanoine, « *comme à son ancien maître en fait d'hagiographie et de rites* « *sacrés.* »
3. La correspondance publiée dans ce premier volume donne quelques détails sur les travaux de Lebeuf en Normandie. Mais néanmoins, c'est là une phase de son existence qui n'est pas encore parfaitement connue.

rencontra plusieurs des personnages distingués qui devinrent bientôt ses correspondants, un entr'autres dont le nom revient à chaque page de ce premier volume [1].

Bien que laïque et marié, M. de La Chauvinière s'était adonné à la liturgie avec autant d'ardeur que les ecclésiastiques les plus zélés. Intelligent, laborieux et actif, il avait acquis dans cette science des connaissances assez profondes pour être accepté comme un maître, ou tout au moins comme un conseil, par les liturgistes les plus fameux de la nouvelle école. Il remplissait parmi eux un rôle spécial : il leur servait d'intermédiaire et de lien ; il leur transmettait des renseignements recueillis de tous côtés, et les tenait au courant des nouvelles du jour; il leur procurait les livres rares, et leur rendait tous les services que comporte une belle fortune avec une grande position sociale. M. de La Chauvinière exerça notamment une influence considérable sur la jeunesse de Lebeuf. Il le mit en relations avec une foule de savants disséminés dans les diverses provinces de France; il le fit connaître et lui procura partout des moyens faciles d'investigation, dont le futur historien sut un jour tirer grand parti. Malheureusement, M. de La Chauvinière,

[1]. Nous parlons ici de M. de La Chauvinière, parce que nous croyons indispensable d'attirer l'attention sur un homme qui, après avoir joué un rôle considérable parmi ses contemporains, est aujourd'hui tombé dans l'oubli le plus profond. Si nous ne craignions d'outrepasser les limites ordinaires d'une préface, nous citerions encore le P. Lebrun, de l'Oratoire, comme un des savants liturgistes que Lebeuf connut dès sa jeunesse, et, suivant toutes probabilités, par l'intermédiaire de l'abbé Chastelain. Voyez la correspondance, *passim*.

tout sage et intelligent qu'il fût, ne sut pas résister à l'une des contagions de son époque. Il convertit la meilleure partie de sa fortune *en billets*, comme on disait alors, et se vit ruiné, ou à peu près, par la catastrophe de Law. Le chagrin s'empara de son esprit : il ne put se consoler et mourut, laissant à Lebeuf un souvenir aussi cher, des regrets aussi profonds que le doyen Fenel, cet autre ami dévoué, cet autre appui bienveillant [1].

Mais hâtons-nous de suivre le jeune Auxerrois au moment où il revint se fixer dans nos murs avec le titre de chanoine et de sous-chantre. L'occasion était belle pour appliquer les connaissances qu'il avait acquises jusque-là. « Je suis, à « présent, écrit-il, dans un poste où la liturgie et sembla- « bles matières devraient faire mon étude, si je ne m'y « étois pas appliqué depuis plusieurs années [2]. » L'évêque d'Auxerre, M. de Caylus, avait lui-même un esprit vif et ardent, prédisposé à toutes les réformes, surtout quand elles se présentaient comme assurant à l'église gallicane une discipline plus pure et une indépendance plus tranchée. Il admit sans peine que la liturgie auxerroise devait être révisée à l'instar de la liturgie parisienne, et, dès 1744, il témoigna hautement ses intentions, en offrant de contribuer pour sa part à la dépense des nouveaux livres [3]. Il préluda

1. Voyez la lettre du 18 février 1727, dans laquelle Lebeuf lui-même donne à M. de La Chauvinière et au doyen Fenel une place égale dans les souvenirs affectueux et les regrets profonds de sa jeunesse.
2. Lettre du 25 mars 1743.
3. Voyez *Prise d'Auxerre par les Huguenots*, pièces justificatives, p. lv.

même à cette entreprise d'une manière indirecte. Chaque année, dans tous les diocèses de France, on a coutume d'imprimer un *Bref* ou *Ordo*, qui fixe aux ecclésiastiques les règles à suivre dans l'accomplissement de leurs fonctions, et les rites à observer dans les cérémonies du culte. Pour le diocèse d'Auxerre, cet usage remonte à 1671, et le premier Bref auxerrois parut à l'occasion du bréviaire publié, cette même année, par l'évêque Pierre de Broc[1]. A la sollicitation de Lebeuf, M. de Caylus permit que le Bref, imprimé en 1715 pour servir en 1716, au lieu de reproduire servilement ceux des années précédentes, indiquât de nouvelles rubriques, suivant l'expression alors usitée; en d'autres termes, introduisît dans le diocèse quelques-unes des réformes liturgiques recommandées par les novateurs[2].

Le chapitre cathédral était loin de partager les idées de M. de Caylus, ou plutôt il subissait l'influence d'hommes qui, sans avoir en liturgie ni connaissances sérieuses, ni système arrêté, répugnaient aux réformes par apathie, par routine, souvent même par jalousie contre les réformateurs. Dans la séance du 13 décembre 1715[3], quelques chanoines exposèrent qu'ils avaient remarqué, dans le Bref épiscopal, des additions ou retranchements contraires aux usages

---

1. Voyez. *Sanctæ Ecclesiæ Autissiod. Fastorum Carmen*. p. 237, note de Frappier.
2. Voyez la correspondance, *passim*.
3. Voir aux archives de l'Yonne, *Recueil Frappier*, t. VI. *Mémoire sur l'office divin*, p. 47, et *Mémoire sur la conduite du Chapitre à l'égard de l'évêque*, p. 412.

reçus jusqu'à ce jour. Sur leurs observations, la Compagnie décida qu'on adresserait des remontrances à l'évêque, qu'on le prierait de soumettre désormais la rédaction du Bref diocésain au contrôle de délégués choisis par le Chapitre, et, qu'en attendant, on dresserait une feuille particulière, destinée à corriger, dans le service de l'église cathédrale, les modifications mal à propos introduites. La lutte était entamée ; elle prit bientôt un caractère regrettable d'aigreur et d'opiniâtreté. Après le refus de M. de Caylus d'obtempérer aux remontrances du Chapitre, celui-ci protesta par une délibération, dont voici l'analyse empruntée aux volumineuses compilations du chanoine Frappier[1] :
« Le 2 mai 1716, en réunion générale, Messieurs ont dé-
« fendu et défendent très expressément, tant en général
« qu'en particulier, à tous et un chacun, de ne rien changer
« ni innover, ni même de proposer des changements et
« innovations dans les usages, coutumes, pratiques et céré-
« monies de cette église; et décernent et ont décerné par
« la présente conclusion cent sols de marance contre ceux
« qui voudroient seulement proposer de tels changements
« ou innovations, dix livres contre ceux qui en feroient
« sans les avoir communiquées, pour la première fois, et
« quinze livres contre ceux qui récidiveroient, et privation
« de l'entrée du chœur et du chapitre pendant trois mois
« pour ceux qui y retomberoient pour la troisième fois ; le

---

1. *Recueil Frappier*, t. VI, *Mémoire sur l'office divin*, p. 48.

« tout afin de mieux conserver leurs dits usages, coutumes,
« pratiques et cérémonies. » Frappier ajoute en note :
« Cette conclusion n'a été faite qu'à l'occasion que M. Le-
« beuf, voulant substituer les anciens rites aux nouveaux
« qui avoient été introduits dans l'église d'Auxerre, avoit
« fait des corrections dans le Bref. » Ce n'était donc pas
seulement avec l'évêque que la lutte était engagée : c'était
aussi, c'était plutôt contre le sous-chantre que le Chapitre
s'armait d'une rigueur excessive. Les collègues de Lebeuf
savaient que, s'il ne rédigeait pas encore les Brefs diocésains[1], il en était déjà l'inspirateur, et ils faisaient retom-
ber sur lui le mécontentement que ces Brefs leur causaient.
A compter de cette époque, ils lui refusèrent les témoignages de sympathie et de confiance dont ils l'avaient honoré
jusque-là[2] : ils prirent à tâche de le rebuter par des menaces, par des punitions, par des taquineries de toutes sortes.

Rien ne fléchit les fermes convictions de Lebeuf : rien ne
l'empêcha de poursuivre le triomphe des doctrines qu'il
avait apprises chez l'abbé Chastelain. On se rappelle
qu'entr'autres principes de réforme, le docte chanoine de
Notre-Dame recommandait la nécessité de purger les livres
d'église de tous les récits apocryphes, de tous les passages

1. On voit, en effet, par la correspondance, qu'à cette époque les Brefs
diocésains étaient rédigés par l'aumônier de M. de Caylus, Mercier, qui
devint bientôt chantre de l'église collégiale de Gien. Ce n'est qu'après le
départ de Mercier pour Gien que Lebeuf rédigea lui-même ces Brefs.

2. Dans une lettre du 3 mai 1716, Lebeuf, faisant allusion à un fait qui
se passait en 1714, dit qu'il *avait alors la confiance du Chapitre*. Évidemment, ce sont les discussions liturgiques qui la lui ont fait perdre.

ridicules. Pour justifier son opinion, il citait une légende singulière qui s'était glissée, sous forme d'antienne, dans plusieurs bréviaires de France. D'après cette antienne, saint Gengou, voyant un renard enlever les poules d'un couvent, aurait lancé l'anathème contre le coupable, qui, frappé d'épouvante à la voix du Saint, aurait lâché sa proie et serait mort subitement. L'abbé Chastelain soutenait, non sans quelqu'apparence de raison, que les textes liturgiques n'ont pas pour objet spécial d'effrayer ceux qui convoitent les volailles de l'autorité religieuse. Quant à Lebeuf, son bon sens était encore plus offusqué, lorsqu'il rencontrait dans les livres d'église des passages qui compromettaient à ses yeux la dignité du culte. Il a griffonné sur son exemplaire des *Remarques* de l'abbé Chastelain [1], en manière d'épigraphe, diverses maximes qui constatent les préoccupations de son esprit : d'abord une phrase empruntée aux épîtres de saint Grégoire-le-Grand : *Non permittatur populis certum deserere et incertum venerari*; puis une autre, tirée d'une vie des Saints, à savoir, que *mêler les choses fausses avec les vraies, c'est donner de la lie dans du vin;* enfin une troisième, plus hardie, plus radicale, tirée de la chronique de Robert Abolanz : *Ubi ratio impugnat usui, necesse est usum cedere rationi*, là où la raison est contraire à l'usage, il faut que l'usage cède le pas à la raison.

[1]. Cet exemplaire appartient à la bibliothèque d'Auxerre, et figure au catalogue sous le n° 658 de la section A.

Or, il y avait, dans la liturgie auxerroise, une légende de sainte Hélène, vierge grecque, dont le corps avait été, dit-on, transporté d'Athènes à Troyes, au commencement du xiiie siècle. Si la sainte n'était guère authentique, le texte de la légende était certainement regrettable, car il était conçu dans des termes que les libertés permises au latin ne suffisent pas à justifier. Lebeuf décida facilement M. de Caylus à en ordonner la suppression dans toutes les paroisses du diocèse. Lui-même, en sa qualité de sous-chantre, se pourvut auprès de ses collègues, pour faire appliquer la décision épiscopale dans l'église Saint-Étienne. Mais il rencontra, dans le sein du Chapitre, les mêmes adversaires et les mêmes résistances qu'en 1746. En vain il redoubla d'efforts; en vain il s'arma de consultations signées par plusieurs docteurs de Sorbonne; en vain, dans l'une de ces consultations, le célèbre Élies Dupin déclare « que la légende...., paroissant fabriquée à plaisir par un légendaire, doit être retranchée de l'office de l'église en question ; que l'évêque a très bien fait de la supprimer, que le sous-chantre fait son devoir en empêchant qu'elle ne soit lue dans l'église; et que ceux qui persistent à la soutenir sont des rebelles ou des ignorants. » Malgré des autorités si respectables et des condamnations si énergiques, le texte incriminé fut maintenu par le Chapitre, et Lebeuf réduit à enregistrer un déboire de plus dans l'histoire de sa vie canoniale; sauf à s'en venger plus tard, en insérant au *Mercure de France* les pièces de cet étrange débat, et en dénonçant à l'opinion publique l'opiniâtreté de ses collègues.

Du moment où la majorité des chanoines poussait le respect du *statu quo* jusqu'à maintenir les indécences de la légende de sainte Hélène, il fallait renoncer, pour le moment du moins, à faire pénétrer la moindre réforme dans l'enceinte de la cathédrale, où le Chapitre exerçait un droit souverain de réglementation. Restaient les autres églises du diocèse, soumises à l'autorité disciplinaire de l'évêque et généralement disposées à respecter les prescriptions de cette autorité; Lebeuf en profita. A partir de l'année 1717 [2], il se chargea personnellement de rédiger les Brefs diocésains, et il en fit une des occupations les plus sérieuses de sa jeunesse. Malheureusement nous n'avons pu retrouver un seul de ces Brefs, distribués jadis à centaines d'exemplaires. Mais, à les juger par la confiance avec laquelle l'auteur les communiquait aux liturgistes les plus renommés de l'époque, et par les éloges enthousiastes qu'ils lui valaient de toutes parts, nous ne croyons point exagérer en affirmant qu'ils offraient un modèle accompli dans ce genre de productions.

Après avoir essayé de rétablir dans leur pureté primitive

---

1. « Lettre de M*** à M. l'abbé... chanoine de l'église de... au sujet d'une légende déclarée fausse et digne de suppression par plusieurs docteurs de Sorbonne. » *Mercure de France*, juin 1734, p. 1081 et suiv.

2. Lebeuf est certainement l'auteur du Bref de 1719, composé et imprimé en 1718 : voir, entr'autres, lettre du 27 décembre 1718. Mais il semble résulter d'une lettre précédente, celle du 20 février 1717, qu'il avait été

les anciens rites de l'église d'Auxerre, Lebeuf entreprit une autre réforme, à laquelle il n'attachait pas moins d'importance. La liturgie romaine, depuis son introduction en France, avait fait peu à peu disparaître le culte des Saints indigènes et la célébration des fêtes locales. Dans certains pays, on avait même exagéré le système exclusif du calendrier romain, et, par exemple, au 31 juillet, on avait remplacé la commémoration de saint Germain d'Auxerre par celle de saint Ignace de Loyola, à la grande indignation de ceux qui vénéraient notre illustre thaumaturge et ne professaient pour saint Ignace ou pour ses disciples que des sympathies médiocres [1]. A Auxerre, les choses n'avaient pas été poussées aussi loin; pourtant on avait laissé tomber en oubli la mémoire d'une foule d'évêques et de pieux personnages, dont notre église s'honore à juste titre; et quelques-unes de nos fêtes particulières avaient cédé la place aux moindres fêtes de Rome, comme la dédicace du Panthéon ou celle de l'église Notre-Dame-des-Neiges. Lebeuf inaugura un système tout-à-fait opposé. Dans un projet de calendrier diocésain, qu'il joignit au bref de 1720, sous le titre de : *Prospectus futuri calendarii*, il admit d'abord les Saints du diocèse d'Auxerre, puis ceux des diocèses voisins et notamment ceux de la métropole, ensuite les plus célé-

---

chargé par M. de Caylus de la rédaction des Brefs diocésains dès 1717. Lebeuf est donc probablement l'auteur du Bref de 1718, composé et publié en 1717.

1. Voyez, à cet égard, la lettre de Vilman, curé de Sailly, en date du 16 août 1720.

bres de France, et quelques-uns seulement des plus considérables parmi ceux de Rome. Dans cette œuvre nouvelle, il trouva moyen de montrer combien étaient déjà grandes les ressources de sa jeune érudition ; il prouva que, chez lui comme jadis chez son maître l'abbé Chastelain, l'hagiographe s'élevait à la hauteur du liturgiste et du compositeur de plain-chant.

Tant de travaux, ajoutés à beaucoup d'autres dont nous parlerons bientôt, auraient dû concilier à Lebeuf, sinon l'affection, au moins l'estime de ses adversaires les plus acharnés. Il n'en fut pas ainsi. Dans les derniers jours de l'année 1721, à propos d'un incident sans importance, la question des réformes liturgiques se souleva de nouveau dans le Chapitre. Un chanoine, nommé Tavault, ne craignit pas de traiter le sous-chantre de *peste*, de *chenille*[1]. Plusieurs de ses collègues se rendirent complices de l'insulte par leur attitude approbatrice ; et le doyen, qui présidait, fit pis encore. Il ne trouva de paroles sévères que pour blâmer les réformateurs, déclarant que, de suppressions en suppressions, ils finiraient par retrancher le canon de la messe ; puis, s'en prenant à Lebeuf personnellement, il lui reprocha de rédiger le bref épiscopal, et, pour l'empêcher de répondre, il l'expulsa de la réunion. Aux premiers moments de sa juste colère, Lebeuf résolut de déférer l'affaire à l'official du Chapitre ; au besoin, d'en appeler à l'official

1. Voyez le *Mémoire à consulter*, joint à la lettre du 13 janvier 1722.

de l'église métropolitaine. Quand il fut plus calme, il comprit qu'il valait mieux n'opposer aux injures que le dédain, et attendre patiemment le jour de la justice, si tant est que ce jour dût jamais se lever pour lui à l'horizon du pays natal !

D'ailleurs, il ne perdait pas l'espoir de ramener à ses doctrines ceux des chanoines qui n'apportaient dans le débat aucune animosité personnelle, en même temps qu'il se ménageait l'occasion de protester indirectement contre les mauvais procédés des ignorants et des envieux. C'est dans ce double but, qu'il fit imprimer la *Prise d'Auxerre*. Ses amis, qui d'abord ne comprenaient pas son intention, en éprouvèrent quelque surprise. Il se hâta de leur expliquer l'origine et la portée de son livre. « M. Archambault, » dit-il dans une lettre qu'il écrit au P. Prévost, le 27 janvier 1723, « m'a assuré, à son retour, que vous vous étiez entre-
« tenus de moi ; mais il m'a ajouté que c'est au sujet de
« l'*Histoire de la Prise d'Auxerre*, et que vous êtes conve-
« nus que cela n'auroit dû être que dans la grande His-
« toire. Mais lorsque je vous en aurai envoyé un exem-
« plaire, je suis sûr que vous avouerez que je n'ai pas eu
« tort de donner cet ouvrage séparément, surtout en ce
« temps-ci, où l'on prend les appelants pour des héréti-
« ques ; et les notes, dont je l'ai accompagné, jusque dans
« les Preuves justificatives, commenceront à dessiller les
« yeux de nos anti-liturgistes. »

Le fait est qu'une étude attentive de la *Prise d'Auxerre*

y révèle une foule de choses qui se dérobent au premier regard. Lebeuf n'est pas l'auteur de la partie la plus importante en apparence, de celle qui fait le corps de l'ouvrage et en motive le titre. Il n'est que l'éditeur d'un travail manuscrit, composé jadis par dom Viole, travail qu'il publie en le corrigeant et en le complétant à l'aide de quelques relations contemporaines des faits. Pour ne pas encourir le reproche de plagiat, il prend soin d'avertir ses lecteurs dès la première page : « La relation, dit-il, que l'on trouve ici
« de la prise d'Auxerre par les Huguenots et de la reprise
« de cette ville par les Catholiques, étoit répandue dans le
« public, du moins en partie, dès l'an 1668. Cette année
« étant la centième depuis ce fameux évènement, on aug-
« menta les solennités et les témoignages de la joie publi-
« que à la procession qui se fait, le dimanche de Quasimodo,
« en actions de grâces pour la délivrance de la ville. Dom
« Georges Viole, bénédictin de l'abbaye de Saint-Germain,
« versé dans la connoissance des antiquités du pays, en
« avoit dressé une histoire, dont il se fit alors plusieurs
« copies. Comme aujourd'hui elles sont devenues assez
« rares, et que quelques-unes ont été corrompues par
« l'inadvertance des copistes, j'ai cru que ce seroit faire
« plaisir au public de la mettre en état d'être imprimée, en
« y retouchant les endroits qui avoient été défigurés, re-
« tranchant les digressions trop longues pour ne les mettre
« qu'à la fin de l'ouvrage, et y ajoutant pour les remplacer
« ce que j'ai trouvé depuis, dans les archives que ce sçavant

« religieux n'avoit pas exactement visitées. » Mais au surplus, dans ce livre, ce qui mérite le mieux l'attention des lecteurs, ce n'est pas le récit, un peu diffus, d'événements douloureux ; c'est la préface, où se trouve déjà résumée l'histoire de notre ville, de ses églises, de ses monuments ; ce sont les notes accumulées au bas de chaque page, les renseignements fournis à profusion sur les moindres villages de notre pays ; ce sont les pièces justificatives et les réflexions qui les accompagnent. Ici l'accessoire est plus important que le principal, et l'accessoire appartient en propre à Lebeuf. Si donc on tient à trouver la trace de ses préoccupations, il faut la chercher dans les parties complémentaires de l'ouvrage : on ne tardera pas à l'y reconnaître. La question des réformes liturgiques revient à chaque instant sous la plume de l'auteur. Il y a notamment, dans les pièces justificatives, des chapitres entiers, qui ne sont guère consacrés qu'à cet objet spécial. Tantôt Lebeuf rappelle combien M. de Caylus a pris à cœur d'appliquer aux livres de son diocèse la réforme « si fort recommandée « par les conciles [1]. » Tantôt il propose en exemple à ses contemporains l'attachement que le clergé auxerrois du XVIᵉ siècle montrait pour la liturgie diocésaine : « En ce « temps-là, dit-il, on ne songeoit nullement à introduire le « nouveau rit romain, ni à insérer non plus dans les mis- « sels d'Auxerre le canon d'un autre diocèse, surtout d'une

---

Prise d'Auxerre, pièces justificatives, p. lv.

« province différente [1]. » Il énumère avec complaisance les anciens usages qui ont disparu et critique les nouvelles pratiques importées d'Italie [2]. Il soutient que les missels romains n'ont jamais été reçus dans l'Auxerrois « que par emprunt et en attendant [3]. » Il annonce que le cours de ces emprunts devra bientôt cesser, dès que paraîtra la nouvelle édition du missel d'Auxerre, due aux soins de M. de Caylus, « Prélat qui, à l'exemple de plusieurs autres du royaume,
« a fait mettre le cérémonial de son diocèse en état d'être
« soutenu, contre les objections ou railleries des Calvinistes,
« par les armes puissantes de la tradition ecclésiastique,
« marquée de siècle en siècle dans les écrits et autres
« monuments liturgiques. » Enfin, Lebeuf songe aux tracasseries indignes dont il a été l'objet, à ses travaux, à ses fatigues, à l'oisiveté et à l'ignorance de ses adversaires ; et, rappelant l'existence d'un ancien nécrologe de la cathédrale, il s'écrie : « On y lisoit le nom des chanoines
« d'Auxerre qui s'étoient distingués depuis le IXe siècle
« jusqu'au XIIe siècle, soit par la sainteté de leur vie, la
« connoissance de la théologie, ou la prédication de la
« parole de Dieu ; soit par la science du plain-chant ou de
« l'office divin, ou même par quelques-uns des arts libé-
« raux : ce qui marque combien alors on étoit ennemi de
« l'oisiveté, et combien on estimoit ceux qui s'appliquoient

---

1. Pièces justificatives, p. *xxxviij*.
2. *Eodem*, p. *xxxvj* et suiv.
3. *Prise d'Auxerre*, p. 140, à la note.

« à quelque chose [1]. » Pauvre travailleur! Pauvre pionnier de la science! Il avait beau dire et beau faire : il n'en avait pas fini de sitôt avec les ignorants et les oisifs.

Mais pour achever le tableau de ses travaux liturgiques [2], et faire comprendre le dernier incident qui vint tout-à-coup dérouter ses prévisions, nous sommes obligés de faire quelques pas en arrière, et de jeter un coup d'œil rapide au-delà des limites de notre diocèse.

Le Chapitre de l'église métropolitaine de Sens avait montré pour l'adoption des nouveaux principes autant d'ardeur que le Chapitre d'Auxerre affectait de répugnance. Dès l'année 1702, il avait remanié une première fois son bréviaire, et il avait entrepris immédiatement une nouvelle édition de son missel, qui parut en 1715. Puis, le goût des réformes allant toujours croissant, il résolut de soumettre le bréviaire de 1702 à une nouvelle révision, pour le rendre

---

[1]. *Prise d'Auxerre*, pièces justificatives, p. 7.
[2]. Nous craignons de fatiguer les lecteurs, sans quoi, nous ajouterions qu'avant 1725 Lebeuf composa deux opuscules de controverse liturgique : 1° une dissertation intitulée : *Cas de Conscience*, laquelle parut en 1726, dans le premier volume de la *Continuation des mémoires de Littérature*; 2° un travail apologétique sur un mandement de M. de Caylus, à propos des rites auxerrois, travail dont il est souvent question dans la correspondance, mais qui semble n'avoir pas été imprimé. C'est probablement à la même époque qu'il a rédigé une autre dissertation inédite, intitulée : « Sur « l'usage Auxerrois de dire, après le Credo des prières de Prime et de « Complies, trois versets qui aient rapport à la fête, en certains jours. » L'original autographe, formant un cahier de dix pages in-4°, est conservé aux Archives de l'Yonne, *Recueil Frappier*, t. III, p. 83... Mais on n'en finirait jamais si l'on entreprenait d'énumérer toutes les productions de Lebeuf!

encore plus conforme aux doctrines préconisées par l'abbé Chastelain. A peine installé à Auxerre, Lebeuf se mit en relation avec les principaux artisans de la réforme sénonaise, et notamment avec le doyen Fenel, qui dirigeait l'entreprise. Il lui soumit ses observations, il lui proposa ses services, et parvint à gagner son estime avant même d'en être personnellement connu. Le doyen croyait avoir affaire à quelque vieux liturgiste blanchi sous le harnais. Lorsqu'il apprit, par hasard, que son correspondant était loin de compter 30 années, il en témoigna la plus vive surprise. « J'ai vu en passant, écrit-il à Lebeuf[1], le père Dominique
« Fournier; il m'a fait un portrait de votre chère personne
« tel que toute mon ambition se borneroit à y avoir quel-
« que petite ressemblance. Sur vos occupations sérieuses,
« sur vos grandes lumières, je m'étois imaginé que vous
« étiez une personne d'un âge avancé, mais je fus bien étonné
« d'apprendre qu'a peine vous aviez atteint la fleur de la jeu-
« nesse; ma surprise fut extrême, et je fus obligé de bénir
« le Seigneur qui vous a donné tant de talent dans un temps
« où les autres commencent à peine à prendre les premières
« notions. Quelle honte pour moi, à l'âge de 50 ans, d'avoir si
« peu avancé! » Dans la suite, et malgré la différence d'âge, les relations entre eux devinrent plus personnelles et plus intimes. Lebeuf fit quelques voyages à Sens. Il apprit à connaître les amis particuliers du doyen, ceux qui parta-

---

[1]. Lettre du 20 juillet 1715.

geaient avec lui le fardeau des travaux liturgiques, tels que Ferrand, prieur-curé de Dollot en Gâtinais, et Besnault, curé de Saint-Maurice de Sens. Lui-même se fit apprécier comme il méritait de l'être, et prit bientôt une part considérable, bien qu'officieuse, aux travaux du clergé sénonais.

La pensée lui vint alors de faire accepter, dans le diocèse d'Auxerre, les livres réformés de l'église métropolitaine, sauf à y ajouter, à l'aide de suppléments et de cartons, tout ce qu'exigeait le respect de nos traditions spéciales et le culte de nos Saints locaux. C'était un habile moyen de présenter ici les nouvelles réformes sous le patronage du prélat et du Chapitre métropolitains, et en même temps d'éviter les discussions de détail, les difficultés de rédaction et de publication, qui eussent entravé chez nous le succès d'une œuvre analogue. Dans un synode, tenu à Auxerre en septembre 1747, M. de Caylus, adoptant la pensée de Lebeuf, engagea tous les prêtres de son diocèse à se servir du missel sénonais de 1715, ajoutant qu'il était impossible de trouver un meilleur modèle à suivre pour rétablir la pureté des rites de la province. Il annonça aussi qu'on préparait à Sens une nouvelle édition du bréviaire de 1702, et promit de faire imprimer dans le même caractère un propre Auxerrois, afin de mettre cette édition tout-à-fait en rapport avec les besoins de notre église.

Lebeuf éprouva bientôt une autre satisfaction. M. de Caylus ayant fait un voyage à Sens, le Chapitre vint, en corps, le remercier de la décision qu'il avait prise dans son dernier synode, et le prier de choisir, dans les rangs de son clergé, un liturgiste capable de coopérer à la rédaction du futur bréviaire. Le nom du sous-chantre auxerrois fut mis en avant par les chanoines, accepté avec empressement par l'évêque, et Lebeuf reçut immédiatement l'annonce officielle du témoignage de confiance dont il venait d'être honoré [1]. Dès lors, il eut mission et qualité pour intervenir directement dans la réforme de la liturgie sénonaise. Il redoubla d'efforts pour y faire prévaloir ses doctrines. En attendant que l'œuvre fût achevée, il en propagea d'avance les principes à l'aide des brefs épiscopaux. Il ne se borna pas à dresser, comme nous l'avons dit, un projet de calendrier auxerrois; il arrêta définitivement la rédaction du propre diocésain qui devait rectifier et compléter la nouvelle édition du bréviaire. De ce côté, du moins, tout marchait au gré de ses désirs. Il y trouvait une compensation aux chagrins que lui causait l'attitude de ses collègues, plus animés contre lui que jamais, et plus résolus en apparence à protéger la cathédrale d'Auxerre contre l'introduction des moindres réformes.

Pouvait-on croire que cette résolution changerait tout-à-coup ; que ce même chapitre se montrerait un jour partisan décidé de la liturgie sénonaise, et que l'abbé Lebeuf, après avoir été traité comme un révolutionnaire dangereux, allait être accusé par les mêmes voix de tiédeur regrettable? La

---

[1]. Voyez la *Délibération capitulaire* du 11 octobre 1717, ci-dessous. p. 103.

correspondance contient à cet égard des détails qui ne manquent pas d'intérêt pour quiconque aime à feuilleter le grand livre de la comédie humaine.

Un de ceux qui donnèrent le premier branle à ce revirement singulier fut le doyen Moreau, qui naguère encourageait par son attitude les insultes proférées contre Lebeuf en plein Chapitre, et qui se laissait sans cesse emporter à des critiques violentes, grossières, contre les réformateurs. Si nous n'avions, pour juger sa personne et sa conduite, que les lettres de Lebeuf lui-même, nous pourrions craindre d'accueillir comme vérités les témoignages suspects d'une irritation partiale, quoique bien excusable; mais nous avons pour contrôle les appréciations du doyen Fenel, esprit calme, aussi bienveillant dans ses rapports avec les hommes que modéré dans ses opinions sur les choses. Malgré son indulgence habituelle, Fenel ne craint pas d'être sévère pour son collègue Moreau. « Je le connois, dit-il [1], sur le « pied d'un étourdi, d'un ignorant *ut octo*, et néanmoins « infatué de son prétendu mérite au-delà de ce qu'on peut « dire. » L'histoire de sa vie n'est qu'un tissu de luttes, de querelles, de procès, tantôt avec l'autorité civile tantôt avec l'autorité ecclésiastique. Cependant, par un caprice de la destinée dont les exemples ne sont que trop fréquents, Moreau l'ignorant, Moreau l'étourdi, avait été investi de la dignité de doyen du Chapitre cathédral, avant même d'avoir obtenu

---

[1]. Lettre du 24 décembre 1723.

le titre de chanoine : dans le cours de sa longue carrière, il recueillit tous les témoignages d'estime et de déférence qu'il put souhaiter : en 1730, il fut choisi, comme élu des États de Bourgogne, par la chambre du clergé : et, lorsqu'il mourut, on l'enterra solennellement dans la nef de la cathédrale d'Auxerre, où nous voyons encore sa dalle tumulaire respectée par le temps et couverte d'une pompeuse épitaphe [1]. Tandis que le docte Lebeuf, réduit à s'expatrier par des taquineries continuelles, allait mourir à Paris, où ses restes, comme tant d'autres, furent profanés et dispersés par la tourmente révolutionnaire.

Le doyen Moreau commença par décider la majorité du Chapitre, qui suivait docilement ses inspirations, à adopter en principe la liturgie sénonaise. Il se fit ensuite député pour concerter avec l'évêque ou les représentants de l'évêque la mise en pratique de cette liturgie. Plus il s'était montré partisan opiniâtre du *statu quo*, plus il affecta de complaisance pour l'introduction immédiate des nouveaux rites. La métamorphose fut tellement subite et tellement complète, que Fenel, en l'apprenant, écrivait à son ami Lebeuf : « Ce que vous me mandez du changement de M. le « doyen d'Auxerre me paroît incompréhensible..., » et quel- « ques jours après : « La conduite de M. votre doyen est « une énigme pour moi. » La conduite du Chapitre n'était pas moins surprenante. A entendre les nouveaux convertis,

---

1. Dans le bas-côté méridional de la nef, à peu près à moitié de la longueur.

on eut été tenté de croire qu'ils avaient été les premiers du parti de la réforme. Ils eussent volontiers reproché aux compositeurs des livres sénonais trop de réserve et de timidité dans l'accomplissement de leur tâche. « On est bien « éloigné aujourd'hui, parmi nous, » s'écrie Lebeuf, ému d'un pareil spectacle [1], « de dire qu'on ne veut point de « bréviaire, de missel..., etc. On a franchi le pas en faisant « l'effort de prendre un nouveau bréviaire. En conséquence « de cela, les députés les plus qualifiés ne veulent plus que « retranchements, suppressions, adoucissements. On iroit « volontiers jusqu'à faire dire vêpres le matin et la messe « le soir. C'est une pitié que d'entendre, à présent que le « bréviaire est fait, raisonner les députés qui n'ont plus « rien à faire! » Toujours est-il qu'après de courtes discussions, on se mit d'accord sur les questions de détail, et le Chapitre décida que la nouvelle édition du bréviaire de Sens, appropriée par des cartons à l'usage du diocèse d'Auxerre, serait seule en usage dans la cathédrale, à partir du premier dimanche de Carême de l'année 1726. « Chacun, « écrit Lebeuf à Fenel, tient en main le bréviaire de Sens « rendu auxerrois, et il paroît qu'on y prie Dieu de bon « cœur. Pour moi, je trouvois qu'il eut été plus honnête de « ne pas vous précéder. Mais à présent c'est le monde renversé. On ne vouloit pas de votre bréviaire en 1722; « c'étoit encore un grand crime, au mois de décembre 1723,

---

[1]. Lettre des 17-20 novembre 1725.

« que d'en prononcer le nom. On méritoit d'être mis, par-
« là, *extra Synagogam, Maranatha*. Maintenant on pétille
« de ne pas le chanter assez tôt : ne dût-on avoir que des
« feuilles volantes, il faut commencer avec le carême... 1 »

Certes, il y avait là pour Lebeuf un motif de véritable joie. Il assistait au triomphe de son œuvre, à la réalisation de ses plus chères espérances. Il avait droit d'insérer, comme il le fit, dans le *Mercure de France* 2, le récit de ses efforts et en même temps de ses succès. Mais parmi ses collègues, admirateurs nouveaux de la liturgie sénonaise, combien peu songeaient à lui en reporter l'honneur ! Il ne trouvait auprès d'eux ni plus d'égards, ni moins de taquineries. Il voyait ses adversaires plus considérés que jamais. En fin de compte, le ton aigri de sa correspondance prouve qu'il sortit de sa grande campagne liturgique mécontent, froissé, et déjà résolu, au fond du cœur, à quitter Auxerre dès qu'il trouverait un théâtre plus favorable au développement de son activité 3.

1. Lettre du 9 mars 1726.
2. *Mercure de France* de mai 1726, p. 1163. « Lettre écrite par M. Le-
« beuf, souchantre et chanoine de l'église cathédrale d'Auxerre, à M. de la
« Roque, à l'occasion du nouveau bréviaire publié par Mgr l'archevêque
« de Sens et Mgr l'évêque d'Auxerre. »
3. On verra, par ce premier volume, qu'à plusieurs reprises le doyen Fenel essaya d'attirer Lebeuf dans le diocèse de Sens, en lui procurant un poste avantageux, et que Lebeuf n'opposa jamais un refus catégorique aux propositions de son ami. Évidemment les tracasseries du Chapitre l'avaient déjà dégoûté du séjour d'Auxerre. Voyez encore, dans les lettres postérieures à 1725, celle du 12 janvier 1729. A propos du P. Lebrun de l'Oratoire, qui venait de mourir, Lebeuf s'exprime ainsi : « Il m'écrivait encore,
« au mois de décembre dernier, en m'annonçant ce qu'il avait reçu de

Sans lui causer autant de déboires, l'ardeur de ses convictions religieuses l'entraîna aussi dans quelques luttes et contribua à troubler la paix de sa jeunesse. On était au plus fort des querelles soulevées par le jansénisme et la constitution *Unigenitus;* Lebeuf se rangea parmi les jansénistes et les appelants. Loin de nous la pensée d'approuver sa conduite. Les théories fondamentales du parti qu'il adopta, nous voulons parler de ses théories sur la grâce, ont subi la double condamnation de l'Église et de la philosophie. Personne aujourd'hui, dans le monde catholique, ne conteste les principes dogmatiques consacrés par la fameuse bulle de Clément XI, et l'on peut dire qu'à défaut de concile, l'assentiment universel a ratifié la décision du Souverain-Pontife. Quant à la philosophie moderne, par la bouche de son représentant le plus illustre, M. Victor Cousin, elle a protesté contre une doctrine, « qui ôte toute vérité à la lumière « naturelle, comme toute efficacité à la volonté[1]; » elle a revendiqué contre les disciples de Jansénius, fut-ce contre Pascal, les droits de la raison et de la conscience humaines. Comment se fait-il, pourtant, que Lebeuf, malgré son ferme bon sens, se soit laissé tromper et séduire par de telles erreurs? C'est que déjà, comme liturgiste, il professait sur plusieurs points, et notamment sur l'autorité respective

---

« Rome pour moi, *qu'il alloit prendre des mesures efficaces pour m'atti-*
« *rer après Pâques à Paris.* »

1. Voyez M. Victor Cousin, *Pensées de Pascal*, édition de 1847, Préface, p. xxx.

de l'Église et du Pape, des doctrines qui concordaient avec celles des jansénistes. C'est que d'ailleurs, il faut le reconnaître pour être juste, les jansénistes méritaient à certains égards les sympathies du jeune sous-chantre. En dehors de propositions condamnables et condamnées, ils soutenaient quelques vérités utiles. Ils luttaient contre des tendances fâcheuses, et contre des adversaires qui n'étaient pas eux-mêmes sans reproches. Ils avaient le courage de leur opinion et la persévérance dans le courage. Ils donnaient l'exemple de grandes vertus, quand l'Europe entière était affligée par le scandale des plus grands vices.

Quoiqu'il en soit, le signal des protestations contre la bulle *Unigenitus* avait été donné par les quatre évêques de Mirepoix (Pierre de Labroue), de Sénez (Jean Soanen), de Montpellier (Colbert de Croissy) et de Boulogne (Pierre de Langle), lesquels, dans un acte collectif, daté du 10 mars 1717, avaient déclaré solennellement qu'ils ne pouvaient accepter la décision pontificale, tant qu'elle ne serait pas soumise au contrôle régulier d'un concile; ajoutant que, pour trancher le débat, ils en appelaient eux-mêmes à cette assemblée souveraine. Dès que l'appel des quatre évêques fut connu, les adhésions se multiplièrent de toutes parts, et le mouvement ne tarda pas à prendre des proportions immenses. Il y avait lieu de croire qu'il ne s'étendrait pas au diocèse d'Auxerre; car l'évêque M. de Caylus, par déférence envers Louis XIV, à qui il devait son élévation, avait accepté la bulle et proclamé son acceptation dans un mandement du 26 mars 1714. De son côté, le Chapitre cathédral avait, à la même époque et à deux reprises différentes (2 avril, 14 mai 1714), adhéré implicitement aux décisions pontificales. Mais le grand roi n'était plus là pour imposer sa volonté respectée, et, depuis sa mort, l'état des esprits avait subi des modifications profondes, en sorte que le diocèse d'Auxerre, loin de donner l'exemple de la paix et de la soumission, devint le foyer le plus ardent du jansénisme le plus exalté. Dès les premiers jours d'avril 1717, quatorze chanoines signèrent une adhésion à l'appel des quatre évêques. Non-seulement Lebeuf était un des signataires ; il se chargea de colporter l'acte chez ses collègues, s'efforça de recueillir le plus de signatures qu'il put, et, à partir de ce moment, se posa, dans l'Auxerrois, comme *un des chefs de l'appel*[1].

Inutile de raconter ici comment une imprudence maladroite du doyen Moreau fournit à M. de Caylus l'occasion de revenir sur sa conduite passée ; comment ce prélat suspendit d'abord, en termes ambigus, l'acceptation de la bulle, et finit par la repousser expressément ; comment aussitôt le nombre des appelants s'augmenta dans le Chapitre, et prit une extension considérable dans le diocèse. Nous préférons attirer l'attention des lecteurs sur l'ouvrage de controverse

---

1. Voyez la correspondance et les notes, *passim*. On y remarquera entr'autres la lettre du 2 avril 1718, par laquelle Lebeuf s'efforce de retenir, dans les rangs des jansénistes, un jeune chanoine qu'il y avait entraîné, et qu'on essayait de soustraire à son influence.

par lequel Lebeuf signala son intervention dans cette nouvelle phase de la lutte.

Beaucoup d'entre les appelants ne se bornaient pas à protester en quelques mots contre la bulle *Unigenitus* : ils développaient leur opinion, et cherchaient à l'appuyer sur l'autorité d'anciens auteurs ou d'anciens documents. De là une série d'actes d'appel plus ou moins motivés [1], et quelquefois accompagnés de pièces justificatives, lesquels furent imprimés d'abord séparément ou par diocèse, et ensuite recueillis dans un ouvrage, publié en Hollande, sous ce titre : *Le Cri de la Foi ou Recueil des différents témoignages rendus par plusieurs facultés, chapitres, curés, communautés ecclésiastiques et régulières, au sujet de la Constitution Unigenitus*, 1719, 3 vol. in-12. Lebeuf conçut le projet de soutenir ses opinions religieuses dans un travail analogue, mais plus complet encore. Les études assidues auxquelles l'entraînait la liturgie, lui avaient rendu familiers les ouvrages théologiques des anciens auteurs

---

[1]. On trouve un exemple remarquable de ces actes d'appel aux Archives de l'Yonne, *Recueil Frappier*, t. III, p. 641 et suivantes. C'est une déclaration que D. Jean Baillivet, prieur de l'abbaye de Saint-Germain d'Auxerre, et Joseph Goby, prieur de Saint-Eusèbe, ont faite et déposée le 14 décembre 1718 au greffe de l'officialité. Elle commence par un long exposé en forme de discours, et se termine par de nombreuses citations ; le tout forme dans le recueil Frappier vingt pages in-4°, écrites de la main de Lebeuf, et, selon toute apparence, composées par lui sous le nom des deux prieurs. La dernière page, consacrée aux citations de textes, porte la mention suivante, également de la main de Lebeuf : « Le reste des passages de cette « collection est dans un cahier séparé qu'on enverra sitôt qu'il sera récrit « au net. » Encore une production nouvelle à inscrire au catalogue des œuvres de Lebeuf.

auxerrois, les statuts de nos évêques, le texte de nos vieux livres d'église. Il entreprit d'en extraire les passages dont la doctrine lui paraissait conforme à celle des propositions censurées par la bulle, et de composer ainsi ce qu'il appelait la *Tradition de l'église d'Auxerre*. Soit qu'il fût pressé par le temps, soit qu'il n'osât pas s'aventurer seul dans la lutte, il s'associa l'un de ses collègues et amis, André Mignot, alors simple chanoine, plus tard chantre de la cathédrale, homme instruit, laborieux, et déjà entouré d'une grande considération. Mais quelque fût le mérite de son collaborateur, on ne saurait douter que Lebeuf, comme il l'affirme dans ses lettres, ait eu la meilleure part de l'ouvrage commun [1]. C'est à lui notamment qu'il faut attribuer la préface, qui est ici, comme dans la *Prise d'Auxerre*, la partie la plus digne d'attention. Il y fournit des détails historiques et bibliographiques sur les sources auxquelles il a puisé les textes qu'il invoque. De ces détails, quelques-uns se retrouvent dans les écrits postérieurs de Lebeuf; mais il en est pourtant qu'il n'a jamais reproduits. Tout un chapitre, relatif aux anciens livres d'église du diocèse d'Auxerre imprimés et manuscrits, nous semble d'autant plus précieux qu'un grand nombre des livres dont il traite ont aujourd'hui disparu, et que nulle part ailleurs on ne rencontre

---

1. Voyez notamment la lettre de juin ou juillet 1719, n° 65 de notre édition. « Je ne doute pas, écrit Lebeuf à l'abbé Prévost, que vous n'ayez vu
« un ouvrage qui paroit depuis un mois, dans le 3ᵉ tome duquel est un
« opuscule, auquel j'ai la meilleure part, intitulé : *Tradition de l'église*
« *d'Auxerre, par rapport à la Constitution*. »

sur ces livres des renseignements aussi explicites. L'ouvrage entier, préface et recueil de textes, fut accueilli avec enthousiasme par le parti janséniste, et, malgré son développement exceptionnel, inséré textuellement dans le *Cri de la Foi*. L'éditeur, l'abbé Nivelle, crut même devoir le recommander spécialement dans l'avertissement qu'il a publié en tête du premier volume. « On trouvera, dit-il, à
« la fin des témoignages rendus, dans les divers diocèses
« du royaume, au sujet de la Constitution, que nous don-
« nons ici, une *Tradition de l'Église d'Auxerre sur les*
« *propositions censurées dans la Constitution*. Cet ou-
« vrage, qui ajoute un nouveau prix à notre recueil, est pré-
« cédé d'une préface pleine de recherches savantes et
« curieuses. L'auteur, qui se proposoit de recueillir tout ce
« que l'ancienne et perpétuelle tradition de l'église d'Au-
« xerre, une des plus vénérables de la France par le grand
« nombre des saints évêques qui l'ont gouvernée, puisque
« tous ses évêques jusqu'au viiie siècle sont honorés comme
« tels, au nombre de 24, sans compter ceux des siècles
« postérieurs : l'auteur, dis-je, parle, dans un détail fort
« curieux, des sources d'où il a tiré sa tradition, qu'il réduit
« à trois chefs, 1° les témoignages des évêques d'Auxerre
« et des conciles auxquels ils ont souscrit ; 2° ceux des
« auteurs ecclésiastiques et des théologiens d'Auxerre ;
« 3° ceux des livres qui ont été à l'usage de cette église,
« comme les lectionnaires et autres semblables. Ce que
« nous pouvons dire, c'est que les plus habiles liront avec

« plaisir ce que l'auteur a recueilli sur ce sujet, avec une
« exactitude à laquelle il paraît que rien n'est échappé. »
Mais nous engageons les lecteurs à n'accepter, sans contrôle, ni les éloges de l'abbé Nivelle, ni les nôtres. Qu'ils parcourent eux-mêmes l'ouvrage de l'abbé Lebeuf. Parmi les productions de sa jeunesse, antérieures à 1723, c'est évidemment la plus importante, personne ne le contestera ; et désormais, les bibliographes qui entreprendront de dresser le catalogue complet de ses travaux, n'oublieront plus d'y inscrire la *Tradition de l'église d'Auxerre sur les propositions censurées dans la bulle Unigenitus*.

Désormais aussi on devra se garder de peindre Lebeuf comme inclinant au jansénisme et n'osant pas risquer une véritable profession de foi, cherchant alors un détour et glissant, dans un coin obscur de la *Prise d'Auxerre*, le témoignage indirect de ses opinions. Lorsqu'en 1723, Lebeuf s'exposait aux rigueurs de la police, à propos d'une note, d'une simple phrase imprimée furtivement dans son livre, il s'était déjà fait connaître dans le diocèse comme le promoteur le plus actif des actes d'appel : il avait déjà fait ou laissé imprimer dans le *Cri de la Foi* sa défense des propositions condamnées[1]. Plus récemment encore, il avait repoussé les tentatives de conciliation désignées dans les

---

[1]. Lebeuf dit quelque part, dans ses lettres, que son travail a été imprimé malgré lui en Hollande. Cependant il avait été composé pour être imprimé ; et même, s'il eût été fini avant la déclaration du 7 octobre 1717, il eût été publié à Auxerre, aux frais de M. de Caylus, avec privilège et approbation. (Voyez *Recueil Frappier*, t. III, f° 209 v°.)

documents contemporains sous le titre d'*Accommodement de* 1720. Nous savons, il est vrai, qu'un jour l'âge et l'expérience finirent par le rendre plus calme. Nous savons qu'il se dégoûta de luttes fâcheuses, et qu'on chercherait en vain son nom dans le Nécrologe janséniste [1], où sont accumulés pêle-mêle les noms de tous ses amis, même les plus obscurs. Mais nous ne parlons ici que de sa jeunesse, et nous sommes obligés d'en constater l'ardeur passionnée. Vingt fois, le doyen Fenel, déjà vieux et toujours sage, se permit de lui recommander un peu plus de réserve dans sa conduite publique. Sur ce point, Lebeuf n'écoutait pas les conseils du doyen. Voilà pourquoi ses adversaires, entr'autres Gaspard Moreau [2], le plus acharné de tous, prévoyaient qu'ils ne résisterait pas à la tentation d'insérer dans son nouvel ouvrage quelque témérité janséniste. Ils en surveillèrent l'impression; et, dès qu'ils surent que l'auteur, sous prétexte de corrections finales, faisait composer une feuille supplémentaire, non soumise à l'approbation de la censure, ils s'en procurèrent une épreuve; ils y découvrirent la fameuse note sur l'infaillibilité du pape, et aussitôt ils la

---

[1]. Nous voulons parler ici du *Nécrologe des plus célèbres défenseurs et confesseurs de la vérité*, recueil aujourd'hui très rare, et que nous aurons souvent occasion de citer, parce que nous n'avons pu trouver ailleurs des renseignements biographiques sur les amis et les correspondants de Lebeuf. Le premier volume parut en 1760 et le dernier en 1778. D'après le P. Lelong, l'ouvrage doit être attribué à l'abbé Réné Cerveau.

[2]. Le doyen Moreau ne faisait, du reste, que rendre à l'un des chefs du parti janséniste les tracasseries que ce parti lui avait fait subir à lui-même quelque temps auparavant. Voyez *Recueil Frappier*, t. III, p. 297.

dénoncèrent à la vindicte de l'autorité. Lebeuf se vit tracassé, poursuivi, obligé de sacrifier, avec la page coupable, tout un cahier de pages entièrement innocentes. Quand son livre parut, presque tous les exemplaires mis en vente étaient incomplets. Ils ne s'en vendirent que mieux ! Car de tout temps l'intolérance n'a servi qu'à grandir le mérite ou augmenter l'attrait des œuvres qu'elle poursuit avec une rigueur imprudente.

Néanmoins Lebeuf eut un motif de plus pour prendre en dégoût les luttes regrettables qui lui causaient tant d'ennuis, et pour chercher un refuge dans les régions sereines de la science. Si préoccupé qu'il fût de liturgie et de jansénisme, il avait depuis longtemps commencé les travaux historiques auxquels il doit sa véritable gloire. C'est à Paris, lorsqu'il recevait les leçons de l'abbé Chastelain, qu'il débuta dans cette voie féconde[1]. Il étudia les origines de la musique, et recueillit des notes qu'il utilisa plus tard, pour composer la première partie de son *Traité historique et pratique du plain-chant*. C'est encore à Paris et sous l'influence immédiate de l'abbé Chastelain, qu'à propos d'hagiographie il aborda les questions les plus délicates de notre histoire ecclésiastique. On voit, dans ses lettres, qu'en 1712 il s'occupait d'achever un martyrologe de la cathédrale d'Auxerre[2], qu'on peut considérer comme le

---

1. Lebeuf déclare, dans la préface de son *Traité du plain-chant*, qu'une partie de cet ouvrage est « le fruit de quelques collections historiques, com-« mencées dès le temps qu'il faisait ses études dans cette grande ville. »

2. Lettre du 6 juillet 1712.

germe et le premier essai du Martyrologe Auxerrois de
1751. Toujours fidèle aux traditions de son maître, il employa les mêmes procédés que lui pour assurer l'exactitude
de ses recherches. Il utilisa son séjour en Normandie et les
diverses excursions qu'il eut l'occasion de faire dans les
autres régions de la France, pour étudier sur place certains
détails relatifs à l'histoire de nos premiers évêques ou des
Saints vénérés dans notre diocèse [1]. Il arriva ainsi, dans sa
ville natale, préparé d'avance à la grande tâche qu'il y venait
remplir et qu'il ne tarda pas d'entreprendre. A peine avait-
il reçu ses lettres de provisions comme membre du Chapitre
cathédral, avant même d'avoir pris possession officielle [2],
il écrivait à l'abbé Chastelain (Lettre du 6 juillet 1712) :
« Je m'applique, dès à présent, à débrouiller l'histoire de
« notre diocèse et à la mettre en son jour, étant sans doute

---

1. Soit dans ses lettres, soit dans ses ouvrages, Lebeuf rappelle souvent les constatations qu'il a eu l'occasion de faire en parcourant, à cette époque, la Normandie, la Lorraine, etc.

2. Lebeuf n'a pris possession officielle et définitive de son canonicat que le 26 juillet 1712. (Voyez, *Recueil Frappier*, t. III, Prises de possession, p. 11.) Mais on sait qu'un an auparavant il avait requis, comme gradué, le canonicat vacant par le décès de Laurent Lesourre, arrivé le 27 juillet 1711. Au lieu d'obtempérer à sa réquisition, M. de Caylus donna le canonicat vacant à Claude-François Brulot de Plainbois, prêtre du diocèse de Besançon. Un procès s'engagea, Lebeuf s'adressa au métropolitain. Heureusement un nouveau canonicat vint à vaquer par le décès de Claude Chrétien survenu le 4 janvier 1712. Comme le mois de janvier était également affecté aux gradués, Lebeuf, sous la réserve de tous droits, fit sommer l'évêque d'avoir à lui délivrer ce nouveau canonicat, aux lieu et place de l'autre : voir aux Archives de l'Yonne, E. 494, l'original de la sommation en date du 12 janvier 1712. M. de Caylus répondit immédiatement qu'il accédait à la demande, et qu'il allait faire expédier les lettres de provision : il signa même sa déclaration pour la rendre irrévocable ; voir acte susvisé.

« pour rester en paix chanoine. » Le but qu'il proposait à son esprit était irrévocablement fixé; les premiers efforts pour l'atteindre étaient déjà tentés ; et, cependant, les Mémoires sur l'histoire ecclésiastique et civile du diocèse d'Auxerre ne parurent qu'en 1743, plus de 30 ans après! Qu'on s'étonne maintenant si les écrits d'autrefois, médités et mûris avec une lenteur aussi persévérante, sont plus exacts et plus complets que les livres enfantés à la hâte par la précipitation moderne.

Une fois décidé à écrire l'histoire de l'Auxerrois[1], Lebeuf devait prendre pour base et pour point de départ de ses études les recherches antérieures des hommes qui jadis avaient conçu le même projet, et dont les œuvres imparfaites étaient restées manuscrites. Il avait à sa disposition les sept volumes in-folio de D. Viole et les deux volumes de Bargedé, patientes compilations, dont nous pouvons apprécier l'importance, car elles sont venues jusqu'à nous[2]. Il avait de plus, en sa possession, des papiers qu'il cite fré-

1. C'est alors qu'il publia la brochure intitulée : *Relation authentique de la conversion de saint Mamert, ou fondement de l'histoire ecclésiastique du diocèse d'Auxerre*. (s. l.), 1712, in-8°. Nous ne savons pourquoi les bibliographes, sur la foi du P. Lelong, reportent la date de cet opuscule à 1722. Nous avons beaucoup de lettres écrites par Lebeuf, durant cette dernière année, et il ne dit pas un mot d'une semblable publication. Le titre même et la nature du sujet indiquent qu'il doit remonter à l'époque où l'auteur conçut le premier projet de son histoire du diocèse.

2. Les manuscrits de D. Viole et de Charles-Henri Bargedé sont à la Bibliothèque d'Auxerre. Voyez, sur ces deux hommes et sur Louis Noël, dont il est question ensuite, la Correspondance *passim*, et les notes que nous y avons jointes.

quemment dans ses lettres, et que nous ne connaissons pas, parce qu'ils ont malheureusement disparu. Ce sont les papiers d'un chanoine, qui s'appelait réellement Louis Noël, et qu'on nommait d'habitude Noël Damy, en joignant à son nom patronymique le nom de sa mère ou de sa famille maternelle, l'une des plus considérables de la contrée. Dans le cours de sa longue et laborieuse carrière, Louis Noël paraît avoir recueilli, sur l'histoire locale, des matériaux d'autant plus précieux, qu'il avait dirigé ses efforts sur les points négligés par D. Viole et par Bargedé, tous deux ses contemporains et amis. Nous devons donc reconnaître que la voie dans laquelle s'engageait Lebeuf n'était pas inexplorée, tant s'en faut. Mais aussi le volume que nous publions constate deux choses : la première, c'est que le jeune souchantre ne dissimula jamais les utiles secours qu'il tira de ses devanciers ; au contraire, il ne cesse de citer leurs manuscrits, il les communique à quiconque le désire, il en envoie des copies ou des extraits à quiconque en a besoin ; la seconde, c'est qu'il n'accepta leurs assertions qu'après les avoir soumises au contrôle de la critique la plus minutieuse, et que, pour combler les nombreuses lacunes de leurs œuvres, il ne recula devant aucune investigation.

Désireux de consulter les documents originaux [1] et de

1. On voit, par la correspondance, qu'il s'occupa notamment de confronter les manuscrits originaux de la chronique de Saint-Marien avec l'édition défectueuse et incomplète donnée par Camuzat. Le produit de son travail

remonter aux véritables sources, il mit à contribution les archives de l'Évêché, du Chapitre, de l'Hôtel de Ville : il fureta jusque dans les moindres recoins des abbayes. Ni la défiance hostile de certains prieurs, ni l'obligeance trompeuse de certains autres ne découragea sa curiosité. « Le « bon prieur de Saint-Pierre, écrit-il un jour au P. Prévost[1], « est un bon cœur, et c'est parce qu'il est trop généreux « qu'on en abuse. Il en a avec lui qui font les mystérieux « et les gros seigneurs. Croiriez-vous que jusqu'ici je n'ai « pu parvenir à voir leurs registres mortuaires ou nécrolo- « ges, où j'espérais trouver mes ancêtres les Thuillaut? Je « ne sais si je dois appeler cela ridiculité ou non. A Notre- « Dame-la-d'Hors et à Saint-Eusèbe on n'est pas si ridicule. « J'en ai parlé trois ou quatre fois à M. le Prieur, il m'a « répondu : Venez manger de notre soupe, et nous verrons. « Ils ont lié ainsi, par le moyen des repas, la bouche à bien « des gens, qui auroient dû leur dire leurs vérités. » Grâce à Dieu, Lebeuf n'était pas homme à se taire pour un bon repas : la moindre charte faisait bien mieux son affaire, et, à force de persévérance, il finit par obtenir ce qu'il désirait. Son ardeur ne s'arrêta pas à la recherche des documents écrits. Il interrogea les vestiges matériels du passé, ruines, inscriptions, tombeaux et médailles. Pas une démolition ne s'effectuait qu'il n'y assistât : pas une fouille, qu'il ne

---

a été conservé. Il existe à la Bibliothèque d'Auxerre et serait fort utile pour ceux qui voudraient publier une seconde édition de cette chronique.

1. Lettre des 22 et 27 janvier 1723.

s'en fît le surveillant, et c'est ainsi qu'il est parvenu à conserver le souvenir de la fameuse inscription : *Deæ Icauni*. Dans le cours de ses investigations, il souleva tant de questions nouvelles, il attaqua tant d'erreurs accréditées, qu'il s'attira des querelles historiques, comme il s'était attiré des hostilités liturgiques ou religieuses. Un jour, il crut découvrir à Notre-Dame-la-d'Hors les ossements de saint Germain [1], profanés par les Huguenots en 1567, dispersés, recueillis, et depuis ce temps oubliés dans le fonds d'une caisse par l'indifférence des moines : aussitôt ses amis, les bénédictins de la congrégation de Saint-Maur, qui desservaient alors l'abbaye de Saint-Germain d'Auxerre, prirent fait et cause pour leurs devanciers et protestèrent contre une hypothèse qu'ils déclaraient à la fois fausse et injurieuse pour leur communauté. Une autre fois, sur la vue d'un document inédit, Lebeuf se persuade que cette même abbaye ne possède plus, comme on le croyait, le corps de saint Optat. Il fait ouvrir le tombeau dans lequel, disait-on, les restes du Saint avaient toujours été conservés ; et il trouve le tombeau vide. Nouvelles récriminations de la part des moines. La discussion s'aigrit, et les arguments finissent par céder la place aux injures [2].

1. Voir, sur la découverte de Lebeuf (en 1718) et sur les discussions auxquelles elle donna lieu, l'excellent Rapport présenté à la Société des Sciences historiques et naturelles de l'Yonne, par son président M. Challe, touchant les reliques de saint Germain. *Bulletin de la Société*, 1863, p. 476 et suiv.

2. Voyez, dans le *Cabinet historique*, t. II, 1re partie, p. 7, une lettre de

Un désagrément plus sérieux entravait l'ardeur de Lebeuf. Il ne pouvait se procurer à Auxerre les livres dont il avait besoin. « Nous n'avons ici, s'écrie-t-il, qu'un grandissime « vide de tous les meilleurs livres. Voilà notre richesse [1]. » Quand il désire consulter un ouvrage important, il est obligé de recourir à l'obligeance de son ami et compatriote le P. Prévost. Sa correspondance est pleine des questions qu'il lui pose et des prières qu'il lui adresse. « Pourquoi, lui « écrit-il, êtes-vous au milieu des livres, sinon pour aider « ceux qui en manquent[2] ? » Et dans une autre lettre : « J'envie votre bonheur. Vous êtes au milieu des gens de « lettres et dans le pays des bons livres ! Nous n'avons ici « que le rebut de Paris, et tout nous manque. C'est pour- « quoi ayez donc pitié de moi, et aidez-moi, s'il vous « plait[3]. » C'est là un thème qui revient sans cesse sous sa plume. On sent que la pénurie, dont il se plaint, lui cause un véritable chagrin.

Heureusement, Lebeuf trouva des compensations dans l'obligeance inépuisable du P. Prévost, et dans le concours de ses autres correspondants. Par l'intermédiaire de M. de

---

J. Bretagne à D. Urbain Plancher. « Il attaque plusieurs de nos maisons, « dit Bretagne en parlant de Lebeuf, par des incidents hors d'œuvre et fort « insolents : et c'est là la récompense des services qu'on lui a rendus. Mais « comme il n'a pas l'esprit de M. Thiers, sa critique n'est pas fort à crain- « dre... » Cette lettre porte la date du 15 juin 1730. Toutefois elle se réfère à une discussion soulevée longtemps auparavant, comme on pourra s'en assurer en lisant les lettres qui composent le présent volume.

1. Lettre du 16 août 1721.
2. Même lettre.
3. Lettre du 10 janvier 1721.

La Chauvinière, il s'était créé, dans les diverses provinces de la France, des relations utiles. Il correspondait avec une foule de travailleurs, qu'il interrogeait sur les points les plus obscurs de l'histoire locale. C'était une espèce d'enquête, qu'il tenait constamment ouverte, et dont il attendait d'excellents résultats. « Rien ne contribue davantage, écrit-« il en 1717 [1], à perfectionner les ouvrages, surtout ceux « de critique, que les lumières qui viennent de différents « pays, et qu'on reçoit de personnes éclairées et judicieu-« ses. » Il était même parvenu à obtenir quelques communications et quelques conseils des savants les plus illustres de l'époque, tels que Montfaucon et Martène. A la vérité, jamais il ne se présentait les mains vides ou fermées : à qui prêtait avec mesure, il rendait avec largesse. Par exemple, il connaissait plusieurs des Bénédictins qui avaient entrepris de refondre et de compléter le *Glossaire de Ducange* : il en avait reçu quelques secours, et, en échange, il leur adressa des notices sur une foule de mots de basse latinité, notices assez exactes, assez curieuses, pour que la plupart aient été jugées dignes de figurer textuellement dans l'édition de 1733 [2]. Il s'était mis en relation avec les Bollandistes, parce qu'il avait reconnu que leurs

---

1. Lettre du 27 décembre 1717, adressée à D. Jacques Boyer, l'un des bénédictins auxquels nous devons la seconde édition du *Gallia christiana*.
2. Voyez entr'autres dans le recueil Sainte-Geneviève, Df 42, un travail de Lebeuf sur quarante mots de basse latinité, adressé à D. Guesnié, l'un de ceux qui préparèrent la seconde édition du Glossaire de Ducange. Comparez la lettre du 28 sept. 1718 et les notes que nous y avons jointes.

travaux étaient d'une importance capitale pour l'histoire ecclésiastique de France : il les consultait souvent, mais, à son tour, il leur adressait des copies, des extraits et de longues dissertations, pleines de renseignements inédits [1]. Un instant, au plus fort des querelles jansénistes, il cessa de leur écrire. Puis, il oublia qu'ils appartenaient à la Société de Jésus pour ne voir en eux que les maîtres de la science; tandis que les Bollandistes feignirent d'ignorer qu'il était au nombre des appelants les plus fougueux, pour conserver, coûte que coûte, son utile concours. De même encore avec l'auteur de la *Bibliothèque des écrivains de Bourgogne*, il se montra si empressé, si communicatif, qu'il finit par vaincre la défiance jalouse de l'abbé Papillon, et par obtenir de lui services pour services [2].

C'est ainsi qu'en dépit des obstacles, il recueillait les documents à l'aide desquels il composa la Préface et les Notes de la *Prise d'Auxerre*. C'est ainsi qu'il accumulait peu à peu les matériaux de la grande *Histoire du Diocèse*, et de tant d'autres écrits, qu'il méditait déjà. Tout en butinant pour l'avenir il commençait à se faire connaître et

---

1. Voyez, entr'autres, dans le recueil sus visé, une longue dissertation latine, adressée au P. Janninck, le 28 sept. 1718. Comparez ce que nous en avons dit sous le numéro 53 de notre édition.

2. Voyez, à cet égard, la correspondance, *passim*. Lebeuf se mit aussi en rapport avec les éditeurs du Dictionnaire de Moréri. Voyez, dans le recueil Sainte-Geneviève, Df 42, f° 4 et suiv., un assez long travail intitulé : « Mé-« moires envoyés d'Auxerre, par M. Lebeuf, qui en est l'auteur, pour les « faire insérer dans la nouvelle édition qu'on imprime (en 1717) du Dic-« tionnaire de Moréri. »

apprécier dans le monde des savants. Dès l'année 1723, les rédacteurs du *Mercure de France* se félicitaient d'obtenir sa collaboration. En 1726, le P. Desmolets lui ouvrait l'accès d'un autre recueil, alors très estimé, la *Continuation des Mémoires de littérature*. Il n'avait plus qu'à fuir les controverses religieuses, à négliger les subtilités liturgiques ; il n'avait qu'à réserver, pour l'histoire, l'incroyable activité de sa rare intelligence ; et bientôt il devait mériter le jugement que porte sur lui l'abbé Papillon, dans une lettre au président Bouhier, en date du 31 mars 1735[1]. Ce jugement est assez remarquable pour que nous croyions devoir le citer textuellement :

« Monsieur,

« Dans votre dernière lettre, vous me témoignez le désir
« que je vous envoie quelques-unes de mes réflexions sur
« notre excellent ami l'abbé Lebeuf. Je vais essayer de vous
« satisfaire en vous envoyant quelques copies des lettres
« qu'il m'a adressées, et qui vous le feront encore mieux
« connoitre.

« Suivant moi, l'abbé Lebeuf appartient à cette noble et
« belle école savante du xviie siècle, dont Ducange, Mont-
« faucon, Dachery, Mabillon et Ruinart avoient été les plus
« illustres représentants. Sans élever de glorieux monu-

---

2. La copie de cette lettre inédite, dont l'original appartient aujourd'hui à M. Chauveau, ancien magistrat, nous a été communiquée par M. Benoît, juge d'instruction au tribunal de la Seine, membre de la Société des Sciences historiques et naturelles de l'Yonne.

« ments, comme les frères Sainte-Marthe et dom Bouquet,
« et tout en se rapprochant du procédé de détail de Dreux
« du Radier, il a rendu d'éminents services à l'histoire de
« France. Ses innombrables dissertations, dont je me pro-
« pose de donner la liste dans ma Bibliothèque du comté de
« de Bourgogne, ont jeté un grand jour sur une foule de
« questions douteuses. Sans doute, ce talent de M. l'abbé
« Lebeuf n'est qu'analytique, et il manque souvent, malgré
« une science immense, de hauteur dans les vues, et, quel-
« quefois aussi, de sagacité dans les appréciations. Cepen-
« dant son nom et ses ouvrages resteront parmi les plus
« glorieux scrutateurs des antiquités de la France.

« Voilà, Monsieur, mes réflexions et l'idée que je me suis
« faite de l'abbé Lebeuf; daignez les agréer comme elles
« vous sont offertes, c'est-à-dire avec la considération la
« plus respectueuse, etc... »

L'auteur de cette lettre est trop connu par son caractère difficile et son esprit ombrageux, pour qu'on songe à le taxer d'indulgence excessive [1]. Nous retenons ses éloges comme acquis à la justice et à la vérité. Nous ne protestons pas contre les réserves et les critiques qu'il lui a plu d'y joindre, parce que nous nous arrêtons ici à 1725 : nous laissons Lebeuf au début de sa carrière d'historien. Si nous

---

1. Surtout à l'égard de Lebeuf. Les documents publiés par M. Anatole de Charmasse, dans son excellente notice sur la correspondance de Bénigne Germain (Autun, 1864), prouvent que Papillon ne se gênait guère pour incriminer à tort le caractère et les actions du savant Auxerrois.

avons jamais à le suivre dans une phase plus brillante et plus féconde, nous verrons jusqu'à quel point il est permis d'affirmer qu'il a manqué d'élévation et surtout de sagacité.

Mais les lecteurs, entre les mains de qui tombera ce volume, se borneront-ils à chercher quels travaux scientifiques ou quelles luttes religieuses, quels succès ou quelles traverses ont rempli les jeunes années du sous-chantre Auxerrois? De nos jours, on aime à pénétrer dans la vie intime des hommes célèbres, et l'on tâche de découvrir l'histoire de leur cœur, cachée, pour ainsi dire, derrière l'histoire de leur esprit. Jusqu'ici les biographes de Lebeuf, à défaut de renseignements complets, n'ont pu que vanter l'austérité de ses mœurs, ses habitudes d'ordre et d'économie, l'aménité de son caractère et la générosité constante avec laquelle il appliqua sa maxime favorite : *sine invidiâ communico*. Voici maintenant que sa correspondance jette un nouveau rayon de lumière sur l'honorabilité de sa conduite, et montre plus nettement que l'aridité de ses premières études n'a jamais tari, dans son cœur, la source des bons et des nobles sentiments. Le 9 juin 1723, écrivant au P. Prévost, il parle incidemment des dépenses qu'il vient de faire *comme père de famille*. L'expression est charmante dans la bouche de l'austère chanoine : elle a de plus le mérite d'être rigoureusement vraie. Oui, Lebeuf, sans connaître les joies de la paternité, au sens ordinaire de ce mot, en accepta par dévouement les tracas et les charges. Dans quelles conditions? Par suite de quelles circonstances? C'est un point qui mérite d'être mis en lumière, et sur lequel nous ne craignons pas d'insister, en ajoutant quelques éclaircissements aux demi-confidences relevées çà et là dans ce premier volume.

Si la famille de Lebeuf était honorable, elle n'était pas opulente. Il suffirait, pour s'en convaincre, de lire attentivement l'acte qui constate le mariage de ses père et mère : « Le samedi vingt-septième avril mil six cent quatre vingt « et six ont été reçus à la bénédiction nuptiale et conjoints « par le sacrement de mariage, dans la paroisse de Saint- « Regnobert d'Auxerre, par moy soussigné, curé de Saint- « Georges[1], pour et en l'absence de monsieur le curé de « cette paroisse, honnête fils Pierre Lebeuf, fils de défunt « noble Pierre Lebeuf, vivant avocat à sa cour (sic), demeu- « rant à Joigny, et de demoiselle Salomon, ses père et mère : « et demoiselle Marie Marie, fille d'honorable homme Jean « Marie, marchand apothicaire à Auxerre, et de défunte dame « Marie Deschamps, ses père et mère, de cette paroisse... » Ainsi l'époux est fils d'un avocat à la cour, que le bon curé de Saint-Georges affuble d'une noblesse plus ou moins contestable ; mais il a déjà perdu l'appui protecteur de son père, et lui-même, quoiqu'il soit parvenu à l'âge de trente-trois ans[2], n'exerce ni profession, ni emploi. L'épouse porte un nom honoré dans l'Auxerrois : elle se rattache à une

---

1. Il signe : P. Marie, curé de Saint-Georges. C'était sans doute le frère de Jean Marie, et par conséquent l'oncle de la future.

2. Dans son acte de décès du 24 août 1723, il est indiqué comme âgé de 70 ans.

famille considérable, mais elle appartient à l'une des branches les moins florissantes de cette nombreuse famille. On voit que le ménage débutait sous d'humbles auspices, et tout prouve qu'il continua comme il avait commencé. Quelque temps après son mariage, Pierre Lebeuf fut nommé receveur des consignations, modeste emploi qui ne diminuait pas sensiblement les charges de sa maison, et qu'il ne conserva même pas jusqu'à la fin de sa vie. Lorsqu'il mourut, le 24 août 1723, il n'avait d'autre titre que celui de bourgeois d'Auxerre. Quant à Marie Marie, sa femme, elle l'avait précédé dans la tombe, étant morte le 19 mars 1720.

Parmi les enfants issus de leur union, Jean Lebeuf était l'aîné de plusieurs années. Il avait déjà six ans lorsqu'en 1693 il vit naître, sous le toit paternel, un nouvel enfant bientôt suivi de quatre autres[1]. Cette différence d'âge lui permit de présenter sur les fonts baptismaux plusieurs de ses frères ou sœurs, et de contracter vis-à-vis d'eux une obligation religieuse et morale, dont on tenait jadis plus de compte qu'aujourd'hui. Faut-il l'ajouter? Nous n'avons pu nous défendre d'une certaine impression, en découvrant la signature du jeune parrain, apposée pour la première fois sur les registres de la paroisse Saint-Regnobert, le 17 novembre 1695[2]. C'est le plus ancien autographe que nous

---

1. 1° Eugène (pour Eugénie) Lebeuf, née le 1ᵉʳ août 1693; 2° Pierre-Edme Lebeuf, né le 16 novembre 1695; 3° Germaine Lebeuf, née le 11 juillet 1697; 4° André-Prix Lebeuf, né le 17 février 1701; 5° Eugène (pour Eugénie) Lebeuf, née le même jour qu'André-Prix.

2. A l'occasion du baptême de Pierre-Edme Lebeuf.

connaissions de lui. Les caractères en sont mous, indécis; on y sent la main d'un enfant, et même d'un enfant moins précoce que le disent ses biographes. Mais on songe, par contraste, aux lignes, aux pages, aux volumes que prodigua cette main affermie par l'âge, endurcie par le travail, et dont la mort ou la paralysie purent seules glacer l'ardeur infatigable.

Lebeuf ne joignait pas seulement le titre de parrain à celui d'aîné de la famille. Il était chanoine, dignitaire de l'Eglise, en possession d'une double prébende : nouvelle cause d'obligation vis-à-vis de ses frères et sœurs. « Nous serions « trop heureux, » lui écrit à ce propos un autre chanoine, un autre dignitaire, le doyen Fenel [1], « si notre famille ne nous « était pas à charge, et si, malgré nos soins, on ne s'ima- « ginait pas que nous ne faisons pas encore tout ce que « nous devons faire. » A supposer que Lebeuf ait jamais subi ce dernier reproche, certes il ne l'a pas mérité. Dès avant la mort de son père, il prit en quelque sorte le gouvernement de la famille. Vers la fin de 1721, on le voit, dans sa correspondance, veiller à l'éducation de son dernier frère, André-Prix Lebeuf, qu'il avait déjà fait nommer chanoine de Notre-Dame-de-la-Cité [2]. Il veut que le jeune homme soit digne de son nouveau titre et s'apprête au besoin à en obtenir d'autres. Il l'envoie continuer à Paris le cours de ses études : il le place dans un établissement dont il

1. Lettre du 14 novembre 1722.
2. André-Prix Lebeuf était né le 17 février 1701.

connaît le directeur, et il le recommande aux savants avec lesquels il entretient les relations les plus étroites. Il voudrait bien encore appeler sur le pauvre étudiant la sollicitude de l'oncle Lebeuf, qui était alors « conseiller-secré« taire du Roi, maison et couronne de France. » Malheureusement, il ne peut attendre de ce côté un secours efficace : « L'oncle de Paris, » dit-il dans une lettre[1], « est un « parent à qui on a peine à faire entendre raison et qui ne « songe qu'à pousser ses trois fils. » Voilà, par conséquent, Lebeuf réduit à pousser lui-même ses deux frères.

Car il en avait deux; et celui que nous ne connaissons pas encore, Pierre-Edme, né le 16 novembre 1695, était moins facile à diriger que l'autre. Quelles furent au juste ses peccadilles de jeunesse? La correspondance ne nous l'apprend pas; elle laisse seulement deviner qu'il eut une jeunesse orageuse, et qu'on hésita, pour le calmer, entre les murs d'une abbaye ou les cadres d'un régiment. Dans une lettre du 10 novembre 1722, Lebeuf écrit au doyen Fenel : « Je n'ai point entendu de nouvelles de celui à l'occasion « duquel j'ai fait mon dernier voyage. Je ne sçais pas si « on l'a retenu dans l'endroit où je l'avais laissé en épreuve. « C'est à six ou sept heures de chez vous. C'est un vivant « qui me fait faire bien des pas. » Et de son côté le sage et bon Fenel répond : « Je prends toute la part que je dois « aux chagrins que vous donne la personne dont vous

1. Lettre du 18 novembre 1721.
2. Lettre du 14 novembre 1722.

« m'avez parlé confidemment... Je ne vois pas que cette « personne convienne à l'état ecclésiastique ni à l'état des « réguliers. Il seroit à souhaiter qu'il pût prendre quelque « party dans le monde, c'est là son fait. Pour ce qui est du « party de l'armée, il y a tant de risques pour le salut, que « je ne crois pas qu'on doive s'employer pour y faire entrer « qui que ce soit. Si il le veut absolument, il le faut laisser « faire. » Somme toute, la raison timorée des deux amis s'effrayait outre mesure, et le « vivant, » qui leur paraissait en 1723 si difficile à conduire, ne tarda guère à ranger sa vie de façon à leur donner une pleine satisfaction. Car en 1730, lorsqu'il mourut, à peine âgé de trente-quatre ans, il était déjà devenu le « R. P. Lebeuf, cordelier, prêtre-vicaire de la communauté d'Auxerre [1]. »

On peut juger par ces rapides détails de la sollicitude avec laquelle notre Lebeuf remplit sa mission paternelle. Ce qu'il avait fait pour ses deux frères, il le fit à plus forte raison pour ses trois sœurs, la dernière surtout, Eugénie Lebeuf, qu'il semble avoir aimée plus que les autres. De là vient qu'il contracta, dès sa jeunesse, des habitudes de parcimonie dont il ne se défit jamais. Nous les respecterions moins si la cause n'en était pas si louable. Mais quand on le voit, dans ses lettres, soulever une foule de petites questions d'argent, on ne saurait oublier que les économies du sous-chantre sont entièrement destinées aux cinq enfants du pauvre bourgeois d'Auxerre.

[1]. Voyez *Inventaire des archives de l'Yonne*, supplément à la série E. p. 7.

Pour subvenir à leurs besoins, Lebeuf s'impose des privations de tout genre. Il se refuse la tranquillité d'un logis spécial, et se condamne à vivre dans la maison paternelle, au milieu du bruit et du tracas. Lui qui n'a pas de plus grand bonheur que de correspondre avec ses amis, d'interroger les savants, et de se renseigner en tous lieux, il s'effraye de la cherté des ports de lettres; il se plaint du prix des enveloppes; il s'ingénie pour rendre sa correspondance moins coûteuse, tant que sa famille pourra souffrir d'une pareille dépense. « Lorsque je serai en mon particu-
« lier, » dit-il[1], « et que je n'aurai pas tout le tracas du
« ménage sur le corps, je serai un peu plus à mon aise : alors
« je pourrai faire agir la poste plus hardiment. » Les mêmes raisons l'empêchent de se rendre à Paris, malgré l'attrait des grandes collections qu'il désire y consulter. A plusieurs reprises, il demande à son ami Prévost s'il ne pourrait pas utiliser son voyage en disant quelques messes, et en en percevant l'honoraire; « car, » dit-il, « si étant absent je ne
« gagne rien, je ne veux pas tout perdre, et il faut tâcher
« à vivre de l'autel, puisque Dieu nous a fait la grâce de
« nous faire un de ses ministres[2]. » Il finit par se décider, il part, il descend chez sa tante Lebeuf, la veuve de l'ancien conseiller-secrétaire du roi; et puis, une fois installé, il trouve les bibliothèques plus riches encore qu'il croyait,

---

1. Lettre du 24 mars 1722. Dans une autre lettre du 8 avril 1723, le doyen Fenel écrit à son tour à Lebeuf : « Vous êtes trop occupé par rap-
« port au logement... »
2. Lettre du 21 février 1723.

les bibliothécaires plus obligeants qu'il en avait l'espoir : il oublie ses charges de famille, il passe un long mois dans la capitale. Cinq ans après [1], le souvenir de cet heureux temps lui revient à l'esprit, et il écrit à son ami Prévost : « Dans mon voyage de 1723, l'occasion de la bonne volonté « de feu M. Boivin [2] me fit rester le mois de juillet entier à « Paris. Je perdis mon mois, quant au revenu ; mais je m'en « revins chargé d'un grand nombre de remarques que j'avois « faites dans les manuscrits de la Bibliothèque du Roi : je « n'en suis pas fâché. On ne retrouve pas toujours des « MM. Boivin ! » Est-il donc plus facile de retrouver des hommes, comme Lebeuf lui-même, dévoués à leur famille jusqu'à l'abnégation la plus complète, se condamnant aux sacrifices les plus pénibles pour mieux remplir leur généreuse mission, et ne se permettant d'autre débauche que de s'attarder tout un mois dans les limbes de la Bibliothèque royale, sous la conduite d'un guide obligeant et sûr, dût ce rare bonheur leur coûter un douzième de leur revenu !

A vrai dire, il ne perdit pas grand'chose. Si le Chapitre était animé contre lui de sentiments inexcusables, l'évêque, au contraire, professait pour son mérite la plus haute et la plus sincère estime. Dès qu'il en trouva l'occasion, M. de Caylus lui donna quelques petits bénéfices, dont les produits

---

1. Lettre du 5 novembre 1728.
2. M. Boivin était, en 1723, commis à la garde des manuscrits de la Bibliothèque du Roi. Il mourut le 29 octobre 1726. Voyez Leprince, *Essai hist. sur la Bibl. du Roi*, p. 87 et suiv.

servirent à combler les lacunes de sa prébende canoniale : entr'autres, il lui conféra la chapelle, jadis prieuré, de Saint-Cartaut, située dans les limites de la paroisse de Bléneau en Puysaie [1].

D'ailleurs l'homme charitable, véritablement dévoué à son prochain, n'a pas besoin de richesses pour montrer l'obligeance de son caractère et la générosité de son cœur. Lebeuf répète volontiers [2] que la charité n'est pas une œuvre matérielle et qu'elle ne consiste pas à donner ou à recevoir : *Qui enim in cibo et potu, dandis et accipiendis rebus, charitatem putant, errant.* Comme il disait, il agissait. Lorsqu'il ne pouvait donner son argent, il donnait son temps, ses efforts; il témoignait sa bonne volonté par tous les moyens possibles; si bien qu'un jour, le doyen Fenel, à la fin d'une lettre où il lui demandait un service [3], conclut en disant : « C'est une œuvre de charité, il suffit de vous la « proposer, étant votre caractère dominant. » Nous n'ajou-

---

[1]. C'est le 9 septembre 1724, par lettres de provision, datées de Régennes, que M. de Caylus conféra à Lebeuf la chapelle ou chapellenie de Saint-Cartaut, alors vacante par le décès de Jean-Baptiste de Logier Bouvet, son dernier possesseur. La veille, c'est-à-dire le 8 septembre, M. de Caylus lui avait déjà conféré un autre bénéfice, la chapelle de Saint-Caradeu, également située sur la paroisse de Bléneau, disent les lettres de provision. Mais il doit y avoir là une erreur, soit dans la désignation du bénéfice, soit dans celle de la paroisse : car jamais la paroisse de Bléneau n'a renfermé une chapellenie de Saint-Caradeu. Quant au prieuré de Saint-Cartaut, Lebeuf l'a conservé jusqu'à sa mort, après laquelle ce prieuré fut conféré à un chanoine de la cathédrale d'Auxerre, nommé Pierre Ducrot. (Lettres de provision du 23 avril 1760.)

[2]. Voir, entr'autres, lettre du 8 juillet 1717, en note.

[3]. Lettre du 10 août 1721.

terons rien à ces deux lignes. Elles résument parfaitement ce que nous avions à cœur d'établir.

Un dernier mot sur ce volume. Il semble que la date des lettres qui le composent mérite d'être remarquée : la plupart, la presque totalité, ont été écrites de 1715 à 1725.

> C'était la Régence alors.
> Et, sans hyperbole,
> Grâce aux plus drôles de corps,
> La France était folle.

Oui, c'était le règne de Philippe d'Orléans et de son favori Dubois, puis le ministère du duc de Bourbon et de la marquise de Prie, en attendant le règne de Mme de Pompadour et de la Dubarry. C'était le temps des débauches scandaleuses et des orgies insensées, le temps des roués et de leurs dignes compagnes. Déjà fermentaient, dans quelques esprits, les idées, les doctrines qui devaient entraîner un jour la chute de l'ancien ordre de choses. Voltaire préludait à ses triomphes comme écrivain, à ses hardiesses comme penseur. Derrière lui grandissait Diderot, le futur encyclopédiste. La littérature française, illustrée naguère par le calme génie de Racine et de Bossuet, commençait à subir une transformation imprévue. Elle devenait peu à peu une arme de guerre, une mine de pamphlets, attaquant tout, ne respectant rien, et sapant les bases de la religion avec celles de la société.

Personne, il est vrai, n'ignore qu'au milieu de ce tourbillon, au plus fort de ces licences, quelques hommes exceptionnels conservèrent le culte des mâles études et le privilége d'une vie exemplaire. Même aux époques les plus agitées ou les plus corrompues, il y a toujours des noms qui surnagent, purs et intacts, au-dessus des eaux les plus fangeuses. Mais on a peine à croire qu'il existât, en France, à côté de la société futile et dissolue qui caractérise la Régence, une autre société, non moins nombreuse, discutant les subtilités du dogme avec autant d'ardeur qu'au XVIe siècle, se passionnant pour les questions de liturgie, déployant dans la lutte une activité indomptable, étudiant sans cesse, écrivant sans relâche, échangeant d'un bout à l'autre du royaume une série continuelle de lettres, de mémoires, de traités; et, ce qui nous touche davantage, invoquant l'histoire au secours de ses opinions liturgiques ou religieuses, puis s'habituant à cultiver cette noble science pour elle-même et sans parti pris, fouillant les bibliothèques, les abbayes, les collections particulières, soutenant le zèle de chacun par le secours bienveillant de tous, accumulant ainsi matériaux sur matériaux, et léguant à la postérité, avec des ouvrages précieux, un exemple plus précieux encore.

Sans sortir du cercle des relations qu'entretenait Lebeuf au début de sa carrière, quelle foule d'écrivains, quelle multitude d'érudits ou tout au moins de chercheurs! Nous venons de donner quelques détails sur ses amis particuliers. Mais quelle interminable liste nous aurions à dresser, si nous entreprenions maintenant d'énumérer tous ses correspondants sans exception, tous les travailleurs qu'il connait et dont il parle dans ses lettres, sans compter ceux qu'il connaissait et dont il ne parle pas, parce que nous n'avons retrouvé qu'un fragment de sa correspondance, un lambeau du livre de sa jeunesse ! Il serait facile de grouper, autour du modeste sous-chantre, une véritable légion d'hommes actifs et laborieux, dont quelques-uns ont conquis une réputation durable, dont quelques autres ne méritaient pas l'oubli où leurs noms sont aujourd'hui tombés.

Non-seulement ces hommes respectables font un singulier contraste avec les tristes héros de la Régence ; mais à lire leurs lettres, à parcourir leurs écrits, on dirait qu'ils ont vécu dans un cloître, où ne pénétrait jamais le moindre écho des choses de leur temps. Ce sont pourtant des ecclésiastiques très libres de leurs démarches et très mêlés au mouvement du monde qui les entoure. Il y a même parmi eux des laïques, encore plus libres d'agir et de penser comme des mondains. Néanmoins ils ne songent que jansénisme et liturgie, ils ne parlent qu'histoire ou numismatique. Tout au plus un mot échappé de leur plume indique çà et là qu'ils subissent le contre-coup des événements contemporains. Ainsi le doyen Fenel, se disculpant d'avoir été trop réservé dans la réforme du missel de Sens, avant 1745, s'écrie : « C'était alors le temps de Louis XIV et du « P. Tellier. » En d'autres termes, c'était le temps où le monarque absolu, qui gouvernait la France, était lui-même gouverné par un jésuite : on ne faisait pas ce qu'on voulait on faisait ce qu'on pouvait. Quelques années après, Fenel apprend que le Régent et les Parlements, l'autorité politique et judiciaire, interviennent de nouveau dans les querelles religieuses, et il indique, par une phrase, les résultats généraux qu'entrevoit dans l'avenir son esprit éclairé. Arrive la catastrophe de Law; M. de la Chauvinière, ruiné, meurt de chagrin, et les conséquences du désastre se font sentir jusque dans les provinces les plus reculées. Lebeuf en parle une ou deux fois dans ses lettres, incidemment, à propos de son malheureux ami. C'est là tout. Ne demandez pas à de tels hommes d'amples détails sur l'histoire de leur temps. Ils la connaissent peu et ne s'en préoccupent guère. Le milieu dans lequel ils vivent n'est pas celui où germent les révolutions sociales, où se joue le drame de l'histoire politique. Il faut attendre encore plusieurs années, pour arriver à l'époque dans laquelle on verra les différentes classes de la société française, pénétrées d'un même esprit, tourmentées d'une même inquiétude, se préparer au dénouement qu'elles pressentent. Ceux qui ont assisté à cette transformation presque soudaine, n'ont pas manqué de la constater. Voyer d'Argenson, qui connaissait bien la France, écrivait en 1739 : « Il y a cinquante ans le public « n'étoit aucunement curieux des nouvelles d'Etat. Aujour-« d'hui chacun lit sa *Gazette de Paris*, même dans les « provinces. On raisonne à tort et à travers sur la poli-« tique ; mais on s'en occupe. La liberté anglaise nous a « gagnés... » Le volume que nous publions corrobore la remarque judicieuse de Voyer d'Argenson. Il montre même qu'en 1725 les esprits les plus actifs et les plus intelligents demeuraient absorbés dans des études abstraites, sans souci des grands intérêts de la patrie. Enfin, il prouve que, si le moraliste est embarrassé pour saisir la nature *ondoyante et diverse* de l'homme, l'historien doit éprouver encore plus de difficulté pour peindre une nation comme la nôtre, où se rencontrent, en même temps, les fanfarons de vices que tout le monde connaît, et les modestes travailleurs qu'ici, avec un peu de patience, on peut apprendre à connaître.

AIMÉ CHÉREST.

LETTRES

DE

L'ABBÉ LEBEUF.

1. — [DE LEBEUF A CHASTELAIN, CHANOINE DE L'ÉGLISE NOTRE-DAME DE PARIS] [1].

[Auxerre, 1708] [2].

Je ne suis pas plus tôt arrivé à Auxerre, Monsieur, du voiage que je viens de faire en Champagne et Lorraine, que je prends

1708

LETTRE 1. — Le manuscrit autographe appartient à la Société des Sciences historiques et naturelles de l'Yonne. Il ne porte ni suscription, ni date, ni signature. C'est probablement le duplicata d'une lettre adressée par Lebeuf à l'un de ses correspondants, et dont il aura gardé copie. En tous cas l'écriture est bien sienne. Il ne saurait y avoir doute sur ce point. Quant aux notes, nous les empruntons, pour la plupart, et sauf quelques légères modifications, à la publication déjà faite par M. le comte Léon de Bastard (*Bulletin de la Société des Sciences de l'Yonne*, tome XIII, page 92 et suivantes).

1. M. de Bastard a pensé avec raison qu'il était possible de restituer ici le nom du destinataire. « A quel hagiographe contemporain cette lettre « pourrait-elle être mieux adressée qu'à Chastelain, dont les relations avec « l'abbé Lebeuf étaient de la plus grande intimité ? » Nous ajouterons qu'à l'époque où cette lettre fut écrite (voir note suivante), Lebeuf, encore bien jeune, n'avait guère d'autres connaissances que Chastelain dans le monde des savants. D'un autre côté, la personne à laquelle il s'adresse avait composé des Antiennes à l'usage du diocèse de Paris : nouvelle preuve que cette personne n'est autre que l'abbé Chastelain, le compositeur de l'Antiphonier de 1681. Voyez, au surplus, dans la Préface, les détails que nous avons donnés sur Chastelain et sur ses relations avec Lebeuf.

2. Les premiers mots de cette lettre indiquent en effet qu'elle a été écrite d'Auxerre. Ce ne peut être qu'en 1708, car Lebeuf y mentionne, comme

la plume en main pour vous marquer, selon vos souhaits, ce que j'y ai trouvé de plus singulier sur ce qui regarde la perfection de votre ouvrage.

J'ay passé à Hyverneaux [3] et ensuite à Farmoutier [4] où n'ayant pas trouvé Madame l'abbesse, qui étoit encore au Mans, j'ay parlé à Madame la prieure sur ce que vous m'aviez dit. Elle et Madame la sacristine ont été fort réjouies du recouvrement que vous avez fait de leur propre, mais elles souhaiteroient bien avoir des antiennes particulières pour toutes les festes de sainte Fare leur patrone, vous laissant cependant liberté de mettre à quelle feste il vous plaira celles que vous avez déjà eu la bonté de composer.

J'ay été de là à Coulommiers, à Rebais [5], à Orbais [6], tous lieux dont vous savez toutes les particularitez. J'ay trouvé dans un processionnel moderne du Soissonnois une sainte Sygrade aux litanies du samedy-saint ou des Rogations; j'ay feuilleté tous les livres soissonnois tant anciens que nouveaux sans avoir pu trouver aucune mention d'elle qu'en cet endroit-là, *sancta Sygrada*. J'ay veu ensuite l'abbaye de la Charmoye [7], puis je suis rentré en un village nommé anciennement Gionches [8] où les saints Ferréol et Ferrutien sont patrons, quoique ce fût autrefois saint

---

publiée depuis un an, l'histoire de Toul du P. Benoît Picard, ouvrage qui parut en 1707 (voir note 14). Lebeuf y parle aussi de son passage à Verdun, et plus tard, dans ses *Mémoires sur le diocèse d'Auxerre*, il a dit : *Ce sont des faits que j'ai vérifiés moi-même à Verdun, en 1708* (voir *Mémoires sur le diocèse d'Auxerre*, édition nouvelle, t. I, p. 90).

3. Hyverneaux, abbaye d'Augustins près de Lésigny, département de Seine-et-Marne.

4. Faremoutier, célèbre abbaye de Bénédictines, fondée par sainte Fare, sous la règle de saint Colomban ; elle a longtemps relevé immédiatement du Saint-Siège, mais au XVIIe siècle elle a été soumise à la visite de l'évêque de Meaux.

5. Rebais (Seine-et-Marne), ancienne abbaye de Bénédictins.

6. Orbais, bourg du département de la Marne, ancienne abbaye de Bénédictins.

7. Abbaye de la Charmoye, ordre de Cîteaux, diocèse de Châlons-sur-Marne.

8. Gionges-Saint-Ferjeu, canton d'Avize, département de la Marne.

Ferréol de Vienne : ce lieu s'appelle à présent Saint-Ferjeu, et on y a des reliques d'un des deux premiers [9].

Vous savez tout ce qu'il [y] a de remarquable à Chaalons, ainsi je n'en touche rien. Personne n'a pu me dire ce que sont les trois lieux nommés Saint-Ansèbe, Saint-Compagne et Saint-Pey. Il y a un lieu nommé Saint-Eulien [10] que vous savez être Saint-Aquilin. Les trois précédents ne sont point dans la liste des paroisses du diocèse. Il y a, près de Vertus, Chevigny, dont quelques païsans me dirent que saint Alain étoit patron ; ils vouloient peut-être dire Hélain.

Après avoir passé à Sainte-Menehould, j'ay été à Clermont en Argonne et de là à Verdun. Les Prémontrez y ont fait mettre sur le lieu le plus éminent de leur bâtiment : *S. Paulo Apostolo et S. Paulo Vird. Episcopo*; c'est apparemment comme les Bénédictins de Saint-Clément de Metz qui croyoient que leur église a porté le nom de saint Félix de Nole, dont ils font grande solemnité. On répute pour bienheureux en l'abbaye de Saint-Vanne, un Richard, abbé, mort en 1046. Son tombeau est dans l'aile droite du chœur, il y a quelques-uns de ses habits enchassez.

Il y a en l'abbaye de Saint-Maur une chapelle de saint Oricle.

Un catalogue de reliques, composé en vers hexamètres et placé dans le sanctuaire de la cathédrale, marque qu'on y a des reliques d'une sainte Castella, d'une autre nommée Thiberta, et enfin d'une autre dite Yrona.

Saint Cuny y est représenté, dans un tableau de la nef, comme un soldat armé de pied en cap.

L'ancien missel de 1554 met commémoraison de saint Dagobert, martyr, le 10 septembre, et de saint Césaire, martyr, le 1er novembre.

---

9. Saint Ferréol (*sanctus Ferreolus*) et Saint Ferrution (*sanctus Ferrutius* ou *Ferrutio*), vulgairement appelés saint Fargeau et saint Fergeon, disciples de saint Irénée, évêque de Lyon, furent martyrisés, près de Besançon, au commencement du IIIe siècle. Un autre saint Ferréol, autrement dit saint Forget, Forgei, Forgeux, Farjeu, etc., ancien tribun à Vienne, sur le Rhône, fut martyrisé vers la fin du IIIe ou au commencement du IVe siècle.

10. Saint-Eulien, canton de Thieblemont (Marne).

1708

J'y ay lu, dans l'histoire du chanoine Wassebourg[11], que saint Magdalvie apporta de Rome le corps de saint Gorgon, qu'il mit à Gorze, de saint Avoulx (*Naboris*), qu'il mit à un lieu dit Illiriacum, et de saint Anazar (*Nazarii*), qu'il mit à Lorishan, au-delà du Rhin[12].

En allant à Metz, on passe près d'un lieu nommé Haudiomont, où saint Urbain est patron.

J'ay trouvé à Metz le culte d'environ vingt-six évêques, au lieu qu'à Verdun il n'y en a que onze dont on honore la mémoire, et à Chaalons six. Je ne les nommeray pas de suitte, parce que je ne say pas bien en quel temps ils vivoient. Les plus connus sont : saint Clément, saint Patient, saint Félix, saint Siméon, saint Rufe, saint Agatimbre, saint Urbice, saint Legunce, saint Cloul, saint Arnoul, saint Térence, saint Godegrand, saint Firmin, saint Goëry, saint Hydulphe.

Outre ceux-là, les saint Victor, évêque, du 22 septembre, saint Pierre, évêque, du 27, saint Spire (*Spirus*), du 23 aoust, ont leurs festes particulièrement célébrées à Saint-Clément, avec saint Légunce et saint Adelphe, aussi évêques, dont on y a les reliques. Saint Aucteur est le second patron de la paroisse de saint Simplice de cette ville. Saint Papoul, saint Sigisbald, saint Godon, du 8 may, ont un culte spécial à Saint-Symphorien avec saint Godegrand, du 6 mars, à cause des reliques qu'on y a d'eux et de la grande sainte Rufine. Saint Cœlestius est encore honoré en plusieurs églises, aussi bien que saint Gondulfe quelque part, le 7 septembre. Pour les saints dont on a les reliques à Saint-Vincent, ils sont assez connus, puisque la plupart sont dans le martyrologe romain. Vous pouvez en avoir veu la liste, et même il me semble que vous

---

11. Richard de Wassebourg, archidiacre de l'église de Verdun, auteur des *Antiquités de la Gaule Belgique, etc., depuis Jules-César jusqu'à la mort de François Ier*, 2 vol. in-f°, Paris, Sertenas, 1549.

12. D'après le récit de Paul, diacre, et de Sigebert de Gemblours, adopté par les Bollandistes (t. I, de mars, p. 452) et par Baillet (t. III. in-4°, p. 64), ce fut Chrodegand, évêque de Metz, qui obtint du pape Paul Ier les corps des saints Gorgone, Nabor et Nazaire. Le corps de saint Gorgone fut donné à l'abbaye de Gorze et celui de saint Nabor à l'abbaye *Hilariacum* ; quant

en dites un mot en votre premier trimestre [13], à l'occasion de quelque évêque de Metz. La chasuble de Dierry, qui est le fondateur de cette abbaye, est exposée à la vénération publique en cette église, le 1ᵉʳ septembre, qu'on fait encore son obit. On croit que sa fête est célébrée par quelques religieux allemands, qui en ont dérobé une partie du chef, du temps qu'on l'exposoit avec la même chasuble au milieu du chœur.

Je ne dis rien de saint Livier, de sainte Ségolene, ny de saint Marcel de Chalon, qui ont donné leur nom à trois paroisses de cette ville. Vous savez, sans doute, que la fête de ce premier est le 26 novembre et sa translation le 14 juillet.

On voit encore des reliques de sainte Aprincie, vierge, et le chef de saint Cadroel, abbé à Saint-Clément.

Près de Metz est le village nommé Longeville, où saint Luc est patron.

A Nancy, sont honorées chez les Bénédictins de Saint-Léopold quelques reliques de saint Spinule, confesseur, dont ils font la feste le 5 novembre, des saints Jean et Bénigne, confesseurs, le 2 aoust, et de saint Angelram, évêque, sans qu'on en fasse la feste.

On fait encore à Saint-Nicolas, chez les Bénédictins, la feste des saints Berthaire et Athalene, martyrs, le 7 juillet ; ils en ont des reliques venues du prieuré de Blerville, près Neuf-Château.

On voit à Toul, en l'abbaye de Saint-Mansui, en une chapelle du cloître, le tombeau de ce saint et une châsse de bois contenant les reliques de cinq de ses successeurs jusqu'à saint Evre ;

---

au corps de saint Nazaire, il fut porté de l'autre côté du Rhin, à l'abbaye de Lorishaim. — Gorze, diocèse de Metz, — Hilariacum ou *Hilarius ad Mosellam*, dit Helera, plus tard Saint-Nabord ou Saint-Avold de Metz, — *Laurissa, Laurishamum*, Lauresheim, plus tard Saint-Nazaire, diocèse de Worms.

13. C'est-à-dire dans le premier trimestre de votre martyrologe. — Chastelain avait publié, en 1705, une traduction du *Martyrologe romain* avec des notes, traduction qui ne comprend que les deux premiers mois de l'année. Il publia, en 1709, un *Martyrologe universel*, qui devait être terminé en 1708, et auquel, sans doute, Lebeuf, confident des travaux de l'abbé Chastelain, fait allusion dans le passage ci-dessus.

ils sont représentés dessus avec leurs noms : S. *Mansuetus*, S. *Amo*, S. *Alchas*, S. *Celsinus*, S. *Auspicius*, S. *Ursus*. L'histoire de la ville de Toul a été donnée au jour par un capucin de cette ville, depuis un an [14]. Il y en a une centaine d'exemplaires à Paris. Il y est parlé d'un saint Élophe et d'un saint Euchaire, tous deux martyrs. Je me souviens d'avoir passé près d'un hermitage du nom de ce dernier, à une lieue de Liverdun, et d'avoir vu dans une carte latine de Lorraine un lieu du nom de ce dernier, près Neuf-Château. Il y est aussi fait mention des saints Agent, Pient et Colombe, comme de sainte Mactellede, de sainte Cécile, de sainte Tcète (?) ou Gertrude de Remiremont. On fait à Saint-Martin double de 2ᵉ classe de saint Dodon, martyr, le 7 avril, parce qu'on y a de ses reliques.

On tient, à Toul, Renaud et Orbon, évêques, pour morts en odeur de sainteté; ils sont inhumez sous la tour méridionale; on a l'effigie de ce dernier dans le thrésor de la cathédrale.

De Toul à Joinville, en passant par Ligny en Barrois, il n'y a rien de remarquable, et à Joinville, il n'y a que sainte Ame chez les Cordeliers, où l'on la tient sœur des saintes Houe, Menehould, Glossine [15].

Outre les reliques de saint Urbain qui sont à l'abbaye de son nom [16], on y montre celles de sainte Menehould et celles de saint Sacerdos, évêque de Sagunte, dont on y fait la feste le 5 may, sans leçons propres.

En allant de là à Langres, on passe auprès de quelques villages qui ont saint Calixte, pape, pour patron, comme Fronques [17] et

14. Picard (Benoi.). d[it] Benoit de Toul, capucin, né à Toul, vers 1663, et mort au mois de Janvier 1770, auteur de l'*Histoire ecclésiastique et politique de la ville et du diocèse de Toul*, Toul, 1707, in-4°.

15. Emme ou Ymme, vulgairement sainte Ame ou sainte Amée, Hoylde ou sainte Hould, saintes Pussine, Francule, Libre ou Libère, Manchilde ou Menehould, et Lutrude ou Lintrude, vulgairement sainte Lindru, du pays Pertois en Champagne, étaient sœurs. Elles vivaient vers le milieu du Vᵉ siècle et consacrèrent leur virginité à Dieu. Baillet, t. VI, p. 309-310.

16. Saint-Urbain, canton de Doulaincourt, département de la Haute-Marne.

17. Fronches, canton de Vignory (Haute-Marne).

Bussières [18]. Ensuite on en voit un autre nommé Boulogne [19], où sainte Bologne est patrone. Cette sainte est honorée dans le bréviaire de Langres d'une simple commémoration, sans leçon, le 16 octobre; on la tient martyre dans le lieu, on dit qu'elle fut roulée du haut d'une montagne en bas, tout proche de ce village-là, où l'on conserve ses reliques. Près de Chaumont est un village, nommé Villers-le-Sec [20], où saint Amon de Toul est patron [21]. On montre à Saint-Jean de Chaumont un vieux reliquaire de saint Antide, évêque. J'ay lu, dans le pouillé de Langres, un lieu nommé Saint-Aplomay, dans le doyenné de Dijon [22], et dans celuy de Grancé un autre nommé Barjous [23], où saint Frodulphe est patron. Il y a aussi près de Bar-sur-Aube un prieuré dit de Sainte-Germaine, laquelle sainte est invoquée dans les litanies du missel de 1572. Il y a dans le même missel une messe votive à l'honneur des trois enfants de la fournaise, dans l'opinion où l'on est sur leurs reliques [24]. On lit dans l'histoire de Langres plusieurs saints, dont voici, à ce qui me paroit, les plus particuliers: saint Vandalet, abbé de Bèze, mort à Thil-le-Châtel, sainte Marthe, épouse de saint Amatre d'Auxerre, saint

1708

---

18. Buxières-les-Froncles, canton de Vignory (Haute-Marne).
19. Bologne, id. id.
20. Villiers-le-Sec, canton de Chaumont-en-Bassigny (Haute-Marne).
21. Saint Amon, sans doute saint Aimon, second évêque de Toul.
22. Saint-Aplomay ou Saint-Appolinaire, à quatre kilomètres de Dijon, autrefois du diocèse de Langres, puis du diocèse de Dijon, et sous le vocable de saint Appolinaire, évêque de Valence sur le Rhône, « que le vul-« gaire appelle saint *Aiplomay*. » Baillet, t. VII, p. 80.
23. Barjon, canton de Grancey (Côte-d'Or), d'abord du diocèse de Langres et ensuite de celui de Dijon.
24. Du temps de l'empereur Zénon ou d'Anastase, on envoya de Cappadoce à Langres les corps de trois jumeaux, martyrs, que l'on supposa être ceux des trois hébreux Ananias, Misael et Azarias, jetés dans une fournaise ardente du temps de Nabuchodonosor, ou peut-être les reliques de Speusippe, Eleusippe et Meleusippe, frères jumeaux, martyrisés au IIe ou IIIe siècle après Jésus-Christ, que quelques auteurs croient cependant être nés dans les Gaules. Selon d'autres, ces reliques pourraient avoir été apportées sous les rois de la première race avec ce qu'on a de saint Mammès, martyrisé comme eux en Cappadoce. On parle aussi de la translation de ces reliques, au VIIIe siècle, de Langres au monastère d'Elwany en Souabe.

1708 Alget, évêque, inhumé à Clairvaux, 17 janvier, saint Ebrard, comte de Montmort, honoré le 20 mars, saint Amédée, seigneur d'Auberive, honoré à Clairvaux, 19 octobre, saint Gautier de Montmirel, le 29 septembre, saint Godin, médecin, saint Prudent, archevêque de Narbonne, dont les reliques sont à Bèze depuis 883, saint Félix et ses trois compagnons, morts à Saxe-Fontaine, saint Berchaire, mort à Château-Vilain, 18 octobre, saint Silvin, évêque de Tarbes, apporté à Bèze, où l'on l'honore le 17 février, saint Saxon ou Savon à Poulletières [25], saint Ariolphe ou Arnoul, 32e évêque de Langres, saint Geoffroy, 55e évêque, et d'autres du ménologe de Citeaux où sont aussi quelques-uns de ceux-cy.

2. — DE LEBEUF A ...... [1].

Paris, 7 janvier 1711 [2].

1711 Vous m'avez témoigné le désir d'avoir quelques renseignements sur Saint-Jacques-l'Hôpital. Je vais essayer de vous satisfaire autant qu'il me sera possible.

Au XIIIe siècle, il n'étoit pas rare de voir de bons bourgeois, de riches marchands quitter leur commerce, abandonner leurs familles pour entreprendre de longs pélerinages. C'était la manie du temps. On ne rencontroit sur les routes que des pélerins

---

25. Lebeuf a voulu sans doute parler de la célèbre abbaye de Pouthières ou Pothières, fondée par Girard de Roussillon, près de Châtillon-sur-Seine (Côte-d'Or).

LETTRE 2. — Cette lettre est publiée d'après une ancienne copie communiquée par M. Benoit, juge d'instruction au tribunal civil de la Seine, membre de la Société des Sciences historiques et naturelles de l'Yonne. — Dans le cours de cet ouvrage, les Editeurs auront plusieurs fois l'occasion d'utiliser les communications obligeantes de M. Benoit. Ils se font un devoir de lui en témoigner ici leur reconnaissance.

1. Le nom du destinataire manque et ne peut être suppléé.
2. La date est surchargée dans la copie que nous suivons.

priant, chantant, demandant l'aumône, accueillis partout, hébergés pour l'amour de Dieu et de saint Jacques. On les reconnoissoit à leurs chapeaux, à la mozette garnie de coquilles, ayant en main le bourdon surmonté d'une gourde toujours pleine ; leurs cantiques, que le temps nous a conservés, étoient sur des airs qu'accompagnoit une vielle discordante ou le rebec, espèce de violon que râcloit le pélerin. Ces pieux voyageurs, semblables aux pélerins de la Mecque, étoient persuadés qu'ils rachetoient leurs péchés et gagnoient le ciel en faisant des voyages de long cours et en visitant les tombeaux des saints.

Après celui de Jérusalem, le pélerinage de Saint-Jacques en Galice étoit le plus en vogue. Compostelle, qui est la capitale de cette province d'Espagne, jouissoit et jouit encore de la prérogative singulière et de l'honneur de posséder le corps de saint Jacques-le-Majeur, apôtre, qui, dit-on, vint mourir dans ce pays. Les relations de ces pélerins ne rouloient que sur les miracles opérés au tombeau de saint Jacques, dont ils rapportoient en France des reliques et des certificats.

En 1315, quelques bourgeois de Paris, à leur retour de Compostelle, formèrent le projet de bâtir un hopital pour héberger les pauvres pélerins passant par Paris. Ils obtinrent aisément cette permission de Louis-Hutin, roy de France, et acquirent, en 1317, un terrain vague près la Porte aux Peintres, rue Saint-Denis, au coin de la rue Mauconseil. Les fondements de cet hopital étoient à peine jetés que les confrères s'aperçurent que cette entreprise étoit au-dessus de leurs facultés. L'officialité de Paris vint à leur secours et leur accorda, en 1319, la permission de quêter dans les quartiers de la ville ; ce qui leur produisit des sommes considérables qui les mirent en état d'achever l'hopital et la chapelle. Jeanne, reine de France, posa la première pierre de l'église ; et on y travailla avec tant de diligence, qu'elle fut en état d'être bénie par Mgr de Marigny, évêque de Beauvais (le 18 mars 1323), qui y célébra la première messe ; et le jour de saint Remy, en 1327, 1ᵉʳ octobre, le même évêque en fit la dédicace.

Au mois de mai de la même année, la reine Jeanne donna une relique de saint Eustache et un doigt de saint Jacques, qui, ayant été déposés à l'abbaye de Saint-Magloire, furent transportés à l'église de l'Hôpital avec une magnificence qui étoit chose singulière à voir. La rue de Saint-Denis étoit semée d'herbes vertes par tout le chemin. Les pèlerins firent faire quarante torches, toutes ornées de coquilles et de bourdons; la reine Jeanne en avoit fait faire vingt-quatre du poids chacune de cinq livres et demie. Ceux qui les portoient étoient vêtus d'une livrée. Les reliques étoient sous un grand drap d'or que soutenoient quatre chevaliers sur Mgr Hugues de Besançon, évêque de Paris, suivi et accompagné de Pierre de Mortemer, évêque d'Auxerre, et de l'abbé de Saint-Magloire. A cette procession suivoient Mgr Robert, comte d'Artois, la comtesse de Suresnes et Madame Blanche de Bretagne. Chaque pèlerin à l'hôpital recevoit un sol en sortant. Cette confrérie a subsisté jusqu'à sa réunion à l'ordre de Saint-Lazare. Elle étoit composée des administrateurs et des chapelains de l'église, qui avoient à leur tête le trésorier, huit vicaires et quatre enfants de chœur; ces chapelains prirent le titre de chanoines [3].

---

3. — DE LEBEUF A CHASTELAIN, CHANOINE AU CLOITRE NOTRE-DAME A PARIS.

D'Auxerre, ce 6 juillet 1712.

Ce n'est pas que j'appréhende que vous m'oubliiez lorsque je prends la liberté de vous assurer de mes respects; je ne vois

---

[3]. Comparez à cette lettre la Notice sur Saint-Jacques de l'Hôpital, insérée par Lebeuf dans son *Histoire de la ville et du diocèse de Paris*, 1744, t. I, p. 102. On trouve dans la notice des détails qui ne sont pas dans la lettre, et réciproquement.

LETTRE 3. — Publiée d'après l'autographe appartenant à l'un des éditeurs, M. Quantin.

rien en moy qui mérite tant d'être gravé dans la mémoire des personnes de votre considération ; ou si j'avois quelque chose qui eût pu jamais vous faire plaisir, je suis persuadé que vous ne le mettriez point sitost en oubly. Mon dessein est seulement par la présente de vous consulter, quoiqu'infirme, sur un mémoire cy-inclus [1] qu'a dressé un chartreux, il y a près de 30 ans, touchant trois sépulcres qui sont l'objet d'une grande vénération parmy le petit peuple à Crin[2], village proche Coulange-sur-Yonne, dans notre diocèse, et aux environs jusque dans le diocèse d'Autun. On n'y fait point la feste de ces saints quoiqu'on puisse l'avoir faite de saint Urscin (j'écris saint Urscin parce qu'au lieu de prononcer conformément au latin *Ursicin*, on se contente, à Crin, de deux syllabes). Le curé n'en sçait pas plus qu'en porte ledit mémoire, et à dire le vrai je ne sache aucun monument du culte de ce saint Urscin, qui est le plus connu des trois, autre que le testament de saint Didier, évêque d'Auxerre[3], qui fait foy qu'au commencement du VIIe siècle il y avoit audit Crin une église de saint Ursicin, lequel avoit été disciple de saint Germain. Je n'ay pas encore pu vérifier aucun article du mémoire. Je sçai seulement qu'il y a eu un Ursicin évêque de Paris au Ve siècle, et un Adalger, évêque d'Autun sur la fin du IXe [4]. Et autant que je puis m'en souvenir, le P. Viole met la feste ou mort de ce saint au 1er aoust [5].

1712

---

1. Voir le texte de ce Mémoire à la suite de la lettre.
2. Crain, petite commune, auprès de Coulanges-sur-Yonne, était autrefois un lieu important, désigné sous les noms de *Crinum*, *Crinsensis vicus*, etc. On y trouve beaucoup de fragments antiques. — Voir à cet égard un article de M. Quantin, inséré au *Bull. de la Soc. des Sc. hist. et nat. de l'Yonne*, t. XV, p. 5 et suiv.
3. Didier, évêque d'Auxerre, de 603 à 621.
4. Saint Ursicin, né à Crain, et disciple de saint Germain d'Auxerre, ne doit être confondu ni avec l'évêque de Paris du même nom, ni avec un archevêque de Bourges, du même nom également. Aussi, dans le Martyrologe d'Auxerre, de 1751, publié avec le concours de Lebeuf, on ne lit que ces mots, au 23 août : *eadem die, S. Urcisini, clerici et beati Germani discipuli (commemoratio), cujus nomen præferebat septimo sæculo ecclesia vici Crinsensis, ubi nunc pars reliquiarum ejus religiose servatur.*
5. Dom Georges Viole, moine bénédictin, né à Soulairs, au diocèse de

1712 Pour ce qui est des deux autres[6], je vous avoue que le nom du premier me rebute, et que je ne sçaurois croire qu'un ancien nom soit resté si longtemps sans s'abbréger, outre qu'on n'en trouve aucun si long et de pareille terminaison. Quand je réfléchis sur le diacre Firmat dont on ignore la sépulture et les actions, je me rends volontiers à dire que c'est luy, et qu'on a pu prendre l'idée de son nom sans en prendre l'idiome, comme certains qui appellent saint Cande, Blanchard; saint Hilaire, Gaillard.

Quant à saint Langueur, rien de plus commun dans la bouche de ceux qui ont des enfants en chastre[7], que de dire qu'ils les mènent à saint Langueur; mais ce qu'il y a de fâcheux pour l'acception du nom de *Langorius*, est que ce nom de Langueur est donné à d'autres saints dont les noms n'y ont guères de rapport, comme à saint Héribald, évêque d'Auxerre, dont le corps repose dans les grottes de Saint-Germain[8], et où l'on mène les enfants languissants, par le même motif, en quoy, avec les litanies où son nom se trouve, consiste tout le culte qu'on lui rend; comme encore à saint Vigor de Bayeux, que l'on invoque chez les Bénédictins de Dijon, pour le même sujet, sous le même nom de saint Langueur, selon que j'ay appris d'un Bénédictin. J'ay feuilleté les ouvrages du P. Mabillon, je n'ay trouvé aucun nom qui approchât à l'un ny à l'autre de ces deux noms de *Déterminé* et de *Langueur*. Votre martyrologe a un Estervinus, un Ebernanus, mais tout cela est bien éloigné. Je crois

---

Chartres, en 1598, mort à Saint-Germain d'Auxerre, le 21 avril 1669 : voir la Notice qui lui est consacrée dans les *Mémoires sur la ville et le diocèse d'Auxerre*, édition nouvelle, t. IV, p. 408. Les manuscrits de Dom Viole, conservés à la Bibliothèque d'Auxerre, ont été bien souvent consultés par Lebeuf.

6. Saint Déterminé et saint Langueur : V. ci-dessous.
7. C'est-à-dire atteints d'une maladie de langueur.
8. Saint Héribald, évêque d'Auxerre (829-857). Les grottes dont il est ici question ne sont autres que les cryptes de l'église abbatiale de Saint-Germain d'Auxerre : voir le petit ouvrage de D. Fournier, intitulé *Description des saintes grottes de l'Abbaye royale de Saint-Germain d'Auxerre*, et notamment l'édition nouvelle donnée en 1846 par M. Quantin.

que Langueur pourroit venir de Leodegarius, que l'on trouve quelquefois écrit Leutgarius, si l'on étoit en peine du corps d'un saint de ce nom. J'ai ouï dire que saint Urscin et saint Déterminé avoient aussi leurs maux spécifiez dont ils guérissent, mais on n'a pas pu me les nommer. Enfin je crois qu'il n'y a que les ouvrages des Bollandistes qui puissent aider à débrouiller quelque chose là-dedans.

Comme c'est ma coutume de vous marquer les fautes que votre martyrologe peut relever dans les auteurs qui vous ont précédez, en voici quelques-unes de celles qui se sont présentées le plus naturellement à mon esprit. C'est dans la vie de saint Germain d'Auxerre, par M. de Tillemont[9]. J'y ay remarqué que l'auteur se tourmente fort pour trouver le *Miciglis* où fut envoyé saint Marien[10], mais mal à propos, car ce n'est aucun des Merry du diocèse, mais Mérille, que quelques-uns appellent Mezille[11], dont saint Marien est patron, et auprès duquel est le village de Fontenoy (et non Fontenay ny Voutenay). Cette mauvaise conjecture revient à celle d'un Toussy-sur-Yone, qu'il s'est figuré pour y mettre le martyre de saint Bry et de ses compagnons, au lieu que jamais il n'y a eu de Toussy-sur-Yonne, et que c'est la faute de Sanson qui voulant écrire Trussy a mis Toussy. Ce n'est pas que ce Trussy soit non plus le lieu du martyre de ces saints. Je crois vous l'avoir déjà mandé. C'est indubitablement le village de Saints-en-Puysaie, dont ces saints sont patrons, et dont un hameau conserve encore l'ancien nom de Coucy[12].

---

9. Sur Tillemont, Baillet et Dupin, savants hagiographes dont les noms reviendront bien souvent dans la correspondance de Lebeuf, voir tous les recueils de Biographie et de Bibliographie.

10. M. Dupin, Sæc. xiii, met *Marian* mal à propos (*Note de Lebeuf*).

11. Mézilles, commune du canton de Saint-Fargeau, arrondissement de Joigny (Yonne). — Fontenoy, commune du canton de Saint-Sauveur-en-Puysaie, dans l'arrondissement d'Auxerre. C'est, sans aucun doute, près de ce dernier village qu'a été livrée la fameuse bataille de juin 841, entre les enfants de Louis-le-Débonnaire, bataille que les historiens modernes, induits en erreur par Lebeuf lui-même, persistent à appeler la bataille de Fontenay. Voir à cet égard le Mémoire de M. Challe, président de la Soc. des Sc. hist. et nat. de l'Yonne, dans le *Bull. de la Soc.*, t. XIV, p. 44.

12. Saints-en-Puysaie, commune du canton de Saint-Sauveur, arrondis-

1712

Une autre faute de M. Tillemont, article deuxième, est de surnommer d'Auvergne le Guillaume, évêque d'Auxerre, qui fut transféré au siége de Paris en 1220, veu qu'un Guillaume d'Auvergne est bien postérieur à Guillaume de Seignelay dont il s'agit icy.

M. Baillet s'est encore seurement trompé, mettant à la fin de la vie de saint Edme de Cantorbéry un évêque d'Orléans, en 1243, nommé Bernard de Sully, au lieu que c'est un évêque d'Auxerre, mort deux ans après.

Je ne sçay si ces MM. d'Anvers vous ont renvoyé le manuscrit du P. Viole et de M. Bargedé, assesseur, que je vous ai laissé [13]. J'espère m'en servir un jour et le rectifier. Je m'applique dès à présent sérieusement à débrouiller l'histoire de notre diocèse et à la mettre en son jour, étant sans doute pour rester en paix chanoine, par le moyen des provisions que M. l'évêque m'a données d'un autre canonicat qui a vacqué depuis six mois. C'est pourquoy aussi, si je puis vous être utile en quelque chose, je vous prie de ne me point épargner, et, s'il y a moyen de pratiquer quelque connoissance avec ces MM. d'Anvers si fort estimez généralement, de ne me point refuser votre médiation. Je m'attache fort à la lecture du P. Mabillon, faute de trouver rien de ces Jésuites dans la ville.

---

sement d'Auxerre. Comparez ce qu'en dit Lebeuf dans son *Histoire de la prise d'Auxerre*, p. 268 : « L'église de Saints-en-Puysaie est bâtie à l'endroit
« du village *Cociacus*, où étoit le puits dans lequel furent jetés les corps
« de ce nombre prodigieux de chrétiens compagnons de saint Prix, qui
« furent martyrisés dans les forêts voisines sous l'empereur Aurélien, au
« IIIe siècle. Saint Germain d'Auxerre, ayant connu le lieu où étoient ces
« reliques, y bâtit un monastère qui portoit, du temps de saint Aunaire, le
« nom de *Monasterium Cociacense ad Sanctos*. »

13. Lebeuf veut parler ici des Jésuites, qui continuaient à Anvers la publication de l'immense ouvrage intitulé *Acta Sanctorum*, et qui avait été commencé par Bollandus au XVIIe siècle. Désireux de lier avec eux des relations, il leur avait communiqué les travaux manuscrits de D. Viole et de Bargedé. — Voir ci-dessus, quant à D. Viole, l'un des auteurs de ces travaux. L'autre, N. Bargedé, assesseur au siége criminel d'Auxerre, vers la fin du XVIIe siècle, avait préparé les matériaux d'un *Martyrologe auxerrois*, qui existe encore manuscrit à la bibliothèque d'Auxerre.

Vous avez eu la bonté de me mander il y a deux ans que vous leur aviez envoyé mon manuscrit pour vous le renvoyer quand ils l'auroient transcrit : s'il ne vous sert plus, je vous prie de le remettre entre les mains de celuy que j'enverrai chez vous, parce que je ne puis pas m'en passer pour achever le martyrologe de notre cathédrale, non plus que de votre martyrologe universel que je suis dans le dessein d'acheter dans peu.

Outre les petites remarques que je viens de vous indiquer, j'en ay fait depuis peu de jours quantité d'autres dans les *Siècles* du Père Mabillon, qui pourroient entrer dans votre ouvrage si vous étiez en état de le continuer. Je n'y vois que des fautes qui proviennent de ce qu'il ne s'est pas assez informé sur les lieux, et je serois trop long de vous les rapporter en détail. Je ne sçaurois par exemple souffrir que par *Oratorium sancti Memmii* il entende Saint-Mamert de notre ville (c'est en son *Siècle* III°, parlant de saint Tétrice). Car certainement c'est un village appelé Merry[14], dont saint Menge est patron. Au même endroit, il fait mourir de mort violente notre évêque Scopilion, au lieu que c'est de saint Vigile dont il devroit le dire. Il met des cryptes en l'église de Saint-Eusèbe de cette ville, quoiqu'il soit faux qu'il y en ait.

M. Baillet et M. de Tillemont ne sont pas plus exacts en ce qui regarde la géographie ou topographie. Ce dernier dit encore, dans sa vie de saint Germain, de notre Héric d'Auxerre[15], que quelques-uns appellent *saint*, au 29 juin, qu'il se nommoit ainsi du nom d'un village proche Auxerre appelé Héry ; il a tiré cela du 1er tome des *Analectes* du Père Mabillon, et le réviseur de ses

14. Merry-Sec, commune du canton de Courson, arrondissement d'Auxerre. Dans le règlement de saint Tétrice, évêque d'Auxerre (692-706), l'église de Courson et l'oratoire de Saint-Menge, sont accolés à raison du voisinage, *Corcedonus et oratorium Sancti-Memmii*, ce qui confirme l'hypothèse de Lebeuf.

15. Voir sur Héric d'Auxerre, l'un des savants les plus illustres du IXe siècle, la Notice qui lui est consacrée dans les *Mémoires sur la ville et le diocèse d'Auxerre*, nouvelle éd., t. IV, p. 379. Voir encore sur Héric, considéré comme musicien, *Bull. de la Soc. des Sc. hist. et nat. de l'Yonne*, t. IV, p. 31, l'article de l'un des éditeurs, M. Chérest. — Héry est aujourd'hui une commune du canton de Seignelay, arrondissement d'Auxerre.

1712 ouvrages n'a pas remarqué que le dit Père se rétracte dans ses *Siècles Bénédictins* et dans ses *Annales* imprimées depuis, étant très sûr que ce que nous écrivons *Héry* doit être écrit *Airy*, *Ariacum* ou *Airiacum*, comme marquent des chartes plus anciennes que cet Héric moine, et que plus probablement, selon ses propres termes, Auxerre même étoit sa patrie.

Comme je crains de vous ennuyer par une trop longue lecture que vous ne pouvez peut-être plus supporter qu'avec peine [16], je finis en deux mots, vous priant, si vous aviez quelque veue sur moÿ lorsque vous étiez en santé, de ne pas m'oublier, vous priant d'être persuadé que, si je suis propre à la continuation de votre ouvrage, je ne m'y endormiray pas, pour peu que je sois versé dans la lecture de vos Mémoires. C'est la grâce que vous demande celuy qui, dans ses sacrifices, se souvient toujours de vous, et qui vous prie de le croire, etc.

Mémoire sur saint Ursin et deux autres prétendus saints dont les tombeaux sont au village de Crain-sur-Yonne, dans la grotte de la paroisse de Saint-Etienne, entre la nef et le chœur.

Sanctus Ursinus[1] natus est Crani ad Icaunam, ex nobili familia, anno 391, discipulus et clericus sancti Amatoris episcopi Autissiodorensis, anno 411; socius sancti Germani in legatione in Angliam contra Pelagianos, anno 431; reversus cum sancto Germano, factus est rector sive parochus ecclesiæ Sancti-Stephani de Crano ad Icaunam, et ex illa parochia electus est episcopus Parisiensis, circa annum 43....., et director insuper sanctæ Genovefæ, virginis, cujus curam a sancto Germano susceperat. Æger venit Cranum in patriam suam, jam senex, ubi obiit, 23 augusti, secundum quosdam anno 450, secundum alios probabilius 455.

---

16. L'abbé Chastelain est mort peu de temps après cette lettre dans un âge avancé, mais non pas, comme le disent tous les biographes, le 20 mars 1712, puisque Lebeuf, qui était de ses intimes, lui écrivait encore le 6 juillet.

1. Lebeuf a mis en note : *Lege* Ursicinus.

A pluribus martyr appellatur, occisus a Vandalis terram Autissiodorensem vastantibus. Sepultus est in cripta in ecclesia Crani, ubi nunc etiam quœdam ossa illius videntur et a peregrinis visitantur. Sepulcrum ejus etiam nunc videtur forma antiqua ex lapidibus concavatis.

1712

Ejus reliquiæ tanto honore sunt estimatæ ut circa annum 870 pars capitis ejus cum achate translata fuerint in monasterio Sancti-Martini de Chora[2], ab Amulone abbate, ad instantiam Galteri, comitis Avalonensis, ex consensu et approbatione Adalgerii episcopi Æduensis. Et novissime, anno 1645, dominus de Montmorency, abbas de Lanoy[3], extraxit ex reliquiis ejus cum digito seu osse digiti illius; quod ipse D. de Montmorency attestatus est factum non sine miraculo.

De SANCTO URSINO fit officium in ecclesia S. Eusebii Autissiodorensis; et reperitur in antiquis tabulis ecclesiæ Autissiodorensis quod S. Desiderius, xx^s episcopus Autiss., anno 620, dedit basilicæ domini Ursicini vici Crincensis, beati Germani discipuli, agellum de Villa-Materni, situm in territorio Autiss., cum ædificiis et mancipiis ac terris, in integrum.

S. DETERMINEUS, vulgo *Déterminé*[4], invocatur in ecclesia S. Stephani de Crano-ad-Icaunam. Corpus ejus jacere dicitur in crypta ejusdem ecclesiæ, cum corporibus sanctorum Ursini et Langorii, in tumulo lapideo quolibet separato; et est ad caput S. Determinei lux sculpta in lapideo sepulchro.

S. LANGORIUS, monachus, cujus ossa latent in crypta subter-

---

2. Saint-Martin-de-Chore ou de Cure, abbaye bénédictine, jadis existante au village de Cure, canton de Vézelay (Yonne). On la trouve parfois mentionnée sous le nom de Saint-Ursin de Chore. Voir Notice par M. Flandin, *Annuaire de l'Yonne*, 1859, p. 336 et suiv. Jusqu'ici, aucun document historique ne constate l'existence de cette abbaye antérieurement au xiie siècle.
3. Launoy, chef-lieu de canton de l'arrondissement de Lille (Nord).
4. Saint Déterminé et saint Langueur ne figurent ni l'un ni l'autre dans le Martyrologe auxerrois de 1751. — Voyez cependant sur le culte de ce dernier saint, dans nos pays, la suite des lettres de Lebeuf, et notamment une lettre au P. Prévost, du 28 juin 1722. Aujourd'hui encore, il existe à Boutissaint, commune de Treigny (Yonne), une chapelle dédiée à saint Langueur, chapelle visitée par un grand nombre de malades.

ranea ecclesiæ parochialis Crani-ad-Icaunam, a multis peregrinis, ægrotis et incolis invocatur. Est altare S. Langorii in hospitali majori Nivernensi, et etiam in eclesia parochiali S. Georgii de Escanno⁵. Item est patronus simul cum sancto Albino capellæ ac leprosariæ de Criniaco, castro in Campania, diœcesis Senonensis, ubi et ejus imago videtur.

---

4. — DE LEBEUF AU P. LEBRUN, DE L'ORATOIRE, A PARIS [1].

25 septembre 1712.

[Cette lettre ne nous est connue que par la note suivante de Claude Gauchet (M. le baron J. Pichon) : « Il m'a été communiqué par mon honorable ami M. de Liney, une liasse de notes « liturgiques qui parait avoir appartenu au P. Lebrun de l'Ora- « toire, et dans laquelle sont plusieurs renseignements transmis « au savant oratorien par Lebeuf. Dans le nombre est une lettre « du 25 septembre 1712, dans laquelle Lebeuf énumère avec « détail les différents missels du diocèse d'Auxerre, qu'il con- « nait. » (V. *Dissert. de Lebeuf*, Techener, 1843, t. I, p. IV, en note.) Malheureusement cette liasse n'est plus entre les mains de M. Leroux de Lincy : elle a été par lui cédée au vicomte de l'Escalopier, qui est mort récemment ; et, malgré les actives démarches de notre infatigable correspondant, M. Benoit, nous n'avons pu jusqu'ici en obtenir communication.

---

5. Escamps, commune du canton de Coulanges-la-Vineuse (Yonne).

LETTRE 4. — Le P. Pierre Lebrun, prêtre de l'Oratoire, professeur de philosophie et de théologie, né à Brignolles le 11 juin 1661, mort au séminaire de Saint-Magloire de Paris, le 6 janvier 1729. Il a composé entr'autres un ouvrage demeuré célèbre sur les *Cérémonies de la Messe*, ouvrage dont il sera question plusieurs fois, dans la suite de la correspondance que nous publions.

Nous le regrettons d'autant plus, qu'à propos d'une préface latine, composée par Amyot pour le Missel d'Auxerre et restée inconnue, Lebeuf s'exprime en ces termes : « Cette préface ou « lettre pastorale, que je possédois écrite de la main d'Amyot, a « été perdue avec beaucoup d'autres papiers mêlés parmi ceux « que j'avois prêtés au P. Lebrun de l'Oratoire, mort à Paris en « 1729. » Qui sait?... La préface d'Amyot est peut-être encore dans la liasse cédée par M. Leroux de Lincy à M. le vicomte de l'Escalopier.]

1712

---

5. — [DE LEBEUF A FENEL, DOYEN DE L'ÉGLISE DE SENS, A SENS [1].]

Auxerre, ce 25 mars 1713.

Monsieur,

J'aurois écrit en droite ligne il y a longtemps à M. le Prieur de Dolot [2], si je n'avois eu le malheur de laisser perdre la lettre dont il m'honora l'esté dernier, dans laquelle étoit son adresse

1713

LETTRE 5. — Cette lettre est la première que nous empruntions à la volumineuse collection de M. L. de Fontaine, collection sur laquelle nous avons fourni dans notre préface des renseignements détaillés.

1. L'original ne porte ni adresse, ni suscription : mais c'est évidemment au doyen Fenel que Lebeuf écrit. — Voyez, du reste, sur Charles-Henri Fenel, qui fut un des premiers correspondants de Lebeuf, les renseignements biographiques donnés dans la Préface.

2. Dollot, jadis en Gâtinais, aujourd'hui commune du canton de Chéroy, arrondissement de Sens (Yonne). Le prieur-curé dont parle ici Lebeuf et dont il parlera bien souvent dans ses lettres, était un prêtre Genovéfin, nommé Ferrand (Achille-Laurent). Il était né à Boiscommun (Loiret) et mourut le 12 septembre 1736. Ferrand prit la part la plus active à la réfection de tous les livres liturgiques et de tous les livres de chant du diocèse de Sens, au commencement du XVIIIe siècle. Il avait surtout la réputation d'un habile compositeur de plain-chant. — Voir, aux Archives de l'Yonne, le *Catal. des dignités de l'église de Sens*, dressé par le doyen Fenel, f° 277. Voir aussi *Bull. de la Soc. des Sc. de l'Yonne*, 1852, p. 39 et suiv.

pour Sens. C'est pourquoy, monsieur, j'ai pris la liberté de vous écrire deux fois et de renfermer une lettre pour luy dans celles que je me faisois l'honneur de vous écrire ; mais comme j'appréhende que la dernière surtout ne vous ait pas été rendue, attendu que la personne que j'en avois chargée l'a remise à d'autres, j'ay cru devoir encore ne point négliger l'heureuse occasion du retour de Mgr l'évêque de Waterford [3], qui part aujourd'hui d'icy après avoir officié solennellement en notre église. Ainsi j'espère que la présente vous sera très sûrement rendue par son domestique.

Je prie, dans l'incluse, M. le Prieur de me donner avis, par votre moyen, de ce que peuvent être devenus les offices qu'il a eu la bonté de lire ; car peut-être ont-ils eu le même sort que mes lettres, c'est-à-dire qu'ils sont perdus. Si cela est, Dieu soit loué. Heureusement j'en avois fait faire copie par un de mes amis, à laquelle je retouche de temps en temps. Mais au reste ce qui me fait le plus de peine est de me voir par là frustré des bons avis que j'attendois de la plume dudit sieur Prieur, et des corrections que j'espérois voir de sa façon. Quoiqu'il en soit, Monsieur, j'ay d'autres grâces à vous demander, et sur lesquelles j'espère l'honneur de vos réponses, en même temps que vous me direz ce qui en est sur l'article de nos offices.

La première est de me marquer quand l'impression du missel de votre diocèse [4] sera achevée parce qu'on souhaite le sçavoir à

---

3. Jacques-Richard Piers, natif d'Irlande, docteur en théologie de la faculté de Paris, évêque de Lismore et Waterford en Irlande, exerça les fonctions de vicaire-général sous trois archevêques de Sens, successivement, MM. de la Hoguette, de Chavigny et Languet. En 1732, il devint chanoine honoraire de l'Église cathédrale de Sens, et le 4 avril 1733, il prit possession de la trésorerie. Il mourut en 1739. — Voir *Catalogue des dignités de l'Église de Sens*.

4. On trouvera, soit dans la préface de ce volume, soit dans les lettres qu'il renferme, soit dans les notes que nous y ajoutons, de nombreux détails sur la réforme des livres liturgiques et de plain-chant ; réforme entreprise, au commencement du XVIIIe siècle, dans la plupart des diocèses de France et notamment dans ceux de Sens et d'Auxerre. Le missel sénonais dont Lebeuf entretient son correspondant Fenel, était destiné à remplacer

Lisieux 5. Je m'attends qu'on n'y aura pas inséré de si longues proses qu'à Paris, et avec raison, mais qu'on aura beaucoup entré dans l'esprit de la préface du nouveau cérémonial du même diocèse, laquelle renouvelle quantité de rits de la première antiquité.

1713

La seconde, sçavoir si vos archidiacres ne sont pas toujours en chasubles ou du moins en dalmatiques quand Mgr votre archevêque célèbre la messe, et surtout au Jeudi-Saint; et, à supposer qu'ils le conduisent depuis la sacristie jusqu'au chœur, s'ils ne le laissent pas ensuitte saluer le chœur et l'autel ayant à ses costez le premier diacre, c'est à dire le diacre en fonctions, ou plutôt le diacre de l'Evangile, et le premier sous-diacre ou archisousdiacre.

3° Comment vous faites lorsqu'il y arrive une feste en carême, comme l'Annonciation, si les deux messes se chantent, et après quelle heure de l'office ? Et comment vous faisiez quand, lorsque faisant d'autres festes en carême, il se trouvoit le même jour une messe des morts ou anniversaire à chanter ?

4° Si jamais, entre les assistants ou ministres de l'autel qui accompagnent Mgr l'archevêque, il y en a en hiver de couverts, sçavoir ceux qui sont en camail et chappe sans amict, tandis que le reste est découvert ?

5° Combien vous avez de diacres et de sous-diacres à la messe de la consécration des saintes huiles ?

6° Si Mgr l'archevêque, ne disant pas la messe le jour des Cendres, mais étant présent au chœur, n'attend pas la fin de vêpres du même jour pour donner la bénédiction, et de même le jour de l'Annonciation ?

---

l'ancien missel, publié en 1575 sous l'archiépiscopat de Mgr de Pellevé. Il ne parut qu'en 1715, avec ce titre : *Missale metrop. ac primatialis ecclesiæ Senonensis, illⁱ ac reverⁱ in Christo patris Harduin Forlin de la Hoguette. Senon. archiepiscopi, auctoritate editum,* Senonis apud Claud. Aug. Prussurot et J. Jeannot, in-f°.

5. Voyez, dans la Préface et dans la correspondance, *passim*, le rôle que Lebeuf a joué dans la réforme des livres liturgiques et de plain-chant du diocèse de Lisieux.

7° Si Mgr l'archevêque est en aube sous sa chappe à vêpres quand il officie? Telle est la rubrique de notre pontifical.

8° Si jamais vous avez veu Mgr ledit archevêque, lorsqu'il arrive au chœur en habit ordinaire, l'office commencé, se mettre à genoux puis s'asseoir durant que le chœur est debout?

Enfin de quelle antiquité peuvent être les plus anciens de vos livres de chant, soit pour la messe soit pour vêpres, ou en un mot si vous n'en avez pas de nottez par les sept premières lettres de l'alphabet [6] dans vos archives, ou dans votre thrésor?

Voilà Monsieur, une lettre assez mal rédigée. Mais vous aurez la bonté d'excuser le peu de temps qui me reste avant le départ de M. de Waterford qui part dès aujourd'huy. Je vois même que le temps ne me permet pas de renouveller mes lettres pour M. Ferrand, votre digne prieur de Dollot; c'est pourquoy je vous prie de sçavoir par vous-même ce qu'il aura pu faire desdits offices. Je suis à présent dans un poste [7] où la liturgie et semblables matières devroient faire mon étude, si je ne m'y étois appliqué il y a plusieurs années. Je vous supplie de m'aider sur les articles ci-dessus énoncez [8] et de me croire, etc.

---

6. Lebeuf veut parler de livres dans lesquels le chant serait écrit en notation romaine, chacune des sept premières lettres de l'alphabet représentant une des sept notes de la gamme. Ce système, le plus ancien de tous, a été remplacé au moyen âge par l'emploi des neumes, qui ont fait place à leur tour au système de notation encore usité de nos jours pour le plainchant.

7. Celui de sous-chantre de l'église cathédrale d'Auxerre, poste auquel il avait été nommé le 29 septembre 1712.

8. La collection de Fontaine ne contient aucune lettre du doyen Fenel répondant immédiatement et expressément aux questions de Lebeuf. Il y a dans la correspondance échangée entr'eux, ou du moins dans ce qui a été conservé, une lacune de plus de deux années. Cependant on trouvera dans les lettres de 1715 et années suivantes quelques renseignements sur les sujets qui préoccupaient déjà Lebeuf en 1712.

6. — DU DOYEN FENEL A LEBEUF.

Sens, 8 juin 1715.

Monsieur,

Je me trouve très honoré de la lettre que vous avez pris la peine de m'écrire et j'ay bien de l'obligation à M. le Prieur de Dollot de me procurer la connoissance d'une personne de votre mérite; nous avons bien parlé de vous, monsieur, ces jours passés; il n'est retourné chez luy que ce matin; il m'a laissé la lettre qu'il avoit reçue de vous pour y répondre, parce qu'il n'est pas au fait de ces choses.

Le propre des saints du missel de Sens sera entièrement imprimé à la fin du mois d'aoust; pour ce qui est des rubriques, etc., ce sera au plus tard vers la my-octobre.

Lorsqu'on entreprit le bréviaire de Sens[1], Mgr l'archevêque[2] le fit proposer au chapitre qui nomma des députés, auxquels Mgr l'archevêque en joignit quelques autres, et tous ensemble ils s'assemblèrent pour travailler, M. le Théologal Burluguay[3] ayant la principale conduite dans les difficultés. On

---

Lettre 6. — Publiée d'après l'original qui fait partie de la collection de Fontaine. Nous n'en donnons ici que des extraits. Les passages supprimés par nous ont trait à des questions de liturgie, qui offrent aujourd'hui peu d'importance et fatigueraient sans utilité les lecteurs.

1. Le bréviaire de Sens avait été le premier des livres du diocèse soumis à la réforme, au commencement du xviiie siècle. Il parut en 1702, sous ce titre : *Breviarium metrop. ac primatialis ecclesiæ Senonensis, nuper reformatum, Senonis*, 4 vol. in-12. Nous verrons bientôt que l'édition de 1702 fut elle-même l'objet d'une réforme nouvelle en 1725.

2. Harduin Fortin de la Hoguette, nommé par le roi à l'archevêché de Sens, dès le 13 novembre 1685, ne prit possession régulière et définitive de son siège que le 23 mars 1692. Il mourut le 28 novembre 1715, à l'âge de 72 ans.

3. Jean Burluguay, prêtre du diocèse de Paris, prit possession, le 19 décembre 1670, du canonicat de la théologale, à l'église cathédrale de Sens, et mourut dans l'exercice de ces mêmes fonctions le 17 janvier 1702. Il eut

1715 en concluoit à la pluralité, et lorsque Mgr l'archevêque présidoit, on concluoit aussy à la pluralité ; mais on avoit la déférence de se conformer à ce qu'il souhaitoit dans ce qui ne regardoit pas les rits certains et constans, et de son costé ce prélat ne décidoit ce qui étoit des rits qu'à la pluralité. Lorsque l'impression fut finie, Mgr l'archevêque fit un mandement pour le promulguer dans le diocèse, et le chapitre de son costé ordonna que le nouveau livre, composé par les députés de Mgr l'archevêque et ceux du chapitre, seroit adopté, et que l'on chanteroit au chœur la psalmodie, les leçons et tout ce qui se pouvoit chanter, jusques à ce que le chant fust fait.

Lorsqu'il s'est agy du missel, le chapitre nomma des députés qui s'assemblèrent à l'archevêché, où le prélat déclara que, par une singulière estime pour son chapitre, il ne vouloit point d'autres députés que ceux nommés par le chapitre. Je fus chargé de tout l'ouvrage; on s'assembla plusieurs fois par semaine; j'ay communiqué le travail à des ecclésiastiques habiles du diocèse; et lorsque j'ay cru l'ouvrage à peu près comme on pouvoit le souhaiter, on s'assembla deux et trois fois par semaine à l'archevêché, en présence de Mgr l'archevêque et des plus habiles personnes de la ville, et on l'examina entièrement, ce qui n'a pas empêché que nous n'ayons fait, depuis, bien des nouveaux changements en mieux.

Le chapitre n'a pas eu d'autre part à tous ces ouvrages que de nommer des députés, et a abandonné le succès à la prudence de Mgr l'archevêque et de MM. les députés, qui étoient tout ce qu'il y avoit de bonnes têtes dans la compagnie; nous n'avons eu que le seul M. Blesnon [1] très saint homme, mais qui estime

---

la part principale à la réforme du bréviaire de Sens. C'était d'ailleurs, un janséniste opiniâtre qui n'avait jamais voulu signer le formulaire. — Voir sa notice, dans le *Catalogue des Dignités de l'Église de Sens*. Cpr. sur Jean Burluguay, l'article de l'un des éditeurs, dans le *Bull. de la Soc. des Sc. de l'Yonne*, 1852, p. 40.

1. François Blesnon, né à Sens, chanoine de l'église cathédrale en 1674, nommé préchantre le 23 février 1714, et mort le 31 mars 1721. — Voir les

infiniment son ancien bréviaire, qui a beaucoup crié ; mais cela n'a pas fait la moindre impression ; il est à présent notre préchantre.....

On n'a pas à Sens une messe pour saint Germain d'Auxerre ; elle avoit été proposée, mais elle n'a pas esté acceptée parce que cela auroit eu des suites ; il en auroit fallu une à saint Germain de Paris, à saint Loup de Troyes, etc. Comme les communs sont magnifiques, on s'est contenté des oraisons propres, etc.

Ce nous est, Monsieur, une grande consolation d'apprendre que vous avez composé tout le chant du bréviaire de Lisieux, qui n'est autre chose que le nôtre qui y a esté bien défiguré ; nous allons travailler à une deuxième édition du bréviaire de Sens, et ainsy lorsque cela sera en train, nous vous prierons de nous envoyer ce que vous aurez eu la bonté de faire, afin que nous fassions écrire le chant à mesure que nous travaillerons à réformer la lettre en quelques endroits. Nous vous demandons en grâce de nous avertir de vos découvertes sur le propre des saints dans le missel, car cela presse et s'imprime actuellement ; notre caractère est de chercher à profiter de tous côtés ; ainsi, Monsieur, ne nous privez pas de ce secours ; nous espérons que vous voudrez bien nous faire part de ce que vous trouverez défectueux dans le bréviaire ; Monseigneur de Sens a fait une lettre pastorale pour cela ; je prends la liberté de vous en adresser une.

Le chant que vous nous avez envoyé est très beau, sans flatterie, mais un peu éloigné du chant de Sens pour les proses qui sont bien musicales ; faites-moi la grâce de me marquer ce que couste l'antiphonier de Paris et le graduel ; on dit que leur graduel est fort beau. Vous m'avez appris, Monsieur, que M. de Tillemont étoit habile dans le chant ; j'étois fort amy de feu M. l'abbé Chastelain, de qui vous tenez cette particularité ; j'ay demeuré 15 ans dans sa maison....

1715

notices qui lui sont consacrées comme chanoine et comme préchantre dans le *Catalogue Fenel.*

7. — DE LEBEUF AU DOYEN FENEL.

Auxerre, le 21 juin 1715.

J'ay bien des remerciments à vous faire d'avoir bien voulu prendre la peine de m'instruire touchant les conférences qui se sont tenues à l'archevêché, à l'occasion de votre nouveau bréviaire et missel. Il ne tiendra pas à moy qu'on n'en fasse icy son profit, car nous avons chez nous, comme ailleurs, assez bon nombre de gens de cette piété qui n'est pas toujours conduite par la science, et desquels les prétendues difficultez ne peuvent guères disparoître que par cette voye.

Vous m'apprenez encore, Monsieur, que le propre des saints de votre missel sera imprimé vers la fin du mois d'aoust, et pour cela vous souhaitteriez quelque communication de mes foibles remarques. Quoique je ne me croye point capable de parler de ces matières, néanmoins sur votre ordre j'obéiray et j'y vais employer le reste de ma lettre, d'autant que ces remarques conviennent autant au bréviaire qu'au missel. M. le prieur de Dollot m'a instruit, il y a plus d'un an, des défauts qu'on tachoit d'éviter dans votre missel, comme les redites, les répétitions, les oraisons vagues, etc., mais il me paroit que vous n'y mettrez pas beaucoup de *messes propres*[1] aux saints, puisque vous n'en donnez point à saint Germain, notre évêque, qui est double chez vous, qui est patron d'une infinité de paroisses, en un mot qui devroit avoir quelque privilége par dessus saint Loup de Troyes, saint Germain de Paris, qui ne sont que semi-double ou simple.

Cette remarque m'en a fait faire une autre, qui est qu'entre

LETTRE 7. — Publiée d'après l'autographe qui fait partie de la collection de la Soc. des Sc. hist. et nat. de l'Yonne.

1. Une foule de mots sont soulignés dans la lettre par Lebeuf lui-même ; nous croyons inutile de les reproduire tous en italique.

toutes les églises anciennement suffragantes de la vôtre, il n'y a que Chartres dont vous n'ayez aucun saint dans votre calendrier, et même que Nevers, qui est encore aujourd'hui une église suffragante, n'y trouve non plus aucun de ses saints; j'ay consulté un vieux calendrier de votre diocèse, et il m'a paru que c'en étoit de même dès lors, et que les saints de Chartres et de Nevers n'y trouvoient aucune place. Je croirois cependant qu'on ne feroit pas mal à l'égard de Chartres d'admettre une simple commémoraison de saint Chéron, par exemple, qui est le plus ancien martyr de ce pays-là, au 28 may, le jour de saint Germain de Paris; et pour ce qui est de ceux de Nevers, je choisirois un de leurs saints évêques, qui mourut, en votre diocèse, vers l'an 691, à Nogent[2], au-dessus de Montargis. C'est saint Ithier (Itherius), je crois même qu'il y repose encore dans une église de son nom. Quand on en feroit une petite mémoire, le 25 juin qui est le jour de sa mort, cela ne grossiroit pas beaucoup le calendrier.

Les mémoires des saints, qui me paroissent devoir être supprimées, ne sont point celles des saints de France; il est juste de les retenir, il n'y a pas presse dans les autres pays à en faire, et surtout en Italie, où l'on ne regarde guères les saints étrangers. Ainsi, en retenant la mémoire de tous ceux qui sont au canon de la messe, je croy qu'on pourroit supprimer presque toutes les autres des saints moins fameux, telles que celles de saint Marcel, pape, du 16 janvier, de sainte Emérantienne, du 23, de sainte Sotère au lieu de laquelle on pourroit faire l'office de sainte Scolastique, saint Saturnin, etc., du 11 février, sainte Pétronille, du 31 may, saints Processe et Martinien, du 2 juillet, saints Nicostrat, Claude, etc., du 7, saintes Sabine et Sérapie, du 29 aoust, saints Félice et Adauct, du 30, saint Gorgon et Dorothée, du 3 septembre, saint Nicomède, seul du 15, et n'y laisser que saint

1715

---

2. Nogent-sur-Vernisson, commune de l'arrondissement de Montargis (Loiret). Plus tard, Lebeuf paraît avoir changé d'opinion. Dans ses *Mém. sur le diocèse d'Auxerre*, il admet que le saint dont le corps repose à Nogent, serait saint Ethère, évêque d'Auxerre, et non saint Ithier, évêque de Nevers. (Ed. nouv., t. i, p. 122).

Valérien de Tournus, sainte Eustochium, du 28 septembre, qui est un jour choisy et laquelle, outre cela, n'a point eu de culte dans l'antiquité, saint Caliste, du 14 octobre, saint Théodore, du 9 novembre, qui n'est pas son jour, saints Vital et Agricole, saint Sabas, abbé, du 5 décembre.

Au lieu de ces mémoires, je voudrois qu'on rétablit celle de saint Sidroine, qui fut martyrisé auprès de Joigny [3], et dont le nom est dans vos anciens calendriers, au 3 juillet, comme aussi celle de saint Paterne, tué à Sergines, proche Bray [4], un 12 ou 13 novembre, et si vous voulez encore, saint Aspais, confesseur, mort à Melun au 1er janvier : ces trois saints avoient chacun leur commémoraison dans tous vos anciens livres d'office : les deux premiers sont dans le martyrologe de notre église. Je ne vous dis rien d'un saint Félix, martyrisé, un 16 juin, à Merry, en la vallée d'Aillant [5], à 4 lieues d'Auxerre, lequel est aussi dans notre martyrologe, quoique ce soit de votre diocèse, et dont nous avons fait mémoire chez nous jusqu'en 1670, que, faute de le connoitre, on le retrancha; d'un saint Fortuné, évêque, mort un 18 juin à la Grand-Paroisse [6], entre Melun et Montereau; d'une sainte Aveline, du 28 février, qu'on croit avoir été abbesse à Saint-Maurice, proche Sens [7], et laquelle est dans vos anciennes litanies, aussi bien que sainte Licière, du 6 janvier. Je suppose qu'on n'auroit pas voulu les admettre parce qu'on ne les trouvoit pas dans les calendriers précédents, et qu'on croit qu'il suffit que les églises particulières les honorent : c'est pour cette raison que

---

3. V. sur saint Cydroine et le lieu de son martyre la lettre du 28 août 1717 et les notes.
4. Sergines, chef-lieu de canton de l'arrondissement de Sens (Yonne).
5. Merry-la-Vallée, commune du canton d'Aillant-sur-Tholon (Yonne). Une chapelle, dédiée à saint Félix, existe encore au milieu de la forêt voisine.
6. La Grande-Paroisse, canton de Montereau, arrondissement de Fontainebleau (Seine-et-Marne).
7. Saint-Maurice, au faubourg d'Yonne, à Sens. Les reliques de sainte Aveline y sont encore conservées, avec celles de saint Fort, et de saint Guinefort, ses frères. Cpr. lettre du 24 avril 1717.

je n'ose vous recommander le rétablissement de la mémoire de saint Valles, prêtre Auxerrois, laquelle étoit dans vos vieux bréviaires et missels, au 21 de may, peut-être parce qu'il est particulièrement invoqué à la paroisse de Grand-Champ [8] en votre diocèse, où il y a une chapelle de son nom dans les prez, et où même je trouve qu'on chomme sa feste. Vos mêmes bréviaires faisoient aussi mémoire de saint Pavas, évêque du Mans, dont le corps est à Château-Regnard [9] ; je crois qu'il y a bien d'autres saints de France dont vous n'avez gardé la mémoire que pour de semblables raisons.

Je ne say pas pourquoy on n'a pas mis saint Gombert, évêque de Sens, en votre bréviaire; si c'est parce qu'il n'étoit pas dans les anciens, il y a bien d'autres saints qu'on a mis pour la première fois dans le bréviaire de 1702 ; et ce saint n'est pas moins fameux en Lorraine pour s'y être retiré après avoir quitté son évêché, que saint Vulfran l'est à Abbeville et en Normandie pour estre décédé après avoir semblablement abdiqué; vous sçavez que c'est luy qui a fondé le monastère de Senones en Lorraine [10], luy donnant le nom de votre ville.

Pour en venir aux saints mal placez, il me semble que saint Joseph n'est pas bien au mois de décembre, à moins qu'on ne le mette après Noël; les paroles qui composent son office font envisager J.-C. comme déjà né, tandis que celui de l'Advent dit qu'il viendra et ne tardera pas. Je croy qu'il y auroit mieux été dans un des jours du mois de janvier, qui est un temps où l'on honore l'enfance de J.-C., et qu'il y faudroit aussi transférer la mémoire de saint Joachim, car en la laissant au 20 mars, c'est indubitablement donner occasion aux paroisses et communautez d'en faire

1715

---

8. Grand-Champ, commune du canton de Charny, arrondissement de Joigny (Yonne).

9. Château-Renard, chef-lieu de canton de l'arrondissement de Montargis (Loiret).

10. Sénones, chef-lieu de canton, arrondissement de Saint-Dié (Vosges). Il y avait à Sénones une abbaye bénédictine célèbre. Voir *Abbaliæ Senoniensis, in Vosago, diœcesis Tullensis, Historia, auctore Richerio, ejusd. monasterii monacho,* Spicilége, in-4°, t. III, p. 271 et suiv.

1715 la feste ou la confrérie en ce même jour. Vous avez le 19 janvier vacant, où saint Joseph ne seroit, ce me semble, pas mal.

J'ay encore d'autres remarques de pareille espèce, mais je n'ose prendre la liberté de vous les envoyer que je ne sache si celles-cy vous agréeront [11]. Je ne prétends point vous prescrire de lois, c'est toujours sauf meilleur avis, et je me ferai toujours gloire de souscrire à vos lumières. En tous cas, celle de saint Joseph paroit la plus importante : plusieurs personnes m'en ont aussi parlé. Il y a quelques autres fautes dans le calendrier, contre la vérité de l'histoire, mais ce sont des mois éloignez que vous n'imprimerez pas encore sitost. Je finis en vous assurant qu'on ne sçauroit être avec un plus profond respect que j'ay l'honneur d'être, etc.

---

8. — EXTRAITS DE LETTRES ADRESSÉES PAR LE DOYEN FENEL A LEBEUF.

Sens, 20 juillet 1715.

1715 Quelques embarras m'ont privé de l'honneur de vous faire réponse plus promptement; je puis vous asseurer avec vérité que

---

11. Si l'on compare le calendrier du bréviaire de Sens de 1702, avec celui de 1725 qui l'a remplacé, on verra que la plupart des observations adressées par Lebeuf au doyen Fenel ont été prises en considération. Ainsi dans le calendrier de 1725, on a supprimé, comme il le proposait, au 11 février saint Saturnin, au 31 mai sainte Pétronille, au 7 juillet les saints Nicostrat et Claude, au 30 août les saints Félix et Adauct, au 15 septembre saint Nicomède, et au 28 du même mois sainte Eustochie. On a introduit, comme il le conseillait également, au 13 novembre saint Paterne, moine de Saint-Pierre-le-Vif de Sens, martyrisé à Sergines, et au 21 février saint Gombert, archevêque de Sens au VIIIe siècle. Au reste, nous verrons plus tard que, l'édition du Bréviaire de Sens ayant été retardée, Lebeuf fut choisi officiellement, en 1717, pour y coopérer. — Voir plus loin lettres et notes, *passim*.

PIÈCE 8. — La collection de Fontaine contient une nombreuse série de lettres adressées par le doyen Fenel à Lebeuf, du 20 juillet 1715 au 20 mars 1716 ; mais dans ce même intervalle, on n'y trouve pas une lettre adressée

vous pensez sur notre calendrier comme nous-mesme, excepté S. Joseph qui est bien placé suivant nous en Avent; nous ne sommes pas les premiers qui l'ont ainsy placé. Mais quand même nous l'aurions voulu mettre après Noël, il n'étoit plus temps, tout cela étoit imprimé. Il faut que je me sois mal expliqué lors que je vous ay mandé que l'on n'imprimeroit le propre des saints que vers le mois d'aoust, ainsy que vous me le marquez, car j'avois intention de dire tout le contraire. En effet j'ay corrigé ce matin les épreuves de la fin du mois de juillet; il ne reste plus qu'aoust, septembre, octobre et partie de novembre; je compte donc que tout le corps du missel sera entièrement imprimé à la fin du mois d'aoust; il ne nous restera plus qu'environ soixante-dix pages de rubriques générales de mois, etc. Je vous demande en grâce si vous avez quelques corrections sur les mois ou sur ce qui nous reste, d'avoir la charité de nous en faire part. Ne soyez pas surpris de ne point trouver de messe particulière de saint Germain d'Auxerre, nous n'en avons pas trouvé qui fussent si belles que nos communs qui sont magnifiques; j'en avois mis une de la composition de notre bon prieur, mais elle a esté rejettée comme moins belle que le commun. Nous avons rejetté tous les saints du pays peu connus dont la mémoire ne s'est pas trouvée dans les bréviaires anciens, quoique ces saints fussent de notre diocèse. Nous avons rappelé saint Gumbert, archevêque de Sens, et nous avons mis saint Disier, évêque de Nevers, qui se retira à Senone, dans le monastère basty par saint Gumbert, duquel nous parlerons dans la leçon de saint Disier, car il n'y peut avoir de leçon pour luy au 22 février, en ne le faisant que mémoire. Tous nos archevêques de Sens sont à présent répandus dans toutes les classes des offices annuels, semi-annuels, doubles, semi-doubles, simples et ès mémoires. On a aussy fait bien des ajustemens pour ne point placer

1715

---

par Lebeuf au doyen Fenel. Nous ne mettons, sous les yeux du lecteur, qu'un extrait de la correspondance du savant doyen, et nous intercalerons à sa date (23 janvier 1716) la seule réponse de Lebeuf que nous ayons pu découvrir en dehors de la collection de Fontaine.

1715 ensemble des saints qui n'ont nul rapport dans une même oraison, et pour supprimer plusieurs saints de Rome, presque tous comme vous me le marquiez; mais il a fallu bien des détours pour faire agréer ces choses. Sainte Emerantienne et saint Sabas n'ont pas esté supprimés, parce qu'ils étoient déjà imprimés quand cette dernière résolution a esté prise en présence de Mgr l'évêque de Waterford.....

J'avois esté obligé de discontinuer cette lettre parce que je me trouvois pressé, et que j'ay été assez considérablement indisposé depuis quinze jours, mais les premiers moments de convalescence sont pour vous prier d'excuser un si long silence. J'ay vu en passant le P. Dom. Fournier[1]; il m'a fait un portrait de votre chère personne, tel que toute mon ambition se borneroit à y avoir quelque petite ressemblance. Sur vos occupations sérieuses, sur vos grandes lumières, je m'étois imaginé que vous étiez une personne d'un âge avancé, mais je fus bien étonné d'apprendre qu'à peine vous aviez atteint la fleur de la jeunesse[2]; ma surprise fut extrême, et je fus obligé de bénir le Seigneur qui vous a donné tant de talens dans un tems où les autres commencent à peine à prendre les premières notions; quelle honte pour moy à l'âge de 50 ans d'avoir si peu avancé!

J'ay fort connu M. l'abbé Châtelain, j'ai demeuré 16 ans dans une partie de sa maison et nous passions toutes les après-souper ensemble; j'ai aussi connu M. Mignon, qui étoit maître des enfants, etc. Le petit bonhomme Morisson venoit tous les jours chez M. Châtelain, et ainsi je connaissois à merveille cette mine étique, avec son rabat jadis blanc et sa perruque antique.

Je vous remercie de vos lumières sur l'antiphonier et le graduel de Paris.

Je demeure d'accord avec vous, Monsieur, que l'on ne peut

---

1. Dominique Fournier, religieux bénédictin de Saint-Germain d'Auxerre, auteur de la *Description des saintes grottes de l'abbaye royale de Saint-Germain*, etc. — Voir la notice qui lui est consacrée dans les *Mém. sur le dioc. d'Auxerre*, t. IV, p. 428.

2. Lebeuf n'avait alors que 28 ans, étant né le 6 mars 1687.

pas absolument se servir du même chant de nos proses anciennes, les vers étant inégaux ; mais ne pourroit-on pas faire en sorte d'en tirer des chants réglés et mesurés, en évitant tout ce qui pourroit trop approcher de l'air musical, bien éloigné de la simplicité à laquelle nous souhaiterions pouvoir atteindre...

———

21 septembre 1715.

En même temps que je publie partout que vous êtes le plus zélé de tous les hommes, vous m'obligez à ajouter encore que je ne connois personne qui soit plus obligeant que vous. Le présent que vous nous faites de plusieurs messes annuelles de votre composition en est une preuve toute récente. Permettez-donc, malgré toute votre modestie, que je vous en témoigne mes très-humbles actions de grâce, pour moy en particulier, et au nom de tout le diocèse.....

Si quelquefois vous vouliez bien avoir la charité pour nous, dans vos momens de loisir, de composer de nos communs, ce seroit mettre le comble à tous vos bienfaits envers nous.....

Nous sommes dans une grande disette de bons compositeurs ; depuis deux ans il nous en est mort trois qui étoient tout ce qu'il y avoit de meilleur ; le reste est tout paresseux ou peu versé dans le goût du chant de Sens, qui est le vray plain-chant, bien éloigné de celui de Paris qui veut s'approcher des manières musicales en bien des endroits, ce qui ne convient pas à nos oreilles accoutumées à la vraye antiquité. Feu M. Chastelain, chanoine de Notre-Dame, m'a dit bien des fois qu'ayant passé par Sens en différentes occasions, il avoit toujours admiré la simplicité de notre chant jointe à beaucoup de gravité, et avoit dit qu'il ne falloit pas perdre cette manière de chanter lorsqu'on feroit de nouvelles compositions[3]. Vous estes plein, monsieur, de ces maxi-

---

3. Voyez sur le caractère du plain-chant usité dans le diocèse de Sens l'article de l'un des éditeurs, M. Chérest : *Bull. de la Soc. des Sc. hist. et nat. de l'Yonne*, 1852, p. 39.

mes, et vous voyez bien que composer pour un missel qui sort de dessous la presse, c'est *æternitati pingere*, car on ne les réforme ny aussy souvent, ny avec la même facilité que les bréviaires....

Dispensez-moy, Monsieur, de répondre au dernier article de votre lettre ; si ce que j'ai pu contribuer par mes soins, pour ramasser et recueillir le fruit des veilles de gens plus capables mille fois que moy, mérite votre estime et vos louanges, que ne devroit-on point dire de ce zèle infatigable qui, ne pouvant se borner dans votre diocèse, inonde toutes les campagnes circonvoisines et les remplit de ses saveurs et de ses bienfaits. Il n'est pas même jusques aux provinces les plus éloignées dans ce royaume, auxquelles vous avez prêté votre ministère pour leur fournir le chant dont elles se servent pour chanter continuellement les louanges du Seigneur. Ce sont autant de voix de tous côtés qui lui demandent pour vous les grâces les plus abondantes.....

Si M. Bocquillot[4], chanoine d'Avallon, avoit l'honneur d'être connu de vous, comme on m'a assuré qu'il récitoit quelquefois en particulier notre nouveau bréviaire, je vous prierois de le presser de faire ses remarques dessus, afin de profiter des lumières d'un si grand homme, et dont les pensées sont si justes, et si remplies du goust de la vraye antiquité.....

---

4. Lazare-André Bocquillot, savant théologien et savant liturgiste, né à Avallon le 1er avril 1649, mort le 22 septembre 1723. — Voyez, sur lui, l'ouvrage publié par son ami Letors, sous ce titre : *Vie et ouvrages de Lazare-André Bocquillot*, 1745, in-12. Il sera bien souvent question de Bocquillot dans le cours de la correspondance que nous publions.

9. — DE L'ABBÉ LEBEUF AU P. LEBRUN.

A Auxerre, ce 27 octobre 1715.

Une affaire que j'avois à six ou sept lieues d'icy, du costé de Sens, m'a procuré l'occasion de passer un jour et demy en cette ville. Dans l'intervalle des délays, est justement écheue en ce temps-là la feste de saint Savinien [1], apôtre de ce lieu. J'assistai à tout l'office du jour et de la nuit, que je vis faire d'une manière édifiante, à quelques circonstances près. Je ne vous parlerai point de matines ni de vêpres, sinon qu'en passant je remarquai à matines, qui commencèrent à trois heures, la vérité de ce que dit M. de Vert [2], qu'on sonne à la fin de chaque nocturne pour le nocturne suivant. On y lut les leçons en chappe dans le jubé septentrional, et les céroféraires qui étoient entrés au chœur, précédant les ministres, mirent leurs chandeliers à terre sur le bord du sanctuaire où ils restèrent tout le temps de l'office. Ce furent les deux choristes qui firent les encensemens du grand et du petit autel aux trois nocturnes, durant les deux répons et la leçon suivante, le quatrième répons, et la leçon d'après, et le huitième répons et la neuvième leçon. Je remarquai qu'en passant ils donnèrent toujours quelques coups d'encens à toutes les tombes des archevêques inhumés dans le sanctuaire et dans le chœur. On éteignit toutes les lumières du chœur, même les cierges, durant le *Te Deum*, qui me parut d'un chant le plus beau que j'aye jamais oüy sur ce cantique, et on les ralluma durant laudes ; on m'assura que cela se faisoit ordinairement et que ce n'étoit pas

---

Lettre 9. — Publiée d'après le manuscrit appartenant à la Bibliothèque impériale, fonds Saint-Magloire, n° 85, f° 22.

1. La fête de saint Savinien et de saint Potentien, apôtres de Sens, se célèbre annuellement le 19 octobre.

2. Voyez sur D. de Vert et sur ses ouvrages liturgiques la note 4 de la lettre 15.

1715 par épargne. Pour ce qui est de la messe, c'étoit un chanoine qui officioit sans prestre assistant, mais avec deux diacres et deux sous-diacres. On fit avant la messe une procession par l'église, tous les chanoines en chappes. Le sous-diacre qui portoit le livre de l'Evangile, qui est magnifique, le tenoit couché sur un gros carreau de velours rouge fort pesant. J'ai remarqué que les ministres revêtus étoient couverts de leur bonnet carré (on ne prend le camail qu'à la Toussaint) durant cette procession et mesme à la station, durant que tout le chœur estoit nue-tête. Au retour, après la station dans la nef, se trouva à la porte du chœur un chanoine dit du thrésor, tenant un reliquaire du saint du jour entre deux céroféraires; et comme je m'aperçus que tous ceux qui passèrent auprès ne le baisérent pas, M. le doyen me dit qu'il y avoit une conclusion qui deffendoit de baiser ces reliques en ces occasions, si on ne donnoit quelque chose en passant à l'enfant de chœur qui tient un bassin pour les offrandes. Il y a eu autrefois quelque chose de semblable chez nous. A la messe, l'*Introit* fut chanté trois fois, on dit *Kyrie fons* alternativement [3]; tout le chœur chantoit au *Gloria in excelsis* et au *Credo*; on y a encore la mauvaise pratique de laisser le *Benedictus* pour après l'Elévation, mais cela sera réformé comme à Meaux. Le célébrant, entrant au sanctuaire, alla droit au bas de l'autel, où il s'agenouilla comme prosterné, faisant une espèce d'oraison mentale, durant que les ministres préparoient l'autel et le livre pour l'*Introit*. Ainsi il ne parut point d'*Introibo*, de *Judica*, ny de confession au chœur. L'épitre fut chantée au jubé septentrional aussi bien que le *Graduel* par deux semi-prébendés, et l'*alleluia* par trois chanoines. On dit deux fois le graduel. L'orgue fut touché à la prose. L'évangile fut lu au jubé méridional. Entre l'épitre et l'évangile, le célébrant et ses ministres étoient assis sur d'anciens siéges de bois contigus, dans le sanctuaire du costé du midy, plus

---

3. Lebeuf a écrit lui-même en note marginale : « Le *Kyrie fons* sera « aboly. On l'a mis à la fin du missel pour contenter, dit-on, les fantasques, « et la rubrique, qui est à la teste, ne lui fait guère d'honneur. »

bas les uns que les autres, en sorte que celui du célébrant étoit le plus proche du fond de l'église et le plus élevé. Durant le *Credo*, le grand sous-diacre donna le livre à baiser, avec l'encens que donnoit un clerc en chappe; et on me dit que cette cérémonie ne se faisoit point si souvent qu'à Auxerre; durant le mesme symbole, le célébrant estoit debout à l'autel. On appresta le calice découvert sur l'autel, on y mit le vin et l'eau. Il ne me souvient plus qui c'est qui fit cela. Au reste je remarquay que la plupart du temps les diacres et sous-diacres, lorsqu'ils n'ont rien à faire, ne se tiennent pas, comme ailleurs, derrière le célébrant, mais aux cornes de l'autel. Durant l'évangile, l'officiant étoit du côté septentrional de l'autel, regardant le jubé où il se lisoit. Le diacre allant au jubé portoit le livre élevé et de biais, mais au retour du jubé au sanctuaire, le sous-diacre le porta ouvert jusqu'à l'autel, où le célébrant le baisa. Le reste du clergé le baisa fermé. Je pris garde qu'à *Laudamus te*, *Benedicimus te* du *Gloria in excelsis*, le célébrant s'agenouilla, touchant l'autel, sur un carreau qu'un enfant de chœur lui présentoit, et ainsi à *Homo factus est*. Après l'encensement des *oblata*, le diacre encensa à peu-près comme à matines, sinon qu'il ne donna point d'encens aux tombes du chœur, mais il alla dans la nef par la grande porte, où il encensa (m'a-t-on dit) la croix du jubé. On ne se mit à genoux que pour l'*Elévation*, mais on se releva tard comme à Auxerre. A l'*Agnus Dei* on se donna mutuellement le baiser de paix, un ministre sacré l'apporta du sanctuaire aux chapiers qui le donnèrent au premier de leur costé; celuy-ci à son suyvant, et ainsi du reste *per veneris osculum*. Il n'y eut ni offrande ni communion. A la préface, on se tourna vers l'autel à *Habemus ad Dominum*. La messe étant finie sans bénédiction, les ministres qui précédèrent l'officiant emportèrent avec eux presque tout ce qui avoit servy. On ne chanta point *Domine salvum* ni devant ni après la communion. Mon attention partagée m'a fait oublier plusieurs choses que j'avois envie de remarquer. On ne chanta point d'antienne devant l'évangile comme chez nous, on chanta *O salutaris* à l'Élévation.

1715

1715   M. le doyen de Sens me dit qu'il avoit reçu vos questions imprimées [4], qu'il y alloit répondre et qu'il vous enverroit en même temps leurs nouvelles rubriques générales. Le digne chef de ce chapitre a la plus belle bibliothèque du pays [5] ; il a parmy ses manuscrits des missels à chanter de leur église ou de leur diocèse des 12e et 13e siècles. Comme il a lu et compilé tous les registres de son chapitre, il est en état de faire une tradition sur les rites, mais il ne luy reste guères de temps pour cela. Depuis trois mois il a porté ses confrères à rétablir l'office du chapitre, suivant leurs statuts. On va pour cela, après l'oraison de prime, en chapitre où on lit les canons, le martyrologe ; et le plus digne donne là les airs convenables au bas-chœur, ensuite on revient au chœur pour tierce. On dit que Mgr l'archevêque du lieu est à l'extrémité et qu'on est en prières pour luy [6] ; sans doute qu'on lui donnera un successeur qui le suivra aussi dans son attache à l'antiquité : j'attends toujours de la voir reparoitre dans un nouveau jour dans votre excellent livre que M. Mercier [7] m'a dit avoir déjà plus de 400 pages imprimées. Je suis toujours, etc.

4. Ces questions, imprimées au nombre de cent onze, se trouvent dans quelques exemplaires de l'ouvrage du P. Lebrun, sur *les Prières et Cérémonies de la messe* (Paris, 1716). Elles y ont été ajoutées *ad calcem*. La réponse devait être adressée au P. Lebrun, prêtre de l'Oratoire, à Saint-Magloire, à Paris.

5. Voyez dans le *Cabinet historique*, publié par L. Paris, tome V, p. 40, le *Catalogue des livres composant la bibliothèque du doyen Fenel*, bibliothèque qu'il légua au chapitre de l'église cathédrale, et dont une grande partie se retrouve aujourd'hui dans les bibliothèques publiques de Sens ou d'Auxerre.

6. Mgr de la Hoguette mourut en effet le 28 novembre 1715. Voir note 2 de la lettre 6, et la pièce 10.

7. Voyez sur Mercier, aumônier de M. de Caylus, la suite de la correspondance.

10. — EXTRAIT DE LETTRES DU DOYEN FENEL A LEBEUF.

7 décembre 1715.

Les gens incorrigibles, comme je le suis, ont toujours mille pardons à demander, et il arrive souvent que, sous le prétexte spécieux de vouloir écrire à loisir à leurs amis, ils diffèrent sans cesse et deviennent malhonnêtes ; voilà à peu près mon caractère. Pardonnez-moi donc encore une fois ; Dieu veuille que ce soit la dernière faute de cette nature.

Je suis très-mécontent de notre libraire, par rapport au prix du missel qui n'est pas fixé ; je l'ai fait presser d'envoyer à Auxerre le reste de l'exemplaire en blanc à l'adresse de Mgr votre évêque, et il n'a pas voulu le faire. On croit que la raison véritable est qu'il craint de n'être pas payé ; mais il y en a une autre raison plus honneste pour luy, c'est que les vignettes et estampes manquent et qu'ainsy il faut luy renvoyer ce qu'a déjà Mgr d'Auxerre pour les y adjouter et y joindre le reste, afin de le rendre complet.

On imprimera, l'année prochaine, les messes des morts séparément, avec l'*Ordinarium missæ* etc.

Il n'y a qu'une oraison pour la bénédiction des cierges, le 2 février.

Le dernier missel de Sens a été imprimé in-4° sous Mgr de Pellevé, à Sens, l'an 1575. J'ay omis cette circonstance en luy écrivant (*sic*).

On n'a pas voulu rien changer au *Secreto*, dans l'état où étoit notre prélat, et ainsy c'est une affaire à laquelle il n'y a point de remède ; d'ailleurs c'est l'usage constant de l'Eglise dans le dernier siècle, usage qui n'enferme rien de mauvais en luy.

On a mis, dans l'*Errata* ou corrigé à la main, les fautes que vous

---

Pièce 10. — Ce nouvel extrait des lettres adressées par le doyen Fenel à Lebeuf est publié d'après le manuscrit appartenant à M. de Fontaine, comme celui qui compose déjà la pièce 8.

nous avez fait remarquer, ainsy que quelques autres qui se sont glissées. Il a paru depuis peu un mandement fait par le prieur de Dollot et moy, pour supprimer la feste de saint Jacques au 25 juillet, pour la solennité seulement, et cela par l'ordre, etc (sic)....

Vous aviez grande raison de dire, Monsieur, que Mgr notre archevêque pouroit bien estre le premier pour qui l'on diroit les messes des morts marquées dans le nouveau missel ; en effet, j'ay fait dire le jour de son inhumation les messes du Saint-Esprit et de la Vierge, et j'ay dit moy-même la messe *Pro defuncto episcopo*, selon le nouveau rit, quant aux prêtres seulement, car le chœur a toujours chanté l'ancienne manière. M. Lasseré [1] m'a remis votre chant, dont je vous rends de très-humbles actions de grâces ; plust à Dieu que nous eussions deux personnes telles que vous, aussy zélées et aussy habiles, nous irions bon train, et l'antiquité revivroit bientôt.

Notre illustre défunt mourut le 28 novembre 1715 ; le même jour qu'estoit mort, 516 ans auparavant, l'archevêque Michel de Corbeil, successeur immédiat de Hugues de Toussy, frère de Guillaume, évêque d'Auxerre, dont j'ai appris le détail de la deuxième sépulture avec bien de la satisfaction [2]. J'ay inséré aussitôt tout ce que vous m'en avez appris, dans mon histoire des archevêques de Sens. Je souhoiterois avoir l'inscription et l'épitaphe nouvellement mises, pour l'y insérer pareillement.

---

1. Jacques Lasseré, prêtre du diocèse de Sens, et curé de la paroisse de Saint-Romain en cette ville, devint chanoine de l'église cathédrale, par suite de circonstances que Fenel raconte à Lebeuf, dans une lettre du 7 février 1716, dont nous publions l'extrait. Très lié avec le doyen Fenel, il devint plus tard son légataire et son exécuteur testamentaire. Il mourut lui-même le 13 avril 1748. Voyez sa notice dans le *Catalogue Fenel*.

2. Fenel fait allusion ici aux cérémonies qui suivirent l'exhumation de Guillaume de Toucy, évêque d'Auxerre. Cette exhumation avait eu lieu, à Saint-Marien d'Auxerre, le 14 juin 1714, par les soins de Lebeuf. Voyez *Mém. sur le dioc.*, t. I, p. 344. — Mais en même temps, Fenel commet une erreur historique, que Lebeuf ne manqua pas de lui signaler ; cpr. *Lettre du 7 février 1716*. En effet, Michel de Corbeil succéda à Guy de Noyers, archevêque de Sens, oncle de Hugues de Noyers, évêque d'Auxerre ; voir *Gallia christ.*, t. XII, p. 53.

Comme notre prélat avoit souhaité estre inhumé au bas du sanctuaire, tout joignant la tombe de Pierre de Corbeil, archevêque de Sens, et vis-à-vis la place du préchantre, je fis fouiller en terre en cet endroit; on leva la tombe de Pierre de Corbeil, posée sur un massif de pierre épais de 15 pouces ; on trouva après cela la terre de la hauteur de 3 pieds et enfin le tombeau de pierre couvert d'une tombe fort mince qui n'étoit ny scellée ny attachée. Je la fis lever, après avoir fait retirer tout le monde, et j'aperceus un évêque revestu de ses habits pontificaux, les pieds et les jambes comme si on venoit de l'inhumer. Mais lorsque l'on y voulut toucher, cela s'en alloit par morceaux et l'on n'auroit pu en retirer un morceau entier large comme les deux mains ; les sandales étoient tout entières ; il n'y avoit néanmoins, dessous ces ornements, que des os dénués presque entièrement de chair. La teste était roulée hors de sa place au costé gauche, et étoit appuyée contre la crosse de cuivre, émaillée partout, de la longueur de 15 pouces, et emmanchée dans du bois qui étoit tout pourri ; il y avoit en bas un bout de cuivre long de 4 pouces. Cette crosse traversoit tout le corps, comme vous les voyez représentées dans les anciennes figures, et son bras gauche l'embrassoit. Il n'y avoit point de mitre. Je trouvay un anneau d'or à son doigt, mais très-mince, dans lequel étoit enchâssée une petite améthyste en forme de cœur non taillée et à présent de peu de valeur ; au costé droit, entre la teste et l'épaule, je trouvay un calice de vermeil doré, couvert de sa patène, fort bien travaillé, mais bas et très léger, n'ayant que 4 pouces et demy de hauteur sur pareille largeur de diamètre par le pied, et la coupe 4 pouces 2 lignes et seulement un pouce et demy de profondeur, ressemblant beaucoup aux vases dont on se sert à présent pour mettre les saintes hosties destinées à la communion des fidèles. Ce calice ne pesoit que 6 onces demy-gros, non compris la patène. Il fut présenté entre les quatre calices le 3 décembre, aux obsèques de notre prélat de sainte mémoire, et mis ensuite dans notre thrésor, ainsy que la crosse ; pour l'anneau je l'ay encore dans mon doigt. Je fis aussitôt recouvrir le tombeau, sans avoir rien dérangé, ny voulu que l'on fouillât

1715

1715 rien, et l'on a basty l'un des costés de la petite voûte faite pour Mgr de la Hoguette sur le bord du cercueil de Pierre de Corbeil. Cet homme fut très illustre et avoit professé la théologie à Paris, où il avoit eu pour écolier le fameux pape Innocent III, qui le fit archevêque de Sens contre toutes les lois, car Michel de Corbeil étant mort, le chapitre élut votre Hugues de Noyers ; mais comme Hugues n'avoit pas observé exactement à Auxerre l'interdit prononcé sur tout le royaume par Innocent III, à cause du divorce du roy Philippe-Auguste d'avec la reine Ingelburge, ce pape ne voulut point confirmer son élection ; et ayant fait demander Pierre de Corbeil, évêque de Cambray, parent de Michel, son prédécesseur, il le confirma ; il y a 500 moins six ans qu'il est mort, et il y avoit deux siècles moins deux ans deux mois et demy, qu'il n'étoit mort d'archevêque à Sens; le dernier fut Mgr Tristand de Salazar, le dernier avant le concordat.

Comment s'appeloit votre abbaye de Prémontrés hors la ville? De combien en étoit-elle éloignée et de quel costé. Est-ce à l'orient?......

12 janvier 1716.

1716 J'ai cherché des occasions pour vous faire tenir un missel de Sens en blanc, n'ayant pu en avoir un autrement pour vous ; ainsy, monsieur, je vous prie de m'adresser quelque occasion pour vous l'envoyer seurement. J'en ay fait tenir un tout relié à Mgr votre évêque [3], outre celui qu'il a entier en blanc, car je luy en ay adressé le reste des feuilles il y a peu de jours ; c'est bien la moindre chose que l'on doive faire pour un prélat si aimable. Il ne tiendra plus qu'à luy que nous n'ayons un bréviaire provincial,

---

3. Rappelons, une fois pour toutes, que l'évêque d'Auxerre dont il est tant parlé dans la correspondance de Lebeuf, n'est autre que Daniel-Charles-Gabriel de Thubières de Caylus, né le 20 avril 1669, nommé évêque, le 18 août 1706, et mort dans son château épiscopal de Régennes le 3 avril 1754.— Voir sa *Vie* par l'abbé Dettey, Amsterdam, Arkstée et Merkus, 1765, 2 vol. in-12; voir aussi la nouvelle édition des *Mém. sur le dioc. d'Auxerre*, t. II, p. 310-338.

car Mgr de Troyes, devenu notre archevêque [4], y estoit extrémement porté, et ainsy Sens, Troyes et Auxerre s'uniront aisément.

Quelques censeurs ont cru que c'étoit violer les tombeaux que d'avoir ôté du sépulcre de M. de Corbeil le calice dont je vous ay parlé ; qu'en dites vous ?.....

11. — DE LEBEUF AU DOYEN FENEL.

23 janvier 1716.

Je suis charmé du choix de l'écriture que vous avez fait pour les messes qui me sont tombées sous les yeux, comme celle de saint François, de saint Bruno et plusieurs autres. Il y a tant d'endroits qui m'ont fait plaisir que je n'oserois presque parler de ceux qui ne se trouvent pas tout à fait de mon goût. Peut-être, Monsieur, ne trouverez-vous pourtant pas mauvais que je vous expose avec liberté un de ceux-ci. Vous avez mis dans l'*Ordo missæ* que, le diacre présentant le calice, le prêtre lui dit : *Quid retribuam Domino*, comme en l'interrogeant, et que le diacre lui répond comme pour le tirer de son embarras : *Immola Deo sacrificium laudis*. Je vous avoue, Monsieur, que l'interrogatoire et la réponse ne me paroissent pas à leur place. Le prêtre n'a pas besoin de consulter quelqu'un pour savoir ce qu'il doit offrir. Véritablement, je sais que cela se trouve dans des anciens missels de Troyes et peut-être dans quelques-uns des nôtres, mais cela n'est pas dans celuy de 1556 ; et d'ailleurs vous ne vous assujétissez pas à suivre

---

4. Il s'agit évidemment dans ce passage de Denis-François Bouthillier de Chavigny, qui passa de l'évêché de Troyes à l'archevêché de Sens, où il succéda à Fortin de la Hoguette ; mais il est à observer que, dès le 12 janvier 1716, l'abbé Fenel en parle, comme s'il était déjà investi de son nouveau titre, et d'après le *Gallia christiana*, Bouthillier de Chavigny ne fut désigné archevêque qu'au commencement de février 1716 (voir t. XII, coll. 106). En tous cas il ne prit possession régulière de son nouveau siége qu'en 1718.

LETTRE 11. — Publiée d'après le manuscrit de la Bibl. Imp., fonds Saint-Magloire, n° 85, f° 25.

tout ce qui estoit dans les missels précédents, à moins que ce ne soit des endroits aussi beaux que l'*Habete vinculum pacis*, etc., que le missel parisien a omis. En effet, vous avez abandonné la triple répétition des *Introit*, la double des graduels, le retardement du prône et de l'offrande du peuple après l'oblation du prêtre, etc.; il semble donc que l'on pouvoit abandonner cette interrogation du prêtre et faire dire au prêtre : *Quid retribuam Domino*, après que le diacre lui a présenté le calice et dit : *Immola Deo*, etc., comme on le voit dans un grand nombre d'anciens missels. Si de semblables petites remarques que je vous fais ici ne vous déplaisoient pas, je pourrois prendre la liberté à l'avenir de vous en exposer quelqu'autres, surtout lorsque je pourray avoir le missel à ma disposition; et si je pouvois en avoir un exemplaire en feuilles, j'escrirois volontiers à la marge tout ce que je pourrois découvrir à l'avenir de convenable et vous l'envoyer dans la suite en cas que vous y trouvassiez quelques choses à mettre dans une seconde édition. On ne sçauroit travailler sur un meilleur ouvrage, car certainement votre missel enchérit beaucoup sur celuy de Paris qui a esté si estimé, et je ne doute pas que vous n'en voyiez cependant une seconde édition.

Oserois-je vous demander, Monsieur, si la première estampe qui représente saint Etienne a été tirée de quelques anciennes figures de votre église. Le sous-diacre a l'étole sur l'épaule gauche et pendante selon l'ancienne manière ; mais, dans la figure gravée, le côté de l'étole qui devoit pendre derrière est beaucoup plus long et revient par devant sur le bras gauche ; c'est ce que je n'avois vu nulle part. On n'a point mis d'étole au saint Etienne qui est à la tête de votre bréviaire de 1702 ; et je ne serois pas fâché d'estre informé des anciennes figures de diacres qui se sont conservées dans les églises de Saint-Étienne, car je fais graver l'habit d'un ancien diacre dans le volume qui pourra paroitre au commencement du mois de mars[1].

---

1. Il s'agit ici de la *Vie de saint Pèlerin* que Lebeuf publia à Auxerre en 1716.

Le silence que vous gardez dans le missel touchant le *Confiteor*, avant la communion, marque visiblement qu'on ne veut point faire une règle de le dire, et que vous le souhaiteriez ainsi. En effet on devroit, ce semble, se contenter du *Confiteor* qui se dit au commencement de la messe. Mais en ce cas il ne faudroit pas qu'on le dît à la sacristie, ainsi qu'on le fait à votre église, à Rheims et ailleurs ; et quand on le diroit à l'autel ou au chœur, il faudroit encore que tous les assistants pussent y prendre part, comme font les Chartreux. Ne pourriez-vous pas, Monsieur, imaginer quelque bon expédient pour cela ? Je le proposerois volontiers dans le premier tome des dissertations que je donnerai.

Selon le missel romain, ceux qui sont au chœur doivent y prendre part, car ils se tiennent à genoux pendant tout ce qui s'appelle la confession, sans excepter le pseaume *Judica*, ainsi que les clercs qui sont autour de l'autel : *In choro genuflectitur ab iis qui non sunt prælati ad confessionem cum suo psalmo,* Rubr. miss., tit. 17, n. 5. Le cérémonial de Besançon de l'an 1707 détaille plus particulièrement la manière avec laquelle ceux qui sont au chœur doivent prendre part à la confession. Voici les termes du chapitre 8 de la deuxième partie, p. 192 : « Le clergé étant au chœur et ayant pris place de la manière dite cy-devant, chacun se met à genoux, près de son siége (et non dessus, ce qui ne se doit jamais faire), dès que le célébrant commence la messe, et y demeure jusques à ce qu'il monte à l'autel, excepté toutefois les choristes et ceux qui chantent actuellement au lutrin, lesquels se tiennent debout et descouverts, ainsi que font encore ceux qui sont dans le chœur revêtus de chappes, qui demeurent tournez en face. »

Ceux qui ne chantent pas au lutrin font le signe de la croix au commencement de la messe, avec le célébrant et lorsqu'il dit: *Adjutorium nostrum et indulgentiam* ; ils s'inclinent médiocrement au *Confiteor*, frappent la poitrine à *Mea culpa*, et s'inclinent de rechef au verset suivant, comme les ministres sacrez s'ils peuvent s'en apercevoir.

Selon le cérémonial de Bagneux de l'an 1677, tous ceux du

chœur sont tournés vers l'autel pendant la confession, Traité 2°, p. 231.

Selon le missel romain, aux messes solennelles, l'évêque va se mettre à la droite du célébrant et fait avec lui la confession : *Stans à sinistris prælati, facit cum eo confessionem*, tit. 3, n. 3. Aux messes basses, tous les assistans font la confession avec le prêtre et se tournent vers lui, en disant : *Tibi pater*, quoique le pape soit présent, n. 9. On suppose donc que le prêtre ne fait pas la confession sans que les assistants y prennent part.

Selon l'ancien cérémonial de Vienne, le célébrant ne se tournoit pas vers l'autel en disant *Confiteor*, mais vers les ministres de l'autel qui étoient à la droite en entrant, tandis qu'il se tenoit à la gauche : ce qui marquoit mieux qu'il faisoit la confession avec les ministres et même avec le chœur. C'est en effet de cette métropole d'où est venu l'usage des Chartreux, qui font encore tous ensemble la confession à la messe.

Vous allez immortaliser l'usage des trois messes de suite pour les morts, par les deux belles messes du Saint-Esprit et de la Vierge que vous avez composées à ce sujet. Croyez-vous cet usage bien ancien et bien fondé ? Après Pierre de Corbeil, mort en 1226, dont vous avez descouvert le corps, Gautier son successeur, qui fit les funérailles de Louis VIII à Saint-Denis, auroit-il dit ces trois messes [2] ?

Je ne sais si la coutume de faire tourner le diacre vers le septentrion, pour dire *Ite missa est*, *Benedicamus Domino* et *Requiescant in pace*, est bien ancienne dans votre église. A Laon et à Noyon, le diacre dit ainsi l'*Ite missa est*, et il paroit étonnant qu'en congédiant le peuple il ne se tourne pas vers lui.

On ne voit pas d'où vient qu'on a retranché la prophétie de la troisième messe de Noël, quoiqu'on l'ait laissée aux deux autres messes et à celle de la veille.

---

2. Voir, sur Pierre de Corbeil et la découverte de ses restes, la lettre de Fenel à Lebeuf en date du 7 décembre 1715; voir sur Gauthier Cornut, successeur de Pierre de Corbeil, *Gallia christ*., t. XII, p. 60 et suiv.

Pourquoi mettre en titre à la messe du samedi de la semaine de Pasques: *Sabbato in albis depositis*; les nouveaux baptisez ne portoient-ils pas la robe blanche durant l'octave de Pâques? Trouve-t-on quelque part qu'ils la quittassent le samedi avant la messe?

Il est dit dans les rubriques, c. 6, § 1, qu'il n'y a d'obligation de dire de prose qu'aux fêtes annuelles. Il y en a pourtant (*sic*)...

12. — EXTRAIT DE LETTRES DU DOYEN FENEL A L'ABBÉ LEBEUF.

7 février 1716.

....J'ay esté du temps sans recevoir de vos lettres, et enfin j'en ay receu deux tout à la fois; deux jours après il m'est venu un ecclésiastique qui m'a remis plusieurs cahiers de chant et le jour suivant j'ai receu encore une autre lettre, en sorte que j'en ay receu quatre en moins de cinq ou six jours au plus.

Par celle du 21 janvier, vous me marquez la méprise que j'avois faite sans y faire attention de Hugues de Noyers, votre évêque, avec Guillaume de Toussy, je vous en remercie ainsy que des notes sur l'abbaye de Saint-Marien.

A l'égard des réflections sur le nouveau missel de Sens, elles sont bonnes en partie, mais aussy y a-t-il bien des endroits dont on ne convient pas. J'écris tout sur l'exemplaire destiné à cela avec mes réflections; j'ay envoyé des explications sur tous les

---

PIÈCE 12. — Nouvel extrait emprunté, comme les précédents, à la collection de Fontaine. On voit, par le début de cet extrait, que le doyen Fenel venait de recevoir coup sur coup plusieurs lettres de Lebeuf. Mais comme nous l'avons dit déjà, ces lettres n'existent pas dans la collection de Fontaine. Nous avons été réduits à publier seulement celle du 23 janvier 1716, d'après un manuscrit de la Bibliothèque impériale.

points contestés au P. Pouget[1] et au P. Lebrun ; nous en confèrerons lorsque j'auray l'honneur de vous voir ; ayez la bonté de m'avertir de tout ce qui sera censuré.....

Mgr notre nouvel archevêque est très zélé pour les cérémonies et le culte divin, c'est lui qui a toujours sollicité pour un missel provincial ; si il y trouve jour, je suis persuadé qu'il n'en manquera pas l'occasion ; mais cela dépend du nouvel évêque de Troyes, que nous ne connaissons pas encore, le nommé ayant refusé [2].

Mgr votre évêque m'a fait l'honneur de m'écrire qu'il avoit permis à plusieurs prêtres de son diocèse de se servir du nouveau missel de Sens.

J'ay fait accorder l'entrée de notre église et la permission d'en porter les draps à M. le prieur de Dollot, en reconnaissance du travail qu'il a entrepris pour le missel.

M. Lasseré a obtenu en régale le canonicat de Sens vacant par la mort de M. Leriche, notre ancien chantre, décédé au mois de juillet dernier [3], et requis par deux gradués, qui se trouvent ainsy frustrés de leurs prétentions, parceque, ce bénéfice estant en litige lors de la mort de feu notre archevêque, il tombe en régale sans aucune difficulté.

On dit que Mgr d'Auxerre a déclaré qu'il seroit fasché d'être archevêque de Sens avec 10,000 livres de pensions. Je croys qu'il

---

1. François-Aimé Pouget, théologien français, né à Montpellier le 28 août 1666, mort à Paris le 4 avril 1723. Il est l'auteur du fameux *Catéchisme de Montpellier*, qui parut à Paris en 1702. Au moment où Fenel parle de lui, il était membre de la commission chargée de la réforme liturgique du diocèse de Paris.

2. Lorsque Bouthillier de Chavigny fut promu à l'archevêché de Sens, l'évêché de Troyes fut d'abord conféré par le roi à N. de Castre, qui le refusa, et ensuite à Jacques-Bénigne Bossuet, neveu du fameux évêque de Meaux.

3. Jean Leriche, chanoine et chantre de l'église cathédrale de Sens, était mort le 25 juillet 1715 ; voir sa notice dans le *Catal. Fenel.* — Les deux gradués qui se disputaient sa succession, s'appelaient Colleau et Lechat : ils avaient déjà pris possession, l'un le 23 août 1715 et l'autre le 26 octobre suivant (voir au même *Catalogue*), et cependant ni l'un ni l'autre ne put conserver le canonicat en litige. — Cpr. sur Jean Leriche la lettre du 22 avril 1717.

a raison, car son évêché est considérable pour le revenu et l'un des plus beaux bénéfices de France par le peu de charges ; mais Mgr de Troyes n'avoit qu'un fort petit évêché de 8 ou 10,000 livres de revenu, et ainsy il y trouve beaucoup d'augmentation pour cet article, quoy qu'il soit chargé de 10,000 livres de pensions ; cependant il luy en coustera cent mille livres, soit pour ses bulles, soit pour sa translation de Troyes à Sens....

22 février 1716.

Aussitôt que notre nouvel archevêque aura pris possession, nous nous donnerons tout entièrement à l'édition du nouveau bréviaire.

J'ay donné votre missel en blanc à notre libraire, qui l'a joint à celuy de P. prieur de l'abbaye d'Auxerre. J'ay écrit votre adresse dessus, je ne doute pas qu'il ne vous l'ait envoyé. Je n'ay point vu l'aumônier de Mgr votre évêque, cela m'auroit bien fait plaisir, à cause de son mérite, et encore plus parce qu'il a l'avantage d'estre de vos intimes amys [4].

Je n'ay vu que la chronique d'Auxerre telle que M. Camusat l'a fait imprimer [5] ; votre découverte est merveilleuse et vous feriez bien d'en procurer une nouvelle édition ; j'en ay une manuscrite ; je verray, en consultant ce que vous me promettez, si mon manuscrit est complet.

Il faut que M. Lasseré soutienne un procès contre les gradués,

---

4. Voir, sur l'aumônier de M. de Caylus, la lettre 15 et la note 7 de cette même lettre.

5. Il s'agit ici de la *Chronique de Robert Abolanz*, dite *Chronique de Saint-Marien*. Lebeuf avait découvert que l'édition de cette chronique, donnée par Camuzat, était incomplète, et il avait préparé, sur les manuscrits originaux, les matériaux d'une édition nouvelle. Ce travail est encore aujourd'hui conservé à la Bibliothèque d'Auxerre. Voir à cet égard, pour plus de détails, la lettre de Lebeuf au P. Prévost du 10 septembre 1721, et les notes qui l'accompagnent.

mais je crois sa cause très-bonne ; la seule difficulté à décider est de sçavoir si les deux gradués, qui ont tous deux pris possession, sont en litige sans avoir donné d'assignation; or, il est constant, selon les plus habiles gens de Paris, que cela est hors de toute difficulté. Je souhaiterois bien avoir le bonheur de vous posséder aussy, nous travaillerions de merveilles ; mais il y a longtemps que j'y pense, et je vis dans l'espérance que le chant que vous composez pour nous commencera à vous faire connoistre de notre nouvel archevêque; et s'il plaist à Dieu, il ne manquera pas de vouloir attirer une personne qui luy paroistra absolument nécessaire. Pour ce qui est de M. le prieur de Dollot, lorsqu'il sera en état de résigner sa cure à pension à son neveu qui n'est pas encore dans les ordres, je ne doute pas qu'il puisse trouver icy un poste de même nature. Ce sont du moins les souhaits de celuy qui vous honore parfaitement......

23 mars 1716.

..... Nous n'avons pas osé faire plus que ce qui a esté fait[6]; nous vivions alors sous le règne du P. Tellier et de Louis XIV. D'ailleurs on nous a souvent retenu sur ce qu'il ne s'agissoit pas de faire une nouvelle liturgi composée des autres, mais seulement de remettre en vigueur nos anciens rites......

La dernière messe que j'ay de vous est celle des veuves, et le cahier finit par l'*Alleluia*, à ces mots *saturabo panibus*. Je n'ay point la fin de cette messe ny ce qui suit, je n'ay point non plus receu ce que vous aviez eu la bonté de me transcrire du manuscrit de la chronique d'Auxerre, à l'occasion de Guy de Noyers; ainsy je n'ay pu vous en remercier.....

6. Tout le commencement de cette lettre a trait aux observations adressées par Lebeuf à Fenel sur le nouveau missel de Sens. Lebeuf trouve qu'on n'a pas étendu les réformes assez loin. Fenel s'excuse, et c'est à ce propos qu'il écrit la phrase curieuse que nous avons transcrite ci-dessus.

Vos remarques sur nos archevêques, tirées de l'ancien nécrologe, me seront très utiles......

J'ay de la joie que M. Bocquillot ne me regarde pas comme un voleur de sépulcre. Pierre de Corbeil est le dernier de notre liste des archevêques de Sens que vous m'envoyez ; vous trouverez au premier jour quelque thrésor, souvenez-vous que j'en retiens part, comme on dit en ce pays-cy......

Depuis ma lettre écrite, j'ay receu, le 24 mars au soir, le paquet de Joigny où étoient toutes vos messes du commun en ce qui manquoit. Je vous en rends mille actions de grâces, ainsy que de la note sur Guy de Noyers que vous avez tirée de votre manuscrit de la chronique d'Auxerre, plus ample que l'imprimé [7]. Le mien n'a pas cette note et n'est qu'un extrait de la chronique d'Auxerre fait en 1475. Je l'ay inscrite dans la vie de cet archevêque.

Nous avons icy Mgr notre nouvel archevêque. Il y arriva le 24 sur le midy et repartira lundi prochain ; il est très affable et fera certainement travailler. M. Lasseré prendra possession le vendredy 27 ; il vous est infiniment obligé du succès heureux que vous lui souhaitez......

---

[7]. Voici le passage inédit de Robert Abolanz, que Lebeuf avait envoyé à Fenel : « Hic vir (Guido Senonensis archiepiscopus) multæ prudentiæ et moderationis unicæ fuit, litteris adprime instructus et rerum tam sæcularium quam ecclesiasticarum peritiâ satis clarus. Ecclesiam cui præfuit in multis adauxit, tam dotibus redituum quam ministris altarium. Qui, cum ad extrema venisset, sua fecit omnia distrahi, et suum omne debitum prius reddi, reliqua deinde pauperibus erogari. » En effet, dans le travail que Lebeuf avait préparé sur la chronique de Robert Abolanz, il a relevé le passage ci-dessus, et il a écrit en marge : « *Je crois avoir envoyé ce texte à M. Fenel, doyen de Sens.* ».

13. — DE LEBEUF A FENEL.

Auxerre, ce 3 may 1716.

Comme Mgr notre digne prélat est dans le dessein de renouveler tout de bon la face des rites de son diocèse, les bréviaires commençant même à manquer[1], je crois qu'il pourra faire à ses ecclésiastiques une lettre pastorale à l'exemple de feu M. de la Hoguette au mois de mai dernier, par laquelle il les priera de luy communiquer tous les anciens vestiges d'antiquité qui peuvent rester, et les missels ou bréviaires qui ne seroient point encore venus à notre connoissance. Comme il faut ménager là dedans le chapitre, je vous prie de me dire comment vous fites chez vous : si, cette lettre étant imprimée, Mgr votre prélat l'envoya à son chapitre, par qui, et comment : ou si, auparavant, il en avoit conféré avec des députez de la part du chapitre, ce que je ne crois pas, d'autant qu'il n'en est pas fait mention. En un mot ayez la bonté de me dire comment vous vous y prendriez dans un pays où il est si difficile de faire entendre raison. Une personne éclairée de Paris m'a mandé que c'étoit la plus belle chose que pût faire Mgr notre prélat que de concerter le tout de cette sorte avec son clergé. Ce seroit comme s'il étoit dans son synode. Je conserve toujours la lettre où vous m'apprenez de quelle manière on procéda chez vous pour le nouveau bréviaire de 1702[2]. Je sçai qu'il fallut des députez, mais dans le cas que je vous propose, ce ne seroit qu'une lettre circulaire et non un

---

LETTRE 13. — Cette lettre et les suivantes, jusqu'à celle du 8 juillet 1717 exclusivement, sont empruntées à la collection de Fontaine, où elles figurent en autographes.

1. Voir, sur les livres liturgiques et de plain-chant dont on se servait alors à Auxerre et dont on entreprit la réforme sous l'épiscopat de M. de Caylus, la lettre écrite par Lebeuf à Fenel le 17 septembre 1717, ainsi que les notes qui l'accompagnent.

2. C'est la lettre qui porte la date du 8 juin 1715, et, dans notre édition, le n° 6.

mandement. Je vous prie donc de vouloir bien au plus tôt m'aider de vos conseils, sçavoir encore s'il seroit à propos que Mgr notre évêque demandât au chapitre les anciens missels ordinaires et cérémoniels qu'il peut avoir, en indiquant que c'est dans le dessein de faire quelque chose de stable et permanent. Car icy tout est *ad libitum*, ou du moins une grande partie, et l'on ne suit pas même le dernier missel de 1530 en tout ce qu'il a de bon et de meilleur ; mais nos dévôts ont aboli cela par le non usage.

Une autre chose, Monsieur, que j'ai à vous demander en grâce, seroit de vouloir bien prendre la peine de demander à M. Mouffle, ou à M. Amette[3] ce que sont devenues certaines écritures du chapitre d'Auxerre, *à l'occasion d'un compromis qu'on fit entre les mains de Monseigneur en 1714, touchant une cérémonie.* Cette difficulté est restée à décider et les papiers doivent être encore à Sens. Comme je travaillai dans cette affaire pour tâcher de rétablir les prêtres concélébrants à notre grand-autel, j'eus soin de me servir de l'autorité que l'on me donnoit et de la confiance que le chapitre avoit alors en moy. Je serois bien aise d'avoir la fin de cette procédure, où je fais sentir l'attachement qu'a le chapitre à l'antiquité, pour le rétorquer aujourd'huy contre le chapitre qui ne reconnoit aujourd'huy rien de bon que ce qui existe, et qui dit qu'un usage est bon dès-là qu'il est actuel et existant.

Si vous pouviez m'envoyer copie de la conclusion de cette procédure et de tout ce que vous y verrez que j'y ai mis à dessein, vous me feriez un sensible plaisir. Je vous ai déjà bien des obliga-

---

3. Barthélemy Mouffle, prêtre du diocèse de Paris, devint chanoine de Sens le 13 août 1699, puis trésorier le 13 mars 1703, et mourut en 1733. Il exerça, en outre, les fonctions de vicaire-général sous les archevêques Fortin de la Hoguette, Bouthillier de Chavigny et Languet. Jean-Baptiste-Thomas Amette, prêtre du diocèse de Sens, devint chanoine de l'église cathédrale le 23 octobre 1730. Il exerça en outre les fonctions de secrétaire de l'archevêché, sous les trois prélats ci-dessus désignés. Voyez *Catalogue Fenel*. Amette est l'auteur d'un Pouillé manuscrit des bénéfices du diocèse de Sens, conservé jadis à la bibliothèque d'Auxerre, sous le n° 112 des manuscrits, et maintenant aux archives de l'Yonne.

1716 tions, et celle entr'autres de m'avoir envoyé les prières de votre ancien manuscrit. N'étoit une cérémonie extraordinaire que nous avons aujourd'huy à l'occasion d'une translation de reliques[1], j'aurois eu l'honneur de vous dire un mot sur quelques points de votre histoire, mais le temps me presse et je n'ai que le loisir de vous assurer du profond respect avec lequel je suis, etc.

14. — DE FENEL A LEBEUF.

9 mai 1716.

1716 Lorsque l'on pensa à projeter une nouvelle édition du bréviaire de Sens, je proposay à feu Mgr notre prélat de sainte mémoire de faire une lettre pastorale pour exhorter tous les ecclésiastiques du diocèse à communiquer leurs réflections. Il me chargea du soin de dresser cette lettre, de la faire imprimer et de la faire distribuer; je fus quelque temps sans le faire parce que je voyois que cela faisoit peine à quelques personnes. Enfin, Mgr de Waterford me pressa de le faire, j'obéis donc, et toutes les mesures que je garday avec le chapitre ce fut de leur dire que la première édition manquoit, qu'il falloit travailler à une deuxième, et que Mgr l'archevêque les prioit de vouloir bien travailler à faire leurs réflections, et que moy, de mon costé, je ferois ce que je pourrois pour rendre ce grand ouvrage accompli. Cela en demeura là. Lorsque la lettre fut imprimée, j'en distribuai des exemplaires à la plus

---

1. Il s'agit de la translation solennelle des reliques de saint Pèlerin, premier évêque d'Auxerre, translation qui eut lieu en effet le 3 mai 1716, et que Lebeuf raconte avec détails dans ses *Mém. sur le dioc. d'Auxerre*, t. I, p. 9.

LETTRE 14. — Nous croyons devoir publier en totalité la lettre ci-dessus, parce qu'elle fait réponse à celle de Lebeuf en date du 3 mai 1717, et parce qu'elle nous semble contenir des détails curieux sur les réformes liturgiques au commencement du XVIII° siècle.

grande partie de MM. les chanoines, et cela n'a pas eu plus de suite. Mais remarquez que c'est une deuxième édition et que, d'ailleurs, MM. les chanoines sont persuadés que je ne souffrirois pas que l'on n'observât pas avec la compagnie ce qui doit de droit estre observé.

Je crois que, dans une première revue de vos rites, il est à propos que M. le doyen, ou quelqu'autre de la part de Mgr l'évêque, représente au chapitre la nécessité de travailler à renouveler les anciens usages, et qu'il les prie de l'aider des mémoires et des anciens livres de leur église, et de commettre quelqu'un à qui il puisse s'adresser pour les luy communiquer, c'est-à-dire plutôt pour les faire examiner par ceux qui seront chargés du soin de ce travail important. Si Monseigneur a déjà fait nommer des députés au chapitre pour travailler à un nouveau bréviaire, je crois que tout ceci seroit inutile, et qu'il suffiroit que ces députés demandassent communication des anciens livres d'église pour parvenir à exécuter leur députation. La lettre ne doit point s'adresser à la cathédrale : on suppose toujours que, l'évêque et son église ne faisant qu'un corps, il n'a que faire de leur demander par écrit la communication de leurs anciens manuscrits.

Nous ne regardons point comme aboli tout ce qui est dans le dernier missel de Sens, et le non usage est une puérilité lorsque le dernier missel en parle. Au reste, ne mettez pas les dévôts parmy vos députés, ou tout au moins traitez-les de manière si vive, pour leur faire comprendre leur ignorance, qu'ils soient obligés de s'absenter quelquefois ; alors ne les avertissez plus, redoublez vos conférences pendant leurs absences, et lorsqu'ils voudront revenir ils ne seront plus au fait ; c'est ce que j'ai ponctuellement observé ; évitez les demi-rubriquaires, et que vos députez soient tels qu'ils soient dociles et toujours disposés à consulter au dehors, sans quoy vous ne réussiriez pas.

Je voulois vous envoyer vos écrits de 1714, mais on ne les a pas encore trouvés.

Monsieur, représentez fortement à vos messieurs que les usages existants se sont pour la plupart établis par le caprice ou la volonté mal réglée d'un chantre ou d'un chanoine entreprenant, mais que les vrais usages ce sont ceux qui se sont toujours conservés par une tradition écrite et non arbitraire ; et où aurions-nous esté si on avoit voulu nous imposer ce joug? Je vous supplie de dire à Mgr votre évêque que l'affaire du P. Leriche pour le prieuré de Chaumont[1] est en meilleure situation que jamais ; ses deux concurrents ne sont plus à craindre à ce qu'il me paroist, et j'espère dans peu estre en état de lui marquer que nous avons été ravis de trouver cette occasion de luy faire connoistre notre respectueux attachement pour sa personne, etc.

---

15. — DE LEBEUF A FENEL.

4 juin 1716.

Le voiage de quelques messieurs de notre séminaire à Sens pour l'ordination, m'occasionne de prendre la liberté de vous écrire pour vous importuner. Un de mes amis, demeurant à Paris, qui s'applique aux matières liturgiques, m'a prié de lui envoyer quelques exemplaires de la lettre pastorale de feu Mgr votre illustre prélat, imprimée il y a un an, pour en faire tenir à son évêque et à ses grands-vicaires. Comme je n'en ai plus qu'une copie des six que vous eûtes la bonté de me donner au mois d'octobre, je vous prie d'en vouloir bien donner deux ou trois au porteur des présentes qui, selon les apparences, doit être l'assistant du séminaire qui m'a fait offres de service, et, s'il est possible, d'y joindre un *Ordo* ou *Bref* de votre diocèse[1] de l'année présente, qui m'a aussi été demandé par la même personne.

---

1. Chaumont, ancien prieuré de l'ordre de Saint-Augustin, dépendant de l'abbaye de Saint-Jean de Sens ; aujourd'hui commune du canton de Pont-sur-Yonne, arrondissement de Sens.

Lettre 15. — 1. On sait qu'il est d'usage, et d'usage fort ancien, dans tous les diocèses de France, d'imprimer, chaque année, un ***Bref*** ou ***Ordo***

Vous ne serez pas fâché de connoistre un jour cette personne [2], laquelle, quoique non ecclésiastique, mais laïque, vaut bien un millier de gens d'église pour la science dans les rites, et elle peut vous servir beaucoup pour la seconde édition de votre bréviaire. J'ay reçu déjà presque tout le livre du Père Lebrun sur la messe [3], je ne veux pas prévenir votre jugement, mais j'attendois d'abord quelque chose de plus étendu et de plus approfondi ; on m'a assuré qu'il réservoit ses dissertations pour les autres tomes. Le premier tome, qui va paroître, dédié à M. le cardinal, est un ouvrage qui peut convenir à toute sorte de monde. Il y aura pour les dévôts, pour les critiques, pour les mystiques, pour les littéraux. Il semble que ce Père veuille concilier tout le monde. Vous avez sans doute reçu la réfutation de M. De Vert [4], qui est en beau style, mais qui n'est pas selon toutes les règles de la charité. On laisse croire qu'elle est de Mgr l'évêque de Soissons [5], et cela sert

1716

---

par lequel l'autorité diocésaine fixe les règles principales à suivre dans la célébration du culte. C'est une espèce de guide liturgique, que le clergé du diocèse doit avoir sans cesse sous les yeux.

2. La suite de la correspondance montre qu'il s'agit ici de M. de la Chauvinière, dont le nom revient si souvent sous la plume de Lebeuf et de ses correspondants. Voyez dans la Préface les renseignements que nous avons pu recueillir sur ce personnage, peu connu, mais qui pourtant a joué un rôle assez remarquable au commencement du XVIIIe siècle.

3. *Explication littérale, historique et dogmatique des prières et des cérémonies de la messe,* par le P. Pierre Lebrun de l'Oratoire, Paris, chez Flor. Delaulne, 1716, in-8°.

4. Dom Claude de Vert, savant liturgiste, né à Paris le 4 octobre 1645, mort le 1er mai 1708. Son ouvrage le plus important, dont les derniers volumes ne parurent qu'après sa mort, est intitulé : *Explication simple, littérale et historique des cérémonies de la messe,* Paris, 1709-1713, 4 vol. in-8°. Le but de ce grand ouvrage était d'établir que les cérémonies de l'Église ont une origine simple et naturelle, et qu'il n'est pas nécessaire, pour les expliquer, de recourir à des allégories mystiques. Cette opinion fut vivement combattue par Languet, évêque de Soissons (voir note suivante), dans un écrit intitulé : *Du véritable esprit de l'Église dans l'usage de ses cérémonies,* Paris, 1714, in-12.

5. Jean-Joseph Languet de Gergy, alors évêque de Soissons, et qui devint, en 1731, archevêque de Sens. Languet fut un des membres du clergé français qui soutint, avec le plus d'ardeur et de talent, la lutte contre les idées jansénistes. Son mérite comme écrivain le fit recevoir membre de l'académie française en 1721.

à lui donner quelque débit, j'y ai remarqué quelques articles qui méritent qu'on la réfute à son tour.

Je vous suis très obligé de la lettre par laquelle vous m'avez fait entendre les biais qu'il conviendra prendre pour faire réussir nos réformes futures. Comme Mgr notre évêque venoit de partir pour Paris, quand je la receus, j'eus occasion de lui faire sçavoir ce que vous me mandiez touchant le Père Leriche. Il a remis l'entreprise de la réforme à l'an prochain, auquel il y aura un synode [6].

Je vous envoie, avec cette lettre-cy, un bref de notre diocèse que vous ne serez peut-être pas fâché de voir, celui qui l'a fait entendant bien son métier. C'est l'aumônier de Mgr notre évêque qui a essuié à cette occasion bien des contradictions de la part des dévôts et des demi-rubriquaires [7].

Voicy aussi un abrégé de la vie de notre apôtre [8], avec quelques ouvrages du Père Gourdan, qui ont été imprimés il y a un mois, lorsqu'on fit une translation des reliques de ce saint, de la cathédrale en son église paroissiale [9]. Les vers françois n'imitent pas si bien les latins que ceux que j'ai reçus sur saint Germain d'Auxerre, où le poëte latin est suivi pas à pas par le poëte de langue vulgaire. J'en ay envoyé autant à M. le prieur de Dollot.

Il ne m'est guère tombé sous les yeux de remarques qui concernent Sens depuis un mois ou deux, à cause d'autres occupations qui me dérangent. Je ne pus cependant m'empêcher de copier dernièrement, dans l'histoire des Chartreux de Bellary [10], au dio-

---

6. Cpr. lettre du 17 septembre 1717.

7. Voyez sur l'aumônier de M. de Caylus, dont il est ici question, les détails que donne Lebeuf dans sa lettre du 18 mai 1718.

8. *Abrégé de la vie et du culte de saint Pèlerin*, Auxerre, J.-B. Troche, 1716, 8 pages in-12. C'est la première publication connue de Lebeuf.

9. *Hymnes et prose en l'honneur de saint Pèlerin*, composées par le P. Gourdan, de Saint-Victor de Paris, et traduites en vers français par André de Monhenault, curé de Saint-Pèlerin d'Auxerre, Auxerre, J.-B. Troche, in-12.

10. Bellary, ancienne Chartreuse, fondée au commencement du xiiie siècle par Hervé, comte de Nevers; aujourd'hui hameau de l'arrrondissement de Cosne (Nièvre).

cèse d'Auxerre, dans le Nivernois, qu'un doyen de Sens, nommé Adam[11], leur donna vingt livres et quatre volumes pour avoir part à leurs prières ; son nom est dans leur obituaire au mois d'aoust.

Les villages dont le nom m'est inconnu et qui sont situés dans le territoire de Sens[12], sont : *Liviniacus*, qui est dans notre nécrologe au 27 janvier.

In villa Conflente, in Senonico (patrimonium), 23 mars.

In villa Rivisiaco, in Senonico (omnia propria), 17 avril.

In villa Bagnentus, in Senonico (prædia), 14 may.

In pago Senonico, in villa quæ dicitur Vallis-Diaconi, et in villa Aganonis arpennos de vinea octo, 8 octobre. Le dernier nom signifie indubitablement Villegagnon, mais je ne sais ce que veut dire Vallis-Diaconi, et comment le peuple aura tourné ce nom, qui est très-beau.

In Senonico, in villa quæ dicitur Vallis (prædium), 21 novembre. Ce nom est fort générique.

Il y a d'autres noms que j'entends bien, comme *Caciacus*, qui veut dire sans doute Chassy, dans la vallée d'Aillant, *Juliacus*, Jully, *Carmedus*, Charmoy, *Bassau*, Bassou.

La vie de notre évêque saint Aunaire, oncle de votre saint Loup, fait mention d'un village nommé *Baldiliacum in pago Senonico*, qu'il donna à l'église de Saint-Germain d'Auxerre : *Corbilias in pago Vastinensi* : *Warchiacum in pago Senonico*. Je connois les deux derniers endroits, mais non le premier.

Saint Didier, autre évêque, successeur immédiat de saint Aunaire, donna à notre cathédrale *agrum Genuliacum, vel Talnisiacum, cum Nuclearolio, sitos in pago Senonico*.

De plus, *Patriciacum*.

---

11. Sur le doyen Adam de Péviers, voyez la réponse de Fenel, au 12 juillet 1716.

12. Les questions posées par Lebeuf sont encore de celles qui embarrassent les géographes. Malgré les progrès de la science, bien des points restent dans le doute. — Voyez cependant, au 12 juillet 1716, la réponse de Fenel et les notes qui l'accompagnent.

1716 Et à l'église abbatiale de Saint-Julien d'Auxerre, *mansiones Teudebaldi, seu Villaris Auroli, in pago Vastinensi.*

De plus, il donna aux églises de Sainte-Colombe et de Saint-Léon de Sens *Viscla* ou bien *Visela, in pago Senonico*; saint Pallade, successeur de saint Didier, donna au monastère de Saint-Julien d'Auxerre, par l'acte de la fondation, *Campebossum in territorio Senonico*; *Mitiganna in territorio Senonico* (qui est Migennes, que le roi Dagobert lui avoit donné).

Tous les noms dont je ne vous dis point le français sont ceux qui me sont inconnus. Si vous pouvez les déterrer à votre loisir vous pourrez me les mander...

En cas que vous ayez trouvé les écritures du chapitre de l'an 1714, vous pouvez les donner à ces messieurs du séminaire et ne faire qu'un paquet du tout.

Vous me permettrez de saluer M. Lasseré, dont je souhaite que l'affaire ait eu l'issue que vous en attendiez.

---

16 — DE LEBEUF A FENEL.

Auxerre, ce 8 juillet 1716.

1716 Deux curez de cette ville qui sont de mes amis, allant à Sens pour se délasser, m'ont averti de leur voïage. Je profite avec bien du plaisir de leur occasion pour vous écrire ce mot de lettre, en vous renvoyant un petit livret de proses que vous me laissâtes emporter de chez vous au mois d'octobre dernier. Je vous en suis bien redevable; je n'y en ai trouvé que deux qui m'ayent fait plaisir, et qui sont toutes deux de saint Agnan; les autres étant prises du graduel de Paris, ou mal faites. Comme ces deux messieurs resteront huit jours à Sens, je vous prie, dans cet intervalle, de vouloir bien ordonner à quelqu'un de vos sacristains

de leur montrer votre thrésor. Car, du moins, le plus jeune des
deux (qui est curé de Saint-Pierre-en-Château [1], première paroisse d'icy pour l'honneur) ne l'a jamais veu ; l'autre est curé de
Saint-Mamertin, dit par abrégé Saint-Mamert, et c'est le frère du
prieur de Sainte-Colombe [2]. Ils lisent tous deux le bréviaire de
Sens.

Le curé de Saint-Pierre doit, à ce qu'il m'a dit, faire achapt
d'un missel pour son usage ; il espère qu'à votre recommandation
il en aura un bien conditionné. C'est lui qui a eu le malheur de
perdre le louis d'or qu'il envoya à Sens pour la même fin, dès le
mois de janvier [3]. Si les messes des morts sont imprimées séparément, il les achètera aussi. Je vous prie en même temps, s'il y a
moyen d'avoir encore quelques exemplaires de la lettre pastorale
sur le bréviaire, de lui en faire avoir chez l'imprimeur que je l'ai
chargé de satisfaire, comme aussi du bref de votre diocèse pour
cette année, qu'un de mes amis de Paris me demande. En cas
qu'on ait retrouvé les écritures du chapitre de l'an 1714, sur un
fait de cérémonies dont j'ay eu l'honneur de vous parler, ces
mêmes messieurs s'en chargeront très-volontiers.

---

1. Saint-Pierre-en-Château, ancienne paroisse d'Auxerre, aujourd'hui
supprimée. Le curé d'alors s'appelait Edme-Simon Carrouge, et son nom est
un de ceux qui reviendront sans cesse dans le cours de cette correspondance.
Il devint, en 1722, chanoine de la cathédrale, et remplaça Lebeuf comme
sous-chantre en 1743. C'était un des plus fougueux jansénistes de la ville,
et aussi fut-il un des premiers qui protestèrent publiquement contre la
bulle *Unigenitus*. Voyez Recueil général des actes d'appel, t. II, p. 634
et suiv. Il mourut le 29 avril 1771, à l'âge de 82 ans.

2. Saint-Mamert, autre paroisse d'Auxerre, également supprimée. En 1716,
le curé s'appelait Charles-François Liger ; il était frère d'Edmond Liger,
désigné pour exercer les fonctions de prieur de Sainte-Colombe, au chapitre
général de la congrégation de Saint-Maur, du 25 mai 1714. — Sainte-Colombe,
abbaye de bénédictins, fondée en 620, et qui a subsisté jusqu'en 1789 : une
communauté de religieuses est établie aujourd'hui dans les anciens bâtiments réparés, commune de Saint-Denis, canton sud de Sens.

3. En effet, dans une lettre du 7 février 1716, dont nous n'avons publié
que des extraits, Fenel parle à Lebeuf de la perte d'un louis d'or, que ce
dernier lui avait fait transmettre pour acheter un missel, et qui s'était
perdu avant d'arriver à destination. Il résulte du passage ci-dessus que le
louis d'or appartenait à Carrouge, dont Lebeuf s'était fait le mandataire.

1716   Je vous envoie une petite compilation que j'ai faite de tout ce que j'ai pu trouver de remarquable sur le village de Brenches [4] qui est sur les bords de votre diocèse du costé d'Auxerre. J'ai veu un vieux pouillé imprimé qui le met parmi les prieurez de ce canton ; je ne vois pourtant pas que jamais c'ait été un monastère, à moins qu'il ne l'ait été dans le temps qu'il dépendoit du fameux prieuré de La Charité. Si ces remarques peuvent vous faire plaisir, à la bonne heure, mais aussi si vous avez des circonstances contraires, je vous prie de les ajouter ou faire ajouter à mon mémoire, que vous aurez la bonté de remettre à ces messieurs après que vous en aurez fait l'usage que vous jugerez à propos. Le pouillé dont j'ai parlé ci-dessus qualifie Montjou d'une abbaye ; j'avois toujours cru que ce n'étoit qu'une prévosté, et l'acte de 1639 n'employe que ce terme.

Comme votre église a des dismes en plusieurs terres, il se peut faire qu'elle en ait eu des hameaux qui n'ont que des chapelles ou églises succursales. Je vous prie de m'aider de votre avis sur une difficulté qui fut élevée icy : sçavoir si nous sommes obligés de contribuer aux réparations d'une église de cette espèce, parce que nous avons une portion dans les dismes du hameau où elle est située. Ce n'est qu'une chapelle originairement, selon la charte de Guillaume de Toucy, notre évêque, qui la donna à l'abbaye de Saint-Père, l'an 1171, « *Capellam de Robreto* [5]; » c'est aussi le terme employé dans deux bulles d'Alexandre III, des années 1174, 1178. Elle est dans les limites d'une paroisse nommée Venousse. Comme cette paroisse est de grande étendue et capable d'entretenir un vicaire avec le curé, la suite des temps a veu

---

4. Branches, commune du canton d'Aillant-sur-Tholon (Yonne). La terre de Branches, après avoir appartenu au prieuré de la Charité-sur-Loire, fut acquise par l'évêque d'Auxerre, Guillaume de Seignelay, qui la donna en 1220 à la Maison-Dieu d'Appoigny. D'un autre côté, ce même évêque avait établi en 1219, dans la dite Maison-Dieu, des religieux hospitaliers du Mont-Joux, ou, en d'autres termes, du Saint-Bernard. C'est à ces divers faits que Lebeuf fait allusion. Cpr. lettre en réponse, de Fenel, en date des 13-16 juillet 1715.

5. Rouvray, aujourd'hui commune du canton de Ligny-le-Châtel, arrondissement d'Auxerre. — Venouse, commune du même canton.

ériger des fonts baptismaux dans cette chapelle; on y a inhumé des habitans du hameau, baptisé leurs enfans, et le vicaire, pour avoir moins de peine, y a été demeurer.

1716

Nous avons les dismes de Venousse, qui s'étendent un peu sur le hameau de Rouvret; devons-nous pour cela aider à réparer l'église dudit Rouvret? Est-elle censée avoir un chœur et cancel, à cause qu'elle a un cimetière, qu'on y fait le pain bénit, l'eau bénite et qu'on y dit la grand'messe; tandis que d'un autre côté cette chapelle n'a point d'autre titulaire que le curé de Venousse; tandis qu'elle n'est dans aucun catalogue ou pouillé des cures, ny dans la liste des curez qui viennent au synode; tandis encore qu'on trouve un arrest du parlement, de 1540, qui déboute un ecclésiastique qui s'étoit fait donner par Mgr l'archevêque de Sens des provisions sous le titre de Rouvret, comme d'une cure, et qui déclare que ce n'est qu'une chapelle et secours de Venousse, dont le curé de Venousse doit seul jouir des revenus; et que par une sentence de l'officialité d'Auxerre (1626) les habitans du hameau de Rouvret sont condamnez à payer leur part pour la réparation du presbytère de Venousse. Enfin le style des provisions de ce bénéfice est toujours: *Prioratum curatum de Vendosa cum suo succursu de Roboreto*. Voyez si vous n'avez point été ou ne pouvez point être dans pareil cas, et faites-moi le plaisir de me mander à votre plaisir ce que vous en pensez. Quoique notre chapitre ait les dismes de Venousse qui s'étendent en partie dans le hameau de Rouvret, nous ne sommes seigneurs ny de l'un ni de l'autre endroit, ny présentateurs du bénéfice. Ces dismes ont été acquises en partie et données aussi en partie.

Voilà, Monsieur, une lettre qui est déjà trop longue de moitié et qui ne peut que vous être à charge. J'ajouterai cependant, avant de finir, que depuis quelque temps j'ay eu sujet de faire connoissance avec M. le doyen de Nevers[6], qui est un homme plus porté à la régularité que le nôtre. Il voudroit bien qu'on pût faire un

---

6. Jean de Bèze, d'abord chanoine de Saint-Cyr, puis, en 1712, doyen de l'église cathédrale de Nevers; il mourut le 1ᵉʳ juillet 1730.

bréviaire provincial; il assure même que Mgr l'évêque ne craint en cela que la dépense et qu'il lui est indifférent quelles rubriques on observe. Ayant eu occasion de lui parler de vous, il a voulu sçavoir votre nom, de là j'ai conclu qu'il n'avoit pas receu la lettre pastorale. Il m'a témoigné depuis en être curieux. Je crois que quelqu'un aura pu la faire mettre dans les journaux de Verdun, où l'on a coutume d'insérer des mandemens des évêques de Metz, Toul et Verdun. Pardon encore un coup de tant de verbiage et faites-moi la grâce de me croire plus que je ne puis m'exprimer.....

Je n'ai point eu de nouvelles de M. le prieur de Dollot à qui j'écrivis par nos séminaristes, il y a un mois.

Je suis aussi en peine du procès de M. Lasseré, que je salue très humblement.

Le curé de Saint-Pierre-en-Château de cette ville, qui a eu le malheur d'avoir un missel dont les feuilles sont transposées, vous sera bien obligé de vouloir lui en faire donner un autre, selon que vous m'avez promis de le faire. Il le mettra lundy au coche d'eau, port payé, à votre adresse.

Il vous sera bien redevable si vous voulez prier quelqu'un de lui en choisir un qui soit bien conditionné et de même relieure, afin de le mettre au coche suivant, c'est-à-dire à celui qui passe à Sens le vendredy matin pour arriver à Auxerre le samedy. Ou bien au lieu du coche, il en chargera quelques séminaristes qui iront pour l'ordination.

Je vous enverrai aussi par eux une liste de questions que m'a donnée pour vous à Paris le très habile laïque dont j'ai déjà eu l'honneur de vous parler [7].

---

7. Dans la collection de Fontaine, on a relié, immédiatement après la lettre du 8 juillet 1716, un fragment, en forme de post-scriptum, écrit par Lebeuf, sur feuille détachée. Mais les faits dont parle Lebeuf dans ce fragment sont évidemment postérieurs au 8 juillet, et nous croyons beaucoup plus convenable de le publier, comme servant de post-scriptum à la lettre du 13 septembre. Voyez plus loin.

17. — DE FENEL A LEBEUF.

Ces 12, 13, 14, 15 et 16 juillet 1716.

Je vous suis très obligé de m'avoir procuré l'honneur de voir icy messieurs vos amis, mais ils sont presque toujours à l'abbaye de Sainte-Colombe, et ils ont eu la malice de refuser de me dire leur demeure. J'espère cependant encore avoir l'avantage de les voir avant leur départ, sinon je les comparerois à M. le supérieur de votre séminaire qui s'en est allé d'icy, à la dernière ordination, avec une telle précipitation que l'on auroit dit qu'il appréhendoit qu'on luy jouast un mauvais tour; et c'est ce qui m'a empesché de vous envoyer l'*Ordo* de notre diocèse et trois lettres pastorales pour notre nouvelle édition du bréviaire. M. Moufle, ayant moins d'affaires sur les bras, se fait un plaisir d'y travailler fortement dans peu, car la vacance du siège pourroit être fort longue; cependant on a toujours quelque espérance. Je vous remercie de l'*Ordo* dont vous m'avez fait présent; je ne comprends pas pourquoy il a fait murmurer, parce que je ne sçay point comme étoient dressés les précédents.

Vous avez grande raison, Monsieur, de me dire, à l'occasion d'un séculier de vos amis qui se plaist aux rubriques, qu'à notre grande confusion il y en a tel qui vaut bien un millier de nous autres pour les rites; Dieu veuille que ce ne soit pas pour les mœurs! Si vous pouviez engager ce respectable personnage à nous donner une critique de sa façon pour la nouvelle édition du bréviaire, cela nous feroit bien plaisir. Je n'ay vu ni la critique de M. de Vert, ny le premier tome du P. Lebrun, et je ne l'achepteray que sur l'estime que l'on en fera, car je ne suis pas assez

---

LETTRE 17. — Voici encore une lettre de Fenel que nous croyons devoir publier en entier, parce qu'elle sert de réponse et de complément nécessaire aux précédentes lettres de Lebeuf, et aussi parce qu'elle contient des détails intéressants sur l'histoire et la géographie sénonaises.

1716 riche pour achepter des nouveautés par cela seul qu'elles sont nouvelles.

J'ay lu avec plaisir les hymnes de M. Gourdan, et je vous suis très obligé de l'exemplaire que vous m'en avez envoyé, ainsy que de la vie de ce saint dont j'ignore l'auteur. Ce présent aura fait plaisir à M. le prieur de Dollot; il y a un siècle que je ne l'ay vu. J'ai receu de lui trois gros cahiers de ses réflections sur les hymnes du bréviaire; il y a bien de bonnes réflections à y faire et du profit à en tirer; je luy écris peu, n'en ayant pas le temps.

Le doyen de Sens, Adam, gist à Saint-Sauveur, ancien cimetière des chanoines, à demy-lieue; il est au 8 juin dans notre nécrologe; on y lisoit sur sa tombe *Hic jacet Adam de Peviers, decanus Senonensis...*, le reste étoit effacé; mais en 1684 les religieux de Saint-Jean, à qui ce prieuré est, enlevèrent sa tombe avec plusieurs autres pour en faire des marches. Il vivoit en 1230; cela paroist par des actes où il est nommé. MM. de Sainte-Marthe l'ont fait placer dans le *Gallia christiana*[1].

Villa-Diaconi peut estre Vaudoué, *aliàs* Vaudoy (Sancti-Lupi), à demy-lieue de Noisy et à une grande lieue de Milly en Gastinois[2]. J'avois cru d'abord que ce pouvait être Vaudeurs, mais le nom latin est *Sanctæ Mariæ Magdalenæ Vallis-hederæ*.

Baldiliacum est peut-estre Bailly[3] que nous nommons *Bailliacum*, à demy-lieue de Nangis; ou Batilly, à une lieue de Bois-Commun; nous le nommons *Batilliacum*.

Nous avons un fief qui appartient à M. de Bernages, que l'on nomme Vaux, sans autre surnom; il est de la paroisse de Saint-

---

1. Fenel parle ici de la première édition du *Gallia christiana*; car le tome XII de la seconde édition, tome dans lequel se trouve la province de Sens, n'a paru qu'en 1770. Voyez, dans ce tome XII. col. 111, la notice relative à Adam de Peviers.

2. Maintenant encore on ne sait pas comment on doit traduire *Villa-Diaconi*. Voyez *Recherches sur la géographie et la topographie de la Cité d'Auxerre et du Pagus de Sens*, par M. Quantin, Auxerre, 1858, in-4°, p. 62.

3. Lebeuf a écrit lui-même, sur la lettre de Fenel, en interligne : « C'est « sans doute Bouilly, auprès de Saint-Florentin, dont Saint-Germain est « présentateur et autrefois décimateur. » La traduction de Lebeuf est évidemment préférable à celle de Fenel.

Maurice-Tizoaille; si je ne me trompe, ce pouvoit estre là votre Vallis [4].

Corbiliæ est sans doute Corbeilles en Gastinois; saint Germain d'Auxerre en est patron; nous le nommons *Corbelliæ*.

Bassou, nous le nommons *Sanctæ Crucis de Bassoto*.

Caciacus, Chailly; nous le nommons *Chassiacum*; ne seroit-ce point Chailly [5] ?

Liviniacus veut sans doute dire Lignières; mais il n'y a point à Sens de village de ce nom; il faut que ce soit un fief ou hameau sans paroisse, car ce n'est pas Lézinnes, ny Livry, ny Lixy [6].

Rivisiacus [7], n'est-ce point Revilly, nom d'un fief d'une ancienne famille de noblesse dont le château, nommé Revilly, est entre Champignelles et Gien ? ou Rouville, qui est paroisse ?

In villa Conflente, nous avons Conflans, qui est une paroisse à deux petites lieues de Montargis.

Bagnentus, il faut que ce soit un nom de fief sans paroisse, car je ne vois que Baignaux qui puisse lui ressembler, mais il a un nom plus naturel, *Balneoli*.

Genuliacum peut signifier Lageville ou bien La Genevray : nous nommons ce dernier *Genipera*.

Nucrearolium veut peut-estre dire Nancré, paroisse du Gastinois, que nous nommons *Nancretum*. Ne seroit-ce point Nargy, *Sancti-Germani de Nargiaco* ?

Talnisiacum est sans doute Thenisy, annexe de Dannemarie-en-Montois, deux lieues au-delà de Bray.

Patriciacum peut estre Passy [8], paroisse, ou Pacy, fief de la

---

4. *Vallis* est resté à l'état de lieu inconnu, car rien jusqu'ici ne confirme l'hypothèse de Fenel.

5. *Cassiacus*, Chassy, commune du canton d'Aillant-sur-Tholon (Yonne).

6. *Liviniacus*, les Vignaux, lieu détruit dont le nom ne s'est conservé que dans un climat de la commune de Saint-Maurice-le-Vieil, canton d'Aillant. Voyez *Recherches géographiques* de M. Quantin, p. 59.

7. *Rivisiacus*, Revisy, lieu détruit, dont le nom ne s'est conservé que dans un climat de la commune de Pontigny (Yonne). Voir, sur *Revisiacum et Sarmasia*, deux noms qui ont bien longtemps préoccupé Lebeuf, la notice insérée par M. Quantin dans ses *Rech. géogr.*, p. 51.

8. *Patriciacum*, qu'on trouve également désigné sous le nom de *villa*

paroisse de Véron, à deux lieues de Sens, ou Paron, paroisse à une lieue de Sens, ou l'une des trois Paroy, que nous nommons *de Pareto*.

Villaris-Auroli in pago Vastinensi n'est pas de ma connoissance 9. Dans le Gastinois nous avons Auvilliers, que nous nommons *Altum-Villare*. Nous avons un Avroles, au doyenné de Saint-Florentin, et Avrille en Gastinois, à une lieue de Beaumont. M. le prieur de Dollot croit que c'est ce dernier.

Je ne connois point *Viscla* ou *Visela*.

Campo-bossum, n'est-ce point à présent un prieuré de Bénédictines de Provins, nommé Champbenois ? Nous le nommons *de Campo-benedicto*. Ou bien les paroisses de Chambeugle ou de Chambon ? Nous nommons Chambeugle *de Campobubuli*, et Chambon *de Campobono*.

Je vous envoie la messe de la dédicace notée, avec la prose et une messe des morts. Je vous prie de m'en dire votre sentiment en me les renvoyant, parce que j'employeray le compositeur, si cela est selon les règles.

Les messes des morts sont imprimées, et un in-12, que nous nommons épistolier, pour servir à la campagne aux enfants qui chantent l'épitre.

On n'a pas de mémoire d'avoir icy les écrits que vous m'avez demandés; si je puis les recouvrer, je n'y manqueray pas.

Ce que vous m'avez envoyé du prieuré-cure de Branches m'a fait plaisir; je l'ay copié et je vous le renvoye; je l'ay inséré dans mon pouillé. Le Montjou est certainement une abbaye; l'abbé a en France un vicaire-général pour nommer à ses bénéfices.

M. le prieur de Dollot est ici depuis deux jours. Nous avons salué votre santé plusieurs fois; il vous fait mille compliments; il

---

Patricii et *de villa Piredus*, paraît être *Villeperrot*, commune du canton de Pont-sur-Yonne. Voyez *Rech. géogr.* de M. Quantin, p. 59.

9. Jusqu'ici il est bien difficile, pour ne pas dire impossible, de donner une traduction exacte et sûre des mots *Villaris Auroli*, *Visela* et *Campobossum*.

est en peine si vous avez receu assez à temps son office de saint Martin avec d'autres pièces qui étoient dans le même paquet.

Nous n'avons pas d'exemples semblables à celuy de Venouse et de Rouvret, mais je suis persuadé que l'usage seul vous décidera. Si vous avez autrefois contribué aux réparations de la chapelle de Rouvret, vous y contribuerez encore pour votre part des dismes, et les autres décimateurs avec vous. Si vous pouvez prouver que vous n'y avez point contribué, cela me paroist bien favorable pour vous.

Je n'ay point l'honneur de connoistre M. le doyen de Nevers ; mais, malgré sa bonne volonté, je doute que l'on puisse parvenir à faire un bréviaire provincial. M. votre doyen [10] y seroit fort opposé ; mais si cela est faisable, Mgr notre nouvel archevêque y ayant esté fort porté, pendant qu'il étoit à Troyes, y fera de son mieux pour y réussir.

Le procès de M. Lasseré est toujours au même état ; il faut attendre les délais et les échéances des assignations ; il s'est démis de sa cure de Saint-Romain et est allé demeurer à Manchecour, où il dessert actuellement ce bénéfice qui sera son pis-aller ; mais j'espère que le procès réussira à merveille ; c'est au moins ce que je souhaite de tout mon cœur. Je suis, etc.

---

10. Le doyen du chapitre cathédral d'Auxerre, Gaspard Moreau, est un des personnages dont le nom reparaît le plus souvent dans ce volume. Nous nous contenterons de rappeler ici qu'il naquit à Auxerre le 2 février 1676, prit possession du décanat par procureur le 10 mai 1704 et en personne le 7 mars 1705, fut ensuite pourvu d'un canonicat le 11 août 1705, commença dès lors à présider le Chapitre, ce qu'il n'avait pas fait auparavant, et mourut le 27 mai 1746.

18. — DE LEBEUF A FENEL.

Auxerre, ce 13 septembre 1716.

J'ay été bien mortifié de ne pouvoir pas avoir l'honneur de vous saluer à mon retour de Paris, mais je crus que votre repos étoit préférable à ma propre satisfaction, et je me donnai bien de garde de vous réveiller. En récompense, je trouvai chez vous M. le prieur de Dollot qui me fit toute sorte d'accueil, et j'eus alors le bonheur de l'embrasser pour la première fois. Que direz-vous d'un importun comme moy, qui vient vous troubler, dans le temps où il ne vous faudroit que de la tranquillité? Mais peut-être ne pourrez-vous pas me refuser la grâce que je vais vous demander, étant en place pour pouvoir me donner là-dessus quelques lumières, et n'y en ayant guères d'autres que vous qui sçache les affaires du gouvernement de votre diocèse. C'est pour un confrère[1] que je considère beaucoup, et auquel, quand il se trouve quelque service de procuré, je le regarde comme fait à moy-même. Il n'a pu s'adresser qu'à moy pour sçavoir une chose qui le concerne, et moy je ne la puis sçavoir que de vous : c'est si Mgr de Waterford a receu depuis peu des lettres de Mgr l'évêque d'Auxerre à son sujet, et de Mgr l'évêque de Nevers, dont il est originaire, ou si peut-être c'est à vous, en qualité de vicaire-général, qu'ils en ont écrit. Il est sous-diacre, et se dispose au diaconat pour samedy prochain.

Il a eu un démissoire *ad omnes* de Mgr de Nevers, mais *à solo episcopo Autissiodorensi*, et depuis ce temps-là Mgr notre évêque a presque toujours été à Paris, où il est encore. Pour rectifier tout cela, il a fait prier messeigneurs ces deux prélats de convenir que Mgr de Waterford puisse l'ordonner diacre, comme il l'a fait

---

1. Il s'appelait Chacheré: voir la suite de la lettre. Jacques Chacheré ou Chasseré de la Brosse, né à Nevers, le 5 août 1693, prit possession d'un canonicat à la cathédrale d'Auxerre le 12 mai 1744, et mourut le 12 décembre 1761.

l'an passé sous-diacre; mais, quoiqu'il s'y soit pris de très bonne heure, il n'a pu en avoir encore de réponse. C'est pour cela que je prends la liberté de vous prier de lui faire demander (car je sçai que votre santé ne vous permet point encore de sortir), de lui faire demander, dis-je, si Sa Grandeur a receu, depuis peu, une lettre de Mgr l'évêque d'Auxerre pour ordonner un chanoine d'Auxerre nommé Chacheré, natif de Nevers, auquel il a déjà conféré, il y a un an, le sous-diaconat; et si pareillement il en a receu de Mgr de Nevers sur la même personne.

Supposé qu'il en soit quelque chose du costé de l'un ou de l'autre de ces deux prélats, je vous supplie de faire en sorte que j'aye un mot de réponse de votre part dès lundy soir. Si l'une ou l'autre de ces lettres n'arrive que par la poste du lundy même, je vous prie de m'en faire donner avis par celle du jeudy. Mais, si elles n'arrivent que par la poste du jeudy, je vous avoue que je serai embarrassé, et peut-être enverrai-je un homme exprès pour apporter la réponse, car le courrier ne reste pas assez longtemps à Sens pour en être chargé. Je suis bien fâché, Monsieur, de vous donner ces peines dans un temps où vous êtes accablé; je vous en aurai de très sensibles obligations si la chose réussit.

19. — DE FENEL A LEBEUF.

14 septembre 1716.

Je suis mortifié de n'avoir pu avoir l'honneur de vous voir en passant icy, j'ay pris la liberté de m'en expliquer à M. le prieur de Dollot. Ma santé ne vaut toujours rien, cela se rétablira peut-estre. Mgr de Waterford n'a receu aucune lettre ni de Mgr d'Auxerre, ny de Mgr de Nevers par rapport à votre amy; si jeudi on en reçoit, je l'écriray tout aussitôt à notre Eminence. Je feray retirer le missel imparfait et j'examineray feuille à feuille celuy que je vous enverray.

20. — DE LEBEUF A FENEL.

6 novembre 1716.

[Cette lettre, qui ne se retrouve ni dans la collection de Fontaine ni ailleurs, ne nous est connue que par des notes écrites de la main de Lebeuf sur les lettres de Fenel en date des 12 juillet et 14 septembre 1716.

« Scripsi, 6 nov. 1716... Scripsi notata, 6 nov. 1716. »

Voici maintenant l'indication des principaux sujets que Lebeuf a dû traiter dans sa lettre, telle qu'il la donne sommairement dans les notes dont s'agit :

« Parmy les presentez par privilége au cal. d'octobre du cha-
« pitre d'Auxerre 1524, Gabriel Goffier, decan. et canonicus
« Senon.

« Complément sur Pontchevron.

« Quand vivoit le doyen de Sens, nommé Louis, dont parle le
« Célestin Bureteau, *Histoire mns. de Sens*. Ex Viole, martyr, au
« 1 sept.

« Décision de M. Dupin sur le brév. métropolitain.

« Si on a fait à Sens la fête de la Translation, 18 nov.

« S'il y aura ordinations en décembre.

« La 2ᵉ fête de la Trinité inutile et née par occasion.

« Si on a reçu du trésorier de Toucy des mémoires et ce
« qu'on en pense.

« Si les Bourgachard n'ont pas songé à s'introduire dans quel-
« que prieuré de chanoines réguliers. »

Nous n'aurions pas songé à relever ces fragments informes, si les réponses, faites par Fenel à Lebeuf, ne jetaient sur tout ceci une lumière suffisante. Voyez, en effet, les lettres des 11 décembre 1716 et 17 janvier 1717.]

21. — EXTRAITS DE LETTRES ADRESSÉES PAR FENEL
A LEBEUF.

11 décembre 1716.

Vous vous y prenez toujours bien tard pour l'ordination, il y en aura une icy des plus nombreuses et très solennelle à la grande messe du chœur ; si vous nous envoyez quelqu'un, qu'il soit muny de lettres de Mgr l'évêque ou de M. le vicaire-général, et, si c'est une personne d'un autre diocèse, il faut un consentement exprès, après quoy il n'y aura pas de difficulté...

1716

17 janvier 1717.

Nous allons travailler sérieusement au chant de notre missel, et tâcher dans peu à le chanter entièrement. J'aurai l'honneur de m'adresser à vous avec bien de la liberté pour vous prier de nous redresser, comme vous avez fait. Vos réflections sur la messe de la dédicace sont merveilleuses, et mettent nos compositeurs au fait de la bonne manière de la composition.

1717

Cela n'empêchera pas que nous ne travaillions aussy à la révision de notre bréviaire pour la nouvelle édition ; si vous avez des réflections à faire, ou vos amis, sur les communs ou sur le psautier, je vous prie de nous en faire part, ce sera un ouvrage commun s'il plait à Dieu. Seriez-vous d'avis d'avoir des complies tous les jours? Plusieurs sont partagés sur cela. Troyes n'en a point, mais il ne répète pas aussi le psaume 118 pendant la semaine. Le P. Pouget, qui est venu ici, souhaiteroit qu'on prit la division qu'il a dressée pour Troyes, dans l'espérance qu'Auxerre la prendroit aussi, et, par ce moyen, l'on verroit presque toute la province réunie au moins pour le psautier ; et, quant au surplus, Troyes n'ayant que réformé notre bréviaire, nous ferions presque semblable partout. Ainsi l'on verroit revivre en ces pays cette belle coutume ancienne des provinces d'Espagne, si bien mise dans son jour, dans la consultation agréable dont vous m'avez fait le plaisir de m'envoyer une copie; elle mériteroit d'être imprimée; j'en ai fait la lecture à M. Moufle.

Est-il donc vrai que M. votre doyen est en procès avec sa compagnie, et qu'il a fait saisir vos revenus? J'en aurois de la peine, car la paix est bien préférable aux prétentions les plus apparentes [1].

La Bussière [2] est une paroisse à 17 lieues de Sens, à 7 de Montargis, à 2 de Châtillon-sur-Loing, et à 2 de Gien, *B. Mariæ de Buxeria*. Les Augustins en sont curés depuis environ l'an 1640, et la possèdent. J'ignorois qu'il y eût une église succursale nommée Pontchevron, qui ait appartenu à votre diocèse; j'ai enrichi mon pouillé de cette curieuse remarque [3].

Parmi les doyens de Sens je n'y en connois aucun du nom de Louis [4]; je ne connois point Pons-Cyriacus [5], et je ne sais d'où Bureteau [6] a pu tirer ce miracle de l'étole de saint Loup; je sais seulement que parmi nos reliques nous gardons une étole de saint

---

1. Voir sur l'objet de la discussion entre le doyen Moreau et le Chapitre la lettre du 21 avril 1717.

2. La Bussière, commune du canton de Briare, arrondissement de Gien (Loiret).

3. Lebeuf ne s'est-il pas trompé en écrivant à Fenel que la chapelle de Pontchevron, située dans le diocèse d'Auxerre, avait jadis été succursale de l'église paroissiale de la Bussière, située dans le diocèse de Sens? La chapelle de Pontchevron paraît avoir toujours dépendu de la paroisse d'Ouzouer-sur-Trézée au diocèse d'Auxerre, et l'évêque Pierre de Broc, vers 1665, l'érigea elle-même en église paroissiale. Aujourd'hui Pontchevron n'est plus qu'un hameau de la commune d'Ouzouer, canton de Briare (Loiret).

4. Le tome XII du *Gallia christiana*, dans la série des doyens de Sens, n'en indique aucun qui ait porté le prénom de Louis.

5. *Pons-Syriacus*. Pont-sur-Yonne, chef-lieu de canton de l'arrondissement de Sens. Voyez *Rech. géogr.*, de M. Quantin, p. 69.

6. Bureteau a composé, vers 1520, une histoire manuscrite des archevêques de Sens, sur laquelle le P. Lelong (t. 2, p. 649, éd. de 1778) fournit quelques détails, d'après les notes du doyen Fenel. On lui doit encore un recueil d'épitaphes, conservé à la bibliothèque d'Auxerre, n° 100 des manuscrits. Dans la préface, il se désigne ainsi lui-même: *Ego frater Petrus Bureteau, sacerdos, religiosus ordinis Celestinorum, Senonis oriundus*.

Loup, si je ne me trompe. Je ne sais point d'où Bureteau a pu tirer ce fait.

Gabriel Gouffier 7, et non pas Goffier, prit possession du canonicat de Sens et de l'archidiaconné d'Estampes, vacants par la mort de Gabriel Nicolay, arrivée en avril 1502, style nouveau ; il prit possession le 22 avril 1501, style ancien ; le 16 décembre 1504, il prit possession du doyenné de Sens qu'il avoit permuté avec M. Jean de Bray pour une cure et pour l'archidiaconné d'Estampes. Il mourut le 26 décembre 1529, il est inhumé dans la nef devant l'autel de Saint-Louis, sous une tombe de couleur ardoisine ; il étoit de la maison de Bonnivet. M. Chapelain fut doyen après lui. C'est lui qui a fait faire la vitre magnifique de la croisée du côté du nord 8 ; il y est dépeint à genoux, revêtu d'une robe rouge et d'un surplis à la romaine ; ses armes sont près de lui, il portoit d'argent à la bande fuselée de trois fusées de sable. Son canonicat a été dans la suite uni au collège, après Léonard Guidonis et Michel Raju, ses successeurs en ce canonicat.

Comme nos registres capitulaires anciens sont bien défectueux, voici ce que j'ai pu découvrir de M. La Plotte 9.

---

7. Ceci est une réponse à l'indication que Lebeuf avait transmise à Fenel, dans sa lettre du 6 novembre 1716 : « Parmy les présentés par privilége au « cal. d'octobre du chapitre d'Auxerre, 1524. Gabriel Gouffier, decanus et « canonicus Senonensis. » On lit encore dans le *Catalogue Fenel*, f° 19, ces mots : « Il (G. Gouffier) était en même temps chanoine d'Auxerre en « 1524. Il est nommé en cette qualité dans un chapitre de cette église, en « la dite année, où tous les absents doivent se représenter en personne ou « par privilége [M. Lebeuf, chanoine d'Auxerre]. »

8. La verrière de Gouffier existe encore à la cathédrale de Sens. Voir *Description des verrières de la cathédrale de Sens*, par M. l'abbé Brullée, *Bull. de la Soc. arch. de Sens*, t. VII, p. 198.

9. Cpr. ce que dit Lebeuf sur Thomas de La Plotte, qui fut doyen du chapitre d'Auxerre, *Mémoires sur le dioc.*, t. II, p. 423. Voir aussi *Gallia christ.*, t. XII, p. 354, et Frappier, *Protestation en faveur des droits du doyen d'Auxerre*, p. 70. Enfin, on lit dans le *Catalogue Fenel*, f° 202, ces mots : « M. La Plotte fut en même temps chanoine et doyen d'Auxerre, entre « l'an 1437 et 1460, selon les Mémoires de M. Lebeuf, chanoine et sous-« chantre d'Auxerre. Ce monsieur m'a mandé avoir trouvé dans des anciens « titres qu'il étoit archidiacre d'Estampes et chanoine de Sens dès l'an « 1437. »

1717 Joann. Bouveti, chanoine et archidiacre d'Estampes, son prédécesseur, se trouve pour la dernière fois au *feci* de 1430. Les registres capitulaires sont perdus jusqu'en 1433, où il n'est plus, et il se trouve pendant plusieurs années que son canonicat est litigieux ; en 1438, M. La Plotte et un *Nicolaus Caritatis* se trouvent nommés concurrents de ce canonicat et de l'archidiaconné d'Estampes ; mais, ce dernier étant mort pendant le litige, comme il paroit par le *feci* de l'an 1440, M. La Plotte resta seul. Il mourut en l'an 1479 ou 1480, et M. Jean de Corbye prit possession de son canonicat le 31 août 1480, et M. Martin Cherot, vicaire-général de M. de Salazar, archevêque, prit possession de l'archidiaconné d'Estampes le 3 juillet 1479 ou plutôt 1480.

Michel Amyot, l'ancien des chanoines, résigna son canonicat à son neveu Edme Amyot, doyen d'Auxerre ; celui-ci prit possession du canonicat de Sens, de son oncle, le 19 août 1645, qui étoit le jour de sa mort ; mais peu après il se démit de son canonicat de Sens en faveur de Jacques Amyot, clerc, son parent, qui prit possession le 22 juin 1646. Celui-ci se démit en 1648 et eut pour successeur Guillaume Boucherat, conseiller au Parlement.

Je n'ai rien reçu sur le bréviaire nouveau de la part de M. le curé de Toucy. Puisqu'elles sont bien sensées (*sic*), je vous prie de le faire engager à nous en faire part pour n'en pas priver le diocèse.

Nous ne connaissons pas dans ce diocèse les chanoines réguliers de la réforme dite de Bourgachard [10]. Pour ceux de la Ban-

---

[10]. Les chanoines réguliers de l'ordre de Saint-Augustin de la réforme de Bourgachard, ainsi nommés parce qu'ils reconnaissaient pour maison-mère le prieuré-claustral de Saint-Lô de Bourgachard, près Rouen. Bourgachard est aujourd'hui une commune de l'arrondissement de Pont-Audemer (Eure). Voyez, sur le fondateur de la réforme dite de Bourgachard, les lettres des 14 septembre et 18 novembre 1721, 14 décembre 1722, etc. Vers 1716, les chanoines de cette congrégation avaient cherché à s'implanter dans le diocèse d'Auxerre, et notamment à l'abbaye de Saint-Laurent de Cosne ; mais ils n'avaient pu s'y maintenir. Voir Helyot, *Histoire des Ordres monastiques*, t. II, p. 435.

doulière [11], il y en a plusieurs, mais dont on est peu satisfait; s'il s'en présentoit, j'aurois soin de faire faire attention à tout le bien que vous me faites le plaisir de m'en mander; il est agréable de les avoir, puisqu'ils suivent les rites des diocèses.

J'ai répondu, il y a quelques jours, à M. de la Chauvinière [12], article par article, et je lui ai envoyé des remarques par rapport aux questions du P. Lebrun, il y en a seulement 7 pages in-4°. Comme je n'ai pas l'honneur de connaître ce savant, je vous prie, lorsque vous aurez une occasion de lui écrire, de lui marquer qu'il ne peut faire une œuvre plus méritoire que de nous aider de ses réflexions sur la nouvelle édition du bréviaire que nous méditons; elles seront bien pesées et il verra qu'il y a quelque satisfaction de travailler pour des personnes aussi dociles que nous le sommes; je vous prie même de le prier de trouver bon que nous lui communiquions tous nos projets et l'exécution qui s'en fera; car il faut tâcher de bien faire avant que de composer le chant, car il y a bien de l'apparence que cela durera longtemps. Est-il vrai que Lisieux imprime notre missel, comme ils ont fait le bréviaire, et que vous en composez le chant en entier ? Cela seroit bien avantageux pour nous.

22. — LETTRE DE FENEL A LEBEUF.

21 avril 1717.

Je connois à merveille M. de la Chauvinière. Je l'ai vu à Paris depuis quelques mois; j'ai même dîné chez lui avec madame son

---

11. Nous ne trouvons nulle part de renseignements sur la congrégation des chanoines de la Bandoulière. Ils étaient sans doute connus sous un autre nom.

12. Lebeuf a noté, en marge de ce passage de la lettre de Fenel, ces mots : *Scripsi eidem fusè*.

LETTRE 22. — Fenel répond ici à deux lettres que Lebeuf lui avait adressées depuis le 17 janvier 1717. Ces deux lettres ne sont pas venues jusqu'à

1717 épouse. Je vous ai l'obligation de sa connoissance, c'est le Seigneur qui se mêle de nos affaires, car assurément je ne comprends pas comment jusqu'ici j'ai pu trouver les secours dont j'ai eu besoin. Nous avons salué votre santé ensemble et depuis peu de jours avec M. le prieur de Dollot...

Je crois que M. le doyen a raison dans la chicane qu'on lui fait, et il ne doit pas demander ses permissions au bout du bureau ; tous les curés même ne sont obligés de demander permission à leur évêque que lorsque l'absence doit être au moins d'un mois. Mais a-t-il raison d'élever autel contre autel et de diviser son chapitre [1] ? N'étoit-il pas plus à propos de s'en tenir à la première acceptation que d'en vouloir faire une autre qui ne sert qu'à mettre le feu chez vous. Je plains infiniment Mgr votre évêque d'avoir des personnes si peu capables de garder la paix. Pour nous, nous vivons en paix, et j'ai éludé les propositions qui auroient pu allumer la division. Nous parlerons lors qu'il en sera temps ; et Dieu veuille, par un effet de sa toute-puissance, adoucir les esprits et ne leur inspirer que l'amour du bien.

Nous n'avons de confraternité qu'avec le chapitre de Bourges ; ce fut le prince de Condé de ce temps-là qui la proposa ; elle fut conclue par acte capitulaire du 30 décembre 1623. Nous faisions

---

nous. Tout au plus pourrions-nous relever, dans la collection de Fontaine, quelques notes analogues à celles que nous avons publiées sous le n° 17, et qui ont servi à Lebeuf de memento pour la rédaction des deux lettres perdues. Mais ces notes sont trop courtes et trop informes pour qu'il soit utile de les reproduire. La lettre ci-dessus n'est pas datée ; seulement Fenel déclare, dans le texte même, qu'il l'a terminée *le 21 avril*, et Lebeuf a écrit sur une marge : *reçue le 22 avril* 1717.

1. Fenel, dans cette deuxième partie du passage relatif au doyen Moreau, fait allusion aux faits que voici. En 1714, M. de Caylus avait publié dans son diocèse la bulle *Unigenitus*, et le Chapitre n'avait pas protesté, ce qui constituait une acceptation implicite. En 1717, le doyen Moreau et quelques autres chanoines voulurent aller plus loin. Ils publièrent une lettre circulaire, adressée à tous les Chapitres du royaume, et annonçant que celui d'Auxerre avait positivement accepté la bulle. Il n'en était rien, aucune délibération régulière n'avait été prise dans ce sens, et la lettre circulaire du doyen Moreau ne servit qu'à exciter davantage le mouvement janséniste dans le diocèse. Voyez *Mém. sur le dioc. d'Auxerre*, t. II, p. 320, et la *Vie de M. de Caylus*, par l'abbé Dettey, t. I, p. 91.

autrefois des offices solennels pour leurs chanoines et dignités qui mouroient; mais ayant appris qu'ils avoient discontinué de le faire chez eux, nous l'avons aussi cessé. Ainsi le tout se termine à présent à nous faire des honneurs lorsque par hasard nous nous trouvons les uns chez les autres. Je n'ai pas de connoissance que nous en ayons eu d'autres autrefois. Je ne sais pas s'il est d'usage que des métropoles se joignent d'association avec d'autres que des métropoles.

Je vous remercie de la remarque de l'anneau de saint Ebrigisile, évêque de Meaux [2], qui est porté par l'abbesse de Jouare.....

J'ai appris depuis peu que des chanoines réguliers de Bourgachard ne faisoient plus bien dans un certain lieu dont il ne me souvient pas, et que l'on dit qu'ils dérogent bientôt à leurs maximes et pratiques, quand ils sont assurés dans leurs établissements; mais ce n'est qu'un oui-dire.

On n'a pas encore pu répondre sur le concordat d'un de vos prédécesseurs, homologué à l'officialité le 14 février 1544; vous en aurez des nouvelles ou la pièce n'y sera pas.

Je vous remercie du nom latin de Bouilly, je l'ai marqué sur mon pouillé [3].

La mitre de saint Ebbon, qui est de toile blanche de soie, est enrichie de figures en broderie que je crois ajoutées. Je n'en sais rien cependant. On s'en sert pour couvrir le reliquaire d'argent du chef de saint Romain, abbé de Fontrouge, qui n'avoit point de mitre, qui étoit à Saint-Remy, et qui est à présent à Saint-Pierre-le-Vif. On y a aussi sa chasuble dont on se sert le jour de sa fête [4].

---

2. Voir sur saint Ebrigisile, évêque de Meaux, le *Gall. christ.*, t. VII-VIII, p. 1601. Il était frère d'Aguilberte, abbesse de Jouare (Seine-et-Marne), et son corps reposait dans l'église de cette abbaye.

3. Voyez notes de la lettre du 12 juillet 1716. Lebeuf avait sans doute mandé à Fenel que *Baldiliacum* ne signifiait ni Bailly près Nangis, ni Batilly près Boiscommun, mais Bouilly près Saint-Florentin.

4. Voyez *Notice sur saint Ebbon*, archevêque de Sens, mort en 750, par l'abbé Brullée, *Bull. de la Soc. arch. de Sens*, t. VIII, p. 16 et suiv. Dans cette notice, M. l'abbé Brullée énonce que la chasuble de saint Ebbon, long-

1717

Nous avons trouvé depuis peu, dans le fond de notre trésor, deux ou trois petites mitres d'évêque, fort basses, et qui, depuis la pointe jusqu'au bas de l'ouverture, sont taillées droites comme une ligne, sans être arrondies; ce n'est que comme une espèce de bonnet pointu. Celle de saint Ebbon est beaucoup plus ample et approche bien plus des nôtres, étant un peu arrondie....

J'ai reçu votre deuxième lettre, Monsieur, depuis que j'ai écrit ce qui est ci-dessus, et je vous dirai que M. de la Chauvinière m'a fait l'honneur de m'écrire par une personne qui ne m'a pas apporté sa lettre, et que, par un grand hasard, elle n'a pas été perdue; car ayant envoyé au coche de Sens pour retirer un paquet, l'on remit cette lettre en même temps, laquelle n'étoit plus de fraîche date. J'ai fait réponse à M. de la Chauvinière, et il y a au moins huit jours qu'il doit avoir reçu une longue lettre de moi, ayant pris la liberté de le prier de me faire acheter quelques livres de rubriques que je n'ai pas et quelques bréviaires dont nous avons besoin, pour la réforme de notre nouveau bréviaire. Ce qui m'a un peu fait différer à vous faire réponse, et à lui aussi, voulant vous écrire à loisir, ce sont de grandes recherches que j'ai faites pour envoyer au P. Lelong de l'Oratoire[5], mon ancien ami, rue Saint-Honoré, auteur de l'ouvrage en 2 volumes in-8°, contenant les listes exactes de tous les auteurs qui ont écrit sur l'Écriture-sainte, soit manuscrite, soit imprimée; il a présentement sous la presse une liste de tous les auteurs de l'histoire ecclésiastique de France, et je lui ai envoyé toutes les réflections[6] qu'il faisoit par rapport à l'histoire ecclésiastique de Sens, ce qui

---

temps conservée dans le monastère de Saint-Pierre-le-Vif, dans le faubourg de Sens, fait aujourd'hui partie du cabinet de M. le comte Auguste de Bastard.

5. Jacques Lelong, prêtre de l'Oratoire, né à Paris le 19 avril 1665, mort le 13 août 1721. Il s'est rendu célèbre en publiant divers ouvrages de bibliographie, et notamment celui qui parut, en 1719, sous ce titre: *Bibliothèque historique de la France, contenant le catalogue de tous les ouvrages qui traitent de l'histoire de ce royaume*. Voyez l'excellente notice que lui a consacrée M. Hauréau dans la nouvelle *Biographie Didot*, t. XXX, p. 540.

6. Le P. Lelong a reproduit les notes de son ami Fenel sur la bibliographie sénonaise et s'est plu à en constater la provenance, t. I, p. 650.

m'a pris bien du temps, lorsque j'en avois très peu à donner. Si vous sçaviez à Auxerre quelques histoires de vos évêques, de votre ville même, et qui fussent même manuscrites, il faudroit citer les temps où ces histoires commencent et où elles finissent, l'auteur, l'année de sa mort, si il a été continué, quand et par qui, la grandeur du volume, si c'est en parchemin, et marquer ceux qui les possèdent, afin que ceux qui veulent travailler puissent s'y adresser.

Saint Fort, saint Guinefort et sainte Aveline sont trois corps saints dont on débite bien des choses qui sont sans fondement. Ce que l'on en sait certainement est que l'archevêque Louis de Melun les visita le 26 février de l'an 1455, d'autres disent 1456, dans l'église paroissiale de Saint-Maurice de Sens dans l'isle; qu'il les leva de terre, qu'il les mit dans une châsse qui repose derrière le grand autel et est élevée au-dessus du retable, pour être vue de tout le monde. Depuis ce temps on en fait tous les ans la fête en cette paroisse. Le petit calendrier de feu M. Jean Leriche, chantre de notre église[7], et ses manuscrits disent, sur le 25 février, qu'à Sens, en l'église de Saint-Maurice, on fait la fête de saint Fort, évêque, saint Guinefort, abbé, et sainte Aveline, vierge, leur sœur, dont les corps furent levés de terre par Mgr Louis de Melun, le mercredi après le 4e dimanche après Pâques, pour lors le 27 avril 1445, en présence d'un grand concours de personnes distinguées, ainsi que le porte le procès-verbal qui est dans la châsse.

L'église de Saint-Maurice fut bâtie par saint Lambert, troisième archevêque, pour des religieuses dont sainte Aveline fut abbesse, et où le même saint Lambert fut inhumé vers l'an 689 (Le P. Mathoud[8] en la vie de saint Lambert). Ces corps saints, avant Louis de Melun, reposoient sous un tombeau de pierre.

La populace débite que ces trois saints, qui étoient frères,

---

7. Le *Calendrier sénonais* de Jean Leriche, suivi de quelques autres travaux du même, est conservé parmi les manuscrits de la bibliothèque d'Auxerre, n° 114.

8. Voir, sur le P. Mathoud, sa vie et ses ouvrages, la *Bibl. hist. des auteurs de la Cong. de Saint-Maur*, par Lecerf, p. 344.

1717 furent dispersés dans leur jeunesse, l'un d'un côté, l'autre de l'autre; que leur vertu les fit élever aux trois dignités, l'un d'évêque, l'autre d'abbé et la dernière d'abbesse, à Sens, lieu de sa résidence, sans avoir aucun rapport l'un à l'autre et sans sçavoir s'ils étoient au monde. Les deux frères, en voyageant, arrivèrent à Sens et logèrent tous deux dans la même hôtellerie, nommée le Chapeau-Rouge, sans se connoître; ils firent amitié et, en parlant de leurs aventures, ils reconnurent qu'ils étoient du même pays; l'un d'eux dit qu'il avoit une sœur nommée Aveline, l'autre dit : et moi aussi, et par là ils reconnurent qu'ils étoient frères. Comme dans l'hôtellerie on apprit cet événement, on leur dit qu'il y avoit près du lieu où ils étoient un monastère de filles dont l'abbesse se nommoit Aveline ; on la fit venir; ils reconnurent qu'ils étoient les trois frères, ils se mirent à glorifier Dieu qui avoit ainsi permis leur rencontre, ils chantèrent ses louanges et on les trouva tous trois morts peu de temps après, lorsqu'on alla dans leur chambre, Dieu l'ayant permis. On les mit dans un même tombeau et la mémoire de ces saints se conserve parmi le peuple de cette isle. Dans des besoins pressants, on descend la châsse et on la porte processionnellement jusqu'à la maison qui avoit autrefois le Chapeau-Rouge pour enseigne. D'autres prétendent qu'Aveline n'étoit point abbesse, mais servante dans le cabaret où arrivèrent saint Fort et saint Guinefort, et que, l'ayant entendu appeler Aveline par la maîtresse du cabaret, ils se dirent l'un à l'autre qu'ils avoient une sœur de ce nom qu'ils cherchoient tous deux, qu'ils la firent venir, et que, s'étant reconnus, ils bénirent Dieu et moururent tous trois; mais ceux qui racontent leur histoire de cette sorte ne font ces saints ni évêque, ni abbé. Voilà tout ce que j'en ai pu trouver dans des livres qui ne sont pas plus vieux que moi.

Il y a quatre jours que j'avois interrompu à vous écrire et j'ai seulement fait cette page-ci ce matin, 21 avril, pour la mettre ce soir à la poste...

23. — DE LEBEUF AU CHAPITRE DE TOURS.

8 juillet 1717.

J'eus le bonheur de me trouver dernièrement chez M. Mignot [1], lorsqu'il reçut la magnifique lettre dont vous avez honoré mes confrères les Appelans [2]. Dieu m'aiant fait la grâce d'être de ce nombre et d'avoir essuié sans me rebuter, de la part de ceux qui reçoivent la Constitution, bien des assauts que je ne me suis attirés que pour avoir été le porteur de l'acte d'appel chez ceux qui l'ont signé [3], j'ai cru que je devois vous témoigner la joie que je res-

---

LETTRE 23. — Nous empruntons le texte de cette lettre au t. II, p. 306, de l'ouvrage intitulé : *Le Cri de la foi*, ou *Recueil de témoignages rendus par plusieurs facultés, chapitres, curés, communautés ecclésiastiques et régulières, au sujet de la constitution Unigenitus* (1719, 3 vol. in-12). Cet ouvrage, inspiré par les idées jansénistes et dirigé contre la bulle *Unigenitus*, a paru sans nom d'auteur. Il est attribué à l'abbé Nivelle (Gabriel-Nicolas). Nous aurons plus d'une occasion d'y renvoyer les lecteurs.

1. Jean-André Mignot, grand-chantre de la cathédrale d'Auxerre, né en cette ville, le 23 janvier 1688, mort le 11 mai 1770. Voir la notice qui lui est consacrée dans la nouvelle édition des *Mém. sur la ville et le diocèse d'Auxerre*, t. IV, p. 428. Mais cette notice, fort courte, ne donne qu'une idée incomplète de l'activité intellectuelle et des productions nombreuses de Mignot, qui, à 80 ans, publiait encore dans le Journal de Verdun (1768, p. 119), un *Mémoire sur les statues de saint Christophe et particulièrement sur celle de la cathédrale d'Auxerre*. On trouvera, dans le présent ouvrage, quelques détails nouveaux sur cet infatigable travailleur.

2. La lettre du chapitre de Tours (*Cri de la foi*, t. II, p. 306), avait pour objet de féliciter les chanoines d'Auxerre, qui avaient protesté contre la bulle *Unigenitus* et fait appel au futur concile. Ces chanoines n'étaient alors que dix-sept, parmi lesquels Lebeuf se distinguait par son ardeur; voir *Lettre circulaire de plusieurs chanoines de l'église d'Auxerre à plusieurs églises métrop. et cathéd. du royaume* (avril 1717). Plus tard, en 1718, un acte d'appel collectif fut signé par vingt chanoines; Voir *Mém. sur la ville et le diocèse d'Auxerre*, t. II, p. 321.

3. Lebeuf ne se contenta pas de colporter l'acte d'appel chez ses confrères du Chapitre. Il alla recueillir l'adhésion du chapitre de Saint-Fargeau (Yonne), et d'une foule de curés de l'archiprêtré de Puysaie. Voyez *Œuvres de M. de Caylus*, Cologne, 1751, t. I, p. 469. Cpr. *Recueil général des Actes d'appel*, Cologne, 1757, t. II, p. 634 et suiv.

sentois en mon particulier de voir un corps aussi illustre et aussi ancien que le vôtre nous fournir des motifs de consolation aussi sensibles que ceux qui paroissent dans votre lettre. Je laisse à M. Mignot à vous exprimer mieux que je ne puis faire, les sentiments de mes autres confrères [4]; ils sont pénétrés d'une reconnoissance et d'une admiration d'autant mieux fondées, qu'il est rare de trouver de nos jours des compagnies aussi bien unies que la vôtre, et aussi appliquées à retracer, par leur attachement à l'ancienne doctrine et par leur fermeté à en combattre les ennemis, toutes les saintes maximes des évêques qui ont brillé sur le siége de l'église de Tours, que vous gouvernez aujourd'hui si sagement.

Il n'est point nécessaire de remonter jusqu'aux premiers temps pour reconnoître que vous marchez sur les traces des Gatien, des Martin, des Perpétue, ces hommes glorieux, ces tendres pères qui vous ont engendré dans la foi de Jésus-Christ. Le prélat que vous venez de perdre en avoit retracé en sa personne toutes les vertus [5]. Il savoit parfaitement avec quelle vigueur saint Grégoire, son prédécesseur [6], avoit parlé dans le concile de Paris, touchant l'affaire de Prétextat de Rouen, qui se tint l'an 577. Il n'ignoroit pas ce que Hérard, autre de ses prédécesseurs [7], marqua au IXe siècle dans un article de son capitulaire sur la charité, dont il dit que l'esprit doit animer les actions, et que les meilleures

4. La lettre de Mignot est insérée dans le *Cri de la foi*, t. II, p. 312. Elle porte la date du 9 juillet 1717.

5. Ysoré d'Hervault. Il avait pris ouvertement parti contre la bulle *Unigenitus*. Voyez le *Cri de la Foi*, t. II, p. 233.

6. Attenti estote, quaeso, sermonibus meis, o sanctissimi sacerdotes Dei, et praesertim vos qui familiariores esse Regi videmini; adhibete ei concilium sanctum atque sacerdotale, etc. Gregor. Tur., lib. 5, num. 19, p. 223. — Cette citation latine, ainsi que les deux autres ci-dessous, est placée par Lebeuf lui-même en note de sa lettre. Nous ne faisons que les reproduire exactement.

7. Moneantur fideles de charitate et hospitalitate. Qui enim in cibo et potu, dandis et accipiendis rebus, charitatem putant, errant, dicente Apostolo: regnum Dei non est esca et potus, sed justitia et pax. Sed et si ipsa cum studio charitatis fiant, bona sunt inter virtutes computanda: aliter saeculi actus fiunt. Capit. Herardi Turon. Num. 115, t. 1; Capitul. Baluz. p. 1294.

même en apparence, si elles se font sans charité, ne sont que des actions purement mondaines. Digne imitateur du célèbre Hildebert, votre évêque du XII° siècle, qui fit sentir vivement au pape Honorius II [8] les mauvais effets de certaines appellations au Saint-Siége par une admirable lettre qui nous est restée, il a eu, ce zélé prélat, la générosité de représenter au Saint-Père la sainteté des libertez de notre royaume, et de ne lui pas déguiser les maux qu'il prévoyoit que causeroit une bulle qui tendoit à la détruire. Mais quelle consolation, après une perte si sensible pour l'église de France, de voir qu'on peut puiser auprès de vous, Messieurs, les mêmes secours qu'on avoit espérés de ce grand homme! C'est donc avec grande raison que je dois vous remercier très-particulièrement du soin que vous avez bien voulu prendre de nous en procurer quelques-uns. Il me semble voir revivre de nos jours des Martin et des Germain, et apercevoir leurs ossements pulluler au milieu de la place où ils ont été autrefois conservez dans cette ville, pour nous communiquer de nouvelles forces : car vous n'ignorez pas que l'abbaïe de Saint-Germain, qui a été dépositaire des uns et des autres, est dans les mêmes sentiments, et que même elle nous a prévenus [9]. Vous êtes parfaitement instruits de tout ce qui s'est passé ici par les nouvelles publiques et particulières. Que ne pouvons-nous faire reparoître les écrivains de tous les siècles et de toutes les églises pour convaincre nos adversaires que nous sommes dans les sentiments de toute l'antiquité ! Heureuses les églises qui, comme la vôtre, en peuvent produire un

1717

---

8. Confiteor non transgrediendos esse terminos quos posuerunt patres nostri : moratorias autem appellationes omnino a vestrà relegandas esse curià ; nec sustinendum in horto Domini plantare toxicum mortiferum, toxicum quo subventus afflictorum morietur, quo justitia in jubilum revertetur, incrementum suscipiat ubertas delictorum. Hildeb. Tur., Epistola 82, t. XXI, Bibl. SS. Patr., p. 159, *in fine*.

9. Les religieux de l'abbaye de Saint-Germain d'Auxerre avaient été des premiers et des plus unanimes, dans le diocèse, à protester contre la bulle *Unigenitus*. Lebeuf avait écrit de sa main la minute de leur acte d'appel, en quatorze pages, dans lesquelles il faisait déjà preuve d'une grande érudition. — Voir cette minute autographe aux Archives de l'Yonne, fonds du Chapitre d'Auxerre, *Recueil Frappier*, t. III, p. 641 et suivantes.

grand nombre ! Notre diocèse a aussi cet avantage, que, malgré les désolations des temps, il nous reste assez de monuments pour prouver que notre foi est la même que celle de nos prédécesseurs [10]. Si vous en pouvez néanmoins découvrir encore d'autres dans les manuscrits de votre rare bibliothèque, vous nous feriez bien plaisir, et vous augmenteriez les justes sujets de reconnoissance que nous vous devons. J'attendrai ce surcroît de bienfaits de votre part, en vous assurant du profond respect avec lequel j'ai l'honneur d'être, etc.

24. — DE LEBEUF AU P. ÉCHARD.[1]

13 août 1717.

Ayant appris d'un de mes amis que vous travaillez à une histoire des écrivains de votre Ordre, je crois que je ne puis mieux faire que de m'adresser à vous, pour vous demander si vous pouvez me faire le plaisir de m'indiquer le nom d'un de vos Pères dont j'ai trouvé depuis peu un manuscrit de trois cents ans sur la

---

10. Ces mots peuvent être considérés comme la première pensée et la première annonce d'un très curieux travail, inséré dans le *Cri de la foi*, t. III, p. 171, et intitulé : *Tradition de l'église d'Auxerre sur les propositions censurées dans la Constitution*. Voir les détails donnés dans notre Préface, sur cet opuscule, auquel Lebeuf a eu la meilleure part, et auquel Mignot n'a fait que coopérer.

Lettre 24. — Cette lettre est la première que nous empruntions au Recueil de copies appartenant à la Bibliothèque Sainte-Geneviève de Paris et catalogué sous la rubrique Df, 42. Voir dans la Préface ce que nous avons dit de ce Recueil, qui constitue l'une des principales sources où nous avons puisé.

1. Le P. Echard (Jacques), né à Rouen le 22 septembre 1644, entra dans l'ordre de Saint-Dominique, à Paris, en 1660, et mourut en 1724. L'ouvrage auquel il travaillait en 1717, et auquel Lebeuf fait allusion dans sa lettre, a paru sous ce titre : *Scriptores ordinis Prædicatorum recensiti, notisque historicis et criticis illustrati..., inchoavit Jacobus Quetif, absolvit Jacobus Echard ejusdem ordinis.* (Parisiis, Ballard, 1719 et 1721, 2 vol. in-f°).

Hiérarchie[2]. Ce traité a pour titre : *Incipit liber dialogorum hierarchiæ subcœlestis, inter orthodoxum et catechumenum inquirentem de reformatione ecclesiæ militantis.* Il est en quatre livres qui traitent des conciles, du Pape, etc. etc., suivant les principes qui servent de fondement aux libertés de l'église Gallicane ; et au bout du quatrième on lit ces mots : *Explicit quartus liber hierarchiæ subcœlestis, recollectus Senis, per quemdam de ordine Prædicatorum, cujus nomen utinam deleatur de libro viventium temporaliter, ut subscribatur finaliter in libro vitæ.*

1717

Ce sçavant dominicain vivoit sous notre roy Charles VI, dont il fait quelques éloges, et l'on voit par ses propres paroles qu'il écrivoit du tems du schisme d'Urbain VI, c'est-à-dire entre 1380 et 1389.

Permettez-moi encore, mon révérend Père, de vous demander s'il reste dans votre maison de Saint-Jacques, ou ailleurs, de votre connoissance, des écrits du nommé Etienne de Vernaise[3], jacobin, sorti de la maison d'Auxerre et l'un des maîtres de saint Thomas. On dit que les registres de votre ordre marquent qu'il a composé plusieurs traités sur le Maître des sentences. Un autre dominicain pareillement sorti du couvent d'Auxerre et nommé Jean de Varzy[4], qui vécut sur la fin du XIIIe siècle, a aussi, à ce qu'on marque, composé plusieurs volumes, on ne dit pas sur quoi ; comme il enseigna l'Écriture-sainte à Paris, il y a apparence que ce fut le sujet de ses études, et qu'on pourroit en avoir encore quelques morceaux ; je vous demande en grâce de me vouloir dire ce que vous en sçavez. Un Guillaume de Tonnerre est aussi

---

2. La réponse du P. Echard à la question de l'abbé Lebeuf est ainsi mentionnée par le P. Echard, lui-même, dans son ouvrage, t. I, p. 684 : « Die XIII Augusti anni ultimo elapsi 1717, per epistolam ad me scriptam, « me monuit D. Lebeuf, canonicus et succentor Ecclesiæ Autissiodorensis, « exemplum manuscriptum tercentorum annorum hujus operis (*Hierarchiæ « subcœlestis.* etc.), in manus suas Autissiodori venisse, et a me quærebat « an mihi cognitum esset nomen auctoris, cui respondi mihi hactenus « incompertum. » Le P. Echard se borne à établir que l'auteur anonyme, après avoir professé la théologie à Sienne, devint évêque en Italie.

3. Voir, sur cet Etienne de Vernaise, Echard. t. I, p. 120.

4. Voir *eodem*, t. I, p. 268, et t. II, p. 373.

1717 un des illustres de la communauté d'Auxerre, pour avoir laissé une Somme sur le décret [5] : sans doute qu'il est venu il y a longtemps à votre connoissance.

Je ne vous dirai rien sur notre père Divolé, ni sur le père Roch Mamerot [6], vous les connoissez parfaitement; et comme ils ont tous deux fort brillé dans Auxerre à la fin du xvie siècle, il y a tout lieu de croire que vous leur avez préparé une place honorable.

Je réitérerai encore, avec votre permission, la demande que je vous ai faite sur l'autheur du Dialogue de la Hiérarchie, dont je vous prie d'avoir la bonté de me dire votre sentiment, et s'il y avoit alors à Sienne un religieux d'un mérite aussi particulier qu'il a fallu que celui-ci le fût, pour écrire le traité dont j'ay l'honneur de vous parler. Je ne crois pas au reste que le copiste ait mis par inadvertance *Senis* pour *Senonis* [7]. C'est à vous, mon révérend Père, qui êtes plus au fait qu'aucun autre, à juger si cet ouvrage peut être attribué à quelque religieux de Sens ou de Sienne qui vous soit desjà connu par d'autres endroits.

J'espère que vous voudrez bien prendre la peine d'honorer d'un mot de réponse celui qui est, avec bien du respect, etc.

5. Son véritable nom était Jacques de Tonnerre et non pas Guillaume. Voyez la notice que le P. Echard lui a consacrée, t. I, p. 634.

6. V. sur Divolé, *eodem*, t. II, p. 200, et sur Mamerot, t. II, p. 208. Nous aurons occasion de revenir sur le compte du P. Divolé, notamment à propos de la lettre du 19 décembre 1723 (de Lebeuf à Prévost). On peut aussi consulter, sur Etienne de Vernaise, Jean de Varzy, Divolé et Mamerot, les notices insérées par Lebeuf dans son *Catalogue des Ecrivains auxerrois*; *Mém. sur la ville et le diocèse d'Auxerre*, t. IV, p. 393 et suiv.

7. Il n'est pas douteux, d'après les explications et renseignements fournis par le P. Echard, que le livre n'ait été composé à Sienne. Voir ci-dessus.

25. — DE FENEL A LEBEUF.

28 août 1717.

Je n'ai rien vu de tout ce qui a paru à Auxerre que la lettre imprimée et envoyée par votre Chapitre[1]. Si il y a quelque chose d'imprimé, vous m'obligeriez de me l'acheter et je vous en ferois tenir l'argent.

Allez-vous en chapitre? Êtes-vous en quelque relation avec M. le doyen, malgré la lettre si injustement interceptée? Si Mgr d'Auxerre fait rendre cette lettre, je vous prie de m'en donner avis.

Je vous ai obligation de m'avoir communiqué votre découverte sur saint Sidroine[2], dont on ne sçait rien dans le pays; nous nous en servirons pour une légende pour notre nouveau bréviaire, et nous vous prierons de la dresser sur ce manuscrit. *Hebrola* est certainement Evrolle[3], entre Brinon et Saint-Florentin; nous le nommons communément Avrolles, mais la carte le nomme Evrolle. Il y passe un ruisseau dont on m'a promis de me dire le nom, nous verrons s'il y a quelque rapport au mot *Urbanus*. Evrolle

---

LETTRE 25. — Empruntée à la collection de Fontaine. Elle n'est pas datée, mais elle se réfère certainement à l'année 1717, et on lit, à la fin, de la main de Lebeuf: *Recepi 28 aug.; respondi 5 sept.*

1. Il s'agit ici de la lettre circulaire que le Chapitre d'Auxerre avait adressée à tous les chapitres de France, pour protester contre la publication subreptice que le doyen Moreau avait faite, au nom de ses collègues, quelque temps auparavant. Voyez note 1 de la lettre du 21 avril 1717.

2. Lebeuf avait sans doute communiqué à Fenel le fragment des Actes de saint Cydroine, relatif au martyre de ce saint. Voici ce fragment tel que l'ont publié les Bollandistes, d'après un manuscrit de Messines en Flandre et un autre manuscrit de Troyes (*Acta Sanctorum*, au 11 juillet): « Pervenit (S. Cidronius) ad locum qui dicitur Calosenagus super fluvium Igone, milliario octavo de Hebrolà, quò baptismi gratiam perceperat... »

3. Avrolles, commune du canton de Saint-Florentin (Yonne): c'est l'Eburobriga de la carte de Peutinger. Le ruisseau qui y passe s'appelle le Créanton; on le désignait autrefois sous le nom de Breumance. Nous ne savons pourquoi Fenel y cherche quelqu'analogie avec le nom d'*Urbanus*.

est constamment à quatre lieues de Chanlay, qui peut bien avoir anciennement été nommé *Calosenagus*⁴, mais ce qui me fait quelque peine, c'est qu'il est dit *Calosenagus super fluvium Iona*, quoiqu'il y ait plus de demi-lieue de distance ; il se pourroit donc bien faire qu'en ce temps là il y aura eu un château de ce nom près la rivière d'Yonne et qu'il aura été dans la suite transporté au lieu où est à présent Chanlay, et lui aura communiqué son nom. Cela conviendroit d'autant mieux qu'outre que cela seroit plus conforme au terme *super fluvium*, ce seroit encore très convenable à cet autre *milliario octavo*, parce que les quatre lieues d'Avrolles à Chanlay sont plus que complètes ; on ne m'a pas encore informé du nom de ce petit ruisseau, qui passe à Avrolles, sur lequel il y a un pont de pierre, ainsi je ne puis vous le dire.

J'ai encore de nouveau fait faire la recherche de l'homologation du titre qui contient un règlement sur vos fonctions, mais aussi inutilement que la première fois. M. Amette et M. Maurice, son neveu, ont fait la recherche la plus exacte et n'ont absolument rien trouvé qui concerne même Auxerre.

J'ai trouvé un manuscrit in-4° contenant 44 feuillets, c'est-à-dire 88 pages d'une écriture assez belle, et même dont voici le texte : *Gesta abbatum monasterii Sancti-Germani Autissiodorensis ob anno Domini* 989 *usque ad* 1334, composé par l'abbé Guy, et dont la vie dudit Guy a été composée par Aymon des Bordes, moine de cette abbaye, ainsi que celle du successeur de l'abbé Guy. Si elle vous peut être utile, vous n'avez qu'à parler⁵.

---

4. Champlay, commune du canton de Joigny (Yonne). Son vieux nom latin, dont le nom moderne n'est que la traduction, était *Campus-laicus*. Quant à *Calosenagus*, on s'accorde aujourd'hui à y voir Saint-Cydroine, autre commune du canton de Joigny, située sur la rivière d'Yonne. Là, comme en bien d'autres endroits, le vieux nom gallo-romain a fait place à celui du saint qu'on honorait dans le pays. Observons encore que, d'après les Actes de saint Cydroine, Calosenagus était seulement le lieu où ce saint avait été baptisé ; mais il fut tué à quelque distance, après avoir traversé l'Yonne et passé sur la rive gauche de cette rivière. Voir *Acta Sanct. Julii (loco citato)*.

5. Voir, sur Guy de Munois, abbé de Saint-Germain d'Auxerre, auteur de

J'ai aussi trouvé un écrit petit in-folio dont voici le titre : *Factum ou mémoire touchant l'antiquité des fourrures que portent les chanoines* [6]. Et à la tête on lit : « Cet écrit, dressé en forme d'avertissement, a été produit par les appelans, entre les mains de Mgr d'Auxerre élu juge par les parties, parce qu'il a jugé par surprise. » On y lit encore que cet écrit contient de belles choses sur les anciennes coutumes des chapitres et sur l'antiquité des fourrures de tête etc., des chanoines. Cela vous seroit-il utile? C'étoit une dispute élevée entre les chanoines d'Auxerre, à l'occasion d'une conclusion capitulaire du 29 octobre 1639, qui a cassé et abrogé la coutume de porter, en la dite église, des petits camails ou capuchons fourrés et bordés de fourrures. Le factum que j'ai est fait en faveur de ceux qui soutenoient que cette conclusion devoit être déclarée nulle, attendu que l'usage des fourrures de tête étoit un usage canonique et prescrit par le laps de temps immémorial, etc.

Je vous prie de remercier de tout votre mieux M. de la Chauvinière, pour suppléer à mes obligations à son égard. J'attends de vous cette marque d'amitié. Je ne puis vous dire jusqu'à quel point je suis pénétré de reconnoissance de toutes ses bontés. Il m'a fait avoir depuis peu une grande cassette de livres liturgiques fort curieux et rares, à très vil prix, il m'en a donné plusieurs par présent. Il n'y a rien à ajouter à toutes ses manières, et je me trouve infiniment au-dessous de pouvoir reconnoître comme je le dois les obligations que je lui ai.

M. le prieur de Dollot est toujours votre serviteur malgré votre

---

la chronique dont parle Fenel, et sur Aymon des Bordes, moine de Saint-Germain, continuateur de Guy de Munois, les deux notices qui leur sont consacrées dans les *Mém. sur le dioc. d'Auxerre*, t. IV, p. 396 et 397. Quant à la chronique même, elle a été publiée, sur une copie assez imparfaite, par le P. Labbe, dans la *Bibliotheca nova manuscript.*, t. I, p. 570. L'exemplaire que possède la bibliothèque d'Auxerre est enrichi de corrections marginales de la main de Lebeuf.

6. Voyez, sur cette affaire de *fourrures*, qui passionna longtemps le Chapitre, et qui finit par lui coûter, en procès ruineux, près de 80,000 livres, les *Mém. sur le dioc. d'Auxerre*, t. II, p. 246, et la note des nouveaux éditeurs de ces Mémoires.

1717 silence; et son indisposition contre vous non plus que la mienne ne proviennent que de l'estime sincère et respectueuse que nous avons pour votre révérence, de laquelle je suis, plus que je ne puis dire, et autant que je dois, le très humble etc.

P. S. — Je vous prie de m'accuser la réception de celle-ci, car on est peu fidèle chez vous.

---

26. — DE LEBEUF A FENEL.

17 septembre 1717.

1717 Je crois, Monsieur, que vous ne serez pas fâché d'apprendre que monseigneur notre évêque vient de tenir un synode où il a parlé fort avantageusement des livres de votre diocèse. Le promoteur a requis que, veu le petit nombre d'exemplaires qui nous restent de notre bréviaire et qui même sont défectueux, veu aussi qu'il n'y a presque plus de missels, la dernière édition étant de vers l'an 1540 et le rituel de même [1], qu'il fût permis de se ser-

---

LETTRE 26. — Nous publions cette lettre d'après une copie que nous devons à l'obligeance de M. Benoit, juge d'instruction au tribunal de la Seine. En nous l'adressant, M. Benoit en indiquait ainsi la provenance : « L'original, « que j'ai copié moi-même, a été joint, j'ignore pourquoi, à un volume de « la bibliothèque de M. Leroux de Lincy, en ce moment en vente (mars 1865). « Ce volume figure sur le catalogue dressé par Aubry, sous le numéro 78. « C'est le *Recueil de l'origine de la langue et poésie française*, par Claude « Fauchet. »

[1]. On se servait alors à Auxerre du bréviaire imprimé sous l'épiscopat de Pierre de Broc en 1670, et qui, d'après Lebeuf, *Mém. sur Auxerre*, éd. nouvelle, t. II, p. 258, avait paru « plutôt sous le nom modeste d'*Essai*, « que comme un bréviaire véritablement exact et à l'abri de la critique. » Le missel était celui que l'évêque Fr. de Dinteville, deuxième du nom, avait fait imprimer, avec un certain luxe, et dont il avait offert quelques exemplaires au Chapitre, le 28 février 1538. « Cette édition gothique (disait Lebeuf, en 1723, dans sa *Prise d'Auxerre*, p. 140), corrigée et augmentée « selon la dévotion et les lumières d'un chanoine, qui étoit le commensal « de Dinteville, est la dernière qui ait paru. L'éloignement des temps et « les guerres des Huguenots l'ont rendue fort rare et en font souhaiter « depuis longtemps une plus exacte encore et plus lisible, et qui fasse cesser

vir de ces trois livres faits à l'usage de Sens : ce qui a été accordé bien volontiers par monseigneur l'évêque, lequel a exhorté fortement les prêtres d'acheter le missel, attendu que, si notre diocèse en faisoit un, il seroit presque tout semblable. Et pour ce qui est du bréviaire, il leur a annoncé votre deuxième édition qu'il a dit devoir être en plus gros caractère, et a promis qu'on feroit imprimer un propre auxerrois du même caractère, ce qui a fort réjoui tous les curez. Comme on se sert icy du rituel romain, il leur a aussi conseillé de prendre le vôtre, affin qu'on observât le plus qu'on pourroit les rites de la province 2. En parlant du missel, il a désigné deux rites qu'il souhaitoit que les curez observassent incessamment : 1° de faire la prédication immédiatement après l'évangile ; 2° de recevoir les offrandes immédiatement après *Dominus vobiscum, Oremus*, durant le chant de l'offertoire ; au lieu que l'abus s'étoit introduit de remettre tout cela après l'offertoire, et même quelques curez remettoient leur prône après la secrette, avant le *per omnia*, ce qui est insupportable.

Il n'a pas non plus oublié de parler du supplément de votre bréviaire où sont les canons, tant il est porté pour le rétablissement du bon ordre.

On n'a point du tout parlé d'appel au concile 3.

1717

« le cours des missels qui ne sont dans le pays que par emprunt et en « attendant. » Dès la fin du XVIe siècle, cette nécessité avait été reconnue, et nous avons déjà rappelé que l'évêque Amyot, prévoyant une réimpression du missel auxerrois, avait composé une préface latine, qui devait y être insérée. Un siècle après, Nicolas Colbert (1671-1676), avait aussi travaillé à une nouvelle édition, mais son entreprise était restée à l'état de projet. Quant au rituel en usage dans le diocèse d'Auxerre, il était encore plus ancien que le missel. Il avait été imprimé à Paris, sous le titre de *Manuel des Prêtres (Manuale seu officium sacerdotum secundum usum ecc. cath. autissiodorensis)*. Voir Lebeuf, *Mém. sur Auxerre*, t. II, p. 122. Pour suppléer à la rareté de ces livres liturgiques, les évêques antérieurs à M. de Caylus avaient permis dans un grand nombre de paroisses l'usage de la liturgie romaine ; ce à quoi Lebeuf fait allusion dans sa lettre au doyen Fenel.

2. On a vu précédemment que les livres dont on se servait à Sens étaient : 1° le bréviaire de 1702, 2° le missel de 1715. Quant au rituel dont nous n'avons pas encore parlé, il avait été publié en 1694 (A Sens, chez Prussurot et Raveneau, in-4°).

3. Par déférence pour Louis XIV, auquel il devait son élévation, M. de

1717

Comme plusieurs curez ne manquent pas de bonne volonté, je vous prie de me marquer le dernier mot du libraire pour le prix de votre missel. Il faudroit qu'il en rabattit un peu pour le rendre plus commun. Un curé qui sçait relier le souhaite avoir en feuilles. Combien coûtera-t-il? De quel prix est aussi le rituel? Ayez la bonté de me le marquer. Il me semble vous avoir ouï dire qu'on ne le trouvoit pas trop bon. En veut-on faire un autre? Quand commencera-t-on la nouvelle édition du bréviaire?

Il me paroît que vous avez déjà écrit à M. de la Chauvinière que je vous avois prié de me dire le prix du missel pour un de mes amis, ecclésiastique, demeurant du costé de Paris.

Nos curez ont présenté, il y a un mois, requeste à monseigneur notre prélat pour la destruction des congrégations chez les Jésuites. Il me paroit assez embarrassé pour les contenter⁴. Je lui ai ouï dire qu'il n'y en a jamais eu chez les Jésuites de Sens. Comment cela a-t-il pu se faire? Car ces bons pères sçavent s'ingérer adroitement partout. Nos curez ont cité dans leur acte un concile de Sens de l'an 1524. Où l'ont-ils pu prendre? Je n'en trouve point de cette année chez le Père Labbe, mais bien de 1528. Seroit-ce une faute où ils seroient tombés? Ou bien ce concile est-il imprimé ailleurs? Ou est-il seulement manuscrit?

Caylus avait d'abord accepté la constitution *Unigenitus*, et proclamé son acceptation dans un mandement du 26 mars 1714. Le roi mort, il n'avait pas tardé à changer de conduite. D'abord, par un mandement assez équivoque, du 20 avril 1717, il se borna à suspendre l'effet de sa première acceptation, *sans révoquer néanmoins la condamnation que lui-même avait prononcée contre le livre du P. Quesnel*. Plus tard il se décida à prendre une position moins ambiguë, et il appela au futur concile, comme tous les évêques partisans des idées jansénistes. On peut voir aux Archives de l'Yonne son acte d'appel, signé de sa main, inscrit dans le registre des Provisions de l'évêché d'Auxerre, à la date du 14 mai 1717. Mais il ne le rendit public que par mandement du 4 octobre 1718, et la correspondance de Lebeuf prouve que jusque-là on en était réduit à des conjectures sur sa résolution.

4. M. de Caylus devait être doublement embarrassé, d'abord parce qu'il n'avait pas encore pris publiquement une attitude bien nette, ensuite parce qu'il avait été élevé par ces mêmes jésuites qu'on lui demandait de poursuivre.

Je ne sçai si vous aurez veu un recueil de lettres des appelans d'Auxerre à Messieurs de Tours, et réciproquement les lettres qu'ils nous ont écrites, que des inconnus ont fait imprimer à notre insceu; ils ont laissé quantité de fautes d'impression dans celle que j'ay écrite en particulier à ces dignes chanoines [5]; mais ils n'en ont point laissé dans la réponse que ces Messieurs eurent la bonté de me faire, d'autant que je ne l'ai presque pas voulu faire paroître. Le tout est joint à une dénonciation des thèses des Jésuites de Tours qui a occasionné l'interdit où sont leurs révérences.

On voudroit sçavoir icy comment votre chapitre se comporte envers Messieurs les chanoines de la Chambre du clergé : si, étant occupez aux mêmes affaires de cette Chambre et n'assistant point à une fondation à laquelle est attachée une distribution manuelle qui se fait sur le champ, ou le même jour, on la leur donne. Si vous me faites la grâce de me répondre à cet article, que ce soit s'il vous plait sur un billet séparé.

Je ne vous écris presque jamais que pour vous importuner, j'en suis honteux ; mais j'espère que vous voudrez bien me pardonner en me croyant etc.

27. — DE FENEL A LEBEUF.

Sens, 20 septembre 1717.

J'ai écrit, Monsieur, à M. de la Chauvinière, et lui ai marqué le prix de notre missel qui est de 15 livres en blanc, 18 livres rougi

---

5. Ceci prouve que la lettre du 8 juillet 1717, et celles qui s'y rattachent, avant de paraître dans le *Cri de la Foi*, avaient été déjà imprimées dans un recueil moins complet. On lit, en effet, dans l'Avertissement du *Cri de la Foi*, à propos des témoignages qu'il contient : « *Plusieurs de ces témoi-* « *gnages ont déjà paru imprimés dans le temps, séparément.* »

Lettre 27. — Empruntée à la collection de Fontaine. Nous publions en entier cette lettre de Fenel, parce qu'elle sert de réponse à la précédente, et d'explication nécessaire à la suivante.

sur tranche, et 20 livres doré et marbré sur tranche. Ainsi il n'aura pas manqué de le communiquer à notre ami commun. Comme ce monsieur m'a promis de venir ici ces vacances, ne seriez-vous point d'humeur d'y venir dans ces temps-là? C'est pitié que de vous, on ne peut absolument vous voir. Ne faut-il pas un peu de repos? M. Herluyson[1], bibliothécaire de M. de Troyes l'ancien, est ici ; il m'a dit que vous lui aviez procuré la connoissance de M. de la Chauvinière, qui l'a été voir; ils ont fait une grande connoissance, et il m'a dit même en secret que ce monsieur pourroit peut être bien s'établir ici, et qu'il lui avoit dit que ce seroit un puissant moyen pour y venir lui-même, et pour accepter le canonicat du serment de fidélité que M. notre prélat lui a fait donner; et cet enchainement ne seroit-il point capable de vous faire consentir à ce que tous ensemble nous obtiassions un canonicat pour vous-même, Mgr notre prélat honorant parfaitement la vertu et le mérite? Ce sont des vœux que je fais et dont la seule idée me réjouit plus que je ne vous le puis exprimer.

J'ai lu hier à notre prélat ce que vous m'avez marqué du synode d'Auxerre; cela lui a fait un vrai plaisir, car j'en avois eu un très grand à l'ouverture. Cela étant ainsi, ne croiriez-vous point qu'il fût à propos d'écrire à M. notre prélat pour le prier de vous engager à travailler conjointement avec nous à la deuxième édition, pour laquelle nous amassons tous nos matériaux? Ce qui est de plus important c'est à bien faire la division du psautier. M. de la Chauvinière n'aime pas celle de Troyes. A propos de Troyes, croiriez-vous bien que je n'ai pas pu obtenir de M. Her-

---

1. Charles Herluyson, originaire de Troyes, et chanoine de l'église cathédrale, fut secrétaire et bibliothécaire de l'évêché, sous le pontificat de Denis-François Bouthillier de Chavigny. Comme on le verra par les lettres de Lebeuf, il est l'auteur du bréviaire troyen de 1718. Il a pris aussi part à la réfection des livres liturgiques et du plain-chant du diocèse de Sens. Possesseur d'une bibliothèque choisie, Herluyson l'a léguée aux Pères de l'Oratoire, et, à la révolution, ces livres ont enrichi la bibliothèque publique de Troyes. On les y reconnaît sans peine, parce qu'ils portent les armes du donateur, *un soleil et trois flammes en chef* avec la devise : *Ardere et lucere*. Herluyson a publié une notice sur l'incendie de la cathédrale de Troyes, survenu le 8 octobre 1700 (Troyes, Oudot, 1700, in-4°).

luyson un exemplaire de leur bréviaire nouveau, quoiqu'il soit imprimé [2], et qu'il s'en serve actuellement, et que Mgr notre prélat lui en ait parlé ; il prétexte quelques cartons, et sur cela il ne nous communiquera rien que le livre ne soit absolument en vente ; vous voyez par là que nous ne pouvons rien tirer de ce côté-là ; mais que faire ? Il faut vouloir ce qu'on ne peut empêcher.

Nos bréviaires sont presque tous épuisés ; il n'en reste que 50 en tout. Si Auxerre acceptoit notre deuxième édition, on en pourroit faire des petits et des gros, ce qui seroit très commode, et imprimer un propre Auxerrois de ces deux façons pour le missel ; rien n'est plus aisé que de faire dès à présent composer un propre particulier pour vous. A l'égard de notre rituel, il est très peu de chose ; vous voyez bien qu'étant antérieur au bréviaire de plusieurs années, il n'y a plus aucun rapport entre l'un et l'autre. On les vendoit ici 5 livres bien reliés, mais à présent je suis persuadé qu'on les auroit à deux livres en blanc et à 3 livres 10 sous tout reliés en veau. Il en faut une autre édition, mais cela n'est pas encore prêt.

Le supplément se trouvera inséré dans le nouveau bréviaire, au moins quant aux canons.

Les Jésuites ont ici une congrégation d'écoliers seulement et point d'autre, c'est un article du contrat fait avec la ville lorsqu'ils sont entrés ici.

Je ne connois point de concile de Sens de 1524, mais seulement de 1528 ; c'est selon toutes les apparences une faute.

Je n'ai rien vu des affaires d'Auxerre que ce que j'ai eu l'honneur de vous marquer, qui sont les lettres circulaires écrites par votre chapitre.

Messieurs de la chambre ecclésiastique sont tenus présents à tout lorsqu'ils travaillent actuellement. Lorsque nous entendons des comptes ou que nous imposons la capitation, ce qui dure plusieurs jours de suite, nous n'assistons point aux obits, et nous

---

2. Voyez, sur le bréviaire de Troyes et les conditions dans lesquelles il fut rédigé, puis imprimé, la lettre du 31 décembre 1717 et les notes de cette lettre.

ne sommes point payés, non plus qu'aux autres affaires du chœur où il y a distribution. Cela fit dire assez plaisamment à un nouveau contrôleur, qui s'informoit du Chapitre de quelle manière il en falloit user en ces occasions, que cela s'appeloit faire le bien pour le mal.

Depuis cette lettre écrite, j'ai appris que Mgr d'Auxerre étoit ici. Nous l'avons été saluer en corps, nous lui avons témoigné notre joie de ce qu'il avoit fait par rapport à notre bréviaire et à notre missel, et nous lui avons demandé qu'il vous députât lors d'une deuxième édition, pour convenir de toutes choses et pour examiner ce que nous avons projeté, afin de travailler conjointement à ses idées. Il a parlé de vous dans des termes si obligeants que j'en ai été charmé.

Vous croyez bien que j'ai donné toute mon attention pour faire en sorte que notre compagnie et M. notre prélat en aient été parfaitement instruits, et cela aura son effet dans les temps, ainsi que je l'espère, mais il n'y a rien à ajouter à tout ce qui fut dit de votre excellence ; c'est tout dire, j'en ai été pleinement satisfait. Mgr votre prélat m'a fait l'honneur de me venir voir ici ; il y a passé une demi-heure, il y auroit même été plus longtemps, si cela avoit pu être autrement. Il m'a parlé avec bien de la confiance, et je lui ai exposé mes sentiments avec la confiance d'un enfant, connaissant sa grande discrétion.

Adieu, mon très-cher et très-honoré, je vous demande une bonne part dans vos prières, j'en ai un vrai besoin ; et faites-moi, je vous en supplie, la justice d'être persuadé que je suis, etc.

28. — DE LEBEUF A FENEL.

A Auxerre, ce 8 octobre 1717.

J'ay l'honneur de vous écrire pour deux raisons. La première est que je donnai mercredy à un nommé M. Frère, de mes amis, qui est l'assistant du séminaire de cette ville, allant à Paris, une grosse lettre pour vous, couverte d'une enveloppe. Il me dit qu'il prenoit le lendemain le coche d'eau [1] pour Sens où il resteroit deux jours. J'ai appris depuis qu'il a dû aller d'une traitte à Paris, sans séjourner à Sens. C'est pourquoi j'appréhende qu'il n'ait été embarrassé de vous faire tenir cette lettre hier au soir, car le coche n'arrive à Sens que sur les dix heures.

Si vous vouliez prendre la peine d'envoyer au cabaret où ceux du coche soupent ordinairement, je crois qu'on pourroit vous en dire des nouvelles. Il y a dans cette lettre une pour votre illustre compagnie, et dans la mienne plusieurs choses que je ne voudrois pas qu'on sceut sitost. Vous vous doutez bien que je vous parle à cœur ouvert par rapport à la dernière lettre dont vous m'avez honoré, laquelle est remplie d'honnettetez, d'amitiez, et de mille témoignages de votre bienveillance que je ne puis assez exprimer [2].

L'autre article est que le curé de Saint-Pèlerin de cette ville, qui est un chanoine régulier de Sainte-Geneviève, de mes meilleurs amys et des plus zélez pour la réforme [3], vient de me trou-

1717

LETTRE 28. — Publiée d'après l'autographe appartenant à M. Quantin.

1. Voyez, sur le coche d'Auxerre, une notice de M. Lechat, insérée dans l'*Almanach de l'Yonne* de 1857. La correspondance de Lebeuf contient de nombreux détails sur ce véhicule jadis fameux.

2. Tout ce passage se rattache à la dernière partie de la lettre du 20 septembre 1717. Lebeuf avait tenu à remercier le chapitre de Sens et Fenel lui-même de la démarche qu'ils avaient faite près de M. de Caylus, au sujet du bréviaire. — Cpr. lettre du 13 octobre 1717 et la délibération capitulaire que nous y joignons.

3. L'église de Saint-Pèlerin, la plus ancienne de toutes celles d'Auxerre, par la date de sa fondation primitive, était jadis le siége d'une paroisse

ver, pour me dire s'il y a moyen de faire venir toujours le missel du prix de 20 livres, avec le petit livre pour les épitres et un rituel aussi relié, et de vouloir bien persuader au libraire d'attendre le mois de janvier prochain pour le payement de toutes ces choses : je lui ai dit que je croyois que cela pouvoit se faire et que je vous en allois écrire. Très-certainement, Monsieur, il n'y a rien à risquer et j'en réponds s'il le faut, et même, si j'avois eu l'argent, je l'aurois bien avancé, mais c'est un meuble rare.

La paroisse de ce curé est fort pauvre [4], cependant le curé est très-riche en bonne volonté et en vraye inclination pour le bien. C'est luy, avec celui de Saint-Pierre-en-Château, qui mettent les autres en train [5]. Je vous en serai bien obligé si cela se peut faire. Il n'y aura qu'à mettre le paquet au coche d'eau pour Auxerre et on le retirera icy ; mais que le missel n'ait point de transpositions surtout.

Je croyois pouvoir écrire à M. le prieur de Dollot ; on m'a prié de savoir de lui ce qu'il trouve à redire dans son office de Saint-Martin, de marquer ces endroits, antiennes, répons ou versets. Si vous le voyez, je vous prie de le vouloir bien prévenir là-dessus, afin que l'ayant corrigé luy-même, il vous le donne dans toute sa perfection.

---

aujourd'hui supprimée. Le curé dont parle Lebeuf s'appelait André de Monhenault. Voyez la notice qui lui est consacrée dans le catalogue des écrivains auxerrois, *Mémoires sur la ville et le diocèse*, t. IV, p. 424. Cpr. la lettre du 4 juin 1716, et la note 9 de cette lettre. Un des éditeurs, M. Chérest, vient de retrouver, dans ce qui reste de l'église Saint-Pèlerin, la dalle tumulaire d'André de Monhenault. L'inscription énonce qu'il mourut le 1ᵉʳ juin 1724, âgé de 63 ans.

4. Lebeuf a écrit en marge de sa lettre : « *Il fera chanter dès la Toussaint la messe de ce jour.* »

5. Voir, sur le curé de Saint-Pierre-en-Château, Edme-Simon Carrouge, la lettre du 8 juillet 1716, note 1.

29. — DE FENEL A LEBEUF.

13 octobre 1717.

J'ai l'honneur de vous écrire pour vous dire que la personne que vous aviez chargé de vos lettres pour moi, n'ayant pu venir ici par elle-même, me les a fait tenir avec la dernière exactitude, et ainsi je les avois reçues lorsque votre lettre d'avis m'est arrivée. Soyez persuadé qu'après l'avoir lue et comprise dans son entier, je l'ai sacrifiée, quoique selon ma coutume je les garde soigneusement après les avoir étiquetées ; ma reconnoissance seule pour tout ce que vous m'y avez dit me suffit, et la lettre même seroit moins fidèle que ma mémoire.

J'ai porté au Chapitre la lettre que vous lui avez adressée, on y a été très-sensible, j'ai été chargé de vous en écrire mille actions de grâces, dont je ne m'acquitte qu'en passant, parce que je doute qu'un compliment en forme de ma part vous fût agréable ; je me contente de vous envoyer une copie en forme de notre acte capitulaire [1], le reste est au fond de mon cœur.

Je fais mettre au coche d'Auxerre, à votre adresse, un paquet de livres contenant un rituel sénonois, que je vous fais donner pour 3 livres, quoiqu'il ait toujours été vendu 5 livres (le libraire vouloit le vendre 4 livres, mais tenez bon et vous l'aurez à ce que je vous marque) : un missel de 20 livres qu'on m'a dit avoir collationné, mais faites-le vérifier encore : et un épistolier de 25 sols, en tout 24 livres 5 sols ; ayez la bonté de le faire retirer.

Je vous prie de me marquer, lorsque vous en aurez le temps, quels sont vos anciens usages, pour voir si on ne découvriroit pas

---

LETTRE 29. — Nous publions la lettre de Fenel à Lebeuf d'après l'autographe, qui fait partie de la collection de Fontaine. Quant à la délibération du chapitre de Sens, mentionnée dans cette lettre, et que nous transcrivons ci-après, nous l'empruntons à la collection Sainte-Geneviève, Df, 42.

1. C'est cette décision capitulaire que nous transcrivons à la suite de la lettre.

qu'ils ont autrefois été les nôtres, et les faire revivre ; car il faut s'efforcer pour être plus riches en antiquités que tous les autres ; et M. de la Chauvinière m'a écrit que, vous ayant pour adjoint, il étoit certain que vous feriez des merveilles. Quel éloge parti de la plume de cet habile liturgiste ! Tout ce que vous m'avez dit d'admirable de cet excellent homme retombe tout-à-coup sur vous, et vous convainc malgré vous-même de trop de modestie.

J'appréhende que le voyage de ce monsieur ne soit différé, il ne m'en dit plus rien.

Les reliques de saint Loup, conservées à Brienon [2], n'ont d'autre certitude que la foi des peuples ; l'étole n'a que deux doigts de large et est d'un petit taffetas fort mince, de couleur pourpre ; elle est tout d'une venue sans s'élargir par le bas ; la chasuble de même est ronde et descend presque jusqu'à terre de tous côtés ; on ne s'en sert que le jour de la fête et seulement à la première messe : voilà ce que m'apprend M. Besnault qui est ici. C'est un de nos bons ouvriers [3], à présent curé de Saint-Maurice dans l'île, mon intime ami, il vous salue et me charge de vous dire qu'il vous honore infiniment.

Rien ne fait plus de plaisir que d'apprendre que Mgr votre évêque, dans son dernier synode, a fait nommer les curés par les anciens noms de leurs cures ; mille connoissances suivront cette belle recherche. Il faut à présent faire imprimer un pouillé sur

---

2. Brienon, chef-lieu de canton de l'arr. de Joigny (Yonne). Ces reliques, qui datent du XIIIe siècle, sont encore à Brienon, ainsi que la canne dite de Saint-Loup.

3. Besnault composa une foule d'hymnes nouvelles pour les livres liturgiques de Sens. C'est de lui que parle Lebeuf dans un article du *Mercure de France*, d'août 1726, p. 1729 et suivantes, lorsqu'il dit : « L'auteur de nos
« hymnes propres auroit autant de raison que Santeuil de se plaindre de
« ceux qu'on voit regretter que ses hymnes en aient déplacé de vieilles dont
« ils savent par cœur le chant. Il pourroit, comme lui, évoquer les mânes du
« *savant poète, son confrère, qui a retouché les hymnes du bréviaire de
« 1702, et qui en a tant formé de nouvelles,* et en l'évoquant du tombeau,
« lui dire, comme autrefois Santeuil au P. Senaud :

« Exoriare mihi, tumuloque resurge B...alde (*Benalde*),
« Si sermonis adhuc teneat te cura politi.
« Ecce redit nostris vetus ignorantia templis. »

ce pied-là, avec les titres, fondations, biens dépendants, et la généalogie de ceux qui sont seigneurs de ces titres.

Ce que vous me marquez du calice de Guichard, archevêque de Lyon, semblable à celui de Pierre de Corbeil, me fait plaisir, je l'ai mis en note à l'article de cet archevêque.

Je crois qu'il est assez à propos qu'on ne voie pas ici votre lettre, et surtout étant imprimée avec maintes fautes, cela ne serviroit à pas grand'chose [4].

Il y a un jacobin nommé Bertrand de Treilles, qui a vécu sur la fin du xive siècle, qui a écrit sur le Maître des sentences [5].

Gui d'Evreux, vers l'an 390 (sic), Jacobin, a écrit des sermons et une règle pour les marchands. Si je savois quel est le nom du manuscrit, je pourrois peut-être vous le trouver.

On trouve dans ce temps-là un Richard de Sienne qui a écrit...

—

Extractum ex registris conclusionum Capituli insignis et metropolitanæ ecclesiæ Senonensis [1].

Die undecima mensis octobris, anno Domini millesimo septingentesimo decimo septimo, dixit dominus decanus reverendissimum dominum Autissiodorensem episcopum, in suâ synodo nuper Autissiodori habitâ, omnino acceptasse et adoptasse rituale,

---

4. Il s'agit ici de la lettre de Lebeuf au chapitre de Tours. Voyez, à cet égard, la lettre de Lebeuf à Fenel du 17 septembre 1717. On n'était pas à Sens aussi engagé qu'à Auxerre dans le mouvement janséniste, et le sage doyen avait peur que son jeune correspondant ne se compromît, aux yeux du clergé de ce diocèse, par des publications trop ardentes.

5. Lebeuf a écrit en marge : « M. Du Cange dit qu'il vivoit en 1296 et ne « dit pas où, ni ce qu'il a écrit. »

1. Cette pièce se trouve dans le manuscrit Sainte-Geneviève, Df, 42, folio 27, avec ce préambule : « Copie d'une conclusion du chapitre de l'église « de Saint-Etienne de Sens, envoyée par M. le doyen de Sens à M. Lebeuf, « chanoine et sous-chantre de l'église Saint-Etienne d'Auxerre, et envoyée « par le même M. Lebeuf à M. de la Chauvinière. Cette conclusion concerne « le choix fait de M. Lebeuf pour être un des commissaires du futur bré- « viaire de Sens. »

1717 breviarium et missale, quæ ad usum Senonensem, sedente defuncto domino reverendissimo de La Hoguette archiepiscopo, edita sunt, et non solum permisisse, sed etiam multum exhortatum fuisse parochos et ecclesiasticos suæ diœcesis, quatenus dictis libris, tum in ceremoniis, tum in divino celebrando officio, semper uterentur; addidit ipse dictus dominus decanus dicto domino rever. episcopo, nuper in hac urbe existenti, gratias egisse de tam authentica approbatione; quia vero, novi breviarii nova proponitur editio, rogavit dictus dominus decanus, tunc assistentibus plurimis dominis de capitulo, dictum rever. dominum præsulem ut aliquem mittat e sua diœcesi, qui adjumento sit ad perfectionem operis mox suscipiendi, et petiit præsertim dominum Le Beuf, canonicum et subcantorem ecclesiæ Autissiodorensis, virum singularis prudentiæ et dignum operarium, qui monitus de suâ associatione ad tantum opus, ad capitulum scripsit epistolam verbis officiosis resertam, cujus modo habita est lectio, et cui responsurus rogatus est dictus dominus decanus.

C. H. Fenel, decanus Senon. vic. generalis.

De mandato : Le Riche, capituli scriba.

30. — DE GÉNEVAUX, PRÊTRE HABITUÉ DE L'ÉGLISE SAINT-ÉTIENNE-DU-MONT DE PARIS, A LEBEUF.

23 novembre 1717.

1717 [Il remercie Lebeuf, au nom de toute sa paroisse, d'avoir bien voulu composer *le chant de l'Invention de saint Etienne et de la prose du 26 décembre.*

Il lui envoie l'office de Saint-Charles pour le composer, ou retoucher la prose et les hymnes qui sont déjà notés. « M. de la « Roche, nostre bon ami, l'avoit déjà envoyé à M. Alizar, comme

LETTRE 30. — Nous en donnons l'analyse d'après le manuscrit Sainte-Geneviève, Df, 42.

« il m'a témoigné vous l'avoir écrit : mais on attend de vous
« quelque chose de meilleur... J'ai eu l'honneur de vous con-
« noître par les entretiens fréquents que j'avois avec feu
« M. Chastelain, dont je me fais gloire d'avoir été le disciple...
« Je crois que vous avez pris le goût pour l'Église à l'école
« d'un si sçavant maître... Vous ne sçauriez croire, Monsieur,
« combien je me réjouis d'avoir cette occasion pour vous témoi-
« gner l'estime que je fais des personnes qui, comme on me l'a
« rapporté souvent avoir été dit par M. Bossuet de Meaux, sa-
« vent l'Église. Car il appeloit savoir l'Église, en connaître bien
« l'esprit, les raisons des cérémonies, le chant, les usages, les
« antiquités, c'est néanmoins ce qui fait l'application de fort
« peu d'ecclésiastiques... »]

31. — DE LEBEUF A M. VILMAN [1], CURÉ DE SAILLY-LA-BELLE-ÉGLISE [2], SOUS CORBIE, DANS LE DIOCÈSE D'AMIENS.

Auxerre, ce 1er décembre 1717.

J'avois déjà conceu une haute estime de vostre mérite avant le voyage que M. de la Chauvinière a fait dans vos quartiers ; mais lui étant arrivé, comme à la reine de Saba, d'en trouver encore plus que le bruit n'en disoit, vous voudrez bien que je

---

LETTRE 31. — Cette lettre et les suivantes sont tirées du manuscrit Sainte-Geneviève, Df, 42. Nous l'indiquons ici, une fois pour toutes, et sans croire utile de répéter la même mention au bas de chacune des pièces auxquelles elle s'applique.

1. Le manuscrit de Sainte-Geneviève porte « à M. de Villeman. » Le P. Daire, dans son Histoire littéraire d'Amiens, écrit « Villeman » sans particule. Le nom véritable est « Vilman. » Celui dont il est ici question n'a pas laissé de traces dans l'histoire, et malgré les investigations auxquelles nous nous sommes livrés dans l'Amiénois, nous n'avons pu recueillir sur lui, jusqu'à ce jour, aucun renseignement. Tout ce que nous pouvons dire, c'est qu'il avait pour frère un chanoine de l'église cathédrale d'Amiens, dont il sera parlé plus loin.

2. Sailly-le-Sec (près Corbie), canton de Bray-sur-Somme, arrondissement de Péronne (Somme).

joigne cette lettre aux applaudissements qu'il a pu vous donner de vive voix ; il m'a appris tant de choses de vous et de vos paroissiens, que je ne crois pas qu'il y ait une seule paroisse dans la province qui soit aussi bien réglée que l'est la vostre. Ce n'est plus Sailli-le-Sec, mais Sailli-la-Belle-Église ; ce n'est plus un peuple ignorant, mais un peuple éclairé et versé jusque dans les sciences ecclésiastiques. Vous voyez, Monsieur, que je suis assez informé sur ce qui regarde l'édifice matériel que vous avez bâti, et sur le spirituel que vous élevez tous les jours de plus en plus au Seigneur. Je vous suis bien obligé des peines que vous avez prises d'aller chez les Bénédictins de vostre voisinage, et de tout ce que vous m'apprenez en conséquence ; j'aurois seulement souhaitté que vous eussiez eu le bonheur de mettre le doigt sur le manuscrit que je cherchois, mais je ne doute nullement qu'il n'ait changé de bibliothèque ou même d'ordre, n'étant point non plus à Saint-Germain-des-Prez, où j'ai fait faire la perquisition [3].

Je ne veux point céler l'usage que j'ai fait d'une dernière page de la lettre dont vous m'avez honoré. Etant ces jours derniers avec Monseigneur nostre Prélat (qui par parenthèse est reconnu aujourd'hui pour un des appelans) [4], on vint à parler de son synode [5]; je lui fis remarquer que non seulement les curés du diocèse étoient charmés de la manière dont il s'étoit passé, mais encore des curés éloignés et même bien loin par de là Paris : qu'un curé très-éclairé et très-vertueux de Picardie m'avoit féli-

---

3. Il y a tout lieu de croire que le manuscrit dont parle Lebeuf n'est autre que le Martyrologe de Névelon, religieux bénédictin, mort à Corbie : ouvrage dont on conservait de nombreuses copies dans le diocèse d'Amiens. Lebeuf s'en est beaucoup occupé, parce qu'il croyait avec raison ce Martyrologe composé à Auxerre, et parce qu'il y trouvait beaucoup de circonstances concernant notre diocèse. Voyez *Mém. sur la ville et le diocèse d'Auxerre*, t. IV, p. 425.

4. Comme nous l'avons expliqué dans une des notes précédentes, à la fin de 1717, M. de Caylus avait déjà signé un appel au futur concile. Mais il n'avait pas encore rendu sa résolution publique, et l'on était réduit à des conjectures sur son attitude véritable. C'est pour cela que Lebeuf se borne à dire qu'on range M. de Caylus parmi les appelants.

5. Voir les lettres précédentes et notamment celle du 17 septembre 1717.

cité d'être dans un diocèse où l'on a un prélat qui consulte ses curés, et qui se sert publiquement de leurs avis pour la confection des statuts. Il voulut que je lui nommasse le diocèse, et même que je lui lusse l'endroit de vostre lettre : je le fis parce qu'heureusement je l'avois sur moi, et il ajouta à la fin que je devois aussi vous avoir mandé, que, pour les peines à imposer aux curés qui continueroient dans leurs négligences, il avoit dit hautement au même synode que ce ne seroit pas lui qui les donneroit, mais ce synode même et leurs propres confrères.

En effet, Monsieur, je n'aurois pas dû oublier cette sentence que je lui entendis proférer le 14 septembre dernier, en présence de près de 200 prestres. J'apprends que M. d'Amiens prend une route toute opposée [6]. Dieu veuille qu'il y trouve son compte. Au reste les canons sont faits avant lui; honneur et gloire à celui qui les suit. C'est le moyen de les faire pratiquer aux autres. Monseigneur nostre évêque est disposé à en faire autant touchant le Bréviaire qu'il en a fait par rapport aux statuts.

Comme tout ce qui sort de votre plume est excellent, je n'ai pas manqué de faire voir la préface de votre Ordinaire [7], qui est venue jusques-ici, à quelques curés qui pourront bien par la suite rédiger quelque chose de fixe, à votre exemple. Celui que j'ai dressé il y a quelques années [8] est à présent entre les mains de M. de la Chauvinière qui attend quelqu'occasion pour vous le faire tenir, puisque vous avez assez de bonté pour croire qu'il vous servira. Pour moi, j'ai un très-grand désir de voir le vostre qui doit estre plus parfait et d'une utilité plus étendue que le

---

6. Pierre de Sabathier, évêque d'Amiens depuis 1706, mort en 1737. Le P. Daire (*Hist. d'Amiens*, t. II, p. 75) fait le plus grand éloge de son administration. Mais il était un des prélats qui, sous la direction de Languet, alors évêque de Soissons, plus tard archevêque de Sens, luttaient avec énergie contre les jansénistes. De là, peut-être, les critiques de Lebeuf.

7. Ordinaire: « C'est ainsi qu'on appelle depuis cinq ou six cents ans le « livre qui marque ce qui doit être dit ou fait chaque jour à l'autel et au « chœur. » *Explications des prières et des cérémonies de la Messe*, par le P. Lebrun, p. liiij.

8. Il n'est pas resté trace de ce travail de l'abbé Lebeuf. — Cpr. ce qu'il dit de sa coopération aux brefs auxerrois dans les lettres suivantes.

mien. La préface est tout à fait prévenante, et l'attente du lecteur doit y être satisfaite. J'ai dit, d'une *utilité plus étendue*, parce que je suppose que vous l'avez dressé à l'usage des paroisses où l'on n'a point de diacre ni de sous-diacre, lesquelles sont en plus grand nombre que les autres.

J'attends de M. Ferrand les corrections de son office de Saint-Martin, et, quand il aura aussi mis la perfection à l'office de Saint-Germain, je serai soigneux de le noter et de vous l'envoyer. Je lui ai écrit de le finir incessamment. J'ai connu par expérience qu'il étoit plus difficile qu'on ne s'imagine de faire un office bien conduit sur ces saints, qui sont si fameux et sur lesquels il y a tant de choses à dire. Etant il y a neuf ans en Normandie, j'en composai un pour une paroisse de Lisieux, où j'aidai à le chanter le 31 juillet [9]; mais j'y ai reconnu, depuis, bien des imperfections, outre que, depuis ce temps-là, on a composé à Paris et ailleurs des hymnes encore bien plus belles que celles de notre ancien prieur de l'abbaye Saint-Germain, lesquelles j'avois fait recevoir en quantités d'églises de Normandie [10]. Les morceaux de cercueil de ce saint qu'on possède dans l'église de Saint-Vert [11], viennent sans doute de l'abbaye d'Auxerre, où l'on conserve les fragments de bois de cèdre dont ce cercueil avoit été fait.

Puisque j'en suis sur le fait des reliques, c'est ici le lieu de vous faire ressouvenir d'une grâce que je vous avois demandée, qui étoit de sçavoir, s'il étoit possible, de quelle nature est l'étoffe qu'on appelle à Saint-Martin-des-Jumeaux, proche d'Amiens, le manteau de Saint-Martin. Prenez, s'il vous plaît, la peine de re-

---

9. Le 31 juillet est la fête de saint Germain d'Auxerre ; il s'agit donc d'un office de saint Germain. On sait d'ailleurs que Lebeuf, encore très jeune, avait été chargé de refaire les livres de chant du diocèse de Lisieux.

10. Ceci ne peut s'appliquer qu'à Ch.-Fr. de Rostaing, qui fut deux fois prieur de Saint-Germain d'Auxerre (1693-1696 et 1714-1717), et qui s'est distingué par de nombreuses poésies latines. Voyez, sur lui, D. Tassin, *Hist. littér. de la Congr. de Saint-Maur.*

11. Il y a là une erreur de copiste. Lebeuf veut parler de l'église de Vaire-sous-Corbie, canton de Corbie, arrondissement d'Amiens. En effet, l'église de Vaire possédait un morceau du cercueil de saint Germain. Voyez *Mém. sur la ville et le dioc. d'Auxerre*, t. I, p. 91.

lire la fin de ma première lettre, je crois vous avoir marqué la raison pour laquelle je souhaitte en être éclairci [12]. Et s'il faut employer quelque tierce personne, que les chanoines réguliers ne puissent point soupçonner de trop de curiosité, vous n'aurez qu'à le faire sçavoir à M. de la Chauvinière.

Je ne croyois pas avoir l'honneur d'être connu de M. Masclef [13] et je pensois qu'il n'y avoit que feu M. de Riencourt qui s'étoit souvenu de mon nom [14]. Mais, puisque ce digne chanoine daigne m'honorer de son souvenir, je vous prie d'estre persuadé que j'ai aussi conçu de mon côté une très-haute idée de lui, surtout l'ayant veu mentionner dans les journaux il y a quelques années.

Il me vint en pensée, il y a quelques jours, de renouer la connoissance que feu M. Chastelain, chanoine de Notre-Dame de Paris, me procura des jésuites d'Anvers, qui travaillent comme vous sçavez à continuer le Recueil de *Bollandus* [15]. Je n'ai cessé de leur écrire que depuis les grands éclats qu'a faits la Constitution. Cependant, je reconnois que leur secours est utile pour les histoires particulières des diocèses ; j'aurois seulement souhaité que leurs lettres n'eussent pas été si chères, et qu'ils m'eussent

---

12. La raison pour laquelle Lebeuf questionne Vilman sur la relique de saint Martin, c'est qu'il en veut parler dans son *Hist. de la prise d'Auxerre par les huguenots*: voir cet ouvrage, aux Pièces justificatives, p. XXIX. Il revient sur le même sujet dans sa lettre du 21 décembre 1717. Enfin, il en parle encore dans ses *Mém. sur la ville et le diocèse d'Auxerre*, t. IV, p. 231.

13. François Masclef, chanoine d'Amiens, né en cette ville, vers 1663, mort le 14 novembre 1728. Voir sa Biographie dans le *Supplément au Nécrol. des plus célèbres défenseurs de la vérité*, p. 87, et le catalogue de ses œuvres, *eodem*, p. 260. Bien que janséniste très exalté, Masclef a enrichi le Journal de Trévoux de dissertations sur les langues orientales : voir *J. de Trévoux* octobre, novembre et décembre 1711.

14. Le Scellier de Riancourt, chanoine d'Amiens, élu doyen le 11 juillet 1691, mort le 6 décembre 1715. C'était un homme d'une grande érudition ; il a fourni aux auteurs du *Gallia christiana* l'histoire résumée des évêques et des doyens d'Amiens : voir *Gallia christ.*, t. IX, p. 1225. Il avait eu aussi l'obligeance de transmettre à Lebeuf plusieurs renseignements utiles : voir *Mém. sur la ville et le diocèse d'Auxerre*, t. I, p. 80, *ad notam*.

15. Voyez à ce sujet la lettre de Lebeuf à Chastelain, du 6 juillet 1712.

donné pour entrepost des paquets que j'avois à leur envoyer, un autre que le père Lallemand [16]; car depuis qu'ils me l'indiquèrent pour lui faire tenir ce que j'avois à leur envoyer, j'ai gardé le silence (et eux pareillement), ne me souciant pas de l'amitié de ce froid théologien.

Pourriez-vous, Monsieur, me dire, si vous avez quelqu'un de connoissance du costé de Péronne ou des environs, par où passe la poste qui vient d'Anvers, et je vous prierois de recevoir ouvertes toutes les lettres que je vous enverrois pour eux, par les occasions que trouveroit M. de la Chauvinière, afin que les ayant lues et cachetées, vous puissiez les faire mettre à quelque boîte du voisinage, et eux de leur costé m'adresseroient leurs lettres au même endroit? J'éviterois par là les deux tiers du port, et eux pareillement qui se sont plaints que j'avois mis à la poste de trop gros paquets.

Cet expédient me conviendroit assez, et je serois très exact à faire rembourser les ports de lettres par M. de la Chauvinière. Au reste cela n'iroit guères qu'à trois ou quatre lettres par an, et, comme elles ne seroient point sur des matières fort pressantes, j'aurois tout le loisir d'attendre qu'elles eussent passé par vostre canal et par celui de nostre commun ami.

J'ai parcouru (*sic*), Monsieur, et j'ai trouvé qu'il ne pouvoit venir que de l'abbaye de Saint-Marien, fondée d'abord sous le titre de Saint-Cosme et de Saint-Damien [17]. Le caractère est du XIIIe siècle, sçavoir autour de 1260, 1280. C'est ce dont je puis vous assurer. J'en vais faire copier quelques rubriques, afin de le renvoyer ensuite à M. de la Chauvinière. Je vous suis très-redevable des offres obligeantes que vous m'en faites. Je ne veux point finir sans vous communiquer ce que je pense sur le nom de lieu de vostre

---

16. Jacques-Philippe Lallemant, né vers 1660 à Saint-Valery-sur-Somme, mort en 1748 à Paris. Elève des Jésuites, il a publié une nombreuse série d'ouvrages contre la doctrine et les disciples de Jansénius : voir Biographie Didot, V° Lallemant.

17. L'abbaye de Saint-Marien était située en face de la ville d'Auxerre, sur la rive droite de l'Yonne : voir la notice spéciale que Lebeuf lui a consacrée, *Mém. sur la ville et le diocèse d'Auxerre*, t. IV, p. 516 et suiv.

cure; vous le nommez en latin *Sailliacum*, mais ce nom me paroît ainsi dérivé du françois. C'est pourquoi je pense que son vrai nom latin est *Saliacum*, que les peuples ont rendu par celui de Sailly; Saillac, en Limousin, vient particulièrement de *Saliacum*, suivant M. Chastelain qui étoit très-habile en idiômes. Ce nom a été assez commun autrefois, et il y avoit en ces païs-ci, dans l'avant-dernier siècle, un Jean de Sailly seigneur de Gâtines, allié à la maison de Courtenay. Excusez, s'il vous plaît, la liberté avec laquelle je fais cette remarque; vous en croirez ce qu'il vous plaira, je n'en serai pas avec un moins profond respect, Monsieur, etc.

P. S. — Dom Cordier, ci-devant prieur de Corbie, maintenant visiteur de Bourgogne [18], fit, il y a cinq mois, son appel ici en particulier. Il l'a fait enregistrer à Paris, et l'a envoyé aux quatre évêques [19] dont deux, qui sont celui de Montpellier et Senez, lui ont fait des réponses très-honorables qu'il nous a montrées ici ces jours derniers; il m'a dit qu'il vous connoissait.

---

18. Dom Pierre Cordier, religieux bénédictin de la congrégation de Saint-Maur, nommé prieur de Corbie par décision du chapitre général du 1ᵉʳ juin 1708, et visiteur de la province de Bourgogne, par décision de ce même chapitre du 22 mai 1717. Il était *Définiteur* au chapitre général de 1723, lorsqu'il en fut exclu par lettre de cachet, à raison de son appel au futur concile. Il passa le reste de ses jours à l'abbaye de Chelles, où il vécut paisible, grâce à la protection de madame d'Orléans, et où il mourut le 17 avril 1729. Voir *Supplément au Nécrologe...*, p. 88, et Manuscrit de la Bibl. d'Auxerre, n° 145.

19. Les évêques de Mirepoix, de Senez, de Montpellier et de Boulogne, avaient, les premiers d'entre les prélats de France, fait dresser un acte d'appel collectif contre la bulle *Unigenitus*. Le 5 mars 1717, ils en donnèrent lecture en pleine Sorbonne, et ils obtinrent l'adhésion de la Faculté, bientôt suivie d'une foule d'autres. Dans le langage du temps, on les désignait comme *les quatre chefs de l'appel* : voyez entr'autres *Vie de M. de Caylus*, par Dettey, t. I, p. 89.

32. — DE D. JACQUES BOYER[1], BÉNÉDICTIN, A LEBEUF.

Arvernis, VI id. decembris MDCCXVII, in festo Deiparæ.
[d'Auvergne, 8 décembre 1717.]

1717 [Cette lettre, écrite en latin, accompagne la copie d'un document transmise à Lebeuf par l'entremise de M. de la Chauvinière.

Elle contient différents détails sur l'origine et la famille de Pierre Aymon, évêque d'Auxerre (1362-1373), détails que Lebeuf a reproduits dans ses *Mémoires sur la ville et le diocèse d'Auxerre*, t. I, p. 534 et suiv., en indiquant qu'il les devait à l'obligeance de D. Jacques Boyer.

Le document dont la copie est jointe à la lettre n'est autre qu'une transaction du 24 mars 1381, entre le neveu et héritier de Pierre Aymon, d'une part, et l'abbaye de Saint-Allire de Clermont (S. Illidii), d'autre part; laquelle transaction est relatée par Lebeuf, *eodem*, p. 540.

A propos du nom de l'évêque d'Auxerre, D. Boyer s'exprime ainsi : « Reperio autem ei cognomen fuisse Aymes, vel Ayme, non Aymé. » — Le neveu du prélat, qui transige avec l'abbaye de Saint-Allire en 1381, est dénommé dans le titre *Robertus Aymes*; dans d'autres titres postérieurs, les descendants de celui-ci figurent sous les noms de *Petrus Ayme* (1451), *Fossanus Ayme* (1485).]

---

1. Dom Jacques Boyer, bénédictin de la congrégation de Saint-Maur, né au Puy-en-Vélay. Il fit profession dans l'abbaye de Saint-Augustin de Limoges, le 30 avril 1690. Dans l'avertissement qui précède le t. II du *Gallia christiana*, publié en 1720, il est désigné comme ayant eu, avec D. Martenne, le plus grande part à la nouvelle édition. Il a aussi inséré quelques dissertations historiques dans les *Mém. de littér. et d'hist.* du P. Desmolets. Voyez *Bibl. gén. des écrivains de l'ordre de Saint-Benoît*, par D. François, t. I, p. 146.

33. — DE LEBEUF A M. DE TALLEVENNE, LIEUTENANT DES MARÉCHAUX DE FRANCE AU BAILLIAGE DE VERDUN, DEMEURANT A SAINT-MIHIEL[1], EN LORRAINE.

Auxerre, ce 14 décembre 1717.

Il y a longtemps que j'aurois dû joindre aux obligations infinies que j'ai à M. de la Chauvinière, celle de m'avoir procuré l'honneur de vostre connoissance, étant desjà averti depuis quelques mois de la bonté que vous avez eu de m'éclaircir sur l'article de notre Guillaume[2]; mais je suis persuadé que vous avez tant de patience que vous voudrez bien m'excuser d'avoir tant différé et de m'être contenté de prier M. de la Chauvinière de vous remercier pour moi. Je sais que non-seulement vous m'avez fait part de tout ce qui vous a paru de plus plausible sur le chapitre de ce théologien, mais encore que vous avez pris la peine de nous obtenir une déclaration des sentiments de Dom Calmet[3], ce sçavant bénédictin, sur le même point historique.

Les raisons de l'un et de l'autre, mais surtout les vostres qui

---

Lettre 33. — Encore un homme sur lequel nous n'avons obtenu jusqu'ici aucun renseignement, malgré les investigations auxquelles nous nous sommes livrés dans le pays où il a vécu. Nous le regrettons d'autant plus que ce correspondant de Lebeuf paraît avoir eu une physionomie fort originale. Voyez la suite de la correspondance.

1. Saint-Mihiel, chef-lieu de canton de l'arrondissement de Commercy (Meuse).

2. Guillaume d'Auxerre, professeur de théologie à Paris, au commencement du xiii° siècle, puis archidiacre de Beauvais, auteur d'une *Somme théologique* et d'une *Somme sur les offices divins*; mort à Rome en 1230. Voyez la Notice que Lebeuf lui a consacrée : *Mém. sur le dioc. d'Auxerre*, t. IV, p. 392.

3. Dom Augustin Calmet, savant théologien, liturgiste et historien, de la congrégation de Saint-Vanne, né à Mesnil-la-Hogue, près de Commercy, le 26 février 1672, mort à Paris le 20 octobre 1757. Il fit un assez long séjour (1709-1715) dans l'abbaye de Saint-Mihiel, et c'est là sans doute que M. de Tallevenne l'avait connu. En 1717, il s'était fixé près de son pays natal à Moyen-Moutier.

m'ont paru encore plus détaillées, m'ont porté à ne plus douter de la distinction de nos deux Guillaume [4]; et j'en ai fait une note expresse dans la préface du petit ouvrage que j'ai concerté depuis peu, où, selon vostre désir, je n'ai nommé aucun des sçavans qui m'ont communiqué leurs lumières là-dessus, attendu que je n'ai point fait de dissertation, mais seulement une note de sept ou huit lignes [5]. On me flatte que cet ouvrage sera publié dans les premiers mois de l'année prochaine, si quelque docteur y donne son approbation. Je ferai en sorte dans le temps que vous soyez des premiers à qui M. de La Chauvinière en puisse envoyer. Je ne sçaurois trop bénir le Seigneur de ce qu'il donne à son église des laïques aussi zélés pour sa défense que vous l'êtes tous deux dans ces malheureux temps de traverses et de peines, temps auxquels on voit un si grand nombre d'ecclésiastiques quitter lâchement la partie. Vous faites revivre, Monsieur, en vostre personne un Eusèbe de Dorylée et autres qui se sont signalés par leur science et par leur zèle. Plaise au Seigneur vous donner une bonne santé pour l'utilité de son Église, en sorte que vos travaux aient tout le fruit qu'on en peut attendre.

Mais, étant contre les règles que la lumière soit sous le boisseau, ne puis-je pas souhaitter, Monsieur, que le ciel veuille la placer sur le chandelier, comme autrefois saint Germain, notre illustre évesque qui étoit dans ce païs-ci lieutenant pour les Romains ! Je n'ose pousser plus loin cette réflexion, mais il n'en est pas moins vrai que je ne puis m'empescher de parler ainsi que j'ai l'honneur de vous écrire.

P. S. — J'ai lu avec bien de la satisfaction le *Diadema* du

---

4. On avait mal à propos confondu Guillaume d'Auxerre, le théologien, avec Guillaume de Seignelay, évêque d'Auxerre (1207-1220). Pour établir que ce sont là deux personnages distincts, Lebeuf a publié une dissertation spéciale, en 1727 (*Cont. des Mém. de litt.*, t. III, partie 2, p. 317).

5. Il s'agit ici de la *Tradition de l'église d'Auxerre* insérée dans le *Cri de la Foi*. La note rédigée par Lebeuf sur la distinction entre Guillaume d'Auxerre et Guillaume de Seignelay est à la page 210 du t. III. Lebeuf l'a terminée par ces mots : « *C'est le sentiment de tous les savants qu'on a consultés,* » mais sans nommer ni D. Calmet, ni M. de Tallevenne.

célèbre Smaragde, abbé de Saint-Mihiel [6]; il y a d'excellentes pensées. Vous avez bien raison de marquer qu'il y a des Nominaux avant Okam, puisque je trouve qu'il y avait des Réels et des Nominaux, du moins quant à la manière d'enseigner, dès la fin du XIe siècle. Vous pouvez le voir dans le 12e tome du *Spicilége*, page 360. Un certain Raimbert enseignoit la Dialectique *in voce* à L'Isle en Flandre, tandis qu'Odon d'Orléans, chanoine de Tournai, venu de Toul, enseignoit à Tours avec succès *Dialecticam in re*. C'est la lecture du 5e tome des Annales du Père Mabillon, p. 299, qui m'a fait faire cette réflexion.

34. — DE LEBEUF A M. VILMAN, CURÉ DE SAILLY.

21 décembre 1717.

Depuis ma lettre écrite, M. de la Chauvinière m'a envoyé un extrait d'une des vostres, par lequel je vois la part que vous voulez bien prendre à l'honneur que m'ont fait MM. les vénérables du chapitre de la Métropolitaine de Sens [1]. Je vous suis bien obligé de la bonté que vous avez pour moy. Il faudroit avoir une partie de vostre mérite pour être plus digne que je ne suis de faire quelque bien dans ce païs-cy. Priez Dieu pour moy qu'il me donne ce qui me manque et la grâce de surmonter bien des imperfections qui sont en moi. Je fais avec raison un grand fonds sur vos prières. Au portraict que M. de La Chauvinière m'a fait

---

6. Smaragde, abbé de Saint-Mihiel, au commencement du IXe siècle, était célèbre notamment par sa science grammaticale; il mourut vers 820 ou 824. Voyez *Hist. eccl. de Verdun*, par Roussel et Lebeuf, liv. II, p. LXXXVI, et Hauréau, *Singularités hist.*, p. 102.

LETTRE 34. — Dans le manuscrit Sainte-Geneviève dont cette lettre est tirée, elle ne porte pas de suscription; mais il suffit de la comparer avec la lettre du 1er décembre 1717, pour s'assurer qu'elle est bien adressée au même destinataire, et qu'elle fait en quelque sorte suite à celle du 1er décembre.

1. Voyez ci-dessus les détails sur la circonstance à laquelle Lebeuf fait allusion, et notamment la conclusion du chapitre de Sens du 11 octobre 1717.

de vostre vertu, je ne doute pas que vous ne soyez presque toujours exaucé. Vous avez tous les cœurs de vostre paroisse pour vous ; il est difficile qu'une si admirable union ne fasse violence au Ciel.

Quant à ce que vous lui mandez touchant la relique appelée le Manteau de saint Martin, je vous dirai que ce n'est point dans ce diocèse-ci qu'est le morceau dont je lui ai fait la description ; c'est dans celui d'Orléans, à une lieue de la ville, dans l'église du village d'Olivet qui a saint Martin pour patron [2]. Nous avions, dès le XIIIe siècle, une étoffe enchâssée sous ce nom, sans qu'on sache d'où elle nous venoit. En 1270 ou 1271, Erard de Lésignes, évêque d'Auxerre, en envoya une partie à un de ses parents qui étoit chantre d'Amiens, appelé Jean de Conty ; et il est marqué qu'il tenoit ce morceau du chapitre d'Auxerre.

Jean de Conty donna, depuis, ce morceau à l'abbaye de Saint-Martin-aux Jumeaux [3]. On l'y garde encore aujourd'huy dans un reliquaire donné en 1479 par le roy Louis XI. On en donna en d'autres lieux, en 1399 et 1410, sçavoir à la comtesse de Nevers, et au chapitre de Saint-Martin de Clamecy au diocèse d'Auxerre [4]. En 1567, les chanoines d'Auxerre en accordèrent encore à un de leurs confrères nommé Pierre de Beaulieu, natif du susdit lieu d'Olivet, et pour l'église d'Olivet ; mais il arriva que sur la fin de la même année toutes les châsses de la cathédrale d'Auxerre furent pillées [5], en sorte que le fameux reliquaire du manteau de saint Martin [6] disparut comme les autres, et l'on

---

2. Olivet, canton sud d'Orléans (Loiret).

3. L'abbaye de Saint-Martin-aux-Jumeaux avait été bâtie près de l'une des portes d'Amiens, à l'endroit même où, disait-on, le saint avait partagé son manteau avec un pauvre. Voyez de La Morlière, *Hist. d'Amiens*, liv. I, p. 110. L'acte de donation du reliquaire par Louis XI existe encore ; malheureusement le reliquaire a disparu en 1793, et l'on n'en conserve que la description curieuse.

4. Clamecy, chef-lieu d'arrondissement du département de la Nièvre, faisait jadis partie du diocèse d'Auxerre, qui s'étendait au S.-O. jusqu'à la Loire.

5. Voyez *Hist. de la prise d'Auxerre par les Huguenots et de sa délivrance, pendant les années 1567 et 1568*, par Lebeuf.

6. C'était en effet l'une des reliques les plus vénérées de la cathédrale

ne sçait ce que les hérétiques firent de l'étoffe. Je m'avisai l'été dernier d'écrire à M. Samson, curé d'Olivet, [7] connu dans le public, pour sçavoir de lui s'il auroit encore dans son église le morceau que le chapitre d'Auxerre avoit accordé au mois d'avril 1567; il me fit réponse qu'on n'en trouvoit aucun vestige; cependant huit jours après, ayant eu la curiosité d'ouvrir un espèce d'*Agnus Dei* attaché au cou d'un saint Martin à cheval qu'on met tous les dimanches sur le banc d'œuvre, il y trouva le morceau en question, avec le procès-verbal du chapitre d'Auxerre en bonne et due forme, dont il m'a envoyé copie [8]; il y est marqué que le morceau étoit long presque de six doigts et large d'un, cependant aujourd'huy il n'y en a plus que deux pouces de long, d'où M. Samson conclut qu'on en a volé près de quatre doigts. Comme ce morceau est fort petit, je ne sçai si, quand même Olivet seroit du diocèse d'Auxerre, on pourroit vous en obtenir. Mais je vais m'informer, s'il y en reste encore à Clamecy, et si le morceau y est considérable. Après cela on verra quel biais il faudra prendre. J'avois cru d'abord que cette étoffe que nos registres appellent *manteau de saint Martin* étoit peut-être quelque reste de celle qui avoit couvert sa châsse durant les trente années qu'il reposa ici dans Saint-Germain [9]; mais à la description du morceau d'Olivet, je vois que c'étoit une étoffe bien bourrée et propre à tenir fort

1717

---

d'Auxerre. Le samedi 29 août 1411, le chapitre ayant décidé que le lendemain une procession solennelle se rendrait à Saint-Germain, pour prier Dieu de rétablir la paix, ajouta expressément qu'on y porterait la relique du manteau de saint Martin : voyez *Mémoires sur la ville et le diocèse*, t. IV, p. 231.

7. Jacques Samson, curé d'Olivet, avait joué un certain rôle dans les luttes soulevées par la bulle *Unigenitus*. L'official d'Orléans l'avait interdit de ses fonctions, mais par sentence du 9 avril 1717, l'officialité métropolitaine de Paris avait levé cet interdit, et avait donné acte au curé Samson de son appel au futur concile. Voir *le Cri de la Foi*, t. 1, p. 174 et suiv.

8. Cette constatation du curé Samson est restée inconnue de ceux qui ont prétendu retrouver à Olivet, en 1860, la relique du manteau de saint Martin : voir *Note historique sur une relique du manteau de saint Martin*, par Méthivier, curé doyen d'Olivet, Olivet, 1860.

9. A la fin du IXe siècle, le chapitre de Tours, pour soustraire les reliques de saint Martin à la fureur des Normands, les avait apportées à Auxerre. On montre encore dans les cryptes de l'abbaye de Saint-Germain l'endroit

chaud l'hyver. Au reste, j'incline à croire toujours que c'estoit plutost de ces habits dont un jour il se dépouilla pour revêtir un pauvre, un peu avant que de célébrer la messe, plutost que de ce manteau qu'il partagea n'étant encore que catéchumène. Il est plus facile de croire que l'un aura été conservé que non pas l'autre. J'ai fait fort attention, Monsieur, à l'offre que vous faites de donner à l'église, qui vous donnera des reliques de saint Martin, de celles de saint Firmin.

Je viens de recevoir réponse de M. le prieur de Dollot, qui me dit qu'il vient de retoucher les offices que je lui ai demandés, mais qu'il faut encore les laisser reposer quelques mois, afin de les examiner encore d'un plus grand sang-froid.

---

35. — DE LEBEUF A D. JACQUES BOYER.

Auxerre, 27 décembre 1717.

En même temps que j'apprends de M. de la Chauvinière que vous avez eu la bonté de songer à moi, et de lui envoyer quelque chose [1], par rapport à l'ouvrage pour lequel je ramasse des matériaux [2], je me donne l'honneur de vous écrire, pour vous en marquer mes très-humbles reconnoissances. On est en effet très-heureux de trouver des personnes comme vous qui veulent bien

---

où elles séjournèrent, en attendant que le clergé de Tours vint les y reprendre.

Lettre 35. — Le manuscrit Sainte-Geneviève. Df. 42, dans laquelle cette lettre est transcrite deux fois, à la page 50 et à la page 64, relate ainsi la suscription : *Lettre de M. Lebeuf au même D. Jacques Boyer, envoyée à M. de la Chauvinière pour la lui faire tenir.*

1. Lebeuf n'avait pas encore reçu la lettre de D. Jacques Boyer (8 décembre 1717), analysée ci-dessus, ni le document qu'elle accompagne.

2. Il ne peut s'agir ici que du grand ouvrage sur la ville et le diocèse d'Auxerre, publié en 1743, et auquel Lebeuf travailla sans relâche depuis 1712. Cpr. lettre du 6 juillet 1712.

prendre la peine de communiquer aux autres ce qu'elles ont de rare. Rien ne contribue davantage à perfectionner les ouvrages, surtout ceux de critique, que les lumières qui viennent de différens païs, et qu'on reçoit des personnes éclairées et judicieuses.

Comme M. de la Chauvinière ne m'a parlé qu'en général du titre dont vous m'envoyez une copie, sans me désigner ce dont il s'agit, je ne puis vous en rien dire pour le présent : j'attendrai qu'il me l'ait envoyé.

Je ne sçavois pas qu'on eût à la Charité[3] un in-folio des antiquités de cette maison; mais je pense qu'il faut être grand ami des religieux du prieuré pour en avoir communication. Peut-être que Dom de Beuvron[4] en a fait part autrefois à un bénédictin d'Auxerre, qui a laissé plusieurs mémoires manuscrits assez informés sur une bonne partie du diocèse. Ce bénédictin mourut vers l'an 1670[5]. Je ne sais pas auquel temps a fleuri Dom de Beuvron.

Je vous prie, mon révérend Père, d'être bien persuadé que si de mon côté il naissoit quelqu'occasion de vous faire part de ce qu'il y a de curieux icy, je le ferois avec bien du plaisir, ravi de pouvoir rendre la pareille à des personnes aussi prévenantes et obligeantes que vous l'êtes.

---

3. La Charité-sur-Loire, chef-lieu de canton de l'arrondissement de Cosne (Nièvre). Il y avait jadis en cette ville un prieuré qui comptait parmi les plus importants et les plus célèbres de la dépendance de Cluny.

4. Henri Bertrand, qui prenait le surnom de *de Beuvron*, fut élu prieur claustral de la Charité en 1667, et abbé de Cluny en 1672; mais le roi n'approuva pas cette dernière élection. Il avait composé une *Chronique du prieuré de la Charité*, suivie de la copie des chartes intéressant ce monastère et qui avaient échappé à la destruction. Cet ouvrage n'a jamais été imprimé : voyez Née de La Rochelle, *Mémoires sur le département de la Nièvre*, t. III, p. 64. Cpr. *Gallia christ.*, t. XII, p. 404.

5. Le bénédictin dont parle Lebeuf n'est autre que D. Viole, dont le nom s'est rencontré plusieurs fois dans les lettres et les notes précédentes.

36. — DE LEBEUF A HERLUYSON.

Auxerre, 31 décembre 1717.

1717

Il me conviendroit peu, Monsieur, de différer plus longtemps à vous remercier des bons sentiments que vous avez conçus de moy, en étant informé aussi sûrement que je le suis par celui qui les a entendus de vostre propre bouche. Ce dont je puis vous assurer est que je ne sçai par quel bonheur j'ai mérité cette attention de vostre part, et je suis confus de voir que je suis arrivé, sans presque m'en apercevoir, au point d'être du nombre de vos amis.

Je sçus, il y a plusieurs mois, que vous êtes la personne que monseigneur l'évêque de Troyes a jugé avec grande raison la plus intelligente et la plus propre à procurer l'édition correcte du nouveau Bréviaire pour son diocèse [1]. M. le sous-chantre de Troyes est celui qui m'a conseillé de m'adresser à vous, si je voulois être instruit à fond des véritables et anciens usages de Troyes, et de la manière dont devoit être disposé le nouveau Bréviaire. Cependant je n'osois prendre pour lors cette liberté, et je m'imaginois que vos occupations ne vous permettoient pas de me répondre à des choses qui ne pressent pas autrement. Dans ces entrefaites, M. de la Chauvinière, dont j'ai l'honneur d'estre

---

1. Le bréviaire de Troyes, dû aux soins d'Herluyson, n'a paru qu'en 1718 [Trecis, apud C. Briden, MDCCXVIII, 4 vol. in-12], à moins qu'il n'ait paru vers la fin de 1717 avec la date de l'année suivante. Mais il était préparé depuis longtemps et prêt à l'impression, comme il résulte du mandement qui le précède, mandement daté du 18 septembre 1717, et signé par D.-F. Bouthillier de Chavigny, évêque de Troyes, archevêque désigné de Sens. Le prélat raconte que c'est la publication du bréviaire sénonais de 1702 qui lui a donné la pensée de doter son diocèse d'un bréviaire nouveau. Il expose avec quel soin l'œuvre a été conduite et il ajoute : « Jam absolutum
« erat feliciter opus, et capitulo Trecensis ecclesiæ cum gratulatione recep-
« tum, applaudente clero; jam ad illud prelo subjiciendum omnia parata,
« cum ecce... subito rapimur ad regimen metropolitanæ ecclesiæ Seno-
« nensis. »

connu depuis quelques années, est venu à me parler de vous dans les nouvelles liturgiques dont il a la bonté de me faire part de tems en tems; mais il m'a témoigné (surtout depuis peu) tant d'honnesteté de vostre part, que sur le champ j'ai résolu de vous en remercier comme je le dois et comme il est juste. Heureux si je puis m'en estre acquité suffisamment dans ce peu de paroles !

Le Bréviaire que vous avez procuré à l'église de Troyes, sous les yeux de Messeigneurs les illustres prélats qui l'ont si sagement gouvernée, sera un monument éternel de vostre zèle pour l'antiquité, pour le rétablissement du bon ordre et pour la suppression de tout ce qui ne convient pas à la gravité des offices ecclésiastiques.

On m'assure que ces trois choses y sont exactement observées, à l'imitation de celui de l'église de Sens, notre métropolitaine : et je n'en doute nullement. Que ne puis-je inspirer à nos Messieurs d'Auxerre un même désir! Mais le nombre de ceux qui seroient volontiers pour la réformation des livres liturgiques est encore trop petit pour espérer une pareille ardeur à celle qu'ont eue MM. de Troyes, de Sens, et tant d'autres chapitres. Vous avez pu voir ce que j'ai écrit à notre commun ami. A présent, Monsieur, que votre bréviaire est dans la perfection, il ne vous reste plus qu'à fournir le diocèse d'antiphoniers, afin que la récitation publique corresponde à celle qui se fait en particulier. On m'a appris que vous y travailliez assidûment et que vous désiriez finir au plustost cet ouvrage. Si j'osois espérer que mes petits services dans ce genre de travail puissent vous être agréables, je vous les offrirois volontiers, et je vous prierois de m'ordonner, là-dessus, ce qu'il vous plairoit, sans craindre de me déranger beaucoup, parce que j'ai déjà plusieurs endroicts de l'Écriture-sainte tous notez dans mes minutes de l'Antiphonier de Lisieux que j'ai composé entièrement, et qui se chantent en manuscrit en plusieurs paroisses du même diocèse. Vous sçavez que le Bréviaire de ce diocèse est presque le même que celui de Sens.

Monseigneur l'évêque d'Auxerre a bien voulu approuver quel-

1717 ques offices que j'ai rédigés ces dernières années sur le plan des nouveaux bréviaires; j'en ai donné ensuite le chant aux églises qui l'ont demandé, de sorte que plusieurs paroisses de la ville les chantent avec quelque satisfaction.

Comme on ne sçavoit point, il y a cinq ans, qu'on travailloit à un nouveau bréviaire de Troyes, un curé me pria d'en composer un pour sainte Mathie, patrone des filles de sa paroisse². Je l'ai fait et il se chante depuis ce temps-là. Cependant comme elle est patrone de votre ville, je crois qu'on n'aura pas manqué de lui donner quelque chose de *Propre*, aussi j'espère que vous voudrez bien par la suite m'en faire part à votre loisir, afin qu'on puisse profiter ici des textes dans le choix desquels vous devez avoir réussi infiniment mieux que moy, qui n'ai pu mettre sur cette sainte que du *Commun*.

Nous avons encore dans cette ville une paroisse de Saint-Loup³, le plus célèbre de vos Saints évêques, à laquelle j'étois dans le dessein de proposer un office, que je dressois quand j'ai heureusement appris que vous travailliez au nouveau Bréviaire. Je me flatte qu'on y recevra aisément votre nouvel office, où l'article d'Attila est sans doute bien marqué par d'excellents passages que fournit l'Écriture-Sainte.

Monseigneur nostre évesque est entièrement porté pour ces nouveaux offices. On ne peut rien de plus positif que les marques qu'il donne du désir qu'il a de rétablir les rites des cérémonies dans leur première pureté.

Vous avez sans doute veu ce qu'il en dit en son approbation du livre de P. Lebrun⁴. Vous n'ignorez pas qu'il a permis

---

2. Sainte Mathie, *sancta Maslidia*, vierge troyenne qui vivait à la fin du xᵉ siècle. Voir *Martyrologe auxerrois* de 1751 au 7 mai, et *Bréviaire de Troyes* de 1718, à la même date. Sainte Mathie était à Auxerre l'objet d'un culte spécial dans la paroisse de Saint-Mamert, et c'est peut-être le curé de cette paroisse qui avait demandé à Lebeuf l'office dont il parle à Herluyson ; voyez *Sanct. eccl. Autiss. fastorum carmen*, p. 296.

3. Ancienne paroisse d'Auxerre, aujourd'hui supprimée.

4. On y remarque, en effet, l'approbation de l'évêque d'Auxerre, imprimée, avec plusieurs autres, après la préface. Dans cette approbation,

dans son dernier synode à tous les prestres et autres ecclésiastiques de se servir des nouveaux livres de Sens; il fait même retrancher petit à petit du Bréviaire d'Auxerre les endroicts qui peuvent ne pas édifier, car il s'y en étoit malheureusement glissé quelques uns; et il ne tiendroit pas à lui qu'on ne fit un Bréviaire commun pour Sens et Auxerre. Pour cela il m'a prié de travailler sur le Calendrier et le Propre des saints d'Auxerre, afin qu'on puisse ajuster tout ce qu'on aura de préparé avec les matériaux de la seconde édition du Bréviaire de Sens. Je ressens, Monsieur, une joye singulière dans l'espérance où je suis de pouvoir un jour y travailler avec vous, et je ne puis mieux finir cette lettre qu'en vous l'exprimant sensiblement. Monseigneur l'archevesque de Sens, dont la vigilance et le zèle pastoral sont si recommandables, ne manquera pas de faire faire aussi un jour des Graduels et des Antiphoniers, afin de faciliter l'usage public des nouveaux livres. Ainsi, on verra tout à coup Sens, Troyes et Auxerre psalmodier plus sagement qu'autrefois, pour me servir de l'expression du Prophète[5]. Je suis dans l'impatience de voir ces heureux temps arriver, et pour cela je demande sans cesse au Seigneur d'ôter au plustôt tous les empeschements. Je le prie aussi de conserver en santé tous ceux qui comme vous consacreront leurs travaux à la perfection de la liturgie et à la beauté des offices de l'Église.

Que le Ciel vous remplisse donc, Monsieur, de toute sorte de prospérités et de bénédictions durant l'année prochaine et toutes les suivantes. Tels sont, à la fin de l'année, les vœux et les sentiments de celui qui se dit avec bien de la reconnoissance, de l'estime et du respect, Monsieur, etc.

M. de Caylus recommande le livre aux curés de son diocèse, et il ajoute : « Ils y trouveront les anciens et véritables usages de notre église, qu'à « l'imitation de plusieurs grands prélats de ce royaume, qui s'appliquent « avec tant de soin à rétablir les rites sacrés dans leur première pureté, « nous nous proposons de faire revivre. »
5. « *Psallite sapienter.* » Psaume 46, v. 8.

37. — DE M. DE TALLEVENNE A LEBEUF.

17 janvier 1718.

[C'est à M. de la Chauvinière qu'il a l'obligation de connaitre l'abbé Lebeuf. Il le félicite de ses lettres au chapitre de Tours (au sujet de la Constitution), et fait l'éloge de ceux qui résistent au pouvoir despotique qui s'est introduit dans l'Église. Il demande si jamais quelqu'un ne développera pas cela. Ce qu'il a fait sur Guillaume d'Auxerre est fort peu de chose [1]. Il prie Lebeuf de l'employer à tout ce qu'il croira qu'il puisse exécuter avec succès. Cependant il veut rester laïque sous les auspices de saint Prosper, préfet de son ordre ; il veut se dévouer à la défense de la vérité, « mais toujours sous le boisseau et dans le secret, » suppliant à Lebeuf de brûler ses lettres. L'esprit janséniste de M. de Tallevenne perce à chaque mot de sa lettre.]

38. — DE LEBEUF A FENEL.

Auxerre, mardi 8 février 1718.

Dans l'incertitude où je suis si vous aurez receu un paquet que je donnai, il y eut hier huit jours, à un homme de connoissance de Joigny, pour vous le faire tenir à Sens par quelque occasion, je prends la liberté de vous écrire pour vous faire un sommaire de ce que vous y devez trouver :

1° Les quatre tomes du bréviaire de l'ecclésiastique qui veut avoir un missel en payant le surplus ;

2° Un paquet de papiers qui contient quelques-unes de mes

---

1. Voir lettre du 14 décembre 1717.

Lettre 38. — Publiée d'après l'original qui fait partie de la collection de Fontaine.

remarques sur votre bréviaire, une lettre pour vous, et une pour M. Servinien [1] ;

3º Un autre paquet qui ne renferme qu'une lettre pour vous, une pour M. le prieur de Dollot, et une pour M. Besnault, qui m'ont tous fait l'honneur de m'écrire par l'occasion du paquet de M. le prieur de Dollot, que j'ay receu il y a plus d'un mois.

Je vous marque, dans ma dernière, de joindre au missel, qui sera pour le chanoine à qui appartiennent les tomes du bréviaire, un autre missel pour un autre chanoine qui le souhaite ardemment, et qu'il faut prendre dans ses bonnes [2]. Il me demanda, dès hier, pour quoy il ne venoit pas ; je lui alléguai le retour du coche. Il me répondit que, depuis le jour de Saint-Agnès qu'il m'avoit dit de le faire venir, il étoit arrivé trois coches. Quoiqu'il en soit, c'est un grand bonheur que ce chanoine, qui a été longtemps dans des préventions, en soit revenu jusqu'à ce point. Il veut s'en servir dans les chapelles de la cathédrale. Ainsi, je vous prie de différer le moins que faire se pourra ; et, outre ces deux missels, d'en envoyer encore un troisième, dont on me donna hier le prix, sçavoir 20 livres, pour un curé d'une petite ville du diocèse.

Ayez la bonté de ne faire faire qu'un paquet des trois et de les envoyer au coche d'eau.

Je compte que voilà quatre missels que je devray, outre un rituel et un épistolier qui étoient dans le premier paquet. Sur ces quatre missels, il faudra rabattre le prix du bréviaire complet que vous devez recevoir, si vous ne l'avez déjà receu, et vous

1. Noël Servinien, d'abord enfant de chœur, puis haut-vicaire et organiste de l'église cathédrale de Sens, fut en outre chanoine de Saint-Jean et de Notre-Dame, en la même ville, et mourut au mois d'août 1732. Le doyen Fenel, dans ses lettres (voir entre autres *collection Fontaine*, lettre du 3 juin 1719), le cite comme un des principaux compositeurs du nouveau plain-chant sénonais.

2. En se reportant à la lettre que Lebeuf écrit à l'évêque d'Auxerre, le 20 février 1718, et que nous publions sous le nº 41, on verra qu'il s'agit ici du chanoine Jodon ; de même qu'un peu plus haut il s'agit du chanoine Grasset, et qu'un peu plus loin il s'agit du curé de Donzy. Tels sont, en réalité, les trois acquéreurs du missel sénonais.

avez eu la bonté de m'assurer que, s'il étoit dans l'état que je marquois, il tiendroit lieu de 14 livres. Ainsi pour les trois missels ce sera 60 livres; de plus 6 livres pour parfaire ce qui manque aux prix des bréviaires; de plus 3 livres pour un rituel; de plus 25 sols pour un épistolier.

Les quatre tomes font 70 livres 5 sols, que je promets de vous faire tenir par la première occasion sûre, quand j'aurai receu les trois missels que j'attends, et que j'espère être bien conditionnez. S'il y en avait un des trois mieux conditionné que les autres, je le destinerois pour ce chanoine converti, parce que son exemple peut beaucoup servir pour animer plusieurs autres, qui du moins auront d'abord la curiosité de jeter les yeux dessus.

P.-S. — Actuellement je n'ay que 44 livres 5 sols pour votre imprimeur. On me payera le reste aussitôt que les missels seront arrivés.

Avez-vous veu ces jours derniers un certain prêtre breton de Tréguier, nommé Le Joly, qui nous a dit icy que monsieur votre préchantre l'avoit mandé pour votre maitrise, mais qu'il étoit venu trop tard?

On l'a receu hier icy en qualité de semi-prébendé sans titre, à cause qu'il sçait la musique.

Je vous prie encore, Monsieur, d'ajouter au paquet des trois missels un petit épistolier pour la cure de Donzy sus-dite; on vient de me donner 25 sols pour cela.

Comme j'eus le malheur de perdre il y a deux ans un louis de 16 livres, par ma grande facilité, ainsi que vous l'avez sceu, je me suis tenu depuis cela plus sur mes gardes. Ainsi je ne vous enverrai toutes les sommes que par personne sûre; ou bien, que monsieur le libraire ait la bonté de m'indiquer quelqu'un.

J'ai veu la lettre pastorale de 1715, imprimée parmy des pièces fugitives; j'ay été ravy d'y trouver en deux mots votre éloge. Celuy qui a eu part à ce petit préambule ne dit que la vérité.

39. — DE LEBEUF AU P. PRÉVOT, CHANOINE RÉGULIER DE SAINTE-GENEVIÈVE.

Auxerre, 20 février 1718.

Vous m'avez jugé capable de vous donner quelques éclaircissemens touchant l'abbaye de Saint-Gervais, réduite aujourd'hui en simple prieuré, proche Auxerre [1], et cela par rapport à saint Angelelme qui en a été abbé [2]. Je suis réjoui que cet évêque, qui surement a été grand amateur de la vie canoniale et régulière, ait fait naître l'occasion de renouer quelque espèce de liaison entre vous et moi qui portons tous deux le nom de *chanoines*. Je me suis aperçu plus d'une fois, depuis que je fréquente à Saint-Père [3], de l'estime singulière qu'on a pour vous dans la Congrégation, et ce que vous m'aprenez touchant le *propre* de vos saints auquel vous travaillez m'en est une nouvelle preuve.

Mais, pour voir au fond de la question, je vous dirai qu'elle

LETTRE 39. — Nous reprenons ici la série des lettres qui existent *en copies* dans le recueil de la bibliothèque Sainte-Geneviève, Df, 42. Mais la lettre 39 est une de celles dont nous avons pu retrouver l'original, qui est conservé à l'abbaye de Solesme, et nous avons profité de cette heureuse rencontre pour constater que les copies du recueil Sainte-Geneviève étaient faites avec une scrupuleuse exactitude. Quant au P. Prévost, dont le nom paraît pour la première fois dans la correspondance de Lebeuf, mais qui doit reparaître si souvent, voyez les renseignemens que nous avons fournis dans la Préface.

1. L'abbaye de Saint-Gervais, située en face de la ville d'Auxerre, sur la rive droite de l'Yonne, était desservie au XVIIIe siècle par des chanoines réguliers de l'ordre de Saint-Augustin, de la congrégation de France, congrégation à laquelle appartenait également le P. Prévost.

2. Angelelme, ayant été abbé de Saint-Gervais, devint évêque d'Auxerre (813-828). Voyez, sur lui et les autres prélats mentionnés dans la lettre ci-dessus, les *Mémoires sur le dioc. d'Auxerre*, et la *Bibliothèque hist. de l'Yonne*, passim.

3. L'abbaye de Saint-Pierre-en-Vallée, à Auxerre, était, comme Saint-Gervais, desservie par des chanoines réguliers de la Congrégation de France, à laquelle appartenait le P. Prévost.

n'est pas aisée à décider. Il s'agit de sçavoir par qui étoit desservie l'église de Saint-Gervais quand saint Angelelme en étoit abbé. Pour en venir à bout, il semble qu'on ne pourroit mieux faire que de consulter tous les endroicts de notre histoire des évêques (LABBE, t. I, *Bibl. manuscript.*) qui font mention de cette église, afin de voir si elle est quelquefois appelée *monasterium* ou *domus monachorum*. On trouve sa fondation dans la vie de saint Didier, qui a vécu au commencement du VIIᵉ siècle. Elle y est nommée *Basilica*. Dans la description du diocèse faite par saint Tétrique, sur la fin du même siècle, la première semaine de may et la troisième de décembre lui est assignée sous le même nom de *Basilica*. Dans la vie de saint Maurin, au VIIIᵉ siècle, elle est nommée *Abbatia*, et à la fin *Ecclesia*. Je ne répéterai pas ce qu'en dit la vie de saint Angelelme. Celle de l'évêque Gaudry au Xᵉ siècle l'appelle *Ecclesia S. Gervasii*. Après cela, il n'en est plus parlé que dans un acte du XIIᵉ siècle, par lequel un saint Hugues (de Montaigu), évêque d'Auxerre, la donne aux religieux de Molème⁴, après la mort du prestre unique, nommé Bélin, qui la desservoit. Ce titre marque qu'il donna cette église à ces moines en dédommagement ou compensation du prieuré de Crisenon⁵, que ceux de Molème lui avoient quitté, pour y établir l'abbaye de religieuses qui y subsiste encore aujourd'huy.

Vous avez bien juste raison de dire, Monsieur, que l'expression de la vie de saint Angelelme est trop vague et qu'elle ne dit rien. Cette même expression dans la description faite par saint Tétrique n'est pas plus instructive. Car, par exemple, il est certain que les quatre basiliques qui y sont dénommées pour le mois de février, étoient des églises de moines, sçavoir Saint-Marien, selon la vie de saint Didier, Saint-Eusèbe, selon la vie de saint Pallade, Saint-Martin, selon la vie de saint Didier, et Notre-

---

4. Molesme, célèbre abbaye de Bénédictins, aujourd'hui petite ville de la Côte-d'Or, arrondissement de Châtillon-sur-Seine.

5. Crisenon, monastère de filles de l'ordre de Saint-Benoît, aujourd'hui simple hameau de la commune de Prégilbert, canton de Vermenton (Yonne).

Dame-la-d'Hors, suivant celle de saint Vigile[6]. Ainsi, le terme de basilique n'exclut pas la réalité d'un monastère, non plus que le seul mot de monastère n'emporte pas toujours avec soi nécessairement l'idée d'une demeure de moines. *Monasterium* a signifié chez plusieurs écrivains une communauté, de quelque nature qu'elle fût. La vie de saint Angelelme est trop succincte pour nous donner ce dénouement. Ce qu'on sçait certainement de cet évêque, par rapport à la vie canoniale, c'est qu'il établit dans son église cathédrale la règle du concile d'Aix-la-Chapelle, et qu'il donna alors à la communauté des Frères le village de Pourein, pour les animer à maintenir cette nouvelle vie. J'ai vu et tenu l'original de l'acte par lequel Louis-le-Débonnaire confirme cette donation l'an 821. Nous le conservons précieusement dans notre trésor littéral[7]. Quant au culte de cet évêque, il n'est pas ancien. Nos nécrologes, jusqu'à ceux du XIIIe siècle inclusivement, marquent son obit. M. de Dinteville, évêque d'Auxerre, qui fit peindre vers l'an 1520 ou 1530 les images de ses saints prédécesseurs, dans une chapelle de la cathédrale qu'on appelle aujourd'hui de Saint-Sébastien[8], l'a en quelque sorte canonisé, en le mettant dans leur nombre avec la qualité de saint; on l'invoque aussi comme tel dans les litanies de l'abbaye de Saint-Germain depuis environ cent ans. Voilà tout ce que je sçais de son culte. Il faudra voir si les Bollandistes, qui en sont au commencement de juillet, nous en apprendront davantage.

Pour revenir à l'église de Saint-Gervais, je vous dirai que, dès ma jeunesse, j'ai eu la même idée que vous sans que je sache

---

6. Nous nous bornons à rappeler que Saint-Marien, Saint-Eusèbe et Notre-Dame-la-d'Hors étaient trois églises situées dans la ville ou les faubourgs d'Auxerre.

7. Ce diplôme original existe encore aux Archives de l'Yonne, et porte la date de l'an 820, au lieu de celle de 821 qu'indique Lebeuf. L'un des éditeurs, M. Quantin, l'a publié dans son *Cartulaire général de l'Yonne*, t. I, p. 31.

8. C'est la chapelle la plus rapprochée du transept septentrional. Les peintures dont parle Lebeuf, quoique bien dégradées, sont encore visibles aujourd'hui.

d'où cela m'est venu. Le Père Viole semble vouloir qu'il y ait eu des Bénédictins dès le commencement. La charte de l'établissement des chanoines réguliers dans l'église de Saint-Amatre, l'an 1131, marque expressément parmi les biens de cette même église : *quidquid in ecclesia SS. Gervasii et Protasii juris habetis*[9], ce qui laisse à penser que les chanoines réguliers, établis à Saint-Amatre, étoient en possession de quelque revenu dans l'église de Saint-Gervais, qui pourroit être un reste de leurs anciens domaines. Je ne sçais pas si ces chanoines réguliers de Saint-Amatre succédèrent à des chanoines séculiers; ce qui est certain, c'est que cette église avoit un abbé un peu auparavant que les chanoines réguliers y fussent établis, car un catalogue des chanoines de la cathédrale, écrit en 1095 et 1114, marque parmi les prêtres un Jean, abbé de Saint-Amatre, *Joannes abbas S. Amatoris*. L'acte de concession de l'église de Saint-Gervais aux moines de Molême ne dit point par qui elle avoit été servie anciennement.

Je suis fâché de cette stérilité. S'il y a quelque chose dans ce pays-ci pour votre service, je vous prie de ne pas m'épargner. Je suis persuadé que vous ôterez du moins la qualité de chanoines réguliers à trois ou quatre saints qui la portent mal à propos dans votre *Propre*. L'ouvrage est bien entre vos mains; je le dis comme je le pense et vous prie de croire que je suis, etc.

—

40. — DE LEBEUF A GÉNEVAUX, PRÊTRE DE SAINT-ÉTIENNE-DU-MONT, A PARIS.

20 février 1718.

Comme je n'ai reçu votre lettre que plus de deux mois après sa date, avec la feuille où étoit l'office de saint Charles, vous

---

9. Voyez cette charte dans les *Mémoires sur le dioc. d'Auxerre*. t. IV. Preuves n° 29, et *Cartulaire de l'Yonne*. t. I. p. 284.

ne devez pas être surpris que j'aie tant tardé à vous donner des nouvelles de l'office de saint Charles [1]. Sitôt qu'il fut tombé entre mes mains, je me mis à la composition, et, ayant écrit au net mon brouillon dix ou douze jours après, je l'ai envoyé à M. de la Chauvinière, qui doit vous le remettre quand cet ami en aura pris communication.

Vous me faites bien plaisir de m'apprendre que vous avez souvent conversé avec feu M. Chastelain; je puis me vanter que j'ai eu le même avantage, et que c'est dans ses entretiens que je me suis un peu dégourdi sur le fait du chant et de la liturgie. Si vous avez le bonheur de connoître M. de la Chauvinière, comme j'ai lieu d'en croire quelque chose, puisque votre lettre m'est venue par son canal, vous pouvez compter que vous avez un second M. Chastelain pour la science liturgique; je le connois depuis plusieurs années pour un laïque qui, tout laïque qu'il est, peut faire la leçon à grand nombre d'ecclésiastiques. C'est un digne personnage, dont le mérite le fait entrer en relation avec un grand nombre de sçavants du royaume. Vous me remettez agréablement dans l'esprit mon voyage à Rouen, où, par un hazard extraordinaire, je trouvai, sans y penser, M. Le Bouc, d'Orléans, et M. Létendu, de Chartres; j'ai l'idée assez fraîche d'avoir fait avec eux quelques tours dans la nef de la cathédrale de Rouen, et de leur avoir dit ce que vous me faites ressouvenir [2]; mais j'ai de la peine à me remettre qu'il y ait eu avec eux une troisième personne ; cependant vous avez assez de bonté pour moi, pour vous ressouvenir que j'eus l'honneur d'être de leur compagnie et d'être trouvé digne de leur éclaircir quelques curiosités du pays. Je vous prie de vouloir bien m'accorder la

1718

---

1. Nous avons donné une courte analyse de cette lettre sous le numéro 30.
2. Génevaux, dans sa lettre, rappelait en effet à Lebeuf qu'il l'avait rencontré dans la cathédrale de Rouen, et qu'ils l'avaient visitée de compagnie, avec MM. Le Bouc et l'Étendu. Il ajoutait : « Vous y rendîtes même raison « pourquoi la chaire étoit vers la nef, à cause, dites-vous fort bien, des « pénitents qui se tenoient anciennement vers la porte, ce qui fut fort « goûté par le Théologal d'Orléans. »

même grâce dans vos prières et surtout dans vos saints sacrifices; j'aperçois à l'onction que je trouve dans votre lettre que vos prières sont plus ferventes que les miennes. Suppliez le Seigneur en ma faveur; qu'il me fasse la grâce d'user pour sa gloire (et non pour la mienne propre) des petits talents que les hommes reconnoissent en moi.

A l'égard de notre office en question, je me suis appliqué à en faire le chant tout parisien, facile et cependant noble, ni trop sec, ni trop chargé de notes. Si j'ai oublié dans les versets des répons quelques cadences parisiennes, (car quand on n'exerce plus on est sujet à se méprendre), vous aurez la bonté d'y suppléer. Je crois cependant les avoir toutes observées.

Pour ce qui est de la messe, on vous la rendra peut-être séparément, parce que j'ai voulu la garder un peu plus longtemps, afin de retoucher quelque chose à la prose. J'ai cru qu'il falloit changer de place certains chants et éviter la terminaison en *fa*; le chant terminé sur l'octave m'a paru trop proche du commencement; il a fallu le rapprocher de la fin; car il me semble qu'on ne doit se servir de cette finale que lorsqu'on est las de diversifier autrement. Je souhaite que mon travail vous soit agréable et à messieurs vos confrères. Je me flatte du moins de vous avoir donné des marques sincères comme je suis véritablement, de cœur et d'affection, etc.

---

44. — DE LEBEUF A MONSEIGNEUR L'ÉVÊQUE D'AUXERRE.

20 février 1718.

La fonction, dont votre Grandeur m'a honoré [1], m'étant une occasion de m'intéresser de plus en plus à la correction des offices

---

LETTRE 41. — D'après une mention du recueil Sainte-Geneviève, Df. 42, cette lettre aurait été adressée par Lebeuf à M. de la Chauvinière, pour être ensuite remise par ce dernier à son véritable destinataire, M. de Caylus.

1. Lebeuf entend parler de la mission que lui avait donnée M. de Caylus.

divins, j'ai cru que vous trouveriez bien que je prisse la liberté de vous en entretenir dans cette lettre. Je commencerai, Monseigneur, après vous avoir assuré de mes très-humbles respects, à dire que le missel de Sens commence à devenir plus commun. J'en viens de faire venir trois, à sçavoir un pour Donzy, un pour M. Grasset, chanoine [2], et le troisième pour une personne qui vous surprendra, c'est M. Jodon [3], lequel m'en chargea le jour de Sainte-Agnès dernier, auquel il voulut bien me servir de prêtre assistant à Saint-Regnobert, où l'on chanta toute la journée l'office sénonois. Il va, m'a-t-il dit, commencer à s'en servir dans les messes basses qu'il célébrera à la cathédrale. M. Le Roy [4] et moi, nous nous servons de celui de M. Mignot, qui est chez les Dames de la Visitation [5]. Comme il veut le retirer pour s'en servir à la cathédrale, j'ai tâché de porter ces Dames à en acheter un pour leur église; c'eut été une chose assez facile, si ce n'étoit l'exemple de M. l'abbé de Visnich [6], qui les a confirmées dans la grande dévotion qu'elles ont pour le missel romain. La sacristine m'a assuré qu'il sçait parfaitement bien, que jusqu'à présent elles ont eu un missel de Sens, mais que quand il le voit sur l'autel, ou qu'on lui demande s'il veut s'en servir, il donne toujours la préférence au romain. Pour moi, une chose que j'ai vue de mes yeux, est que

1718

---

de travailler à la réforme de la liturgie auxerroise, et de rédiger chaque année les *brefs* ou *ordo* du diocèse, pour préparer cette réforme. Voyez la suite de la correspondance *passim*.

2. François Grasset, né à Auxerre, le 18 août 1690, reçu chanoine de l'église cathédrale, le 20 avril 1714, mort le 13 mai 1764. Voyez sa biographie détaillée dans le *Supplément au Nécrologe des appelants*, p. 274.

3. Prix Jodon, né à Auxerre le 1er août 1687, reçu chanoine le 3 février 1702, mort le 6 janvier 1763. C'était, comme le chanoine Grasset, un ardent janséniste.

4. Il y avait alors deux chanoines de ce nom, à Auxerre, Jean-Baptiste Leroy et Etienne Leroy. Il est difficile de savoir duquel Lebeuf entend parler ici.

5. Le couvent des dames de la Visitation de sainte Marie avait été établi dans notre ville le 24 décembre 1658. L'église, consacrée en 1715, et fort remarquable pour l'époque, sert aujourd'hui de chapelle au Petit-Séminaire.

6. Jacques de Wisnik, docteur de la Faculté de Paris, vicaire général de M. de Caylus, nommé par le roi, en 1709, abbé des Roches (Nièvre), mort le 20 février 1759, à Paris, âgé de 85 ans. Voir *Gallia christ.*, t. XII, p. 470.

1718

M. Le Clerc 7, y venant quelquefois dire la messe, l'a fait ôter pour y substituer de même le romain, et, sur ce que je lui dis que son exemple n'encourageoit pas à acheter des missels de Sens, il me répondit qu'à la vérité il l'estimoit, mais qu'il n'y étoit pas accoutumé.

Si Monseigneur, écrivant pour quelques autres choses aux dites Dames, vouloit glisser quelque petit mot qui raccommodât le mauvais effet qu'a fait l'exemple de ces deux messieurs, je ne doute point que sur-le-champ elles ne fissent la dépense d'un de ces missels au moins. Il paroîtroit encore fort convenable que le Séminaire se pourvût d'un pareil missel, afin de commencer en même tems la pratique des anciennes cérémonies qui y sont rétablies. M. le supérieur 8 paroît avoir beaucoup de goût pour les anciens usages de l'Église de France. Comme il a voyagé et lu, il n'est pas infatué, comme la plupart de ses confrères, de tout ce qui est dans les livres romains modernes.

Votre Grandeur, Monseigneur, a très-sagement ordonné le retranchement de la légende de sainte Hélène 9; mais il y a une église dans la ville où l'on a une grande dévotion à cette fable, on l'y prêche même tous les ans, c'est à Saint-Loup, paroisse dont les filles l'ont choisie pour leur patrone. Si Votre Grandeur déclaroit positivement que, tant que ce ne sera pas une sainte, ni une légende plus avérée, qui sera l'objet du culte et du panégyrique, on n'y accordera point exposition du Saint-Sacrement, ni autres faveurs, je crois que le curé et les filles ne

---

7. Il y avait également deux chanoines de ce nom, Jean Leclerc et Dominique Leclerc.

8. Pierre Himbert, de la Congrégation des prêtres de la Mission de Saint-Lazare, était alors supérieur du séminaire diocésain d'Auxerre, et assistant du supérieur général de la congrégation. Poursuivi pour ses opinions jansénistes, il finit par mourir simple curé d'Appoigny, le 17 septembre 1725. Voyez sa biographie dans le *Nécrologe des Appelants*, t. I, p. 94; Cpr. Chardon, *Histoire d'Auxerre*, t. II, p. 421.

9. A propos de cette légende de sainte Hélène, et des suites qu'eut la suppression ordonnée par M. de Caylus, voyez une lettre curieuse de Lebeuf, insérée dans le *Mercure de France* de juin 1734, p. 1081 et suiv. Cpr. les renseignements fournis dans la Préface.

tarderoient guères à supplier Votre Grandeur d'indiquer une autre sainte. Je dois, dans quelque temps, sonder le curé et les marguilliers, pour leur inspirer l'envie de faire chanter le nouvel office de saint Loup, qui est dans le bréviaire de Troyes qui va paroître; je ne sçais si j'y réussirai [10].

Troche [11] enfin s'est remis à la continuation de l'impression du Bref; il sera achevé dans les premiers jours du mois de mars. Votre Grandeur m'a témoigné qu'elle trouveroit bon qu'on y mît à la fin un petit avis latin, s'adressant à tous les prêtres et bénéficiers du diocèse, pour envoyer leurs remarques sur les fautes du Bréviaire d'Auxerre, tant au Propre qu'au Calendrier. Je l'y ferai mettre dans les mêmes termes dans lesquels j'eus l'honneur de le lui lire au mois d'octobre dernier. Ce fut vers ce même tems que M. de la Chauvinière, ravi du récit que je lui avois fait de votre synode, me marqua que, pour venir à bout de corriger petit à petit les deux abus qui se sont introduits sur l'heure du prône et de l'offrande, il seroit bon d'en toucher seulement deux mots, en suite du même avis; j'ai trouvé depuis, par une feuille qu'on m'a envoyée de Sens, que ces deux articles sont ceux qu'on a le plus à cœur de rétablir dans ce diocèse, malgré la négligence des curés ignorans. Je prends la liberté de la joindre à cette lettre, pour faire voir à Votre Grandeur l'attention de MM. les vicaires généraux, et surtout celle de M. le doyen, auquel je voudrois bien que le nôtre pût ressembler dans la science de l'antiquité et de la liturgie.

10. Cpr. ce passage avec la lettre du 31 décembre 1717, adressée à Herluyson.
11. Troche (Jean-Baptiste), imprimeur auxerrois, dont le nom reparaîtra souvent. Voyez sur lui les renseignements fournis par M. Ribière, *Essai sur l'histoire de l'imprimerie dans le département de l'Yonne*, p. 40.

42. — MÉMOIRE ADRESSÉ PAR LEBEUF A M. DE LA CHAUVINIÈRE.

Mars 1718.

Dans les deux derniers voyages que j'ai faits à Pontigny, abbaye de l'Ordre de Cîteaux, à quatre lieues d'Auxerre[1], j'y ai fait une singulière attention à une tombe qu'on entrevoit parmi les matériaux du nouveau cloître. Cette tombe est tout au fond, tout proche et à droite d'une autre, qui paroît être la première qui ait été mise dans ce chapitre, et elle se trouve ainsi à gauche de l'abbé, lorsqu'il y est assis dans sa chaire. Toutes les tombes du même chapitre, du moins celles qui sont visibles, paroissent tournées de manière à marquer que les pieds des défunts sont à l'orient, et la tête à l'occident. Celle-là seule est dans une disposition visiblement contraire, car étant étroite à un des bouts, comme sont toutes celles du xiie siècle, néanmoins il se trouve que ce bout, qui est naturellement celui des pieds, regarde l'occident, et l'extrémité la plus large regarde l'orient. Au reste, cependant, tout porte à croire que cette tombe n'a jamais été

PIÈCE 42. — Bien que cette pièce ne soit pas, à proprement parler, une lettre, nous suivons l'exemple de ceux qui ont composé le recueil Sainte-Geneviève, Df. 42, et nous l'intercalons à sa date, dans notre édition, à cause de l'intérêt qu'elle présente. Dans le recueil susvisé, elle porte l'intitulé suivant : *Mémoire envoyé par M. Lebeuf à M. de la Chauvinière, sur quelques tombeaux de l'abbaye de Pontigny, pour le communiquer à quelques savants.* On a ajouté en note : *Ce mémoire a été composé au mois de mars 1718.*

1. L'abbaye de Pontigny, canton de Ligny (Yonne), était une abbaye Cistercienne, fondée en 1114, et qui a joué un rôle important parmi les établissements religieux du diocèse d'Auxerre. Voir la notice que lui a consacrée M. le baron Chaillou des Barres, *Annuaire de l'Yonne*, 1844, p. 105. — Des nombreux bâtiments qui composaient cette abbaye florissante, nous avons conservé sa vaste église, qui est un monument remarquable de la fin du xiie siècle, et un corps de logis du même temps. Le reste a été démoli. On y trouve encore quelques tombeaux précieux, parmi lesquels malheureusement ne figurent pas ceux dont parle Lebeuf. Voir à cet égard une notice de l'un des éditeurs M. Quantin, *Bulletin de la Soc. des Sc. de l'Yonne*, t. I, p. 273.

ailleurs qu'en cet endroit; le pavé du chapitre paroît être le même qu'il a été dès son origine. Ce n'est pas par symétrie que cette tombe a été rangée de la sorte. On est convaincu à la veue des autres que c'est presque le hazard qui a disposé de l'arrangement de toutes ces tombes. Aussi la première chose qui m'a frappé, en considérant cette tombe, c'est qu'elle est disposée autrement que les autres.

Le Père Mabillon et tous les autres antiquaires conviennent que les pieds des personnes qu'on mettoit en terre regardoient toujours l'orient. Béleth, auteur du XIIe siècle, et Durand, évêque de Mende, écrivain du XIIIe siècle, supposent cette pratique générale.

La seconde chose à laquelle j'ai fait attention est l'inscription de cette tombe; elle la traverse, depuis la tête jusqu'aux pieds, et renferme ce peu de paroles :

HIC JACET DOMINVS ALGRINVS CVIVS ANIMA REQVIESCAT IN PACE.

Pour preuve de l'antiquité de cette épitaphe, c'est que plusieurs lettres sont renfermées et incorporées dans d'autres, ainsi qu'on remarque dans les épitaphes des IXe, X^e et XIe siècles. Cependant comme les lettres y sont un peu torses, quoique majuscules, le caractère de l'inscription n'est que du XIIe siècle, qui est celui de la fondation de l'abbaye.

Mais la briéveté de cette épitaphe est ce qui m'a le plus arrêté. On ne voit sur la tombe ni crosse, ni croix, ni autre indice de quelque dignité que ce soit. Cependant il faut que ce Dom Algrinus soit quelque personne notable, et dont le nom suffisoit pour en renouveler l'idée dans la mémoire; jamais abbé de Pontigny ni d'aucun autre endroit n'a porté ce nom. Après avoir visité bien des index de livres historiques et chronologiques, je n'ai pu y trouver le nom d'Algrinus. Enfin étant tombé sur ce que Jongelin[2] rapporte touchant la fondation de Pontigny, j'y ai remarqué

---

2. D. Gaspard Jongelin de' Lambertini, religieux de l'ordre de Citeaux, puis abbé d'Eusterthal en Allemagne. On a de lui divers ouvrages sur l'ordre de Citeaux et notamment : 1° *Notitia abbatiarum Ordinis Cisterciensis*,

qu'une certaine charte, expédiée au XII⁰ siècle, finit par ces mots : *Algrinus cancellarius*. J'ai cru avoir trouvé mon homme : et effectivement, plus j'ai voulu rechercher depuis à ce sujet, plus j'ai trouvé de quoi me confirmer dans ma pensée ; et sans aller plus loin, la qualité de chancelier m'a paru plus que suffisante pour avoir pu rendre Algrin très-fameux dans son siècle.

Néanmoins, le Père Anselme, augustin, m'a appris, dans sa *Description généalogique des chanceliers de France*, plusieurs circonstances qui ont fortifié ma conjecture ; entre autres, qu'Algrin étoit chanoine d'Étampes et chapelain du roy, suivant la chronique de Morigny, qu'il fut chancelier depuis l'an 1131 jusqu'en 1139, et que les derniers titres où il porte cette qualité sont de l'année 1138 et de la suivante, sçavoir un pour l'abbaye de Chaalis de l'an 1138, et l'autre pour celle de Pontigny de l'an 1139 ³.

Bien plus, en feuilletant les mémoires que j'ai autrefois tirés du *Recueil des historiens de France* de M. Duchesne, par rapport au but que j'avois dès lors de ramasser ce qui pouvoit regarder nos évêques d'Auxerre, j'ai encore trouvé le nom d'Algrin mentionné dans une occasion très-mémorable, qui est un accord qui se fit en l'an 1143 ou 1144, entre le roi Louis (le Jeune) et Algrin, archidiacre d'Orléans, par la médiation de Hugues, évêque d'Auxerre, de saint Bernard et de l'abbé Suger, et que cette paix fut conclue à Crespy en Valois. On peut en voir la preuve parmi les lettres ramassées dans le cinquième tome de M. Duchesne. Il m'a paru qu'un homme, de caractère à transiger avec un roi, ne pouvoit guères être autre qu'un chancelier ou autre premier officier, qui auroit eu le malheur d'encourir la disgrâce du prince, et qu'il a pu se faire que cet illustre personnage soit venu finir ses jours parmi les religieux de Pontigny.

J'ai trouvé ensuite sur le nom d'Algrin plus que je ne voulois.

in-f°, 1641 ; 2° *Elogia divi Bernardi et pontificum ac cardinalium Cistercensium*, in-f°, 1644.

3. Voyez cette charte dans le *Cartul. gén. de l'Yonne*, t. I, p. 342. Algrin a encore souscrit une charte en 1150, voyez les *Élém. de Paléographie* de M. de Vailly, *Chanceliers de France*.

Le dictionnaire de Moréri n'oublie point Algrin dans le catalogue des chanceliers; mais il restreint un peu trop les bornes de son cancellariat; outre cela il marque que quelques-uns l'appellent Jean Algrin, sur quoi j'appréhende que ce ne soient des personnes qui confondent notre Algrin avec un Jean Alegrin, surnommé le cardinal d'Abbeville. Je ne suis cependant pas encore assuré du temps auquel a fleuri le cardinal d'Abbeville. Je sais seulement qu'il a écrit une *Somme*, dans laquelle il cite souvent Guibert, abbé de Nogent-sous-Couci, décédé en 1124. Le Père Dom Luc d'Achéry, qui a vu cette Somme manuscrite au Mont-Saint-Michel, me sert de garant dans les préliminaires de son édition de Guibert. Il ne dit pas de quel tems est l'écriture de cette Somme. Mais l'ayant trouvée aussi manuscrite à Pontigny, où elle est intitulée seulement *Summa magistri Johannis de Abbatisvilla cardinalis*, j'ai remarqué que l'écriture n'étoit que du XIIIe siècle, et il étoit rare, en effet, qu'on fît de ces sortes de sommes avant ce siècle-là. Je ne sçais si la nouvelle édition du dictionnaire de Moréri, qu'on m'a dit devoir paroître vers Pâques, fera connoître au public cet auteur[1]; son nom n'est ni dans l'ample catalogue que M. Du Cange a mis à la tête de son glossaire, ni dans la *Bibliothèque ecclésiastique* de M. Dupin.

Je laisse aux antiquaires plus habiles que moi à donner une véritable raison de la différence de la sépulture d'Algrin avec celle des abbés. Est-ce à cause qu'il étoit externe et séculier? Peut-être que si sa tombe étoit levée, on verroit son cercueil tourné comme les autres.

Mais, puisque je suis tombé insensiblement sur le fait des sépulcres, vous ne serez peut-être pas fâché d'apprendre l'idée qui m'est venue, depuis que j'ai appris que, parmi le grand nombre de cercueils de pierre qu'on trouva, il y a deux ou trois

---

1. Le dictionnaire de Moréri, édition de 1725, contient, en effet, une notice sur Jean Alegrin, de la noble famille de ce nom, lequel était né à Abbeville vers la fin du XIIe siècle, et devint, en 1227, cardinal évêque de Sabine. « *Alegrin mourut en 1237 et laissa quelques ouvrages,* » dit la notice, sans entrer dans plus de détails.

1718 ans, dans le côté oriental du cloître de Pontigny, lorsqu'on jetoit les fondemens pour bâtir le nouveau [5], il y en eut un dans lequel on remarqua trois têtes à la partie supérieure, et le reste des ossemens le long du sépulcre, autant qu'il en faut pour composer trois corps. Je sçais que la coutume d'enfermer plusieurs morts dans un même cercueil n'est pas nouvelle. Saint Rhétice, évêque d'Autun au IVe siècle, et son épouse, n'eurent qu'un seul et même cercueil, suivant saint Grégoire de Tours, dans son livre de la *Gloire des confesseurs*. Mais je trouve que le cinquième canon du concile d'Auxerre [6], tenu vers l'an 580, avoit défendu d'en agir ainsi, *non licet mortuum super mortuum mitti* [6] ; le canon fut adopté en bien des endroits. Saint Boniface, archevêque de Mayence, le fit observer au VIIIe siècle (t. IX, Spic., p. 65, n. 19). Cependant, en d'autres lieux, on continuoit à mettre les morts sur les morts. Le sépulcre du B. Amelbert, fils de saint Germer, abbé en Beauvoisis, et décédé en 654, ayant été ouvert vers l'an 1648, par les moines de Saint-Germer [7], qui avoient obtenu la permission de l'élever de terre et de l'exposer à la vénération publique, on trouva les corps de deux hommes, sçavoir deux têtes et le reste des os ; ce qui fit abandonner l'entreprise dans l'impossibilité où l'on fut de faire le discernement. Aussi il faut dire que l'on continua toujours de renfermer un corps sur un autre corps, et si cela se faisoit au VIIe siècle, cela pouvoit être encore plus commun au XIIe. C'est pourquoi j'ai d'abord conclu que ce devoient être trois personnes de la même famille, qui auroient été inhumées successivement en cet endroit, ou parce qu'elles l'avoient demandé, ou parce qu'elles avoient fait quelque bien considérable à l'abbaye de Pontigny. Au reste, on n'a trouvé aucune inscription ni dedans

---

5. Il reste encore une partie de ce cloître, le long de la nef de l'église.
6. Voyez *Bibl. hist. de l'Yonne*, t. I. p. 101. les canons de ce concile qui porte la date précise de 578.
7. Saint-Germer, abbaye bénédictine célèbre, fondée au diocèse de Beauvais en 655 ; aujourd'hui Saint-Germer-de-Coudray, chef-lieu de canton du département de l'Oise.

ni en dehors de tous ces tombeaux. Si donc il est permis de s'abandonner à la conjecture, je crois que ces trois corps sont ceux de trois princes d'Orient, qui sont décédés au XIIIe siècle, dans l'abbaye de Pontigny. Ange Manrique, annaliste de Citeaux, est le seul qui ait donné connoissance de ces trois personnages [8], dont la mémoire étoit dans l'oubli, et il déclare avoir tiré ce qu'il dit d'une vieille charte qui s'étoit rencontrée par hasard dans les archives de ce monastère. Il marque donc que le roi Louis-le-Jeune, au retour d'un voyage qu'il fit dans le Levant, en 1149 (ce fut plus tôt ou plus tard, selon d'autres), amena trois jeunes princes, fils d'un roi de ces pays-là, et qu'ayant témoigné par la suite qu'ils désiroient renoncer entièrement au monde, il leur laissa la liberté de choisir quel monastère ils voudroient; qu'aussitôt ils jetèrent les yeux sur celui de Pontigny, s'y rendirent religieux, et y moururent. Deux choses seroient à souhaiter, premièrement que Manrique eût publié la charte dans son entier; car aucun historien de Louis-le-Jeune ne parle de ces jeunes seigneurs, dans l'histoire qu'ils font du voyage du roy; secondement, qu'on eût remarqué, avant de lever le pavé du cloître, s'il n'y avoit rien d'écrit ou de gravé à l'endroit sous lequel étoit ce cercueil.

43. — DE LEBEUF A HUET, CHANOINE DE LA CATHÉDRALE D'AUXERRE [1].

Samedi, 2 avril 1718.

Sensible, comme je le suis, aux pensées dans lesquelles je vous vois, j'ai cru ne devoir aucunement différer à vous

---

8. Voyez les *Annales cisterciennes* de Saint-Ange Manrique, Lyon, 1742, in-f°, t. II, p. 130. Le fait singulier, que raconte cet annaliste, n'a été ni contrôlé ni même rappelé par les historiens modernes de l'abbaye de Pontigny.

LETTRE 43. — Cette lettre porte, dans le recueil Sainte-Geneviève, l'intitulé suivant : « Lettre de M. Lebeuf à M. Huet, acolythe parisien et chanoine « de la cathédrale d'Auxerre, au sujet de la Constitution. »

1. Charles Huet, né à Paris le 29 juillet 1695, chanoine d'Auxerre le 25

donner quelques consolations. Je n'avois point attendu jusqu'à votre dernière lettre pour songer à vous dans mes prières; je suis dans la pratique, depuis que je me sers du nouveau missel de Sens, de ne point manquer de dire à la messe, chaque jour des semaines auxquelles il y a ordination, la belle oraison qui y est marquée *Pro ordinandis*, et qui commence par ces paroles : *Tu, Domine, qui corda nosti omnium, ostende quos elegeris accipere locum sancti ministerii*, etc., etc., et, en la prononçant cette semaine-ci, je vous ai eu principalement en vue. Vous avez tant de soin de vous recommander au souvenir de vos confrères, dans toutes les lettres qu'ils reçoivent de vous, qu'il faudroit être ou fort abstrait ou bien ingrat si on ne s'acquittoit pas de ce que vous demandez avec des instances si souvent réitérées.

Vous m'avez distingué dans ce nombre, en me faisant part des scrupules qui vous agitent, et en m'ouvrant l'intérieur de votre cœur. Comme je suis le premier qui ai eu l'honneur de vous parler en cette ville, et de vous conduire chez tous nos confrères, il arrive, par une suite de cette relation, que vous me faites part de ce que vous avez de plus secret. Loin de divulguer le contenu de votre lettre, quoique vous ne m'en recommandiez pas le secret, j'ai cru qu'il étoit à propos de le garder. Il m'a d'abord paru que si le récit de votre M. *le Nicolaïte* est vrai, ces deux prêtres ont tenté Dieu, et qu'avec leur dévotion ils ont voulu mettre précisément le diable de la partie, lequel n'a pas manqué de les séduire, parce que c'est son avantage qu'il y ait peu d'appel. *Mendax est et pater mendacii*. Je n'en ai parlé qu'à monseigneur notre évêque qui est de retour ici depuis deux jours;

---

septembre 1716, se préparait, en 1718, comme on le voit par la lettre ci-dessus, à recevoir le sous-diaconat. Il devint, en 1740, grand-archidiacre de l'église cathédrale et mourut dans l'exercice de cette fonction, le 13 février 1779.

2. Il nous a été impossible de découvrir ce qu'était M. *le Nicolaïte*, et en quoi consistait la scène d'exorcisme qui avait fait tant d'impression sur l'esprit du jeune chanoine auxerrois. Ce qui ressort de la lettre de Lebeuf, c'est qu'on avait cherché à effrayer Huet sur les conséquences des protestations dirigées contre la bulle *Unigenitus*, sous forme d'appel ou autres, sans doute pour obtenir de lui une rétractation.

je lui ai fait lecture de la lettre, il m'a assuré que, quoiqu'il vînt de Paris, il n'a point dutout ouï parler d'aucun événement de cette nature, et qu'un certain M. Paulet (qu'il a supposé que je connoissois et qu'il m'a fait entendre être son directeur à Paris, et même à Saint-Nicolas) lui avoit déclaré bien des fois qu'on fesoit très-bien de demander des explications de la Bulle à qui il convient d'en donner.

Il m'a dit, en passant, pourquoi vous ne l'étiez pas venu voir durant les trois mois qu'il vient de passer à Paris; je lui ai répondu que vous ne sçaviez pas apparemment qu'il y fût, et il s'est contenté de cette raison, d'autant plus que je lui ai ajouté que vous étiez au séminaire depuis le mois de juillet. Je n'ai point refermé aussitôt ma lettre, il a voulu en prendre une seconde lecture, et me disoit toujours de parler bas, de peur d'ébruiter une chose si pernicieuse à certaines consciences. Il m'a dit de lui en faire copie, et qu'il vouloit l'envoyer à Paris par la poste de dimanche, et vous écrire pour vous remettre dans votre première tranquillité. Il m'a demandé aussi votre adresse. Je viens donc de m'acquitter de tout ceci, et je lui ai envoyé la copie à son château que vous connoissez [3], où il est actuellement, avec votre adresse chez M. votre père, lui marquant que, pour plus grande sûreté, il valoit mieux adresser la lettre à quelqu'un qui vous la rendroit, de crainte qu'elle ne vînt à être ouverte chez vous en votre absence. Je crois qu'il observera cela. Je l'observe de mon côté, et je crois que cette lettre passera dans deux ou trois mains avant que de vous être rendue.

A l'égard de la copie, je voudrois que ce fût à l'archevêché que Monseigneur l'envoyât, afin qu'on approfondît l'origine de ce narré, dans lequel je soupçonne du souterrain. J'ai cru vous devoir donner cet avis, afin que vous ne soyez pas surpris, si l'on veut sçavoir de vous la réalité du rapport que vous a fait celui qui s'est vanté de tenir l'histoire de la bouche même des deux

---

3. Sans doute le château de Régennes, près d'Auxerre, qui appartenait à l'évêché, et qui fut toujours la résidence favorite de M. de Caylus.

acteurs de la pièce. J'ai écrit nettement à Monseigneur que si vous n'avez pas reçu le subdiaconat aujourd'hui matin, il ait la bonté de vous mander pour le venir recevoir ici de sa main, dans quinze jours, car il n'y a point eu ce matin d'ordination : elle ne se fera que le samedi-saint. Plût à Dieu que vous y puissiez venir faire un tour, et que j'aie le bonheur de vous y embrasser dans toute l'affection et la sincérité inexprimable avec lesquels je suis, etc.

P.-S. — J'ai averti nos deux messieurs que leur paquet arriveroit huit jours plus tard. Vous croyez que ces messieurs ne sçavent pas ce que vous avez fait ici; pour moi, je crois que notre D.[4], qui est intime des révérends P. P., et qui a pu sçavoir ou du moins se douter que vous avez fait la chose, la leur aura dite; et qu'ensuite eux l'auront mandé à leurs confrères, qui voient et endoctrinent vos messieurs, et qu'ainsi la chose est sçue par eux. Je crois, en conséquence de cela, que c'est peut-être vous seul qu'ils ont en vue dans leurs entretiens, conférences, etc. etc., et qu'ils ne visent qu'à vous faire faire une rétractation pour faire ébruiter cela par leurs émissaires, et grossir ensuite les objets. Je ne voudrois pas jurer que les ultramontains d'ici n'ont point levé chez le notaire une expédition de l'acte[5]; car quelques-uns d'entre eux se vautèrent, au mois de mai dernier, que notre dit acte étoit à Rome et qu'on y avoit tous nos noms. Vous sçavez ce que vient de faire le parlement[6], cela ne doit-il pas vous rassurer? Si l'histoire des deux prêtres est vraie, elle doit servir à vous affermir dans la nécessité de l'appel, et l'exorcisme prétendu mérite une bonne pénitence.

4. Notre D., c'est-à-dire notre doyen, Gaspard Moreau.
5. Plusieurs chanoines, parmi lesquels *Lebeuf et Huet*, avaient donné pouvoir à Deschamps, notaire apostolique, d'interjeter appel en leur nom et d'en requérir acte au greffe de l'officialité. Voyez *Recueil gén. des Actes d'Appel*, t. I, p. 76.
6. Lebeuf veut parler de l'arrêt du Parlement du 28 mars 1718, ordonnant la saisie et la suppression d'un décret de l'Inquisition contre divers actes d'appel.

44. — DE FENEL A LEBEUF.

[Premiers jours d'avril 1718.]

[La collection de Fontaine contient une lettre sans date, adressée par Fenel à Lebeuf, mais sur laquelle ce dernier a écrit : « Reçue le 9 avril 1718. »

Fenel annonce qu'il a enfin reçu un exemplaire presque complet du bréviaire de Troyes, publié par les soins d'Herluyson. Il le critique sévèrement. « C'est, dit-il, le nôtre, fort bien imprimé, avec « des corrections de temps en temps : mais ils n'ont rien touché « au corps des offices, et souvent ils ont copié nos fautes, et « nos citations mal prises et à contre-sens. » On s'occupe de préparer une révision plus complète, et mieux réfléchie, du bréviaire sénonais de 1702. Le doyen lui-même dirige l'entreprise, de concert avec son ami Besnault, curé de Saint-Maurice de Sens. Bien entendu, l'on tiendra grand compte des observations fournies par Lebeuf, et qu'on soumettra d'abord à M. de la Chauvinière.

Fenel annonce encore à Lebeuf que Herluyson vient d'être nommé chanoine de Sens, à la place de l'abbé Hémar, parent de M. de Chanlay, mort depuis quinze jours.

Il finit par déclarer qu'il est sur le point d'écrire à M. de la Chauvinière pour le mettre en demeure de venir à Sens, comme il avait promis de le faire.

Nous ne savons par suite de quelles circonstances la lettre annoncée se trouve, elle aussi, dans la collection de Fontaine. Elle porte la date du 3 avril 1718, et, pour suscription, ces mots : *A M. de la Chauvinière chez M. Moreau, rue du Chasse-Midy, entre la rue Saint-Placide et la rue Saint-Maur, proche les Incurables, à Paris.* Nous croyons devoir en extraire le passage suivant :

« M. Lebeuf m'a envoyé quelques différences des usages de « l'église d'Auxerre d'avec ceux de Sens ; j'aurai l'honneur de

1718 « vous les envoyer par la première occasion. M. Herluyson est
« nommé chanoine de Sens, en la place de feu M. l'abbé Hémar,
« parent de M. de Chanlay, ainsi voilà une bonne acquisition.
« J'appréhende que je ne trouve pas la même facilité pour
« M. Lebeuf que je voudrois bien attirer ici. Mgr notre prélat
« ne veut que de bons sujets, mais l'appel au futur concile sera
« un obstacle, si cela vient à la connoissance de notre prélat, qui
« regarde les appelans comme personnes outrées et qui sont
« opposées aux accommodements qu'il croit que l'on auroit pu
« prendre avec la cour romaine. On parle ici d'une lettre pasto-
« rale de Mgr de Reims écrite à ses doyens ruraux, pour la com-
« muniquer, avant le temps des calendes du mois prochain, aux
« curés et orthodoxes de leurs détroits, par laquelle il les prie de
« remercier Dieu de ce qu'il l'a jugé digne de souffrir pour la
« défense de la vérité, et de ce que son écrit à M. le Régent a été
« flétri par des bourreaux, qui l'ont lacéré et jeté au feu ; que
« nous vivons dans un temps de licence où les juges séculiers
« oppriment la religion et la rendent méconnoissable ; et qu'enfin
« il fondera à perpétuité une messe solennelle dans la chapelle
« épiscopale, pour y être célébrée le jour auquel cet arrêt a été
« exécuté contre son dernier écrit. Je ne sais ce qui en est, mais
« il seroit bien imprudent de l'avoir fait, et ce seroit l'effet d'un
« grand entêtement. Il est certain, au moins, que les juges sécu-
« liers, suivant leur ancienne maxime, profitent de toutes les
« occasions pour saper jusqu'aux fondements la juridiction ecclé-
« siastique ; cela détruit la discipline et, par une suite néces-
« saire, la religion.

« L'arrêt du parlement contre la censure émanée de l'inquisi-
« tion, contre les appelants fait beaucoup de bruit en ce pays-ci. »

Au surplus, le doyen Fenel ne se bornait pas à regretter l'ardeur excessive que l'abbé Lebeuf avait jusque-là montrée dans
les luttes jansénistes. Il lui adressait parfois des conseils indirects.
Ainsi, dans une lettre du 26 décembre 1717, lettre que nous n'a-
vons pas cru devoir citer ici ni même analyser, il lui dit : « Com-
« ment va le party de la constitution dans votre illustre corps?

« Vos divisions ne nous font pas repentir de n'avoir pas parlé, à
« l'exemple de grand nombre de prélats qui restent en repos, au
« moins aux yeux du public. »]

45. — DE LEBEUF AU P. VIGIER [1], DE L'ORATOIRE, A PARIS.

8 mai 1718.

Comme je crois que vous êtes toujours dépositaire des papiers de feu M. l'abbé Chastelain, je prends la liberté de m'adresser à vous pour savoir les raisons qu'il a de placer saint Caradeu, connu dans notre diocèse, au XIIe siècle [2] : le jour de sa mort est, selon lui, le 13 avril, et néanmoins jamais on n'a fait à Donzy sa fête ce jour-là, mais en d'autres mois; et on le croit plus ancien de quelques siècles. Ce même saint étant patron d'une collégiale située dans la même ville de Donzy; on songe à mettre sa mémoire dans le futur calendrier d'Auxerre; et, pour cela, il faut s'assurer du jour et de l'année, ou du moins du siècle auquel il est décédé.

C'est ce qui sera facile par votre moyen, non-seulement parce que vous avez sans doute les notes de M. Chastelain, mais encore

---

LETTRE 45. — Nous l'empruntons au recueil Sainte-Geneviève, Df, 42.

1. François-Nicolas Vigier, prêtre de l'Oratoire, et qui devint supérieur de la maison de Saint-Magloire, à Paris, était né dans cette ville. Il y mourut au mois d'octobre 1752, laissant la réputation d'un liturgiste et d'un hagiographe très-distingué. Le P. Vigier est le principal auteur du nouveau bréviaire de Paris publié en 1736. On lui doit encore d'autres ouvrages, parmi lesquels un Martyrologe parisien, etc.

2. Lebeuf s'est longtemps préoccupé des questions que soulève l'hagiographie de saint Caradeuc et de sainte Félicule. A différentes reprises, il revient sur ce sujet, dans le cours de sa correspondance. Voyez, entr'autres, la lettre qu'il adresse au P. Prévost, en *juin* ou *juillet* 1719, n° 65 de notre édition. Nous renvoyons également le lecteur aux notes de cette dernière lettre, pour les renseignements complémentaires que nous avons cru devoir joindre à ceux fournis déjà par Lebeuf.

parce que vous avez les recueils des Bollandistes que cet illustre abbé a apparemment suivis.

Nos anciens calendriers semblent admettre deux saintes Félicule, vierges; et néanmoins M. Chastelain, dans son Index si diffus, n'en donne qu'une à connoître, qui est celle de Rome, du 13 juin. Je voudrois vous prier encore, mon révérend Père, de voir si au 13 juin les Bollandistes ne parleroient point d'une seconde Félicule, ou ne promettroient point d'en parler au premier jour d'août. Je ne vous prie point de consulter les notes de M. Chastelain, puisque monsieur son neveu m'a mandé, il y a quatre ou cinq ans, que ses recueils sur les huit derniers mois de l'année avoient été volés chez lui. Je regrette très fort cette perte, parce qu'il y avoit quantité d'éclaircissements à attendre sur nos saints d'Auxerre qui sont en assez bon nombre, surtout aux mois de mai, de juillet et d'octobre.

Comme vos continuelles occupations pourroient ne vous pas permettre de faire tant de recherches sur sainte Félicule, qui est pareillement patrone d'une collégiale de notre diocèse [3], je vous demande en grâce de vouloir bien introduire quelqu'un de mes amis, qui pourra avoir l'honneur de vous présenter cette lettre, dans la bibliothèque de votre maison, afin qu'il y recherche plus à loisir ce qui peut concerner cette sainte.

46. — DE LEBEUF AU DOYEN FENEL.

18 mai 1718.

J'ai reçu avec bien du plaisir, des mains de M. Jannot [1], les deux cahiers qu'il vous a plu me faire tenir; je les ai lus et

---

3. L'église collégiale de Gien-sur-Loire. Voyez, comme il est dit ci-dessus, la lettre de 1719 et les notes de cette lettre.

LETTRE 46. — Cette lettre est publiée d'après l'autographe qui fait partie de la collection de Fontaine.

1. Jannot (Jean), imprimeur et libraire à Sens, éditeur des livres liturgiques du diocèse, au commencement du XVIII siècle.

relus, et j'ai trouvé que le plan dont vous m'aviez fait la description, dans votre lettre précédente, étoit bien suivi dans l'un et l'autre. Je vous dirai, cependant, que j'ai été encore plus content du commun d'un martyr que de celui des apôtres, auquel j'ai fait deux ou trois petites remarques. Si tout le reste est sur ce pied-là, votre bréviaire sera un ouvrage accompli, et duquel celui de Troyes n'approchera pas. Je trouve le répons des premières vêpres d'un martyr mieux qu'il n'étoit auparavant.

Deux curés me viennent d'écrire de leur faire venir à chacun un missel et un rituel. Comme je n'en ai pas l'argent actuellement, je n'en ai pas voulu parler à M. Jannot, qui me l'auroit peut-être demandé par avance, de crainte de n'avoir d'occasion de le recevoir de longtemps, comme il est arrivé pour tous ceux que j'ai fait venir jusqu'à présent, et dont je lui ai mis ici l'argent en mains propres. C'est pourquoi je vous prie de ne lui en parler que deux ou trois jours après son retour, sans faire semblant que je vous en ai prié par la lettre dont il est le porteur.

Ces deux curés veulent chacun un missel de 20 livres, chacun aussi un rituel de 3 livres et chacun un épistolier de 25 sols; ce sera 48 livres 10 sols. L'un des deux se sert du bréviaire de Sens et souhaiteroit aussi le petit tome où sont les canons. M. Jannot m'a dit qu'il en avoit encore ; s'il le veut donner à bon marché, comme pour 15 ou 20 sols, ce curé ne reculera pas pour cela, et en ce cas je vous prie de le joindre au paquet, et de faire mettre le tout au coche d'eau sous mon adresse.

Si vous aviez un office de Saint-Etienne complet pour le 3 août, cela feroit bien du plaisir à l'un de ces curés; je vous supplie de voir s'il y a moyen d'en avoir une copie, tant brouillée et raturée fût-elle.

Il y a un expédient qui pourroit servir à faire acheter plus de missels de Sens qu'on ne fait dans ce diocèse, ce seroit que votre libraire voulût prendre en échange des missels Romains presque tous neufs qu'ont quelques églises, sauf à lui à les faire revendre soit à Paris, soit dans les diocèses où l'on se sert du Romain. Je vous le propose bonnement, sans savoir si cela peut

1713

avoir du succès. Je connois des curés dans Auxerre qui sont dans ce cas là.

Mgr notre évêque est aux Etats de Dijon, sans cela je lui aurois montré vos corrections qui sont excellentes. L'aumônier qui l'a quitté, il y a sept mois, pour être chantre en dignité de la collégiale de Gien, se nomme Mercier[2]; c'est un de nos amis et de M. de la Chauvinière aussi; vous pouvez conclure de là de son penchant pour les offices de l'Église. Étant le premier d'une collégiale où ils sont douze résidents, il y a apparence qu'il y servira de quelque chose; mais, par malheur, il n'a presque que des vieillards; et pour lui il n'est âgé que d'environ 35 ans.

Je crois avoir répondu jusqu'à présent à toutes les lettres que j'ai reçues de vous; il ne me reste plus qu'à vous assurer du très-profond respect avec lequel j'ai l'honneur d'être, etc.

47. — DE LEBEUF A D. JACQUES BOYER.

16 juin 1718.

Je vous suis très-redevable, mon Révérend Père, de ce que vous m'apprenez de Pierre Aymo, notre évêque[1], c'est une circonstance que l'on ignoroit ici absolument, et que je n'ai pas manqué de faire entrer aussitôt dans les mémoires que je ra-

---

2. Les lettres de provision pour la chantrerie de l'église collégiale de Gien, accordées à Louis Mercier par M. de Caylus, portent la date du 28 août 1717. Voyez, aux archives de l'Yonne, *Registre des lettres de provision de l'évêché d'Auxerre*. Dans ces lettres, Louis Mercier est désigné comme prêtre du diocèse de Paris. Quelque temps auparavant, il avait été nommé chanoine de la cathédrale d'Auxerre, par lettres royales du 13 février 1716 ; mais il se démit de ces dernières fonctions, en faveur de Etienne Housset le 17 septembre 1717; voir *même registre*.

LETTRE 47. — Empruntée au recueil Sainte-Geneviève, Df, 42, ainsi que la suivante.

1. Voyez la lettre de D. Jacques Boyer, relatée sous le n° 32 de notre édition.

masse. Cette fondation nous apprend même de quel lieu d'Auvergne il étoit originaire, au lieu qu'auparavant nous sçavions seulement qu'il étoit auvergnat. Il y a une circonstance remarquable dans sa vie, qui est que jusqu'à lui on n'avoit jamais entendu parler de procès entre l'évêque et le Chapitre. Il fut le premier sous lequel il y en eut un, et ce fut le Chapitre qui l'intenta, à cause qu'il ne payoit pas assez vite, au gré des chanoines, certaines rentes laissées par ses prédécesseurs; mais ce procès fut fini à l'amiable.

J'ai prié notre ami commun, M. de la Chauvinière, de vous donner avis de l'inscription d'une certaine tombe ancienne qui se voit dans notre diocèse [2], afin d'en avoir la solution par votre moyen. Comme elle regarde un évêque de Clermont, la chose sera facile à éclaircir; je ne répète point ce que j'en ai marqué dans mon mémoire qu'on a dû vous envoyer [3].

Je trouve que notre évêque Ayme est quelquefois nommé P. *Aymonis* ou *Aymoni*, et vous paroissez être d'avis que son vrai nom est Aymes ou Ayme, sur quoi je prends la liberté de vous demander encore s'il y a toujours un S au bout de son nom, car c'est ce qui seroit décisif : autrement, le défaut d'accent aigu sur l'é n'est pas une preuve qu'il s'appelât Ayme, puisqu'on n'en mettoit point encore dans le siècle auquel il a vécu.

Je suis, avec bien du respect et de la reconnoissance, etc.

---

2. C'était dans l'église d'Ouzouer-sur-Trézée, canton de Briare (Loiret). Sur la tombe était gravée l'effigie d'un évêque, et, autour, une inscription que Lebeuf transcrit ainsi : HIC JACET GVIDO DE TVRRE EPISCOPVS CLAROMONTENSIS. Nous empruntons ces détails au mémoire dont est parlé ci-dessous.

3. Le mémoire, auquel fait allusion Lebeuf, est copié intégralement dans le recueil de la bibliothèque Sainte-Geneviève, f° 32. Nous nous contentons d'y renvoyer le lecteur.

48. — DE LEBEUF A JUBÉ[1], CURÉ D'ASNIÈRES.

Auxerre, 23 juin 1718.

Il y a quelques jours que M. de la Chauvinière m'a appris, par une de ses lettres, que non-seulement vous lui disiez en quelle année vous avez obtenu des reliques de saint Pèlerin, notre premier évêque[2], pour la dédicace de votre église, mais encore que vous étiez dans le dessein de m'en faire avoir des preuves authentiques, par le moyen des copies des actes qui concernent cette distraction. Je suis fâché de la peine que cela peut vous donner; une simple date auroit pu suffire pour le dessein, que je me suis proposé, de marquer, au bout des actes de notre saint, tout ce qui peut regarder ses reliques. Mais enfin puisque vous êtes si obligeant que de donner des copies entières, je me donne l'honneur de vous écrire pour vous remercier de toutes vos honnêtetés, comme aussi des hauts sentimens que vous avez conçus de moi, quoique indigne, en me jugeant capable de vous dire quelque chose sur les cérémonies qu'il seroit à propos de faire pour les laïques. Je sçais bien que beaucoup de gens désapprouveront tout ce qu'on peut dire de bon là-dessus, parce qu'ils croient qu'il faut laisser pleine liberté aux séculiers dans les églises, excepté durant l'évangile de la messe et durant l'élé-

---

LETTRE 48. — Cette lettre est une de celles qui existent en copie dans le recueil Sainte-Geneviève et dont nous avons pu, en outre, retrouver l'original, que possède la bibliothèque de Troyes : voyez *Collection de documents inédits sur l'hist. de France*, Catalogue des manuscrits de la Bibl. de Troyes, n° 2240. Collation faite des deux textes, nous avons une fois de plus constaté l'exactitude des copies du recueil Sainte-Geneviève.

1. Jacques Jubé, curé d'Asnières, près Paris, naquit à Vanves, le 27 mai 1674, et mourut à Paris, le 20 décembre 1745. Il prit parti dans les luttes jansénistes, y montra beaucoup d'ardeur et subit de longues persécutions. Voyez *Nécrologe des Appelants*, t. II, p. 114.

2. Dans les *Mémoires sur le dioc. d'Auxerre*, t. I, p. 10, Lebeuf rapporte comment Jubé avait obtenu des reliques de saint Pèlerin pour la dédicace de son église d'Asnières, en 1711.

vation; cependant ils ne m'empêcheront jamais de souhaiter que les laïques se conforment aux ecclésiastiques, autant que faire se peut, c'est-à-dire au cérémonial qui ordonne aux ecclésiastiques les choses telles qu'elles doivent être, suivant l'esprit de l'Église; c'est donc, Monsieur, ce que je souhaiterois de tout mon cœur, que les laïques qui ont des siéges pliants imitassent en tout les postures des ecclésiastiques qui ont de semblables siéges; et que ceux qui sont sur de simples bancs se conformassent à ce qu'ils verront faire aux clercs qui sont sur de pareils bancs.

Je ne doute point, Monsieur, que ce ne soit ce que vous faites déjà exécuter dans votre église, (à ce que le bruit public rapporte); vous avez eu, dis-je, le secret de faire sentir à vos peuples combien le Seigneur est déshonoré par des cérémonies mal dressées et mal exécutées. Vous y avez remédié, vous avez remis les rites dans leur pureté[3]. C'est ce qu'on ne sçauroit trop admirer, mais la difficulté sera toujours de trouver des pasteurs aussi zélés que vous pour le bon ordre; et tant que le nombre en sera petit comme il est, il sera difficile de faire goûter aux laïques la beauté de la discipline de l'Église.

Plaise à Dieu d'en susciter plusieurs qui vous ressemblent, non seulement en fait de liturgie, mais encore sur tout le reste. C'est un des vœux les plus ardents de celui qui est, avec beaucoup de respect, etc.

1718

---

3. On lit dans le *Nécrologe des Appelants, loco citato,* p. 115 : « Il « (Jubé) avoit un goût singulier pour les anciennes cérémonies de l'Église, « qu'il mettoit en pratique dans son église; ce dont on lui fit une espèce « de crime. »

49. — DE LEBEUF AU DOYEN FENEL.

7 juillet 1718.

L'occasion qui me fait écrire à M. le prieur de Dollot, en lui renvoyant son office de saint Germain, me procure aussi l'honneur de vous saluer et de vous présenter par cette lettre mes très humbles respects. Il y a assez de temps que je n'ai eu de vos nouvelles pour que je sois bien fondé pour commencer à être inquiet de l'état de votre santé; je vous prie de m'en donner plus souvent des nouvelles, si cela se peut faire sans vous incommoder.

M. de la Chauvinière m'a envoyé, il y a bien deux mois, une dissertation sur l'office de *Beata*, que je crois que vous serez bien aise de voir; c'est lui qui l'a faite et je n'ai pas de peine à convenir qu'il a raison. Je la joins à cette lettre.

Je ne sçais si je vous ai mandé déjà les remarques suivantes sur votre missel. Il y a dans le commun des évêques, au temps pascal, une oraison où le mot (*nostri*) auroit dû être entre parenthèse, parce que cette messe peut servir pour toutes sortes d'évêques.

On m'objectoit dernièrement, et c'est aussi ma pensée, que c'est peut-être par quelque espèce d'inadvertance qu'on a cru que votre église honoroit, le 22 mai, saint Didier de Vienne et non celui de Langres. Ce dernier est dans presque tous les calendriers de France. A l'égard de saint Didier de Vienne, il s'en faut bien qu'il soit si connu, et son martyre est d'une autre espèce.

J'ai oublié sûrement jusqu'ici de vous prier de rétablir sainte Porcaire, du huit octobre[1]. Elle avoit autrefois une église proche

---

LETTRE. 49. — Tirée de la collection de Fontaine.

1. Sainte Porcaire était une des cinq filles qui accompagnèrent le corps de saint Germain, lors de sa translation de Ravenne à Auxerre, en 448. Elle se retira dans un hermitage, auprès de Pontigny, et elle y mourut;

Pontigny, dans votre diocèse, sur le chemin de Saint-Florentin. Il faudra cependant bien examiner depuis quel temps elle a passé pour martyre.

Un particulier me dit dernièrement qu'on auroit dû mettre dans le missel un autre évangile que celui qui est au vendredi de la Pentecôte. Il n'y a dedans pas un mot du Saint-Esprit.

L'*alleluya*, à la fin de la communion *quotiescumque*, lui paroit mal placé, quoique cet usage soit ancien.

Les curés auroient voulu une messe pour les relevailles des femmes et une autre *pro muliere prægnante*.

Un autre auroit souhaité que les *communicantes* eussent été dans le canon.

Il paroit à un autre que l'évangile du commun des vierges non martyres conviendroit mieux aux saintes femmes, et qu'il n'y a que les derniers mots qui le déterminent à une vierge.

Voilà, Monsieur, ce que j'ai retenu de ce que j'entends dire, encore est-ce une marque qu'on prend goût aux choses, quand on les examine de si près.

Excusez si je vous les écris si précipitamment, l'occasion qui va partir ne me laisse que le loisir de vous assurer, etc.

50. — DE FENEL A LEBEUF.

15 juillet 1718.

[La collection de Fontaine renferme une longue lettre de Fenel à la date du 15 juillet 1717. Elle a pour objet de répondre aux observations de Lebeuf sur le missel de Sens. Nous nous bornons à la signaler aux lecteurs qui se préoccupent spécialement de matières liturgiques.

plus tard une église et un village s'élevèrent à l'endroit qu'elle avait sanctifié, mais au moyen-âge l'église et le village furent détruits. Cependant une ferme, bâtie sur leur emplacement, conserve encore le nom de Sainte-Porcaire. Cette sainte figure dans le martyrologe auxerrois, au 8 octobre.

Le doyen Fenel entre ensuite dans quelques détails sur l'état de sa santé : « Je suis toujours fort incommodé, pouvant à peine « me soutenir sur une jambe. Comme je ne fais aucun exercice « et que j'ai même peine à aller deux fois par jour à l'église, je « deviens trop replet. A cela près, malgré la douleur presque « continuelle que je ressens, je me porte bien, et très en état de « travailler, pourveu que j'écrive peu : car cela ne se peut faire « sans augmenter le mal presque continuel que je ressens. Il « n'est pas insupportable, mais il est très-incommode. M. de la « Chauvinière m'a envoyé un pot d'un cotignac qui m'a fait « beaucoup de bien pour lever l'érésipelle (sic) qui occupoit « presque la moitié de ma jambe et qui est fort diminuée (sic). « Il me paroit par ses lettres qu'il est extrêmement occupé. »

---

57. — DE LEBEUF A DOM DOLÉ [1], RELIGIEUX DE L'ORDRE DE CLUNY, A SAINT-MARTIN-DES-CHAMPS, A PARIS.

Auxerre, 7 août 1718.

La nouvelle que m'a apprise, il y a quelque temps, M. de la Chauvinière, touchant l'histoire que vous allez publier, m'a fait tant de plaisir, que je me veux du mal à moi-même d'avoir tant différé à vous en faire part. Guy Coquille [2], qui est le seul,

---

LETTRE 57. — Cette lettre et les suivantes, jusqu'à nouvelle indication, sont empruntées au recueil Sainte-Geneviève, Df, 42.

1. Dolé ou Dolet (Claude-Louis), religieux bénédictin, d'une famille qui avait encore des représentants à Nevers et aux environs, il y a une trentaine d'années. Appelé à résider au monastère de Saint-Martin-des-Champs, il s'y occupa de rédiger une *Hist. du Nivernois*, que le P. Lelong dans sa *Biblioth. hist.*, n° 14.914 bis, dit avoir vue en manuscrit, mais qui avait disparu, dès avant 1789, de la bibliothèque de Saint-Martin-des-Champs. Voyez Née de la Rochelle, t. III, p. 169; voyez encore, sur Dom Dolet, la notice biographique qui lui est consacrée dans la *Bibl. générale des Écrivains de l'ordre de Saint-Benoît*, par D. François, t. I, p. 257.

2. Guy Coquille, sieur de Romenay, né à Decise en Nivernois, le 11

avec M. Cotignon³, que je connoisse avoir travaillé à l'histoire du Nivernois, est si mal digéré, qu'il eût été à souhaiter que quelqu'un eût pris la peine de le refondre et de l'augmenter, il y a plus de cinquante ans; mais c'est ce qui vous étoit réservé. Le Nivernois est heureux, mon Révérend Père, de vous avoir trouvé pour le rendre plus connu qu'il n'a été jusqu'à nos jours. J'y prends part, non seulement parce qu'une partie de notre diocèse y trouvera son éloge, mais encore plus parce que c'est ce qui me procure l'honneur de votre connoissance.

Il est constant, outre cela, que plusieurs de nos comtes l'étoient en même temps de Nevers. Comme donc je travaille aussi, quand j'ai le loisir, à rectifier les mémoires que je trouve sur l'histoire de notre diocèse, il semble que je dois naturellement vous faire offre de ce qui se doit rencontrer dans mes compilations pour contribuer à la perfection de votre ouvrage. J'avoue que je n'ai rien de fort précieux: mais quelquefois un seul morceau, une ligne, ou même un mot, peut faire naitre des réflexions qui servent à débrouiller de plus grands articles. Je suis donc dans le dessein de vous envoyer non des extraits de nos mémoires, mais une partie d'eux-mêmes, en original, afin qu'en les parcourant vous choisissiez ce qui peut vous convenir; je n'ose pas vous promettre que vous y trouviez des actes concernant directement le Nivernois, mais si vous voulez faire mention de ce que vos comtes ont fait dans l'Auxerrois, ou du moins dans les parties du Nivernois qui sont du diocèse d'Auxerre, vous aurez de quoi vous contenter. Il y a parmi ces mémoires un volume plus ample que le reste, qui est un in-folio du plus grand

---

novembre 1523, mort à Nevers, le 11 mars 1603, célèbre jurisconsulte, auteur de plusieurs ouvrages de droit coutumier et aussi d'un ouvrage historique posthume intitulé : *Histoire du pays et duché de Nivernois*, Paris, 1612, in-4°. Voyez la longue notice que lui a consacrée Née de la Rochelle, t. III, p. 56-66.

3. Michel Cotignon, originaire de Moulins-Engilbert (Nièvre), naquit en 1563, devint chanoine et archiprêtre de la cathédrale de Nevers; on a de lui, entr'autres ouvrages, un *Catalogue historial des évêques de Nevers*, Paris, 1616, in-8°. Voyez, sur Michel Cotignon, Née de la Rochelle, t. III, p. 103.

papier, épais de quatre pouces, dont le tiers renferme l'histoire et le catalogue des comtes d'Auxerre, des barons de Donzy, de Saint-Verain, etc. etc. Vous en pourrez encore tirer quelque chose de bien, si vous souhaitez que je vous l'envoye tout gros qu'il est [4].

A l'égard de Nevers, je n'ai presque rien de particulier; je crois que toutes les abbayes vous ont communiqué leurs titres, aussi je ne vous offre pas les copies que j'ai de l'abbaye de Saint-Martin, au nombre de sept ou huit; il me reste encore un pouillé de Nevers, collationné par deux notaires, l'an 1635, sur l'original de M. Michel Cotignon. Si cela peut vous convenir, vous aurez s'il vous plaît la bonté de me le faire sçavoir. Enfin si vous voulez les noms de quelques doyens de Nevers, je vous dirai que j'en ai trouvé quelques-uns dans un nécrologe d'une abbaye de notre diocèse proche Cosne, écrit au XIIIe siècle; et si vous vous étendez sur les antiquités de la cathédrale, j'ai la copie d'un inventaire du trésor, fait l'an 1297. Mais sans doute qu'on vous a fait voir tout cela dans les archives de saint Germain-des-Prés. Je me souviens d'y avoir vu un manuscrit dans lequel étoit une petite chronique qui n'est point imprimée. Je vous prie, mon Révérend Père, de me dire si par hasard vous ne l'auriez point vue; il seroit facile de la transcrire en une heure de temps, je ne pus le faire étant sur les lieux, il y a deux ans, parce que le garde-lettres avoit affaire ce jour-là. J'ai reçu l'exemplaire que vous et vos vénérables confrères m'avez envoyé par M. de la Chauvinière [5]. Je fais actuellement mes remarques dessus, et les joins à celles de cet habile liturgiste. Je souhaite qu'elles puissent vous plaire; il me semble au moins que si votre missel eût paru dans l'état auquel il est, il n'eût pas

---

4. Il s'agit encore ici des manuscrits de D. Viole sur l'*Histoire du diocèse d'Auxerre*, et l'on voit, une fois de plus, que, si Lebeuf a mis à contribution les travaux de son prédécesseur, du moins il n'a caché à personne la source où il puisait.

5. Comparez à cet égard la lettre du 10 novembre 1718, adressée à D. d'Espringles.

beaucoup fait d'honneur à votre ordre, ne correspondant pas assez au Bréviaire. Je suis, avec bien du respect, etc.

---

52. — DE LEBEUF A VILMAN, CURÉ DE SAILLY.

Auxerre, le 28 septembre 1718.

Pour répondre aux questions que vous m'avez faites dans votre dernière lettre, touchant le synode tenu l'an passé à Auxerre [1], j'aurai l'honneur de vous dire d'abord qu'il n'y a point de différence entre synode général et synode diocésain.

Vous me demandez, en second lieu, si les ordonnances du synode de 1695 [2] contiennent celles de 1600 ; je réponds à cela que non, parce qu'il y a eu des évêques depuis M. de Donadieu [3] qui en ont fait d'autres, si bien qu'insensiblement celles de M. de Donadieu ne sont plus restées qu'au fond des bibliothèques, sans qu'on les ouvre beaucoup. Pierre de Broc en a fait en 1642. Nicolas Colbert, son successeur, en a fait encore de meilleures ; et ce sont surtout celles-là dont on entend recommander l'observance [4]. Si on prétendoit faire observer toutes les anciennes, il faudroit s'y prendre de celles de M. Dinteville qui sont de l'an 1552, et dont il y en a de très judicieuses qui ont cessé d'être d'usage.

1. Il s'agit ici du synode convoqué à Auxerre par M. de Caylus, en septembre 1716, et dont il a été déjà question dans la correspondance de Lebeuf.
2. Voyez *Recueil des ordonnances synodales de Mgr André Colbert, publiées dans le synode tenu à Auxerre, le 4 mai 1695.* — Auxerre, Fr. Garnier, 1699, in-8°.
3. François de Donadieu, évêque d'Auxerre (1599-1625). Pierre de Broc, dont il est parlé ensuite, est aussi un évêque d'Auxerre (1640-1671) ; de même pour Nicolas Colbert (1672-1676), et François de Dinteville (1530-1554).
4. Lebeuf semble attribuer à *Nicolas* Colbert les ordonnances synodales de 1695, c'est-à-dire les dernières et les meilleures, suivant lui, qui eussent été publiées dans le diocèse. C'est une erreur de sa part, car les ordonnances de 1695 sont bien d'*André* Colbert, successeur de *Nicolas*.

Je reviens aux questions que vous formez sur le synode ; je réponds à la première que Mgr l'évêque n'a point fait de mandement pour le convoquer, mais seulement des lettres aux archiprêtres qui l'ont fait sçavoir, chacun dans leur district ;

2° Messieurs de la cathédrale n'y ont point été invités, ils n'y ont point aussi assisté. On ne connoit pas depuis quel tems ils n'y vont plus ;

3° Tous les curés y ont été convoqués par les archiprêtres; tous y ont assisté, excepté les malades ;

4° Messieurs de la cathédrale n'ont aucun curé soumis à leur juridiction ;

5° Les chapitres des collégiales n'y ont pas assisté. Ce n'est pas la coutume. Mais il y a plusieurs chapitres dont le chef y a assisté, parce qu'il est curé du lieu où sont les collégiales 5, et ces cures sont annexées à ces dignités ; tels sont le trésorier d'Appoigny, le trésorier de Toucy, le chantre de Clamecy, le chantre de Cône, le doyen de Saint-Fargeau.

Il n'y a point eu d'abbés, ni de prieurs, en personne, ni par députés. Les abbés de Saint-Germain (ord. Bénédictin), de Saint-Père (ord. de Saint-Augustin), de Saint-Marien (ord. Prémontré), de Saint-Laurent (ord. Saint-Augustin) 6 devroient y venir; on les nomme les premiers, mais jamais ils n'y viennent. On les condamne à une amende qu'on ne leur fait jamais payer.

On n'y nomme aucun prieur ; il y en assiste cependant ; mais c'est comme curés, étant ordinairement prieurs des communautés qui desservent les paroisses dont ils sont curés;

6° Le synode se tient toujours dans le chœur de la cathédrale;

7° et 8° Pour y appeler, on sonne une des grosses cloches en

---

5. Ces quatre églises collégiales etaient jadis situées dans le diocèse d'Auxerre. Aujourd'hui Clamecy et Cosne font partie du département de la Nièvre.

6. On sait que Saint-Germain, Saint-Pierre-en-Vallée, et Saint-Marien sont trois abbayes de la ville d'Auxerre ; celle de Saint-Laurent était située à l'extrémité du diocèse, près de Cosne (Nièvre).

volée, la même que celle qui appelle à la grande messe du Jeudi-Saint. On a sonné outre cela, la veille à six heures du soir, dans toutes les paroisses de la ville et fauxbourgs, toutes les cloches en volée.

9° L'évêque vient s'habiller dans une chapelle de la cathédrale ; il n'y a que quelques-uns de ses officiers, comme archidiacre, maître de cérémonies, qui vont le prendre chez lui ; mais, depuis cette chapelle jusqu'au chœur, les curés ont marché devant lui, en deux lignes, comme on fait aux processions.

10° Tous ces curés étoient en surplis sans étole, et personne n'avoit l'étole. Les seuls curés de la ville et fauxbourgs sont dans le sanctuaire.

11° Mgr l'évêque, qui étoit revêtu de ses habits pontificaux, étant arrivé à l'autel par la grande porte du chœur, précédé des archi-prêtres, en chappes rouges, et de ses deux archidiacres en chappes, et des diacres, sous-diacres, chanoines, a dit une messe basse en l'honneur du Saint-Esprit ; tous les curés étant, ce temps-là, dans les stalles du chœur tant hautes que basses. Après la messe, qui a été servie par le diacre et sous-diacre, l'évêque a pris une chappe, s'est mis en son trône, sous un dais comme aux grandes fêtes, et a donné la bénédiction au diacre qui a lu l'évangile *Ego sum pastor bonus*.

Les archidiacres, durant cet évangile et durant le reste de la cérémonie, ont été assis sur des siéges placés sur les marches du trône, et les quatre archiprêtres sur un banc mis au bas des marches du sanctuaire.

12° L'évangile, étant lu, a été baisé par le prélat ; puis le promoteur a dit : *Accedat orator*.

Ensuite le doyen de Saint-Fargeau a approché et reçu la bénédiction ; puis, s'étant assis au côté droit du sanctuaire sur un simple fauteuil, ayant seulement un petit prie-Dieu devant lui pour appuyer ses mains, a fait un discours françois sur l'excellence de l'état sacerdotal.

13° Cela fait, l'évêque a entonné *Veni creator*, lequel étant fini, les quatre archiprêtres, à genoux sur la dernière marche du sanctuaire, ont chanté les litanies; et l'évêque a béni à l'endroit où il y a : *Ut huic præsenti synodo*, etc.

14° Après cela, le promoteur a dit que tous ceux qui ne devoient point assister au synode sortissent; et l'on a fermé les trois portes du chœur. Ensuite le promoteur a appelé les abbés susdits : *Abbas Sancti-Germani, Abbas*....... etc.; puis les archidiacres; ensuite les treize curés de la ville et fauxbourgs et banlieue; ensuite les quatre archiprêtres; puis les curés de l'archiprêtré d'Auxerre; ceux de l'archiprêtré de Puisaie; ceux de l'archiprêtré de Varzy, et ceux de l'archiprêtré de Saint-Bry; et, à mesure qu'ils étoient nommés, ils alloient tous baiser l'anneau du prélat, et recevoir sa bénédiction. On les appela tous du vrai nom latin de leur cure, autant qu'on a pu les trouver dans les titres.

15° Après quoi, tous les nouveaux curés, établis depuis le dernier synode de 1695, sont approchés du trône, où étant, l'un d'entre eux a proféré à haute voix la profession de foi; puis tous, l'un après l'autre, ont touché le livre des Évangiles en disant : *Et ita ego NN spondeo, voveo, et juro, sic me Deus adjuvet et hæc sancta Dei evangelia !*

L'évêque a ensuite entonné le *De Profundis* qui a été achevé alternativement; l'évêque a dit les versets et collectes.

16° Après cela, le promoteur a averti tout haut que tous MM. les curés eussent à se trouver, à une heure après midi, dans la grande salle de l'évêché, en surplis; puis l'évêque a entonné *Te Deum*, lequel étant chanté entièrement, il a donné la bénédiction, puis est retourné, par le plus court, se déshabiller dans la chapelle où il avoit pris ses habits, précédé seulement des officiers en chappes, dalmatiques et tuniques.

17° Sur les deux heures après midi, l'évêque est sorti de sa chambre, en simple rochet et mozette, et est venu dans la grande salle faite en forme d'église [7], au fond de laquelle s'est trouvé un trône dressé à l'imitation de celui de l'église, accompagné de

---

7. Cette grande salle était située au premier étage du palais épiscopal, aujourd'hui la préfecture de l'Yonne. Elle était close, du côté de la rivière,

ses archidiacres, qui y ont aussi trouvé leurs places sur des siéges placés sur les marches de ce trône. Mgr l'évêque s'est d'abord agenouillé, et, ayant fait une courte prière, il s'est relevé, s'est assis et a fait un discours françois, sur la vigilance qui convient aux curés. Le promoteur, debout, devant une table mise au milieu de la salle, a répondu au nom de l'assemblée. J'oubliois de dire que le reste de l'assemblée étoit rangée en forme de demi cercle par archiprêtré (les deux plus dignes archiprêtrés étant les plus proches du trône.)

18° Après la réponse du promoteur, le secrétaire a nommé les absens, sçavoir : les quatre abbés et dix ou douze curés; les uns s'étoient excusés, les autres non ; le promoteur a requis défaut contre les absens sans cause.

19° Ensuite le promoteur a fait ses réquisitions, c'est-à-dire, qu'il a demandé l'observance des anciens statuts, sauf tels et tels dont il a expliqué ce qu'il convenoit d'y changer. On a pris les articles par articles.

Il y en a eu un qui a été bien discuté, qui fut sur le nombre de fois que le catéchisme seroit fait en hiver. Le promoteur demandoit trop, il eut le dessous : car les archiprêtres et quelques curés plus hardis que les autres représentèrent que ce que demandoit le promoteur étoit trop difficile à mettre en pratique ; il n'y eut pas d'autre manière d'opiner.

Tout le monde convint unanimement à haute voix de la nécessité du 3ᵉ article.

Après la lecture du 13ᵉ, Mgr l'évêque recommanda la lecture du livre du Père Le Brun, dont un exemplaire étoit sur la table.

20° Après que les ordonnances eurent été ainsi pesées et ruminées, on proposa les changements qu'il étoit à propos de faire dans la chambre ecclésiastique. On nomma ceux sur lesquels Mgr avoit jeté les yeux, et toute l'assemblée approuva et confirma ce choix.

---

par le pignon du XIIIᵉ siècle qui subsiste encore. Son plafond, montant jusqu'au niveau du comble, formait un beau berceau ogival en charpente et en menuiserie, que les appropriations modernes ont malheureusement masqué.

On ôta deux ou trois ultramontains pour y mettre de bons françois. Cela fait, Mgr l'évêque donna la bénédiction et chacun se retira; dès le lendemain tous les curés prirent le chemin de leurs cures.

21° J'oubliois de dire qu'on y lut une ancienne ordonnance du 5 janvier 1704, et une autre du 15 octobre 1710.

Il n'y a point eu de difficulté sur les rangs.

Voilà, Monsieur, tout le détail de notre synode, le plus exact que j'ai pu le faire, auquel vous pourrez joindre ce que je vous ai marqué dans ma précédente lettre touchant notre prélat. Si j'étois le maître, je commencerois par faire chanter à haute voix la messe du missel de Sens, à laquelle le sous-chantre de la cathédrale porteroit chappe avec un des archiprêtres, et l'évêque y observeroit toutes les véritables et anciennes cérémonies : par ce moyen là, les curés reverroient de temps en temps quelles sont les cérémonies qu'il faut observer, et reprendroient dans la source le vrai esprit qui les doit animer. Je voudrois aussi que, durant cette assemblée du matin, le livre des évangiles fût placé debout au milieu du grand autel. Il y a encore d'autres choses que je réformerois.

Depuis que j'ai reçu les éclaircissements que vous avez pris la peine de m'envoyer sur l'étoffe de Saint-Martin, M. Samson, curé d'Olivet proche d'Orléans, qui ne perd point de temps pour trouver les preuves de la vérité du morceau qu'il a eu, m'a dit qu'il venoit de recevoir d'Amiens des copies du procès-verbal de la châsse de Saint-Martin-aux-Jumeaux; mais qu'il voit bien qu'il faudra en venir à une ouverture de la châsse, et que, pour y parvenir, il en a prié très-humblement le Père visiteur de la Congrégation de Sainte-Geneviève; il ne me dit pas un seul mot du morceau qui est aux Célestins. Je lui ai fait réponse et lui ai mandé ce que vous avez eu la bonté de m'en écrire.

Il y a longtemps que j'ai envoyé à M. de la Chauvinière l'office de saint Martin, garni des anciennes rubriques que je ne doute pas que vous ne fassiez désormais observer, puisque vous en faites revivre qui étoient encore plus dans l'oubli, comme les répons à vêpres, et la reprise totale après le *Gloria*. Celui de saint Germain sera récrit au net, quand vous m'aurez marqué en quel temps il le faut.

J'ai une grâce à vous demander. En cas que vous connoissiez quelque antiquaire de l'abbaye de Saint-Riquier, ne pourroit-on pas sçavoir s'il subsiste toujours, du côté de Forest-Montier, une celle ou petit prieuré qui en dépend, nommé *Sanctus-Vigilius*? Supposé que ce titre existe, je voudrois sçavoir en l'honneur de quel saint Vigile il est, si ce n'est pas de notre évêque qui fut assassiné, vers 683, dans la forêt de Compiègne. Il est parlé de cette église dans le *Chronicon Centulense*, 4ᵉ tome du *Spicilége*, p. 487, comme d'un village dépendant de *Foresticella* [8].

M. de La Chauvinière doit vous envoyer un paquet pour Anvers, dans lequel vous trouverez bien des conjectures de ma façon; je les propose aux sçavans pour en avoir leur avis. Je vous aurois bien de l'obligation si leur réponse vient jusqu'à moi, et que ce paquet ne s'égare point en chemin. J'attends encore de vous un effet de votre bienveillance, qui sera de vouloir bien donner votre approbation à ma concorde; je m'aperçois qu'il seroit aisé de rétablir bien de belles choses dans l'église

---

8. La réponse aux questions de Lebeuf, sur ce qu'il croyait être la *Cella Sancti-Vigilii*, se trouve consignée dans deux lettres qui font partie du recueil Sainte-Geneviève, Df, 42, sous les numéros 28 et 29. L'une de ces lettres est écrite par un curé de la paroisse du Saint-Sépulcre d'Abbeville, nommé Lesueur : elle est adressée à Vilman, chanoine d'Amiens. L'autre est écrite par ce dernier à son frère, Vilman le curé de Sailli. Toutes deux ont été transmises à Lebeuf par l'intermédiaire de M. de la Chauvinière. Elles établissent que la *Cella* dont parle le *Chronicon Centulense* d'Hariulphe s'appelle en réalité *Cella Sancti-Vulfagii*. C'est un petit prieuré, placé sous le patronage de Saint-Vulfi, et dépendant de l'abbaye de Saint-Riquier. Les éditeurs du *Spicilége* ont dénaturé le nom véritable et en ont fait à tort *Cella Sancti-Vigilii*. Aussi, dans ses *Mém. sur le dioc. d'Auxerre*, à propos du culte de saint Vigile, Lebeuf s'est bien gardé de citer la prétendue *Cella Sancti-Vigilii* du *Chronicon Centulense*. Les lettres de Vilman et de Lesueur sont pleines de détails curieux; mais comme elles n'émanent pas de celui-là même dont nous publions ici la correspondance, qu'elles ne lui sont pas directement adressées, et qu'enfin elles ne sont pas indispensables à l'intelligence des textes édités par nous, nous croyons devoir nous borner à la brève analyse contenue dans la présente note.

d'Amiens, puisqu'elle a conservé encore jusqu'ici de si précieux monuments, dont vous avez envoyé le catalogue à notre commun ami. Monsieur votre frère voudra peut-être bien aussi me favoriser de son approbation [9]. C'est la grâce que je vous demande à l'un et à l'autre, vous priant de me croire dans des sentimens remplis de respect et d'estime, etc.

53 — DE LEBEUF AU P. JANNINCK [1], JÉSUITE, A ANVERS.

28 septembre 1718.

[Le recueil Sainte-Geneviève renferme, sous la date du 28 septembre 1718, une longue lettre latine adressée par Lebeuf à l'un des plus célèbres Bollandistes, le P. Janninck. C'est plutôt une dissertation qu'une lettre, dissertation dans laquelle le savant chanoine examine, sous toutes leurs faces, différentes questions d'hagiographie locale. Nous n'avons pas cru devoir la publier à cause de son étendue ; mais nous en signalons l'existence à ceux de nos lecteurs que les questions de ce genre intéressent spécialement. Ils trouveront cette dissertation, imprimée par les soins de M. l'abbé Duru, dans le *Bulletin de l'histoire et des archives diocésaines de Sens et d'Auxerre*, tome I.]

---

9. Vilman (Antoine-Adrien), secrétaire de l'évêque d'Amiens Sabathier, qui lui donna, en 1718, un canonicat de l'église cathédrale de cette ville; il mourut en 1748. Voir l'*Histoire littéraire d'Amiens*, par Daire, *passim*. Voyez aussi quelques lettres adressées par lui à Lebeuf, Bibliothèque impériale, Mus. fr., 2440.

Lettre 53. — 1. Conrad Janninck, né à Groningue en 1650, mort à Anvers le 13 août 1723. Il travailla pendant quarante ans à la rédaction des *Acta Sanctorum*, et peut être considéré comme l'un des plus éminents parmi les Bollandistes. Voyez sa vie et son éloge par le P. Bosch, au commencement du troisième volume de juillet des *Acta Sanctorum*.

54. — DE LEBEUF A D. GUESNIÉ [1], A PARIS.

Auxerre, 28 septembre 1718.

Quelques-uns de mes amis m'ayant averti de la nouvelle édition que vous préparez du fameux Glossaire du sieur Du Cange [2], en m'envoyant votre avis imprimé, j'ai cru que je vous ferois plaisir de recueillir les mots que je mettois à part depuis quelque temps, pour les faire insérer quelque jour dans cet ouvrage, et de vous les faire tenir incessamment, avant que les premières feuilles en soient tirées.

En voilà donc environ quarante que j'ai ramassés [3], en par-

1718

LETTRE 54. — Dans le recueil Sainte-Geneviève, elle porte l'intitulé suivant : « De M. Lebeuf à Dom Guénier, bénédictin de la Congrégation « de Saint-Maur et curé de l'enclos de Saint-Germain-des-Prés, qui prend « soin de l'édition du nouveau Glossaire de Ducange. »

1. Dom Claude Guesnié, né à Dijon en 1647, entra dans la Congrégation de Saint-Maur en 1669, et mourut à Paris dans l'abbaye de Saint-Germain-des-Prés, le 21 octobre 1722. Il avait préparé les matériaux de la seconde édition du *Glossaire de Ducange*, publiée après sa mort, en 1733, par les Bénédictins de la Congrégation de Saint-Maur. Voyez, sur lui, la *Bibl. génér. des écr. de l'ordre de Saint-Benoît*, t. 1, p. 433.

2. Comme nous l'avons dit plus haut, la seconde édition du *Glossaire de Ducange* n'a paru qu'en 1733, 6 vol. in-folio. Puis, en 1766, dom Carpentier y a ajouté quatre volumes de supplément. Enfin MM. Didot ont publié en 1844 une troisième édition, remaniée et refondue, de ce grand ouvrage, en 7 vol. in-4°.

3. On trouve, en effet, dans le recueil Saint-Geneviève, après la lettre de Lebeuf à Dom Guesnié, copie d'un long travail sur quarante mots de basse latinité. La nature de notre publication ne nous semble pas comporter la reproduction de ce travail. Qu'il nous suffise de dire que, parmi les quarante notices fournies par Lebeuf, les éditeurs du Glossaire de 1733 en ont reproduit presque textuellement vingt-deux. Voici la liste des mots auxquels elles se rapportent : *Binare, Bogium, Burgucea, Caducum, Calopodium, Colerius, Exclotoria, Expalmare, Facapa, Indardus, Maanellus, Mosca, Paromonarius, Parela, Pilota, Porprisia, Semontia, Sendapilum, Superlativus, Topa, Tortarius, Trosso*. Au surplus, les savants éditeurs du Glossaire ne se sont pas bornés à utiliser les communications de Lebeuf; ils se sont plu à reconnaître son mérite, en disant de lui, dans leur préface, qu'il était *rerum minime triturarum indagator sagacissimus*.

courant différents titres et différents auteurs. Si je les avois lus dans le dessein de remarquer ces mots barbares, peut-être en aurois-je trouvé davantage; mais, les lisant pour d'autres fins, je n'étois frappé que de ceux que je n'entendois pas. Je les cherchois ensuite chez M. Du Cange, et quand je ne les y trouvois pas, j'en fesois un *nota*. C'est ainsi que s'est formé ce petit recueil. Je souhaite qu'il vous agrée. J'ai encore fait sçavoir votre dessein à un ou deux de mes amis qui ont autrefois feuilleté les archives de leurs églises; s'ils en ont mis à part, ils ne manqueront pas de m'en donner communication, et je vous les enverrai. En attendant, je vous prie, etc.

---

55. — DE LEBEUF A DOM D'ÉPRINGLES [1], SACRISTAIN DE SAINT-MARTIN-DES-CHAMPS, A PARIS.

Auxerre, 10 novembre 1718.

J'ai bien différé à vous rendre mes très-humbles actions de grâces du missel que vous avez eu la bonté de me donner; mais ça été pour pouvoir vous en dire mon sentiment avec plus de connaissance de cause. Je l'ai donc enfin bien parcouru, et j'ai été convaincu de plus en plus que cette édition ne correspondoit point à l'excellent bréviaire de votre ordre [2]. Je serois trop long si je voulois faire l'énumération des défauts qui y paroissent régner. J'ai communiqué mes remarques à M. de La Chauvi-

---

1. Il nous a été impossible de nous procurer aucun détail biographique sur ce correspondant de Lebeuf.
2. Le bréviaire de l'ordre de Cluny, duquel dépendait l'abbaye de Saint-Martin-des-Champs, avait été publié en 1686, sous ce titre : *Breviarium monasticum ad usum sacri ordinis Cluniacensis*, Parisiis, 1686, 2 vol. in-8°. Le missel dont parle Lebeuf avait été publié en 1718, mais, comme il est dit un peu plus loin, cet ouvrage parut tellement défectueux, qu'il fut aussitôt supprimé et peu après remplacé par un missel plus conforme aux idées du temps (Paris, 1723, chez Pierre Simon, in-folio).

nière, et je pense qu'il ne différera guères à vous les faire voir, avec les siennes, étant renfermées dans un même volume. Messieurs de l'assemblée des Rites de Sens, à qui j'ai aussi fait tenir le missel, ont été surpris de certains passages qu'on y a mis, au lieu d'emprunter ceux qu'ils ont choisis avec tant de réflexion. Ces messieurs sont M. le doyen et deux habilissimes curés. M. Bocquillot, chanoine d'Avallon, si connu par ses doctes ouvrages, m'en doit dire aussi son sentiment. En un mot, mon révérend Père, il n'y a personne, dans ceux à qui j'en parle, qui ne loue le parti que votre ordre, si illustre dans l'Église, a pris de supprimer ce dernier missel, malgré la dépense qu'il a causée; et le public attend, au lieu de celui-là, le plus beau missel qui puisse être dans l'Église de Dieu, tant pour l'emploi des textes sacrés que pour les rubriques, que vous ne manquerez pas de puiser dans vos anciennes coutumes et dans les premiers Ordres romains, source de toutes les cérémonies des monastères d'Occident.

56. — DE LEBEUF A VILMAN, CURÉ DE SAILLY.

11 novembre 1718.

Je n'ai pas plustôt appris de M. de La Chauvinière que vous souhaitiez avoir un *Sanctus* syllabique, qu'aussitôt j'en ai rédigé un au net, en attendant que je vous en envoie encore deux ou trois autres pour diversifier.

Comme vous avez eu la bonté de vous donner quelque mouvement touchant le Manteau de saint Martin, dont c'est aujourd'hui la fête, et qu'en outre vous m'avez même procuré des éclaircissements sur la sœur Capperon, qui peut passer pour bienheureuse, je présume que vous voudrez bien encore m'éclaircir sur les reliques de saint Germain, notre célèbre évêque, qu'on possède à Corbie, dans l'abbaye, et dans celle du Paraclet, proche Amiens [1]. Je crois bien que les morceaux n'en sont pas peut-être considérables ; mais n'importe, je veux approfondir tout ce qu'a écrit, touchant les reliques dispersées de ce saint [2], un auteur, mort il y a plus de 50 ans [3], qui met ces deux églises dans le nombre de celles qui en montrent, et qui en obtinrent apparemment avant que les Calvinistes profanassent sa châsse. Si quelqu'église d'entre celles qui en ont obtenu de saint Martin, votre patron, avant les ravages des Huguenots, étoit dans la disposition de vous en donner, je suis persuadé que vous ne négligeriez point cette occasion. Il y en a sûrement en France, mais non dans notre diocèse, où les Huguenots ont tout confondu.

J'attends des nouvelles du morceau de son manteau, conservé à Clamecy ; et jusques à présent je n'ai point eu de réponse.

---

57. — DE LEBEUF A M. DE TALEVENNE.

Auxerre, 16 décembre 1718.

Il m'a paru, Monsieur, par la lettre que vous m'avez fait l'honneur de m'écrire, que vous êtes en relation avec les sçavans religieux bénédictins de la congrégation de Saint-Vanne [1], répan-

---

1. L'abbaye de Paraclet, abbaye cistercienne de filles, d'abord fondée en 1218 aux environs d'Amiens, et plus tard transférée dans l'enceinte même de cette ville.
2. Lebeuf avait alors un motif tout spécial pour s'occuper de recherches concernant les reliques de saint Germain. Il venait de découvrir à Notre-Dame-la-d'Hors une caisse d'ossements, qu'il supposait être les restes du grand évêque, échappés au pillage de l'abbaye de Saint-Germain pendant les guerres de religion. On sait que la vérification de cette hypothèse fut une des préoccupations les plus constantes de sa vie. Voyez à ce sujet *Bull. de la Soc. des Sc. de l'Yonne*, 1863, p. 176 et suiv.
3. D. Viole.

LETTRE 57. — 1. Les religieux de la Congrégation de Saint-Vanne étaient des Bénédictins, qui suivaient la réforme particulière instituée par leur fondateur, Dom Didier de la Cour. Ils portaient le nom de l'abbaye Saint-

duc dans la Lorraine, et j'ai conclu, ce me semble avec assez de raison, en faisant réflexion sur les éclaircissements que vous m'avez donnés et ceux que vous m'avez procurés touchant Guillaume d'Auxerre [2], que vous voudrez bien prendre encore la peine de m'en faire avoir touchant un Auxerrois, encore plus illustre que ce Guillaume. C'est Remi d'Auxerre [3], dont je veux parler, et dont les ouvrages ne sont pas encore imprimés. Dom Martène, qui a donné l'an passé son *Voyage littéraire* [4], a fait, étant à Moyen-Moutier [5], une remarque qui m'a fait beaucoup de plaisir, à sçavoir que du petit nombre de manuscrits, qui restent dans cette abbaye, il y en a un de ce Remi. « Nous n'y vîmes (dit-il) que quatre manuscrits (part. 2, page 136) ; l'un, écrit en « lettres mérovingiennes, l'an troisième du roi Childéric, contient « les épîtres de saint Jérôme ; un autre les homélies de saint « Remi d'Auxerre, et un autre les homélies..., etc. »

La grâce que je vous demande, Monsieur, est de faire examiner un peu de près ce manuscrit, en sorte qu'on soit d'abord assuré si Remi y a la qualité de *saint*; secondement, s'il y est surnommé d'Auxerre; troisièmement, combien ce manuscrit contient d'homélies, et sur quels sujets elles sont. Cet ouvrage de Remi a resté jusqu'aujourd'hui dans l'obscurité et n'a jamais

1718

Vanne de Verdun, qui avait été la première soumise à la réforme de Dom Didier, et qui était restée la maison-mère de la Congrégation.

2. Voir à cet égard la correspondance de 1717, *passim*.

3. Voir, sur Rémi d'Auxerre et ses nombreux ouvrages, la notice que Lebeuf lui a consacrée dans ses *Mémoires sur le dioc. d'Auxerre,* t. IV, p. 381 ; voir aussi l'article sur ce même auteur, inséré par M. Hauréau, dans la nouvelle *Biographie universelle* de MM. Didot. Ajoutons que, depuis 1718, la plupart des ouvrages de Rémi, et notamment ses homélies, ont été imprimés et même réimprimés. La dernière édition et la plus complète, sinon la plus correcte, a été donnée par Migne, *Biblioth. univ. du clergé, Patrologie latine.*

4. *Voyage littéraire de deux religieux bénédictins de la congrégation de Saint-Maur* (D. Martène et D. Durand), 1717, un vol. in-4°.

5. Moyen-Moutiers, abbaye bénédictine d'hommes, au diocèse de Toul. Elle avait été soumise à la réforme de Dom Didier, immédiatement après l'abbaye de Saint-Vanne, et elle était restée depuis dans la dépendance de la même Congrégation.

été imprimé. On a bien des homélies d'Héric, moine d'Auxerre, appelé *saint* assez communément : mais on n'en a pas encore vu de Remi, et, quoique plusieurs manuscrits louent sa science et son humilité, aucun de ceux que je connois ne l'a qualifié de *saint*.

Comme cet auteur possédoit saint Augustin en perfection, ses ouvrages fournissent beaucoup de passages qui ont du rapport aux matières du temps. C'est pour cela qu'il seroit fort à souhaiter que quelque zélé religieux voulût prendre la peine de parcourir le manuscrit dont j'ai l'honneur de vous parler. Je ne suis point assez connu dans cette illustre Congrégation, pour oser m'adresser directement à aucun des membres qui la composent. Je prends donc la liberté de m'adresser à vous pour obtenir cette faveur, dont j'espère être gratifié par votre moyen, en vous assurant de la parfaite reconnoissance que j'en aurai, etc.

P.-S. — En finissant cette lettre, il m'est venu la pensée de vous communiquer la réflexion que j'ai faite, en lisant l'article de Verdun, dans le *Voyage littéraire* du P. Martène [6]. Je me souviens très-bien d'avoir vu la grande tombe, qui est derrière l'église de Saint-Vanne, et que le religieux qui me conduisoit me dit l'histoire dont le P. Martène parle; mais je ne me souvenois plus de ce *Paronomarius*, à qui les huit évêques apparurent. En relisant cet endroit, je me suis imaginé (car je ne prétends point décider sur ce que je vais dire), je me suis, dis-je, imaginé qu'il pourroit y avoir un peu de méprise au sujet du religieux qui eut la vision, en sorte que *Paronomarius* ne seroit pas un nom propre, mais un nom de fonction. Je crois qu'il s'est pu faire que c'est celui de *Paromonarius* qui signifie un mansionaire

---

6. Voici, pour l'intelligence du *post-scriptum* de Lebeuf, le passage auquel il fait allusion. « On voit encore dans le jardin (à l'abbaye de Saint-Vanne, « à Verdun) une grande tombe sous laquelle sont enterrez huit évêques de « Verdun. Saint Richard, faisant travailler à la construction d'une nouvelle « église, découvrit leur tombeau, et avoit dessein de les transférer dans un « lieu plus honorable : mais ces saints apparurent à Paronomarius, religieux « de la maison, et lui dirent d'avertir l'abbé... (*Voy. litt.*, II⁰ partie, « p. 95.) »

ou sacristain, que quelque copiste aura mal écrit, en faisant transposition de deux ou trois lettres 7.

---

58. — DE LEBEUF A VILMAN, CURÉ DE SAILLI.

27 décembre 1718.

Comme j'ai appris de M. de la Chauvinière que vous vous attendiez à recevoir l'office de saint Germain avec celui de saint Martin, je vous écris pour vous faire mes excuses, s'il n'est pas encore en état de vous être envoyé. Il a fallu y toucher et retoucher beaucoup, avant que de le mettre en l'état où on le souhaite, et enfin on croit en être venu à bout. Je copierai le chant sur un papier de même grandeur que celui de votre saint patron, que vous avez peut-être déjà, et il y aura une Prose, où l'*alleluia* si fameux [1] ne sera pas oublié, comme il l'a été dans toutes celles qu'on a vues jusqu'ici en l'honneur de ce saint.

J'ai eu une joie infinie de voir à Sens M. de la Chauvinière ; sans doute qu'il vous aura déjà fait un récit et un détail de tout ce que nous avons fait et vu ; mais vous aura-t-il appris qu'il y a une grande quantité de reliques de saint Martin de Tours dans le trésor de cette église, et même de l'étoffe qu'on appelle communément du Manteau? M. le doyen, nous montrant le tableau

---

7. La conjecture de Lebeuf est parfaitement exacte. D. Martène, trompé par une erreur de copiste, a pris un nom de fonction pour un nom d'homme. C'est ce qui résulte, à n'en pas douter, de l'article inséré dans le *Glossaire de Ducange* de 1733, V° *Paromonarii*. Il semble même que, dans cet article, on ait eu dessein tout spécial de redresser l'erreur de D. Martène. Car on y a multiplié les textes relatifs à l'apparition de saint Richard. Nous serions tentés de croire que Lebeuf, après avoir adressé à D. Guesnié l'article *Paromonarius* (voir lettre 54), s'est encore chargé d'enrichir de ses remarques l'article *Paromonarii*.

LETTRE 58. — 1. Lebeuf fait allusion à l'alleluia, chanté en guise de cri de guerre, par les troupes de saint Germain, combattant en Angleterre contre les Pictes. Voyez *Mém. sur le dioc. d'Auxerre*, t. I, p. 53.

des reliques où elle est, qui est en différens étages et compartiments, nous dit qu'un religieux, qui en avoit déjà vu ailleurs, lui avoit dit qu'elle étoit de même façon ; mais comme c'étoit tout à la fin de l'ostension qu'il eut la bonté de nous faire que nous vîmes ce tableau, je ne pus avoir la satisfaction de chercher dans les différents compartiments, qui sont au nombre de peut-être plus de quarante, quel étoit celui *de Chlamide sancti Martini*, ni le faire ouvrir pour déployer ce morceau. Au reste, je me souviens très bien qu'il y a, dans d'autres reliquaires, des ossemens très-considérables de saint Martin, et même une côte ou un *radius*, si je ne me trompe. Après quoi, je ne suis plus surpris si on montre en tant d'endroits des ossements de notre grand saint Germain, puisqu'il s'y en trouve de si considérables d'un saint encore plus célèbre, dans le trésor de cette métropole, comme je trouve qu'il y en a de saint Germain d'Auxerre à Saint-Pierre de Corbie et au Paraclet, proche Amiens. Je vous prie de vouloir bien savoir de quelles parties du corps de ce saint elles sont et d'où on les tient. Je tâche de parvenir à une parfaite anatomie de tous les ossemens de ce saint répandus dans le royaume, et d'en découvrir la généalogie, pour ainsi parler, autant qu'il est possible [2].

Notre ami commun m'ayant prié de votre part de vous apprendre quelles sont les prérogatives de ma charge [3], aussi bien que les fonctions et devoirs qui y sont attachés, j'aurai l'honneur de vous dire que j'en ai fait une recherche particulière, depuis six ans que je le suis ; car je ne trouvois rien du tout dans les papiers de mes prédécesseurs, ou, s'il y avoit eu des titres, les héritiers les ont ou détournés ou rendus au Chapitre, à mon insçu.

---

2. Lebeuf avait la prétention d'établir que la caisse d'ossements, par lui découverte à Notre-Dame-la-d'Hors, en 1718, et qu'il croyait contenir les restes de saint Germain, ne renfermait pas un seul des os détachés autrefois du corps de ce saint, et vénérés authentiquement comme reliques en divers lieux. Au surplus, nous renvoyons encore, pour cette question des reliques de saint Germain, au rapport si complet de M. Challe, *Bull. de la Société des Sc. hist. et nat. de l'Yonne*, 1863, p. 476 et suiv.

3. Lebeuf parle de sa charge de sous-chantre ; voir la suite.

Je veux vous dire d'abord ce qui est d'usage actuel et de pratique. Je ne suis pas *dignité* mais *personnat*; ma fonction auroit été érigée en dignité par Innocent IV, vers 1250; mais le Chapitre ne le voulut pas; aussi l'évêque ne put le proposer au Pape. Je reçois mes provisions dudit évêque, parce que c'est un de ses prédécesseurs qui dota cette fonction, au commencement du XIIIe siècle, au lieu qu'auparavant elle étoit très-modique en revenus, quoi qu'elle le soit encore. Je suis reçu en chapitre, et ensuite installé au chœur durant l'office, par le plus ancien des chanoines; du moins ce dernier point fut observé à mon égard. Je suis tenu de porter chappe à toutes les fêtes doubles, et au-dessus du côté droit, avec le chanoine qui est en sa semaine de chappe, lequel a le côté gauche, quand même il seroit plus ancien que moi ; et c'est pour cela que le Chapitre croit qu'il faut que le sous-chantre soit chanoine, du moins qu'il ait un canonicat *ad effectum*. Quant à moi, j'étois chanoine depuis environ un an lorsque j'ai été fait sous-chantre.

Aux fêtes annuelles et solennelles, monsieur le chantre est entre nous deux, ayant le bâton (car pour moi je n'en porte jamais). Nous annonçons ensemble les antiennes du côté droit, et commençons ensemble les psaumes qui sont du même côté. Le deuxième choriste annonce avec lui ce qui est du côté gauche et commence avec lui les psaumes. Aux semi-solennelles, je porte seul chappe du côté droit, et même à la messe du Jeudi-Saint, quoique l'évêque officie. Le chanoine est à gauche, toutes les fois que je porte chappe, et même lorsque je ne la porte pas et que je suis à ma place, comme aux semi-doubles, simples et féries. Je suis obligé, autant que monsieur le chantre, à empêcher qu'on n'anticipe à la psalmodie, ou qu'on ne traîne, et à avertir qu'on fasse la pause. Ordinairement le chantre se repose pour tout cela sur moi, et, s'il autorisoit du désordre, je suis obligé de le contredire. C'est à nous deux, autant à l'un qu'à l'autre, à empêcher les causeries dans le chœur durant l'office, ou autres immodesties. Nous sommes cependant placés tous deux du côté droit, assez près l'un de l'autre. Ce n'est point au chantre à dresser l'*ordo* ou *bref*[1] ; la compagnie choisit quelqu'un pour cela ; il y a un *ordo* de certains officiers que le Lecteur, qui est comme ailleurs le Chancelier, doit faire par chaque semaine. Je suis chargé de faire ressouvenir les chanoines et les semi-prébendés de certaines fonctions extraordinaires qu'ils ont à faire. C'est aussi à moi à régler les jours qu'on fera les anniversaires et pour qui on les fera. C'est au chantre et à moi à reprendre les chantres et musiciens et chapelains pour leurs absences ; mais ils ne nous viennent pas faire leurs excuses au chœur, mais seulement devant ou après l'office ; et il n'est pas nécessaire qu'ils s'adressent à nous deux, mais seulement à l'un des deux. Si leurs absences sont longues, c'est au Chapitre à qui ils ont affaire. Quand il y manque des chantres d'un côté, c'est à l'un de nous deux, qui s'en avise le premier, à en faire venir de l'autre côté. Nous sommes égaux en toutes ces choses ; il n'y a ni présence, ni absence du chantre qui règle cela. Il y a même un de nos statuts qui enjoint à tous messieurs les chanoines d'obéir au sous-chantre, lorsqu'aux processions une aile est plus longue que l'autre ; car alors c'est à lui à en prier quelques-uns de passer de l'autre côté pour égaler les deux rangs. Je le fais quelquefois, mais souvent ces messieurs me préviennent et passent d'eux-mêmes. Je préside à toutes les processions, excepté celle de l'eau bénite des dimanches, quand le jour n'est que semi-double ; aux doubles et au-dessus, j'y suis en chappe ; aux autres processions, si je n'y suis qu'en habit de chœur ; je me place après les chantres pour leur indiquer, à haute voix, ce que je vais entonner, pour être à portée d'être entendu d'eux, pour les empêcher de causer, pour avertir les bedeaux et porte-croix quand ils vont trop vite, ce que je fais à voix haute.

C'est aussi moi qui installe seul tous les chanoines et même quelques Dignités, (je n'ai point encore installé des Dignités

---

1. Il ne s'agit plus ici de l'*Ordo* ou *Bref* diocésain, dont la rédaction n'appartenait qu'à l'évêque, mais d'un *Ordo* spécial, que le Chapitre d'Auxerre avait imaginé d'opposer à celui de l'évêque. Voir la suite de la lettre.

parce qu'aucune n'a encore vaqué), les semi-prébendés, les chantres, chapelains. Et voici comme cela se fait. Étant au Chapitre, après la réception du nouveau venu, le président lui dit de me venir trouver pour s'installer. Il vient chez moi m'en prier ; ordinairement on prend l'heure de prime ou de none. L'office étant commencé, j'entonne l'hymne (car c'est une de mes charges les plus pénibles d'avoir à entonner les hymnes des petites heures de toute l'année); après quoi je descends, je vais sous le jubé par la grande porte, où je trouve le candidat en habits noirs, c'est-à-dire en habit d'hiver et tête nue. Je le prends par un pan de sa chappe et le mène jusque derrière le banc qui est devant l'aigle, où il salue l'autel et le chœur, *ante et retro*; ensuite je le reprends par sa chappe et le mène à sa stalle, montant devant lui. Ordinairement le nouveau reçu vient, en me remerciant, m'apporter une paire de gants blancs; car nous nous en servons tous en portant chappe. C'est au chantre et au sous-chantre à maintenir les anciennes cérémonies, à avertir les chanoines qui font des fautes et à se plaindre au Chapitre s'il y a des réfractaires ; à prendre garde qu'on ait les cheveux courts et la tonsure faite; autrefois même ils marançoient, c'est-à-dire qu'ils ordonnoient au distributeur de retenir quelques sommes aux désobéissants, mais toujours comme représentant la compagnie. A présent, je ne marance plus guères que les chanoines *in minoribus*, les chantres négligens, les chappelains, les sonneurs, ou autres semblables.

J'oubliois de vous dire qu'en Chapitre je n'opine qu'en mon rang de chanoine, et qu'aux installations de doyen, ordinairement je ne suis pas seul, mais que par honneur on me donne des adjoints. Quand l'acte d'installation est dressé dans les registres, c'est à moi à le signer. Il y a deux ou trois chappelenies à ma collation, mais elles sont dénuées de biens; tout est perdu. J'ai aussi trouvé que c'étoit à moi, anciennement, à conférer la maîtrise d'école pour le chant, dans la ville (*Ex titulo an.* 1407). Je n'exerce plus cela, car à présent montre le chant qui peut, qui veut et à qui il veut. Quand le grand enfant de chœur quitte la robe et qu'il continue de venir au chœur, il me doit faire présent de sa dernière aube et la mettre sur l'aigle; mais jamais je ne l'accepte.

Comme j'ai envoyé quelques brefs d'Auxerre de 1719 à M. de la Chauvinière, pour distribuer à ses amis et aux miens, je ne doute pas que vous n'en ayez dans peu, lui ayant recommandé de vous en faire tenir incessamment. C'est moi qui l'ai composé, par ordre de notre prélat, et qui continuerai à le composer; j'ai cru devoir y mettre mon nom à la fin, à l'exemple de M. votre Préchantre, dont le bref de 1718 m'a servi de modèle en quelque chose. Notre Chapitre fait le sien en particulier, mais il ne s'imprime pas.

C'est depuis deux ans que la compagnie, croyant qu'on y vouloit admettre des nouveautés, a nommé un chanoine pour faire le sien[5]. Ces brefs ne diffèrent pas au fond, sinon que le diocésain est plus étendu. Ce qui a révolté le Chapitre est qu'on y mettoit deux grandes messes d'obligation, les jours de fêtes qui concourent avec un jeûne, joug qu'on croit avoir secoué légitimement depuis quelques années, quoique les collégiales observent l'ancien usage.

Je crois, Monsieur, que je ne vous manderai pas une chose désagréable, en vous apprenant qu'il y a dans notre séminaire, depuis trois mois, un jeune lazariste de votre diocèse, qui étant devenu diacre a été fait prêtre aux derniers Quatre-Temps. Il est natif de Montreuil et s'appelle Marcotte; il est fort petit de taille, mais il est dans de bons sentimens et bien porté pour l'antiquité. C'est lui qui montre les cérémonies à nos jeunes ecclésiastiques; ainsi j'ai souvent affaire à lui. Il ne manque pas, entre autres choses, à sa première messe du quatrième dimanche d'Avent, d'attendre que le *Sanctus* soit achevé pour commencer *Te igitur*. Il m'apprend bien des particularités d'Amiens que j'ignorois. A

---

5. Voyez, aux Archives de l'Yonne, *Recueil Frappier*, t. IV, *passim*, la délibération capitulaire du 10 février 1717 et autres, relatives à la rédaction de ce bref spécial.

mesure que j'écris cette lettre, l'année 1719 s'approche. Je vous la souhaite, Monsieur, remplie de tous les bonheurs que vous pouvez désirer. Continuez, je vous supplie, à prier le Seigneur pour moi, en m'accordant la grâce de croire que je suis, avec bien du respect, etc.

59. — DE LEBEUF A M. DE LA CHAUVINIÈRE.

26 janvier 1719.

Pour réponse à ce que vous me demandez pour le Val-des-Choux[1], j'aurai l'honneur de vous dire que voici ce que je sçais en général des trois maisons qui ont existé dans notre diocèse. La plus fameuse est Notre-Dame-de-l'Épau, *de Spallo*[2]. Je la crois fondée vers 1214; en 1249, on en tira des religieux pour aller

---

LETTRE 59. — Dans le manuscrit de la bibliothèque Sainte-Geneviève, Df, 42, auquel nous empruntons cette lettre, elle porte en tête l'intitulé suivant : « Extrait d'une lettre écrite par M. Lebeuf à M. de la Chauvinière, « le 26 janvier 1719, cet extrait concernant les trois prieurés de l'ordre du « Val-des-Choux, qui sont dans le diocèse d'Auxerre. »

1. Le Val-des-Choux, *Vallis Caulium*, grand prieuré, autrefois chef d'ordre, fondé par les ducs de Bourgogne à la fin du XIIe siècle, sur la paroisse de Villiers-le-Duc, près Châtillon-sur-Seine, diocèse de Langres ; voyez Courtepée, éd. nouvelle, t. IV, p. 235. Au moment où Lebeuf écrit à M. de la Chauvinière, on se préoccupait de réformer l'ordre du Val-des-Choux, et c'est probablement cette réforme qui donna lieu à leurs recherches. Cpr. lettre du 9 novembre 1721.

2. L'Épau ou Lépeau, près Donzy, arrondissement de Cosne (Nièvre). Cpr. ce qu'en dit Lebeuf, *Prise d'Auxerre*, p. 282. « Le monastère de « l'Epau, *de Spallo*, a été fondé à un demi-quart de lieue de Donzy par « Hervé, comte de Nevers, vers l'an 1214, pour les religieux du Val-des-« Choux, sans cependant qu'il fût soumis à l'abbaye de ce nom. Il a été « comme une maison principale, qui a produit dès le même siècle celle de « Revillon, dite autrefois Saint-Nicolas, et celle de Plain-Marchais, toutes « deux situées au diocèse d'Auxerre. Aujourd'hui il n'y a plus de religieux « dans aucun de ces prieurés. » Voyez encore à ce sujet la lettre du 23 avril 1719.

habiter proche une chapelle appelée *Plain-Marchais*, située assez près de Saint-Fargeau [3]; l'acte qui en fait foi témoigne que les religieux de ces deux maisons dépendoient de l'évêque et étoient sous sa juridiction. Ils étoient cependant de l'ordre du Val-des-Choux très-certainement, mais il paroit que l'Épau ne dépendoit pas pour cela de l'abbaye chef-d'ordre, je pourrai en rapporter quelque jour les preuves [4].

Aujourd'hui c'est le Roi qui confère ce prieuré, et le prieur confère celui de Plain-Marchais. Le revenu de l'Épau n'est que de 800 livres, sur quoi il y a décimes et charges à payer. Cela est bien modique en comparaison de ce qu'il a dû posséder autrefois et dont la preuve est, à ce qu'on dit, à Nevers dans la Chambre des Comptes. Le prieur nommé par le Roi est aujourd'hui M. Michel Roger de Rabutin de Bussy, qui demeure à Arles, où je pense qu'il est prévôt ou doyen [5]. C'est le seul lieu où il y ait apparence de pouvoir rétablir la règle dans le diocèse. La voûte de l'église et la couverture sont abattues, mais les murailles restent, avec une des chapelles de la croisée, où l'on acquitte les charges; il y a même une cloche assez considérable. Je me souviens d'y avoir aperçu les lieux claustraux remplis de décombres et de matériaux, et outre cela des bâtimens suffisans pour loger des moines, avec des granges et autres lieux. J'attends de Donzy une plus ample information. Je n'ai pas été à Plain-Marchais, mais ce n'est qu'une chapelle avec quelques maisonnettes entourées de fossés et d'étangs (apparemment en mauvois état).

---

3. Plain-Marchais, aujourd'hui simple ferme de la commune de Lavau, canton de Saint-Fargeau (Yonne). Le prieuré, placé sous l'invocation de Notre-Dame-de-Sainte-Barbe, avait été fondé, au commencement du xiiie siècle, par Ithier et Jean de Toucy. Il fut supprimé le 8 novembre 1769, et ses domaines furent réunis à l'hôpital de Saint-Fargeau. Voyez notice de M. Déy, *Bull. de la Soc. des sc. de l'Yonne*, t. X, p. 200 et suiv.

4. Lebeuf a publié en effet, dans ses *Mém. sur le dioc. d'Auxerre*, t. IV, p. 103, le titre auquel il fait allusion ci-dessus.

5. Roger Celse Michel de Rabutin, comte de Bussy, qui devint évêque de Luçon, et membre de l'Académie française; il était fils du célèbre comte Roger de Bussy Rabutin et de Louise de Rouville. Il mourut le 3 novembre 1736.

Le revenu est de trente livres. C'est un nommé M. Mazin[6], demeurant à Paris, qui en est prieur. On apperçoit aisément que l'Épau a été quelque chose de considérable ; l'église paroit avoir été aussi grande pour le moins que Sainte-Geneviève de Paris.

1719

Révillon[7], qui est le troisième prieuré du même ordre, a eu aussi une grande église, à en juger par l'arcade du sanctuaire qui reste ; mais il n'y a ni bâtiment, ni autre édifice claustral à côté. Tout paroit avoir été enlevé pour bâtir l'église d'Entrains qui est à une lieue de là. Il n'y a plus qu'une petite chapelle, à côté de cette arcade, où l'on dit quelques messes, et une petite ferme ouverte de tous côtés. Il ne paroit pas qu'on puisse jamais ressusciter la règle en cet endroit. Ce prieuré dépendoit immédiatement du Val-des-Choux. M. Marie[8], pénitencier de la cathédrale, le possédoit ; il l'a donné au monastère de Saint-Germain d'Auxerre, croyant apparemment qu'il dépendoit immédiatement des Bénédictins[9]. Je n'ai encore pu sçavoir combien ils en retirent ; j'ai passé autrefois en cet endroit et l'ai examiné attentivement. Ce prieuré est peut-être plus ancien que celui de l'Épau.

Vous remarquerez, dans le martyrologe de M. Chastelain, qu'un moine de l'Épau fut martyrisé par les Huguenots à Donzy en 1569, il s'appellait Jean Mignard ; je crois qu'il a été le

---

6. Il y a lieu de croire que Lebeuf commet ici une légère erreur. Jean Guillaume de Mazens, prieur de Plain-Marchais, avait résigné ses fonctions en 1718, et, le 10 mai de cette année, M. de Caylus avait accordé des lettres de provision à son successeur, Jean Thomin. Voyez *Registres d'ordinations, provisions, etc., de l'évêché d'Auxerre*, aux Archives de l'Yonne.

7. Le prieuré de Saint-Nicolas de Réveillon était d'abord situé à Saint-Cyrles-Entrains ; il fut transféré en 1770 à Entrains même, canton de Varzy, (Nièvre). Voyez la *Notice sur les monastères du diocèse d'Auxerre*, publiée par Frappier, à la suite de son *Histoire de l'abbaye de Saint-Julien*. Auxerre, 1777, p. 84 et suiv. ; voyez aussi, aux Archives de l'Yonne, pièces relatives à Réveillon.

8. « Jean Marie, qui était lecteur de la cathédrale d'Auxerre, fut installé « pénitencier le 11 août 1695. Il fut aussi vicaire-général d'André Colbert « et de son successeur. Il est mort en 1731 au mois de mai. » Lebeuf, *Mém. sur le dioc. d'Auxerre*, t. II, p. 475.

9. Ce qu'il y a de certain c'est que l'abbaye de Saint-Germain d'Auxerre finit par prendre possession du prieuré de Saint-Nicolas de Réveillon. Voir Archives de l'Yonne, fonds de Saint-Germain, titres généraux, liasse 19.

dernier prieur régulier [10]. Des rolles de décimes de 1547 et 1550 que j'ai, mettent : *Prior et conventus de Espallo*; mais en parlant de Révillon et Plain-Marchais le mot de *conventus* n'y est pas.

59 (*bis*). — DE LEBEUF A M. DE LA CHAUVINIÈRE.

6 février 1719.

J'ai trouvé, depuis ma dernière, qu'il se fit à l'Épau, en 1506, une élection d'un prieur à laquelle présida un vicaire-général de l'évêque [1]. La communauté était cependant dès lors fort petite, ils n'étaient que quatre. Il me semble qu'en un sens, puisque ce prieuré dépend absolument de l'évêque diocésain, il serait fort aisé, s'il le vouloit, d'y rétablir une communauté sur le pied de l'ancienne. J'aime tout à fait ces sortes d'ordres qui n'ont pas entassé priviléges sur priviléges.

60. — DE LEBEUF A M. ANTHOINE, PROTONOTAIRE APOSTOLIQUE [1].

Auxerre, ce 23 février 1719.

Suivant que j'ai eu l'honneur de vous le promettre, j'ai fait quelques recherches, pour ne vous donner que des mémoires sûrs, et je trouve que, de tous les prieurs dont je vous ai donné

---

10. Voir sur ce fait Lebeuf, *Prise d'Auxerre*, p. 231.

LETTRE 59 (*bis*). — Elle porte pour intitulé, dans le manuscrit Sainte-Geneviève, Df. 42 : « Autre extrait d'une lettre de M. Lebeuf à M. de la Chauvinière, du 6 février 1719. »

1. Cpr. Lebeuf, *Prise d'Auxerre*, p. 231.

LETTRE 60. — Dans le manuscrit Sainte-Geneviève, Df, 42, cette lettre porte l'intitulé suivant : « Lettre de M. Lebeuf à M. Anthoine, protonotaire « apostolique, demeurant à Paris à l'archevêché. Cette lettre concerne les « prieurés du diocèse d'Auxerre, et M. Lebeuf prie M. Anthoine dans ladite « lettre de communiquer à M. de la Chauvinière ce qu'il sait sur les prieurés « de l'ordre du Val-des-Choux qui sont en différents diocèses. »

1. Antoine (Jean-Dagobert) publia en 1728 (Paris, un vol. in-8°) le *Catalogue alphabétique des archevêques, évêques et prieurs, qui possèdent des*

la connoissance, outre ceux de la feuille que monsieur le rece‑ 1719
veur des décimes avoit fait dresser, il n'y en a que trois à pro‑
prement parler qui puissent enrichir votre Catalogue, sçavoir :
Saint‑Amatre, Saint‑Eusèbe [2], et Fontenay ou les Bons‑
Hommes [3]. Comme c'est toujours le curé de Saint‑Amatre et
celui de Saint‑Eusèbe, qui, étant réguliers, jouissent des prieurés
de même nom, on ne sçait pas bien le revenu séparé du prieuré,
et jusqu'à présent je n'ai pu parvenir à en avoir une parfaite
connoissance.

A l'égard de celui de Fontenay, de l'ordre de Grammont, il
peut valoir 150 livres, à en juger par les décimes et autres qui
montent à environ cinquante livres. Le prieuré de Saint‑Malo [4]
est encore actuellement dans le rolle, mais on ne lui donne que
dix sols qu'on met en reprises, aussi bien que le prieuré de Bou‑
tissain [5], étant tout deux abandonnés. Le prieuré de Bessy [6]
n'est point dans le rolle d'Auxerre; les biens en sont attachés au

bénéfices dépendant du roi, leurs revenus, etc. Les renseignements que lui
envoie Lebeuf sont relatifs à cet ouvrage.

2. Rappelons seulement que Saint‑Amatre et Saint‑Eusèbe étaient des
prieurés‑cures d'Auxerre, desservis par des chanoines réguliers.

3. Saint‑Marc‑lès‑Fontenay, hameau de la commune de Corvol‑l'Orgueil‑
leux, canton de Varzy (Nièvre). — Le prieuré de Saint‑Marc de Fontenay,
appelé aussi le prieuré des Bons‑Hommes, était de l'ordre de Grammont, et
avait été fondé, vers 1167, par le comte de Nevers Guillaume IV. Voir
Notice des Mon. du dioc. d'Auxerre ; et *Cart. de l'Yonne*, t. II, p. 190.
Cpr. Née de la Rochelle, *Mém. sur le dép. de la Nièvre*, t. II, p. 140.

4. Le prieuré de Saint‑Malo existait jadis sur la paroisse d'Ouzouer‑sur‑
Trézée, canton de Briare (Loiret). Dès le milieu du xviie siècle, il en restait à
peine quelques vestiges : voyez *Réponse du curé d'Ouzouer au mandement
de l'évêque d'Auxerre pour le synode de* 1679 (Arch. de l'Yonne). Cepen‑
dant, le 9 septembre 1736 M. de Caylus conféra à François‑Ferdinand Maby,
« capellam seu capellaniam S.‑Maclovii intra limites parochiæ Ouzoueri...
« liberam nunc et vacantem per desertionem. » *Reg. d'ordin. de l'évêché
d'Auxerre* (Archives de l'Yonne).

5. Boutissain, aujourd'hui simple hameau de la commune de Treigny,
canton de Saint‑Sauveur‑en‑Puysaie (Yonne). Le prieuré de Notre‑Dame ou
de Saint‑Lazare de Boutissain, fondé avant le xiie siècle, était de l'ordre
de Saint‑Augustin et de la dépendance du prieuré de Saint‑Amatre d'Auxerre.
Voir renseignements nouveaux sur ce prieuré, *Annuaire de l'Yonne*, 1857,
p. 260.

6. Bessy, aujourd'hui commune du canton de Vermenton, arrondissement

1719 chapitre de Vézelay, et la portion qu'il doit payer au Roy est apparemment dans la masse des décimes que le chapitre de Vézelay paye au receveur d'Autun. Saint-Nicolas-du-Pont de la Charité n'est point non plus dans le rolle; on dit que, quand le pont tomba, il emmena la chapelle. La Charité jouit, selon les apparences, de ce qui peut y rester, ou quelque autre communauté [7].

Beaumont où Saint-Thibaud [8] ne paroit pas avoir jamais été dans les rolles, ni dans les pouillés. C'est une dépendance de l'abbaye de Saint-Germain. Dammarie [9] est inconnu dans les nouveaux rolles. Moutiers [10], qui étoit une abbaye dans le VIIIe et le IXe siècle, est uni de temps immémorial à l'abbaye de Saint-Germain. Je crois avoir déjà eu l'honneur de vous mander une partie de tout cela; je n'ai plus rien à vous ajouter, pour le présent, sinon que j'ai écrit à Donzy touchant certains prieurés du voisinage, et que j'ai compris, par le rolle des décimes, que le montant qu'on a donné à M. Robinet de Pontagny, receveur des décimes, de plusieurs prieurés n'est pas juste; car celui qui l'avait dressé m'a dit qu'il y spécifioit la valeur sans déduire les charges, et cependant, à ce compte, il se trouveroit qu'à un bénéfice de 800 ou 900 livres on n'y laisseroit au titulaire que le demi-

---

d'Auxerre (Yonne). Vézelay, célèbre abbaye bénédictine, aujourd'hui chef-lieu de canton de l'arrondissement d'Avallon (Yonne.)

7. On trouve, dans le *Registre des Provisions de l'évêché d'Auxerre*, la chapelle ou chapellenie de Saint-Nicolas-des-Ponts de la Charité, conférée par l'évêque, sur la présentation de l'abbé de Cluny; voir notamment ce registre au 22 mai 1757.

8. Saint-Thibaud, aujourd'hui hameau dépendant des communes de Pourrain et de Chevannes, près d'Auxerre. Le prieuré portait autrefois indifféremment les noms de prieuré de Beaumont ou prieuré de Saint-Thibaud-des-Bois. Voir *Notice des Mon. du dioc. d'Auxerre*.

9. Dammarie-en-Puysaie, commune du canton de Briare (Loiret). Le prieuré de Dammarie a disparu des pouillés du diocèse d'Auxerre, à partir du XVe siècle. Voir *Notice des Mon. du diocèse*.

10. Moutiers, ancienne abbaye, depuis simple prieuré de l'ordre de Saint-Benoit, aujourd'hui commune du canton de Saint-Sauveur-en-Puysaie, arrondissement d'Auxerre (Yonne).

quart ou environ pour sa part; j'en ai remarqué un entre autres qui paye 740 livres au Roi par an, et cependant on n'a mis son revenu qu'à 800 livres. Aussi, Monsieur, vous pourriez prier M. de Pontagny de vouloir bien faire en sorte que la personne, qui a dressé la première feuille, voulût spécifier si l'estimation qu'il en a faite est sans y déduire aucune charge, ou si c'est en déduisant seulement les décimes; autrement il n'y auroit rien à fonder sur cette évaluation. Je tâcherai encore de rejoindre cette personne, afin d'éclaircir à fond cette valeur qu'il est de très-grande importance de ne point mettre à l'hazard (sic).

Cette lettre doit vous être remise par un de mes amis [11] qui se donnera l'honneur de vous aller voir. Je vous prie d'avoir la bonté de lui dire si vous avez reçu ma première lettre, que je fis mettre à la poste le 29 de janvier. Je commence à en être en peine et peut-être me suis-je trompé à la suscription. J'ai encore une autre grâce à vous demander, Monsieur, qui seroit de vouloir bien communiquer à cet ami ce que vous sçavez sur les prieurés de l'ordre du Val-des-Choux, qui sont en différents diocèses; si cela ne vous fait point de peine, vous m'obligerez très sensiblement. S'il y a quelque chose en quoi je puisse vous être utile dans ce diocèse, je vous supplie de ne me pas épargner, et si je ne me suis pas encore assez expliqué à votre gré, ayez la bonté de me le marquer; je suis tout prêt à vous donner tous les éclaircissements qui dépendent de moi, soit sur les paroisses, soit sur les chapelles, voulant vous prouver la parfaite reconnoissance avec laquelle je serai, etc.

---

11. Cet ami est évidemment M. de la Chauvinière auquel Lebeuf avait adressé les deux lettres des 26 janvier et 6 février 1719, touchant le même objet, c'est-à-dire touchant les prieurés du Val-des-Choux.

1719

61. — DE LEBEUF A DOM DU CAMÉRU, RELIGIEUX DE SAINT-MARTIN-DES-CHAMPS [1].

20 avril 1719.

Comme vous êtes l'un de ceux qui travaillent à l'excellent missel que le public attend de votre ordre [2], je me donne l'honneur de vous écrire, pour vous marquer et aux illustres confrères qui vous sont associés, que j'ai envoyé il y a longtemps à M. Bocquillot, chanoine d'Avallon, un exemplaire de votre missel dont il m'a lui-même accusé la réception.

Je ne doute pas, mon Révérend Père, que toutes les remarques qu'il fera ne soient excellentes, mais je ne crois pas que son grand âge et ses fréquentes infirmités lui permettent d'en faire beaucoup. C'est au moins ce que je puis inférer de la teneur de sa lettre. Il m'a chargé, dès ce temps-là, de vous en témoigner sa reconnoissance, et, si je ne me trompe, j'ai prié M. de la Chauvinière de vouloir bien s'acquitter pour moi de ce devoir envers vous. J'ajouterai à ceci que, lorsqu'il m'envoya il y a deux mois le *Voyage liturgique* [3] de M. Le Brun d'Orléans [4], qui est son

---

LETTRE 61. — 1. D'après la suscription de la lettre, telle qu'elle est reproduite dans le manuscrit Sainte-Geneviève, D. du Caméru était en outre « zélateur et second chantre de Saint-Martin-des-Champs. » Nous n'avons pas pu nous procurer d'autres renseignements biographiques sur ce correspondant de Lebeuf.

2. Voyez, sur ce missel et les circonstances dans lesquels il fut entrepris, la lettre de Lebeuf à D. d'Espringles, du 10 novembre 1718.

3. *Voyages liturgiques de France ou Recherches faites en diverses villes du royaume* par le sieur de Mauléon (Le Brun des Marettes), Paris, F. Delaume, 1718.

4. Le Brun des Marettes, acolyte de l'église de Rouen et savant liturgiste, qu'il ne faudrait pas confondre avec le Père Le Brun de l'Oratoire, autre savant liturgiste de la même époque, était né à Rouen, avait été élevé à Port-Royal-des-Champs, et mourut à Orléans, le 19 mars 1731. Voir sur sa vie et ses ouvrages le *Supplément au nécrologe de Port-Royal*, 1re partie, p. 490. On conserve à la Bibliothèque Impériale, Mns. fr., 2440, plusieurs lettres de Le Brun des Marettes à Bocquillot.

ami, il m'avertit que ce sçavant étoit l'une des personnes les plus capables de vous aider, que c'est lui qui a eu la meilleure part au missel et au bréviaire d'Orléans 5, et que tout ce qu'il a été le maitre d'y mettre est tout à fait bon. Voilà, mon révérend Père, ce que j'ai cru devoir vous écrire, quoique je m'y sois pris un peu tard.

Voici un offertoire que je crois mieux convenir à la messe de saint Martin, votre patron, qu'aucun de ceux qui ont été mis jusqu'à présent dans les missels, entre autres dans ceux de Paris et de Sens. « Obtulit holocausta ei pacifica, et invocavit Domi-« num, et exaudivit eum in igne de cælo super altare, I par., « 21-26. »

Il me viendra peut être dans l'esprit quelques autres passages plus dignes d'être appliqués, dans les messes des saints, que ceux que j'ai lus dans votre exemplaire. Mais comme rien ne presse encore absolument, je n'en ajouterai aucun à cette lettre et me contenterai, pour le présent, de vous assurer du respect sincère avec lequel je suis, etc.

62. — DE LEBEUF A DOM DOLÉ, RELIGIEUX DE SAINT-MARTIN-DES-CHAMPS.

A Auxerre, le 23 avril 1719.

Si le gros livre, que je me suis donné l'honneur de vous envoyer l'hiver dernier, m'appartenoit, je continuerois de vous faire dire par notre ami commun, M. de la Chauvinière, que vous pouvez le garder tant qu'il vous plaira ; mais comme il appartient à l'abbaye de Saint-Germain, je suis obligé de le leur représenter lors-

---

5. D'après le *Supplément au nécrologe, loco citato*, Le Brun Des Marettes aurait également travaillé à la réfection des livres liturgiques du diocèse de Nevers. Voyez, en effet, la lettre du 11 mai 1725.

qu'ils me le redemandent[1]. C'est ce qu'ils ont fait, il y a neuf ou dix jours, à l'occasion d'une procession qui se fait ici tous les ans, le jour de la Quasimodo, qui les a fait ressouvenir de le consulter; et, leur ayant dit que je l'avois prêté à un de mes amis hors de la ville, ils m'ont seulement dit de veiller à ce qu'il ne se perde point; mais j'ai entrevu qu'ils sont bien aise de le recevoir pour un peu de temps. C'est pourquoi, mon révérend Père, je vous prie d'avoir la bonté de me le renvoyer.

M. de la Chauvinière m'a mandé que vous l'avez enrichi de quelques notes[2]; elles me feront bien plaisir et à ceux qui voudront s'en servir un jour. Vous êtes parfaitement au fait pour tout ce qui regarde le pays de Nivernois, qui s'étend dans environ un tiers de notre diocèse. Or, sans doute que vous aurez remarqué beaucoup d'anachronismes dans nos comtes et barons. Nos révérends Pères bénédictins ne sont point fâchés qu'on éclaircisse un peu les fautes de leurs manuscrits; au contraire ils m'ont témoigné que cela leur fesoit plaisir, et ils ont bien raison en cela.

Pourrois-je vous demander, mon révérend Père, si vous n'auriez rien trouvé dans vos recherches, touchant le prieuré de l'Épau proche Donzy[3], que ce qu'en dit le manuscrit?

Il est certain que c'est le comte Hervé qui l'a fondé vers 1214. Mais le titre original de cette fondation ne seroit-il pas tombé entre vos mains, lorsque vous avez consulté la Chambre des Comptes à Nevers, aussi bien que le consentement de l'évêque d'Auxerre Guillaume pour cette nouvelle fondation? N'auriez-vous point encore rencontré, dans le même endroit, en quoi consistoient tous les biens que Hervé donna à ce nouveau monastère, qui étoit de l'ordre du Val-des-Choux et en quelque sorte le chef d'une petite congrégation dans notre diocèse?

---

1. Cpr. lettre du 7 août 1718, et les notes.
2. On ne remarque aucune note, pouvant être attribuée à D. Dolé, sur les manuscrits de D. Viole. Ces notes avaient été sans doute écrites sur des feuilles détachées, qui n'ont pas été conservées jusqu'à nous.
3. Voir, sur ce prieuré, la lettre du 26 janvier 1719.

J'ai sujet d'espérer aussi, mon Révérend Père, que vous n'aurez pas oublié les deux grâces que j'ai pris la liberté de vous demander, l'une concernant une petite chronique manuscrite conservée dans les archives de Saint-Cyr de Nevers, dans une chambre proche le Chapitre, dont la copie peut être faite en une heure de temps ; l'autre, touchant la légende de saint Salve, confesseur, du 16 octobre, que je soutiens toujours n'être point saint Salve, évêque d'Albi, quoiqu'on le croie peut-être aujourd'hui à Saint-Sauge 4, mais l'hermite de notre diocèse qui vivoit avant la fin du vi^e siècle ; et je pose pour certain que M. Baillet a été trompé par de fausses relations, lorsqu'il a avancé que c'est le saint d'Albi qui a donné son nom à la petite ville du Nivernois, à moins qu'on ne veuille l'excuser par la précaution qu'il a prise en mettant seulement : *On dit.....*

Si Messieurs vos amis de Nevers ont secondé l'envie que vous avez de m'aider à éclaircir la vérité, je ne doute point que vous ne me fassiez bientôt part de ce qui vous aura été envoyé. J'attendrai de vous ce surcroît de faveur, en vous assurant, etc.

P.-S. — Je vous prie d'avoir la bonté de présenter mes respects à Dom Despringles, votre confrère.

---

4. Saint-Saulge, chef-lieu de canton de l'arrondissement de Nevers. Quant au saint qui a donné son nom à cette petite ville, Née de la Rochelle, dans ses *Mémoires pour servir à l'histoire du département de la Nièvre*, t. II, p. 282, et M. l'abbé Crosnier, dans son *Hagiologie Nivernaise*, p. 114, prétendent qu'il est bien le même que l'évêque d'Alby.

63. — DE LEBEUF A LE BRUN DES MARETTES.

A Auxerre, le 26 avril 1719.

Un de vos meilleurs amis [1], ayant eu la bonté de me prêter le livre que vous avez donné au public l'an passé, touchant les rites ecclésiastiques, j'ai commencé à le lire par l'article qui regarde notre ville, et j'y ai remarqué que vous y citez un missel manuscrit d'Auxerre de 400 ans [2]. Comme ma fonction exige de moi une certaine application aux anciennes cérémonies, et que même j'écris là-dessus *ex professo* pour l'usage de notre diocèse, et que j'en retouche le calendrier, je prends la liberté de vous demander, en cas que ce missel soit à votre portée, soit à Orléans, soit ailleurs, si vous ne pourriez pas me donner quelques éclaircissements sur le calendrier et autres endroits. Il me paroit, par ce que vous en citez, que ce missel n'est pas celui sur lequel on a copié celui qui fut écrit vers l'an 1404, ni ceux qui furent imprimés vers 1482, 1518 et 1530. Quoiqu'il en soit, Monsieur, je vous prie de vouloir bien me faire part des preuves, que vous avez qu'il est de 400 ans et qu'il est d'Auxerre; il vous est aisé de confronter le Propre des saints avec le Bref du diocèse que M. Bocquillot m'a dit vous avoir envoyé.

Je suis très réjoui des remarques que vous avez faites sur les usages de nostre église, j'aurois seulement souhaité que vous

---

LETTRE 63. — Dans le manuscrit Sainte-Geneviève Df. 42, cette lettre porte l'intitulé suivant : « Lettre de M. Lebeuf à M. Le Brun, appelé Des « Marets (*sic*), et qui s'est appelé luy-même de Moléon dans les *Voyages* « *liturgiques de France* dont il est l'auteur. » Voyez, d'ailleurs, sur Le Brun des Marettes et sur l'ouvrage dont lui parle Lebeuf, la lettre du 20 avril 1719 et les notes qui l'accompagnent.

1. M. de la Chauvinière; voir lettre du 20 avril 1719.

2. Voir dans l'ouvrage de Le Brun des Marettes l'article consacré à l'église cathédrale d'Auxerre. Il occupe les pages 157 à 161; et le passage, auquel Lebeuf fait allusion, est ainsi conçu : « On voit, dans un missel manuscrit « d'Auxerre, ancien de 400 ans, que le sixième jour d'août on bénissoit les « raisins nouveaux à la messe de saint Sixte. »

vous fussiez étendu un peu davantage, et, si j'avois eu l'honneur
de vous connoitre, je vous aurois fourni beaucoup de matériaux.
Il y a cependant, dans votre article, une ou deux fautes légères
qui sont échappées à votre exactitude et lesquelles je vous ferai
remarquer si vous me le permettez. J'espère qu'un jour quelqu'un pourra s'étendre sur l'église d'Auxerre aussi amplement
que vous vous êtes étendu sur celle de Rouen; cela est à souhaiter pour le retranchement de bien des abus que les chanoines
prennent souvent pour des anciens usages et de louables coutumes, et dont on ne sçauroit les détromper que par une production publique de ce qui est dans leurs propres archives.

Si votre commodité vous permet de m'honorer d'une réponse,
je vous prie, Monsieur, de me faire part des additions que vous
aurez remarquées dans le calendrier du missel Auxerrois de 400
ans, en cas qu'il y en ait. Ces sortes d'additions, qui sont ordinairement d'une autre écriture que le fond du missel, me sont
d'une merveilleuse utilité pour la critique que je suis obligé de
faire de nos calendriers. C'est la grâce que je vous demande en
vous assurant que je suis, avec bien du respect, etc.

64. — DE FENEL A LEBEUF.

23 juin 1719.

[Nous nous bornons à reproduire, dans cette lettre empruntée
à la collection de Fontaine, le passage suivant :

« Mgr notre archevêque vint icy il y a quatre jours et me
« donna une lettre pour M. le prieur de Dollot, en m'apprenant
« qu'il lui donnoit le canonicat de la Théologale. Je luy ai envoyé
« cette lettre, je doute qu'il l'accepte. Si cela étoit, vous accomo-
« deriez-vous de son prieuré, qui est d'environ mille livres,
« chargé d'une première messe, et de cent vingt livres aux déci-
« mes, et peut-être quelque peu plus ? En cas que cela vous con-
« vint, je l'insinuerois; sinon je n'en dirois rien... » (Cpr. lettre
du 4 août 1719).]

65. — DE LEBEUF AU P. PRÉVOST, BIBLIOTHÉCAIRE DE L'ABBAYE SAINTE-GENEVIÈVE DE PARIS.

[juin ou juillet 1719.] 1

Je me donne l'honneur de vous écrire par un de vos futurs confrères, qui est le jeune M. Bogne, qu'on m'a assuré devoir prendre l'habit de chanoine régulier dans peu. Ainsi, j'ai tout lieu d'espérer que cette lettre aura un sort plus heureux que celle que je vous écrivis, vers Noël dernier, par la voie d'un ecclésiastique de cette ville.

Je m'adresse à vous, mon Révérend Père, pour vous prier de vouloir bien prendre la peine de consulter les Bollandistes au sujet d'un saint de notre diocèse, dont je voudrois éclaircir l'histoire ; c'est saint Caradeu [2], en latin *Caradocus*, patron de la collégiale de Donzy. Faites-moi le plaisir de regarder au 13 avril s'il n'y est pas parlé de ce saint, et les raisons qui y sont de ne

---

LETTRE 65. — Cette lettre est la première, par ordre de dates, dans le recueil des lettres autographes adressées par Lebeuf au P. Prévost et conservées à la bibliothèque Sainte-Geneviève, sous la rubrique 3 F, 13. Elle a été déjà publiée par M. Léon de Bastard avec des notes dont nous reproduisons quelques-unes. Quant au recueil dont elle fait partie, voyez les renseignements donnés dans la Préface.

1. La date de cette lettre manque dans l'original. Mais Lebeuf y raconte que son travail sur la *Tradition de l'église d'Auxerre*, ou plutôt l'ouvrage dans lequel il est inséré, c'est-à-dire le *Cri de la Foi*, vient de paraître ; ce qui nous reporte à l'année 1719. Le début de la lettre du 10 janvier 1720 (voir ci-après) permet de préciser davantage, et de donner pour date à la lettre ci-dessus le mois de juin ou le mois de juillet 1719.

2. Dans le martyrologe de l'église d'Auxerre, rédigé en 1751, par ordre de Mgr de Caylus, il est fait mention de ce saint, au 16 décembre, en ces termes : « In Anglia natalis sancti Carodoci presbyteri et abbatis, cujus reliquiæ Domitiaci in ecclesia collegiata sui nominis aliisque locis diœcesis Autissiodorensis, asservantur. » Voir sur saint Caradeuc la note de Frappier, p. 246-251 de son édition de l'ouvrage de l'abbé Rigaut *Sancta Autissiodorensis ecclesiæ fastorum carmen*. « Cette note, dit Frappier, « pourra paroître un peu longue sur un saint peu connu ; mais le lecteur « voudra bien le passer à l'éditeur, qui est né à Donzy. »

rapporter sa mort qu'au xiie siècle, tandis qu'à Donzy on a des preuves qu'il est bien plus ancien ; comme aussi les raisons qui font croire qu'il est décédé un 13 avril, pendant qu'à Donzy on croit qu'il mourut un 15 d'août. Je travaille fortement à la réforme de notre calendrier, mais malheureusement l'ouvrage des Bollandistes, qui me seroit d'un grand secours, manque en cette ville. La légende de Donzy commence par ces mots : *Cum Dei omnipotentis benignitate*. Si vous ne trouvez rien de ce saint au 13 avril, ayez la bonté de regarder au 30 janvier, qui est le jour auquel le martyrologe de Hugues Ménard en parle.

Si je n'appréhendois de vous trop détourner, je vous prierois de voir encore au 13 juin, si, en parlant de sainte Félicule[3], les Bollandistes disent quelque chose de la collégiale de Gien, au diocèse d'Auxerre, ou de celle de Léré en Berri[4]. C'est une sainte qui me doit donner bien de la peine dans le futur calendrier, à cause que je voudrois ne pas la confondre avec une autre du 1er août, que je crois être la vraie sainte honorée à Gien[5].

---

3. Voir, dans le recueil des Bollandistes, t. III d'oct., p. 225-227. « De « sancta Feliculà virgine, in territorio Autissiodorensi, auctore Cornelio « Byæo, societatis Jesu. »

4. Gien, chef-lieu d'arrondissement du département du Loiret. — Léré ou Léray en Berri, chef-lieu de canton de l'arrondissement de Sancerre (Cher).

5. Voici comment Lebeuf a résolu cette difficulté dans la *Prise d'Auxerre*, p. 259-260, *ad notam* : « Ces reliques (de sainte Félicule) étoient dans la « collégiale de Saint-Etienne (de Gien); c'étoient celles-là même que Gilon, « autrefois seigneur de Gien et des environs, avoit eu le secret d'enlever « du château de Saint-Briçon, où un certain prêtre les avoit portées, après « les avoir découvertes et ôtées du tombeau de pierre, qu'il sçavoit être « aux environs de Briare, du côté oriental de la rivière de Loire. Il y a « aussi toute apparence que c'est de la libéralité de ce seigneur que le cha- « pitre de Léré en Berri fut enrichi autrefois d'une bonne partie des reli- « ques de la même sainte. On trouve dans le livre, qui s'y lit après Prime, « qu'il a fait beaucoup de bien à cette collégiale. La réception solennelle, « qui fut faite à Gien des reliques de sainte Félicule, s'y solemnise le 5 « octobre. Mais depuis trois ou quatre siècles, on y confond cette sainte « avec la grande sainte Félicule de Rome, dont les reliques ne sont jamais « sorties d'Italie. La Félicule de Gien et de Léré, qui sont deux Chapitres « assez voisins, est plus vraisemblablement celle dont la mémoire est, au « moins depuis cinq cents ans, dans les calendriers du diocèse d'Auxerre, « au premier jour d'aoust, avec la seule qualité de vierge. On la trouve le

1719

S'il y a en ce pays-ci quelque chose pour votre service, je vous prie d'en user librement à mon égard et de ne me point épargner : nos applications ne sont, à ce que je crois, guères différentes, et l'on ne peut trouver que du plaisir à travailler pour des personnes qui le méritent autant que vous. Je ne doute pas que vous n'ayez vu un ouvrage, qui paroit depuis un mois, dans le 3ᵉ tome duquel est un opuscule, auquel j'ai la meilleure part⁶, intitulé : *Tradition de l'Église d'Auxerre par rapport à la Constitution*. On l'a [imprimé]⁷ en Hollande sans ma participation, et moi-même n'ai pu en avoir un seul exemplaire pour moi. L'abbaye de Saint-Père⁸ n'y est pas oubliée ; je l'ai fait paroître sur les rangs à l'occasion d'un maître Odon, qui y a fleuri à la fin du xiiᵉ siècle⁹.

Je vous prie de me dire ce que vous pensez de cet ouvrage. Les personnes qui l'ont fait imprimer semblent souhaiter fort, dans l'avertissement qui est à la tête du premier tome¹⁰, que les autres églises, aussi illustres que celle d'Auxerre, produisent au jour un recueil de semblables témoignages. Il me semble que non seulement les églises devroient avoir cette pensée, mais encore les ordres particuliers, tels que le vôtre et celui de Saint-Benoit. Pardonnez à mon zèle cette digression. Je finis en vous assurant, etc.

« même jour dans quelques exemplaires d'Usuard sous le nom de Fanicule
« ou Facinule, simplement vierge, sans désignation du lieu de son culte. Il
« y a aussi quelques fragments de ses reliques dans le prieuré de la Charité-
« sur-Loire. » Cpr. lettres postérieures et notamment celle du 25 avril 1721.

6. La *Tradition de l'église d'Auxerre*, dans le *Cri de la Foi*, composée par Lebeuf et Mignot. Nous en avons déjà parlé bien des fois.

7. Le mot « imprimé » est enlevé dans l'original par la déchirure du cachet.

8. L'abbaye de Saint-Pierre-en-Vallée, à Auxerre, était alors desservie par des chanoines réguliers de la congrégation de France, et relevait directement de l'abbaye Sainte-Geneviève de Paris. C'est pourquoi Lebeuf en parle spécialement au P. Prévost.

9. Odon, chanoine régulier du xiiᵉ siècle, fut le premier abbé de Saint-Pierre d'Auxerre, lorsque le doyenné fut changé en abbaye, entre l'an 1167 et l'an 1178. Voyez Lebeuf, *Mémoires sur la ville et le dioc. d'Auxerre*, t. IV, p. 389 ; voyez encore le *Cri de la Foi*, t. III, p. 206 et suiv.

10. Voir cet avertissement, si élogieux pour Lebeuf, dans le *Cri de la Foi*, t. I, p. LXVIII.

66. — DE FENEL A LEBEUF.

4 août 1719.

[Le manuscrit de Fontaine contient une très longue lettre de Fenel à Lebeuf, sous la date du 4 août 1719.

Dans un passage de cette lettre, Fenel établit, contrairement à l'opinion généralement reçue, que Henri de Savoisy, archevêque de Sens au commencement du xv⁰ siècle, n'était pas de la branche des Savoisy, seigneurs de Seignelay. Voici, en résumé, comment il dresse la généalogie de cette famille illustre :

« Hémouin, seigneur de Savoisy en Bourgogne, eut deux fils : 1° Eudes, seigneur de Savoisy, tige d'une branche aînée ; 2° Philippe de Savoisy, seigneur de Seignelay, tige de la branche cadette. Eudes, seigneur de Savoisy, bailly de Troyes et capitaine de Saint-Florentin, se maria deux fois, et, de son premier mariage, il eut Henri de Savoisy, archevêque de Sens, mort le 13 mars 1422. »

Si le doyen Fenel ne se trompe pas, et les développements qu'il donne à son étude généalogique supposent des connaissances très précises, les auteurs du *Gallia christiana*, t. XII, p. 33, ont eu tort de dire que Henri de Savoisy mourut *apud Seigneleyum, castrum paternum*. Philippe de Savoisy, qui, le premier de la famille, devint seigneur de Seignelay, et jeta les fondements du château remanié plus tard par Colbert, n'était que son oncle : Charles de Savoisy, fils du précédent, qui, vers l'an 1405, fit bâtir ce même château par des Sarrazins prisonniers, n'était que le cousin-germain de l'archevêque.

Fenel donne ensuite quelques détails sur la vie de ce dernier, son inhumation *dans une peau de cerf*, et son exhumation le 6 août 1646.

Il ajoute : « M. le prieur de Dollot a fait sa démission de la « théologale, ainsi nous ne l'aurons point icy. Il vaut mieux « suivre l'intérêt de nos amis que notre satisfaction particulière.

« Je penseray sérieusement à ce que vous me marquez dans un « petit billet séparé que j'ay mis au feu sur le champ. » Ce passage indique quelle fut l'issue de la proposition faite à Lebeuf par Fenel, dans sa lettre du 23 juin 1719; voir ci-dessus, n° 64.]

---

67. — DE M. DE TALLEVENNE A LEBEUF.

Du 9 août 1719.

[Le manuscrit Sainte-Geneviève, Df, 42, contient une lettre ou plutôt un fragment de lettre de M. de Tallevenne à Lebeuf, sous la date ci-dessus indiquée; mais ce fragment ne donne que quelques détails sans importance sur Remy d'Auxerre et sur les premiers évêques de Verdun. Nous nous contentons de l'indiquer ici, pour ordre, sans même en donner une véritable analyse.

Le même manuscrit contient une pièce intitulée : « Légende « pour saint Eusèbe, évêque de Verceil, composée par M. Lebeuf « et envoyée par lui à M. de la Chauvinière, pour la rendre au « P. Prévost, chanoine régulier de Sainte-Geneviève de Paris. » Nous croyons devoir nous borner à mentionner l'existence de cette pièce.]

---

68. — DE LEBEUF A FENEL.

12 septembre 1719.

Le même homme, qui m'apporta de Sens votre missel, au mois de mai dernier, veut bien encore le reporter chez vous, parceque sa voiture va à Sens à vuide. Je vous le renvoie donc, en vous en remerciant de tout mon cœur. Toutes vos remarques

---

LETTRE 68. — Publiée d'après l'autographe qui fait partie de la collection de Fontaine.

sont transcrites sur le mien, excepté aux feuillets 129 et 135, que vous avez oublié de remplir. Vous m'avez fait l'honneur de m'y citer, dont je vous fais bien des remerciments; j'avois oublié (je le vois bien à présent), de vous marquer que tout le monde de ce pays-cy voudroit un autre évangile le jour de l'Assomption, et qu'on reprît celui qu'on trouve à Cluny, et qui étoit dans de très-anciens lectionnaires de France, dès le temps auquel cette fête se faisoit en janvier. Je ne doute pas que vous ne trouviez les souhaits de ces personnes bien fondés. Rien ne me fait plus de peine que l'allusion de l'évangile de Marie, sœur de Lazare, et d'y voir toutes les femmes faire la révérence aussi bien que nos enfans de chœur, tandis que rien n'y est dit à la louange de la Sainte-Vierge; c'est ce qui me choque. On diroit que la sainte Mère de Dieu est inconnue absolument dans l'Evangile. Je crois que Lisieux n'a pas pris votre évangile; si Paris s'en sert, il n'en fait pas mieux. Le tout soit dit *sine prejudicio sapientiæ sapientium*. Je vous prie de faire tenir à M. le prieur de Dollot la lettre cy-jointe. Je vois bien que votre imprimeur appréhende que je ne lui fasse banqueroute; n'étoit la cherté des vaisseaux, je lui aurois fait tenir son reste par cette occasion.

M. de Farges vous aura indubitablement rendu une lettre, il y a quelques jours. Comme je m'y suis plus étendu qu'en celle-ci, je ne vous en dis pas davantage et vous prie seulement de me croire, etc.

---

69. — DE FENEL A LEBEUF.

19 octobre 1719.

[Le doyen Fenel se plaint de ce que ses infirmités l'empêchent de répondre exactement aux lettres de Lebeuf. Il lui explique

---

LETTRE 69. — Analysée d'après l'autographe qui fait partie de la collection de Fontaine.

pourquoi l'envoi des missels de Sens à Auxerre éprouve des retards : c'est la faute du relieur, qui ne livre pas au libraire les exemplaires demandés.

La lettre de Fenel ne contient de curieux que le passage suivant : « Nous travaillons icy (à la réforme du bréviaire de 1702),
« mais lentement, par rapport à ma mauvaise santé; on s'assem-
« ble néanmoins tous les lundys. Mgr l'archevêque est celuy
« qui est le moins au fait de ce que nous faisons, étant trop
« occupé d'ailleurs. J'ay de la joye qu'il ait esté à Regennes et
« qu'il y ait conféré avec Mgr votre évêque. M. le nonce a passé
« icy et a déclaré qu'il n'arrêteroit pas à Auxerre. Il s'est informé
« s'il y avoit des jésuites à Dijon pour y entendre la messe, es-
« tant en garde, dit-on, pour ne pas entendre la messe d'un
« janséniste. On assure qu'il a dit que Mgr le cardinal de Noailles
« étoit un fourbe, et qu'il l'avoit toujours fourbé, lorsqu'il avoit
« traité avec luy. »

---

70. — DE LEBEUF AU P. PRÉVOST.

Ce 10 janvier 1720.

Je ne sçais si une lettre que je fis confier, il y a bien six ou sept mois[1], à M. Bogne d'Auxerre, qui alloit prendre l'habit dans votre maison, vous a été rendue; elle peut bien avoir eu le même sort qu'une que je donnai, il y a un an, à un de mes parens. En tout cas, il n'y avoit rien dedans l'une ni dans l'autre qui demandât une prompte réponse. Celle-ci est pour vous demander toujours la continuation de votre amitié et le secours de vos lumières, si le hazard vous faisoit heureusement tomber sur

---

Lettre 70. — Cette lettre et la suivante font partie de la collection autographe de la bibliothèque Sainte-Geneviève, 3 F. 13.

1. C'est évidemment la lettre que nous avons publiée précédemment sous la date « juin ou juillet 1719. »

quelque chose qui pût être utile au missel et bréviaire d'Auxerre, à la réformation duquel je travaille. J'ai envoyé à M. de la Chauvinière quelques brefs de l'an 1720², je ne doute pas qu'il ne vous en ait envoyé ou qu'il ne vous en porte un lui-même, vous estimant comme il fait, et sachant combien je vous estime et honore aussi de mon côté. Vous y verrez à la fin ce qu'on espère des savans antiquaires. Déjà l'un d'entre eux nous a appris qu'il avoit un missel auxerrois de 400 ans³. Nous espérons qu'il ne sera pas le seul. On fait ici les choses synodalement et l'on s'en trouve mieux. Je vous souhaite une année toute remplie des mêmes bénédictions que celles des saints dont vous ramassez les sentiments et les actions, etc.

---

71. — DE LEBEUF AU P. PRÉVOST.

Le 13 janvier 1720.

Pour réparer la faute que j'ai faite de vous marquer, par une lettre que je vous envoye par un ancien prêtre de Saint-Étienne-du-Mont, oncle de M. notre futur trésorier, que ce monsieur vous remettra la somme de trois livres de ma part, ayant oublié de donner cette somme en même temps que la lettre, je prends la liberté de vous écrire, par la poste, celle-ci qui arrivera peut-être en même temps que l'autre lettre. Pour le coup je ne l'ai

---

2. Voir, sur les brefs du diocèse d'Auxerre et la part que Lebeuf prit à leur rédaction, la lettre du 27 décembre 1718 et les notes que nous y avons jointes.
3. Lebeuf veut parler ici de Le Brun des Marettes, et fait allusion au passage des *Voyages liturgiques* déjà cité par nous, en note de la lettre du 26 avril 1719.
LETTRE 71. — Cette lettre n'est pas datée dans l'original autographe; mais les indications contenues dans le premier paragraphe, rapprochées de la lettre précédente, permettent de restituer la véritable date, c'est-à-dire 13 janvier 1720.

pas oublié, car je viens de donner cet écu de trois livres à une demoiselle qui part demain, jeudi 14. Je n'ai rien à ajouter aux questions que j'ai pris la hardiesse de vous faire, n'étant déjà qu'en trop grand nombre dans ma dernière lettre du 10 janvier de ce mois.

Si vous connaissez l'un ou l'autre des prieurs nouveaux de Saint-Père [2] et de Saint-Eusèbe [3] et que vous leur écriviez, vous me ferez plaisir de leur dire de moi tout le mal que vous jugerez à propos, par rapport à la part que vous sçavez que j'ai eue au bréviaire et à la réformation des rites, afin au moins que celui de Saint-Père ait confiance en moi; car je me suis aperçu qu'on le détourne de me venir voir et s'informer des bonnes rubriques. Un nouveau venu comme lui ne peut pas sçavoir sur quel pied les choses sont.

Le lendemain que je vous ai écrit, j'ai trouvé monsieur le curé de Saint-Loup [4] qui a eu une lettre circulaire de M. Prévost, curé de Bernay [5], dont le texte est : *In convertendo dominus capi-*

---

2. Au moment où Lebeuf écrit, le chanoine régulier de la congrégation de Sainte-Geneviève, investi des fonctions de prieur-curé de Saint-Pierre-en-Vallée, s'appelait *François Clouet*. Il n'était pas si *nouveau* que le ferait supposer la lettre ci-dessus, puisqu'il figure déjà en sa dite qualité parmi les appelants de 1717 et 1718. Voyez Œuvres de M. de Caylus, t. I. p. 469, et *Recueil général des actes d'appel*, t. III. p. 294. François Clouet, conserva ses fonctions jusqu'en 1726, année où il fut remplacé par François Leriche (voir Lettres de provision du 27 septembre 1726). C'est donc à lui que s'appliquent tous les détails que donne, sur le prieur-curé de Saint-Pierre, le premier volume des *Lettres de Lebeuf*.

3. Le prieur de Saint-Eusèbe s'appelait *Joseph Goby*. Lui aussi il figure dans les appelants de 1717 et de 1718: voir *Rec. général des actes d'appel*. t. III. p. 286. Il figure également dans un registre de recettes et dépenses du prieuré-cure (Arch. de l'Yonne. fonds Saint-Eusèbe), jusqu'à la fin de 1722. C'est donc à J. Goby que s'appliquent les détails piquants de la lettre du 9 novembre 1721 (voir ci-après).

4. François-Xavier Chardon, né à Auxerre, et appartenant à l'une des familles les plus honorables de la ville. Il exerça ses fonctions pastorales pendant près d'un demi-siècle, et ne les quitta que le 15 juin 1741, époque à laquelle il les résigna, avec l'assentiment de M. de Caylus, entre les mains de l'abbé Creusot. Il avait signé, avec plusieurs autres curés d'Auxerre, un des premiers actes d'appel au futur concile.

5. Sur Prévost, curé de Bernay, cpr. Lettre du 8 février 1722 et les notes.

tulum. Ce curé vient de répondre et a pris pour son thème : *Laqueus contritus est.*

Je sçais que M. de la Chauvinière est à Metz à présent. Le P. Le Brun me l'a mandé [6].

Je vous embrasse dans toute la sincérité, vous priant de me croire, etc.

---

72. — DE M. DE LA CHAUVINIÈRE A LEBEUF.

23 février 1720.

...... Au reste je vous conseille fort d'ôter des cérémonies françoises, que vous faites imprimer, la pratique de chanter le *Domine salvum fac regem* et quelques versets de l'*Exaudiat* immédiatement après que le prêtre a dit : *Orate fratres.* C'est une nouveauté insoutenable et qui déplaist souverainement au Père Lebrun et à moy, et avec toute la raison possible. Je ne sais comment une telle pratique a pu venir dans l'esprit à un aussi habile homme que vous, surtout ayant lu avec autant d'exactitude les anciens ordres romains. Est-ce que vous n'y avez pas remarqué que le prêtre ne disoit *Orate fratres*, ou tout simplement *Orate*, que pour avertir ceux qui chantoient l'offertoire de se taire, parce qu'alors il alloit dire la secrète, pendant laquelle il falloit que tout le monde fût en prières ? Si vous ne l'avez pas remarqué, pour peu que vous relisiez ces anciens ordres, cela vous sautera aux yeux.

---

6. Il s'agit ici du P. Le Brun, de l'Oratoire, qui habitait alors la Lorraine. Voir sur lui les notes de la lettre du 25 septembre 1712.

LETTRE 72. — On trouve, dans un manuscrit de la Bibliothèque impériale, fonds Saint-Magloire n° 85, f° 157, un fragment intitulé : « Copie de ce que « M. de la Chauvinière a écrit à M. Lebeuf, dans sa lettre du 23 février 1720, « au sujet de l'*Orate fratres* et de la *Secrète*. » C'est ce fragment que nous reproduisons ici, pour donner aux lecteurs une idée de ce que pouvait être le correspondant de Lebeuf et de tant d'autres savants, un homme qui, après avoir joué un rôle considérable parmi ses contemporains, est tombé aujourd'hui dans l'oubli le plus profond.

Cela posé, vous verrez aisément que vous vous éloignez directement de l'antiquité, puisqu'autrefois on disoit *Orate fratres* pour faire cesser de chanter, et qu'il étoit par conséquent le signal du silence, et que vous, au contraire, vous le faites servir à un signal de chanter. Contentez-vous, Monsieur, de la prière qui se fait pour le roi pendant le canon, et, si vous voulez en introduire une, mettez-la ou après l'offertoire ou après la communion, comme cela se pratique en plusieurs diocèses, et nullement après l'*Orate fratres*, pour aller éloigner par là cet avertissement de la secrète, lequel n'en sauroit estre trop prest. Vous avez peut-être pris cet *Orate* comme un ordre de prier verbalement, et en ce cas vous auriez bien fait de le faire suivre par le *Domine salvum fac regem*, mais vous vous seriez bien mépris, puisque, comme je viens de le dire, c'est au contraire un ordre de se taire.

Que si vous avez vu, dans quelques anciennes heures ou autres livres liturgiques, plusieurs versets de l'*Exaudiat* après l'*Orate fratres*, ne croyez pas qu'ils y aient été mis, soit parce qu'on fit alors une prière pour le roy, soit parce que le peuple les chantât: ils n'y ont été mis que parce que des personnes dévotes disoient tout bas ou du moins à voix très-médiocre les versets pour le prêtre, ou afin de répondre à son invitation, ou de prier Dieu pour luy tandis qu'il prioit Dieu pour eux, à la manière que l'on répond aujourd'huy le *Suscipiat*: mais quelqu'ancien que soit cet usage, ce n'est pourtant pas l'usage primitif. L'usage primitif étoit que le peuple, après avoir entendu l'*Orate fratres*, prioit en silence, tandis que le prestre récitoit secrètement la secrète, et alors cet avertissement s'entendoit avec bien de la vérité de cette manière, qu'il ne falloit plus chanter, qu'il falloit se taire et qu'il falloit prier mentalement avec le prestre en s'unissant à luy; mais, quelques siècles après, on a regardé communément cet *Orate fratres* comme une demande que faisoit le prestre, qu'on priât Dieu pour luy; et voilà pourquoi on voit dans beaucoup de missels de 500 et 600 ans: *Orate pro me fratres*, et que les Chartreux disent encore aujourd'hui: *Orate pro me peccatore ad Dominum Deum nostrum*. Mais quelque pieuse qu'ait été cette pensée, on n'a pas moins donné à gauche pour cela ; c'est pourquoy ceux qui veulent rétablir l'usage primitif doivent tout-à-fait l'abandonner. Abandonnez-la donc, mon cher Monsieur, s'il vous plaist, vous qui estes si zélé pour les pratiques qui sont selon l'antiquité et la raison; et si vous voulez faire quelque chose de bon à cet égard, et dans le cérémonial et dans le futur missel, au lieu d'ajouter quelque chose après l'*Orate fratres*, retranchez-en plutôt la réponse (car il n'en doit point avoir) *Suscipiat*, soit comme elle est dans les missels romains, soit comme elle est dans les Auxerrois, et en même temps le supplément dudit *Orate fratres*. Je veux dire ces mots : *Ut meum ac vestrum sacrificium acceptabile fiat apud Deum patrem omnipotentem*, ou bien *Deo sit acceptum*, qui n'ont été insérés là que par ce que c'est l'explication que Remy d'Auxerre a donnée de cet avertissement, qui de son temps ne consistoit tout au plus qu'en ces deux mots : *Orate fratres*. Vous sentez aisément, Monsieur, que quelque vraye et judicieuse que soit cette explication, que quelque fort qu'elle se soit répandue dans les églises (n'y ayant que les Chartreux seuls qui ne l'ayent pas admise), il n'en est pas moins déraisonnable pour cela de l'avoir ajoutée après son texte, qu'il ne s'agit pas de commenter, lorsque le prêtre ne doit penser qu'à réciter promptement la secrète. Parfaitement pénétré de toutes ces raisons, lorsque je parcourois l'exemplaire de l'imparfait missel de Cluny, sur lequel vous avez aussi fait vos notes, je retranchai, de cet avertissement, et son explication et son commentaire. Comme vous avez pris la peine de copier toutes mes remarques sur votre exemplaire de ce missel, je me flatte que, si vous eussiez fait attention à cette circonstance, lorsque vous pensâtes introduire l'usage que je combats autant de la part du Père Le Brun que de la mienne, vous ne l'eussiez jamais introduit. Je finis cet article en vous priant de remarquer à ce sujet, que quelque belles qu'on s'imagine que soient les nouveautés qu'on introduit dans l'Église, on peut cependant aisément s'apercevoir, quand on y fait attention, qu'elles sont bien moins raisonnables que l'antiquité qu'on abolit, et que ces nouvelles pratiques sont toujours sujettes à beaucoup

1720

1720 d'inconvéniens, tandis que les anciennes n'étoient sujettes à aucun ; et de là il faut conclure, et jamais ne se départir de ce principe, que d'habiles et de zélés liturgistes ne doivent jamais introduire aucune nouveauté. Qu'ils laissent ce soin à d'autres ; il y a assez d'ignorans et de prévenus qui s'en chargeront pour eux.

---

73. — DE VILMAN, CURÉ DE SAILLY, A LEBEUF.

16 août 1720.

1720 Je vous suis très-obligé de la lettre que vous avez bien voulu prendre la peine de m'écrire depuis votre retour à Auxerre ; je suis fâché de n'avoir pas sçu votre voyage à Beauvais, car je n'aurois certainement pas manqué le coup de vous y aller assurer de vive voix de mes très-humbles respects, en vous demandant la continuation de l'honneur de votre bienveillance, et j'aurois estimé cette entrevue comme une grâce des plus avantageuses. Je suis surpris, Monsieur, que vous me demandiez encore des éclaircissements touchant les reliques de saint Germain en l'abbaye de Corbie ; je vois par là que vous n'avez pas reçu dans le temps ma réponse ; quoiqu'il en soit, je vous dirai que le Père Viole, en 1656[1], page 208, a écrit de votre illustre saint Germain ce qu'il n'a jamais vu ni examiné ; car suivant votre lettre écrite à Sens, où vous étiez alors avec M. de la Chauvinière[2], je fus aussitost à l'abbaye de Corbie demander l'éclaircissement

---

LETTRE 73. — Nous croyons devoir publier *in integrum*, d'après le manuscrit de la bibliothèque Sainte-Geneviève, Df. 42, cette lettre adressée par Vilman à Lebeuf, en raison des détails intéressants qu'elle renferme. Dans le manuscrit susvisé, elle porte pour intitulé : « Lettre de M. le curé de Sailli à M. Lebeuf, du 16 août 1720. »

1. Dans la *Vie de saint Germain, évêque d'Auxerre*, publiée à Paris, chez Billaine, en 1656.

2. Voyez cette lettre, qui porte la date du 27 novembre 1718.

que vous souhaitiez; feu Dom Badier [3], alors prieur, qui avoit l'honneur de vous connoitre, et Dom Varoqueaux, mon ami, avons recherché ensemble fort exactement s'il y avoit à ladite abbaye des reliques de saint Germain d'Auxerre, ce que nous n'avons pas trouvé, mais bien un petit ossement de saint Germain de Paris; c'est de quoi je puis vous assurer. Dom Pierre Richer [4], prieur d'aujourd'hui, n'est pas encore de retour du Chapitre, il n'arrivera à Corbie que dans huit jours. A son arrivée, j'irai le saluer pour savoir ce que vous souhaitez; après quoi je vous rendrai raison de tout.

Les Bénédictins ne seront point les seuls ni les premiers à rétablir l'office de saint Germain d'Auxerre [5]; car je vous dirai qu'il y a plus de six ans que je fais en mon particulier, comme bien d'autres ecclésiastiques de notre voisinage, l'office de saint Germain, à qui j'ai autant de dévotion qu'à saint Martin, notre patron. Ce qui nous a donné lieu à cela fut le livre du droict des évêques [6], par monsieur l'évêque de Saint-Pons [7], qui eut fort à souffrir de la part des Jésuites, pour avoir rétabli dans son calendrier saint Germain en place de saint Ignace de Loyola,

1720

---

3. D. Etienne Badier, religieux bénédictin de la Congrégation de saint Maur, né à Dol en 1650, et mort à Corbie le 6 juillet 1719. Il avait été nommé prieur de ce monastère au Chapitre général de la Congrégation, le 22 mai 1717. Voyez, sur sa vie et ses écrits, D. Lecerf, D. Tassin, le P. Lelong. D. Badier avait eu quelques relations avec Lebeuf, et il lui avait écrit, entre autres, une lettre mentionnée dans le catalogue que l'abbé de Tersan a mis en tête du recueil de la Bibliothèque impériale, Ms. fr., sup., n° 2440.

4. D. Pierre Richer fut nommé prieur de Corbie, au Chapitre général de la Congrégation tenu le 29 juillet 1720. Voyez Manuscrit de la Bibliothèque d'Auxerre, n° 145.

5. La fête de saint Germain d'Auxerre et celle de saint Ignace de Loyola tombent toutes les deux le 31 juillet. De là vient que, dans les diocèses où l'évêque était favorable aux jésuites, on avait supprimé la fête de saint Germain pour ne conserver que celle de saint Ignace. Dans d'autres diocèses, au contraire, on ne fêtait que saint Germain. Enfin, dans quelques églises, on faisait commémoration des deux saints à la fois.

6. *Du droit et du pouvoir des évêques de régler les offices divins dans leurs diocèses*, in-8°, 1686.

7. Pierre-Jean-François de Persin de Montgaillard, évêque de Saint-Pons, né en 1633, mort le 12 mars 1713. Voyez *Gall. christ.*, t. VI, p. 253; Cpr. *Nécrolog. des plus cél. Déf. de la vérité*, t. I, p. 27.

duquel à peine faisons-nous mémoire. On n'entend rien autre chose dans notre diocèse, sinon qu'il est honteux d'avoir supprimé de notre bréviaire cette lumière de l'église gallicane, pour y substituer saint Ignace, et qu'il faut renvoyer aux Jésuistes à faire fête de leur Père, qui ne voudroit peut-être pas maintenant les reconnoître pour ses enfants. On en dit autant des autres saints moines nouveaux, aussi à renvoyer dans les ordres religieux, surtout depuis que ces illuminés contemplatifs, non contents de la fête générale de la Toussaint, que l'Église célèbre au 1er novembre, ont encore la témérité d'établir une autre fête de la Toussaint de leur ordre, comme s'ils étoient d'une autre église, tant militante que triomphante et même souffrante, puisqu'ils font encore une commémoration séparée de leurs morts, ce qui est ridicule. Il ne faut pas s'étonner comme s'est fait ce changement de saint Germain en saint Ignace dans notre diocèse : ce fut François Faure[8], évêque d'Amiens, qui avoit été cordelier et ami des Jésuites, qui le fit en donnant un nouveau bréviaire d'un très-mauvais goût ; mais nous espérons voir quelque jour cette fête de saint Germain rétablie avec bien d'autres saints de ce diocèse, qui ont eu le même sort que votre thaumaturge. Pour cela, à votre exemple, j'ai commencé un calendrier, où nous ne mettrons que les saints du diocèse de la métropole, les plus célèbres de France, et les plus remarquables de Rome. Pour vous, Monsieur, il y a peu de diocèses qui puissent se glorifier d'avoir tant de saints qu'Auxerre. Vous en avez de tout âge, état et condition ; cela étant, je suis surpris de voir, par votre bref, qu'on ait conservé jusqu'aujourd'hui, dans votre église, la plupart des petites fêtes de Rome, même jusqu'à la dédicace du Panthéon et de Notre-Dame-des-Neiges. C'est donc à vous, Monsieur, que le Ciel a réservé la gloire d'une telle correction qui sera si utile et si honorable à votre église. Je profiterai bien de votre *Prospectus futuri Calendarii*[9].

8. François Faure, né à Angoulême, en 1609, évêque d'Amiens en 1653, et mort à Paris, le 11 mai 1687. Voir *Gall. christ.* t. IX-X, p. 1211.

9. Le *Prospectus futuri Calendarii*, dont parle Vilman, était imprimé en

Quand je vois votre feuille de cérémonies, avec votre bref, qui ne sont que des échantillons de votre science, je suis dans l'admiration, avec M. de la Chauvinière, comment vous pouvez soutenir des études si profondes avec vos emplois ; vous êtes universel et infatigable ; je prie le Seigneur de vous conserver la santé pour que l'Église puisse profiter de vos rares talens. Comme j'avois promis à M. de la Chauvinière de l'entretenir sur ce que j'aurois remarqué en votre feuille et dans votre bref, je viens de m'en acquitter. Ainsi je ne vous dirai rien de particulier ; c'est à lui à en faire l'usage que sa prudence lui suggérera, pour m'épargner peut-être un peu de confusion d'avoir dit trop ingénuement ma pensée. Seulement, je vous dirai que votre feuille de cérémonies est très-bien écrite, fort élégante pour les rubriques, et d'un bon latin puisé dans les meilleurs auteurs. Je doute que vos anciens ordinaires s'expriment en tels termes ; apparemment que votre nouveau cérémonial sera de cette force pour le mettre à la tête de votre nouveau missel. Outre cela, je crois que ce seroit rendre un grand service à toute l'Église, si on suivoit le modèle du cérémonial de Toul. Vous feriez traduire le vôtre en françois, en y distinguant les cérémonies propres aux grandes églises d'avec celles des petites églises. Que ce livre seroit recherché, à cause qu'on y remarqueroit votre bon goût, en y fesant revivre la sainte et vénérable antiquité ! Autrement il y aura toujours de la négligence et de la confusion dans les églises de campagne.

Je souhaite que le futur rituel d'Auxerre [10] soit de la force de votre nouveau missel ; mais si, avec M. de la Chauvinière, vous n'y mettez les mains, je doute qu'il soit dans sa perfection et dans ce noble goût d'antiquité ; car souvent messieurs les grands-vicaires sont savants théologiens, capables de bien décider et

---

marge du bref diocésain de 1720, et Lebeuf avait cherché à y rétablir toutes les fêtes propres au diocèse, avec les rites jadis usités dans ce même diocèse. Voyez *Mém. sur le dioc. d'Auxerre*, t. I. p. 257, note 2.

10. Ce futur rituel, spécial au diocèse d'Auxerre, n'a paru que dix ans plus tard, sous le titre : *Liber ritualis Autiss. ecclesiæ Autiss., episcopi auctoritate editus*, 1730, in-4°.

donner de bons conseils, après tout, souvent peu éclairés de l'antiquité, et sans pratique et expérience dans l'administration des sacrements. J'en ai vu de ces maîtres docteurs bien embarrassés de leurs personnes dans différentes cérémonies où ils ne manquoient pas de mauvaise grâce; cependant, comme vous voyez, ils décidèrent d'un rituel qui est un livre si important. Je ne sçais si on aura abrégé ou retranché des exorcismes du baptême pour ne faire pas dire en une fois ce qui se disoit autrefois en huit jours.... Si on y met les rubriques et instructions en françois, ce sera mieux.....

Il y a encore bien des attentions à avoir sur le sacrement des infirmes ou Extrême-Onction; on n'y doit pas charger le prêtre de réciter les sept psaumes. Dans les oraisons, il y a encore bien à examiner.

Que Dieu donne sa bénédiction à vos ouvrages; ils sont saints et d'importance; il est temps de vous assurer que je suis, etc.

P.-S. — Je ne dois pas manquer à vous faire compliment de la fermeté que Mgr votre très-illustre prélat fait paroître à ne point vouloir entrer dans le méchant accomodement du cardinal de Noailles [11]. Toutes les personnes qui aiment et défendent la vérité en sont fort réjouies. Dès le douzième juillet dernier, Dom Louvard [12], mon ami, religieux bénédictin à Saint-Denis en France, autrefois si persécuté pour la vérité, m'avoit annoncé

---

11. On sait que le Régent, pour en finir avec les querelles qu'avait suscitées la bulle *Unigenitus*, avait imaginé un *accommodement*, qui ne satisfaisait aucun des deux partis, mais qui cependant ménageait les susceptibilités des uns et des autres. Cet accommodement fut consacré par une Déclaration du roi, en date du 4 avril 1720, laquelle, après quelques difficultés, fut enregistrée au parlement de Paris, le 4 décembre de la même année. Le cardinal de Noailles était un de ceux qui avaient accepté la transaction proposée par le Régent, et, le 16 novembre 1720, il publia un mandement dans lequel il acceptait la bulle *Unigenitus*, telle qu'elle était expliquée par la Déclaration royale. Au contraire, M. de Caylus fut un de ceux qui protestèrent le plus énergiquement contre toute transaction, ainsi qu'il résulte de son *Mandement pour ordonner des prières publiques*, du 17 septembre 1720. Voyez *Vie de M. de Caylus*, t. I, p. 109 et suiv.

12. Dom François Louvard, prêtre religieux bénédictin de la congrégation de Saint-Maur, né dans le diocèse du Mans, et mort en exil à Schoonaw

cette heureuse nouvelle, en me la marquant en ces termes : « Mgr de Chalons paroit plus ferme qu'on ne l'auroit cru, Mgr « d'Auxerre le devient chaque jour. Que Dieu soit béni de con- « server en son Église, dans ces malheureux temps, des colomnes « inébranlables pour soutenir la vérité ; le zèle et la fermeté de « ce petit nombre d'illustres chefs de l'Église seront un jour de « puissants moyens pour revenir et protester contre un si mau- « vais accomodement en matière de religion. » Je prends donc toute la part possible à la joie de votre diocèse de se voir sous la conduite d'un tel évêque. Prions le Ciel de vous le conserver longtemps, afin que les nouveaux missel et rituel puissent paroî- tre avec bénédiction pour lui et rendre son nom immortel.

---

74. — DE LEBEUF A L'ABBÉ DE PRÉMONTRÉ [1].

Auxerre, 18 décembre 1720.

Comme j'ai eu l'honneur de vous voir et de vous entretenir chez monsieur l'évêque d'Auxerre, et que ce digne prélat a bien voulu vous parler avec bonté du bref auquel il faisoit travailler pour son diocèse, je me flatte que vous ne désapprouverez pas la liberté que je prends de vous présenter un exemplaire du bref auxerrois de l'année prochaine, lequel est encore plus digne d'at-

---

en Hollande, le 22 avril 1739, à l'âge de 78 ans. Voyez sa biographie et l'indication de ses œuvres, *Nécrol. des plus cél. Déf. de la vérité*, t. I, p. 362.

LETTRE 74. — Nous publions cette lettre d'après une copie que nous empruntons au manuscrit de la Bibliothèque impériale, fonds St-Magloire, n° 85, f° 155. Dans ce manuscrit, la pièce est intitulée : « Copie de la lettre « écrite par M. Lebeuf à M. l'abbé de Prémontré en luy envoyant un « exemplaire du bref auxerrois de 1721. »

1. Claude-Honoré Lucas de Muyn, docteur de Sorbonne et professeur de théologie, devint, en 1706, abbé de Prémontré (abbaye-mère de l'ordre du même nom, située au diocèse de Laon). Il mourut plus qu'octogénaire en novembre 1740. *Gall. christ.*, t. IX-X, p. 662.

tention que celui de l'année présente dont monsieur d'Auxerre vous parla.

Du moins, Monsieur, devez-vous regarder cette liberté comme une marque de la parfaite vénération dont je suis rempli pour un prélat comme vous, qui mérite toute sorte d'éloges pour avoir fait tant de bien à votre ordre et à votre illustre abbaye, depuis qu'il a plu à Dieu de vous appeler à l'importante dignité de laquelle vous êtes si digne. J'ose vous assurer, Monsieur, que vous augmenterez ce bien, en conservant et même en faisant revivre les anciens rits de votre ordre, dans la nouvelle édition que vous voulez faire faire de l'ordinaire de Prémontré, comme j'ai eu l'honneur de vous l'entendre dire, parce qu'il contient plus de ces rits respectables de l'antiquité que n'en renferme peut-être aucun ordinaire des autres ordres fondés au xiie siècle.

Je voudrois, Monsieur, de tout mon cœur, pouvoir vous être de quelqu'utilité à cette occasion; je le ferois certainement avec bien du zèle, et je puis ajouter sans peine, parce que depuis quelque temps je me suis appliqué à étudier ce qui concerne l'ordre qui vous est soumis, et je serois ravi de lui pouvoir rendre quelques services, en revanche de ceux qu'il rendit dès sa naissance au diocèse d'Auxerre.

---

75. — DE LEBEUF A DOM EDMOND MARTENNE, RELIGIEUX BÉNÉDICTIN DE LA CONGRÉGATION DE SAINT-MAUR, A PARIS [1].

A Auxerre, le 10 janvier 1721.

Comme je crois que parmi vos continuelles occupations les matières liturgiques ne laissent pas que de vous faire plaisir, je

---

LETTRE 75. — Nous publions cette lettre d'après l'original autographe appartenant à la Société des sciences de l'Yonne. Il en existe une copie très exacte à la fin du recueil Sainte-Geneviève, Df. 42; pourtant l'original porte la date précise du 10 janvier 1721, et la copie ne reproduit que le millésime 1721.

1. D. Edmond Martène, savant bénédictin, né à Saint-Jean-de-Losne, le

me flatte que vous agréerez le petit présent que je vous fais du bref auxerrois de l'an 1721. Depuis que Mgr l'évêque m'a commis pour le faire, j'ai toujours tâché de réveiller de leur assoupissement ceux qui regardent les offices divins et l'étude des rits comme une pure bagatelle : pour cela je n'ai rien négligé de ce qui paroissoit propre à exciter l'attention et à obliger messieurs les chanoines de recourir à leurs titres, à leurs archives et à leurs livres d'église. Vous en pourrez voir des preuves en parcourant ce bref, mais surtout en prenant la peine de voir trois lignes qui sont au bas de la page qui précède le mois de janvier. Le petit mandement de notre prélat a son mérite, parce qu'il indique les deux voies de rétablir la véritable antiquité, en quelque diocèse que ce soit.

Je vous prie de me pardonner, si je laisse à penser qu'il y a fort peu de temps qu'on regarde l'avent comme un temps de tristesse et de pénitence. Je sçais que vous n'êtes point de ces personnes qui ne savent ce que c'est que de se départir d'un sentiment qu'elles ont une fois embrassé.

L'on m'a fait voir des preuves invincibles que selon l'usage romain, reçu dans les Gaules au ixe siècle et toujours continué depuis, les offices ne respiroient que la joye dans ces temps-là, et que ce qui paroît de mortification, dans les cloîtres, est seulement un reste de l'ancien gallican, lequel n'a point dû ni pu corrompre l'esprit du romain, qui a dû être le rit dominant depuis neuf cents ans. Je ne vous alléguerai point la fréquente répétition de l'*Alleluia* pendant ce saint temps. Vous l'avez dû remarquer avant moi. Notre usage est de chanter même aux féries, et de finir les laudes et les complies par des chants les plus gais qui se puissent par rapport à la fête prochaine de Noël. Il y a bien d'autres marques spécifiques de joie, que je passe sous silence, sans m'arrêter non plus à la couleur blanche, que nous avions aussi bien que Paris, il n'y a pas longtemps.

---

22 décembre 1654 et mort à Paris le 20 juin 1739. Ses immenses travaux sont trop connus et trop appréciés des érudits pour qu'il soit utile de les rappeler ici, même sommairement.

Du reste, je me flatte que vous reconnoitrez que j'ai beaucoup profité de la lecture de vos mémoires sur les anciens rits [2], et que vous conviendrez qu'aucun diocèse n'a encore tant rétabli les anciens et véritables usages de la cathédrale que le diocèse d'Auxerre, conformément à la promesse qu'en a donnée le prélat qui le gouverne, dans son approbation du livre du Père Le Brun, oratorien, sur la messe, datée du 8 mai 1716 [3].

Je vous remercie de l'honneur que vous me faites de me nommer dans les nouveaux tomes que vous vous disposez de faire paroître [4]. Je voudrois déjà que, pour l'utilité du public, ils fussent achevés d'être imprimés. J'ai prié un de mes amis de vous faire lire une charte que je soupçonne de fausseté ; si elle vous paroit suspecte, je serois un peu plus hardi à la réfuter : pour moi, je m'en défie [5].

On dit que l'original est entre les mains de M. l'abbé Daquin [6], doyen de Saint-Thomas-du-Louvre, en qualité d'abbé de Saint-Laurent au diocèse d'Auxerre.

---

2. Martène a publié plusieurs ouvrages sur les rites ecclésiastiques, savoir : 1° *De antiquis monachorum Ritibus*... Lyon, 1690, 2 vol. in-4°; 2° *De antiquis Ecclesiæ Ritibus*..., Rouen, 1700, 2 vol. in-4°; 3° *Tractat. de antiq. Ecclesiæ disciplinâ*... Lyon 1706, in-4°. Le second de ces ouvrages existe à la Bibliothèque d'Auxerre, enrichi de notes marginales de la main de Lebeuf (A. 443), et ces notes prouvent qu'en effet Lebeuf avait étudié avec grand soin le savant travail de D. Martène.

3. Voyez cette approbation déjà mentionnée dans la lettre du 31 décembre 1717 et dans les notes qui l'accompagnent.

4. Au sujet des volumes que D. Martène devait publier prochainement, et des communications qui lui adressait Lebeuf, voyez la suite de la correspondance, *passim*, entre autres les lettres du 15 août 1721 et 10 février 1722.

5. Au sujet de cette charte, cpr. la lettre du même jour 10 janvier 1721 au P. Prévost. Il s'agit de la donation de la terre de Longretz, au diocèse d'Auxerre, donation que Clovis aurait faite, pendant le concile d'Orléans, en 511, à l'église de Saint-Hilaire de Poitiers. Lebeuf, dans ses *Mém. sur le dioc. d'Auxerre*, n'a pas hésité à déclarer cette pièce fausse, de même que les Bollandistes (*Acta SS. Julii*, 17) et le P. Lecointe (ad. ann. 511). Voyez encore les *Diplomata Regum*, éd. de 1843, t. I, p. 61-62. L'éditeur du *Cartulaire de l'Yonne*, M. Quantin, l'a également repoussée de sa collection.

6. Thomas Daquin, doyen de Saint-Thomas-du-Louvre, nommé abbé de Saint-Laurent, près Cosne, au mois d'avril 1688. Il mourut le 17 mars 1725, à 82 ans. Voir *Gall. christ.*, t. XII, p. 434.

76. — DE LEBEUF AU P. PRÉVOST.

10 janvier 1721.

La liberté, que vous m'avez donné (sic) de vous écrire par la poste, fait que je commencerai à vous souhaiter par cette voye une bonne et heureuse année, suivie de plusieurs autres de pareille nature. Je ne sçais ce que vous penserez du bref de 1721, dont M. de la Chauvinière a dû vous présenter un exemplaire, je souhaite que vous le trouviez tel que je le voudrois. C'est beaucoup de ce que monsieur notre prélat a bien voulu signer le petit mandement qui est à la tête. Celui que vous avez eu la bonté de m'envoyer étoit un peu trop long pour un si petit ouvrage, il sera probablement mieux placé au commencement d'un plus ample cérémonial. Car je m'aperçois qu'absolument il faudra que monseigneur omette désormais ces mots : *Quantum fieri poterit*, ils sont cause qu'on pratique trop peu des rubriques présentes; et il sera nécessaire qu'il y parle de la bonne volonté dont tout ou presque tout dépend. Car un grand nombre de prêtres faute de cette bonne volonté, ne font aucun cas des cérémonies de l'Église. Qu'on leur donne le mozarabe, le gallican, l'ambroisien, le romain, tout leur est égal; c'est-à-dire que chacun se fait un système de routine, dont il a peine à se départir.

J'espère que vous m'apprendrez à la fin que mes mémoires pour Anvers seront partis; je suis bien fâché de la peine que cela vous donne. J'ai écrit en Auvergne pour avoir des nouvelles de l'endroit où l'on pourroit trouver la vie des saints de ce pays-là; mais je n'ai point encore eu de réponse. Un chanoine m'a dit depuis peu qu'il se déferoit volontiers de sa Vie de saint Germain pour un autre livre [1]. Voyez si vous en avez des doubles qui lui conviennent, soit de droit, soit d'histoire.

Lettre 76. — Nous publions cette lettre d'après le recueil autographe de la bibliothèque Sainte-Geneviève, 3 F, 13.

1. Il s'agit ici de la *Vie de saint Germain*, publiée en 1656, par D. Viole, et dont nous avons déjà parlé.

1721

Je vous suis très-obligé de la peine que vous avez prise de m'envoyer une copie des deux endroits de M. de Thou, aussi bien que de la bulle sur le *Lœtatus*. M. de la Chauvinière avoit promis de me faire tenir vos remarques sur Antoine Le Clerc[2], mais vous les avez retirées à ce qu'il m'a dit. Pourrois-je me flatter que vous voudrez bien répondre aux demandes que je vous ai faites concernant trois ou quatre écrivains du diocèse d'Auxerre, dont le plus célèbre est, si je ne me trompe, un Bertrand Duchesne, curé de La Charité? J'espérerai de vous cette grâce. J'en aurois encore deux à vous demander : la première seroit de regarder dans les *Vies des papes d'Avignon*, par M. Baluze, et d'y voir si cet auteur, parlant d'un certain Pierre de Tury[3], cardinal, dit quelque chose qui détermine à le croire de Tury, au diocèse d'Auxerre. Le nouveau *Gallia christiana*, parlant de ce cardinal dans les évêques de Maillezais, dit qu'il étoit Bourguignon. Ayez la bonté de regarder la colonne 1348 de M. Baluze, et ensuite de voir à la table s'il ne traite pas aussi d'un certain cardinal du titre de Saint-Laurent, qui étoit décédé dès l'an 1364, et ce qu'il en dit. La seconde chose seroit d'examiner avec attention le titre dont je vous envoie copie[4]. Je crois que c'est une pièce fabriquée à plaisir, quoique le P. Viole et M. Noël semblent y ajouter foi. Si vous voulez me faire encore plus de plaisir, faites la voir aux maîtres connaisseurs; si le P.

---

2. Lebeuf et le P. Prevost se sont livrés à des recherches spéciales sur la famille Leclerc, l'une des plus considérables de l'Auxerrois. Voyez leur correspondance, *passim*; voyez aussi la notice que Lebeuf a consacrée à Antoine Leclerc, *Mém. sur le dioc. d'Auxerre*, t. IV, p. 410; cpr. surtout l'excellent travail, inséré dans l'*Annuaire de l'Yonne* de 1854, par M. Leclerc, juge de paix du canton ouest d'Auxerre, arrière-neveu d'Antoine Leclerc de la Forest. — Quant à Bertrand Duchesne, voyez Lebeuf, *Mém. sur le dioc. d'Auxerre*, t. IV, p. 417, et Née de la Rochelle, *Mém. sur le dép. de la Nièvre*, t. III, p. 111.

3. Vérification faite, l'abbé Lebeuf n'a pas inscrit le cardinal Pierre de Thury, qui vivait à la fin du XIVe et au commencement du XVe siècle, dans le catalogue des illustres Auxerrois.

4. Cpr. ce que Lebeuf dit de cette même pièce dans la lettre à D. Martène, du même jour.

Mabillon ou M. Baluze vivoient encore, j'aurois pris la liberté de leur en demander leur avis. Elle m'a l'air d'avoir été composée à Poitiers par quelqu'un de l'abbaye de Saint-Hilaire. On m'a assuré que l'original, ou bien une copie très-ancienne, est entre les mains de M. l'abbé Daquin, doyen de Saint-Thomas-du-Louvre, en qualité d'abbé de Saint-Laurent ou de Longretz [5], dont il y est parlé.

On nous a dit ici que l'on va transporter la bibliothèque du roi dans les galeries du Louvre [6]; je suis bien fâché de n'y avoir point été pendant mon séjour à Paris, pour y lire les statuts synodaux de Mgr Amyot, de l'an 1572. Ce manuscrit vient de M. Baluze, Cod. 217 in-folio, et contient plusieurs autres choses qui regardent le diocèse d'Auxerre, entre autres le pouillé.

J'envie votre bonheur. Vous êtes au milieu des gens de lettres et dans le pays des bons livres. Nous n'avons ici que le rebut de Paris, et tout nous manque. C'est pourquoi ayez donc pitié de nous, et aidez-moi, s'il vous plait, des lumières que vous demande celui qui est, etc.

P.-S. — Un de mes amis, grand amateur de la liturgie et cependant de votre ordre [7], vient de nous quitter, il est allé demeurer à Nanterre. C'est le P. Charrin de Lyon. Il me dit en me quittant qu'il iroit souvent à Sainte-Geneviève. Si j'osois, je vous prierois de lui faire mes compliments; il demeuroit à Saint-Eusèbe.

---

5. L'abbaye de Saint-Laurent, près Cosne, s'appelait indifféremment l'abbaye de Saint-Laurent ou l'abbaye de Longretz. On l'appelait encore Saint-Laurent des *Abbats* ou des *Aubats*. Voyez Lebeuf, *Prise d'Auxerre*, p. 281, et les pouillés manuscrits du diocèse d'Auxerre, aux archives de l'Yonne.

6. En effet, « les deux maisons de la rue Vivienne ne suffisaient plus pour « contenir cette bibliothèque. M. l'abbé de Louvois se proposait alors de la « transporter dans la grande galerie du Louvre. Mais l'arrivée de l'infante « d'Espagne (janvier 1722), qui devait demeurer dans ce palais, dérangea « ce projet. » Le Prince, *Essai sur la bibliothèque du roi*, éd. Louis Paris, p. 75.

7. *Et cependant* de votre ordre, allusion au mépris des règles liturgiques professées par les chanoines réguliers d'Auxerre, et dont Lebeuf se plaint au début de sa lettre.

77. — DE LEBEUF A FENEL.

15 janvier 1721.

En vous envoyant un bref de l'année courante, je me donne l'honneur de vous écrire pour vous prier d'en remarquer les singularités et de m'en dire votre avis. Comme l'occasion presse, je ne vous citerai point ici les beaux endroits de l'antiquité que notre diocèse avoit retenus et que nous avons rétablis; en le parcourant, vous vous en apercevrez de plusieurs. Comme le secrétaire de Mgr notre évêque [1] ne m'a laissé qu'un bref, je ne puis vous envoyer que celui-là; si j'en recouvre d'autres, ce sera pour messieurs les deux curés nos amis communs [2].

L'imprimeur, chose extraordinaire, ne m'en a pas fait présent d'un seul. Il dit qu'il fait le bref à sa perte.

Mgr notre prélat est à présent résident. Il prêche souvent en sa cathédrale et dans les paroisses. Il paroit toujours faire peu de cas de l'accommodement [3] : Dieu veuille nous donner une paix telle qu'il l'a demandée. Nous n'avons point vu ici de mandement de Mgr l'archevêque touchant les calamités. Outre notre

---

Lettre 77. — Nous publions cette lettre d'après l'original autographe appartenant à M. le baron Martineau des Chesnez, ancien sous-secrétaire d'état au département de la guerre, ancien maire d'Auxerre.

1. C'était Dominique Leclerc, né à Varzy, le 3 juin 1677, chanoine d'Auxerre le 8 octobre 1715, puis lecteur le 7 mai 1725, et qui mourut le 25 décembre 1755.

2. Sans doute Ferrand, curé de Dollot, et Besnault, curé de Saint-Maurice de Sens.

3. Il s'agit encore de l'accommodement que le Régent avait négocié en 1720, pour apaiser les querelles du jansénisme, et que le cardinal de Noailles, archevêque de Paris, avait accepté l'un des premiers, mais contre lequel M. de Caylus et les jansénistes auxerrois crurent devoir protester, en renouvelant leur appel au futur concile. Voyez lettre 73, note 11. Néanmoins M. de Caylus, dans son mandement du 17 septembre 1720, demandait au Seigneur de donner à la France « une paix solide et inaltérable, une paix fondée sur « la vérité, sur la justice et sur la simplicité évangéliques », paroles auxquelles **Lebeuf** fait allusion dans sa lettre.

dévotion quotidienne à saint Sébastien, nous avons commencé à dire tous les jours, à sa chapelle, l'oraison *Pro tempore pestis*. Si elle vient du midi, nous l'aurons plustôt que vous. Dieu vous en préserve et nous aussi 4.

78. — DE LEBEUF A FENEL.

[Fin janvier 1721.] 1

....Avez-vous remarqué dans vos collections que les moines de Saint-Germain d'Auxerre donnèrent à Sévin, votre archevêque, des reliques de saint Etienne? Cela se trouve marqué dans la vie d'Heldric, abbé de Saint-Germain d'Auxerre.

Nous avons depuis huit jours un monsieur de votre voisinage qui est venu prendre possession d'un prieuré conventuel et d'une cure au faubourg d'Auxerre, de Saint-Amatre; il se dit de Nailly, proche Sens, et s'appelle de Colmeny 2.

Il est de la réforme des chanoines réguliers de Bocachard 3. Il

1. Les craintes de Lebeuf étaient motivées par les ravages que la fameuse peste de 1720 venait d'exercer à Marseille.
LETTRE 78. — Cette lettre ou plutôt ce fragment de lettre se trouve, sans date ni suscription, intercalé dans la collection de Fontaine.
1. Nous nous fondons, pour restituer la date qui manque dans l'original, sur ce que Lebeuf parle de la prise de possession du prieuré de Saint-Amatre comme d'un fait tout récent : voyez ci-dessous. Nous nous fondons encore sur la réponse de Fenel, qui porte la date du 1er juin 1721, mais dans laquelle le doyen s'excuse d'un retard *de plusieurs mois* : voyez la dernière des notes qui suivent.
2. Pierre de Colmenil, prêtre du diocèse de Bourges, chanoine régulier de Saint-Augustin, fut nommé prieur de Saint-Amatre d'Auxerre, en remplacement de Pierre Marpon, mort le 31 décembre 1720. Les lettres de provision que lui accorda M. de Caylus, et après lesquelles il prit possession, portent la date du 13 janvier 1721. Voir *Registre des lettres de provision de l'évêque d'Auxerre*.
3. C'est-à-dire qu'il appartenait à la Congrégation de Bourgachard. Rappelons ici que la correspondance de Lebeuf, *passim*, fournit, sur cette congrégation spéciale de chanoines réguliers et sur son fondateur, des renseignements nouveaux.

1721 paroit très honnête homme. Mgr notre prélat le considère beaucoup, et vouloit le nommer à ce bénéfice si l'abbé de Saint-Satur-en-Berri eût perdu son droit de présentation [4].

Depuis que j'ai retiré ma lettre de l'endroit où elle a été posée trop tard, j'ai trouvé sur ma table un mémoire des questions que j'avois à vous proposer.

Vous avez le *Menagiana* de 1715, imprimé chez de Laulne. On m'a écrit de le voir, t. I, p. 177 et 232, et t. II, p. 247 et 338. Si vous pouviez me faire le plaisir de me faire copier ce qui peut regarder Auxerre dans ces quatre pages, je vous en serois très-obligé.

J'ai trouvé, dans un village de votre diocèse, un beau missel imprimé de Sens, sans date d'année. Il y a les armoiries d'un archevêque [5], qui sont une croix accompagnée de plusieurs autres [6].

---

4. L'abbaye de Saint-Satur-en-Berry, dont relevait le prieuré de Saint-Amatre d'Auxerre, était située auprès de la ville de Sancerre, sur les bords de la Loire.

5. Dans la lettre autographe, Lebeuf donne un dessin grossier de ces armoiries. Ce n'est pas une croix *accompagnée de plusieurs autres*, mais une croix *recroisetée*.

6. Peu après avoir reçu ces questions, Fenel s'occupa d'y répondre. Mais sa réponse ne fut adressée à Lebeuf que plusieurs mois après, dans une lettre datée du 1er juin 1721, et qui fait partie de la collection de Fontaine. En voici la très-courte analyse : « Fenel remercie Lebeuf de ses remarques
« sur les reliques de Saint-Étienne... Il ne connoit pas M. de Colmeny... Il
« pense que le missel sénonnois, trouvé par Lebeuf, a été édité sous le car-
« dinal de Lorraine ; pourtant il ne connoit pas d'autre édition, remontant
« à cette époque, que celle faite sous le cardinal de Pellevé, successeur du
« cardinal de Lorraine... Enfin, il transcrit les passages du *Menagiana*
« réclamés par Lebeuf, passages qui ne présentent pas d'intérêt sérieux. »

79. — DE LEBEUF AU P. PRÉVOST.

Auxerre, ce 21 février 1721.

Il m'a paru, par la réponse que vous m'avez fait l'honneur de m'écrire, au sujet du bref auxerrois de l'an 1721, que vous êtes bien aise de savoir mon sentiment sur quelques articles qui vous ont frappé. Je vais vous marquer ce que j'en pense, après que je vous aurai remercié de la manière honnête et gracieuse dont vous avez bien voulu recevoir un si petit présent.

Il ne tiendroit pas à moi qu'on ne chantât les antiennes dans leur entier avant le psaume; mais j'ai trouvé que, depuis au moins deux cents ans, nous ne doublons que la première et la deuxième. Je sçais bien que l'usage de tout doubler est plus raisonnable, mais il faut faire attention que nous avons retenu le grand répons d'après le capitule, et qu'il falloit empêcher les esprits de crier qu'on les accable. Si notre diocèse avoit été en possession de doubler toutes les antiennes, je me serois bien donné de garde de retrancher ces duplications.

Si nous ne répétons, dans les répons de vêpres, que la seule réclame après le *Gloria Patri*, aux doubles, c'est parce que les doubles sont un degré inférieur aux solemnels et ux annuels, auxquels on reprend le répons dès son premier mot, coutume dont on trouve des marques dans les anciens auteurs.

Le deuxième choriste entonne l'hymne, parce que le premier choriste a entonné le cinquième psaume et que le même premier choriste doit entonner *Magnificat*; c'est donc pour alterner et afin qu'on les voie donner le ton tour à tour; car chez nous ils n'ont aucune part au répons. Tout ceci est d'usage immémorial dans notre église.

LETTRE 79. — Tirée du manuscrit de la bibliothèque Sainte-Geneviève. 3 F, 13.

On touche de l'orgue chez nous au *Kyrie*. On en touche aussi quelquefois au *Gloria in excelsis*; mais la raison qui en fait toucher au *Kyrie* n'est pas bonne pour le *Gloria in excelsis*. La première pièce est une répétition des mêmes paroles, et, souvent dans un même chant, elle se chante même par les deux chœurs alternativement. Ainsi l'orgue peut faire ici un chœur et y être touché d'une manière qui convienne aux paroles. Mais pour ce qui est du *Gloria in excelsis*, nous sommes en possession, depuis son introduction, de ne le chanter qu'à un seul chœur, tout à la fois d'un bout à l'autre, et cela à l'exemple de notre métropole. Ainsi l'orgue n'a pas dû avoir accès dans cette pièce de chant. C'est un hymne et une prière composée de différentes paroles et de différents chants; il n'y a point d'inconvénient que tout le monde la chante d'un bout à l'autre comme le *Credo*: d'autant plus que Rome même nous en montre l'exemple et que peut-être elle avait puisé cette pratique de l'Orient, puisqu'il y a toute apparence que c'est cet hymne et cette prière que les premiers chrétiens récitoient dès le matin en l'honneur de Jésus-Christ.

Je pense, comme vous, que nous avons mal fait d'introduire, à complies, une oraison propre aux grandes fêtes. J'aimerois mieux qu'on eût retenu l'ancienne simplicité. Nous verrons ce qu'on fera quand nous en serons au bréviaire, mais en attendant, je crois que nous faisons fort bien de ne pas souffrir qu'on touche de l'orgue à complies; la cathédrale nous en montre l'exemple.

Si l'on n'appréhendoit trop de charger les sonneurs, on leur marqueroit bien de sonner avant chaque nocturne; mais ces sortes de gens aiment mieux qu'on leur retranche leurs charges. D'ailleurs il est rare ici de voir chanter dans les paroisses les trois nocturnes, le plus souvent on n'y chante que le dernier.

Nous faisons de saint Guillaume de Bourges [1], pendant l'octave

---

1. Voyez *Martyrologe Auxerrois* de 1751, au 13 janvier. « Festum S.
« Guillelmi, qui monasterii Pontiniacensis antea prior, ex abbate Caroli-
« loci prope Sylvanectum, episcopus Bituricensis electus, cum omnia boni
« pastoris munia fideliter adimplisset, obiit die decimâ januarii (1209);
« Sanctitatis et miraculorum ejus testimonia, mandante Honorio tertio

des Rois, par la même raison que nous faisons avec tout le monde de saint Thomas et des autres saints pendant l'octave de Noël ; et nous en faisons double à la cathédrale, à cause d'un de nos anciens évêques qui le voulut, ce saint archevêque ayant été canonisé en conséquence des perquisitions que fit pour cela Guillaume de Seignelay, évêque d'Auxerre. On croit même qu'il avoit beaucoup de parents dans notre diocèse.

1721

Je n'ai point mis sans preuve que nous faisions autrefois la commémoration de tous les fidèles défunts le 23 janvier ; elle y est marquée dans un de nos nécrologes qui a été écrit vers l'an 1007. Vous pouvez le voir parmi les manuscrits de M. le comte de Seignelay, n° 1966 [2].

Nous n'avons jamais eu intention de faire deux fêtes de la Trinité ; car, quoi qu'on chante des antiennes et des répons en son honneur le cinquième dimanche d'avant Noël, ce n'est pas pour en faire une fête, c'est parce que ce dimanche étoit réputé, chez nous anciennement, comme le commencement de l'année ecclésiastique. C'étoit le premier de ceux qui disposoient à la fête de Noël, ainsi que vous pourrez voir par le sacramentaire de saint Grégoire.

Nous n'avons point voulu mettre la bénédiction des pommes dans le canon, parce que nous ne trouvons pas que jamais elle ait été faite ici en cette place là. Il n'en est pas de même de celle des raisins ; nos missels y sont formels d'après les sacramentaires anciens.

Pour ce qui est de la couleur des messes des vigiles de fêtes de saints, on a cru devoir rétablir l'ancien usage du diocèse et de la métropole, et, en le rétablissant, l'on fait en sorte que les choses paroissent mieux concertées, puisque, dans la cathédrale

« Romano pontifice, collegit Guillelmus è Seligniaco, Autissiodorensis epis-
« copus. Festum ejus in ecclesiâ cathedrali instituit, et ritu majori cele-
« brari voluit Rainaudus de Salligniaco, ejusdem sedis antistes. »

2. Lebeuf a publié ce nécrologe ou obituaire dans les preuves de ses *Mém. sur le dioc. d'Auxerre* ; on le trouve aussi, dans la nouvelle édition de cet ouvrage, t. IV, p. 7, collationné d'après l'original manuscrit qui est aujourd'hui à la Bibliothèque impériale.

1721 même, on sonne en carillon avant les messes de toutes les vigiles, quand les fêtes doivent avoir carillon, comme à la Saint-Jean, à l'Assomption et à la Toussaint.

Si vous n'êtes pas content, mon révérend Père, de ce que je viens de vous marquer au sujet de cet usage, prenez la peine d'en parler à M. de la Chauvinière. C'est lui qui m'a inspiré d'enrichir le bref auxerrois de la présente année de cette judicieuse pratique. Comme il ne m'y a déterminé qu'après m'avoir allégué pour cela quantité de bonnes raisons, je ne doute pas que, pour peu que vous conféries avec lui sur cet article, il ne vous fasse convenir aisément de la bonté ou pour mieux dire de la nécessité de cette pratique, par sa conformité avec l'antiquité et avec la raison, vous connoissant aussi docile et aussi savant que vous l'êtes, et sachant que vous aimez souverainement tout ce qui est vrai et qui est juste.

Je conviens avec vous que le tour de la latinité du petit mandement de Mgr notre prélat[3], qui est à la tête du bref, n'est pas le plus élégant du monde, mais il étoit difficile d'observer exactement cette règle et n'être pas long; il étoit difficile de lui faire dire beaucoup en peu de mots. Outre cela, je n'ai pas été le maître absolu de sa composition, j'ai seulement fourni le dessein, et, quoique je ne goûte pas ces mots *Bonos usus* par rapport à la latinité, je les trouve excellents pour ce qu'ils signifient, et je serois fâché qu'il y en eût d'autres.

---

3. On verra dans la suite de la correspondance que le mandement sur les rites, publié en tête du bref auxerrois de 1721, sous la signature de M. de Caylus, souleva dans le diocèse des contradictions assez vives, et que Lebeuf entreprit un travail apologétique pour répondre à ces contradictions.

80. — DE M. DE LA CHAUVINIÈRE A LEBEUF.

A Paris, le 24 mars 1721.

Puisque vous souhaitez, Monsieur, que je vous marque mon sentiment sur cette coutume, sur laquelle vous me mandez que M. Orillard [1] vous a consulté, je vous dirai que je ne l'approuve pas et cela pour plusieurs raisons.

La première, parce que le rituel d'Auxerre ne fait aucune mention de deux anneaux, et qu'il paroît au contraire même fort clairement, par ce rituel, qu'il n'en faut donner qu'un. Comme ledit rituel a été imprimé en 1536, il est très-vraisemblable, pour ne pas dire certain, que la coutume de ne donner qu'un anneau subsiste depuis un temps immémorial dans le diocèse d'Auxerre.

La deuxième, parce que tous les rituels que j'ai vus ne parlent que d'un anneau ; d'où on peut conclure, avec beaucoup de fondement, que la coutume de ne donner qu'un anneau est la coutume générale de l'Église.

La troisième, parce que je n'ay vu aucun ancien monument où il fût fait mention de deux anneaux, et qu'au contraire ils ne font mention que d'un seul en parlant du mariage, d'où je conclus que la coutume de ne donner qu'un anneau est la coutume ancienne et même primitive de l'Église.

Il paroît donc que, bien loin de conserver soigneusement la

LETTRE 80. — Publiée d'après un manuscrit de la bibliothèque impériale, fonds Saint-Magloire, n° 85, f 160. Dans ce manuscrit, où la lettre de M. de la Chauvinière n'existe qu'en copie, elle porte l'intitulé suivant : « Réponse de M. de la Chauvinière à la question que M. Lebeuf lui a pro- « posée, au sujet de la coutume qui s'observe dans l'église de Seignelay « de donner, dans l'administration du sacrement de mariage, deux anneaux « à l'épouse. » Nous la reproduisons ici pour les motifs que nous avons déjà exposés à propos de la lettre du 23 février 1720.

1. Jacques-Juste Orillard, pourvu de la cure de Seignelay (près Auxerre) le 8 mai 1719, mort le 28 juillet 1739. C'était un ardent janséniste. Voir sa vie dans le *Nécrologe des Appelants*, t. I, p. 370.

coutume de Seignelay, il ne faut pas seulement la tolérer, puisque cette coutume n'est pas propre au diocèse d'Auxerre, et qu'elle est contraire à la coutume générale et immémoriale de l'Église. Et qu'on n'aille pas dire, pour autoriser cette coutume, qu'elle est en vigueur dans l'Église grecque; car je réponds : 1° que les coutumes de l'Église grecque ne doivent pas être introduites dans l'Église latine, de même que celles des Églises latines ne doivent pas être introduites dans l'Église grecque, comme cela a été deffendu en plusieurs occasions. Je réponds 2° que la coutume de l'Église grecque, à l'égard des deux anneaux, est très-différente de celle de Seignelay, puisque dans cette ville les deux anneaux se donnent à l'épouse, au lieu que dans l'Église grecque l'un est pour l'époux et l'autre pour l'épouse.

Voici donc ce que je ferois, si j'étois à la place de M. Orillard. Un jour de dimanche, je ferois un prône, sur le sacrement de mariage, dans lequel je m'attacherois à en expliquer les cérémonies, et, en les expliquant, je montrerois par les raisons ci-dessus alléguées que cette coutume est abusive, et je conclurois qu'il faut par conséquent l'abolir.

Si mes paroissiens y consentoient, ce seroit une affaire finie; si au contraire ils ne vouloient pas se rendre à mes raisons, je prierois Mgr l'évêque d'Auxerre ou son vicaire-général de me donner par écrit une défense de laisser pratiquer à l'avenir cette coutume dans mon église. Je lirois publiquement cette défense au prône une ou plusieurs fois, et je déclarerois que je ne marierois pas ceux qui apporteroient deux anneaux, et je serois ferme à tenir ma résolution.

Quant à ce que vous ajoutez, que le rituel de Paris de 1646 veut qu'il n'y ait ni diamant ni gravure à l'anneau nuptial, je vous dirai que, si la coutume est contraire à Seignelay, on peut l'y laisser; et que, quand on travaillera à l'article du mariage pour le futur rituel d'Auxerre, alors on pourra faire les défenses qui sont dans le rituel de Paris, si l'on trouve pour cela des motifs conformes à l'antiquité et à la raison.

Si on trouvoit dans le rituel d'Auxerre une pareille défense, je serois d'avis que M. Orillard l'observât ainsi que tous les curés du diocèse; mais cette défense ne s'y trouvant pas, il peut laisser toute liberté à ce sujet à ses paroissiens.

---

84. — DE LEBEUF AU P. JANNINCK [1].

A Paris, ce 21 avril 1721 [2].

Je suis bien fâché, mon Révérend Père, que la lettre que j'ai eu l'honneur de vous écrire, touchant plusieurs des saints d'Auxerre, ait resté à Paris pendant un an et demi sans vous être envoyée. Je suis arrivé depuis quelques jours à Paris, d'où j'ai l'honneur de vous écrire celle-ci, et j'y ai trouvé encore les trois feuilles qui la composent [3], remplies de remarques dont quelques-unes auroient peut-être pu vous servir au sujet de saint Moré [4]. J'ai lu hier, dans la chambre du Révérend Père

---

LETTRE 81. — Cette lettre est une de celles que Lebeuf avait adressées jadis aux Bollandistes d'Anvers, et qui sont aujourd'hui entre les mains des nouveaux Bollandistes de Bruxelles. Ces derniers ont eu l'obligeance de confier à M. l'abbé Duru tout ce qui leur reste de la correspondance de Lebeuf, débris précieux, que l'on trouvera réunis dans le *Bulletin de l'histoire et des archives diocésaines de Sens et d'Auxerre*, t. I, actuellement sous presse. De son côté, le savant directeur du *Bulletin*, notre collègue M. l'abbé Duru, a bien voulu nous communiquer les originaux autographes, pour être publiés à leur date dans notre édition.

1. Cette lettre n'a pas de suscription proprement dite. Seulement, au bas de la dernière page, après sa signature, Lebeuf a écrit : « *au Révérend « Père Conrad Janning ou J.-B. du Solier, religieux de la compagnie « de Jésus, à Anvers.* » On verra plus loin pourquoi cette double adresse : Lebeuf craignait avec raison que celui des Bollandistes avec lequel il avait correspondu jusqu'alors, le P. Janninck, fût dans l'impossibilité de lui répondre ; dans cette crainte, il s'adressait au digne continuateur de l'œuvre, le P. du Sollier. Voir, sur ce dernier, la suite de la correspondance.

2. Une main inconnue a ajouté, près de la date écrite par Lebeuf : « *Cette « lettre est venue d'Auxerre le 14 juillet 1721.* »

3. Pour plus de clarté il faudrait dire : « J'ai l'honneur de vous écrire « celle-ci, et j'ai trouvé les trois feuilles qui composent *l'autre* remplies de « remarques. »

4. Voyez sur saint Moré, enfant martyr du diocèse d'Auxerre, les *Acta*

Prévost, mon cher compatriote, chanoine régulier de Sainte-Geneviève et bibliothécaire de cette abbaye, ce que vous avez écrit sur ce saint. En traitant son article, vous m'avez fait plus d'honneur que je ne mérite; je vous en remercie de tout mon cœur. Mais je ne puis vous cacher la peine que j'ai eue d'y voir de mes fautes, que la postérité ne manquera point de m'imputer et avec raison, car c'est moi qui les ai faites [5]; mais ma dernière lettre les auroit empêchées, si elle vous avoit été envoyée dans le temps. La première faute est en ce que M. Bargedé [6] est qualifié archidiacre, tandis qu'il n'a été qu'assesseur à Auxerre. C'étoit un homme marié qui se plut toute sa vie à transcrire les mémoires de Dom Georges Viole, bénédictin, en y ajoutant seulement quelques petites remarques. Ainsi il ne faut point lui attribuer le fond du martyrologe que j'ai compilé. C'est ce que j'ignorois lorsque je copiai, sur son manuscrit, la brochure que feu M. l'abbé Chastelain vous a envoyée. J'ai été la cause qu'il a fait la même faute touchant la qualité de ce compilateur.

La seconde est que vous avez marqué Mailli comme étant du diocèse d'Autun; cela vient encore de mon manuscrit qui avoit cette faute, mais il y a bien des années que je l'avois reconnue. Ce Mailli-le-Château est véritablement dans le diocèse d'Auxerre.

A l'égard des reliques qui sont l'occasion pour laquelle vous

---

Sanct. Julii, t. 1, p. 287. Les Bollandistes y déclarent qu'ils ont été renseignés *a viro docto Joanne Lebeuf, canonico et succentore ecclesiæ Autiss.*

5. Lebeuf avait fourni des matériaux aux Bollandistes à différentes reprises: voyez lettre du 6 juillet 1712 et lettre du 28 septembre 1718. C'est alors qu'il avait commis les erreurs reproduites dans le premier volume des *Acta Sanct. Julii*, volume publié en 1719. Plus tard, les Bollandistes ont rectifié ces erreurs, en se conformant aux indications nouvelles de la lettre du 25 avril 1721: voyez *Acta Sanct. Julii*, Appendice du tome VII, (publié en 1731), p. 854 et suiv. On trouve également dans cet Appendice une partie notable de la dissertation du 28 septembre 1718, textuellement imprimée.

6. Charles-Henri Bargedé, dont nous avons déjà parlé p. 14, naquit à Tonnerre, et mourut fort âgé à Auxerre, le 29 mai 1682. Ses travaux se composent de deux volumes, in-f°, que l'on conserve à la bibliothèque de la ville, et qui sont couverts d'annotations de Lebeuf. Quoiqu'en dise ce dernier, on y trouve des renseignements utiles et originaux sur notre histoire locale.

nommez ce lieu-là, j'aurai l'honneur de vous marquer que je me suis informé, du curé qui y est aujourd'hui, s'il les connoissoit, et il m'a fait réponse que les anciens se souvenoient, à la vérité, qu'on avoit conservé autrefois à Mailli plusieurs reliques; mais qu'un évêque d'Auxerre, y faisant sa visite, les avoit fait enterrer toutes, parce qu'il les avoit trouvées sans authentiques ni sans procès-verbaux.

La curiosité m'a encore porté, au mois de juin 1719, de faire lever la tombe où l'on croyoit, à Saint-Germain d'Auxerre, conserver son tombeau avec celui de saint Félice [7]; mais on n'a rien trouvé dessous, et, à un pied et demi dans terre, l'on a senti la voûte des cryptes inférieures. C'est ce qui m'a fait croire que les reliques de ces deux saints n'ont été exposées, en cet endroit, que pendant qu'on rebâtissoit la partie orientale de l'église, et, qu'ayant été ensuite enchâssées avec les autres, elles ont subi, en 1567, le sort d'être confondues parmi les ossements des autres châsses qui furent jetés par terre.

Je laisse au Révérend Père Prévost une légende de saint Hugues, solitaire à Nanvigne, au diocèse d'Auxerre [8], dont la fête arrive le 6 juillet; je vous l'ai destinée il y a plus de deux ans.

Je me souviens que vous avez approuvé mon sentiment sur l'auteur de l'histoire de la translation du corps de saint Martin à Auxerre, laquelle on attribue faussement à saint Odon de Cluni [9]. Si vous le jugez à propos vous pourrez en faire mention

---

7. Cpr. ce que dit D. Fournier du tombeau de saint Moré et de saint Félix. *Description des saintes grottes de l'abbaye Saint-Germain d'Auxerre*, première édition, p. 181.

8. Voir, sur saint Hugues, solitaire à Nanvigne ou Menou, près de Varzy (Nièvre), le *Martyrologe Auxerrois de 1751*, au 6 juillet. Voyez aussi les *Acta sanctorum* au même jour, et l'Appendice du tome VII de juillet, p. 864. Ici encore les Bollandistes citent à chaque ligne le nom de Lebeuf.

9. A propos de cet ouvrage, Lebeuf s'exprime ainsi dans ses *Mémoires sur le dioc.*, (t. I, p. 214) : « Ce fut, sur la fin de l'épiscopat de Wibaud ou
« pendant la vacance qui suivit sa mort, que le corps de saint Martin fut
« reporté d'Auxerre à Tours. On en a une histoire si pleine d'anachronismes,
« qu'on ne peut guère fixer cette époque. Comme les faussetés qu'elle con-

au 4 juillet, à l'occasion de la première translation. J'ajouterai cependant ici que, depuis ce temps-là, j'ai trouvé en quelque endroit un Odon, abbé de Saint-Martin de Tours, vers le temps de cette translation, et ce pourroit bien être sous le nom de cet Odon que Thomas de Loches auroit eu intention de faire passer son histoire, plutôt que sous celui de saint Odon de Cluni.

Je ne répète point ici ce que je vous ai marqué touchant le vénérable Angelelme, notre évêque, dont la mort arriva au 7 juillet [10].

Nous aurons, dans le 9, l'article de saint Fraterne [11] à débrouiller; mais je doute que l'on puisse y trouver rien de bien appuyé en faveur de notre saint évêque, quoiqu'en dise M. Chastelain, après Florentinius.

Je trouve, au 11 juillet, un saint Savin, auxerrois, que nos calendriers n'ont cependant point connu [12]. Il est dans le martyrologe de l'église d'Auxerre, écrit vers l'an 1007 [13], sous l'évêque Hugues de Chalons, et voici son annonce. « In territorio « Pictaviensi, natalis sancti Savini, confessoris. Hic fuit ex disci- « pulis sancti Germani, Antissiodorensis episcopi. » Le martyrologe de Névelon, conservé à Corbie, et dont il y a une copie dans l'église d'Amiens, porte aussi les mêmes termes, et ajoute que ce fut ce Savin, lequel envoya saint Mamert encore payen à saint Germain notre évêque, pour en obtenir sa guérison. Vous aurez sans doute d'autres martyrologes, où cela sera aussi étendu

---

« tient ont été relevées par un sçavant (l'abbé des Thuilleries), dans une « dissertation expresse, je ne m'y arrêterai pas plus longtemps. » Cpr. *Bibl. hist. de l'Yonne*, t. II, p. 270 et suiv.

10. Angelelme ne figure pas dans le *Martyrologe auxerrois* de 1751.

11. Voir sur saint Fraterne, évêque d'Auxerre, le *Martyrologe auxerrois* au 29 septembre.

12. Voir *eodem*, au 11 juillet, la mention relative à saint Savin, elle est ainsi conçue : « Apud Pictavos, sancti Savini qui, inter discipulos beati Ger- « mani Antissiodorensis, monasticæ vitæ tyrocinium fecit, in cœnobio « S. Cosmæ et Damiani ultra Icaunam. » Saint Savin devint ensuite abbé dans le Poitou; voir *Gall. christ.*, t. II, p. 1285.

13. Lebeuf a écrit en marge : « Ce martyrologe est à Paris dans les manus- « crits de M. le comte de Seignelay. Il vient de M. de Thou. »

que dans celui que je vous cite. Quoiqu'il en soit, on est certain qu'il a existé un Savin, au vᵉ siècle, dans le diocèse d'Auxerre ; que ce Savin étoit clerc de l'évêque Germain, et que ce fut lui qui envoya Mamert à ce prélat. Mais pourquoi se trouve-t-il mort en Poitou, c'est ce que je ne sçais pas. Voilà cependant une tradition de sept cents ans au moins ; car le martyrologe, dont j'ai rapporté ci-dessus les paroles, n'a point été écrit sous l'évêque Humbaud, vers l'an 1100 ou 1110, comme je l'avois cru après ceux qui ne l'avoient pas considéré d'assez près ; il est de cent ans plus ancien, comme on voit par les tables paschales qui y sont jointes et qui commencent à l'an 1007. J'en ai examiné le caractère, lequel me paroit aussi plus ancien que celui du xiiᵉ siècle. Le Révérend Père Papebroch [14], traitant l'article de saint Cyr, au 16 juin, et parlant du fragment de Térère, dit qu'il ne connoit aucun Savin qui ait pu accompagner saint Amatre dans son voyage d'Orient ; il n'a pas apparemment fait attention à ce Savin, qui a pu être successivement disciple de saint Amatre et de saint Germain, comme bien d'autres l'ont été, *verbi gratiâ* saint Patrice. Je vous dirai ici en passant que je n'ai pas remarqué que Térère l'appelle saint, comme le dit le Père Papebroch ; il me semble qu'il l'appelle seulement *Clarissimus*. Cependant ce Térère vivoit assez tard pour connoître le culte de saint Savin, s'il avoit été établi à Auxerre dès son temps. Térère ou Tétère [15] vivoit à Nevers sous l'évêque Natran, c'est-à-dire vers 970 et 980. C'est ce que vous pouvez voir dans Coquille, historien du Nivernois, page 58. Cet historien y marque que Teterius se qualifioit doyen et recteur de l'église de Saint-Étienne de Nevers, laquelle est aujourd'hui un prieuré de l'ordre de Cluni.

14. Daniel Papebroch, savant jésuite, né à Anvers le 17 mars 1628, mort le 28 juin 1714. Il travailla à la rédaction des *Acta sanct. Boll.* depuis 1660 jusqu'à sa mort. C'est avec Janninck et du Sollier un des plus célèbres d'entre les Bollandistes. L'article du P. Papebroch, auquel Lebeuf fait allusion ici, se trouve dans les *Acta sanct. Junii*, t. III, p. 21.

15. Voyez, sur cet écrivain peu connu, la dissertation de Lebeuf, *Mercure*

1721

Il me semble encore (puisque je suis à l'article de saint Cyr) que l'imprimeur s'est trompé au 16 juin, en mettant une translation des reliques de saint Cyr, *Augustoduno Nevernos*; il a apparemment voulu mettre *Autissiodoro*. Si saint Amatre a déposé les saintes reliques qu'il avoit apportées d'Orient, dans une église de Saint-Symphorien, ce n'est point dans celle d'Autun, mais dans celle qu'il avoit fait bâtir dans l'enceinte du cimetière public d'Auxerre, sous le nom de ce saint martyr, et d'où elles furent autrefois transférées (du moins ce qui en restoit) dans l'église cathédrale, suivant le martyrologe qu'on lisoit à Auxerre en 1320. dont voici les termes au 12 juillet : « Autissiodori,
« exceptis sanctorum reliquiarum Amatoris confessoris et epis-
« copi, Cyrici martyris et Julittae, matris ejus. Symphoriani mar-
« tyris, Vallis confessoris, et aliarum multarum, quae delatae
« sunt ad ecclesiam beati protomartyris Stephani, cum hymnis
« et laudibus. »

Monseigneur notre prélat, qui a fait, en 1716. la translation du chef de saint Pèlerin [16], s'est servi de toutes les preuves que vous lui avez fournies. Si tôt que je pourrai avoir le temps, je vous enverrai le procès-verbal de cette cérémonie, parce que vous aurez, au 12 juillet, une occasion toute naturelle de parler de toutes les reliques des saints du diocèse d'Auxerre [17], dont les mois sont déjà passés, et par conséquent de cette translation, qui s'est faite le 1er mai.

Je ne m'étendrai pas plus au long sur nos saints Auxerrois. Vous verrez, par le bref que je vous envoie, qu'on tâche de profiter de vos lumières dans la science hagiologique, et que peut-être aucune église ne s'attache si vivement que fait la nôtre à faire revivre le culte de ses saints particuliers.

de mars 1750, réimprimée dans le recueil de M. Pichon, p. 15; cpr. *Gall. christ.*, t. XII, preuves de l'église de Nevers, n°⁸ XXVI et suiv.

16. Nous avons déjà parlé de cette translation à propos de la lettre du 3 mai 1716.

17. L'église d'Auxerre célébrait, au 12 juillet, une fête relative à la translation, dans la cathédrale, des reliques de saint Amatre, saint Cyr, et autres

Vous êtes supplié de vouloir bien y faire vos remarques, afin qu'on en profite dans le calendrier du missel, qu'on se dispose à faire imprimer. Nous croyons, par exemple, nous être trompé, au 8 octobre, en qualifiant sainte Pélagie de pénitente [18]. Un sçavant de Paris nous a fait remarquer que c'étoit la vierge d'Antioche qu'on a eu intention d'honorer à Auxerre. Il y a une sainte Félicule au 1er août [19], dont nous remettons la mémoire en vigueur, parce que nous croyons que c'est une sainte locale, dont les reliques sont ou ont été en partie à Gien, où elle est patrone, dans le diocèse d'Auxerre, et en partie à Leré au diocèse de Bourges. Elle est patrone de la ville de Gien, mais on la confond depuis le XIIIe siècle avec la grande martyre de Rome de ce nom. Je ne sçais si c'est elle que l'édition *Lubeco, Col. et Greven* de votre Usuard [20] veut marquer au 1er août, sous le nom de *Facinola*. Il y auroit encore plusieurs choses à vous demander, mais je n'en veux plus proposer qu'une, qui est le retranchement que nous avons fait de sainte Hélène, du 4 mai [21], à la prière de tout le diocèse, qui s'est lassé de lire les pitoyables leçons qu'on lui avoit données dans le bréviaire de 1670. Ces leçons viennent aussi d'être retranchées à Troyes, où l'on a un corps venu de Grèce sous ce nom; mais la fête n'a pas eu le même sort à cause de la dévotion des peuples. Pour nous, comme

1721

---

saints en vénération dans le diocèse : *Susceptio reliquiarum SS. Amatoris, Cyrici, Julittæ, Symphoriani, Vallis, et aliarum.*

18. Dans le *Martyrol. Auxerrois* de 1751, Pélagie, pénitente, est maintenue au 8 octobre, et Pélagie, martyre à Antioche, au 11 juillet. Sans doute Lebeuf a reconnu qu'il ne falloit pas confondre les deux.

19. L'hagiographie de sainte Félicule est un des sujets que Lebeuf a le plus rebattus dans les lettres de sa jeunesse. Voir la correspondance et les notes, *passim*.

20. C'est-à-dire dans l'édition du Martyrologe d'Usuard, attribuée à un chartreux du nom de Greven, et qui parut simultanément à Lubeck et à Cologne, en 1499. Le P. du Sollier a publié, en 1714, une nouvelle édition de ce même martyrologe, qui est annexée aux *Acta Sanctorum Junii*. On trouve, dans la préface, p. 36, des renseignements bibliographiques très complets sur le livre dont parle ici Lebeuf.

21. Voir, sur cette légende et la suppression ordonnée par M. de Caylus, la lettre du 20 février 1718, et les notes.

ce culte ne s'est introduit dans notre diocèse que parce qu'un chanoine fit, vers 1400, une convention expresse pour ériger cette fête. Mgr notre évêque juge à propos d'en dispenser le diocèse ; la dévotion qu'a la ville de Troyes envers un corps inconnu, ne lui paraissant pas plus digne d'être adoptée que celle qu'on pourroit avoir envers un corps apporté des catacombes de Rome. Ce n'est donc plus la raison que vos prédécesseurs ont apportée au 4 mai et que M. Chastelain a alléguée après lui[22], qui nous empêche de continuer ce culte, mais l'incertitude des reliques venues de si loin, auxquelles on a donné le nom d'Hélène.

Étant dans la bibliothèque de M. le comte de Seignelay, où sont les manuscrits de la bibliothèque de M. de Thou, j'ai examiné attentivement le petit manuscrit dont M. Wion d'Hérouval a extrait la légende de saint Helenus, qu'il leur envoya[23]; voici ce que j'ai remarqué et d'où je conclus que l'Helenus de Troyes ou d'Arcies est un peu douteux. Sur la fin de ce manuscrit est un cahier d'une écriture d'environ six cents ans, fort mal figurée et fort jaune. Ce cahier, qui n'a point de commencement, paroît même cousu là après coup. On y reconnoît d'abord une suite de la vie de saint Sérénic. Il y est rapporté comme il vint de Rome en France, etc.; et, parmi les trois leçons qui font cette légende, on y trouve le premier mot de chacun des trois répons qui la coupent. Après quoi, il y a un second nocturne, où les antiennes sont indiquées et ne disent rien de saint Hélèn que de fort vague; puis *Lectio IV* qui est la vie de saint Hélèn comme vous la trouvez imprimée, sinon qu'après trois ou quatre périodes il y a ℟. *Israël. Lectio V.* C'est la suite de la Vie. ℟. *Miles Christi. Lectio VI.* La suite. ℟. *Sancte Helene, Christi confessor, audi preces servulos*, etc. ℣. *O beate Helene*, etc. En suite de quoi, on lit *in III Noct. Ant.* Ce sont les antiennes de plusieurs martyrs. ℣. *Exultent justi*. Puis, trois leçons, qui sont la légende des saints Timothée et Apollinaire de Reims, dans lesquelles les répons sont aussi indiqués. *Lectio VIII*. C'est la suite de cette légende des deux martyrs. *Lectio IX* est la continuation. Il y a ensuite des antiennes, pour laudes, des saints Timothée et Apollinaire. Ce détail m'a fait naître l'idée que l'Helenus dont on a rapporté la légende au 4 mai, peut bien être le confesseur, du pays de Reims, nommé Helanus dans le martyrologe romain au 7 octobre.

Il est certain que cette légende a été en usage dans une église où l'on célébroit en un même jour saint Sérénic, saint Hélèn et les deux martyrs de Reims ; or, quelle autre église peut avoir célébré ces quatre saints, en un même jour, que quelque église du diocèse de Reims ou du voisinage? J'infère de là qu'il y a toute apparence que c'est l'Helanus de Reims ou de Biseuil au diocèse de Reims, comme dit M. Chastelain, dont la vie est décrite par la légende ; et l'union de saint Sérénic me fortifie encore dans cette conjecture, parce que son corps étoit, dès le xe siècle, dans le voisinage de Reims. Ce qui resteroit à désirer, pour rendre ce sentiment plus certain, seroit de trouver à Biseuil [24] ou dans le voisinage un canton appelé *Ricia*, ce qu'il sera aisé de faire en s'adressant à quelque géographe particulier du diocèse [25].

---

24. Parce qu'il est dit, dans la légende, que S. Helenus se voua au culte du Seigneur *apud Riciam*. Voyez *Acta Sanct.*, *loco citato*.

25. Les Bollandistes de Bruxelles ont conservé la minute autographe de la lettre que le P. du Sollier écrivit à Lebeuf, en réponse à la lettre ci-dessus. Elle porte la date du 27 septembre 1721, et sera prochainement imprimées par les soins de M. l'abbé Duru, dans le *Bulletin de l'histoire et des archives diocésaines de Sens et d'Auxerre*. Nous nous bornons à en extraire les passages suivants : « A propos de ce Père (Janninck), il a eu une attaque « d'apoplexie, il y a près de deux ans, qui l'a mis hors d'état de faire la « moindre chose, par rapport à notre grand ouvrage. Je me suis chargé, « malgré moi, de cette vaste machine... Ce nous sera un avantage particulier « à tous deux, si nos lettres pouvoient être plus fréquentes et moins embar« rassées. Je veux dire si nous ne trouvions pas deux difficultés à la fois. « Le Révérend P. Prévost aura assez de bonté pour être le bureau d'adresse « ou le canal de Paris. Plus vous voudrez m'honorer de vos ordres, et plus « je profiterai de vos savantes lumières, sans jamais oublier de vous rendre « justice, en tout ce que vous voudrez bien communiquer pour l'ornement « de notre ouvrage. »

82. — DE FENEL A LEBEUF.

10 août 1721.

J'ai l'honneur de vous écrire trois choses; la première est un remercîment de votre visite. Le compliment seroit fort long si vous étiez resté plus longtemps ici.

La deuxième, c'est pour vous dire qu'après votre départ j'ai trouvé sur la table de mon cabinet le cahier que vous voulûtes me lire, mais il étoit trop tard pour l'envoyer à Sens; je l'ai lu et j'en suis très-satisfait. J'y ai appris le trait historique de l'*O salutaris hostia*, rapporté par Urbain Reversey[1], préchantre de Sens, dans son histoire des archevêques[2]. Savez-vous où se trouve ce manuscrit? N'est-ce que sur la relation d'un autre que vous le citez? Je sais que le manuscrit étoit dans la bibliothèque de M. Colbert; je l'y ai fait chercher, et l'on n'a pu m'en donner des nouvelles.

La troisième est pour vous prier de nous faire savoir si un nommé Sauvage, musicien, a passé à Auxerre venant de Sens, il y a quelques quinze jours, et si on sait où il est allé, parce que

---

LETTRE 82. — Nous publions cette lettre, qui fait partie de la collection de Fontaine, parce qu'elle nous semble indispensable pour l'intelligence de celle que Lebeuf écrit lui-même en réponse le 15 août 1721, et parce que, d'ailleurs, elle est très-courte.

1. Urbain Reversey devint préchantre de l'église cathédrale de Sens, le 7 mars 1549, fut nommé mais non consacré évêque de Bethléem, et mourut le 2 novembre 1560; voyez *Catalogue Fenel*, liste des préchantres. — « Ce « préchantre prenait pour armoiries un retz renversé avec ce dictum : « *Ima summis*. Il est ainsi représenté dans une vitre d'un cabinet de la « maison de M. le doyen de Sens, à Saint-Clément, proche Sens, où je l'ai « vu le 6 août 1721. » (Note de Lebeuf au dos de la lettre de Fenel).

2. On lit dans le *Catalogue Fenel*, loco citato : « M. Reversey a composé, « l'an 1512, une histoire manuscrite des archevêques de Sens... M. Pithou « le cite dans ses notes sur les capitulaires de Charles le Chauve. Le mesme « auteur (Reversey) dit que c'est luy (Charles le Chauve) qui a institué l'*O* « *salutaris hostia*, etc., pendant l'élévation, et lors de la guerre des François « contre le pape. » Voilà évidemment le trait historique auquel Fenel fait allusion dans sa lettre.

sa femme, qu'il a laissée ici, est malade à l'Hôtel-Dieu ; c'est une œuvre de charité ; il suffit de vous la proposer, étant votre caractère dominant.

83. — DE LEBEUF A FENEL.

15 août 1721.

Je n'ai pas manqué de m'apercevoir que le cahier touchant l'*O salutaris* me manquoit, mais je ne savois en quel endroit je pouvois l'avoir perdu ; heureusement qu'il fut retrouvé sur votre table. Vous me le renverrez, s'il vous plait, par quelque occasion. Vous pouvez, en attendant, le faire voir à qui il vous plaira ; je vous remercie de m'avoir ôté d'inquiétude là-dessus.

J'arrivai ici à dix heures sonnantes, n'étant parti de Sens qu'à près d'une heure, ainsi que M. le chantre vous l'a pu certifier. A peine étois-je dehors de chez vous, que je me souvins d'avoir oublié de vous demander si les ouvrages d'Urbain Reversey étoient imprimés, mais vous m'apprenez vous-même qu'ils ne le sont pas. Si je l'ai cité ce n'est qu'après M. Joly[1], chantre de Paris, dans sa dissertation *de horis canonicis*, et j'ai cru m'en devoir rapporter à cet auteur qui passe pour très-exact. Joly ne dit pas où est cet ouvrage, mais vous m'apprenez qu'il a été dans la bibliothèque Colbertine. J'ai cherché dans le catalogue des manuscrits de M. de Thou qui est imprimé, et j'y ai trouvé ces deux lignes dans la page 464 : « *Urbani Reversey*, Senonensis præcentoris, de episcopis Senonensibus usque ad annum 1558, vij

---

LETTRE 83. — Tirée de la collection de Fontaine. Pour son intelligence, voyez la lettre précédente, à laquelle elle sert de réponse.

1. Claude Joly, chanoine et chantre de l'église cathédrale de Paris, né en cette ville le 2 février 1607, mort le 15 janvier 1700, auteur d'un grand nombre d'ouvrages, parmi lesquels celui que cite Lebeuf : *De reformandis horis canonicis ac rite constituendis clericorum muneribus consultatio*, Paris, 1643, in-8°; 1675, in-12.

volumes. » Il n'est pas dit de quelle taille sont ces sept volumes. Il paroit que cet auteur a été fort inconnu, puisque Taveau, votre historien [2], ne le met aucunement dans le catalogue des auteurs qu'il cite dans sa petite histoire. Cependant, il doit être dans la bibliothèque Colbertine, possédée aujourd'hui par M. le comte de Seignelay, car c'est dans cette bibliothèque que tous les manuscrits de celle de M. de Thou ont été transférés [3].

Je fus curieux, l'an passé, de voir un ancien martyrologe de notre église, que de Launoy a cité *in Bibl. Thuœana*, et je l'y ai trouvé n° 1966 [4]. Il est difficile de n'y pas trouver votre Urbain Reversey, s'il y est; le catalogue de ces manuscrits est très-diffus et en très-bon ordre. Ils ne sont point rangés aujourd'hui comme dans l'imprimé. M. Baluze a travaillé à leur nouvel arrangement et à leur catalogue. C'est ce que je scais du bibliothécaire, et même nous y trouvâmes la vie d'un saint que nous cherchions dans un volume rempli de matières toutes différentes. Tout le catalogue est diffus et bien ordonné.

Je ne vous ai point demandé si vous aviez parcouru les cinq volumes de Dom Martène [5]. Je crois que vous ne pouvez guère

---

2. Jacques Taveau, né à Sens vers 1547, et mort en 1624. Il ne quitta jamais sa ville natale, où il exerça les fonctions d'avocat, ainsi que celles de bailli du temporel de l'archevêché et du chapitre cathédral. Son principal ouvrage est intitulé : *Senonensium Archiepiscoporum vitæ actusque*, Senonis, Niverd, 1608, in-4°. Il paraît qu'il avait d'abord composé cette histoire en français, avant de la traduire en latin, pour la livrer à l'impression. Son manuscrit français était conservé à Sens au XVIII° siècle, et son manuscrit latin passa de la bibliothèque de M. de Thou dans la bibliothèque du roi, où nous supposons qu'il doit être resté. Jacques Taveau a laissé, en outre, quelques travaux complétement inédits : notamment un cahier de mélanges (*Miscellanea*), et un *Catalogue d'aucuns hommes illustres de Sens et lieux prochains*. Le manuscrit autographe de ces deux derniers opuscules appartient à M. Quantin.

3. Cpr. lettre de Lebeuf au P. Prévost du 24 mars 1722.

4. Il ne s'agissait pas, à proprement dire, d'un martyrologe, mais d'un nécrologe ou obituaire dont Lebeuf a déjà parlé et parlera encore dans ses lettres.

5. Les cinq volumes auxquels Lebeuf fait allusion ici avaient paru en 1717, sous le titre de *Thesaurus novus Anecdotorum*. Ils étaient dus, comme on sait, à la collaboration de D. Martène et de D. Durand. Quant

donner la dernière main à votre ouvrage sur les archevêques sans les consulter; il y peut avoir bien des choses qui les regardent. Ce Père se dispose à donner encore cinq ou six autres volumes in-folio, ainsi qu'il me l'a mandé. Voilà une ample récolte. Il a bien voulu déjà faire entrer, dans son premier tome de ces derniers-là, quelques pièces concernant Auxerre 6.

Puisque votre histoire archiépiscopale aura deux tomes, je vous conseille, excusez cette liberté, je vous conseille, dis-je, de donner toujours le premier, ou, si vous les donnez tous les deux ensemble, de ne différer que le moins qu'il vous sera possible 7. Je ne crois pas rien avoir qui puisse entrer dans le premier; mais pour ce qui est du deuxième tome, je vous indiquerai des chartes ratifiées par vos archevêques, lesquelles ne sont point encore connues. Je compte que votre premier tome peut aller jusqu'au XIIIe siècle fort facilement.

Pour ce qui est du chantre dont vous m'avez parlé, le maître de nos enfants m'a dit que ce fut lui qui passa il y a bien trois semaines. En effet, j'en vis un dans notre chœur qui étoit un mauvais haute-taille, jeune homme d'entre 20 et 30 ans, portant perruque, habillé de brun. Le maître croit lui avoir ouï dire qu'il étoit flamand et qu'il avoit été enfant de chœur à Arras. On le vit quelques jours après dans la ville ayant un petit enfant avec lui. Mais de vous dire ce qu'il est devenu c'est ce qui est impossible. Le maître ne s'est souvenu de son nom de Sauvage que parce que je le lui ai nommé le premier.

---

aux autres volumes, dont Lebeuf parle un peu plus bas, comme déjà préparés par les savants bénédictins, il s'agit de l'ouvrage intitulé : *Veterum Scriptorum et Monumentorum amplissima Collectio*. Cet ouvrage, en neuf tomes in-folio, ne commença de paraître qu'en 1724.

6. Le premier tome de l'*Amplissima Collectio* contient, en effet, plusieurs pièces intéressant Auxerre, ainsi que l'on peut s'en assurer à l'*Index Rerum*, Vis *Autissiodorensis ecclesia, Autissiodorensis episcopi, Autissiodorensis comes*, etc. La plupart de ces pièces avaient été fournies par Lebeuf à D. Martène, qui l'a reconnu, en inscrivant à la marge de l'une d'elles cette courte mention : « Ex autographo eruit dominus Lebeuf, canonicus et suc- « centor Autissiodorensis. » Cpr. lettres du 10 janvier 1721 et 10 février 1722.

7. Sur les travaux manuscrits du doyen Fenel, voyez la préface.

1721

Voilà, si je ne me trompe, les deux articles de votre lettre entièrement répondus. Il ne me reste plus qu'à vous souhaiter une bonne santé. J'ai été ravi d'apprendre par vous-même que le mal n'étoit pas si grand qu'on me l'avoit dépeint, et qu'il y avoit espérance de guérison, ou du moins qu'il se reduiroit à un point à ne vous pas empêcher d'écrire. Je souhaite que non-seulement il ne vous empêche pas d'écrire, mais même de marcher, étant porté plus qu'on ne peut dire pour votre parfaite conservation, et ayant l'honneur d'être, avec tout le respect possible, votre, etc.

P.-S. — Je saluerai ici, avec votre permission, monsieur l'abbé Fenel [8], lequel me fit l'honneur de m'introduire chez M. Herluyson, que nous trouvâmes brûlant de fièvre.

Le sieur Mehemet-Effendi arriva ici samedi 9 de ce mois; il y devoit séjourner, mais il repartit le dimanche à 4 heures du matin. On s'aperçut qu'il trouva mauvais qu'on l'eût logé dans un cabaret [9].

Nous chanterons après demain le *Te Deum* pour l'heureuse convalescence du roy.

Les curés ont demandé qu'on leur permit d'exposer demain, jour de Saint-Roch, le Saint-Sacrement pendant l'office; ce qu'on leur a accordé. Cette dévotion n'est point gênante, on la met à toute sorte de mode. S'il falloit jeûner, ou se priver de quelques plaisirs en l'honneur de Saint-Roch, on y penseroit plus d'une fois.

---

8. Ici paraît pour la première fois un homme qui doit jouer un grand rôle dans les affections et dans la correspondance de Lebeuf. Mais nous aurons trop d'occasions de faire connaître plus tard à nos lecteurs l'abbé Pascal Fenel, neveu du doyen, pour qu'il soit opportun d'insister actuellement.

9. Dans l'*Histoire de la ville d'Auxerre*, par M. le président Chardon, ce fait est ainsi daté et raconté : « 6 et 7 juillet 1721, arrivée et séjour de « Mehemet-Effendi, ambassadeur de la Porte-Ottomane, retournant à Cons- « tantinople. L'objet de son ambassade était d'assurer au roi que le Sultan « prenait sous sa protection les Pères latins, gardiens des Saints-Lieux à « Jérusalem. On lui fit les mêmes honneurs qu'aux princes français. Il « avait une suite nombreuse et magnifique, en hommes et en chevaux, qui « fut nourrie, comme lui, aux dépens de la ville. »

Connaissez-vous une histoire ecclésiastique de la religion prétendue réformée, imprimée à Anvers en 1580, en trois volumes in-8°, en françois? On la dit composée par Théodore de Bèze [10]. Il y est quelquefois parlé de Sens. Ce livre est très-rare. Un curé de 18 lieues d'ici me l'a prêté tome à tome.

---

84. — DE LEBEUF AU P. PRÉVOST.

Le 16 août 1721.

Je ne sçais, mon Révérend Père, si je fais un jugement téméraire, en croyant que la cause de votre long délai à me faire réponse vient de ce que je vous écris trop souvent, et que, fatigué de mes lettres, au milieu de vos sérieuses occupations, vous n'avez ni l'envie ni le temps de me faire réponse. Dieu veuille que je me sois trompé. Ce qui est extraordinaire, c'est, que dans le doute sur votre disposition, je ne laisse pas de vous écrire pour vous demander encore des éclaircissements. En effet, pourquoi êtes-vous au milieu des livres, sinon pour aider ceux qui en manquent?

Je ne vous parlerai plus des jésuites d'Anvers avant que je n'aie sçu par vous-même ou par d'autres si mes mémoires leur ont été envoyés. Je reviens à la hardiesse que je prends d'accumuler encore de nouvelles demandes aux anciennes que je vous ai faites. Excusez-la, je vous prie, en la taxant de témérité, si vous voulez, ou de tel autre terme qu'il vous plaira.

---

10. Cet ouvrage est bien de Théodore de Bèze. Cpr. lettre du 26 juillet 1722, note 2.

LETTRE 84. — Nous publions cette lettre d'après l'original autographe appartenant à la Société des sciences historiques et naturelles de l'Yonne. Elle a été déjà éditée dans le bulletin de cette société, en 1859, par M. Léon de Bastard, avec des notes auxquelles nous ferons quelques emprunts.

1721 Nous n'avons ici qu'un grandissime vide de tous les meilleurs livres. Voilà toute notre richesse. Enrichissez-nous donc, s'il vous plait, de ce que vous trouverez dans l'auteur que je vais vous indiquer. C'est le célèbre M. Pithou, des lumières duquel j'aurois besoin, comme aussi d'un endroit d'un plaidoyer de M. Servin, de l'an 1624, sur le Douziois [1]. Voici pourquoi j'ai recours à ces auteurs. Les mémoires manuscrits de M. Noël [2] portent une inscription trouvée autrefois à Auxerre, conçue en ces termes : *Æternæ memoriæ Aurelii Demetrii adjutoris proc. civitat. Senonum, Tricassinorum, Meldorum, Parisiorum, et civitat. Æduorum. Ingenuina Aurelia Demetriana et Aurelius Demetrius, filius patri cariss. etc.*

Un petit livre de Jean-Baptiste Driot, chanoine de Sens [3], intitulé : *Senonensis ecclesiæ querela de primatu Galliarum adversus Lugdunensem, etc.*, imprimé à Sens en 1657, ne cite, p. 63,

---

1. Voyez, sur ce plaidoyer, Chardon, *Hist. d'Auxerre*, t. II, p. 34.
2. Louis Noël, qu'on appelait et qui signait lui-même Noël Damy, en joignant à son nom patronymique celui de sa mère ou de sa famille maternelle, l'une des plus considérables de l'Auxerrois. Il naquit à Châlons-sur-Marne en 1599, devint chanoine de la cathédrale d'Auxerre dès sa première jeunesse en 1614, et plus tard notaire apostolique. Il résigna son canonicat en 1674 et mourut très-âgé en 1686. Durant le cours de sa longue existence, il ne cessa de se livrer à des recherches historiques et hagiographiques sur l'Auxerrois ; c'est avec D. Viole et C.-H. Bargedé, l'un des premiers explorateurs de nos antiquités locales. Malheureusement ses travaux, presque tous inédits, après avoir passé dans les mains de Lebeuf, à qui ils ont été fort utiles, ont disparu avec les papiers que Lebeuf lui-même laissa en mourant. Il ne reste plus de Louis Noël que quelques pièces, plutôt administratives qu'historiques, lesquelles sont conservées aux archives de l'Yonne. Comme ouvrages imprimés, on cite de lui des *Litanies* composées et publiées en 1657, et la première édition du *Gesta Pontificum Autissiodorensium*, qu'il a donnée sous le nom de *Ludovicus Natalis ab Amico*. Voyez *Mém. sur le dioc. d'Auxerre*, t. IV, p. 421 et 431, en appliquant à une seule et même personne les renseignements fournis sur Louis Noël et Noël Damy, considérés par erreur comme faisant deux personnes distinctes. Voir la note de M. de Bastard sur la présente lettre, *loco citato*. Cpr. Frappier, *Protestat. en faveur des droits du doyen*, p. 43, et *Notes sur les Fastes de l'église d'Auxerre*, p. 253.
3. Driot, chanoine de Sens, prit possession de son canonicat le 17 novembre 1642 et mourut en odeur de sainteté, le 19 avril 1673. Voir sur sa vie et ses ouvrages les curieux détails contenus dans le *Catalogue Fenel*,

que le commencement de cette inscription de cette sorte : *Memoriæ Aurelii Demetrii, adjutoris proc. civitatis Senonum, etc.* ; il dit aussi qu'elle a été découverte proche Auxerre, et cite pour son garant le célèbre M. Pithou, *lib.* 2, *Advers.* 4. Comme cette citation est un peu imparfaite, je prends la liberté de vous prier de la vérifier et de me marquer ce que cet illustre antiquaire a dit de cette inscription. C'est une épitaphe indubitablement, mais elle a été inconnue au P. Viole ; je doute qu'elle contint les mots dans la longueur qu'ils ont cy-dessus. Le style lapidaire étoit plus abrégé que cela. Une simple inspection de l'endroit où Pithou en parle vous mettra parfaitement en état de m'éclaircir.

M. de la Chauvinière m'a appris la bonté que vous avez eue de montrer au P. Chamillard 5 l'inscription que j'ai trouvée le mois d'avril dernier 6. Il ajoute que ce Père est embarrassé de la lettre D de cette inscription : c'est apparemment l'un des D de la dernière ligne. Le P. de Montfaucon l'explique ainsi : *De suo dedicavit.* M. Baudelot veut que ce soit : *de suo dedit, dicavit.* Ces deux sçavans ne s'accordent point sur cette inscription, le premier ne nous a point expliqué les deux premiers mots ; il veut que ce soit *Deæ Icauni*, à la déesse Yonne, au datif, comme à

1721

---

f°* 267-268. Au nombre de ces ouvrages, se trouve un martyrologe inédit de l'église de Sens, rédigé en 1654, et qui figure parmi les manuscrits de la bibliothèque d'Auxerre sous le n° 110.

4. P. Pithou, célèbre jurisconsulte et érudit français, l'un des auteurs de la *Satyre Menippée*, né à Troyes, le 10 novembre 1539, mort à Nogent-sur-Seine, le 10 novembre 1596. Il fut bailli de Tonnerre. Voir, sur lui, l'article de M. Dupin aîné, dans la *Biographie Didot*. Quant à celui de ses ouvrages qui contient l'inscription auxerroise, voir lettre du 21 septembre 1721.

5. Étienne Chamillart, qu'on appelait aussi Chamillart l'aîné, de la société de Jésus, savant antiquaire, né à Bourges, le 11 novembre 1656, mort à Paris, le 10 juillet 1730. Il a publié plusieurs ouvrages sur la Numismatique et a inséré un grand nombre de dissertations dans le *Journal de Trévoux* (1702-1723).

6. Elle était ainsi conçue « *Aug. sacr. dear.* (ou *deab.*) *Icauni T. Tetricius, Africanus. D. S. D. D.* » Voyez, au sujet de cette inscription, la Préface de la *Prise d'Auxerre*, et la suite de la correspondance, *passim* ; cpr. les documents publiés par M. de Bastard dans ses notes sur la lettre ci-dessus.

Autun, *Deæ Bibracti*. M. Baudelot prétend que l'inscription doit s'entendre 7 : *Augurio sacrum Deæ* ou bien *Deabus Icauniensium*. En sorte qu'*Icauni* sont les peuples qui habitent les rivages de l'Yonne, et l'autel auroit été dressé en conséquence de la consultation des augures, parce que, dit-il, « c'étoit un usage la « plupart du temps, sous le paganisme, de prendre l'avis, ou si « l'on veut, d'employer le ministère des augures pour le choix « des lieux où la dévotion des peuples vouloit placer quelque « autel, quelque statue ou quelque autre monument religieux. « Les auteurs anciens en font foy. Servius, entre autres, sur un « endroit du septième livre de l'Enéide, nous apprend que les « Augures consultoient le vol ou le manège des abeilles pour « l'emplacement des murailles même des palais. *Augusta ad « mœnia*, ce sont les termes de Virgile. *Augurio*, dit le commen« tateur, *consecrata apum*. Il en étoit apparemment de même « des autres monuments, soit inscriptions, soit autels dédiés à « quelque divinité 8. »

Si le Père Chamillart étoit assez heureux pour trouver une voie de conciliation dans ces deux sentiments sur *Icauni*, il me feroit un plaisir infini; s'il ne peut pas s'en mêler, ne pourroit-on pas avoir, par votre moyen et le sien, le sentiment du P. Souciet 9, son confrère, que je vois de temps en temps, dans les journaux de Trévoux, cité comme un habile explicateur d'inscriptions? Voyez si cela est faisable. L'inscription est en belles grosses lettres bien formées, de la longueur du doigt, la pierre a bien trois pieds en tous sens; elle est incrustée dans les murs de la cité, à l'entrée de la boucherie, assez près de l'endroit où étoit la

---

7. Lebeuf intercale ici un fac-simile grossier de l'inscription dont s'agit. Nous croyons inutile de le reproduire.

8. Tout le passage guillemeté est tiré d'une note adressée à Lebeuf par Baudelot, voyez *Prise d'Auxerre*, p. 76. — Baudelot de Dairval (Charles-César), né à Paris le 29 novembre 1642, devint en 1705 membre de l'Académie des Inscriptions, et mourut le 27 juin 1722.

9. Le P. Étienne Souciet, de la société de Jésus, né à Bourges, le 12 décembre 1671, mort le 14 janvier 1744. Voir son éloge et le catalogue de ses ouvrages. *Journal de Trévoux*, avril 1744, p. 746.

porte des bains. J'ajoute ces circonstances pour mettre les personnes plus au fait de l'histoire du pays. La pierre n'est point dans sa situation naturelle, elle a été apportée d'ailleurs. Le côté de l'écriture est dans le dedans du mur. On voit tout auprès les restes d'une statue prodigieuse, aussi fourrée dans le mur, on n'en aperçoit que la draperie.

Vous êtes, mon Révérend Père, un assez bon compatriote pour m'aider dans la recherche des choses qui font honneur à notre ville. C'est aussi dans cette vue que j'ai prié M. de la Chauvinière de vous faire voir un projet manuscrit d'un Dijonnois [10], qui veut faire une Bibliothèque de Bourguignons. Comme je me fais un plaisir d'aider tous ceux qui croient que je puis leur être utile, j'espère que vous ne me blâmerez point d'être de ce caractère, et que, si vous découvrez quelque auteur Auxerrois peu connu, vous me ferez part de votre découverte.

P.-S. — Vous me voudrez peut-être faire un procès de ce que je n'ai point exécuté une certaine commission que vous m'aviez donnée : je vous dirai que la vraie cause est de ce que vous m'avez [11]... J'oubliois de vous demander si vous ne pourriez pas vous charger de ramasser les Journaux des Savants, quand ils ont été vus, et à quel prix iroit chacun. M. Mignot les feroit venir si vous vouliez prendre cette peine.

Vous m'aviez aussi promis votre dissertation sur Odon, chanoine régulier. Appréhendez-vous de me faire de la peine en me persuadant que je me suis trompé? Je suis fort docile. Comptez là-dessus.

---

10. Il s'agit ici de l'abbé Papillon, chanoine de la Chapelle-aux-Riches à Dijon, qui, dès 1718, travaillait à la *Bibliothèque des auteurs de Bourgogne*, ouvrage imprimé en 1742, par les soins de l'abbé Joly, après la mort de l'auteur. Voir, sur Papillon et ses relations avec Lebeuf, les renseignements donnés dans la correspondance, *passim*.

11. Deux lignes sont raturées dans l'original.

85. — DE LEBEUF A PRÉVOST.

Ce 10 septembre 1721.

1721   Quoique je vous aie écrit fort amplement, il y a quelques jours, touchant les écrivains auxerrois, j'en ai encore découvert quelques-uns, dont je dois vous faire part, afin que vous ayez la bonté de m'aider de plus en plus de vos lumières. Quel avantage que d'être à la source comme vous y êtes! On peut faire plaisir à tous ses amis pourvu qu'on en ait le temps et la volonté. Je pense bien que le dernier ne vous manque pas. Vous m'en avez déjà donné trop de marques; mais, pour ce qui est du loisir, c'est sur quoi je n'ai rien à vous dire, sinon de très-humbles excuses de ce que, pour des bagatelles, je vous vole un temps qui est si précieux.

Pour couper court, j'aurai l'honneur de vous dire que M. Papillon, de Dijon, qui a conçu le dessein de la Bibliothèque des auteurs de Bourgogne, m'a enfin envoyé un mémoire de ceux qu'il connoit, qui se monte à environ une trentaine. Encore y en a-t-il mis qui ne furent jamais Auxerrois, comme Claude de Turin[1], et *Alexander Alensis*[2], que le catalogue des manuscrits d'Angle-

---

Lettre 85. — Cette lettre et la suivante sont empruntées au manuscrit de la bibliothèque Sainte-Geneviève, 3 F, 13.

1. Papillon n'a pas rangé Claude de Turin parmi les écrivains Bourguignons. Mais, dans sa Bibliothèque, à l'article *Pesselière*, on lit : « Pesse-
« lière avoit fait l'épître dédicatoire d'un Claude d'Auxerre, sur les épîtres
« de saint Paul aux Galates. » Lebeuf a dit à son tour, dans son catalogue
des écrivains Auxerrois, à propos de Pesselière : « Il donna au public le
« commentaire de Claude de Turin sur l'épître aux Galates, dans l'opinion
« que c'étoit l'ouvrage d'un Auxerrois. » A coté de ces deux assertions, nous
placerons le titre même de l'opuscule de Pesselière, qui est ainsi conçu :
« *Claudii Altissiodorensis, vel* [*ut certior conjectura est*] *Taurinensis*
« *episcopi, Alcuini quondam, tum sub venerabile Bedâ, tum in fundatione*
« *academiæ Parisiensis, collegæ, in epistolam D. Pauli ad Galatas doctis-*
« *sima enarratio, nunc primum luce donata. Apud Viventium Gaul-*
« *therot* (*Parisiis*) 1592. »

2. Lebeuf semble être revenu sur la critique qu'il dirigeait contre Papil-

terre nomme mal à propos dans un endroit *Altissiodorensis*. J'y ai trouvé deux ou trois ouvrages auxquels je ne m'attendois pas. Il me marque que le P. Labbe[3], p. 22 de sa Bibliothèque manuscrite in-4° (qui n'est pas ici), parle d'un manuscrit de saint Pèlerin, notre premier évêque, intitulé : *Proemium in propugnaculum fidei adversus hæreses ex scripturis constructum et in canones 90 divisum*. Voilà un bel ouvrage, s'il a jamais existé. Mais n'est-il point de la nature de cette trouvaille, qu'on avoit fait accroire à M. Noël, sçavoir, que le manuscrit, qui renfermoit les conférences qu'eut saint Germain avec les Pélagiens d'Angleterre, étoit parmi ceux de l'empereur de Vienne? Il le manda à M. Baluze, qui n'en parut guères frappé.

Voici deux autres ouvrages de deux de nos prélats[4] que je n'espérois pas non plus trouver dans son recueil. Mais il y en a un qui me paroit attribué à un prélat pour un autre. « Hugues, évêque d'Auxerre, dit-il, a écrit *De gestis Militum memorabilibus*, lib. VIII, *metrice*; *Opusculum de conservandis ecclesiæ privilegiis*; mort en 1151. Voir Sanderi, bibl. Belg. Mns., p. 185[5]. » Je fais quelques réflexions sur ces deux lignes :

1° Je crois bien qu'il y existe un manuscrit touchant l'art militaire, sous le nom d'un Hugues, évêque d'Auxerre; mais il

---

lon, à propos de l'écrivain que celui-ci croyait être *Alexander Autissiodorensis*, et qu'au premier abord Lebeuf pensait devoir être confondu avec *Alexander Alensis*. Voir à cet égard la dissertation qu'il a publiée dans le *Mercure de France* de décembre 1724, ou l'édition de ces dissertations, donnée par M. J. Pichon, t. I, p. 166.

3. *Nova bibliotheca manuscr. librorum, in IV partes distributa*, in-4°, 1643. Ce livre était l'annonce de la grande publication entreprise depuis par Labbe, et dont les deux premiers volumes in-folio ont seuls paru en 1657. Le P. Labbe est trop connu de tous les érudits pour qu'il soit utile d'ajouter à son nom aucun détail biographique.

4. Pour ce qui est relatif aux évêques d'Auxerre et à leurs écrits, nous nous bornerons à renvoyer le lecteur aux *Mém. sur le dioc.*, dans lesquelles toutes les questions, agitées par Lebeuf dans sa lettre, sont résolues avec soin. Cpr. aussi la lettre du 28 juin 1722 au P. Prévost, dans laquelle les mêmes sujets sont de nouveau traités.

5. *Bibliotheca Belgica manuscripta... Insulis*, 1641, 2 vol. in-folio. — Antoine Sanders, en latin *Sanderus*, historien belge, né à Anvers, le 16 septembre 1586, mort à l'abbaye d'Afflinghem, près d'Alost le 16 janvier 1664.

doit être d'Hugues de Noyers, qui décéda en 1206. Il possédoit son Végèce Renat à merveille, il écrivit apparemment dessus ; mais, comme ses ouvrages étoient faits à la hâte, *ipso sepulto sunt pariter consepulta*. Ce sont les termes de l'auteur de sa vie, Labbe, p. 471. Il n'y a pas la moindre apparence que le bon abbé de Pontigny, qui fut évêque d'Auxerre et mourut en 1151, se soit amusé à écrire pour les gens d'armes ;

2° Le second ouvrage pourroit être de cet Hugues de Mâcon ; cependant j'en doute encore et je l'attribuerois plutôt à Hugues de Noyers qui étoit d'un esprit tout vif, et qui écrivoit dans un temps où l'on commençoit à disputailler encore plus fort que du temps de saint Bernard. Consultez un peu Sanderus. Qu'il nous apprenne en quel (*sic*) bibliothèque est ce manuscrit. J'employerai notre prélat à ce qu'il en obtienne une copie, si faire se peut.

L'autre évêque dont l'ouvrage est venu à ma connoissance est M. de Souvré. Je ne sçavois pas qu'il eût fait une paraphrase sur l'épître aux Hébreux [6].

M. Papillon m'apprend encore que la chronique de Robert de Saint-Marien est dans les recueils de Duchêne [7] ; si elle y est, je vous prie d'examiner si ce n'est pas mot à mot comme Camuzat l'avoit donnée en 1608, c'est-à-dire fort imparfaite [8] ; et pour

---

6. Lebeuf ne reparle plus dans ses *Mém. sur le dioc. d'Auxerre* de cet ouvrage attribué à l'évêque Gilles de Souvré. Il a sans doute reconnu qu'il y avait erreur dans cette attribution.

7. Lebeuf avait fait un examen spécial du texte de la chronique de *Robert Abolanz*, dite *Chronique de Saint-Marien*, publiée par Duchesne. *Hist. franc. scrip.*, t. I, p. 17, et dont Camuzat a donné une édition spéciale. *Trecis. apud Natalem Moreau*, 1608, petit in-4°. Lebeuf avait pris soin notamment de comparer l'édition donnée par Camuzat avec le manuscrit original, conservé jadis à l'abbaye Saint-Marien et aujourd'hui à la bibliothèque d'Auxerre. Il avait relevé les fautes de l'éditeur et copié les passages omis. Ce patient travail existe encore à la Bibliothèque d'Auxerre, et suffirait pour prouver que la chronique de Saint-Marien réclame une nouvelle édition plus complète que les précédentes.

8. Duchesne a suivi l'exemple de Camuzat, et Camuzat avait publié son édition d'après un manuscrit appartenant jadis à l'abbaye de Pontigny, aujourd'hui à la Faculté de médecine de Montpellier. Or ce manuscrit s'arrête à l'année 1199, tandis que, dans plusieurs autres, la chronique continue jusqu'à l'année 1225.

cela donnez-vous la peine de regarder aux années 1107, 1113, 1114, etc., jusqu'en 1129, cela ne fait que trois pages dans Camuzat, mais dans le manuscrit cela en fait bien cinq ou six; ou bien voyez, à l'an 1203, si la vie de Milon, abbé de Saint-Marien, y est [9]; elle feroit bien quatre pages in-4°, si elle étoit dans Camuzat.

Enfin, ce qu'il y a de nouveau pour moi est un nommé Jean Rousselet [10], jésuite, qui mourut recteur du collége d'Auxerre entre 1630 et 1640. M. Papillon me renvoye à Sotwel [11] pour y lire le titre des ouvrages de ce jésuite. Il y a eu des Rousselet à Auxerre, mais je ne sçais s'il étoit de leur famille. Quel bel ouvrage a donc fait ce jésuite? Il est inhumé dans le cloître de Saint-Germain. Ces Pères avoient choisi là leur sépulture avant qu'ils eussent une église.

M. Papillon m'apprend encore qu'un auteur inconnu pour moi, nommé Colomiez [12], parle fort exactement de J.-B. Duval [13], dans son *Gallia orientalis*, et le P. Banduri, dans son *Bibliotheca nummaria*, p. 6 [14]. Rien de tout cela n'est ici.

---

9. Voir ce fragment de la chronique de Saint-Marien, relatif à l'abbé Milon, *Mém. sur le dioc. d'Auxerre*, t. IV, p. 65.

10. Jean Rousselet, qui mourut le 31 octobre 1636, recteur du collége d'Auxerre, était né à Reims vers 1591. Outre les détails que donnent sur lui Southwel, de Backer, et autres bibliographes de la compagnie de Jésus, consultez le manuscrit de Bargedé. *Bibl. d'Auxerre*, n° 128, p. 696.

11. Nathanael Southwel (Sotvellus), né à Norfolk en Angleterre et mort à Rome le 2 décembre 1676, a donné en latin une continuation de la *Bibliothèque des écrivains de la société de Jésus*, commencée par Ribadeneira et Alegambe. Voyez la nouvelle *Bibliothèque des écrivains de la société de Jésus*, par Aug. et Al. de Backer, Liége, 1re série, p. 758.

12. *Gallia Orientalis*, la Haye, 1665, in-4°. On y trouve la vie des Français qui ont cultivé les langues orientales. L'auteur Paul Colomiés, savant protestant français, était né à La Rochelle le 2 décembre 1638 et mourut à Londres le 13 janvier 1692.

13. Voyez sur J.-B. Duval la notice que Lebeuf lui a consacrée dans son Catalogue des Écrivains auxerrois. *Mémoires*, t. IV, p. 416.

14. D. Anselme Banduri, bénédictin et savant numismate, né à Raguse en 1671, mort à Paris le 14 janvier 1743. Il devint membre de l'Académie des inscriptions et belles-lettres en 1715. Parmi ses ouvrages ne figure pas le *Bibliotheca nummaria* dont parle Lebeuf, mais un livre intitulé: *Numismata Imperator. Roman.*

1721   Il semble croire que Guillaume d'Auxerre ait écrit deux Sommes différentes, et il se fonde sur le catalogue des Manuscrits de Cambrige, mais je ne suis pas de son avis; les faiseurs de catalogues avoient peut-être, devant les yeux, deux manuscrits de la même Somme dont les titres étoient différents [15].

Je me souviens que l'an passé je vis parmi les manuscrits de Thomas Boüée, dans le même recueil (*Anglorum* 1917) *Magistri Auberti Altissiodorensis Summa libris quatuor*. Jamais je n'en ai entendu parler de cet Aubert, ni depuis ce temps-là je n'en ai rien trouvé [16].

Je crois que je me suis trompé en vous fixant la mort de Germain Brice à l'an 1518. M. Papillon la met à 1538. Il me renvoye à M. Baillet, *Jugement des savants*, qui manque dans cette ville [17].

Un auteur qu'il m'a été impossible de découvrir jusqu'ici est le Pierre, moine, que Belleforest dans sa Cosmographie [18], article d'Auxerre, dit avoir écrit une chronique, où il est parlé de l'origine de l'exemption de la régale dans l'église d'Auxerre, de l'an 1207. Belleforest ajoute, pour prouver que ce moine étoit savant, qu'il a traduit de grec en latin des ouvrages de saint Méthode, évêque et moine. Justement, M. Ducange, dans le catalogue qui est au commencement de son Glossaire, parle d'un moine Pierre, auteur d'une préface sur saint Méthode. J'ai fait consulter le manuscrit coté à Saint-Germain-des-Prez ; on m'a envoyé cette

---

15. Lebeuf a reconnu plus tard son erreur. Guillaume d'Auxerre a bien écrit deux Sommes différentes, une Somme théologique et une Somme sur les offices divins. Voir *Mém. sur le dioc. d'Auxerre*, t. IV, p. 292; Cpr. la suite de la correspondance.

16. Voyez, sur Herbert (et non pas Autbert) d'Auxerre, le Catalogue des Écrivains auxerrois, dans les *Mém. sur le dioc. d'Auxerre*, t. IV, p. 392.

17. Germain Brice, ou plutôt Germain de Brie, (voir lettre du 24 mars 1722), mourut en réalité le 27 juillet 1538 (et non 1518, comme on l'a imprimé par erreur dans la nouvelle édition des *Mém. sur le dioc. d'Auxerre*, t. IV, p. 402.)

18. Belleforest (François de), littérateur, né à Sarzan (Guienne) en novembre 1530, mort à Paris le 1er janvier 1583. Il a publié entre autres, avec Munster, une *Cosmographie universelle*, qui a eu plusieurs éditions.

préface qui ne m'apprend rien ; on a ajouté seulement que le manuscrit est très-ancien, mais si la chronique est d'un auteur du xiiie siècle, cette antiquité n'est guère reculée [19].

M. Noël dit que, dans les mémoires de M. de Marolles [20], p. 291, in Joanne de Marolles, il y a que Gui de Mello, notre évêque au xiiie siècle, a écrit des remarques sur la victoire que l'Église remporta en 1266 par le moyen de Charles, roi de Sicile. Tâchez, je vous en prie, de voir si cela a du fondement. Il ajoute même que le manuscrit étoit chez MM. Duchêne.

M. notre prélat ne venant point ici et étant toujours à sa maison de campagne, je lui ai envoyé ce que vous savez qui peut contribuer aux articles dont je vous parlois dans ma lettre du mois d'avril. Je ne sçais s'il aura voulu suivre l'expédient du Chapitre général.

86. — DE LEBEUF AU P. PRÉVOST.

Ce 14 septembre 1721.

Je crois aisément qu'il vous a bien fallu une heure de temps pour lire mes deux dernières lettres; c'est un effet de votre patience que d'avoir persévéré jusqu'au bout. J'en ai donné depuis peu une autre pour vous qui n'est pas si longue. En voici une troisième encore plus courte.

Je la commencerai par des remerciments. Vous m'avez procuré une lettre du P. Chamillart, qui me fait espérer qu'il m'écrira

19. Lebeuf a fini par penser que Belleforest avait commis une erreur, voir Mém. sur le dioc. d'Auxerre, t. IV, p. 391.
20. Michel de Marolles, abbé de Villeloin, littérateur, né à Marolles, en Touraine, le 22 juillet 1600, mort à Paris le 6 mars 1681. Ses Mémoires ont paru sous ce titre : Les Mémoires de Michel de Marolles, divisés en trois parties, 1656, in-f°.
LETTRE 86. — Cette lettre, ainsi que celle du 21 septembre 1721, a été déjà publiée par M. Quicherat dans la Bibl. de l'École des chartes, 4e série, t. III, p. 367.

1721 plus amplement à son retour du Maine, après la Saint-Martin. Il marque qu'il a reçu la mienne étant sur le point de partir. J'ai aussi reçu le même jour celle où vous me parlez d'un Optat[1], l'un de vos abbés de Sainte-Geneviève au vi{e} siècle. Je ne croyois pas qu'on pût rien déterrer de ces abbés, plus ancien que le xiie siècle, dans ces sortes de maisons. Comment celui-là vous est-il tombé sous les yeux ? Nous avons de belles lacunes dans ceux de saint Côme et saint Damien ; par exemple, depuis saint Aloge et saint Mamert, nous n'en trouvons aucun jusqu'à l'introduction des Prémontrez. L'abbé qui vivoit sous saint Aunaiz doit être nommé dans son concile, mais est-ce Winebaud ou un autre ? C'est ce qu'on ne peut deviner. Notre saint Optat, évêque, n'a siégé qu'un an huit mois, comme vous savez. J'ai compté qu'il devoit être mort en 532 ; voyez si cela s'accorde avec le temps de votre abbé. Les moines de Vierzon en Berri prétendent avoir le corps du nôtre[2], et cependant ici la tradition est qu'il ne nous a pas été enlevé, et qu'il est toujours à Saint-Germain, quoique dans un lieu inconnu. Cette tradition peut être fausse. Héric (liv. II, Mir. S. Germ. c. 15) ne parle de saint Optat que sur la fin du chapitre, et d'une manière à faire croire que le corps y étoit encore de son temps, mais qu'il n'avoit point été remué de sa place comme les autres. Le P. Boyer m'a écrit qu'il a vu, à Vierzon, une donation souscrite par Charles le Chauve et l'évêque Radulf de Bourges, « *sanctæ Doverensi ecclesiæ*[3], » et qu'il y est dit : « *Quò etiam sanctorum corpora requiescunt humata.* « *Optati scilicet, venerabilis Autissiodorensis pontificis, et Perpe-*

---

1. Voyez, sur saint Optat, abbé de Sainte-Geneviève, ce qu'en dit le *Gallia christ*, t. VII, p. 703, dans la série des abbés de Sainte-Geneviève. Quant à la série des abbés de Saint-Côme et Saint-Damien, ou en d'autres termes de Saint-Marien, près Auxerre, voir *Mém. sur le dioc. d'Auxerre*. t. II, p. 516 et suiv.

2. Vierzon, en Berry, aujourd'hui chef-lieu de canton de l'arrondissement de Bourges ; il y avait jadis un monastère d'hommes de l'ordre de Saint-Benoît. Voir Note suivante.

3. *Doverensis ecclesia*, le monastère de Dèvres, construit d'abord près de Vierzon, dans un lieu appelé *Dovera* ou Dèvres, et transporté à Vierzon même au commencement du xe siècle. Voir *Gallia christ*, t. II, p. 133.

« *luæ, martyris*; » et qu'il y a encore une petite chapelle de Saint-Optat proche Vierzon, dans l'endroit où étoit le monastère de Dèvre ; mais qu'il n'y a plus de reliques de saint Optat, ny là ni à Vierzon. Les gens de Berri nous auroient-ils dérobé notre saint Optat à l'insçu d'Héric, qui vivoit alors [4] ?

J'ay trouvé avant hier une plaisante histoire sur le sépulcre de saint Romble [5], autre saint du Berri. C'est dans le second tome de l'*Histoire ecclésiastique des Protestants*. Comme vous ne l'avez peut-être pas, je vous dirai en abrégé que l'an 1562, le 5 mai, comme les habitants de Sancerre se dépêchoient de fermer une brèche faite à leurs murailles, ils prirent, pour avoir plutôt fait, des pierres de l'église paroissiale, entre autres des tombes du pavé : « Alors donc » dit-il, « fut ouvert un sépulcre de saint
« Rouillé, qui avoit le bruit de guérir les fols, et sur lequel il
« étoit écrit HIC JACET DOMINUS ROMULUS, lequel sépulcre étant
« ouvert, on ne trouva rien dedans que deux grosses pierres
« blanches, enveloppées de vieux morceaux de soye comme de
« taffetas, avec force crottes de souris. »

Si M. Moulin [6] m'avoit fait l'honneur de me répondre, je lui

---

4. Dans le cours de sa correspondance, Lebeuf revient souvent aux questions que soulève l'histoire de saint Optat. Il a fini par admettre comme certaine la translation des reliques de ce saint au monastère de Vierzon ; voir *Mém. sur le dioc. d'Auxerre*, t. I, p. 118, et *Martyrologe auxerrois de* 1751, au 31 août. Son opinion, à cet égard, paraît avoir suscité contre lui une irritation très-vive parmi les moines de Saint-Germain d'Auxerre. Voyez une lettre curieuse de l'un d'eux, J. Bretagne, à Dom Urbain Plancher, en date du 15 juin 1730, *Cabinet historique* de Louis Paris, t. II, 1re partie, p. 7. Seulement, il ne faut pas confondre, comme l'ont fait les rédacteurs du *Cabinet hist.*, le frère J. Bretagne, simple moine de Saint-Germain, qui écrivait en 1730, avec Dom Claude Bretagne, supérieur de la congrégation de Saint-Maur, décédé le 15 juillet 1694.

5. Saint Romble, prêtre et moine, avait fondé, vers l'an 463, le monastère de Subligny, près Sancerre, qui fut ensuite transféré sur les bords de la Loire, à peu de distance de la même ville, et devint une abbaye célèbre de chanoines réguliers, sous le nom de *Saint-Satur*. Voir *Martyr. aux. de* 1751 au 15 novembre, et l'*Index géogr.* V° *Subliniacus locus* et *Sancti-Satyri monasterium*. Cpr. la suite de la correspondance, *passim*.

6. Jean Moulin, que Lebeuf appelle, dans une lettre du 31 mars 1723, *Moullin d'Ayremeaux*, introduisit parmi les chanoines réguliers de l'ordre de Saint-Augustin la réforme particulière dite de Bourgachard. C'était, sui-

aurois mandé cette petite circonstance assez curieuse; mais dites-la lui, si vous le voyez ou si vous lui écrivez, et témoignez-lui que je ne sais si c'est que ses lettres ont été perdues, qu'il ne m'en est venu aucune; que cependant je lui ai écrit au moins deux fois, une fois entre autres en lui envoyant un bref auxerrois de 1721.

Le pouillé des bénéfices dépendant de l'abbaye de Bourdieu[7] en Berry met, entre autres chapelles, *Capella S. Romuli de Meillano.*

M. Lauverjat[8], qui est un de nos plus vieux chanoines, avoit le livre d'Edme Amyot[9] sur la messe; je le cherchois, le voilà trouvé. Le docteur a été son parrain; M. Nicolas Colbert[10] lui dit à ce sujet de se donner bien de garde de lui ressembler. J'ai aussi rencontré le livre de Duchêne, de La Charité, intitulé la *sainte Curiosité.* Il n'est pas si curieux que je pensois. M. Lauverjat m'a dit qu'un jacobin nommé Bourgoin, natif d'Auxerre, a aussi écrit; qu'il a idée qu'il fut prieur de Paris et qu'il a eu une fin tragique. Tâchez de débrouiller ces faits. Draudius parle d'un Bourgoin quelque part[11].

---

vant Lebeuf (lettre du 20 avril 1725), *un saint homme et marchant droit.* On trouvera sur lui, dans le cours de la correspondance que nous éditons, des renseignements d'autant plus précieux que les historiens le mieux instruits déclarent n'avoir pu s'en procurer, même en interrogeant les chanoines de Bourgachard. Voyez *Hist. des Ordres monastiques* du P. Hélyot, t. II, p. 442. Jean Moulin mourut le 2 mars 1723 (lettre déjà citée du 31 mars 1723).

7. L'abbaye de Bourgdieu (autrefois Bourgdeols, *Burgidolensis ecclesia*), abbaye de Bénédictins, située sur l'Indre. Voir *Gall. christ.*, t. II, p. 147 et sui v.

8. Edme Lauverjat prit possession d'un canonicat au chapitre cathédral d'Auxerre le 10 avril 1694, et mourut le 1ᵉʳ février 1722. Voyez encore, sur Edme Lauverjat et la famille de ce nom, la lettre du 20 mars 1722.

9. Voir sur Edme Amyot les deux notices que Lebeuf lui a consacrées, comme doyen de l'église cathédrale d'Auxerre et comme écrivain, *Mém. sur le dioc. d'Auxerre*, t. II, p. 425 et t. IV, p. 419. Le livre d'Amyot sur la messe était intitulé : *Le Sacrifice de la loi nouvelle.* Il fut imprimé à Paris en 1663. Cpr. lettre du 15 janvier 1717.

10. Nicolas Colbert, évêque d'Auxerre, de 1672 à 1676.

11. « Draudius (Georges), auteur allemand, a publié en deux gros volumes

87. — DE LEBEUF A FENEL.

Auxerre, ce 17 septembre 1721.

Voilà, monsieur, un bref de 1721 que j'ai l'honneur de vous envoyer, puisqu'on vous a dérobé le vôtre.

Un chartreux de Troyes m'a dit qu'on regardoit les Mémoires sur l'histoire de Champagne comme une fort mauvaise collection [1]. Il ne faut donc pas se presser à les avoir, mais comme dans les plus méchants livres il y a toujours quelque chose qui sert aux historiens, sauf à eux à s'informer de la vérité, vous pouvez l'acheter quand l'imprimeur en aura diminué le prix. Peut-être qu'on sera obligé de le donner aux beurrières en feuilles, selon qu'en parloit ce chartreux.

J'ai rencontré nouvellement une copie d'une permission qui fut donnée à votre chapitre, au XVe siècle, de lever certaine somme sur chaque minot de sel, pour contribuer au rétablissement de l'édifice de votre église [2].

J'ai encore trouvé une lettre de votre archevêque, Philippe, datée de Chantelou, en 1311. Elle est au sujet d'un concile qu'il convoquoit. Ce concile a-t-il été tenu [3] ?

---

in-4°, une *Bibliothèque classique*, Francfort 1625, dans laquelle il a ramassé le titre de toutes sortes de livres. » *Dict. biog. et bibl. de Peignot.*

LETTRE 87. — Tirée de la collection de Fontaine.

1. Ceci n'est que le développement d'une note que Lebeuf avait écrite, en guise de memento, au dos d'une lettre de Fenel (10 août 1721) : « Res- « pondendum quod les mémoires de Champagne, par le sieur Baugé, *nil* « *valent.* » Quant à l'ouvrage dont s'agit, il a pour titre exact : *Mémoires historiques de la province de Champagne*, par Baugier, Châlons, 1721, 2 vol. in-8°. « Les mémoires de Baugier, dit le Père Lelong, t. II, p. 317, « sont farcis de contes miraculeux et de superstitions puériles ; ils sont « d'ailleurs intéressants pour l'histoire de la province. »

2. Charles VIII, passant à Sens, le 21 mars 1496, attribua à la fabrique de l'église cathédrale un droit à percevoir sur la vente du sel, afin de subvenir à la construction des transsepts de cette église. Voir notice de M. Quantin sur la cathédrale de Sens.

3. Le concile, convoqué par l'archevêque Philippe de Marigny, se tint à

1721

Il me tomba aussi, sous la vue, l'extrait d'un vieux compte de notre église, de l'an 1369, où le receveur parle ainsi : « Item « computat dictus receptor, pro expensis suis factis per ipsum, « cum de mandato capituli ivit ad civitatem Senonensem, ad « sciendum ordinationem capituli Senonensis, super captione « salis et aliis ordinationibus. » Vous me ferez plaisir si vous pouvez me débrouiller cet article auquel je n'entends rien ; étoit-ce à votre chapitre à régler le sel que nous devions prendre [4]?

Nous avons un auxerrois bibliothécaire à Sainte-Geneviève de Paris [5]; comme il m'a parlé par occasion le premier de Reversey, je lui ai écrit de s'entremettre pour le déterrer, mais je ne sçais s'il en viendra à bout. Je voudrois que tous ceux de sa robe lui ressemblassent pour son zèle envers les bons rits, on n'auroit pas besoin de se précautionner contre les abus de leurs maisons de province.

A propos de cela, ne pourriez-vous pas savoir comment ils font à Saint-Jean le Samedi-Saint? On dit qu'en plusieurs maisons des petites villes ils font pour les leçons le manége suivant : le prêtre les lit tout bas à l'autel, et lorsqu'il en finit une, celui qui la lit au chœur finit aussitôt à l'endroit où il se trouve, quoique souvent il n'en ait chanté que le quart ou le tiers. Aussitôt on dit le trait ou l'oraison.

S'ils le font, je pense qu'ils en conviendront ; ils croient faire merveille ; voilà une belle manière de chanter douze leçons.

J'ai été réjoui d'apprendre que dans la grande maison de Sainte-Geneviève on adore en silence à l'élévation. Encore est-ce un reste d'antiquité bien vénérable.

Paris dans les derniers jours d'octobre 1311. Voir *Gall. christ.*, t. XII. p. 71. On y condamna les Templiers au bûcher.

4. Nous ne trouvons pas de réponse à cette question dans la correspondance Fenel.

5. Lebeuf veut parler ici du Père Prévost.

88. — DE LEBEUF AU P. PRÉVOST.

Ce 21 septembre 1721.

Je vous ai trop importuné jusqu'ici, mon Révérend Père, pour oser encore vous charger de recherches. J'ai appris que vous aviez été indisposé. Je suis au désespoir si je suis cause de cet accident, et je fais la résolution de ne vous plus écrire de longues lettres.

Pour vous dédommager de toutes les peines que vous avez prises pour moi, je vais transcrire ici quelques lignes d'un de nos obituaires [1], écrit vers le milieu du XIIIe siècle. C'est par rapport à un chanoine de vos anciens confrères, qui portoit le nom du lieu où est le corps de la B. Alpais [2]. En voici les termes :

« X Kal. dec. Ceciliæ Virg.

« Ob. Stephani de Cudoto [3], hujus ecclesiæ venerabilis archidia-
« coni, qui, spretis hujus mundi honoribus et divitiis, in domo
« Vallis-Scolarium sub religione in pace vitam finivit; qui dedit
« nobis XXX lib. quas posuimus in emptione salvamenti de Mer-
« riaco; pro quibus dividimus et solvimus XXX sol. in hoc anni-
« versario. »

Vous aurez lu dans une de mes lettres quelque chose qui avoit relation à ce que vous m'avez écrit touchant votre Chapitre général. J'envoyai à Mgr notre évêque tout ce qui pouvoit le mettre

---

LETTRE 88. — Cette lettre, ainsi que les deux suivantes, est publiée d'après l'original qui fait partie du recueil Sainte-Geneviève, 3 F, 13. Nous avons déjà dit qu'elle avait été publiée par M. Quicherat dans la *Bibliothèque de l'École des Chartes*, en même temps que la lettre du 14 septembre 1721.

1. Voyez Fragments de cet obituaire, *Mém. sur le diocèse d'Auxerre*, t. IV, p. 104.

2. Voyez sur Cudot et la Bienheureuse Alpaïs la lettre du 19 décembre 1723 et les notes de cette lettre.

3. Voyez, sur Étienne de Cudot, grand archidiacre de l'église d'Auxerre, la notice que Lebeuf lui a consacrée, *Mém. sur le dioc. d'Auxerre*, t. II, p. 431.

au fait de cette affaire. Je ne sçais s'il y a eu égard ; je suis seulement certain qu'il a une grande idée de vous, en quoi il vous rend justice.

Vos confrères savent si bien les cérémonies, qu'on les voit se promener pendant le *Veni Creator*, qu'on chante avant une première messe, pendant que tout le chœur est ou tourné vers l'autel ou à genoux. De bonne foi est-ce là avoir la première notion de l'institution des chantres?

Et pour plus grande marque de leur savoir, ils entonnent, en marchant, chaque strophe, comme si on étoit en procession. Voilà deux fautes grossières en un seul article. Je n'en suis pas témoin, mais je le sçais de ceux qui en ont été surpris et qui l'ont vu. Pour moi, qui n'entrai dans l'église en question (S. P.) [4] qu'après l'évangile, je vis promener les mêmes chantres pendant la préface. Je les entendis chanter *Uni trinoque* après *O Salutaris*, et dire le *Benedictus* ensuite. En un mot ils font des cérémonies à leur tête. Ce n'est ni la cathédrale, ni le cérémonial diocésain qu'on y suit ; ce n'est point le romain, ni le génovéfain non plus ; le plus hardi en imagine un qui passe en coutume.

Mais j'en dis peut-être trop pour ne vous pas émouvoir.

Je ne veux pas troubler votre tranquillité ; c'est pourquoi je finis sans complimens, me disant, etc.

P.-S. — Je n'oublierai point cette fois de vous prier de faire, s'il vous plaît, mes complimens au R. P. Corrayer [5].

J'ai trouvé dans une brochure de Cachinnot que P. Petit, qui a écrit l'éloge de Madelenet [6], étoit conseiller ou avocat à Bourges.

---

4. (S.-P.) Saint-Pierre-en-Vallée, d'Auxerre.

5. Le Courrayer (Pierre-François), né à Rouen le 17 novembre 1681, chanoine de Sainte-Geneviève, en 1706, bibliothécaire de l'abbaye en 1711, mort à Londres le 16 ou 17 octobre 1770. Voir sur sa vie et ses œuvres la *Biographie Didot*, (article de M. Paul Louisy). Cpr. notes de la lettre du 9 novembre 1721.

6. Madelenet ou Magdelenet (Gabriel), né vers 1587, à Saint-Martin-du-Puits, commune du canton de Lormes (Nièvre), mort à Auxerre le 20 novembre 1661. Sa mère était auxerroise, de la famille des Leclerc. La première édition de ses poésies a été publiée par les soins de L.-H. de Loménie de Brienne sous ce titre : *Gabrielis Madeleneti Carminum Libellus*. Paris.

M. de la Chauvinière m'a envoyé les *Remarques à temps perdu* de Pithou, dans lesquelles est l'inscription auxerroise ÆT. MEMORIÆ; et l'exemplaire vient justement de la bibliothèque dudit P. Petit 7.

---

89. — DE LEBEUF AU P. PRÉVOST.

Ce 9 novembre 1721.

Y ayant longtemps que je ne vous ai pas écrit par la poste, je crois que vous me permettrez de le faire aujourd'hui, pour vous remercier de toute l'attention que vous avez à me rendre service en ce qui dépend de vous. J'apprends, par la dernière lettre dont vous m'avez honoré, que vous songez souvent à moi, et jusque dans votre solitude. C'est bien de la grâce que vous m'accordez, et je ne sçais ce qui m'a mérité une préférence de ce genre, si ce n'est peut-être parce que nous avons respiré autrefois le même air et que nous sommes de mêmes sentiments. Vous m'avez procuré bien vite une lettre du savant Père Du Sollier 1, qui m'écrit comme si j'étois l'homme le plus habile du monde. N'est-ce point que vous m'avez dépint à lui comme tel? Je vous en saurois mauvais gré si cela étoit : car en approfondissant on peut connoître que je suis fort borné. Comme ce Père se promet que vous voudrez bien être son bureau d'adresse pour nos lettres communes, je vous enverrai dans la suite tout ce qui sera pour l'ouvrage Bollandique.

Je ne sçais si je vous ai mandé que j'avois fait en sorte que Mgr notre prélat vit ce que vous m'écriviez, il y a deux mois, sur le

---

Cramoisy, 1662. On trouve, en tête de cette édition, l'éloge de Madelenet signé : *P. Petito scriptore*.

7. Cpr., à propos de cette inscription et de P. Pithou, la lettre du 16 août 1721 et les notes.

LETTRE 89. — 1. Voyez l'extrait de cette lettre, page 229, *ad notam*.

1721 Val-des-Choux. Mais je n'ai pu savoir ce qu'il en pensoit. Je vous dirai qu'hier le réformateur de cet ordre étoit en cette ville, qu'il l'alla voir, et que leurs difficultés ne sont pas encore finies. Ce pieux et zélé religieux a encore resté ici aujourd'hui, pour faire des tentatives, mais en vain. Cependant il dit que le Val-Dieu [2] est l'endroit qui convient le mieux par rapport aux personnes de Paris qui voudroient se retirer dans cette solitude. J'admire comment dans cette réforme on peut se passer de vin. Il n'en a pas bu une goutte dans ce pays-ci, ni à Saint-Germain, où l'on en étoit tout stupéfié, ni chez nous. Il n'impose point de discipline, ni d'autres mortifications nouvelles ; il veut seulement qu'on se nourrisse en pénitents, et il croit que la patience dans la souffrance du froid, du chaud, etc., vaut mieux que toutes les nouveautés des dernières réformes. En carême, il n'y a qu'un repas qui est le soir, mais cependant ceux qui ne peuvent pas attendre jusque-là peuvent manger et boire un peu pendant le jour. Tout le carême et les vendredis, ce qu'ils mangent n'est assaisonné qu'avec du sel. Ils travaillent des mains bien plus qu'on ne faisoit à Saint-Siran [3] ; mais les offices, quoique tous séparés, sont aux mêmes heures en hiver qu'en été. Il dit qu'il a ses raisons pour cela, qu'en hiver il faudroit être toute la journée à l'église, etc.

M. de la Chauvinière, devant faire un tour en ce pays-ci, n'y apportera pas son missel d'Auxerre in-4°, ni son bréviaire de de Broc en deux tomes, on lui en retrouvera ici. C'est pour cela que je vous conseille, puisque vous étiez dans le dessein d'en ache-

---

2. Val-Dieu, « prieuré de France, dans la Champagne, à une lieue au-dessus de Sézanne. C'était anciennement un beau monastère de l'ordre des Chartreux du Val-des-Choux. Il a été ruiné et abandonné pendant les guerres ; il n'y a plus aujourd'hui qu'une petite chapelle, où on dit une messe chaque semaine. Le prieuré est en commande et vaut dix mille livres de rente. » *Dict. de La Martinière.*

3. Saint-Cyran en Brenne, abbaye de Bénédictins, dans le Berry, au diocèse de Bourges. L'abbé de Barcos, si connu sous le nom d'abbé de Saint-Cyran, y avait introduit en 1644 une réforme sévère, à laquelle Lebeuf fait allusion.

ter, de faire de lui cette emplette, qui sera à meilleur compte que je ne l'aurois pu faire ici.

J'ai fait vos compliments à vos deux anciens compagnons de classe, MM. Carouge et Villard. Ils vous rendent le réciproque. Le premier a déjà eu plusieurs fois des nouvelles de M. son frère qui est à Sainte-Catherine [4]. Il espère le voir ici dans un an ; et nous comptons que vous viendrez avec lui. Le P. de La Chasse, qui demeuroit à Châlons, est ici à Saint-Eusèbe, mais la régularité s'en va petit à petit, à ce que disent les paroissiens. Ce n'est plus comme du temps du P. Coursier [5]. Vous ne croiriez peut-être pas que ce bon prieur, pendant l'espace de près de trente-cinq à quarante ans, n'avoit jamais voulu manger chez ses paroissiens, et *vice versâ*. Une fois il ne put résister, il alla dans un repas qu'on donnoit dans sa paroisse, mais il en fut payé. Une personne s'y enivra, qui lui chercha ensuite querelle. Tous ces dérangements n'arrivent pas lorsqu'on aime l'étude, comme vous faites ; mais est-on en province, on dit adieu aux livres, tout se passe en visites actives et passives, etc.

J'ai appris que le P. Corrayer faisoit imprimer un livre ; je vous prie de lui en faire mon compliment [6]. J'ai vu ici le livre qu'il combat, mais je ne l'ai point lu.

---

4. Il s'agit sans doute de Germain Carrouge, frère du chanoine de la cathédrale, et qui faisait partie des chanoines réguliers de la Congrégation de Sainte-Geneviève. Il devint prieur de Saint-Amatre d'Auxerre, le 12 janvier 1729, et mourut en 1742.

5. Les reproches de Lebeuf s'appliquent évidemment au prieur de Saint-Eusèbe, alors en exercice, et que nous avons dit s'appeler Joseph Gobi : voir lettre du 13 janvier 1720. Quant au P. Courcier (Louis), prédécesseur de Gobi, voir *Mém. sur le dioc. d'Auxerre*, t. II, p. 545. Mais Courcier n'avait pas été le prédécesseur immédiat de Gobi : il avait résigné ses fonctions le 29 septembre 1715, et il avait été remplacé par Antoine Macé, auquel Gobi avait succédé peu après. Voir, aux Archives de l'Yonne, les Registres d'ordination de l'évêché d'Auxerre, à la date du 29 septembre 1715.

6. Le livre que le P. Le Courrayer faisait alors imprimer n'était autre que sa *Dissertation sur la validité de l'Ordination des Anglois et sur la succession des Evêques de l'Eglise Anglicane*, Bruxelles, 1723, 2 vol. in-12. Ce livre souleva des discussions à la suite desquelles l'auteur, séparé de l'Eglise catholique, fut obligé de quitter la France. M. de Caylus qui avait approuvé d'abord l'ouvrage, sans en bien comprendre la portée, finit par le

1721

Comme voici la Saint-Martin, auquel temps le P. Chamillart m'a promis une réponse, je vous supplie de l'en faire ressouvenir, la première fois que vous le verrez. M. Moreau de Mautour, académicien[7], passa par ici le jour de la Toussaint, et voulut voir la pierre que j'ai trouvée au mois d'avril; il la vit et en prit toutes les dimensions et me dit que c'étoit un autel; il ne parut pas content de l'explication que M. Baudelot a donnée de l'inscription. J'ai l'honneur, etc.

P.-S. — M. Mignot prendra les journaux qu'on va donner au public, si l'on peut les avoir à bon compte, par exemple, lorsqu'il y a un mois qu'ils sont lus, si on peut les avoir à quatre sols pièce. Ce prix lui conviendroit, sinon il s'en passera. Si vous connoissez de ces marchands du quai des Augustins, qui les font lire, ils pourront en traiter avec vous. C'est sur quoi je vous prie de me rendre réponse avant un mois.

---

90. — DE LEBEUF AU P. PRÉVOST.

Ce 18 novembre 1721.

Je vous suis très redevable, mon Révérend Père, des mouvements que vous vous êtes donnés pour mon frère. On ne pouvoit pas être plus ponctuel à faire réponse que l'a été M. Bazin [1],

---

condamner solennellement (*Œuvres de M. de Caylus*, t. IV, p. 128). Le compliment de Lebeuf était donc un peu hasardé.

7. Philibert-Bernard Moreau de Mautour, littérateur et antiquaire français, né à Beaune le 22 décembre 1654, membre de l'Académie des Inscriptions en 1701, auteur de nombreux ouvrages, mort à Paris le 7 septembre 1737. Quant au monument et à l'inscription dont parle ici Lebeuf, voyez lettre du 16 août 1721 et autres.

LETTRE 90. — 1. Bazin, prêtre, né à Rouen en 1673, devint supérieur de la communauté de Saint-Hilaire de Paris en 1703, fut exilé par suite de ses opinions jansénistes, puis rentra en France et mourut à Paris le 23 décembre 1734. Voir sur sa vie et ses ouvrages le *Nécrologe des Appelants*, t. I, page 248 et suiv. Quant à la communauté de Saint-Hilaire, elle avait été fondée vers la fin du XVIIe siècle par Jollain, docteur et syndic de Sorbonne,

ni écrire d'une manière plus engageante et plus polie que celle dont il m'a fait l'honneur de m'écrire. Il m'avoit spécifié ce dont M. Blondel ² vous a écrit, et je l'ai dit à monseigneur. Ainsi ce monsieur a dû être là-dessus fort tranquille. Je ne sache personne qui se presse de se servir de cette occasion. Sa Grandeur sera fort discrète sur cet article, de crainte que ce que l'on craignoit n'arrive, et moi je ne le serai pas moins. Avec tout cela, il n'est pas encore certain quand mon frère pourra partir. L'oncle demeurant à Paris est un parent à qui on a peine à faire entendre raison, et qui ne songe qu'à pousser ses trois fils ³. Il faut cependant que cela soit réglé avant un mois, et, en attendant, je vous prie de donner à M. Blondel le nom et surnom de mon frère, afin que quelqu'un le puisse donner en Sorbonne aux professeurs que MM. de Saint-Hilaire suivent. Il s'appelle *Andreas Priscus Le B*. ⁴.

1721

---

curé de l'église paroissiale de Saint-Hilaire de Paris. Grâce à l'excellente direction de Bazin, elle prospéra et ne tarda pas à acquérir la réputation d'un des meilleurs séminaires de la capitale; cpr. *Nécrologe des Appel.*, t. I, p. 90 et 249.

2. Le nom de Blondel reparaîtra souvent, comme celui d'un homme avec lequel Lebeuf avait des relations assez intimes. Au premier abord, on serait tenté de croire qu'il s'agit de Pierre Blondel, chanoine régulier de Sainte-Geneviève, comme le P. Prévost, et qui, après avoir été curé de Saint-Étienne-du-Mont, chancelier de l'Université, etc., persécuté pour ses opinions jansénistes, vint mourir à Auxerre le 26 août 1746 (*Nécrol. des Appelants*, t. II, p. 129). Mais Lebeuf, dans une lettre du 31 mars 1723, énonce que son ami Blondel a composé une « Vie des Saints. » Ceci dès lors ne peut s'appliquer qu'à Laurent Blondel, écrivain ascétique et hagiographe célèbre, né à Paris en 1671, mort près d'Évreux le 25 juillet 1740. En effet, Laurent (et non Pierre) Blondel a publié en 1722 une *Vie des Saints*, et plus tard différents travaux hagiographiques. Voyez, sur ce dernier, *Biographie Didot*; *Supplément de Moréri* 1749; *Nécrologe des Appelants*, t. I, p. 413, etc.

3. Cet oncle de Paris paraît être l'oncle paternel de l'abbé Lebeuf, lequel exerçait à Paris les fonctions de conseiller-secrétaire du roi. C'est celui-là même que les biographes du savant chanoine représentent comme un oncle généreux, ayant largement contribué à l'éducation de son neveu.

4. André-Prix Lebeuf, né à Auxerre le 17 février 1701, avait été déjà pourvu par M. de Caylus, d'un canonicat à l'église collégiale de Notre-Dame-de-la-Cité d'Auxerre, canonicat dont il prit possession le 12 juin 1720 (*Arch. de l'Yonne, Reg. capit. de Notre-Dame-de-la-Cité*). Devenu prêtre, il fut nommé curé de Venoy, près Auxerre, par lettres de provisions du 28 sep-

Je ne me souviens plus s'il en faut davantage, mais je sçais bien que les malades ou convalescents ont coutume de faire donner leur nom par un autre, afin de ne pas perdre l'année, si faire se peut.

J'ai appris, avec une joie qu'on ne peut exprimer, que M. de la Chauvinière étoit guéri, et j'en écris ce que j'en pense à madame son épouse.

M. Papillon de Dijon me presse toujours de lui envoyer mon catalogue des Écrivains, mais je ne saurois le former sans ce que vous aurez la bonté de m'envoyer. Il se plaint de ce que peu de gens le secondent, comme nous faisons.

N'y a-t-il point de vos confrères, dans la Bourgogne, qui aime à faire connoître ses compatriotes, et par conséquent qui puisse fournir de quoi augmenter sa liste ?

M. Moulin 5 m'a enfin honoré d'une réponse. Si je l'ai long-temps attendue, je puis dire qu'en récompense elle est très satis-faisante. Je pourrai vous la faire voir un jour. Il me prie, à la fin, de lui mander si je crois qu'il y ait eu des clercs à Saint-Germain d'Auxerre avant qu'il y eût des moines. Il veut que le mot *Monasterium* ait souvent signifié une communauté, et non toujours une retraite de moines pénitents.

Mon frère seroit ravi (quoique sa santé ne soit pas encore à l'épreuve de certaine fatigue) de pouvoir avoir le bonheur d'être de vos voisins. Il m'a prié de vous le témoigner et de vous remercier des marques d'amitié que vous lui donnez. Je suis, etc.

P.-S. — M. Herluyson veut avoir son cahier avant la fin du mois. Mon frère et moi saluons bien M. Blondel.

(On lit ensuite, sur une petite bande de papier, ajoutée à la lettre :)

---

tembre 1729. (*eodem, Reg. de prov. de l'évêché d'Auxerre*). Plus tard, et par voie de résignation, il succéda à son frère Jean Lebeuf dans le titre de chanoine de l'église cathédrale. Enfin, il mourut le 25 septembre 1765.

5. Voyez lettre du 14 septembre 1721 et la note relative au P. Moullin. Il semble résulter du passage ci-dessus que le P. Moullin s'occupait de recherches historiques sur l'origine des ordres religieux.

Puisque Mlle de Veilhan me permet de mettre ici un petit billet, j'écrirai ces lignes pour vous marquer la peine que je prends à votre indisposition qu'elle m'a apprise, et pour vous dire que M. Papillon est toujours en peine de son manuscrit et de ne point recevoir de vos nouvelles. J'ai oublié de vous prier de regarder dans Bollandus, au 1er mai et au 4 juillet, s'il y a quelque chose qui aide à conjecturer que le corps d'une sainte Berthe[6], religieuse ou veuve, ait été transporté à Adon, proche Gien, dans le diocèse de Sens. Je trouve qu'en 1458 l'abbé de Saint-Germain confia son corps au curé dudit Adon. Il y a une chapelle de son nom en ce lieu, où on la prend pour la grande sainte Bathilde. Je vous prie aussi de vouloir bien regarder dans les annales de Saint-Bertin, dans Duchêne, s'il est vrai qu'elles marquent à l'an 846 un grand déluge à Auxerre, et si grand qu'une vigne fut transportée tout entière d'un côté de la rivière à l'autre[7].

---

94. — DE FENEL A LEBEUF.

28 décembre 1721.

Depuis que j'ai eu l'honneur de vous voir, j'ai toujours gardé la chambre et très-souvent le lit; il n'y a que huit jours que je sors pour aller seulement à l'église, et la posture qu'il me faut tenir pour écrire, m'est insoutenable, par rapport à la douleur qu'elle me cause dans les deux jambes. L'enflure s'était jetée sur la moins mauvaise et était remontée jusqu'au bas ventre, ce qui a fait craindre pour ma vie; peut-être cela ira-t-il mieux par la suite. *Fiat voluntas*. Je vous demande en grâce que cela ne diminue point vos lettres, qui me causent une vraie consolation

---

6. Cpr. sur sainte Berthe la suite de la correspondance, *passim*.
7. Voyez, sur ce déluge et ses effets peu vraisemblables, les *Mém. sur le dioc. d'Auxerre*, t. III, p. 30.
LETTRE 91. — Publiée d'après l'autographe, collection de Fontaine.

lorsque j'ai le bonheur d'en recevoir quelqu'une. Je vais y répondre l'une après l'autre [1], car je les conserve précieusement ; c'est là où j'apprends plus que dans tous mes livres.

Je ne sais point que nous ayons dans nos archives des titres concernant la ville de Joigny [2]; il n'y a pas même de coffre, ce ne sont que des layettes tout étiquetées, et nos livres d'inventaires n'en parlent point.

J'ai toujours cru que l'*Apuniacum villa* [3] où saint Anastase, archevêque de Sens, a été sacré, est Appoigny, diocèse d'Auxerre, et non pas Amponville, sur le chemin de Larchant à Puyseaux, *prioratus curatus B. Mariæ de Amponvilla ord. S. Augustini.* Cette consécration se fit le 15 décembre 968, à la prière du roi Lothaire, l'an 15 de son règne, parce qu'alors Rome et toute l'Italie étoient agitées de tumultes. C'est un bénéfice à la nomination de l'abbaye de Saint-Victor de Paris, et le titulaire est seigneur spirituel et temporel. Je ne vois aucune apparence que ce village ait eu le nom d'*Apuniacum*.

On ne fait pas à Sens une procession autour de la ville le jour de l'exaltation de la Sainte-Croix [4], mais seulement autour de la

---

1. Ces lettres malheureusement ne sont pas toutes dans la collection de Fontaine. On n'y trouve que celles du 15 août et du 17 septembre 1721, que nous avons publiées ci-dessus. Mais des notes, *griffonnées* par Lebeuf, au dos de la correspondance de Fenel, nous apprennent qu'il avait écrit à ce dernier d'autres lettres aujourd'hui perdues. « J'ai écrit tout ce que dessus par le prieur de Saint-Paul, 28 août 1711.... Hoc scripsi per postam, die Veneris, 24 octobre... » Ces mêmes notes fournissent parfois le sommaire intelligible de ce que Lebeuf écrivait à son correspondant. Nous nous en servirons pour éclairer certains passages de la lettre du doyen Fenel.

2. Réponse à une question de Lebeuf, notée ainsi par ce dernier : « Est-il vrai que les titres de Joigny sont dans le trésor de Sens ? » Comparez lettre du 13 janvier 1722.

3. Réponse à une autre question, ainsi notée : « L'*Apuniaco villa* du sacrement d'Anastase est-il Appoigny ? » Lebeuf ne paraît pas avoir admis l'opinion du doyen Fenel, qui traduit *Apuniaco* par Appoigny : voyez ce qu'il dit à cet égard dans ses *Mém. sur le dioc. d'Auxerre*, t. I, p. 244. Comparez *Notice sur saint Anastase*, par l'abbé Brullée, *Bull. de la Soc. archéol. de Sens*, 1854, p. 57.

4. Réponse à une question, ainsi notée : « Fait-on ou a-t-on fait une procession autour de Sens à l'une des fêtes de Sainte-Croix ? »

paroisse de Sainte-Croix, qui est la paroisse de notre cloître et de tout le parvis de Saint-Étienne. On y porte la vraie croix sur un brancart porté sur les épaules de deux chanoines. Il n'y a pas d'autre raison de cette procession que celle de la fête de cette paroisse, dont la chapelle est dans notre église même.

J'ai donné au prieur de Saint-Paul de Sens quelques noms d'abbés de Dilo et de Saint-Paul qu'il n'avoit pas [5], en lui communiquant notre livre sur lequel signoient les abbés du diocèse après avoir fait le serment à l'église métropolitaine [6]. Il ne m'a point dit qu'il eût travaillé, mais seulement qu'il avoit pris le dessein d'une histoire générale de leur ordre.

Comme je n'ai pas Gruter, la belle épitaphe que vous en avez tirée me fait plaisir; il seroit à souhaiter qu'on eût découvert le temps auquel elle a été posée [7].

Je ne connois pas à Sens de personnes qui portent le nom de Chasserat [8], je trouve seulement un chanoine nommé François Chasserat en 1468, et qui mourut en 1475 ou 1476. Il avoit un obit de deux sous de distribution, au 5 octobre; mais il a été supprimé avec plusieurs autres, sous Mgr de Montpezat, et fait partie des obits pour les bienfaiteurs, qui se font tous les mois depuis ce temps-là, avec quinze sous de distribution. L'usage de nos curés à la campagne est de faire chanter de *Dies Iræ* pendant l'offrande, et je n'y vois pas grand inconvénient.

---

5. L'abbaye de Saint-Paul de Vanne, au faubourg de Sens, et celle de Dilo (aujourd'hui commune du canton de Cerisiers, arrondissement de Joigny, Yonne), appartenaient toutes deux à l'ordre des Prémontrés, voir *Gall. christ.*, t. XII, p. 250 et suiv. Le prieur de Saint-Paul dont parle Fenel est celui auquel Lebeuf avait confié sa lettre du 28 août, voir note 1.

6. Ce livre, qui est un magnifique Pontifical du XIII⁰ siècle, existe encore. A la vente de M. Tarbé, à Sens, en 1849, il a été acquis par M. de Salis, qui habite Metz.

7. Il résulte d'une note de Lebeuf que l'inscription dont s'agit est celle dont il a parlé déjà tant de fois, ET. MEMORIE AVR..., laquelle se trouve dans Gruter, p. 371, 8.

8. Réponse à cette question de Lebeuf : « Connaît-on chez vous le nommé « Chasserat qui a fait des fondations à Valprofonde et à Notre-Dame-des-« Vertus à Auxerre ? »

Il seroit à souhaiter que, le Samedi-Saint, on ne sonnât pas avant la cathédrale. Je ferai usage de la bulle de Léon X, dont vous me parlez.

C'est un bel établissement que celui des conférences pour les élèves, les fêtes et les dimanches, à Auxerre. On l'avoit fait de même à Sens sous Mgr de La Hoguette, mais, après le départ de feu mon oncle pour Aleth, cela est péri. J'ai parlé à Mgr de Sens pour y obliger les étudiants qui sont de ce diocèse-ci ; il m'a dit qu'il y tiendroit la main.

La sentence, rendue ici contre le curé qui a pris la peine de mourir depuis, étoit bonne, et j'ai haussé mille fois les épaules à l'occasion de celle rendue à Auxerre. Tout un village donne pouvoir à l'un d'entre eux d'agir contre leur curé, ils ne peuvent donc plus être témoins étant parties. On arbitre les dépens à une somme excessive sans aucun vu des pièces; cela ne sent rien de bon, et je ne puis vous dire les idées que cela a fait naître à tous ceux qui ont assisté au procès.

J'ai bien de la joie de ce que l'on pense à l'édition du *Glossarium* 9. Cet ouvrage infortuné ne viendra jamais à ce que je crois. Le jeune Osmont n'est guère en état de faire cette entreprise, et les avances ont, dit-on, été dissipées. Lorsqu'il sera fini, vous me ferez plaisir de m'en avertir pour retirer mon exemplaire. J'ai un cahier de remarques, mais je ne saurois déterrer où il est fourré. Si vous le croyez de quelque utilité, je vous enverrai un détail de notre office des Fols, pour y insérer 10.

Nous n'avons point à Sens de foire du Landit, et je ne trouve pas qu'il y en ait eu.

On nous a dit que votre curé effigié étoit jugé à mort au cri-

---

9. Voyez, sur la seconde édition du Glossaire de Ducange, la lettre du 28 septembre 1718 et les Notes. Cette édition parut *curâ et impensis Caroli Osmont*. Charles Osmont était libraire à Paris, rue Saint-Jacques, à l'enseigne de l'Olivier, *sub Olivâ*.

10. Quant au fameux office des Fous, dont le manuscrit existe encore à la bibliothèque de Sens, voyez les « Nouvelles recherches sur la fête des « Innocents et des Fous, » par l'un des éditeurs, M. Chérest, *Bulletin de la Société des Sc. de l'Yonne*, 1853, p. 7. Voyez aussi dans le *Bull. de la*

minel, et que l'on appréhendoit le jugement en dernière instance. C'est un cruel affront pour un aussi honnête homme que l'est son frère abbé de Saint-Sulpice de Bourges [11].

Le jésuite de cet Avent a prêché en France moliniste, jusqu'à dire qu'il étoit de foi de croire que Dieu vouloit d'une volonté égale le salut de tous les hommes; nos curés l'ont déféré à notre archevêque par une requête, et, trois jours après, ce prélat, en faisant publiquement l'ouverture du Jubilé, loua ce jésuite sur la pureté de sa doctrine.

Vous avez grande raison de ne point adresser les lettres, que vous me faites l'honneur de m'écrire, à d'autres qu'à nos moines bénédictins; ces gens-là ne m'aiment pas, se persuadant que j'ai tort de ne pas prendre leur parti contre celui de notre Église; je vais mon train et je ne les appréhende pas; en ce cas il faut mettre double enveloppe, l'une à mon adresse, et celle de dessus à la personne à qui on l'adresse pour me la rendre. Mais le plus court chemin, c'est la poste. Avant mon infirmité il m'en coûtoit plus de 150 livres par an, et je n'ai jamais payé rien avec plus de joie. Je ne suis pas riche, mais je ne suis pas malaisé; ainsi je puis facilement faire tout ce qu'on nomme petites dépenses, et au bout de mon année, malgré les billets, il me reste de quoi faire tous les ans un voyage à Paris et faire acquisition de livres pour une centaine d'écus. Je vous fais ici ma confession bien plus détaillée que ne la saura celui à qui je m'adresserai pour mon Jubilé.

Notre office de Saint-Etienne n'est pas encore dans sa perfection. Je vous envoie celui d'un apôtre tiré de nos communs, c'est

1721

Société arch. de Sens, 1854, les remarquables travaux de MM. Duchalais et F. Bourquelot.

11. L'ecclésiastique dont il est ici question s'appelait Didier Dubiez. Il était curé de Montigny-le-Roi, près d'Auxerre. On trouvera, dans la correspondance, *passim*, quelques détails sur le procès criminel auquel sa conduite donna lieu, détails que nous ne sommes pas en mesure d'éclairer par des renseignements plus complets. Quant au frère du coupable, alors abbé de Saint-Sulpice de Bourges, il s'appelait Pierre Dubiez, et devint, en 1739, assistant du supérieur général de la congrégation de Saint-Maur.

à vous seul à qui on le confie, car on seroit trop mortifié qu'il fût public avant notre édition.

J'ai de la joie qu'à Évreux on songe au nouveau bréviaire; si l'évêque est encore Mgr Le Normand [12], je l'ai connu étant jeune, et il étoit ami de feu mon oncle évêque d'Aleth, et de la même licence [13].

Les sujets sont ici très-rares [14], non pas les mauvais, mais les bons, et je ne veux pas vous procurer des premiers, et nous gardons les derniers pour nous lorsqu'il s'en présente.

J'ai reçu avec plaisir la copie tirée des comptes de l'Hôtel-de-Ville d'Auxerre en 1376 [15]. Je trouve un Jean de La Rivière, bailli de Sens, en 1375, après Bertrand de Movenac, seigneur de Marinesse, qui l'étoit en 1371, et avant Jean de La Thuille, qui le fut en 1380. Je trouve un autre bailli de Sens du même nom de Jean de La Rivière, chevalier de l'ordre du roi, seigneur de Cheny, Paré et Bonnart, entre l'an 1551 et 1601, après François de Salazar, baron de Saint-Just, et avant Philippe de Senneton, seigneur de la Verrière, etc.

J'ai un dictionnaire [16] in-4° de Borel, sur les vieux mots françois, qui est rare; cette idée très bien travaillée seroit fort utile, et dans chaque ville on peut y en fournir un grand nombre, à cause de la diversité des idiomes, mais cela deviendroit un ouvrage infini.

12. Jean Le Normand, évêque d'Évreux de 1710 à 1733. Voyez *Gallia christ.*, t. XI.
13. Charles-Nicolas Taffoureau de Fontaine, doyen de Sens en 1694, évêque d'Aleth en 1698, mort le 8 octobre 1708. Voyez, dans le *Catalogue Fenel*, la longue notice que lui a consacrée son neveu.
14. Fenel répond à la demande que Lebeuf lui avait faite de chercher un maître d'école pour Auxerre. Cette demande est mentionnée dans l'une des notes inscrites au dos de la lettre du 10 août 1721.
15. Pour comprendre ce passage, il est nécessaire de le rapprocher d'une note de Lebeuf ainsi conçue : « J'ai trouvé, le 21 octobre, l'assistance de « l'archevêque de Sens au mariage du Bailly d'Auxerre, en 1376. » Lebeuf aura sans doute envoyé à Fenel le document qu'il avait découvert, et Fenel en accuse réception, en y joignant ses observations personnelles.
16. Lebeuf avait annoncé à Fenel la publication prochaine d'un *Glossaire Français* et d'une *Histoire des Normands*.

Je n'ai rien, sur l'histoire des Normands, que les courses et les ravages qu'ils ont faits ici, lors de leurs incursions et des siéges faits devant Paris; mais cela est su de tous les historiens.

M. Herluyson est encore ici pour finir son stage; il a mis tout en œuvre pour obtenir la permission de l'interrompre, ce qu'il n'a pu obtenir n'ayant pas de raisons solides. Il ne se fait pas aimer par ses manières trop particulières et par sa manière de suffisance qui n'accommode personne. Il est inutile de tenter de le démouvoir d'un sentiment qu'il a épousé. La vérité la plus sensible alors ne parvient pas même jusqu'à frapper ses paupières. Tout ce que nous faisons ici ne vaut rien, nous gâtons tout, et il n'approuve pas les choses les plus sensées. On le laisse dire; le malheur, c'est qu'il prévient Mgr l'archevêque, et qu'ensuite il faut de la peine pour effacer les premières impressions; mais comme ce prélat juge bien, il revient enfin au sentiment communément reçu entre nous. Il y a quinze jours que Mgr l'archevêque voulut tenir une assemblée des rits dans ma chambre, il y amena M. Herluyson, qui contredit toutes choses, d'un bout à l'autre, mais sans aucun mauvais effet. Je vous prie de me dire, sur les points qui y furent décidés, ce que vous en pensez :

1° On proposa de ne point transférer toutes fêtes à trois leçons;

2° De réduire à trois leçons, avec *Te Deum*, les offices doubles de saint Benoît, de saint François, de saint Rémy, de saint Jean-Porte-Latine et de quelques autres;

3° De mettre des collectes particulières aux petites heures des fêtes annuelles de première classe, ainsi que des antiennes propres aux petites heures, ce qui se répéteroit pendant toute l'Octave;

4° Qu'aux fêtes annuelles il y auroit une oraison particulière aux premières vêpres, et que l'on y éviteroit ces mots *Ventura solemnitas*, parce que l'on regarde les premières vêpres comme faisant partie de la solennité. On dit aussi que l'on éviteroit d'y mettre l'oraison des laudes de la vigile, parce qu'on regarde l'office des vigiles comme entièrement fini à nones, quoique le jeûne solennel ne finisse qu'après vêpres, aux vigiles ou jeûnes solennels. Je vous prie de me dire si vous avez quelque chose de positif sur ces quatre articles. A Troyes, ils ont mis, aux premières vêpres de saint Pierre leur patron, l'oraison de l'office de la vigile. M. Herluyson dit que cela et les autres de la même nature n'a été fait qu'à l'instigation du Père Pouget; ce témoignage me paroit douteux. Croyez-vous qu'ils aient bien ou mal fait? Y a-t-il eu des grands et des petits jeûnes, les uns finissant à none, et les autres après vêpres, comme sont ceux du carême, et en ce cas de quelle classe doivent être les vigiles?

5° On décida que, pour les suffrages des saints et de la paix, on ne diroit qu'une seule collecte, se conformant en cela au nouveau missel.

Mandez-moi ce que vous pensez de notre office des Apôtres tel que je vous l'envoie, avec une critique, car nous recherchons la bonne critique avec plus d'empressement qu'on ne recherche ordinairement l'approbation.

Qu'est devenu votre mal des doigts de la main droite? M. Besnault est un franc paresseux, mais qui fait des merveilles quand il est en train; il a été bien mal mené d'un rhume effroyable. M. Ferrand, prieur de Dollot, ne jouit jamais huit jours d'une santé parfaite, et est aussi laborieux que vous l'êtes, c'est tout dire. Ne pourriez-vous point venir ici passer une quinzaine de jours, ce carnaval-ci? Nous en aurions bien besoin, et nous mettrions bien des choses à ne plus retoucher.

Mgr notre archevêque me vint voir hier après midi, comme il partoit pour Paris; il me trouva vous écrivant cette lettre-ci et il me témoigna beaucoup d'estime pour votre chère personne.

Faites-moi le plaisir de m'apprendre des nouvelles de M. de la Chauvinière; j'aurai l'honneur de lui écrire au premier jour. Votre histoire de la prise et de la reprise d'Auxerre par les Huguenots est-elle finie d'imprimer[17]? Votre missel d'Auxerre est-il entièrement fini? Votre Chapitre suit-il votre bref de 1721?

---

17. Voir à cet égard les lettres qui suivent et les notes qui les accompagnent.

Je joins mes prières à celles de M. Moreau de Mautour pour vous exhorter à travailler à l'histoire de votre pays. Si ce Monsieur étoit d'humeur de travailler sur l'histoire de Sens, je lui communiquerois ce que j'ai fait, qui est meilleur que ce qu'a fait M. Rousseau. Je l'ai fait mettre par le feu P. Lelong dans son catalogue des historiens manuscrits de Sens [18]. Ce M. Rousseau étoit un curé de Saint-Romain de Sens, homme crédule et d'une capacité des plus minces, dont le caractère étoit la naïveté. Il a composé un gros volume in-4° de l'Histoire de la ville de Sens. Il y a ramassé plusieurs copies de pièces originales, c'est tout ce qu'il y a de bon; il me l'a prêté un an avant sa mort, et j'en ai fait un extrait assez ample, que vous aurez pu voir parmi mes portefeuilles; cela ne regarde que la ville et non point nos archevêques. Je vous remercie de votre bon avis.

J'ai reçu depuis quelques mois une histoire des archevêques de Sens, composée par un curé du diocèse [19]; elle est ample, mais elle ne cite pas les sources d'où les faits sont tirés; cela me la fera lire avec précautions. Si elle étoit reliée, il y aurait trois volumes in-4° de petit papier.

J'ai fait mon profit de votre note sur saint Bond [20] et je l'ai toute transcrite à l'article de ce saint sur le titre de saint Arthème. De

---

18. Voici le passage du P. Lelong, t. III, p. 325, relatif à Rousseau et à ses œuvres : « *Histoire de la ville de Sens*, par J. Rousseau, curé de « Saint-Romain de Sens, in-4°. Cette histoire, écrite en l'année 1682 et sui- « vantes, est entre les mains des héritiers de l'auteur, qui est mort en 1713. « Il l'a terminée à la mort de M. de Gondrin, en 1674. Cet auteur n'a ni « style ni critique; mais il rapporte un grand nombre de chartes qu'il a « ramassées avec beaucoup de soins. C'est ce que m'a appris M. Fenel, « doyen de l'église de Sens. »

19. L'histoire de Sens a été l'objet d'une foule de travaux manuscrits, les uns perdus, les autres conservés jusqu'à nos jours, et parmi lesquels il est fort difficile de reconnaître celui dont parle ici Fenel. Voir à ce propos l'article de M. Challe, sur *un Chroniqueur inédit des annales de la ville de Sens*. (*Bull. de la Société des Sc. de l'Yonne*, 1858, p. 623 et suiv.)

20. Voyez, sur saint Bond, *S. Baldus*, pieux ermite qui vivait au commencement du VII° siècle, et sur saint Arthème, archevêque de Sens, vers la même époque, les *Recherches historiques* de M. Théodore Tarbé, Sens, 1838, p. 271 et suiv.

pareilles découvertes sont de bonnes trouvailles pour moi. Je vous supplie de m'envoyer celles qui vous tomberont sous les mains.

J'ai prié M. Hédiard, le jeune, de vous écrire au sujet de l'échange d'un jeune homme que vous vouliez faire sacristain chez vous ; il m'a dit qu'il l'avoit fait.

Je vous remercie du livre pour le Jubilé, et du bref pour 1722 dont vous m'avez fait présent; à la première occasion je vous enverrai ceux à l'usage de ce diocèse.

Recevez ici, je vous en supplie, mes vœux et mes souhaits pour la nouvelle année, que je vous souhaite remplie de bonnes découvertes, pour exécuter tous les projets que l'amour de la vérité a mis dans votre cœur.

---

92. — DE LEBEUF AU P. PRÉVOST.

Ce 6 janvier 1722.

Votre santé m'est si précieuse que je ne puis m'empêcher de vous témoigner au plus tôt, dans ces premiers jours de janvier, les souhaits que je fais intérieurement, pour que Dieu vous donne un corps aussi fort que l'esprit qu'il vous a donné est éclairé et vertueux. J'entends qu'il vous préserve des fâcheuses atteintes de la maladie qui vous survint au mois de septembre dernier. Je parle en homme intéressé, mais j'ai le bonheur que l'intérêt que j'y ai m'est commun avec bien d'autres.

M. Papillon m'a écrit *novissimè* qu'il prendroit la liberté de vous écrire, pour vous prier de vouloir bien finir ce que vous m'avez promis pour lui. Ce monsieur-là vous fera pour le moins autant de souhaits que je vous en fais. Il me paroit un sçavant fort traitable et fort communicatif, et je ne me repens pas de ne

LETTRE 92. — Publiée d'après l'autographe, recueil Sainte-Geneviève, 3 F, 13.

lui avoir rien caché. Il doit m'envoyer un petit manuscrit de M. Pirot [1] sur le concile de Trente [2], c'est une lettre de ce docteur à M. de Leibnitz; il m'enverra aussi des manuscrits liturgiques du diocèse de Langres. Dans peu, je recevrai de lui un missel qu'il me dit être assez curieux, et dont il me prie de lui dire l'âge. Il m'a appris, par sa dernière, qu'il a trouvé une poésie imprimée ici en 1612, sur les accords du mariage de Louis XIII, et il semble me dire qu'il la croit d'un Cocquerel [3]. Je n'ai pas idée qu'il y ait eu de ce nom-là dans ce pays-ci. Il s'en informe de moi.

A propos de mariage, permettez-moi de vous complimenter sur celui de Mademoiselle votre sœur, qui doit épouser, dans peu, M. Gentil, le plus jeune des quatre fils, et dont elle fait la fortune. Comme vous me permettez tout, et que je sçais que vous approuvez tout ce qui le mérite et rien davantage, je vous ferai un petit narré de ce qui est arrivé ici à cette occasion. M. Gentil est cousin-germain de M. notre doyen [4] : ce dignitaire de notre église publioit partout que ce seroit lui qui les marieroit dans

---

[1]. Voyez, sur Edme Pirot, professeur à la Sorbonne, la notice que Lebeuf lui a consacrée, *Mémoires sur le dioc. d'Auxerre*, t. IV, p 423. On a imprimé par erreur, dans les deux éditions de cet ouvrage, que Pirot était né à Auxerre le 12 août 1631. Lebeuf a écrit lui-même, sur un exemplaire d'un discours de Pirot, conservé à la bibliothèque d'Auxerre (B. 588), la note suivante : « Natus est E. Pirot die 12 aug. 1635, ex registris B. M. extra « muros Autiss... Ipse vidi et legi, 1724. » Or, le registre de l'état civil de la paroisse Notre-Dame-la-d'Hors, compulsé par Lebeuf, existe encore à la mairie d'Auxerre, et c'est bien à l'année 1635 qu'il faut reporter la naissance de Pirot. On peut aussi consulter sur Pirot la notice de Papillon, dans sa *Biblioth. des Auteurs de Bourgogne*; mais cette notice est pleine d'inexactitudes. Papillon semble avoir confondu Edme Pirot, docteur de Sorbonne, avec un autre Pirot, avocat. Cpr. *Lettres de madame de Sévigné*, des 17, 22 et 29 juillet 1676, ainsi que les notes de l'édition Regnier.

[2]. Voyez, sur ce manuscrit de Pirot, la *Bibl. hist.* du P. Lelong, t. I, n° 7537. Voir aussi la suite de la correspondance.

[3]. Papillon, dans sa *Bibl. des Aut. de Bourgogne*, ne fait mention ni de cet auteur, ni de cet opuscule, sur lesquels nous n'avons pu découvrir aucun renseignement.

[4]. Le doyen Moreau était cousin-germain de M. Gentil père, et par conséquent oncle *à la mode de Bourgogne* de M. Gentil fils, beau-frère du P. Prévost; cpr. lettre du 24 mars 1722.

l'église de Saint-Loup ; mais il ne faisoit pas attention aux troubles qu'il excite non seulement dans le Chapitre, mais encore dans le diocèse, voulant engager le Chapitre à empêcher M. notre prélat de régler les rits de son diocèse, comme il jugera à propos, et ayant fait faire encore depuis huit jours une ou deux conclusions contre moi [5]. Le curé de Saint-Loup [6] a été demander à M. Archambaud [7] la permission, pour M. le doyen, de les marier. Elle lui a été refusée, et ordre au curé de les marier lui-même, en lui recommandant de dire à M. le doyen que, comme il ne goûte pas les rits du diocèse, il y auroit lieu d'appréhender qu'il ne les observât pas. Le doyen a publié, depuis, que c'étoit à son corps défendant qu'il avoit accepté de faire la cérémonie. *Nescio, Deus scit.* Voilà mon histoire contée, en Bourguignon fort naïf, comme vous voyez. Pardonnez-moi si je n'ai pu me retenir. M. notre ami de Chassemidy [8] vous mettra au fait du reste.

---

93. — DE LEBEUF A FENEL.

Ce 13 janvier 1722.

Il seroit à souhaiter que M. Besnault fût aussi exact que vous pour faire réponse, ou du moins pour accorder les choses qu'il

---

5. Voyez, sur la querelle dont Lebeuf veut ici parler, les lettres des 13 janvier et 8 février 1722.
6. Sur le curé de Saint-Loup, François-Xavier Chardon, voir lettre du 13 janvier 1720 et les notes.
7. Augustin-Ferréol Archambault, né à Saint-Fargeau (Yonne), archiprêtre de Puysaie en 1708, grand-vicaire et official de M. de Caylus, au moment où se passe l'incident raconté par Lebeuf, mourut à Paris en 1749, privé des sacrements à cause de son opiniâtreté janséniste.
8. *Notre ami de Chassemidy,* c'est-à-dire notre ami qui habite la rue du Chassemidy. Il s'agit évidemment de M. de la Chauvinière. Cpr. la suscription de la lettre que le doyen Fenel adresse à ce dernier le 3 avril 1718, analysée sous le n° 44.

LETTRE 93. — Publiée d'après l'autographe, *collection de Fontaine.*

a promises. Je voudrois le faire ressouvenir des hymnes de saint Ferréol, qu'il avoit eu la bonté de promettre il y a 4 ou 5 ans; mais je n'ose plus en parler; ce sera encore beaucoup de grâces si le paquet où est le commun des apôtres peut venir jusqu'ici : je ne m'en flatte point, au reste, que je ne l'aie reçu.

Je suis réjoui que vous m'appreniez vous-même que vos jambes vont mieux. M. de la Chauvinière, à qui je l'ai mandé, n'en sentira pas moins de joie que moi; il prend toujours une part très-sensible à tout ce qui vous regarde. Je lui ai aussi témoigné que vous vous êtes informé à moi de sa santé. Il est vrai qu'il fut assez mal vers la Saint-Martin, mais cela ne passa point le milieu du mois de novembre. C'étoit un gros rhume qui lui causa une inflammation au visage, dont on craignoit les suites. Pour moi, je n'eus pas si fort à souffrir dans le même temps, j'en fus quitte pour cesser d'écrire pendant cinq ou six jours, au bout duquel temps, qui me parut fort long, je me remis à compiler comme auparavant.

Le manuscrit, où j'ai vu que les papiers des habitants de Joigny étoient dans le trésor de votre église, a au plus 80 ans; je ne sçais pas s'ils y étoient alors.

Vous ne me paraissez pas désapprouver l'usage de chanter *Dies Iræ* pendant l'offrande; pour moi je ne sçaurois l'approuver; j'avoue bien que les paroles en sont belles, mais elles ne sont pas à leur place; et, si on vouloit recevoir tout ce qui sera beau, on pourroit admettre des hymnes le jour de Pâques ou le Vendredi-Saint. La matière est certainement belle, et un poëte y réussiroit.

Le curé effigié a été véritablement jugé à mort. Il en a appelé, et, jeudi dernier, il fut conduit au coche d'eau dans une charrette pour aller à Paris où il sçaura son sort. On espère que le crédit du P. abbé de Saint-Sulpice obtiendra une lettre de cachet pour faire renfermer *in æternum* ce malheureux prêtre.

On nous avoit mandé à la vérité que M. l'archevêque avoit loué le prédicateur de l'Avent; mais on disoit que c'étoit avant qu'il eût sçu ce qu'il avoit débité en chaire.

1722

Je vous promets et vous assure que j'aurai bien soin de votre office des apôtres, si tôt que je l'aurai reçu, et que personne ne le verra. Ainsi ne craignez pas qu'il soit rendu public avant votre édition ; on le chantera dans une paroisse de la campagne, et rien davantage.

Jusqu'ici je n'ai remarqué que dix ou douze baillis qui l'aient été en même temps de Sens et d'Auxerre, sçavoir : Beton de Marcenac, en 1373 ;

Jean de la Rivière, en 1374, le même dont vous me parlez ;

Jean de Nant, 1390 ;

Jean de Mongin ;

Collart de Calleville, chambellan du roi, 1392 ;

Gasselin du Bos, chambellan du roi, 1399 ;

Gui d'Egreville, baron de Saint-Verain, 1413, 1414 ;

Andri Marchant, chambellan du roi, 1416 ;

Gui de Bard, seigneur de Prailles et de Mussi, 1418 ;

Thomas Fossier, 1423 ;

Renaud de Dresnay.

Je crois avoir aussi vu le Jean de la Thuille dont vous me parlez, mais j'en ai perdu la preuve. Sous nos comtes, ducs de Bourgogne, Auxerre cessa d'avoir pour bailli celui de Sens.

Vous me faites l'honneur de me proposer cinq ou six questions pour vous dire ce que j'en pense [1].

Je ne conçois pas bien clairement la première, qui est de ne pas transférer toutes fêtes à trois leçons. Ici nous sommes accoutumés à n'en transférer aucune de trois leçons, et je crois que les translations n'ont été que pour les fêtes à neuf leçons.

Pour ce qui est de la réduction à trois leçons, je remarque que celle de saint Jean-Porte-Latine est déjà toute faite, puisqu'elle est au temps paschal ; il ne s'agiroit donc que du rit extérieur et du nom. Je sçais que, pour saint François en particulier, ce furent les indulgences que Sixte IV, qui avoit été de son ordre, accorda à tous ceux qui célébreroient la fête, et même la chante-

---

1. Pour l'intelligence de ce passage, comparez la lettre de Fenel à Lebeuf en date du 28 décembre 1721.

roient, qui sont cause de l'augmentation de son culte. Voilà ce que c'est que d'être père d'une famille qui donne des papes à l'Église. A l'égard de saint Remi et saint Benoît, je crois que vous pouvez les laisser semi-doubles; vous avez, si je ne me trompe, des paroisses de leur nom dans votre ville. Quant aux collectes pour les petites heures des grands annuels, j'en suis fort d'avis. Lyon est à imiter en cela. Je les vis l'an passé dans un bréviaire qu'un Lyonnois me montra. On trouvera, dans les anciens sacramentaires, de ces oraisons en assez grande quantité. Il y a même apparence qu'elles ont été destinées pour diversifier; j'en dis de même des antiennes.

Aux premières vêpres, la fête est déjà commencée. Aussi il ne faut plus dire *ventura* ni *proxima solemnitas*. Je crois que le Père Pouget n'a pas donné un bon conseil en inspirant de mettre, aux premières vêpres de saint Pierre, l'oraison qu'on y voit dans le bréviaire de Troyes.

Je suis aussi d'avis qu'on n'a pas mal fait d'abréger les suffrages d'après laudes et vêpres, mais je ne voudrois pas que ce fût à l'exemple de ceux de la messe, parce que dans la messe on n'en devroit point dire, ou du moins on devroit laisser cela à dévotion. Ceux qu'on fait à la fin de laudes et de vêpres, sont comme hors de l'office : mais à la messe ils se trouvent enclavés entre la collecte et l'épître.

Ayez la bonté de témoigner à ces messieurs que je prends toute la part possible à leur indisposition. Le rhume de M. Besnault a apparemment été comme celui de notre ami de Paris [2]. Pour M. Ferrand, il est plus à plaindre, si, comme vous le dites, il n'est pas huit jours de suite en bonne santé.

Notre histoire des Huguenots n'a guère avancé à cause du déménagement de notre imprimeur, ensuite à cause du bref et du jubilé qu'il a fallu faire. J'étois il y a quinze jours à Senan [3], je vis le mandement de Mgr l'archevêque que je trouvai fort beau. Il est d'un style différent de celui de notre prélat.

---

2. M. de la Chauvinière, voyez au début de cette même lettre.
3. Senan, commune du canton d'Aillant-sur-Tholon (Yonne).

1722 Je n'ai pas manqué, monsieur, d'écrire à M. de la Chauvinière que vous souhaitiez ardemment qu'il reste quelque temps à Sens. Pour moi, je ferai mon possible pour l'y joindre, malgré les peines que me font ici quelques-uns de nos messieurs, parce que j'aime la vérité et l'exactitude. Je vais vous en parler plus amplement, ou plutôt je vais joindre à cette lettre un petit mémoire [1] que je vous prie de montrer à d'habiles connoisseurs, afin de savoir à quoi je dois m'en tenir. Le bruit vient de ce qu'un chanoine de la cathédrale, qui disoit une messe de fondation le jour de Noël, et qui n'en devoit dire qu'une, comme il faisoit il y a quelques années, s'étant avisé, depuis peu d'années, d'en dire trois, pour contenter, à onze heures, la dévotion des paresseux, a cru devoir se conformer à la rubrique du bref du diocèse, qui marque qu'après *Placeat*, et l'autel baisé, le prêtre retournera d'abord à son livre pour l'*Introït* de la deuxième messe, de même que les vieux missels romains marquent qu'on fera pour une messe sèche qui se disoit incontinent après une autre messe. Quoique ce chanoine l'eût fait sans que je lui en eusse parlé, et précisément parce que ça lui paraissoit bien sensé, on s'en prit à moi en Chapitre, et, sans vouloir nommer le chanoine qui avoit fait ainsi, on opina sur le bref de Mgr l'évêque et sur moi. Le doyen disoit à tout le monde que bientôt apparemment on ôteroit le canon [5], et, par ses fades raisons, il engagea la compagnie à me faire sortir, de crainte que la force des miennes ne persuadassent l'assemblée. Ce fut alors qu'un chanoine pétulant, natif de Beaune [6] et qui a tourné le dos à Mgr l'évêque, du moment qu'il n'en a plus eu affaire, dit, en opinant, que j'étois une chenille dans le Chapitre. J'avois souffert

---

4. Voyez ce mémoire reproduit ci-dessous à la suite de la lettre à laquelle il était joint.

5. C'est-à-dire qu'à force de suppressions et de réformes on en viendrait à retrancher le *canon de la messe*.

6. Jean-Baptiste Taveault, né à Beaune le 30 mai 1677, devint chanoine de l'église cathédrale d'Auxerre, le 19 juillet 1698, puis chanoine-trésorier de Notre-Dame-de-la-Cité, le 25 août 1711, et mourut le 11 septembre 1743. Comparez lettre du 8 février 1722.

patiemment que, dès le mois de mai, il m'eût traité de peste dans la compagnie, mais j'ai voulu mettre fin à ses insultes par le moyen qu'on m'a conseillé d'employer. Si le Chapitre ne l'eût pas un peu approuvé, il auroit dû, selon ses statuts, le priver sur le champ de voix capitulaire et de distributions, mais il ne l'a pas fait. Au contraire, il a fait voir qu'il ne se souvenoit plus de ce que Mgr l'archevêque voulut bien dire de moi en leur présence, lorsqu'il passa par ici, le 15 novembre dernier. J'ai porté ma plainte à l'official, alléguant que je n'avois donné autre sujet à celui qui m'avoit injurié que de dire que j'avois fait le bref. Je demandois qu'il ordonnât que j'informerois et que je pusse assigner témoins. Au bout de dix jours, après une sommation, il a seulement répondu qu'il permettoit d'appeler la partie, c'est-à-dire qu'il n'a rien répondu à ma plainte, puisqu'il ne me permet que ce que je pouvois faire d'abord. Je voudrois savoir si je dois appeler de cela à Sens, et ce que vous me conseilleriez de faire, vû l'inexécution du statut, la non réponse à la plainte et l'obstination du *Reus*, qui, loin d'adoucir ses expressions, m'a encore voulu faire passer pour un faussaire, afin de m'intimider et m'empêcher de poursuivre ma plainte. Il n'est point nécessaire de vous dire de n'en point parler à M. Moufle ; étant le juge, il ne convient pas qu'il se déclare, à moins que ce ne soit de certaine manière.

Je ne veux pas finir sans vous dire qu'aujourd'hui j'ai rencontré, dans notre Hôtel-de-Ville, une ordonnance de Charles V, datée de Sens, le 20 juillet 1367, touchant les aides, les marchandises ; et un petit parchemin, qui y est attaché, fait mention de Jean Lemire, lieutenant de Guichart d'Ars, bailli de Sens la même année.

Depuis trois jours, j'ai trouvé, dans une bibliothèque de cette ville, le factum de Mgr de Goudrin 7 contre votre Chapitre, sur le fait de la juridiction ; je le trouve très savamment composé. Ne pourriez-vous pas me faire le plaisir de me mander qui a fondé le chapitre de Brienon-l'Archevêque et l'antiquité de Châtillon-

---

7. Voyez le *Recueil de pièces produites au procès de Louis-Henri de Gon-*

sur-Loing ? J'aurois besoin de le savoir pour en faire une note [8].

J'ai toujours oublié jusqu'ici de vous demander si, pour rédiger votre histoire, vous n'avez pas vu celle des évêques d'Auxerre [9], imprimée par le P. Labbe, in nová Bibl. Mus, t. I, in-f°. Elle vous seroit fort utile pour bien des petites particularités. Le P. Martenne n'a jamais pu déterrer votre préchantre historien.

Le Chapitre, au bout de huit jours, après les injures du ci-dessus en question, a voulu que je vinsse en chapitre, et que là on obligeroit celui qui m'a outragé à me faire réparation; mais j'apprenois qu'on opinoit de cela d'une manière semblable à la coutume de Lorris, où les battus payent l'amende, et on appuyoit encore celui qui m'avoit insulté, qui m'auroit peut-être fait des excuses pires que l'injure.

Je salue MM. Besnault, Ferrand, Lasseré, et, après vous avoir souhaité une année de meilleure santé, vous me permettrez de me dire, etc.

NOTE AUTOGRAPHE JOINTE PAR LEBEUF A LA LETTRE DU 13 JANVIER 1722.

L'évêque de l'église de..... s'apercevant des défauts grossiers du bréviaire de cette église, remarquant aussi qu'on y pratiquoit certains usages qui ne sont pas selon les règles, a fait plusieurs fois proposer au Chapitre de réformer ces endroits du bréviaire, et de rectifier les usages, en les conformant aux titres et registres de leurs archives, et aux livres liturgiques, ou autres monuments de cette église qui seroient dans leur pureté. Il a eu le malheur de faire inutilement toutes ces propositions ; car, quoi

---

drin, archevêque de Sens, contre les doyen, chanoines et chapitre de l'église métrop. de Sens, 1669-1670, in-4°.

8. On trouve, en effet, dans la Prise d'Auxerre, p. 122, une note sur la fondation du chapitre de Brienon-l'Archevêque, arrondissement de Joigny (Yonne); mais on n'en rencontre pas qui soit relative à l'antiquité de Châtillon-sur-Loing, arrondissement de Montargis (Loiret).

9. Lebeuf veut parler du Gesta Pontificum Autissiodorensium, dont le manuscrit original est conservé à la bibliothèque d'Auxerre. Ce livre précieux, édité pour la première fois par le P. Labbe, vient d'être réédité par M. l'abbé Duru, dans la Bibl. hist. de l'Yonne, t. I.

qu'il fit alléguer l'exemple de la métropole et de quelques églises suffragantes, la pluralité a persisté à ne vouloir aucune réforme, ni correction. C'est ce qui a porté ce prélat à prendre le parti de travailler à une nouvelle édition des livres d'église pour les collégiales et paroisses de son diocèse; et il a cru devoir commencer par un petit cérémonial, parce que la corruption dans les rits alloit toujours en augmentant, et qu'il étoit visible que chacun s'enfermoit selon son esprit et son goût particulier.

Or, comme les personnes qu'il a employées pour le dresser, ne l'ont fondé que sur les anciens monuments de ladite cathédrale, soit registres, soit ordinaires, missels ou autres livres d'église, et sur les sources communes à toute l'église latine, et que par conséquent il a fallu n'y point suivre plusieurs usages actuels de cette cathédrale, ni de ceux des paroisses; le prélat a mis, dans le mandement de la publication de ce cérémonial, que, « pour faire « revivre les rits de son diocèse qui ont été négligés et affoiblis « dans ces derniers temps, il a jugé que la voie la plus sûre « pour y parvenir étoit de réunir en un seul corps les pratiques « dont il reste quelque vestige dans les monuments les plus purs « de son église, et les bons usages qui se trouvent encore dans « cette même église, ou dans les autres lieux de son diocèse. »

Quelques chanoines, faussement persuadés que tout ce qui se fait actuellement à la cathédrale s'y est toujours fait et doit être imité par tout le diocèse, n'ont pu souffrir ce discernement admis par le prélat, et en ont voulu du mal depuis ce temps-là à celui de leur corps qui a fait des extraits de tous leurs monuments et enseignements, et qui a eu la meilleure part à ce cérémonial par le choix qu'il a fait de ce qu'on y a mis. L'un d'eux, qui avoit commencé, dès il y a quatre ou cinq ans, à tourner en dérision tout le bien que le prélat fait par le moyen de ce chanoine, a dit publiquement aux premiers chapitres généraux de l'année 1721, que ce particulier étoit une peste dans la compagnie, et sans apporter aucune modération à son zèle indiscret, ni aucun frein à sa langue, il n'a cessé, depuis ce temps-là, de mal parler de lui.

1722 Un chanoine, de ceux qui ne sont point opposés à ce cérémonial, et qui le lisent avec plaisir, disant une messe basse dans une chapelle, le jour de Noël dernier, s'est conformé à une rubrique de ce cérémonial ou bref diocésain, qui lui paroissoit bonne et bien sensée. Dans le premier chapitre tenu après les fêtes, le doyen, au lieu de déférer le chanoine, s'est plaint de la rubrique. Le complaignant, de son côté, a représenté pour la sixième fois à la compagnie que Messieurs ne restoient point à la grand'messe de la nuit, et que tous, excepté quatre ou cinq entre quarante ou cinquante, s'en alloient dire alors des messes basses dans les chapelles de l'église, laissant l'essentiel pour courir à l'accessoire; et il ajouta que, si le Chapitre n'empêchoit point cela, il y feroit mettre ordre par d'autres. Aussitôt le doyen demanda au complaignant si ce n'étoit pas lui qui auroit dressé ce cérémonial ou bref diocésain ; et, sur ce qu'il l'auroit avoué, il lui a dit de sortir, de peur apparemment que les bonnes raisons que ledit auteur avoit à dire, pour soutenir cette cérémonie, ne persuadassent la pluralité.

En l'absence donc du complaignant, le chapitre a opiné du fonds, et le particulier, sujet à invectiver, a dit tout haut, en opinant à son tour, que l'auteur dudit bref ou cérémonial étoit une chenille dans le Chapitre, l'a dit et répété plusieurs fois. Quelques-uns lui représentèrent qu'il blessoit la charité, et qu'il n'étoit jamais permis de parler ainsi d'un confrère; mais la compagnie, qui devoit faire exécuter un de ses plus louables et de ses plus anciens statuts *De injuriis non dicendis*, ne le fit point. Ce statut commence ainsi : « Providentes bona non solum coram
« Deo sed etiam coram hominibus, sollicitique inter nos, ut ait
« apostolus, unitatem servare in vinculo pacis, statuto inviolabi-
« liter, Domino præstante, mansuro, censemus ut nullus hujus
« venerabilis ecclesiæ nostræ subditus habitum deferens alteri
« ejusdem ecclesiæ injuriam dicere nec facere, aut in contume-
« lias audeat verba prorumpere. Quod si quis amodo, quod
« absit, facere præsumpserit, si canonicus noster sit, et in capi-
« tulo hoc fecerit, quando et maxime honor capitulantibus

« exhibendus modestiaque servanda est, statim tam capitulo
« quam injuriam passo, pro modo injuriæ et qualitatis personæ
« teneatur emendare : sed et si monitus facere recuset, ipso
« facto nullas distributiones ecclesiæ lucretur, et vocem non
« habeat in capitulo donec emendaverit, et capitulo paruerit cum
« effectu ; ad quæ nihilominus censurâ ecclesiasticâ et aliis juris
« remediis compellatur. » Ce statut a été fait autrefois avec
toute la solennité possible ; il a été exécuté dans les occurences,
et on en a une expédition très authentique.

Le complaignant a attendu encore deux jours, pour voir si le
Chapitre y penseroit et si le particulier lui feroit réparation.
Ne voyant rien de part ni d'autre, n'entendant au contraire que
des menaces de la part du particulier, il a porté sa plainte par
écrit à l'official du Chapitre, le requérant de permettre d'informer et assigner témoins pour déposer sur les injures et calomnies
proférées. Six jours se sont écoulés, pendant lesquels le complaignant n'a point assisté au Chapitre de crainte d'être encore insulté
par le particulier qui se croyoit toujours avoir été bien fondé
pour parler comme il avoit fait [10]. A la fin, le complaignant a fait
sommation audit official, et, au bout de trois jours, ce juge s'est

---

10. Voici, pour compléter le récit des faits, ce que nous trouvons dans
le Recueil Frappier, t. VI, Mémoire intitulé : *Chapitre, Discipline, Règlement de mœurs*, p. 59. « Le 3 janvier 1721 (il faut sans doute lire
« 1722), sur la difficulté qu'on a dit être entre M. Taveault et M. Lebeuf,
« sous-chantre, au sujet de quelques paroles dites entr'eux, MM. ont conclu
« qu'ils seraient mandés par le secrétaire de venir au chapitre prochain,
« pour leur être ordonné telle satisfaction qu'il conviendra, suivant le tort
« de l'une ou de l'autre partie, et être reconciliés par la Compagnie. Mais
« M. Lebeuf, étant averti par le secrétaire, lui répondit qu'il avoit toujours
« eu beaucoup de respect et de déférence pour la compagnie et qu'il n'en
« manqueroit pas encore, mais que ce ne pouvoit pas l'empêcher de se pour-
« voir par devant le juge qu'elle a elle-même nommé et choisi, pour avoir
« raison de l'insulte qu'il dit avoir reçue de M. Taveault, dont il dit qu'il
« souffre depuis cinq ans. M. Lebeuf ne s'étant donc pas rendu au Chapitre,
« on a conclu qu'il seroit averti une seconde fois pour déduire les sujets de
« plainte qu'il avoit contre M. Taveault. A la fin, comme on vit qu'il ne
« vouloit pas se rendre à l'ordre de la Compagnie, qui lui étoit notifié par
« le secrétaire à chaque fois, on conclut qu'on le laisseroit agir comme il
« aviseroit bon être. »

contenté de mettre au bas de la plainte ces mots : « soit partie appelée. Fait ce neuf janvier 1722 », et a signé.

Le complaignant demande s'il n'est pas bien fondé d'appeler d'une telle réponse qui n'est nullement aux fins de la plainte, et, comme le Chapitre en question n'est point soumis à l'ordinaire, s'il ne faut pas qu'il en appelle à l'official du métropolitain ; et, pour l'exécution du statut, ce qu'il seroit à propos de faire [11].

---

94. — DE LEBEUF A FENEL.

8 février 1722.

Je profite, Monsieur, d'une occasion favorable pour vous témoigner ce que je pense touchant la lecture du livre de Josué. Je ne serois point d'avis qu'on lût ce livre après l'Ascension : 1° parce qu'on l'a toujours lu en carême dans l'église de Sens et dans toutes les autres ; 2° parce que par là on détruiroit un usage primitif de l'Eglise, qui consiste à lire du Nouveau-Testament pendant tout le temps paschal. Comme la semaine de la Pentecôte est une continuation du temps paschal, depuis plusieurs siècles, je ne suis pas non plus d'avis qu'on lise Josué pendant cette semaine. La mysticité ou l'allégorie de Josué toujours victorieux, avec notre Seigneur triomphant après sa ressurection, ne fait pas assez d'impression sur mon esprit pour prévaloir sur les deux raisons que je viens de dire. La raison de lire Josué immédiatement avant les livres des Rois me toucheroit davantage, par la suite naturelle que cela procureroit ; mais elle ne me touche nullement, parce que lisant Josué après le Pentateuque, cela fait aussi une suite fort naturelle.

---

11. Voyez, sur la suite et la fin de ce singulier incident, la lettre du 8 février 1722.

LETTRE 94. — Publiée d'après l'autographe, *Collection de Fontaine*.

Je vous suis très-obligé des lumières que vous m'avez communiquées touchant mon affaire [1]; je crois qu'elle en va rester là, et l'on me dit que je ne ferai pas mal de tenir mon homme toujours en bride.

A l'égard de M. notre doyen, Mgr notre évêque le prend d'un autre côté [2]; il veut l'obliger de ne plus porter le rochet (marque de dignité qui lui tient fort au cœur), que les jours de grandes fêtes, ainsi qu'il est marqué dans un ancien arrêt obtenu par un de nos évêques contre un doyen qui chagrinoit l'évêque et qui portoit le Chapitre à le chagriner. Notre doyen s'est aussi mis sur le pied d'avoir un fauteuil tout proche l'autel, lorsqu'il officie ; Mgr l'évêque prétend faire cesser cela. Lorsqu'il est assis dans ce fauteuil, il a le visage tourné vers la grand'porte du chœur.

Je suis bien aise, au reste, que vous approuviez notre rubrique au sujet des trois messes lorsqu'on les veut joindre. Nous avons cru devoir imiter Milan et les Jacobins, et nous avons dit comme saint Ambroise : « In omnibus cupio sequi Ecclesiam « romanam, sed tamen et nos homines sensum habemus, ideo- « que et quod alibi rectius observatur et nos recte custodimus. » C'est le missel romain, que trop de gens ont sous les yeux, qui nous gâte tout. Les Jacobins, qui devroient avoir quelque égard pour Pie V, le suivent-ils [3] ? Milan, qui en avoit tiré la rubrique en question, l'a rejetée ensuite pour se conformer au bon sens. C'est ce que vous pouvez voir dans le P. Martenne, au jour de Noël.

Si je suis bien réjoui de ce que vous êtes de notre sentiment,

---

1. Lebeuf fait allusion à une lettre que lui avait adressée Fenel, en date du 1er février 1722, voir *Collection de Fontaine*. Dans cette lettre, que nous croyons inutile de publier, le sage doyen répondait aux questions posées par la note du 13 janvier, voir ci-dessus. Il indiquait la procédure à suivre. Mais Lebeuf prit le meilleur parti en abandonnant tout à fait son action.

2. On trouvera dans la suite de la correspondance une série de détails sur cette lutte entre l'évêque et le doyen d'Auxerre, lutte qui se termina par une transaction, le 3 avril 1723. (Voir Frappier, *Protestation en faveur des droits du doyen*, p. 19).

3. Pie V est le souverain-pontife qui, en 1568, publia le bréviaire romain réformé d'après les prescriptions du concile de Trente.

je suis aussi bien fâché que vous ne vous portiez pas mieux. Et malgré vos douleurs vous avez eu la bonté de régaler mon frère, ainsi qu'il me l'a mandé [4]. Non content de satisfaire sa vue, dans toutes les beautés qu'il a remarquées chez vous, vous avez encore voulu le rassasier de vos biens. Je ne sçais, Monsieur, comment vous remercier d'une telle bonté.

Il y a longtemps que je connois l'ouvrage de Gui Coquille ; j'en ai tiré quelque chose touchant notre diocèse [5].

Vous ferai-je déplaisir de vous marquer qu'avant hier je tombai sur un catalogue des évêques de Béthléhem, où je trouvai Urbain Reversey, évêque de Béthléhem, vers 1558 ? Ce ne peut-être que votre préchantre, dont je tâche de découvrir le manuscrit sans y pouvoir réussir.

Le feuillet 111 de notre cartulaire me fournit deux endroits où Sens est nommé : « Karolus Theobaldus et Johannes de Pon-« tallia, fratres, nepotes defuncti Johannis dicti Monetarii quon-« dam Castellani Senonensis, » vendent à un chanoine d'Auxerre des prés proche notre ville, et l'un de ces prés est voisin de celui de Jean de Chanlay, chanoine de Sens, (1276). J'ai trouvé ailleurs que ce Jean de Chanlay fut aussi chanoine d'Auxerre; il devint par la suite évêque du Mans [6].

En 1274, « Guibertus de Monterello, canonicus capellæ domini « Senonensis super Yonam, vendit domum apud Autissiodorum, « fol. 134. »

---

4. On lit en effet dans la lettre de Fenel du 1er février 1722 : « J'ai vu « M. votre frère, je souhaite qu'il vous donne de la satisfaction dans le nou-« veau genre de vie qu'il va embrasser. » Voyez, sur ce frère de Lebeuf, la suite de la correspondance, *passim*.

5. Lebeuf répond ici à une question de la lettre susvisée du 1er février 1722 : « Avez-vous lu, disait le doyen Fenel, Guy Coquille sur l'histoire du « Nivernois ? Il y a bien des choses très nécessaires pour votre histoire « d'Auxerre. »

6. Dans son *Catalogue de plusieurs illustres nés ou domiciliés dans le diocèse*, Lebeuf a inséré la mention suivante : « Jean de Chanlay (et non de « Tanlay), chanoine d'Auxerre en 1267, fut créé évêque du Mans en 1278. » Il a ajouté en note : « Voyez *Cartul. cap. eccl. Autiss.* et *Hist. Univ.* Paris, t. III, p. 322. »

Folio 467, est un acte de l'an 1251, expédié par Nicolas de Manoto, baillif de Sens.

J'ai été surpris de voir que le mandement de Mgr l'archevêque ne parle point qu'il ait conféré avec le chapitre, avant de faire la procession pour l'ouverture du Jubilé. Pourquoi cela ?

M. de la Chauvinière compte venir tout de bon au commencement du mois de mars. Dieu veuille qu'il ne nous remette pas à la Semaine-Sainte. On a bien de la peine à l'arracher de Paris, quoiqu'il n'y tienne guère.

Je vous prie de vouloir bien assurer de mes respects messieurs vos chers collègues. Je salue aussi très humblement M. l'abbé Fenel7. Mon frère me mande qu'il eut la complaisance de lui faire voir toute votre argenterie, avec M. Hédiard que j'en remercie pareillement.

95. — DE LEBEUF AU P. PRÉVOST.

Ce 8 février 1722.

Je n'ai pas plutôt eu reçu de M. de la Chauvinière une lettre, par laquelle il me mande ce que mon frère vous a dit, que je prends la plume pour me justifier. Mon frère a parlé en étourdi et sans connaissance de cause. Jamais je n'ai tempêté contre personne, et encore moins le ferois-je contre vous que j'estime et que j'honore infiniment. Il faut pardonner la méprise du jeune homme, qui m'a quelquefois ouï parler à table d'un M. Prévost1

---

7. Jean-Basile-Pascal Fenel, neveu du doyen ; voyez sur lui la suite de la correspondance.

LETTRE 95. — Publiée d'après l'autographe, recueil Sainte-Geneviève. 3 F, 13,

1. S'agit-il ici de Prévost, curé de Bernay, dont il est question dans la lettre du 13 janvier 1720 ? Ou s'agit-il de Le Prévost, curé de Lisieux, auteur d'une *Vie des Saints du diocèse de Lisieux*, que cite le P. Lelong,

de Normandie, à qui j'ai écrit six fois depuis le mois de septembre sans aucune réponse, et à qui j'ai fait écrire et parler par deux côtés sans réussir davantage. Voilà ce qu'il lui a plu d'appeler une manière de tempêter. Encore en a-t-il fait une application tout de travers en vous prenant pour ce M. Prévost.

Non, mon Révérend Père, travaillez à loisir puisque rien n'est mieux fait que ce que vous faites. J'apprends que mes demandes vous font même faire bien des pas, et qu'elles vous obligent de parcourir des in-folio énormes : je crains d'en trop faire entreprendre à une personne de votre mérite et dont la santé n'est pas des plus fortes. Ainsi, modérez un peu le zèle que vous avez de rendre service à la patrie. Vous voyez si je parle d'une manière de tempête. J'ai écrit à M. Papillon et je présume qu'il attendra encore volontiers.

Pour juger plus sûrement de quel Perreau sont les opuscules dont vous parlez, il faudroit savoir en quoi ils consistent, parce qu'il y a eu des Perreau à Noyers, et qu'il y en a encore. Sont-ce des vers, des sonnets ? Un Perreau d'Auxerre, frère des demoiselles Perreau, demeuroit à Paris, il y a 50 ans ou environ, c'est lui qui a rédigé le style de la Pharmacopée de Moïse Charras [2].

Je n'ai encore pu rien trouver sur notre Foucher [3] ; j'ai seulement rencontré un Robert Foucher en mon chemin, qui étoit, en 1509, 1510 et 1511, procureur du fait commun de la ville ; c'étoit apparemment le père de notre jurisconsulte.

Je voudrois bien savoir qui sont ceux qui mandent à Sainte-Geneviève les nouvelles qui me regardent. Il me paroit, par celle des injures, que l'on les a mal servis, et que ceux-là n'ont pas ouï parler là-dessus Mgr l'évêque. Que pourroit dire un prélat de favorable à un homme dont il connoit à merveille l'humeur bouillante et caustique ? J'ai vu une lettre du prélat qui n'est pas

n° 2472 ? Ou faut-il confondre Prévost, curé de Bernay et Le Prévost, curé de Lisieux ?

2. Lebeuf n'a pas compris ce Perreau dans son *Catalogue des écrivains auxerrois*.

3. Sur Jean Foucher, jurisconsulte auxerrois du XVIᵉ siècle, voir *Mém. sur le dioc. d'Auxerre*, t. IV, p. 404.

d'une date fort ancienne, où il marque qu'il est bien aise de trouver les moyens de réprimer la pétulance de ce chanoine 4; que c'est à tort qu'il se plaint que le sous-chantre est cause qu'il n'a pas entré à l'évêché depuis près d'un an, puisqu'il y a quatre ou cinq ans qu'il disoit hautement qu'il aimeroit mieux être attaché à une potence que d'y remettre jamais les pieds; mais que, nonobstant cela, ses intérêts l'y ont amené de temps en temps. En effet, il étoit doux comme un mouton, quand il s'agit d'être alcade 5 aux États, et lorsqu'il eut un procès avec le Chapitre de la Cité, pour que Mgr l'évêque lui fût favorable.

On dit que M. notre doyen part demain pour Paris, au sujet de l'affaire de son rochet, et aussi au sujet du fauteuil que Mgr l'évêque dit qu'il s'arroge lorsqu'il officie, le faisant placer tout auprès de l'autel, en sorte qu'il a le visage tourné vers le chœur. Voilà ce que c'est que de continuer à... (sic).

---

96. — DE LEBEUF A D. MARTÈNE.

10 février 1722.

Plusieurs affaires, tant de famille que d'autres, m'ont un peu empêché depuis deux mois. Comme j'en suis un peu dégagé, je

---

4. Jean-Baptiste Taveault. Cpr. Lettre du 13 janvier 1722, et la note ci-après.

5. Jean-Baptiste Taveault, chanoine et trésorier de N.-D.-de-la-Cité, s'était fait député par le chapitre Collégial aux États de Bourgogne de 1712, en annonçant à l'avance qu'une fois député il serait choisi pour remplir les fonctions de commissaire-alcade. Voir, aux Archives de l'Yonne, les *Registres capitulaires* de N.-D., conclusions des 14 décembre 1711, 10 et 19 novembre 1712. — Taveault avait eu ensuite, avec les chanoines de la Cité, ses collègues, un procès à propos d'un dîner, procès que M. de Caylus termina par une transaction le 20 septembre 1720; voir encore aux Archives de l'Yonne, fonds de Notre-Dame.

LETTRE 96. — Nous publions cette lettre d'après l'original autographe conservé dans la correspondance de D. Martène, à la Bibliothèque impériale, résidu Saint-Germain, 1257, f°s 124-125. Elle porte pour suscription : « Au R. P. D. Edmond Martenne, religieux bénédictin de Saint-Germain-« des-Prés. »

me donne l'honneur de vous écrire, pour vous prier de me marquer s'il seroit encore temps de vous envoyer les chartes, etc., que vous m'avez mandé, par votre lettre de la fin de novembre, pouvoir être imprimées, par forme d'Appendice, à la fin de votre tome des diplômes et chartes[1]. J'appréhende que l'imprimeur n'ait fini ce tome, et que, par conséquent, il ne soit trop tard. Cependant, on peut ajouter à la fin d'un tome tout ce qu'on veut ; et si j'en envoie trop, on n'en imprimera que les plus notables, en sorte que le volume n'excède point les bornes ordinaires. Mais je vous dirai, mon Révérend Père, que la plupart de ces chartes regarderont le diocèse d'Auxerre, c'est-à-dire, ou nos évêques ou nos comtes. Il y en aura peu du IX° siècle, savoir : quelques-unes sur l'abbaye de Saint-Germain ; une concernant la restitution de Mailly[2], mais elle est avec quelques lacunes ; point du dixième ni de l'onzième (à moins que je n'en trouve d'ici à quelque temps) ; beaucoup des douzième, treizième et quatorzième, et même du quinzième. J'offre même de vous confier plusieurs originaux, n'ayant pas le loisir de les pouvoir récrire ; ils ne sauroient tomber en de meilleures mains. Les autres chartes, qui ne regardent point le diocèse mais nos voisins ou d'autres pays, ont été autrefois communiquées à un chanoine d'Auxerre qui avoit conçu, vers l'an 1630[3], le dessein du *Gallia christiana* que M. Robert exécuta le premier[4].

1. Il s'agit ici de l'ouvrage intitulé : *Veterum Monumentorum amplissima Collectio*, pour lequel Lebeuf fournit à D. Martène quelques documents précieux. Voyez, à cet égard, les lettres qui précèdent, *passim*, et notamment la lettre du 15 août 1721, ainsi que les notes 5 et 6 de cette dernière.

2. Voyez, au *Cart. de l'Yonne*, t. I, p. 134, la charte par laquelle Charles-le-Simple restitue Mailly-sur-Yonne à l'église d'Auxerre. Elle porte la date du 14 mars 902. Mais, au lieu de la publier, comme Lebeuf, d'après une copie écrite autrefois par un notaire (*Mém. sur le diocèse d'Auxerre*, 1re édition, Preuves n° 6), M. Quantin a pu l'éditer d'après le diplôme original, et par conséquent *sans lacunes*.

3. Le chanoine dont parle ici Lebeuf ne peut être que Louis Noël, connu sous le nom de Noël Damy, érudit laborieux, sur lequel nous avons donné quelques renseignements dans la note 2 de la lettre du 16 août 1721.

4. Claude Robert, né vers 1554 à Chesley (arrondissement de Bar-sur-Seine), archidiacre de l'église de Chalon-sur-Saone, mort le 16 mai 1637.

Quand vous serez au tome des statuts des évêques, j'espère vous en envoyer de Pierre de Longueil, notre évêque, qui firent beaucoup de bruit au milieu du xv⁰ siècle 5. Ce prélat crut pouvoir obliger sous peine d'amende pécuniaire d'aller à la messe de paroisse, et il la faisoit lever, ce qui excita un procès de la ville contre lui, dont j'ai trouvé des vestiges dans les archives de notre Hôtel-de-Ville.

Notre imprimeur, qui est un vrai paresseux, n'a point travaillé depuis le mois de juillet à la petite *Histoire du Calvinisme d'Auxerre*, que je lui ai donnée. Je fais dans la préface un abrégé des antiquités du pays. J'espère vous en faire voir les deux premiers cahiers que j'ai envoyés à un de mes amis, pour en avoir votre avis. J'ai aussi envoyé à cet ami un bref Auxerrois de 1722, pour vous; il vouloit, peut-être, vous l'aller porter lui-même à Saint-Denis, et c'est pour cela que vous ne l'avez point encore. S'il n'y peut pas aller, je prierai un de mes frères, que j'ai à Paris, de vous l'aller mettre entre mains, et de faire voir aussi ces deux premiers cahiers au Révérend Père Béry, official, qui est Auxerrois, comme vous savez 6.

Comme vous êtes de Bourgogne, je compte que plusieurs chartes des ducs de Bourgogne, touchant Auxerre, vous feront plaisir et que vous ne les laisserez pas *in remotis*. Mais, si je vous envoie des originaux, je vous prierai de n'en rien dire ni de les montrer à personne, et que vous me les renverrez aussi fidèlement et

1722

C'est lui qui le premier a publié, sous le nom de *Gallia christiana*, un ouvrage consacré à l'histoire de tous les diocèses de France (Paris, 1626, in-folio). Les notes, qu'il avait recueillies pour une seconde édition, ont beaucoup servi à Scævole et Louis de Sainte-Marthe pour le célèbre ouvrage qu'ils ont publié sous le même titre (1656, 4 vol. in-f°). Enfin est venue la dernière édition du *Gallia christ.*, entreprise par les Bénédictins de la congrégation de Saint-Maur en 1715, et interrompue au 13⁰ volume en 1785. M. Hauréau a repris, en 1856, cette excellente publication par le 14⁰ volume relatif à la province de Tours.

5. Voir, sur les statuts de P. de Longueil, évêque d'Auxerre (1449-1473), les *Mém. sur le dioc. d'Auxerre*, t. II, p. 65.

6. Dom Philippe Béry, bénédictin de la congrégation de Saint-Maur, alors official de l'abbaye de Saint-Denis, près Paris, et dont Lebeuf parle dans une note de ses *Mém. sur le dioc. d'Auxerre*, t. I, p. 10.

sûrement que je vous les aurai communiqués. Il ne seroit pas hors de propos d'imprimer, quelque jour, tous les statuts des chapitres de cathédrales qu'on pourra trouver. J'ai ceux de quatre ou cinq églises d'Auxerre.....

---

97. — DE LEBEUF AU R. P. CHAMILLARD L'AINÉ, DE LA COMPAGNIE DE JÉSUS, RUE SAINT-ANTOINE, A PARIS [1].

Auxerre, ce 10 mars 1722.

Quoique je pusse prendre la voie du P. Prévost de Sainte-Geneviève, pour vous faire tenir cette lettre, j'ai cru devoir, cette fois-ci seulement, vous écrire par la poste, pour vous prier de vouloir bien relire l'inscription que je vous avois envoyée et qui s'est trouvée égarée pendant votre absence, suivant que vous me faites l'honneur de me le mander. Je la représenterai dans la dernière page de cette lettre; et je vous dirai ici qu'elle a été trouvée incrustée dans les murs de l'ancienne cité d'Auxerre, de manière même qu'elle m'a été plutôt sensible par les doigts que par la vue, parce que la face antérieure de l'autel, où elle est, est dans l'intérieur collatéral de l'épaisseur du mur. Elle n'est qu'à vingt pas de la porte d'Auxerre, que les anciens appeloient Balnéaire, parce qu'elle conduisoit à la rivière qu'on appelle *Icauna*. Quelques-uns prétendent qu'*Icauni* est au datif; pour moi, je l'avois cru au nominatif; et que nos anciens auroient été appelés *Icauni*, comme ceux de la Franche-Comté *Sequani*. Les lettres sont belles et bien formées; elles sont de la hauteur du petit doigt. L'endroit du mur, où elle est, se trouve garni de plu-

---

LETTRE 97. — Nous la publions ici d'après l'original autographe appartenant à la Société des Sciences historiques et naturelles de l'Yonne.

1. Sur le P. Chamillart et sur l'inscription auxerroise trouvée par Lebeuf le 13 avril 1721, voir la lettre au P. Prévost du 13 août 1721 et les notes qui l'accompagnent.

sieurs restes de chapiteaux ou bases de colonnes, placés sans attention ; il y a même un reste d'une statue prodigieuse, dont on ne voit que le bout de la draperie. La pierre a environ trois à quatre pieds en carré en tous sens, la corniche comprise. [Ici Lebeuf intercale un fac-simile grossier de l'inscription.]

On ne peut pas apercevoir distinctement la dernière lettre de la première ligne[2], à cause qu'elle est fort avant dans le mur. Il paroit que c'est ou un R, ou un B ou un E.

Je souhaite de tout mon cœur que vous soyez assez heureux pour découvrir les antiquités que possédoit l'illustre Auxerrois, M. Duval[3]. L'abbaye de religieuses, où vous avez été autrefois, s'appelle de Saint-Julien[4]. C'étoit le centre du paganisme d'Auxerre. Si l'abbesse étoit un peu plus curieuse, il y a longtemps que j'y aurois fait des recherches. La sœur de notre prélat, abbesse de Saint-Remi, proche Rambouillet[5], a eu cette envie durant qu'elle y demeuroit, mais elle n'a pu rien faire découvrir.

2. AVG. SACR. DEAR.....
3. Jean-Baptiste Duval, secrétaire du roi, habile antiquaire et savant orientaliste, né à Auxerre, mort le 20 novembre 1632. Voyez la notice que Lebeuf lui a consacrée. *Mém. sur le dioc. d'Auxerre*, t. IV, p. 416. — Cpr. *Mém. sur le dioc. d'Auxerre*, t. III, p. 5 : à propos d'inscriptions gallo-romaines trouvées à Auxerre, Lebeuf dit : « On ne peut plus montrer aux « curieux ces trois inscriptions dans le pays, parce que Jean-Baptiste Du- « val, natif d'Auxerre, les enleva, il y a environ cent ans, et les fit conduire « à Paris, où il demeuroit en qualité d'interprète des langues orientales. »
4. L'abbaye de Saint-Julien, près Auxerre, située dans l'un des faubourgs de la ville moderne, mais sur l'emplacement de la ville gallo-romaine d'Autessiodurum. C'est encore dans les terrains qui dépendaient de cette abbaye, aujourd'hui détruite, que l'on fait chaque jour les plus précieuses découvertes d'antiquités, et il est fort regrettable que les propriétaires ne consentent pas à y laisser pratiquer des fouilles régulières. — Cpr. sur les médailles qu'on y ramassait au XVIIIe siècle, la fin de la lettre du 26 juillet 1722.
5. Marie-Anne de Thubières de Caylus, désignée en 1719 pour être abbesse de Saint-Remy-des-Landes, près Rambouillet, et morte le 24 septembre 1726. On conserve, à la Bibliothèque impériale (Supplément français), une correspondance échangée entre Melle de Caylus et Mme de Maintenon ; les lettres de Melle de Caylus sont datées d'Auxerre.

98. — DE LEBEUF AU P. DU SOLLIER [1].

20 mars 1722.

Quelques affaires de famille et autres m'ont empêché de répondre plus tôt à l'obligeante lettre que vous avez eu la bonté de m'écrire en date du 27 septembre dernier [2]. Comme je m'aperçus d'ailleurs que vous étiez surchargé de travail, je n'ai pas osé vous proposer les difficultés que j'avois mises à part il y a longtemps. Il faut auparavant que vous trouviez le loisir de vous expliquer sur celles que je vous ai envoyées.

Le Révérend Père Prévost, que vous avez choisi avec raison pour être notre bureau d'adresse, pourra vous envoyer cette lettre par la voie publique; mais il réservera pour une occasion un cahier imprimé, que je lui ai envoyé pour vous touchant saint Vigile, évêque d'Auxerre [3]. Je le prie même de vouloir bien, suivant qu'il verra le besoin que l'on a de quelques éclaircissements sur la liturgie Mozarabe [4], vous en parler, afin que vous

---

LETTRE 98. — Cette lettre, ainsi que les deux suivantes, est publiée d'après l'autographe, Recueil Sainte-Geneviève, 3 F. 13. Elle porte pour suscription : « Au très Révérend, le très Révérend Père Du Sollier, reli- « gieux de la Compagnie de Jésus, à Anvers. »

1. Le P. Du Sollier, l'un des plus savants continuateurs de Bollandus, naquit le 18 février 1669 à Herseau, près Courtray (Belgique), et mourut à Anvers le 17 juin 1740. Il avait été choisi, le 17 mars 1702, pour remplacer Fr. Verhoeven à la rédaction des *Acta Sanctorum*. En dehors de cet immense labeur, on cite encore de lui quelques ouvrages importants, et notamment une édition annotée du *Martyrologe d'Usuard*. Voyez l'éloge du P. Du Sollier par le P. Stilting, dans le t. V des *Acta Sanctorum Aug*. Le *Supplément* au *Nécrologe des Appelants*, p. 490, prétend que les notes de Du Sollier sur le *Martyrologe d'Usuard* ont été copiées dans les papiers saisis de Le Brun des Marettes; mais le *Nécrologe* ne se pique pas d'équité pour les Jésuites.

2. Voyez l'extrait de cette lettre, p. 233.

3. Lebeuf veut évidemment parler de son *Histoire de saint Vigile*, évêque d'Auxerre, brochure in-8° de 16 pages, qu'il avait publiée en 1716.

4. Liturgie ou rit Mozarabe : « C'est le rit des églises d'Espagne depuis « le commencement du VIIIᵉ siècle jusque vers la fin du XIᵉ. Les Arabes « s'étant emparés de l'Espagne l'an 712, les Espagnols, qui subsistèrent « sous leur domination, furent nommés *Mozarabes*, c'est-à-dire Arabes

ayez la bonté de charger les Révérends Pères, qui voyagent pour vous en Espagne, de remarquer tout ce qu'ils trouveront concernant cette liturgie.

Pour moi, j'ai bien fait réflexion à ce que vous me marquiez touchant les saints du mois de juillet [5]: j'ai vu que je n'avois rien d'important depuis le 10 de ce mois jusqu'au 17, qui est le jour de notre saint Théodose. Il est vrai que j'ai trouvé des fragments d'un légendaire in-folio, qui paroît écrit vers l'an 1200 au plus tard; mais ces fragments, qui contiennent des vies des saints du mois de juillet, n'en ont presque que d'apocryphes. La vie de saint Turiaf [6] y est à la vérité, mais telle que M. Baillet l'a donnée sur Surius. Il est seulement à remarquer que le manuscrit l'appelle toujours *Turiavus* et non pas *Turianus*. Ce manuscrit vient de l'abbaye de Regni [7]. La vie de saint Goar y est aussi; celle de saint Eugène de Carthage y est fort au long, c'est un extrait de Victor de Vite [8]. La translation du corps de sainte Marie-Magdelène, par Badilon, y a aussi sa place avec quelques miracles. Le reste, depuis le commencement du mois, excepté la translation de saint Benoît, est un tissu de fables, *verbi gratiâ*

« externes, pour les distinguer des Arabes d'origine. Le terme propre est « *Mostarabe*, ou comme prononcent les Espagnols, *Moçarabe*. » Définition fournie par le P. Lebrun, en tête de ses *Explications des prières et cérémonies de la Messe*.

5. Les deux premiers tomes des *Acta Sanctorum* du mois de juillet avaient paru en 1719 et 1721, mais ils s'arrêtaient au 9 juillet. Voilà pourquoi Lebeuf ne parle que des saints postérieurs à ce jour. Les cinq autres volumes afférents au même mois parurent de 1723 à 1731. Le P. Du Sollier ne cessa pas d'en diriger la rédaction.

6. Nous croyons inutile d'accompagner de notes tous les noms de saints accumulés dans cette lettre. Les amateurs d'hagiographie n'auront qu'à recourir aux *Acta Sanctorum* de juillet pour y trouver tous les détails que comporte la matière. Voyez aussi Baillet, ou le *Martyr. univ.* de Chastelain, ou encore le *Martyr. auxerrois* de 1751.

7. L'abbaye de Reigny, au diocèse d'Auxerre, était une abbaye d'hommes de l'ordre de Citeaux et de la filiation de Clairvaux, fondée en 1127. Aujourd'hui Reigny n'est plus qu'un hameau de la commune de Vermenton, arrondissement d'Auxerre.

8. Victor de Vite, ou *Victor Vitensis*, qui a écrit *De persecutione Vandalicâ*. Vite est une ancienne ville d'Afrique dans la Bysacène (*Martyr. auxerrois* de 1751, p. 322, 428, etc.).

sainte Marguerite, saint Alexis, etc. Lorsque vous serez à la fin du mois, nous pourrons vous aider du même manuscrit, au sujet de la vie de saint Samson de Dol, qui y est fort au long, en cas que quelques endroits vous paroissent mériter certains éclaircissements, surtout dans les noms propres.

Je voudrois avoir été plus heureux dans mes recherches, je vous en ferois part très volontiers. Il y a encore le volume du mois d'août [9] qui pourra fournir quelque chose, aussi bien que celui du mois de novembre ; les autres mois sont perdus sans ressource. On assure qu'ils ont été déchirés, à la réserve de janvier qui a aussi échappé.

Pour revenir au mois de juillet où vous êtes, je ne répéterai pas ce que je vous ai mandé touchant la translation des reliques des saints d'Auxerre faite dans la cathédrale, le 12 de ce mois. Je n'ajouterai rien non plus à ce que je vous ai mandé de saint Sidroine, du 11. Je n'ai pour le 13 que la remarque de saint Turiaf rapportée ci-dessus. Le quatorzième jour nous fait songer à un saint Just, confesseur dans le Berry. Ce saint a été coopérateur de saint Ursin, évêque de Bourges. A ce sujet, je vous dirai que l'on a dû vous écrire de Lisieux touchant ce saint Ursin, qu'on a longtemps cru en cette ville avoir eu pour apôtre, aussi bien que ceux du Berry, et on a dû aussi vous parler d'un saint Bertivin, diacre, dont on y fait la fête le 11 juillet, et qui est peut-être le même que le Berthuin de M. Chastelain, au 8 septembre.

Le martyrologe manuscrit de l'abbaye Saint-Laurent [10] au diocèse d'Auxerre met au 15 juillet : *Ipso die Benedicti Andegavensis episcopi*. Ce martyrologe a été écrit en 1271. M. Chastelain n'a pas oublié ce saint. Je ne vous promets pas grand'chose sur saint Théodose. Vous savez déjà tout ce qu'on en peut dire. Le martyrologe, dont je viens de vous parler, fournit une annonce au

---

9. Les volumes d'août des *Acta Sanctorum* ne devaient paraître que bien longtemps après, et le P. Du Sollier, à qui Lebeuf s'adresse, ne devait coopérer qu'aux trois premiers volumes de ce mois.

10. Voir, sur l'abbaye de Saint-Laurent, près Cosne, la lettre du 10 janvier 1721 et les notes que nous y avons jointes.

19 juillet, touchant deux saints du Poitou : « Pictavis, sanctorum « ejusdem civitatis Nectarii atque Liberii, juxtà fluvium Ligerim « in abbatiâ Sancti-Laurentii quiescentium. » Le calendrier de la même église marque qu'ils sont tous deux évêques : « Nectarii « et Liberii episcoporum duplex. » Ce calendrier est de l'an 1286. Il y a ici à examiner si ce sont des évêques de Poitiers ou du voisinage. Comme l'abbaye de Saint-Laurent a anciennement appartenu à l'église de Saint-Hilaire de Poitiers [11], qui y a même du bien, il a pu se faire que cet archimonastère a donné libéralement de ses reliques à Saint-Laurent. Quoiqu'il en soit, on n'a plus de ces reliques à Saint-Laurent, cette abbaye ayant été ravagée plusieurs fois.

Les saints du Poitou règnent dans cet ancien martyrologe, cependant saint Cyprien ni Savin n'y sont pas.

L'éloignement d'Anvers n'est pas seulement cause que mes mémoires sur saint Hugues vous ont été rendus trop tard, mais encore que je n'ai pu vous envoyer ceux que j'ai sur un saint personnage de l'abbaye de Savigni [12], au diocèse d'Avranches, je veux dire Geoffroy, second abbé de ce lieu, qui décéda le 8 juillet 1139. J'ai copie de sa vie, dont le prologue commence ainsi : « Sublime dignitatis consilium, » et sa vie : « Beatus igitur Gau- « fridus ex illustri prosapiâ secundum sæculi, dignitatem duxit « originem. » Mais peut-être avez-vous eu cette vie d'ailleurs. Je crois que la copie, que j'en ai, a été faite sur un manuscrit de l'abbaye de Vauluisant, ordre de Cîteaux, proche Sens [13].

A l'occasion de sainte Berthe du 4 juillet [14], j'aurois encore

1722

---

11. Voir, sur l'église royale et collégiale de Saint-Hilaire-le-Grand de Poitiers, l'*Essai historique* de M. de Longuemar, publié par la société des Antiquaires de l'Ouest ; Poitiers, 1857, in-8°.

12. Savigny, célèbre abbaye cistercienne, de la filiation de Clairvaux, dans l'ancien diocèse d'Avranches. Elle était située à une demi-lieue du bourg de Savigny, aujourd'hui commune de l'arrondissement de Mortain (Manche).

13. Vauluisant, abbaye d'hommes de l'ordre de Cîteaux, filiation de Preuilly, diocèse de Sens, fondée en 1127 ; aujourd'hui hameau de la commune de Courgenay, canton de Villeneuve-l'Archevêque, arrondissement de Sens.

14. Cpr. Lettre du 18 novembre 1721.

puvous envoyer un acte du xv⁰ siècle, qui regarde le corps d'une sainte Berthe, qui est celle-là ou celle de Nangis; mais cette pièce trouvera peut-être un jour sa place ailleurs.

---

99. — DE LEBEUF AU P. PRÉVOST.

Ce 24 mars 1722.

Je suis réjoui d'avoir trouvé une occasion de vous prouver combien je serois porté à vous fournir des mémoires, si j'en avois qui puissent vous être de quelque utilité. Puisque vous avez paru en souhaiter sur la famille des Lauverjat, en voici quelques-uns.

Il est fait mention dans le Cartulaire de la cathédrale d'Auxerre d'un Jean Lauverjat, à l'an 1292, comme ayant son héritage contigu à celui du Chapitre. Voilà pour ce qui est du xiii⁰ siècle.

Au xiv⁰ siècle, je trouve un Hugues Lauverjat, prêtre, demeurant à Colanges-les-Vineuses [1] en 1392, comme témoin de la publication du règlement des vignerons.

C'est peut-être dans ce siècle que vécut aussi un Pierre Lauverjat, dont le nécrologe de l'abbaye de Marcilly [2], proche Avallon, parle ainsi en avril: « Obiit dominus Petrus Lauverjat, « dominus d'Arcy, qui dedit nobis terram contiguam huic « domui. »

Il y avoit un Godefroy Lauverjat en 1330 ; il est mentionné dans un aveu des biens de la seigneurie de Migé [3].

Je crois que c'étoit au xv⁰ siècle que vivoit Guillaume Lauver-

---

1. Coulanges-la-Vineuse, chef-lieu de canton de l'arrondissement d'Auxerre.
2. Marcilly (Notre-Dame-de-Bon-Repos), abbaye de l'ordre de Citeaux, fondée au diocèse d'Autun en 1239 ; aujourd'hui hameau de la commune de Provency, arrondissement d'Avallon (Yonne).
3. Migé, commune du canton de Coulanges-la-Vineuse.

jat, abbé de Vézelay 4. Son décès est marqué, dans un nécrologe des Bénédictines de Nevers, au 15 avril.

Droin Lauverjat, bourgeois de Colanges-les-Vineuses, se fit religieux à Saint-Marien d'Auxerre, et Pierre Aurart, abbé, l'y reçut avec ses droits paternels et maternels, le 17 février 1436.

Gaucher Lauverjat étoit marchand à Auxerre, en la paroisse Saint-Eusèbe, en 1456 et 1480.

En 1484, étoit, à Colanges-les-Vineuses, Charles Lauverjat, bourgeois et garde du sceau de la prévôté. Il déclara, en 1513, qu'il tiroit son origine de Vézelai. Il comparut, en 1507, à la rédaction de la coutume d'Auxerre, au nom des bourgeois de Colanges.

En 1526, vivoit aussi à Auxerre un Germain Lauverjat, chirurgien; *Ex compoto urbis*.

Germain Lauverjat, bourgeois d'Auxerre, présenta, en 1544, à la chapelle Sainte-Marguerite de Colanges, Germain Lauverjat, religieux de Saint-Père, comme vacante par démission d'Olivier de Chasteluz.

En 1535, Philippe du Verne, seigneur d'Estaule 5, proche Avallon, et damoiselle Anne Lauverjat, sa femme, présentèrent leurs filles, Antoinette et Martine, à l'abbaye des Isles, pour être religieuses (D. Viole).

Un Pierre Lauverjat, bourgeois de Donzi, est nommé dans la procuration des habitants de cette ville, sur l'affaire du ressort du bailliage d'Auxerre du 10 mai 1523; procès-verbal, p. 35, recto.

Etienne Lauverjat étoit habitant d'Oisy, proche Clamecy, en 1524, ibid., fol. 59.

---

4. Les recherches spéciales auxquelles l'un des éditeurs, M. Chérest, s'est livré sur l'histoire de Vézelay, ne lui ont révélé aucune trace de l'existence d'un abbé du nom de Lauverjat, pas plus au xve siècle qu'à une autre époque. Il est probable qu'il y a là une erreur soit du *Nécrologe* de Nevers, soit de Lebeuf.

5. Etaules, commune du canton d'Avallon (Yonne). — L'abbaye de Notre-Dame-des-Isles, abbaye de femmes, de l'ordre de Citeaux, d'abord fondée par Guillaume de Seignelay, évêque d'Auxerre, à Saint-Georges près cette ville, puis transférée, sur les bords de la rivière d'Yonne, en un lieu dit les Isles, et enfin à Auxerre même, en 1636.

1732

Jean Lauverjat, seigneur de Nanteau et de Creuzi [6], comparut à la coutume d'Auxerre par Fr. Loyset, son procureur, en 1561.

Germain Lauverjat, imprimeur à Bourges, donna au public les coutumes de Lorris en 1597. Vous les pouvez avoir.

Germain Lauverjat étoit conseiller au bailliage et présidial d'Auxerre en 1608.

En 1618, un Jean Lauverjat étoit marchand à Auxerre.

Voilà, mon Révérend Père, tous les Lauverjat que j'ai pu trouver.

Le marchand de fer de ce nom, qui demeure à Paris, tout proche de la Madeleine, dit que La Thaumassière [7], dans son *Histoire du Berry*, parle d'un Jean Lauverjat, échevin de la ville de Bourges en 1518.

Je sçais aussi qu'il y a un Lauverjat, jésuite, qui a fait parler de lui à Tours, après la mort du dernier archevêque.

Tout bien considéré, je pense que les Lauverjat ont d'abord pris racine dans le Nivernois, d'où ils se sont répandus dans le voisinage. Ce nom vient peut-être d'Ethiopie, et se serait communiqué en France du temps des Croisades. Voyez M. Chastellain au 23 novembre.

On ne retrouve point à Sens l'ouvrage d'Urbain Reversey, chanoine-préchantre de Sens [8], sur les archevêques de cette église. Ne seroit-il point parmi les livres d'une bibliothèque d'un M. Reversé, que M. de La Chauvinière a? Duchesne, dans la *Bibliothèque des Historiens de France*, cite cet ouvrage, et appelle l'auteur Vincentius Severtius, page 209.

Je n'ai pas oublié, mon Révérend Père, que le P. Du Sollier vous a prié d'être l'entrepôt de nos lettres, il me l'a marqué dans la lettre qu'il m'a écrite avant cet hiver, la plus obligeante du monde; il a raison de se plaindre de la longue quarantaine que

---

6. Nanteau, hameau de la commune de Mige (voir ci-dessus); Creusy, château-fort situé sur la même commune, aujourd'hui détruit.

7. *Histoire du Berry*, par Th. de la Thaumassière. Paris, 1689. 1 vol. in-folio.

8. Voyez, sur Urbain Reversey et ses travaux manuscrits, les lettres qui précèdent, *passim*.

font mes lettres à Paris, mais qu'il en attribue la faute au Père Chamillard que vous ne trouvez jamais ou rarement. Sur cela, je vous prie de savoir combien de fois ce Père lui écrit par an, ou lui envoie des ballots : si c'est une fois chaque mois, cela suffira ; mais si c'est plus rarement, il sera impossible d'avoir les éclaircissements dans le temps qu'on les souhaite. Si j'étois riche, je ne ferois pas difficulté de prier le P. Du Sollier de m'écrire par la poste, mais il m'en coûte déjà trop de ports de lettres qui me sont inévitables de tous côtés. Lorsque je serai en mon particulier et que je n'aurai pas tout le train du ménage sur le corps, je serai un peu plus à mon aise, alors je pourrai faire agir la poste plus hardiment.

M. de La Chauvinière me mande que vous lui avez dit que sûrement *Germanus Brixius* s'appeloit G. de Brie ; je vous en remercie. Il m'a écrit, depuis ce temps-là, que vous lui avez donné douze pages de mémoires, je vous en rends par avance mes très humbles actions de grâces. M. Papillon s'acquittera aussi de son devoir. Je viens de recevoir une lettre de lui. Il souhaiteroit fort être éclairé sur les MM. Mallemens [9] qu'il dit être originaires de Beaune. « Il y en a un, dit-il, qui est professeur de Sorbonne, et un autre chanoine de Sainte-Opportune. Je connois tout ce que les journaux différents en ont dit, je sçais qu'ils sont de Beaune, mais je voudrois savoir les noms du père et de la mère et les dates de naissance de ces messieurs. Je ne crois pas, ajoute-t-il, que les deux dont je viens de parler soient auteurs des bouts rimés donnés par la duchesse du Maine ; je crois qu'ils sont du philosophe qui mourut en allant à Versailles. »

Je sors de chez M. de La Curne, seigneur de Sainte-Palaie [10], dont la mère demeure à Auxerre depuis un an ou environ. Il

---

9. Voyez, sur les Mallemans, la *Bibl. des Aut. de Bourgogne*, t. II, p. 9 et suiv.

10. Jean-Baptiste de Lacurne de Sainte-Palaye, célèbre érudit, né à Auxerre le 6 juin 1697, reçu membre de l'Académie des Inscriptions et Belles-Lettres en 1724, mort à Paris le 1er mars 1781. Voyez, sur sa vie et ses ouvrages, la notice que M. Léon de Bastard a insérée dans l'*Annuaire de*

venoit de recevoir les sept tomes des Jugements des Savants, de M. Baillet. J'ai voulu d'abord voir ce qu'il disoit de Germain de Brie et j'ai trouvé qu'il l'appelle G. Brice. Cela n'est pas conforme à ce que vous m'en écrivez, apparemment que vous avez fait consulter les registres de Notre-Dame. On dira sans doute un jour Philippe Ruce, au lieu de Philippe Le Roux, à cause qu'un grammairien grec, de Paris, prend le nom de Philippus Ruxius. M. Papillon m'a fait part d'un passage d'Hubert Languet, ép. 109, 3e vol., touchant Nostradamus, et je le trouve assez curieux [11]. Je n'ai pu trouver ici le livre *De la grandeur et majesté des Rois de France*; apparemment que c'est celui que Duchesne indique dans sa *Bibliothèque des Historiens de France*, in-8°, page 121. Le même livre de Duchesne fait connoître, page 61, le frère Humbert de Montmoret dont vous m'avez parlé [12], mais il ne se trouve pas non plus à Auxerre. J'y apprends aussi, page 63, qu'un auteur appelé Sébastien Mamerot étoit de Soissons. C'est apparemment le même qui a été chanoine de Saint-Etienne de Troyes, duquel vous m'avez parlé et que vous soupçonniez être d'Auxerre à cause de son nom.

Je vous envoie la lettre du P. Du Sollier, pour la rendre à notre ami, rue Chasse-midi, ou à quelqu'un de sa part. Il est, à ce que je crois, fâché de ne me l'avoir pas plus tôt demandée.

---

l'Yonne, 1845, p. 33 et suiv. Voyez aussi la suite de la correspondance que nous éditons, *passim*.

11. Voir, sur le passage des prophéties de Nostradamus auquel Lebeuf fait allusion, et sur l'ouvrage de Hubert Languet, *Histoire de la prise d'Auxerre par les Huguenots*, p. 177.

12. Humbert de Montmoret, poète franc-comtois, a composé un poème sur quelques épisodes des guerres du XVe siècle contre les Anglais, et notamment sur la bataille de Cravant. Voici le titre de son ouvrage : « Fratris « Humberti Montismoretani poetæ oratorisque clarissimi, bellorum britanni- « corum a Carolo Francorum rege eo nomine septimo in Henricum Anglo- « rum regem, felici eventu auspice puella Franca gestorum, prima pars con- « tinens bellum Cravatinum, bellum Brossinericum, bellum Vernoliacum « et bellum Aurelianum, premissis quibusdam epigrammatis. Venundatur « in ædibus Ascensianis. [In ultimo folio verso] *In ædibus ascensianis, ad* « *VI kalendas Feb. M.D.XII*, in-4°. » Comparez, sur ce livre et sur son auteur, la suite de la correspondance, *passim*, notamment la lettre du 31 janvier 1724.

pour pouvoir rendre service au P. Lebrun, à l'occasion du voyage des Jésuites en Espagne. Vous remarquerez ce que j'en touche en général audit P. Du Sollier. Il sera bon de se presser pour cela, s'il n'est pas encore trop tard. Le P. Chamillard ne m'a point encore mandé son sentiment sur l'inscription que j'ai trouvée l'an passé. Vous m'avez promis des remarques sur Saint-Phoutin [13], sur les Cal. de mai et le Lendit. Je ne sçais si vous vous en souvenez, il est temps qu'elles viennent, sinon je passerai par-dessus pour celles du Lendit et des Chalendes (sic) de mai [14].

L'oncle ecclésiastique de M. votre beau-frère est à Paris depuis le 20 février [15]. Il continue toujours à donner ses marques ordinaires d'amitié envers notre prélat. L'on ne voit plus d'in-4° intitulés *Gazette d'Avignon*, ni supplément de *Gazette d'Hollande*; c'est à présent la forme d'in-12 qu'on a cru devoir suivre. Feu M. l'abbé Richer [16] et feu M. Lauverjat n'y sont pas mal accommodés, aussi bien que M. Carouge. Il vint à notre prélat un courrier du cabinet, dimanche dernier, de la part de la cour, au

---

13. Voir, sur saint Pouthin ou plutôt saint Pothin, le *Martyr. auxerrois* de 1751, au 2 juin.
14. Voir ce que Lebeuf dit de la *foire des calendes de mai* et du *champ de l'endit*, à Auxerre et à Saint-Denis près Paris, dans son *Hist. de la prise d'Auxerre*, p. 44. S'il annonce au P. Prévost qu'il attend impatiemment ses observations, c'est qu'en effet l'*Hist. de la prise d'Auxerre*, dans laquelle il pouvait les utiliser, était sur le point de paraître. — Comparez, dans l'*Histoire de l'Académie des Inscriptions*, t. XXI, p. 182, le mémoire de Lebeuf sur l'assemblée générale, qui, sous le nom de l'*Indict* et depuis du *Landit*, s'est tenue durant plusieurs siècles dans la plaine Saint-Denis.
15. *L'oncle ecclésiastique de monsieur votre beau-frère...* c'est-à-dire le doyen Moreau. Cpr. lettre du 8 janvier 1722. Voir encore lettre du 8 février, où Lebeuf annonce le départ du doyen pour Paris, et indique les causes de son départ.
16. Claude Richer devint chanoine de l'église cathédrale d'Auxerre le 3 mai 1663. « Selon le registre capitulaire du 5 janvier 1722, il est dit qu'il « vient de mourir, mais que le chapitre ne se mêla en rien de son inhu- « mation. » Archives de l'Yonne, *Recueil Frappier*, t. IV, *Nécrologe de l'église cath. d'Auxerre*. Ce Claude Richer avait été pourvu de la trésorerie le 22 janvier 1679, mais il l'avait résignée dès le 27 juin de la même année en faveur de Joseph Richer; voyez *eodem*. — Quant à Edme Lauverjat et à Edme-Simon Carrouge, voir les lettres précédentes, ainsi que les notes, *passim*.

sujet de la lettre des Sept[17], du nombre desquels il est. On croit que l'ecclésiastique susdit remue ciel et terre pour tourmenter le prélat. J'ai bonne preuve en main qu'il l'a menacé de deux Eminences curiales.

---

100. — DE LEBEUF AU P. PRÉVOST.

Ce mardi, 7 avril 1722.

Je viens encore de recevoir, Mon Révérend Père, de nouvelles marques de votre amitié, je vous en remercie très humblement et M. Papillon aussi, sur qui elles rejaillissent. Il m'en a chargé expressément par une lettre que j'ai reçue de lui tout nouvellement.

Vous ne faites remonter Lauverjat que jusqu'en Auvergne, et moi je le fais venir d'Ethiopie, c'est bien plus loin. Avez-vous consulté M. Chastelain au 23 novembre ?

On m'avoit déjà dit que les Martineau[1] avoient été amenés par M. Donadieu ; cependant je trouve, dans l'acte signé en 1564 par nos huguenots, un Martineau bien écrit et non un Martinot. L'enquête faite, en 1568, nomme aussi parmi nos bourgeois huguenots un Réné Martineau. Celui que vous avez vu jeune chanoine à Saint-Etienne s'appeloit de même pour les deux noms.

---

17. « Lettre de MM. les ill. et révér. François Caillebot de la Salle, ancien évêque de Tournay, J.-B. de Verthamont, évêque de Pamiers, J. Soanen, évêque de Senez, Charles-Joachim Colbert de Croissy, évêque de Montpellier, P. de Langle, évêque de Boulogne, Ch. de Caylus, évêque d'Auxerre, et Michel Cassagnet de Tilladet, évêque de Mâcon, à N. T. S. P. le pape Innocent XIII au sujet de la Constitution *Unigenitus* (9 juin 1721.) »

Lettre 100. — 1. La famille Martineau, sur laquelle les *Mém. sur le dioc. d'Auxerre* fournissent çà et là de nombreux détails, est encore représentée ici par M. le baron Martineau des Chesnez, ancien sous-secrétaire d'État au département de la guerre sous le gouvernement de Juillet, et qui, depuis 1848, retiré dans sa ville natale, y a exercé avec tant de distinction les fonctions difficiles de maire.

Je ne puis vous dire grand'chose au sujet de votre beau-frère, il paroit qu'il commence bien. Il fait bâtir dans la maison de Mmes vos tantes, rue du Champ. Je le vois veiller sur les maçons, etc. Je ne sçais pas comment se porte Mme votre mère. Une autre fois, quand j'aurai un peu de loisir, je vous répondrai plus au long. Nous fîmes samedi dernier la quête pour les pauvres. Ce sont des ecclésiastiques qui la font dans un tiers de la ville. [Suivent neuf lignes bâtonnées par le P. Prévost; on lit cependant : « Voilà bien la douzième fois que je l'ai faite, depuis 1716 que l'aumône générale a été établie 2.] »

Le Domnolenus dont vous me parlez n'est pas le nôtre 3. Celui du diocèse d'Auxerre est au mois d'octobre.

Nous verrons ce que les Bollandistes nous apprendront sur saint Savin et saint Cyprien.

Je ne connois nullement le saint Clair 4 d'Auxerre du 2 décembre; j'appréhende qu'il n'y ait de la bévue dans l'écrivain du martyrologe de Limoges. Est-il ancien ce manuscrit? Qui l'a imprimé? Ce ne peut pas être sainte Davie. Jamais on n'a rien eu de cette sainte. Le saint Chrysante, dont on a eu le corps, n'étoit pas son époux. La chose est certaine. Saint Héribald apporta de Rome les corps de deux martyrs qu'on lui dit être d'un saint Chrysante et d'un saint Alexandre. Le martyrologe manuscrit, Bibl. Colbert, y est bien conforme. Ce ne fut qu'au XIIIe siècle qu'on commença à prendre ce saint Chrysante pour l'époux de sainte Davie, et même on s'imagina avoir le corps de

---

2. Voir, sur l'établissement de l'*Aumône générale*, espèce de bureau de bienfaisance fondé à Auxerre par M. de Caylus, la vie de cet évêque par l'abbé Detley, t. I, p. 50. L'abbé Detley fixe pour date à cette utile création l'année 1714, et non l'année 1716 comme le dit Lebeuf dans sa lettre.

3. Voir, sur ce *Domnolenus*, le *Martyr. Aux.* de 1751 au 21 octobre. Voir aussi la dissertation latine adressée par Lebeuf au P. Janninck, Recueil Sainte-Geneviève, Df. 43.

4. Saint Clair ne figure pas, en effet, dans le *Martyr. Aux.* de 1751 au 20 décembre. Voyez *eodem* sur sainte Davie, *S. Daliva*, au 6 décembre; sur saint Chrysanthe et saint Alexandre, au 13 novembre. Voir encore, sur saint Chrysanthe et saint Alexandre, le développement du passage de la lettre ci-dessus, dans l'*Hist. de la prise d'Auxerre*. Pièces justif., p. XXX.

chacun d'eux, ce qui étoit faux. Le Saxiacum du martyrologe de Limoges n'est pas notre Saissy 5. C'est sans doute un Saissac ou Saissy du Berry 6. J'entrevois presque que le martyrologe limousin est une copie de celui de saint Laurent que le P. Labbe a donné. J'y avois remarqué le saint Vincent et le saint Salve, confesseurs du Nivernois 7. Ce dernier est sans doute saint Sauge dont un bourg porte le nom ; l'autre a eu ses reliques dans la paroisse de Magny, entre Nevers et Saint-Pierre-le-Moutier. Il y a une charte dans la *Diplomatique* qui regarde cette église. J'ai vu et tenu des reliques de ce saint qu'on laisse traîner et toucher par des sacristains dans la cathédrale de Nevers.

A l'égard de saint Optat 8, c'est un saint fort obscur et son épiscopat a été de fort courte durée. Il y a de bonnes preuves qu'on a eu son corps à Vierzon, mais il ne faut pas en espérer une vie plus diffuse. D. Jacques Boyer y pourra bien aller quelque jour, il en connoit le prieur.

J'ai lu avec bien de la satisfaction toutes vos judicieuses remarques sur Raymond de Canilhac. Je crois qu'il ne faut pas nous faire honneur de cet auteur, si toutefois il a été auteur 9.

Quoiqu'il en soit, il sera bon de se servir en temps et lieu de vos remarques, pour réfuter M. Hermant 10. Je ne sçais si cet

---

5. Saissy-les-Bois, jadis prieuré et paroisse du diocèse d'Auxerre, aujourd'hui commune du canton de Donzy (Nièvre). Cpr. lettre du 28 juillet 1724.

6. Il s'agit ici de *Saxiacum ad Saleram*, Sassy-sur-Sauldre, dans le comté de Sancerre, lieu de la retraite de saint Jacques, dit l'Ermite de Sancerre. De son ermitage s'est formé le prieuré de la *Chapelle d'Angillon*, aujourd'hui chef-lieu de canton de l'arrondissement de Sancerre (Cher). Voyez *Martyr. Aux.*, p. 144. Cpr. lettre du 16 déc. 1722.

7. Nous avons déjà parlé de saint Saulge ; quant à saint Vincent, voir *Martyr. Aux.* au 13 mars. Magny, dont saint Vincent avait été prêtre et dont Lebeuf parle ci-dessus, est aujourd'hui une commune du canton de Nevers.

8. Sur saint Optat, voyez Lettre du 14 septembre 1721.

9. Raimond de Canillac, cardinal français, auteur d'un ouvrage intitulé : *Recollectorum Liber*, né à Canillac en Gévaudan, mort à Avignon le 20 juin 1373.

10. Hermant, curé de Maltot (canton d'Evrecy, arrondissement de Caen), a publié : 1° une *Histoire des Ordres religieux et militaires de chevalerie*, dont la première édition parut à Rouen de 1698 à 1708, et dont la seconde édition parut dans la même ville en 1725, 4 vol. in-12 ; 2° une *Histoire du*

auteur est mort. Savez-vous bien que je l'ai vu et lui ai parlé dans sa bibliothèque, à Maltot, près Caen, en 1708; il m'avoua que ce qu'il avoit donné sur Bayeux étoit des mémoires indigestes d'un de ses amis qui venoit de décéder 11. Je crois, en effet, que ce curé étoit trop habile pour garantir mille choses qui sont incertaines, surtout dans le commencement de son livre.

Julien Davion 12 a sûrement été sous-chantre d'Auxerre. M. Noël, qui l'a connu, dit que c'est lui qui est l'auteur de l'Apologie d'Epicure.

M. Noël distingue deux Daubuz 13, sans dire leur nom de baptême; l'un, procureur à Auxerre, puis principal à Orange; et il dit qu'il a écrit des controverses à M. Cochon; l'autre, Daubuz, son fils, ministre à Nérac. Il dit qu'il a écrit aussi des controverses à M. Cochon d'Amanlis. Dans un autre endroit, M. Noël dit : « Daubuz, professeur de philosophie à Montauban et « ministre, a écrit des controverses et des remarques sur Tertul- « lien. » Puis il ajoute : « Cochon, chanoine d'Auxerre, ensuite « de Rennes, curé d'Amanlis (apparemment au diocèse de « Rennes, c'est moi qui dis cela), a écrit des controverses à « Daubuz, son neveu. »

Jamais je n'ai ouï parler du Bernard d'Auxerre, dont Daubuz parle, à moins que ce ne soit notre évêque, Bernard de Sully, qui étoit ou pouvoit être alors chanoine.

---

diocèse de Bayeux, contenant l'histoire des évêques, avec celle des saints et des hommes illustres; Caen, juillet 1705. in-4°. C'est de ce dernier ouvrage qu'il s'agit dans la lettre de Lebeuf.

11. Ce fait est constaté par le P. Lelong qui à propos de l'*Hist. du dioc. de Bayeux* par Hermant, s'exprime ainsi : « Les matériaux de cette histoire « ont été recueillis par M. Petite, chanoine et official de Bayeux, qui « n'avoit qu'une médiocre connoissance des antiquités du pays, ce qui l'a « fait tomber dans bien des fautes. Aussi cette histoire y est peu estimée. » (*Bibl. hist. de France*, t. I, p. 643).

12. Voir, sur Julien Davion, les deux notices que Lebeuf lui a consacrées dans les *Mém. sur le dioc. d'Auxerre*, comme sous-chantre et comme écrivain, t. II, p. 486, et t. IV, p. 420.

13. Cpr. la notice que Lebeuf a consacrée aux Daubuz dans ses *Mém.*, t. IV, p. 415. Voir la suite de la correspondance, *passim*; Lebeuf revient souvent sur le compte de la famille Daubuz.

Je n'ai pas d'idée d'avoir encore trouvé une seule fois le nom de Daubuz dans les archives de la ville ; j'y prendrai mieux garde par la suite. Je m'informerai aussi du nom de la mère d'Antoine Leclerc de La Forest [14].

Je loue fort le dessein que vous avez d'écrire sur le sacre des rois [15] ; mais, par ce que vous m'en mandez, vous êtes infiniment plus au fait que moi. Vous m'apprenez une infinité de choses que je ne sçavois pas. Je n'ai pas de souvenance d'avoir rien vu touchant nos comtes qui y eût rapport. Nul vestige de bénédiction. Il y a un beau sacramentaire à Nevers, dans la cathédrale. C'est là où l'on pourroit trouver quelque chose, mais sans doute en conformité au sacramentaire de saint Grégoire. Je parlerai à M. de La Curne de Sainte-Palaye de votre dessein. Il pourra me dire s'il a, dans sa bibliothèque de Paris, quelque chose qui puisse vous servir. Le temps et le papier m'exhortent à finir, en me disant, etc.

P.-S. — M. de La Chauvinière vous fera rendre deux feuilles que j'ai écrites à la hâte pour vous, le soir du jour de Pâques et la veille. C'est une personne du coche qui s'en est chargée.

---

101. — DE LEBEUF A FENEL.

Ce vendredi, 29 mai 1722.

Je n'ai pas oublié, monsieur, ce que vous m'avez recommandé, lorsque j'ai eu l'honneur de vous remercier du bon accueil que

---

14. Elle s'appelait Germaine Chevalier. Voyez la *Notice sur Antoine Leclerc*, déjà citée par nous sous la lettre du 10 janvier 1721. Voyez encore la suite de la correspondance.

15. Il s'agit sans doute de l'ouvrage à propos duquel Lebeuf a dit, dans sa *Notice sur le P. Prévost*, qu'il « avoit préparé des notes curieuses sur le « projet d'un nouveau cérémonial françois. » *Mém. sur le dioc. d'Auxerre*, t. IV, p. 429.

LETTRE 101. — Nous ne publions qu'un extrait de cette lettre, qui fait

vous nous avez fait. Dès que j'ai été arrivé à Villeneuve-le-Roi, je me suis informé s'il y avoit des chaudronniers et potiers d'étain; on m'a dit qu'il n'y avoit sûrement ni l'un, ni l'autre. J'ai donc remis ma recherche à Joigny; j'ai été en vain chez tous les potiers d'étain, il n'y a que deux chaudronniers dans le pays. L'un n'avoit point d'autres pièces que des jetons fort modernes; l'autre avoit seulement trois ou quatre médailles que j'ai prises pour vous. Je dis trois ou quatre, parce qu'il y en avoit une dont je doute de la vérité; n'importe, je l'ai prise. Demain, je commencerai aussi à en chercher; mais vous trouverez bon que, si j'en trouve du grand Pompée, j'en retienne du moins une. Je n'en ai point non plus de Jules César.....

Je suis bien fâché de ne pouvoir pas saluer M. Fenel, votre digne neveu. Il se faisoit déjà tard lorsque nous passâmes à Sens. M. Herluison nous fit perdre tout notre temps à le chercher dans l'archevêché. Il étoit allé où les malades ont souvent à faire, et on ne savoit ce qu'il étoit devenu. Enfin nous le trouvâmes. Il paroit disposé à retourner à Troyes [1]. Il dit qu'il est toujours malade à Sens : que l'air y est trop grossier pour lui. Je trouvai sur sa table un tome de vos Archevêques, qu'il me dit être là pour y chercher quelque chose qui eût rapport avec saint Thomas de Cantorbéri. Je le priai de vous faire savoir que je croyois avoir laissé sur votre table mes Remarques sur les manuscrits de Vauluisant. Il me promit de le dire à M. l'abbé Fenel, à qui je le priai de bien faire mes compliments, mortifié de ne pouvoir pas y aller moi-même. Mais, étant à Villeneuve-le-Roi, je retrouvai heureusement ce papier. J'appréhende d'avoir été cause qu'on aura perdu bien du temps à le chercher inutilement; je vous en fais excuse.

Je viens d'apprendre que Mme de La Chauvinière va bientôt en Champagne, et qu'elle pourra passer par Sens ou par Troyes. Je souhaite qu'elle ait l'honneur de vous voir et de vous dire de vive voix des nouvelles de son cher époux. Vous savez qu'ils ont

---

partie de la collection de Fontaine. Les passages que nous supprimons ont trait à des achats de médailles tout-à-fait oiseux.

1. Cpr. lettre du 10 juillet 1722 et les notes.

été malades l'un et l'autre. Madame a eu la jaunisse pendant près d'un an. Cette maladie ne vient pas de joie. En effet, les billets n'ont pas dû leur en donner beaucoup, non plus qu'à bien d'autres.

Je salue Messieurs Fenel, Dufour, Lasseré, etc.

---

102. — DE LEBEUF AU P. PRÉVOST.

Ce vendredi, 19 juin 1722.

Je croyois avoir répondu à quelques-unes des lettres dont il vous a plu m'honorer, vous me surprenez en me marquant que vous n'avez reçu aucune lettre d'avis. J'ai reçu tous vos paquets, quelques-uns ont été reçus à la vérité bien tard, mais toujours assez tôt, parce que ce qui vient de vous me fait toujours plaisir. Je ne veux point accuser M. de La Chauvinière d'en avoir égaré quelqu'une des miennes, mais cela a pu se faire sans miracle. En voilà une pour lui, dont toute la teneur consiste à me dédire un peu du projet que j'avois fait de l'aller voir incessamment, auquel temps j'aurois eu l'honneur de vous embrasser, et je suis honteux de lui avoir adressé un gros paquet à ce sujet. La chose est différée de quelques semaines. Si vous pouvez lui faire tenir cette lettre, dès le lendemain de sa réception, vous me ferez plaisir.

Je marquerai à M. Papillon qu'il ne perdra rien pour attendre, il se soumettra à cette expectative. Il a été charmé de quelques ébauches que je lui ai envoyées de votre façon.

Je vous ai déjà répondu au sujet du Landit, c'est apparemment dans ma lettre perdue.

Les Foudriat[1] sont connus; je ne sçavois pas qu'ils eussent

---

LETTRE 102. — Cette lettre, ainsi que la suivante, est publiée d'après le Recueil Sainte-Geneviève, 3 F, 13.

1. Voir, sur cette famille, *Prise d'Auxerre*, p. 161, et *Mém. sur le dioc. d'Auxerre*, t. III, *passim*.

pullulé à Paris; il y a eu de célèbres vignerons de ce nom à Colanges-les-Vineuses.

L'établissement des Brigittins n'a pas subsisté; j'ai passé dans le lieu exprès pour cela, il y a six ou sept ans.

L'impression de notre histoire va toujours doucement[2]. Notre imprimeur est un homme de bon temps et qui s'embarrasse peu de toutes les plaintes.

Le P. Chamillart m'a répondu au sujet de *Vibio*[3]. Autant de fois je lui écris, autant il me répond fort exactement et fort poliment.

J'ai un extrait de Catherinot[4], qui parle de Bouguier. C'est un cahier in-4° imprimé. Voilà tout ce que j'en sçais.

Dom Jacques Boyer, bénédictin, qui est depuis peu à Paris, n'a-t-il pas été vous voir? Il en avoit grande envie.

Y a-t-il un ouvrage d'un Père Oudin[5] sur les manuscrits? M. Dupin le cite quelquefois, par exemple sur Hervé de Bourdieu, sur Anselme de Laon ou d'autres du xiie siècle.

---

2. « L'impression de notre histoire, » c'est-à-dire l'impression de la *Prise d'Auxerre par les Huguenots*. Il semble résulter de la préface de cet ouvrage, p. 74, que l'impression avait commencé dès 1721.

2. C'est-à-dire au sujet des inscriptions auxerroises qui contiennent ce nom : C. VIBIO CONSVL. et G. I. S. I. VIBIO I.C. Voir *Prise d'Auxerre*, p. 3.

4. Catherinot (Nicolas), jurisconsulte et érudit, né au château de Susson près Bourges, le 4 novembre 1628, mort en cette ville le 28 juillet 1688. Il publia une énorme quantité de brochures sur l'histoire et les antiquités du Berry, brochures dont la collection complète est presque impossible à recueillir.

5. François Oudin, jésuite, né à Vignory, au diocèse de Langres, le 1er novembre 1673, mort à Dijon le 28 avril 1752, a composé plusieurs ouvrages d'érudition, entr'autres un qui a pour titre : *Bibliotheca scriptorum Soc. Jes.* Il a aussi inséré une foule d'articles dans le *Journal de Trévoux*.

103. — DE LEBEUF AU P. PRÉVOST.

Ce dimanche, 28 juin 1722.

Comme je vous ai cru dans la chaleur du travail sur nos écrivains auxerrois, je n'ai pas voulu vous accabler de lettres pendant ce temps-là, et je crois que depuis Pâques vous n'avez dû recevoir qu'une ou deux de mes lettres. M. Papillon se résoudra volontiers à attendre encore : il me l'avoit mandé déjà de bonne grâce, il est actuellement en voyage du côté de Cluni, Mâcon, Autun, pour avancer son ouvrage.

Permettez que je vous fasse quelques questions qui tendent à la même fin, et à faire honneur à notre patrie [1]. Je commencerai par deux de nos prélats. N'avez-vous rien trouvé qui puisse être attribué à Hugues de Noyers, notre évêque, qui mourut en 1206? Prenez la peine de lire dans ses *Gestes*, Labbe, p. 471, l'article *Quibus natura dotibus*. J'ai autrefois remarqué quelque chose qui convenoit assez avec ce caractère; je ne sçais si c'étoit poésie ou autre chose. Regardez aussi un peu Gesner [2] au mot *Hugo Matisconensis poeta*, et vous verrez s'il y a moyen d'identifier ces deux personnages. Robert, dans la *Gaule chrétienne*, dit de lui : *Proverbia Gallica latinis versibus extulit*.

Gui de Mello, qui mourut en 1270, est un prélat auquel M. Noël attribue une description de la victoire remportée par l'Église romaine sur le tyran Mainfroy, mais il ne cite point de garant, il renvoie seulement à la page 291 des mémoires de Marolles,

---

LETTRE 103. — 1. Une grande partie de cette lettre n'est que la reproduction, avec quelques changements, de celle du 10 septembre 1721. Lebeuf renouvelle au P. Prévost des questions auxquelles celui-ci n'avait pas encore répondu. Nous n'aurons donc le plus souvent qu'à renvoyer le lecteur à la lettre du 10 septembre 1721, ainsi qu'aux notes dont nous l'avons accompagnée, et notamment en ce qui concerne les évêques d'Auxerre, Hugues de Noyers, Hugues de Mâcon, Gui de Mello, le moine Pierre, maître Aubert, etc.

2. *Bibliotheca universalis sive Catalogus omnium Scriptorum locupletissimus, in tribus linguis, latinâ, græcâ et hebraicâ*; autore Conrado Gesnero. Tiguri, 1545, in-f°.

abbé de Villeloin, où je ne trouve que le titre du manuscrit et non le nom de l'auteur. Sans doute que M. Duchesne a donné ce manuscrit ; vous pouvez voir à qui il l'attribue.

Si vous avez le P. Viole, vie de saint Germain, vous aurez dû remarquer qu'il met Urbain II parmi les Auxerrois [3] : cela n'est fondé que sur ce qui est dit dans la vie de Guibert, abbé de Saint-Germain. Si vous n'avez pas encore fait acquisition de ce livre, mandez-moi le, afin que je vous l'achète d'une personne qui en a un dont elle ne se soucie pas.

Ne pourra-t-on pas mettre, à votre avis, parmi les auteurs auxerrois, celui qui a écrit l'histoire du monastère de Sélébie [4], surtout si c'est le moine qui quitta Auxerre pour aller en Angleterre ?

M. Noël fait Arnold de Bonneval Auxerrois, mais je ne sçais sur quoi il se fonde. J'avois cru que ce Bonnevaux étoit de l'ordre de Citeaux, mais il m'a détrompé [5].

J'avois donné au P. Boyer un mémoire touchant un certain Pierre, moine dont je vous ai souvent parlé, duquel M. Ducange dit qu'on a un manuscrit à Saint-Germain-des-Prés, et dont parle Belleforest. Je n'en entends point de nouvelles. M. Noël laisse à penser que c'est Pierre des Vaux-de-Cernay.

Comme ledit sieur Noël créoit facilement des Auxerrois, il a mis dans ce nombre un Bonaventure Brocard, qui a écrit une géographie de la Palestine, voyez Gesner ; et Pierre Brocard qui

---

3. Le pape Urbain II, pas plus qu'Arnold de Bonneval dont il est question ci-dessous, ni Bonaventure et Pierre Brocard, ni Baudouin, ne figurent dans le catalogue des écrivains auxerrois inséré à la fin des *Mém. sur le dioc. d'Auxerre*, ce qui prouve que si Lebeuf a profité des travaux de ses devanciers D. Viole et Noël Damy, il ne l'a fait qu'avec discernement et après avoir soumis leurs assertions au contrôle d'une critique éclairée. En ce qui touche Urbain II, cpr. la Lettre du 29 août 1724.

4. Le monastère de Sélébie a été fondé en 1363, au diocèse d'York, en Angleterre, par un moine de Saint-Germain d'Auxerre, nommé Benoît. Voir *Gall. christ.*, t. XII, p. 379.

5. Arnold de Bonneval n'était pas Auxerrois ; seulement Perronet, chanoine d'Auxerre, fait imprimer l'ouvrage d'Arnold intitulé : *De opere sex dierum*. Voir la notice que Lebeuf a consacrée à Perronet à la fin des *Mém. sur le dioc. d'Auxerre*.

a écrit sur la mort de Charles, duc de Bourgogne. Il renvoie sur ce dernier auteur au Spicilége (sic)[6] du P. Labbe que nous n'avons pas dans Auxerre.

Me croyant aussi en droit que lui de produire mes conjectures, permettez-moi de vous demander en quel temps vivoit le Stephanus de Bisontio, jacobin, dont parle Gesner au mot Stephanus. Nous avons eu un chanoine tortrier, qui avoit ces deux noms. Il étoit aussi chanoine de Notre-Dame-de-la-Cité en 1397. Il a pu quitter comme bien d'autres, et se faire dominicain. Je verrai s'il n'est point mort chanoine d'Auxerre.

Y a-t-il un bibliothécaire[7] appelé Isidore Clarius, qui parle de M. Germain de Charmoy, chanoine d'Auxerre, qui a écrit sur les erreurs des Mahométans au xvie siècle[8]? Ce nom de Charmoy étoit alors commun à Auxerre. Il y a eu deux chanoines de ce nom. M. Noël met encore, parmi ses écrivains d'Auxerre, Nicolas de Charmoy comme auteur d'observations sur la paix : *A bien faire, laisser dire*, à Paris, chez Langelier, 1543, Draudius, p. 79.

Bodin a-t-il écrit de la République[9] ? C'est, selon M. Noël, qu'il fut chanoine d'Auxerre et de Tours en même temps, vers 1500.

M. Noël nous associe aussi François Baudouin, qui a écrit sur le droit civil et contre Calvin. N'est-il pas constant communément qu'il étoit d'Arras ou du pays d'Artois ?

---

6. Le P. Labbe n'a pas publié de *Spicilége*, mais Lebeuf veut sans doute parler de sa *Nov. Bibl. Man.*, in-4°, publiée en 1643, et dont il a été question déjà dans sa lettre du 10 septembre 1721. Cpr. encore, à propos de ce même livre, la lettre du 16 décembre 1722.

7. Lebeuf emploie ici le mot de *bibliothécaire* dans le sens d'écrivain qui dresse le catalogue des grandes bibliothèques, ou qui dresse le catalogue de telle ou telle catégorie d'auteurs : nous dirions aujourd'hui *bibliographe*.

8. Voir, sur les écrivains auxerrois du nom de Charmoy, *Mém. sur le dioc. d'Auxerre*, t. IV, p. 405.

9. Les *six Livres de la Républ.* de Jean Bodin ont eu assez d'éditions, et Jean Bodin lui-même est demeuré assez célèbre comme publiciste, pour que la question de Lebeuf au P. Prévost ait lieu de surprendre. Jean Bodin est né à Angers vers 1520 et mort à Laon vers 1506. On le considère aujourd'hui comme « le père de la science politique en France. »

Vous m'avez dit une fois qu'un Etienne Blondelet, mort à la Trappe, avoit été curé dans le diocèse d'Auxerre. Ayez la bonté de me mander quand il entra à la Trappe, afin que je cherche de quelle paroisse il étoit curé auparavant. Je viens de relire votre lettre, vous me l'avez marqué; mais voyez un peu si le nom de la cure n'est pas erroné.

1722

Je vous ai demandé une copie de l'acte d'introduction des chanoines réguliers à Saint-Pierre d'Auxerre [10]; ce sera à votre loisir. Je serois pourtant bien aise d'être muni de cette pièce.

On m'a appris, depuis quelques jours, un plaisant nom de saint pour titulaire d'une chapelle dans Briare. C'est saint Grenuchon [11]; il y auroit là de quoi exercer un chercheur d'étymologie pour le moins autant qu'à saint Poutin.

Connoit-on saint Langueur dans le Parisis? C'est encore un de ces saints bien réclamés et dont on en a composé le nom sur la nature des maux dont ils guérissent. Il est représenté dans les entraves ici et à Tonnerre. On l'appelle quelquefois saint Quentin.

M. Papillon m'a fait ressouvenir qu'il m'a prêté un écrit de M. Pirot, sur le concile de Trente. Si M. de La Chauvinière vous l'a prêté, ayez la bonté de ne le pas égarer.

Y a-t-il une collection d'ouvrages de Cisterciens imprimée, ou s'il n'y a qu'un catalogue de leurs noms donné par le Père Tissier [12]? Qu'est-ce que l'ouvrage du Père Oudin, jésuite, que M. Dupin cite sur Anselme de Laon, ou sur saint Anselme? Ce père a-t-il donné une histoire des visites qu'il a faites des biblio-

---

10. L'acte primitif d'introduction des chanoines réguliers dans l'église Saint-Pierre d'Auxerre n'est pas connu, ou du moins Lebeuf ne l'a pas publié dans les preuves justificatives de ses *Mémoires*, et il ne figure dans aucun autre recueil à notre connaissance.

11. Saint Gernuchon ou saint Grenuchon est encore l'objet d'un culte populaire dans quelques contrées du Berry ou de la Sologne. On lui attribue des vertus miraculeuses, analogues à celles qu'on prête chez nous à saint Edme de Pontigny.

12. L'ouvrage du P. Tissier est un véritable recueil des auteurs cisterciens; il a pour titre : *Biblioth. Patrum Cistercensium, a Fr. Bertrando Tissier, Bonifontis priore*. Bonifonte, 1660, 4 vol. in-f°.

thèques de manuscrits des Bernardins? Un livre de ce genre me seroit fort utile.

Je vous ai déjà parlé l'an passé d'un *Aubertus Altissiodorensis* dont la somme est nommée parmi les manuscrits de Th. Bodlée, anglois. Le P. Boyer a vu un ancien catalogue des manuscrits de Clairvaux, où cette Somme est dite d'Herbert d'Auxerre. Nous avons un doyen de ce nom, vers 1256 [13].

Ne connoîtriez-vous point par hasard le M. de La Barre [14] qui donne une seconde édition du Spicilége et des Analectes? Je crois que c'est un Gilotin [15], de mes contemporains. Je comptois par son moyen, puisqu'il est de Tournay, pouvoir parvenir à connoître un manuscrit de Guillaume d'Auxerre, sur les offices divins, qui est à Saint-Martin de Tournay [16], suivant le Père Viole dans ses remarques manuscrites. Mais personne ne me donne de nouvelles de ce M. de La Barre.

Je n'ai pu rien découvrir sur Petrus Clarus.

M. de La Curne a succédé aux parents du célèbre oratorien, dont le nom est Ecossois ou Hibernois, je ne m'en souviens pas bien.

On a quelques volumes du *Mercure* français à Saint-Germain, mais le premier tome y manque. Vous me ferez plaisir de me

---

13. Voyez, sur Herbert et la Somme qui lui est attribuée, *Mémoire sur le dioc. d'Auxerre*, t. II, p. 413.

14. Louis-François-Joseph de La Barre, membre de l'Académie des Inscriptions et Belles-Lettres, né à Tournay le 9 mars 1688, mort le 24 mai 1733. On lui doit, comme le dit Lebeuf, la seconde édition du *Spicilége* de Dachery, 3 vol. in-f°, Paris, 1723, et la seconde édition des *Vetera Analecta* de Mabillon, 1 vol. in-f°, Paris, 1723. A partir de 1727, La Barre a dirigé le *Journal de Verdun*, dans lequel Lebeuf a inséré de nombreux articles.

15. Nous dirions aujourd'hui un *Barbiste*. — Gillotin, docteur de Sorbonne, fut le fondateur des communautés du collége de Sainte-Barbe à Paris, et l'on voit, par la lettre de Lebeuf, qu'au commencement du XVIII° siècle son nom servait encore à désigner les élèves de ce collége.

16. Voilà enfin Lebeuf persuadé que Guillaume d'Auxerre a bien écrit une Somme *de divinis officiis*. Il n'avait pas besoin d'en chercher si loin le manuscrit, car il pouvait trouver, à la bibliothèque de l'abbaye Saint-Germain-des-Prés à Paris, celui qui est maintenant à la Bibliothèque impériale, fonds Saint-Germain, n° 1211.

transcrire ce qui y est touchant les prophéties de Nostradamus.

Voilà une lettre un peu trop longue et très mal écrite. Excusez-moi sur la grande chaleur qu'il fait aujourd'hui.

Je salue le Révérend Père Le Corrayer.

Le P. Aumont[17] est-il toujours à Saint-Loup de Troyes? je vous le demande, parce que c'est le frère de l'épouse de mon oncle Lebeuf.

Pour vous ramasser des médailles, il faudroit savoir celles que vous avez et celles que vous n'avez pas. On en trouve rarement ici, ou bien elles ne sont pas considérables.

104. — DE LEBEUF A FENEL.

Ce 10 juillet 1722.

[Nous croyons inutile de publier tout le début de cette lettre qui fait partie de la collection de Fontaine. Lebeuf demande à Fenel deux exemplaires du Bréviaire sénonais de 1702, pour deux ecclésiastiques qui ne veulent pas attendre la nouvelle édition. Il entre ensuite dans de longs détails sur les achats de médailles qu'il fait pour le compte de son ami et correspondant. Tout cela est sans intérêt.

Nous nous bornons à extraire les derniers paragraphes, en nous servant, pour les annoter, de la réponse que Fenel adresse à son tour à Lebeuf, le 22 juillet 1722.

« Je finirai cette lettre, dit Lebeuf, par une demande, c'est de me prêter le rituel manuscrit qu'on préparoit sous M. de Gondrin. Vous pouvez le mettre dans le paquet des bréviaires et je vous promets d'en avoir un grand soin [1].

---

17. Voir, sur le P. Aumont, chanoine de la Congrégation de France, et prieur-curé de Bresles en Beauvoisis, la Lettre du 26 mai 1726.

1. « Quel est l'usage, répond Fenel, que vous voulez faire du projet

« Voilà un mot de lettre pour M. Herluyson, s'il est encore à Sens [2]. Je vous l'envoie ouvert, afin de le garder s'il n'y est pas, à moins que vous n'ayez quelqu'un qui aille à Troyes.

Où trouve-t-on le commentaire de votre archevêque, Pierre de Corbeil, sur saint Paul et ses sermons ?

« Gesner dit aussi que l'on a des ouvrages de Guillaume, archevêque de Sens, contre M⁰ Pierre Lombard, en 1160.

« Connoissez-vous un jurisconsulte nommé Otto Senonensis, qui a laissé une Somme de *Interdictis possessoriis* ?

« Je ne trouve plus rien sur vos archevêques. S'ils sont en état, vous devriez faire paroître leur vie. Le public recevra cet ouvrage avec avidité, et surtout celui [3] qui est avec un profond respect... »

Après cette lettre, la collection de Fontaine en renferme une autre, adressée par Lebeuf à Fenel le 24 juillet 1722. Celle-ci est entièrement consacrée aux achats de médailles et ne contient que des détails sans valeur. Nous nous bornons à la mentionner pour mémoire.]

---

de Rituel de M. de Gondrin. Car si c'est pour travailler dessus pour notre diocèse, comme on est nécessité d'en donner ici un nouveau, charité bien ordonnée commence par soy-même. Si c'est pour le lire sans en tirer de copie, seulement pour votre instruction et votre édification, je vous dirai : *fiat ut petitur.* » Lettre du 22 juillet 1722, collection de Fontaine.

2. On lit à cet égard dans la lettre de Fenel du 22 juillet 1722 : « Le sieur Herluyson nous quitte, dit-il, parce qu'il ne peut trouver icy des gens avec qui converser ; mais, disons la vérité, c'est qu'il voit qu'il ne gouverne pas, et Mgr notre prélat, qui nous a mis souvent aux mains en sa présence, après avoir combattu tant de fois en sa faveur, ne peut tenir contre le vif de nos raisons, et l'abandonne toujours comme soutenant un mauvais parti. »

3. Voici la réponse de Fenel (20 juillet 1722) à toute cette fin de lettre : On sçait seulement ici que Pierre de Corbeil a écrit sur saint Paul, et c'est moy seul qui le sçay. Je n'en sçay pas plus des ouvrages de l'archevêque Guillaume. Il faut bien faire examiner l'histoire des archevêques de Sens avant de la livrer à l'impression, et je n'ay pas la présomption de penser que cet ouvrage soit digne de paroître en public. Lorsque vous aurez le temps, si vous avez assez de patience pour la lire, je vous l'enverray pour y faire vos réflections avec toute la liberté possible. »

105. — DE LEBEUF AU P. PRÉVOST.

Ce 26 juillet [1722].

Vous aurez vu par la lecture de ces deux premières pages qu'elles ne s'adressent point à vous, c'est à M. Blondel ; je vous prie de les lui envoyer dans une enveloppe. Le sujet dont il s'agit est un jeune Chardon, fils du notaire, garçon fort sage, pour qui M. Carrouge, curé, et maintenant chanoine, s'intéresse fort.

Ce que je dis du P. Viole me donne occasion de vous demander pourquoi M. de La Chauvinière me marque que vous n'avez pas son *Histoire de saint Germain*, tandis que vous l'avez. Je vous l'envoie, et M. de La Chauvinière doit vous la rendre ces jours-ci, avec une lettre où je vous parle de différentes choses.

Permettez-moi que je vous dise encore un trait, qui peut vous convaincre que tous ceux qui vous appartiennent ne sont pas obligeants comme vous, tant s'en faut. Comme je cherchois quelques médailles dans une maison, M. Gentil s'y trouva qui dit qu'il en avoit une et qu'il m'en feroit présent de bon cœur, même qu'il me l'apporteroit. Pour lui éviter cette peine, je me rendis au bout de quelques jours chez lui, dans un temps où je sçavois qu'il y étoit. Point du tout. Lorsqu'on sut que c'étoit moi, on fit dire qu'il n'y avoit personne ; de là j'alloi à Saint-Germain ; sur le pas de la porte, je tournai la tête, et j'aperçus madame votre mère, mademoiselle votre sœur et votre beau-frère aux fenêtres, qui se retirèrent aussitôt. Je ne suis pas le seul qui se

---

LETTRE 105. — Publiée d'après l'autographe. Recueil Sainte-Geneviève, 3 F, 13.

1. Dans l'original autographe, cette lettre ne porte que la date du 26 juillet ; c'est à tort que dans le recueil Sainte-Geneviève, 3 F, 13, une main étrangère a ajouté le millésime 1721. En effet, il y est question de Carrouge comme étant *maintenant chanoine*, et Carrouge n'a reçu ses lettres de provision que le 1er février 1722. Il fut le successeur d'Edmond Lauverjat, décédé peu avant ; voir Lettre du 14 septembre 1721.

plaigne de ces sortes de manière d'accueillir les gens. Je m'informerai comment M. Gentil aura échappé à la dernière quête de l'aumône générale. Il ne prend pas le chemin d'être un grand aumônier... [Ici la feuille a été déchirée.]

Depuis que j'ai fini cette lettre, il m'est encore venu dans l'esprit deux choses à vous demander :

1° On m'a envoyé de Gien le premier tome d'une *Histoire ecclésiastique des églises réformées au royaume de France*, depuis l'an 1517 jusqu'à l'an 1563, imprimée en trois tomes in-8°, à Anvers, chez Jean Rémi, en 1580, dont la préface débute ainsi : *Étant la vie des hommes si courte*. Le curé de Gien croit que cette histoire est de Théodore de Bèze. Cependant je ne trouve point dans Moréri que Bèze ait écrit une histoire [2]. Ne seroit-elle point de Jean Crispin, son ami, qui fit un martyrologe des protestants qui y a assez de rapport [3] ? En un demi-quart d'heure vous pouvez être sûr de qui est cette histoire. Nous n'avons point ici la bibliothèque protestante de M. Dupin, pour connoître cet auteur. Vous serez peut-être curieux d'y lire, à la page 768, ce début sur notre ville : « Auxerre, ville épiscopale renommée pour les « bons vins et pour les mauvaises têtes des femmes, a eu tou- « jours de longtemps des gens de bien et d'honneur auxquels « Dieu avoit ouvert les yeux, comme étoient, entre autres, « Jacques Chalmeaux... »

2° Si vous voyez le P. Chamillart, comme je vous en prie, je vous conjure de faire en sorte qu'il me donne un mot de réponse, où il blâme, du moins en général, ceux qui brisent les pierres où sont gravées des inscriptions romaines. Ce jésuite ne pourra guères s'en empêcher, s'il a fait attention à la manière dont je l'en

---

2. Lebeuf se trompe : l'*Histoire ecclés. des Eglises réformées* dont il parle ici, et qu'il a déjà citée dans ses précédentes lettres, est bien de Théodore de Bèze.

3. Crespin ou Crispin (Jean), d'Arras, a composé une *Histoire des Martyrs persécutés et mis à mort pour la vérité de l'Évangile, depuis le temps des Apôtres jusqu'à présent* (1610). Cette histoire, continuée par Simon Goulart, a été publiée à Genève en 1619, 2 vol. in-f°.

prie, j'ai une très forte raison de tirer de lui une lettre là-dessus : je viendrai ensuite aux autres savants qui m'ont fait l'honneur de m'écrire.

Le lieu où a été trouvé le cachet, dont je vous envoie l'empreinte marquée autrefois par M. Noël, est l'enclos de nos Bénédictines [4]. Mme de Caylus, sœur de notre prélat, m'a dit que les religieuses lui avoient assuré qu'on avoit laissé emporter, par les Jésuites, des sacs pleins de médailles trouvées dans cet enclos.

Ayez la bonté de mettre ou faire mettre le dessus de la lettre ci-incluse pour le P. Chamillard, votre ami. Je crains de le mal mettre. Je vous laisse aussi à la cacheter.

---

106. — DE LEBEUF A FENEL.

2 août 1722.

J'ai reçu votre dernière lettre justement le jour que je suis arrivé ici, c'est-à-dire hier 1er août, avec bien des compliments de la part de M. Dufour qu'on croyoit que je n'avois pas vu.

Voilà deux pièces, dont l'une est de pur argent, et l'autre est un peu gâtée par la fracture et par la terre qui s'y est insérée. Quoiqu'il en soit, je les ai eues pour le poids de l'argent, à quelque chose près.

Les fondeurs de cloches m'apprennent qu'ils en ont bien mis en œuvre, étant dans un pays où l'on n'y pensoit aucunement. Je crois que pour être bien médailliste, il faut devenir coureur de pays. On se trouveroit peut-être à quelque bonne rencontre.

En écrivant à Mgr l'archevêque [1], je vous prie de prendre

---

4. Cpr. la lettre du 10 mars 1722 et les notes qui l'accompagnent.

LETTRE 106. — Les lettres 106, 107, 108 et 109 sont toutes les quatre extraites de la collection de Fontaine.

1. On verra, par la suite de la correspondance, que le Chapitre d'Auxerre prétendait priver Lebeuf d'une partie de sa prébende canoniale, à raison

garde que les termes de votre lettre ne l'engagent point à demander une absence de ma personne comme une grâce, attendu que je dois avoir mes deux mois de vacance comme un autre [2]. Car un jour on se serviroit, contre mes successeurs, d'une lettre de cette nature.

Ainsi, pour que cela ne puisse préjudicier, il faudroit que Mgr l'archevêque eût la bonté de dire, par sa lettre, que, ma présence étant nécessaire de temps en temps à Sens, pour l'avancement des livres ecclésiastiques, il espère que Messieurs du Chapitre d'Auxerre ne regarderont point aux absences que je ferai au-delà de ce que le concile de Trente permet à tout chanoine de s'absenter.

M. Pourchot, illustre Sénonois [3], est arrivé ici vendredi. Vous savez qu'il est de Poilly. Il va demain à Régennes passer quelques jours chez notre digne prélat.

Je n'ai pu encore voir le marchand des pièces modernes. Je me conformerai à votre lettre pour le prix.

---

107. — DE LEBEUF A FENEL.

14 octobre 1722.

Au retour, comme je crois, de votre voyage, j'ai une grâce à vous demander, qui est de vouloir bien vous entremettre, s'il est

---

des absences qu'il faisait, lors même que ces absences avaient pour objet de coopérer à la réforme de la liturgie sénonaise. C'est pour éviter ce résultat que Fenel avait imaginé de faire intervenir l'archevêque de Sens.

2. Ce droit à deux mois de vacances était précisément contesté par le Chapitre à Lebeuf. Voyez lettre du 21 février 1723, note 3.

3. Edme Pourchot, philosophe français, né le 7 septembre 1651, à Poilly-sur-Tholon, arrondissement de Joigny (Yonne), mort le 22 juin 1734 à Paris. L'Université de Paris le nomma sept fois recteur, et le maintint au syndicat pendant quarante années. L'abbé Lebeuf le désigne ici comme Sénonais, parce que Poilly était compris dans les limites de l'ancien diocèse de Sens. Voyez sur Edme Pourchot le *Nécrologe des plus cél. déf. de la vérité*, t. I, p. 235; les *Dissertations de Lebeuf*, édition J. Pichon, p. 234; etc.

nécessaire, pour faire accélérer la permission à M. Jannot d'imprimer les notes apologétiques et historiques sur le mandement de notre digne prélat [1]. C'est tout de bon qu'il s'agit de les imprimer. Le moment est venu, et cet imprimé viendra à merveille dans des conjonctures qui se sont formées ces jours derniers. Je prie M. Lasseré, par la lettre ci-incluse, de vouloir bien corriger les épreuves.

La grâce que j'ai encore à vous demander, c'est de chercher les trois oraisons que vous avez, qui sont celles que le pape fit dire contre la France, vers l'an 1512. Je n'ai encore pu les trouver que chez vous ; mais je ne les ai pas encore vues pour cela. Vous m'en parlâtes au mois d'août, ensuite je n'y songeai plus. Ayez la bonté de les faire écrire à la marge de la page 12 de l'instruction sur l'*O salutaris*, afin que M. Jannot les mette tout à la fin comme une note.

La lettre que Mgr l'archevêque envoya chez vous pour Mgr notre évêque, renfermoit des compliments sur sa lettre à Mgr de Soissons [2]. C'est ce que je sçais de source.

J'ai trouvé encore cinq ou six médailles et j'ai acheté une brochure qui regarde les gens du métier. Je ne compte plus vous devoir grand chose sur l'argent que vous m'aviez avancé.

Une personne de mes amis vient de me prier de lui faire avoir un horloge d'eau de Sens [3]. Je vous prie de le faire acheter au plus tôt et de le faire mettre au coche d'eau, sous l'adresse de M. Le Roy le jeune [4], chanoine à Auxerre, sans oublier tout ce

---

1. Il résulte de l'ensemble de la correspondance que le travail entrepris par Lebeuf avait pour objet de justifier le mandement sur les rites, publié par lui sous le nom de M. de Caylus, en tête du bref auxerrois de 1721. Voyez, sur ce mandement, la lettre du 21 février 1721 et autres, *passim*.

2. Il s'agit sans doute de la seconde lettre écrite par M. de Caylus à l'évêque de Soissons, Languet, en date du 16 mars 1722. Voyez *Vie de M. de Caylus*, par Detley, t. 1, p. 135.

3. Voyez, sur ces horloges ou montres d'eau, imaginées par le P. Charles Vailly, le *Traité général des horloges* de D. Alexandre, Paris, 1734, chap. II.

4. Nous avons déjà dit qu'il y avait deux chanoines de ce nom à Auxerre : 1° Jean-Baptiste Leroy, chanoine le 9 janvier 1693, mort le 25 avril 1743 ; 2° Etienne Leroy, né à Auxerre le 29 septembre 1687, chanoine le 22 fé-

qui en dépend, ficelles et chiffres. Je vous tiendrai compte de votre déboursé.

Je ne mets point encore dans ce paquet la brochure ci-dessus, voulant en copier quelque chose. Voilà seulement les médailles.

---

108. — DE LEBEUF A FENEL.

Ce 10 novembre 1722.

J'ai l'honneur de vous écrire, pour la seconde fois, pour vous prier de vouloir bien me marquer ce qui en est ou ce qui n'en est pas, au sujet de ce que je voulois faire imprimer par M. Jannot. Cet imprimeur peut vous dire ce qu'on lui a répondu à ce sujet. Pour moi je n'ai point eu de réponse de M. l'abbé d'Aguesseau [1]. Je lui avois marqué de l'adresser chez vous, parce que je croyois que je repasserois l'avant-veille de la Toussaint. Il y a apparence que vous n'en avez point reçu. Je vous ai aussi prié de me faire avoir un bréviaire de Sens, à quelque prix que ce soit; c'est un nouveau prêtre de ma connoissance qui me presse là-dessus depuis plusieurs mois. Je vous ferai tenir l'argent qu'il aura coûté. J'ai aussi envoyé au coche pour voir s'il y auroit une montre à eau qui coûte quatre livres, suivant le billet que j'en ai vu [2]. Mais je n'ai rien trouvé. Si l'on peut ne faire qu'un paquet des deux commissions, cela sera le mieux, et il en coûtera moins. Il faudra toujours l'adresser à M. Le Roy le jeune, chanoine de la cathédrale à Auxerre.

vrier 1702, et mort le 4 avril 1762. C'est évidemment d'Etienne Leroy que Lebeuf parle dans la lettre ci-dessus.

LETTRE 108. — 1. Voir cette réponse transcrite dans la lettre du doyen Fenel en date du 14 novembre suivant. L'abbé d'Aguesseau paraît avoir eu des relations assez étroites avec Lebeuf, cpr. *Hist. de la prise d'Auxerre*, p. 76.

2. Dans une lettre non datée, mais qui doit servir de réponse à celle que nous publions ci-dessus, Fenel s'exprime ainsi : « Je n'ai pu vous envoyer qu'il y a quelques jours votre montre à l'eau, qui a coûté 3 liv. 10 sols. »

Je n'ai encore pu trouver personne pour les médailles que je vous ai achetées au nombre de soixante à quatre-vingt dont une est d'argent, et une autre ou deux de métal mêlé qu'on a prisé un peu au-dessous de l'argent. Vous y trouverez un *Numérien*, une *Hélène*, une *Otacille*, etc.

M. de La Chauvinière me marque qu'il en fait chercher et qu'on en a trouvé, mais peu. D'ailleurs on ne sçait ce qu'elles peuvent valoir ni ce qu'elles représentent, du moins on ne le mande pas. Il y a eu des gens assez simples pour lui offrir des médailles de chapelet. Je lui ai marqué qu'il s'expliquât plus clairement aux personnes. On croit qu'il pourra en venir du côté de Clairvaux ; c'est dans ces cantons que demeure madame son épouse.

Je n'ai point entendu de nouvelles de celui à l'occasion duquel j'ai fait mon dernier voyage. Je ne sçais pas si on l'a retenu dans l'endroit où je l'avois laissé en épreuve. C'est à six ou sept lieues de chez vous. C'est un vivant qui me fait bien faire des pas [3].

Si je ne trouve point d'autre occasion, je pourrai me servir de celle d'un M. Gautier, de Villeneuve-le-Roy, qui vous enverra de là le rouleau en question.

---

3. En comparant ce passage avec d'autres indications contenues dans la correspondance, on acquiert la certitude qu'il s'agit ici d'un frère puîné de Lebeuf, vis-à-vis duquel ce dernier remplissait le rôle de père de famille, comme il le remplissait également vis-à-vis de son autre frère André-Prix Lebeuf. S'il en est ainsi, le *vivant*, dont la jeunesse donnait, en 1723, quelques inquiétudes à l'austérité de notre sous-chantre, finit par se faire cordelier, et mourut dans un âge peu avancé. Voyez Archives de l'Yonne, *Inventaire, supplément à la série E*, p. 7 : « 1ᵉʳ octobre 1730, inhumation, « dans le chœur de l'église de Venoy, du R. P. Pierre Lebeuf, âgé de 34 ans, « religieux cordelier, prêtre, vicaire de la communauté d'Auxerre : présents « et consignés : Jean Lebeuf, chanoine et souchantre de la cathédrale « d'Auxerre, et André-Prix Lebeuf, curé de Venoy, l'un et l'autre frères du « défunt. »

109. — DE FENEL A LEBEUF.

Ce 14 novembre 1722.

Au retour d'une petite cavalcade faite à ma campagne, on m'a rendu ici une lettre de vous ; je n'y ai pas répondu, parce que je n'en avois pas reçu à mon adresse pour vous.

J'ai parlé à notre distributeur de lettres, qui m'a dit en avoir une chez lui, qu'il avoit oublié de m'apporter ; je l'ai décachetée suivant votre ordre; elle est signée d'Aguesseau, voici ce qu'elle contient :

« Toutes réflections faites, Monsieur, je croy qu'il conviendra
« mieux que vous vous adressiez à M. d'Armenonville[1], pour
« avoir un privilége ou permission pour faire imprimer votre
« ouvrage; cela souffrira moins de difficulté, au lieu que les au-
« tres partis que vous proposez ne m'en paroissent nullement
« exempts, ains au contraire. Permettez-moy de vous dire que
« si vous n'eussiez pas laissé perdre tant de temps, vous seriez
« venu plus aisément à bout de donner au public votre ouvrage ;
« mais à présent je ne me mêle plus de rien, et par conséquent
« je suis hors d'état de vous rendre aucun service en cette affaire,
« quoyque j'eusse certainement esté charmé de pouvoir trouver
« cette occasion de vous convaincre de la sincérité avec laquelle
« je suis, Monsieur, votre très humble et très obéissant servi-
« teur — L'abbé d'Aguesseau »

On n'a point répondu de Paris à M. Jannot sur la question qu'il avoit faite, et je vois avec peine qu'il faut retourner à Paris. On m'assure que les défenses pour les impressions sont plus

---

Lettre 109. — Nous croyons devoir publier en totalité cette lettre du doyen Fenel, parce qu'elle complète, en y répondant, les lettres de Lebeuf, et parce que, d'ailleurs, elle contient quelques détails curieux.

1. Fleuriau d'Armenonville, conseiller d'État ordinaire, nommé garde des sceaux le 28 février 1722, en remplacement de d'Aguesseau, exilé dans sa terre de Fresnes.

rigoureuses que jamais. Voulez-vous que je fasse rendre à Paris votre manuscrit? Ou vous le renverrai-je par la voie du coche d'eau? J'attends vos ordres là-dessus².

A l'égard de M. Jannot, il n'a plus de bréviaires, ni vieux ni nouveaux, il n'y en a pas à espérer de ce côté-là ; il m'a dit que le vieux de M. Lalloé, qu'il avoit acheté à son inventaire, a été vendu 24 livres ; si ce prix n'étonne pas l'ecclésiastique dont vous me parlez, je tâcherai de faire en sorte de lui en faire avoir un à ce prix, d'une personne qui en a deux en maroquin, mais qui ne sont pas neufs, ayant servi depuis le temps de l'impression. Réponse là-dessus, et je vous l'enverrai par la première occasion, avec la montre à l'eau et avec votre Occo³, dont j'ai tiré tout le secours que je pouvois et dont je vous rends mille grâces. Tous mes livres ne m'ont pas tant instruit que celui-là. Il ne faut pas vous en priver plus longtemps.

Mandez-moi, je vous en prie, ce que je vous dois pour les médailles que vous avez eu la bonté de m'acheter. Il me paroit qu'elles seront curieuses et qu'elles tiendront merveilleusement leur place dans un fort beau médailler qu'on m'a fait et qui me coûte 66 livres sans le pied ; il contient 60 tiroirs à 46 trous chacun, voyez un peu si cela ne sent pas son homme de conséquence. J'attrape toujours quelques têtes, mais peu de nouvelles ; cela est difficile et j'en trouve plusieurs dans celles que vous me marquez. Je ne sais pas comment vous pouvoir témoigner jusqu'où va toute ma reconnoissance pour les peines que vous avez prises, mais que je vous prie néanmoins de me continuer. Tout est presque tari ici, et je n'ai de confiance qu'en votre bon cœur pour moi.

2. Dans une lettre postérieure, du 20 décembre 1722, Fenel annonce à Lebeuf qu'il lui a renvoyé son manuscrit, par une occasion sûre, sous le couvert de M. de Caylus, voir *Collection de Fontaine*.

3. Occo (Adolphe), savant médecin et numismate allemand, né à Augsbourg le 17 octobre 1524, mort le 23 septembre 1604. Son ouvrage intitulé : *Imperatorum Rom. numismata*, a eu un grand nombre d'éditions, et, pendant longtemps, a servi de base à tous les travaux sur cette matière. C'est sans doute ce livre que Lebeuf avait prêté à Fenel.

Notre bréviaire va son train et sera très beau si je ne me trompe. M. de Vaterford y est très assidu; le prieur de Doïlot passera toute la semaine ici, c'est le moyen d'avancer; nous espérons commencer l'édition à Pâques. Notre prélat vient d'arriver ici de Paris, où il a été après le sacre; il s'étoit trouvé mal à Reims, en descendant l'escalier du duc de Villeroy; la connoissance revint peu après, il y a été saigné deux fois, et s'est purgé à Paris, où il s'est reposé pendant quelque temps. Il vient d'envoyer ici en ce moment, par un excès de bonté, pour sçavoir des nouvelles de ma santé.

Je prends toute la part que je dois aux chagrins que vous donne la personne dont vous m'avez parlé confidentiellement; nous serions trop heureux, dans notre état, si notre famille ne nous étoit pas à charge, et si, malgré nos soins, on ne s'imaginoit pas que nous ne faisons pas encore ce que nous devons. Je ne vois pas que cette personne convienne ni à l'état ecclésiastique, ni à l'état des réguliers. Il seroit à souhaiter qu'il pût prendre quelque parti dans le monde, c'est là son fait. Pour ce qui est du parti de l'armée, il y a tant de risque pour le salut, que je ne crois pas qu'on doive s'employer pour y faire entrer qui que ce soit; si il le veut absolument, il le faut laisser faire.

J'ai parlé ici à M. de Bullioud, qui a épousé une demoiselle Le Nain qui demeure ici; c'est un fort honnête homme, qui m'a dit que tout engagement ne peut être moins que de six ans, et que, quelque écrit que l'on fasse là-dessus, il n'est d'aucune valeur si il n'est spécifié pour ce temps, encore souvent y déroge-t-on en temps de guerre. Il faut beaucoup prier, et Dieu, qui est le maître des cœurs, accordera à la ferveur de vos prières le changement de conduite de la personne sur laquelle vous gémissez.

110. — DE LEBEUF AU P. PRÉVOST.

Ce 16 décembre 1722.

Je vous envoie le rituel ou ordinaire que vous m'avez tant demandé[1]. J'en ai chargé une demoiselle auxerroise, demeurant à Paris, qui étoit venue pour rentrer dans son bien et qui demeuroit dans notre rue. Elle est de son métier faiseuse d'écharpes de dames ; mais vous la regarderez un peu différemment, quand je vous aurai dit qu'elle est la petite-nièce du célèbre Père Divolé, dont son père étoit le propre neveu, à ce qu'elle dit. Je crois cependant que, vu l'éloignement du temps, son père n'auroit été que petit-neveu du P. Divolé. Elle pourra vous en dire davantage, je vous l'envoie en partie pour cela.

J'ai reçu ces jours derniers une lettre de M. Papillon, qui me marque en des termes très forts qu'il vous regarde comme un véritable savant, et qui plus est communicatif. C'est à l'occasion d'une lettre qu'il dit avoir reçue de vous.

J'attends de Clamecy l'éclaircissement sur le jour de la naissance du Père Grasset[2]. J'ai écrit pour cela au maire de la ville qui porte son nom.

Quand vous vous souviendrez, je vous prie de me renvoyer la dernière lettre que m'écrivit le P. du Sollier, jésuite.

Ayez un peu la bonté de regarder dans le *Bibliotheca Mns.* in-4°

1722

LETTRE 110. — Les lettres 110, 111 et 112 sont extraites du recueil de la Bibl. Sainte-Geneviève, 3 F, 13.

1. Cpr., avec le début de cette lettre, celui de la lettre suivante ; elles se complètent l'une par l'autre.

2. Lebeuf et son ami Prévost paraissent s'être préoccupés longtemps de recherches biographiques sur le P. Jean Grasset, qu'ils supposaient originaires de Clamecy, et dont le P. Rapine, de l'ordre des Récollets, avait écrit la vie. Cependant nous ne trouvons aucun renseignement sur Jean Grasset, ni dans les *Mém. sur le dioc. d'Auxerre*, ni dans les ouvrages de Née de La Rochelle, ni dans l'*Hist. gén. des Récollets*, publiée par Rapine en 1631.

du P. Labbe, page 22. Il parle en cet endroit d'un ouvrage de saint Pèlerin : cela me paroît fort incertain. Nous n'avons pas à Auxerre cet in-quarto ³.

Si vous avez occasion d'écrire à M. Moullin, père des Messieurs de Bocachard ⁴, vous pourrez lui marquer que j'ai trouvé un martyrologe qui rapporte un grand miracle de leur saint Romule d'auprès de Sancerre. J'attends copie de cette annonce pour la lui envoyer.

Le *Saxiacum* du martyrologe de Saint-Laurent de Bourges n'est point du diocèse d'Auxerre, mais dans le Berry. Voyez l'histoire sur un certain saint Jacques de Sassy, en Berry.

Vous me ferez plaisir de réveiller un peu ce que vous cherchiez touchant les Lebeuf de Montargis. Comme il se peut faire que nous soyons parents, ce que j'ai recherché touchant notre nom peut leur faire plaisir. Où avez-vous vu qu'en 1566 Marie Lebeuf, fille de Pierre Lebeuf, épousa Pierre Savary, gentilhomme de Berry ? Est-ce dans la Thaumassière ⁵ ?

Je vous prie, au reste, de ne faire voir à personne le manuscrit que je vous envoye. Il y a quelque chose, en marge du 20 avril et au jour de l'Ascension, qui pourroit réveiller d'anciennes contestations avec quelques-uns de mes amis, si ce livre tomboit entre les mains de certaines personnes, quoique de ces deux endroits l'induction ne doive pas avoir lieu pour certaines prétentions. Je suis, en attendant de vos nouvelles, avec bien de l'impatience respectueuse.....

---

3. Ici, comme souvent, Lebeuf revient sur des sujets qu'il a déjà traités, ou répète des questions qu'il a déjà posées. Nous nous bornerons une fois pour toutes à renvoyer le lecteur aux lettres précédentes, et aux notes qui les accompagnent.

4. *Père de MM. de Bocachard*, c'est-à-dire fondateur de la congrégation des chanoines réguliers de Bourgachard. Cpr. lettre du 17 septembre 1721 et la note relative à Jean Moulin.

5. Cpr., sur la famille Lebeuf, les renseignements plus étendus que contient la lettre suivante.

111. — DE LEBEUF AU P. PRÉVOST.

26 décembre 1722.

Vous me devez, mon Révérend Père, réponse à bien des lettres, et par conséquent une solution à bien des difficultés, car jamais je ne vous écris sans cela. J'aurai l'honneur de vous marquer aujourd'hui [1] que j'ai chargé une demoiselle Divolé couturière, native d'Auxerre, et demeurant à Paris, du rituel de Saint-Laurent-lès-Cône. J'ai cru que, par rapport à son nom et parce qu'elle est petite-nièce du célèbre Père jacobin de ce nom, vous ne seriez pas fâché de la voir. Elle m'a promis de vous le rendre fidèlement et qu'elle vous diroit sur les Divolé tout ce que vous en souhaiteriez savoir; elle étoit à Auxerre la seule du nom. Elle partit d'Auxerre le jeudi 17 du présent mois de décembre et a dû arriver le dimanche 20 ou le 21 au plus tard. Ainsi vous ne tarderez pas à recevoir ce paquet si déjà vous ne l'avez.

M. Grasset, maire de Clamecy, me promet réponse sur son parent; mais il y a un curé en ce pays-là si peu traitable que c'est pitié. On a obligation à M. Liger, docteur, demeurant au cloître Notre-Dame et ci-devant au collège de Sainte-Barbe, d'avoir donné cet iroquois.

Étant à Joigny, il y a quelques jours, je demandai à un de mes vieux cousins, âgé de 74 ans, si les Lebeuf de Montargis sortoient de Joigny; il me répondit qu'oui, et que ce fut dans le temps que les appels de Joigny commencèrent à ressortir à Montargis que ce parent fit la transmigration. Il ajouta qu'il a eu trois cousins de votre ordre et du même nom de Lebeuf, dont l'un est décédé prieur de Montluçon, en réputation de sainteté; l'autre est mort prieur de Tilladet, dans les mêmes cantons. Pour ce qui est de la cure du troisième, il ne s'en souvient pas.

---

1. Cpr., pour ce premier alinéa, le début de la lettre précédente.

1722 Vous ne devez pas être surpris si vous avez parmi vous des Lebeuf de la même souche. Les oncles se font souvent remplacer par des neveux. Je ne vous prie pas de vous informer de ces circonstances auprès de ceux de mon nom que vous dites être au noviciat; vous le ferez, si vous le jugez à propos, et vous y ajouterez mes compliments pour ces jeunes bœufs sans corne, le tout avec discrétion. *Absit verbo injuria.*

Auriez-vous un certain livre in-4° imprimé à Paris, en 1650, chez Nicolas Boisset, rue Galande, intitulé : *Descente généalogique d'Étienne Porcher, habitant de la ville de Joigny* ? On y voit la plupart des familles de Joigny, comme tenantes en quelque chose à cet Étienne Porcher. Ce qui a donné occasion à ce livre est que ledit Porcher (*absit verbo injuria*) a voulu que ce fussent de ses descendants qui desservissent la chapelle qu'il a fondée à Saint-Thibaud.

Mais à propos de cornes, si vous voyez des naturalistes, je vous prie de leur demander s'il peut s'en former naturellement à la tête. Des gens de bien et non menteurs m'ont assuré qu'en faisant des fondations pour une sacristie, à l'hôtel-Dieu d'Auxerre, il y a 25 ou 30 ans, on trouva des têtes humaines qui avoient des cornes droites, comme Moïse, de la longueur de la moitié du petit doigt. On est bien fâché de n'en avoir point conservé; toute la communauté de l'hôpital les vit et plusieurs s'en souviennent encore. Ce qui me fait croire que cela peut arriver par une suite de l'imagination, est que l'on voit tous les jours des monstres plus horribles paroître sur l'horizon. Je n'ajoute point foi à la gazette mensongère; mais celle qui parut vers le mois de septembre ou d'octobre dernier parloit d'un enfant qui étoit né en Provence avec des cornes. Le gazetier inconnu faisoit valoir cela comme une punition arrivée à un Appelant ou fauteur d'Appelants.

Je vous envoie avec votre permission une lettre pour un ami

2. Ce livre, plus rare que précieux, est intitulé : « Descente généalogique d'Estienne Porcher, habitant de la ville de Joigny, avec ses lettres d'ano-

intime de M. Blondel; vous pouvez la lire, et vous me ferez plaisir de vous mettre au fait; ensuite vous la cacheterez et la lui ferez rendre au plus tôt.

Je ne veux point fatiguer la communauté des Trente-Trois [3] par trop de ports de lettres. La vôtre a meilleur dos. Souffrez que je parle ainsi et que je vous fasse mes compliments pour la nouvelle année que je vous souhaite telle qu'un pieux et savant religieux la doit souhaiter; je ne crois pas que vous ayez d'autres désirs. Pour moi, j'aime à remplir les devoirs d'un bon chanoine, et à vous persuader que je suis et serai toujours, avec une estime infinie et un attachement sincère.....

---

112. — DE LEBEUF AU P. PRÉVOST.

Ces 22 et 27 janvier 1723.

Vous pourriez croire, mon Révérend Père, que je n'aurois pas reçu votre dernière lettre, si je ne vous en accusois réception. J'infère ceci d'une réponse que me fait M. Boidot [1], où il me marque qu'il vous dira que je suis fort en peine de vos nouvelles. Il est pourtant certain que je viens de recevoir une lettre

---

blissement du mois de juin 1364... avec un Bref du pape Grégoire, portant permission audit Etienne Porcher de fonder une chapelle dans l'église de Saint-Thibault de Joigny.... A Paris, chez Nicolas Boisset... MDCL. » On conserve, à la Bibliothèque de Joigny, plusieurs exemplaires de ce livre couverts d'annotations manuscrites. Ajoutons que la *Descente généal. des Porcher* constate l'alliance de cette famille avec la famille Lebeuf.

3. « Le séminaire des Trente-trois écoliers fut institué d'abord en 1633, pour un nombre bien plus petit, savoir de cinq. Ils ne sont placés à la Montagne Sainte-Geneviève que depuis l'an 1657. Leur maison a été rebâtie à neuf dans le siècle présent. » Lebeuf, *Hist. du dioc. de Paris*, t. 1, p. 409.

LETTRE 112. — 1. Ph. Boidot, docteur en Sorbonne, supérieur du séminaire, ou, comme dit encore Lebeuf, de la communauté des Trente-Trois. On trouve son nom fréquemment mêlé aux querelles jansénistes de l'époque.

de vous par laquelle vous m'apprenez l'état de votre santé, dont j'étois fort inquiet, et vous m'éclaircissez quantité de doutes que j'avois sur différentes choses.

Ce que vous me marquez sur les deux Rapine, récollets[2], paroit bien fondé.

Vous me faites plaisir de m'apprendre ce qu'a ramassé votre Père Pelletier[3]; je compte que nous y verrons des choses qui auront rapport à nous.

J'ai communiqué au P. Martenne un contrat de mariage, qui auroit pu convenir dans l'ouvrage dudit Père. Connaissez-vous particulièrement ce religieux ?

Ce n'est donc pas la peine que je vous envoie l'annonce de saint Romule, la chose ne valant pas que vous écriviez exprès pour cela à M. Moullin. L'annonce du martyrologe n'a que deux lignes. C'est celui de Moutier-la-Celle de Troyes[4], je l'ai vu sur le lieu.

Je n'ai jamais cru que l'ouvrage de l'évêque Pérégrin regardât notre saint. Ainsi ne croyez pas que je conseille à qui que ce soit de le mettre dans une bibliothèque auxerroise.

Vous me feriez plaisir de me marquer quels sont les ouvrages de Lambert Daneau[5], outre ceux que La Croix du Maine lui

---

2. Voir, sur Charles Rapine, récollet, et sur ses ouvrages, la notice que lui a consacrée Née de La Rochelle, dans ses *Mém. sur le dép. de la Nièvre*, t. III, p. 99. Voyez *eodem*, p. 102, une autre notice sur Pascal Rapine de Sainte-Marie, neveu du précédent, et récollet comme lui.

3. Robert Martin Le Pelletier, chanoine régulier de Sainte-Geneviève, mort à Sainte-Honorine de Granville, le 13 février 1748, est l'auteur d'une *Histoire des comtes de Champagne et de Brie*, publiée après sa mort en 1752, par Lévesque de La Ravalière; voyez le P. Lelong, t. III, p. 317. Il avait aussi préparé une *Biblioth. des Écrivains de Champagne*, qui est restée manuscrite; voir *eodem*, t. IV, p. 524.

4. Moutier-la-Celle, *Cellense Monasterium*, abbaye de bénédictins de la congrégation de Saint-Vanne, auprès de Troyes.

5. Dans une note de la *Prise d'Auxerre*, p. 258, Lebeuf a parlé de Lambert Daneau, et cité ce que La Croix-du-Maine dit de ses ouvrages. Puis il ajoute : « Ce n'est pas la dixième partie des ouvrages de Daneau. » On voit, par la lettre ci-dessus, que cette dernière remarque émane du P. Prévost. Lambert Daneau était né à Gien-sur-Loire en 1530, et mourut à Castres en

attribue. Vous dites que ce bibliographe n'en marque pas la dixième partie.

Ce que vous me marquez, sur saint Richard, est digne d'attention. Je mettrai en sa place ce que vous dites 6, que ce saint refusa de venir à Auxerre, alléguant la résidence à laquelle étoit tenu tout évêque.

Vous me proposez une matière que je trouve de grande importance, mais où trouver des matériaux là-dessus ? Le cas est né depuis les nouvelles réformes; on ne peut combattre cette mauvaise pratique que par des raisons générales; au moins je crois que ce mal n'est pas si commun parmi les chanoines que parmi les moines. L'on n'y voit guères les doyens sortir du chœur pour aller dire leur messe basse pendant la grande, comme on voit des prieurs de moines le faire.

M. Archambaud m'a assuré, à son retour, que vous vous étiez entretenus de moi; mais il m'a ajouté que c'est au sujet de l'*Histoire de la prise d'Auxerre*, et que vous êtes convenus que cela n'auroit dû être que dans la grande histoire; mais, lorsque je vous en aurai envoyé un exemplaire, je suis sûr que vous avouerez que je n'ai pas eu tort de donner cet ouvrage séparément, surtout en ce temps-ci, où l'on prend les Appellants pour des hérétiques; et les notes, dont je l'ai accompagné jusque dans les pièces justificatives, commenceront à dessiller les yeux de nos anti-liturgistes.

Je me suis acquitté, dès le jour que je reçus votre dernière lettre, des compliments dont vous me chargiez envers MM. Carrouge et Villard. Le premier vous souhaite ardemment en ce pays-ci, et moi je me joins à lui, *ut vis unita sit fortior*. Je ne sais si votre piété s'accommoderoit de la vie de vos confrères. M. Carrouge

---

1596. Nous ne savons pourquoi Lebeuf ne l'a pas fait figurer dans le *Catalogue des Écrivains du diocèse d'Auxerre*, qu'il a publié à la fin de ses *Mémoires*.

6. Lebeuf a en effet mis à profit les renseignements que le P. Prévost lui fournissait sur saint Richard; voyez *Mém. sur le dioc. d'Auxerre*, t. I, p. 434. Cpr. *Martyr. auxerrois* de 1751, au 3 avril.

se faufile avec eux tous, à cause de son frère apparemment[7], mais pour moi je ne veux point contribuer au relâchement qui n'est déjà que trop grand. Le bon prieur de Saint-Père est un bon cœur[8], et c'est parce qu'il est trop généreux que l'on en abuse. Il en a avec lui qui font les mystérieux et les gros seigneurs. Croiriez-vous que jusqu'ici je n'ai pu parvenir à voir leurs registres mortuaires ou nécrologes, où j'espérois trouver mes ancêtres les Thuillant? Je ne sais si je dois appeler cela ridiculité ou non. A Notre-Dame-la-d'Hors et à Saint-Eusèbe on n'est pas si ridicule. J'en ai parlé trois ou quatre fois à M. le prieur, il me dit toujours : Venez manger de notre soupe et nous verrons. Ils ont lié ainsi, par le moyen des repas, la bouche à bien des gens qui auroient dû leur dire leurs vérités.

Comme je n'ai pu encore trouver un missel d'Auxerre semblable au gros que vous avez et que vous prêtâtes, il y a trois ans, à M. de La Chauvinière, je vous prie, si le commencement y est, c'est-à-dire le titre, de me le faire copier, et ensuite la feuille de janvier, février et mars, qui manque au mien, lequel ne commence qu'à ces mots, folio recto : *Gramen do gratum*, qui sont à la tête d'avril.

Je vous prie de me mander, aussitôt que vous le pourrez, si je pourrois écrire à votre Révérend Père général[9] une lettre touchant les rits de notre diocèse, et s'il est de l'humeur du précédent. Je crois ne devoir plus différer pour raison. Vous connoissez le terrain. S'il faut une feuille de nos cérémonies pour préparer les voies, ayez la bonté de donner la vôtre, s'il vous en reste, et je vous en ferai tenir une autre. Mais je puis vous

---

7. C'est-à-dire parce que son frère, Germain Carrouge, dont nous avons déjà parlé, appartenait à la congrégation des chanoines réguliers de Sainte-Geneviève, laquelle desservait l'abbaye de Saint-Pierre d'Auxerre.

8. Voir, sur le prieur de Saint-Pierre-en-Vallée, qui s'appelait François Clouet, la note 2 de la lettre du 13 janvier 1720.

9. L'abbé de Sainte-Geneviève de Paris, supérieur général des chanoines réguliers de la congrégation de France dite de Sainte-Geneviève, était alors Jean Polinier, élu pour la troisième fois en 1721 ; voyez *Gall. christ.*, t. VII, p. 812 et 815.

assurer que vous me ferez un très sensible plaisir de disposer toutes choses incessamment, pour que je puisse être connu à l'occasion des rits par votre Révérend Père abbé. Vous pouvez dire que j'eus l'honneur de le voir officier le jour de la Saint-Augustin dernière, et tout ce qu'il vous plaira. En un mot, je sens qu'il est bon et utile de prévenir.

Souffrez que j'insère encore cette fois-ci une lettre pour notre ami commun. Je ne prendrai plus désormais cette liberté. Je crois que vous ne me blâmerez pas d'avoir épargné la bourse de M. Blondel. Ayez la bonté cependant de la faire tenir le plus tôt que faire se pourra.

Je n'ai pas encore eu réponse de Clamecy.

---

113. — DE FENEL A LEBEUF.

6 février 1723.

J'ai beaucoup de joie de la lettre que vous a écrite M. notre archevêque [1] ; elle vous sera très utile dans les circonstances présentes. Je ne saurois approuver que vous acceptiez de signer un acte par lequel il paroisse que vous consentez à n'avoir aucune crastine ou vacance, et ensuite que vous fassiez une protestation pardevant notaire. Il me paroît bien plus naturel de vous pourvoir tout d'un coup contre le Chapitre, en le sommant de vous payer tout ce qui vous est légitimement dû, et, en cas de refus de le faire assigner et faire juger la question : c'est le parti que je prendrois. Si cependant vous ne pouviez vous déterminer à soutenir un procès, il vaut mieux protester contre votre signa-

---

LETTRE 113. — Publiée d'après l'autographe, collection de Fontaine.
1. Voyez, à propos de cette lettre de l'archevêque de Sens, et du sujet de la discussion entre Lebeuf et le Chapitre d'Auxerre, la lettre du 2 août 1722. Cpr. lettre du 21 février 1723.

ture que de ne rien faire ; mais à quoi cela servira-t-il? Car vos parties seront sans doute informées de votre protestation, et cela les portera sans doute à vous traiter avec la dernière rigueur, les années suivantes, en sorte que vous vous trouverez dans la nécessité d'obtenir des lettres de rescision contre votre propre signature ; et alors le fonds de votre cause en souffrira et sera moins favorable.

Nous continuons ici à force l'ouvrage de notre bréviaire et je crois que vous en serez content ; pour ce qui est du chant de notre graduel, nous avons engagé M. Poisson, vicaire de Sourdun [2], auteur de celui que vous avez vu, d'aller à Auxerre immédiatement après la quinzaine de Pâques, pour passer auprès de vous tout le temps nécessaire pour revoir son ouvrage et pour le perfectionner [3].

Si nous pouvons en avoir d'autres, il vous les portera, afin de décider entre les uns et les autres, et prendre ce qui sera de meilleur ; mais je doute que ces messieurs veuillent confier leur travail. Ils le donneroient volontiers, si on acceptoit le tout, et ils

---

2. Léonard Poisson, que les critiques les plus compétents de notre époque s'accordent tous à ranger parmi les hommes qui, au XVIIIe siècle, possédèrent le mieux la science du plain-chant et manifestèrent le goût le plus pur dans la composition de la musique d'église. Il naquit à Cerisiers, arrondissement de Joigny (Yonne), vers 1695 ; débuta par être simple vicaire du prieuré-curé de Sourdun, près de Provins (Seine-et-Marne) ; et devint ensuite curé de la petite paroisse de Marsangy près Sens, qu'il administra, non sans traverses, jusqu'à sa mort survenue le 10 mars 1753. Voyez, sur la vie et les ouvrages de cet homme trop peu connu, les Recherches biographiques que l'un des éditeurs, M. Chérest, a insérées dans le *Bull. de la Soc. des sciences de l'Yonne*, 1852, p. 43 et suiv. Cpr. la suite de la correspondance, *passim*.

3. On conserve à la bibliothèque de la ville de Sens une série de lettres adressées par Léonard Poisson au doyen Fenel, relativement à la composition des nouveaux livres de chant (Mns. *Carton de la liturgie sénonoise*, t. II, p. 625 et suiv.). Dans ces lettres, qui portent la date du 24 août 1723 et autres jours suivants, le nom de Lebeuf reparaît sans cesse. Il est évident que le modeste vicaire de Sourdun, après avoir passé quelque temps dans l'intimité du sous-chantre auxerrois, traite celui-ci comme un maître, dont, en général, il se plaît à suivre les leçons. Voyez les fragments de ces lettres, publiées dans le *Bull. de la Soc. des sciences de l'Yonne, loco citato*.

craignent la préférence. J'ai écrit à M. Desjours, curé de Domptilly [4], dont vous avez vu quelque chose, et je doute qu'il soit assez docile pour nous confier ce qu'il a fait. Pour M. Poisson, il ne cherche que le mieux, et convient qu'entre plusieurs compositions il faut choisir la meilleure, et que c'est le seul moyen d'avoir quelque chose de bien bon, mais tous n'ont pas la même docilité. M. de Vaterford a aussi écrit pour avoir des compositions qui ont été faites par d'autres compositeurs. Nous faisons copier nos anciennes, pour les envoyer à M. Poisson, pour en composer le chant, et ensuite vous les communiquer, afin d'imprimer les différents tons dans l'impression du nouveau bréviaire.

Je vous remercie de la continuation de vos soins pour augmenter mon médailler…

J'ai fait mettre au coche d'Auxerre, il y a quatre jours, un paquet à votre adresse, contenant les trois tomes du bréviaire de Sens et votre cahier manuscrit dont je vous remercie; la lecture m'en a fait plaisir, et j'y ai beaucoup appris, ainsi que dans tout ce qui sort de votre plume.

J'ai été malade, cela va mieux, et c'est ce qui a fait différer l'envoi du bréviaire.

---

114. — DE LEBEUF AU P. PRÉVOST.

7 février 1723.

[Cette lettre est signalée par M. Léon de Bastard (*Bulletin de la société des Sciences de l'Yonne*, 1857, page 557), comme ayant

---

4. Desjours, alors curé de Dontilly (Seine-et-Marne), fut un des ecclésiastiques qui fournirent des matériaux pour la composition des nouveaux livres de chant du diocèse de Sens. On trouve plusieurs lettres de lui dans le carton dont nous avons parlé ci-dessus.

été comprise dans le catalogue d'une collection d'autographes, (Charavay, novembre 1852, n° 291). Elle contient une longue liste d'auteurs Auxerrois peu connus, avec l'indication de leurs ouvrages ; liste préparée par Lebeuf pour la *Bibliothèque bourguignonne* de Papillon. Nous n'avons pu retrouver cette lettre, ni par conséquent la publier.]

---

115. — DE LEBEUF AU P. PRÉVOST.

Ce dimanche 21 février 1723.

Je vous remercie de m'avoir procuré une réponse de M. Villard, elle m'est tout à fait favorable, mais elle ne dit point encore assez. Il est fâcheux que ce monsieur ne se souvienne pas distinctement comment le Chapitre en a agi envers M. Barrault, qui fut le prédécesseur de M. Drinot, mon prédécesseur immédiat [1].

J'aurai l'honneur de vous dire, ainsi que je l'ai déjà mandé à M. de La Chauvinière par qui vous recevrez cette lettre, que M. Hurson, notre chantre [2], voudroit quitter sa chantrerie, s'il trouvoit à Paris quelque bon bénéfice simple à permuter. Je le sçais de lui-même. Il se dispose à y aller après Pâques pour cela.

LETTRE 115. — Cette lettre, ainsi que les deux suivantes, 116 et 117, est empruntée au recueil Sainte-Geneviève, 3 F, 13.

1. Claude Barrault, né à Auxerre, chanoine de l'église cathédrale, fut pourvu de la dignité de sous-chantre en 1674, et il la résigna en faveur de Germain Drinot, qui prit possession le 10 août 1694. Germain Drinot mourut le 28 septembre 1712, et il eut à son tour pour successeur, dans sa dignité de sous-chantre, l'abbé Lebeuf, qui prit possession le 30 septembre suivant.

2. Pierre Hurson, né à Paris, devint chanoine de la cathédrale d'Auxerre le 11 juillet 1670 (il n'avait que treize ans!), fut élu chantre le 28 juillet 1704, et, malgré les intentions que lui prête Lebeuf, il conserva cette dignité jusqu'au moment de son décès, survenu le 18 mars 1731. Il eut alors pour successeur à la chantrerie Mignot, dont nous avons souvent parlé.

Si j'avois un autre chantre que lui, je serois plus hardi à soutenir le procès qu'on voudroit me faire sur une vétille ³. La planche que M. le doyen nous a faite doit servir immédiatement au chantre avant que le sous-chantre passe dessus. Vous feriez une bonne œuvre si, par vous ou vos amis, vous nous procuriez un homme de tête. Mais toujours faites en sorte que l'on ne croie pas que cela vienne de moi. J'en mande aussi quelque chose à notre prélat. Il y est autant intéressé que qui que ce soit.

Le bonhomme Hurson n'entend ni *A* ni *B* dans son métier. On est heureux quand il reste chez lui. Car pendant tout l'office il prie Dieu tout haut à sa place, tant en françois qu'en latin ; et personne ne le craint, au contraire on se moque de lui.

Je me souviens qu'une fois vous me dites que, si je venois à Paris, je devois m'approcher plus près de vous et y venir dire la messe tous les jours. Comme l'honoraire qu'on donne chez vous peut aider à y faire la dépense nécessaire, je vous prie de me marquer quel est cet honoraire. Car, si étant absent, je ne gagne rien, du moins je ne veux pas tout perdre, et il faut tâcher à vivre de l'autel, puisque Dieu nous a fait la grâce de nous en faire un des ministres.

M. Papillon me mande qu'au premier jour M. Boyer⁴, le pré-

---

3. On a vu, par les lettres précédentes, que le Chapitre d'Auxerre prétendait priver Lebeuf d'une partie de sa prébende canoniale, à raison des absences auxquelles l'entraînait sa coopération à la réforme de la liturgie sénonaise. Pour comprendre ce que Lebeuf ajoute ici, il faut savoir que le Chapitre d'Auxerre contestait en outre aux doyen, chantre et sous-chantre le droit de prendre deux mois de vacances, comme les simples chanoines. Mais déjà le doyen Moreau s'était fait maintenir dans la possession et jouissance des vacances contestées, et ce par sentence arbitrale du 5 mai 1719. Le chantre Hurson n'osa pas profiter de ce précédent, ou, comme dit Lebeuf, de *cette planche*. Son successeur, Mignot, fut plus hardi et plus heureux : une conclusion capitulaire du 30 décembre 1735 lui concéda le même droit qu'au doyen. Enfin une troisième conclusion du 2 mars 1744 étendit la concession au sous-chantre, sur la réclamation de Carrouge, successeur de Lebeuf. Voyez Archives de l'Yonne, *Recueil Frappier*, t. VI, *passim*.

4. Jean Bouhier, président à mortier au parlement de Dijon, et membre de l'Académie française, né le 16 mars 1673, mort le 17 mars 1746. Sa bibliothèque, qui était célèbre et méritait de l'être, a passé en grande partie dans celle de la ville de Troyes, après avoir appartenu un instant à l'abbaye

sident, doit faire imprimer le catalogue de ses manuscrits qui vont à un millier de volumes; qu'on attend de Genève un supplément de Bayle, de Hollande, de 1720, 4 volumes in-folio, et que ce supplément sera en un volume aussi in-folio.

Je lui préparois deux bénédictins d'Auxerre, savoir : Dom Dominique Fournier, qui a donné la description des grottes de Saint-Germain, et Dom Jean Baillivet[5], qui a préparé la vie d'un saint solitaire du diocèse de Langres, dont il a été le confesseur durant quelque temps. Mais il m'a mandé que ces auteurs ne sont pas de son sujet; qu'il faut, pour être dans son livre, ou être né, ou être mort dans la Bourgogne, ou y avoir eu une dignité permanente.

Je crois que les archives de Clamecy sont impénétrables, je n'ai pu jusqu'ici avoir l'éclaircissement sur la date de la naissance de Jean Grasset.

Hier, il me tomba sous les mains une feuille de M. Noël, qui marque qu'il croit que Calepin, le fameux auteur du dictionnaire, étoit Auxerrois[6]. C'est ce que je ne voudrois pas croire sans garant. Il se fonde sur la similitude du nom de Choppin et Chauxpin, qui existoit à Auxerre de son temps, et sur ce qu'en 1610 ou 1612 il a vu dans le Chapitre d'Auxerre un vieux manuscrit du dictionnaire de cet auteur.

Ravisius Textor[7], dont Rapine, auteur de la vie du P. Gras-

---

de Clairvaux. On verra, par la suite de la correspondance, que Lebeuf finit par entretenir des relations assez étroites avec le président Bouhier.

5. Jean Baillivet, né à Séez (Orne), entra dans la congrégation de Saint-Maur à l'âge de 23 ans, le 5 octobre 1675. Il fut nommé prieur de Saint-Germain d'Auxerre, au Chapitre général de la congrégation, le 22 mars 1717, et continué dans ces mêmes fonctions le 29 juillet 1720. Il a écrit la vie de Jacques Chevreteau, autrement dit Jérôme de Saint-Joseph, ermite du diocèse de Langres. Dom Baillivet mourut à Saint-Lomer de Blois le 20 avril 1735.

6. Ambroise Calepino, lexicographe italien, né à Bergame, le 6 juin 1435, entra dans l'ordre de Saint-Augustin, et mourut le 30 novembre 1511. Il consacra sa vie à la rédaction d'un dictionnaire, qui parut pour la première fois en 1502, et qui a eu les honneurs d'un nombre énorme d'éditions, d'additions et de traductions.

7. Voyer sur Textor, Teissier ou Tixier (Jean Ravisius), écrivain Niver-

set, parle, étoit-il seulement du Nivernois et non de Nevers même, ou du diocèse? Quelqu'un l'a cru de La Charité. Pour moi, je me souviens bien d'avoir vu la réception d'un Ravisy, du diocèse de Nevers, à un canonicat d'Auxerre, dans nos registres, environ l'an 1530 ou 1540; mais il ne s'appelloit ni Jean ni Textor.

116. — DE LEBEUF AU P. PRÉVOST.

Ce 5 mars 1723.

Vous aurez reçu d'ici à quelques jours une lettre que je vous ai écrite par la voie de M. de La Chauvinière. Il n'y avoit rien de pressé dans cette lettre, autant que je puis m'en souvenir ; je crois qu'elle est du 21 de février.

Si je vous ai marqué dedans que je ne connoissois point de Colin dans les anciens habitants d'Auxerre, je me suis trompé : il y en avoit en 1568, et je le nomme même dans mon livre, car c'étoit un Huguenot.

Nous avons aussi eu dans notre ville un médecin, assez illustre au XVe siècle, appellé Jacques Lhoste[1]. M. Noël le fait Châlonois de naissance, c'est-à-dire du diocèse de Châlons-sur-Marne, et dit qu'après avoir été médecin de Nicolas V, d'Alfonse roi d'Aragon, de Jean Raulin cardinal-évêque d'Autun, etc., il se retira à Auxerre, vers Mgr Pierre de Longueil, qui le reçut avec plaisir; et ce médecin se bâtit ensuite une maison de pierre proche Saint-Eusèbe. Il infère cela de son testament, dont ledit Noël n'a copié que le commencement. Il nous apprend que ce médecin vint à Auxerre, chargé de reliques dont on lui avoit

---

nais, né à Saint-Sauge, et sur ses ouvrages, la notice que lui a consacrée Née de la Rochelle, *Mém. sur le département de la Nièvre*, t. III, p. 28.

LETTRE 116. — 1. Voyez, sur Jacques L'Hoste, *Mém. sur le diocèse d'Auxerre*, t. III, p. 370.

fait présent en différents lieux. Je croirois que cet homme auroit composé quelque livre : M. Noël le dit, mais il ne le prouve pas.

Connoîtriez-vous un livre fait à plaisir pour donner de la peine aux curieux de trésors? Il n'est pas que, dans une aussi vaste bibliothèque qu'est la vôtre, on n'y trouve les livres de mensonges, comme ceux de la vérité. C'est un livre où l'on suppose que les Anglois, qui ravageoient la France en 1357, 1358, 1359, etc., cachèrent en différents endroits ce qu'ils n'eurent pas le temps d'emporter; et on indique ces endroits, mais comme si on les avoit vus faire. Un homme du faubourg Saint-Martin m'a dit l'avoir vu en Beauce; j'y ai fait écrire, le livre ne se trouve pas. Il venoit d'une bibliothèque d'Angleterre, mais ceux qui avoient voulu s'en servir s'étoient donné en vain bien des peines; c'est un in-octavo. Si le livre avoit été manuscrit, j'y aurois ajouté plus de foi; mais seroit-il possible que, si on avoit tenu registre des lieux où il y a de l'or et de l'argent caché, on eût été assez simple pour imprimer ce livre?

Je ne répéterai point ce que je vous ai dit, ou que je crois vous avoir dit, touchant les fondements d'un château qu'on a trouvé proche Sainte-Geneviève [2], dans les vignes de Champeaux. Il y avoit dans les terres quelques morceaux de marbre, des tuiles carrées, creuses, comme dans le Poitou. On y a découvert un vieux manche de couteau de cuivre, qui paroît avoir été émaillé et qui a l'air d'un *secespita*. Il y a au bout une tête de bélier de cuivre, comme à celui du cabinet de Sainte-Geneviève est une tête d'aigle ou de coq. Voyez le livre du Père Du Molinet, p. (*sic*) [3].

2. Chapelle Sainte-Geneviève, près d'Auxerre: voyez Lebeuf, *Prise d'Auxerre*, p. 647. — Champeaux, climat du finage d'Auxerre, près de la chapelle Sainte-Geneviève.

3. Claude Dumolinet, chanoine régulier de la congrégation de Sainte-Geneviève, né à Châlons-sur-Marne en 1620, mort à Paris le 2 septembre 1687. On a de lui différents ouvrages d'érudition et de numismatique, parmi lesquels celui auquel Lebeuf fait allusion : *Cabinet de la Bibl. Sainte-Geneviève*, Paris, 1692, in-f°.

Ce dimanche 7. [4]

1723

Je viens de recevoir l'honneur de la vôtre, datée du 1er de ce mois, d'où j'infère qu'elle a été mise tard à la poste. Je conclus aussi de sa lecture que M. de La Chauvinière ne vous a pas encore remis la mienne du 21 février. Je ne sçais pourquoi vous me faites la cérémonie de me mettre des enveloppes, voilà la troisième fois que je le remarque. Je vous en dirai un mot plus bas. Venons au plus pressé.

Je vous prie d'envoyer aux Trente-Trois la lettre ci-incluse, lorsque vous l'aurez lue et cachetée. Je suis bien sûr que les deux ensemble n'auront payé que quatre sols.

Je suivrai votre avis touchant les réformes liturgiques à faire parmi ceux que vous connoissez. Vous me ferez toujours plaisir de décrire la feuille de février et mars, telle qu'elle est dans votre missel. Après tout, cela ne presse pas. Ne vous gênez pas non plus pour les ouvrages de Daneau. Songez plutôt aux Auxerrois. Vous ai-je prié de chercher les Instituts du droit civil, en vers hexamètres, par Claude Loyset [5], avocat Auxerrois ? On les dit imprimés chez Bouquet, à Auxerre, mais je ne les trouve pas ; je verrai les MM. Loyset. Voyez aussi l'écrit d'un Philippe Chrétien, sur les Arrests Notables donnés dans les cours souveraines, imprimé, dit-on, à Lyon en 1558. Noël dit que Draudius en parle, *Bibl. classica*, p. 45. J'ai trouvé les recueils imprimés de Lazare Ducrot [6], avocat et conseiller du roi. Je vous répondrai plus au long sur les Leclerc. Comme je suis à présent obligé de ménager les ports de lettres, m'en ayant coûté depuis un an pour plus de cinquante livres, je vous prie de prendre une demi-feuille pour m'écrire au long sans enveloppe ; j'en apprendrai davantage

---

4. Ceci est écrit à la suite de la lettre du 5 mars, et en forme la seconde partie.
5. Voyez, sur Claude Loyset, la notice que Lebeuf lui a consacrée. *Mém. sur le diocèse*, t. IV, p. 418.
6. Voyez, sur Lazare Ducrot, la notice de Lebeuf, *eodem*, p. 417.

de vous et il m'en coûtera moins, car on fait payer l'honneur de l'enveloppe.

M. Carouge va prêcher saint Thomas (sic); il m'a dit qu'il feroit un compliment à Mgr l'évêque, au sujet de la 18ᵉ année de son épiscopat, qui commence en ce mois-ci.

---

117. — DE LEBEUF AU P. PRÉVOST.

Ce 31 mars 1723.

La présente lettre est principalement pour vous donner avis que j'ai donné dimanche à un ecclésiastique du collège de Reims[1], à M. Hamelin, ami de M. Foynart[2], un paquet adressé à vous, qui renferme ce qu'il y a d'imprimé de l'*Histoire de la prise d'Auxerre*[3], excepté la préface et les pièces justificatives dont je ne vous envoie qu'un ou deux lambeaux. C'est afin d'avoir votre jugement sur cet ouvrage que je vous le fais tenir en feuille, et nul autre que vous ne l'a vu, pas même M. de La Chauvinière, depuis que je l'ai refondu. Je vous prie de me marquer si vous croyez qu'il puisse être de quelque débit, vu quelques anecdotes que j'y produis, du temps de Charles IX. Ceux qui veulent avoir tout ce qui paroît en fait d'histoire de France songeront à s'en pourvoir. Mais comment me conseillez-vous de le faire connoître? Mon style n'est pas assez beau, ni fleuri, pour que j'ose en offrir un exemplaire aux Journalistes des Sçavants. Tout au plus le *Journal de Verdun* et le *Mercure* pourroient en faire mention; mais auparavant voyez si, après en avoir fait la lecture, vous ne pourriez pas rédiger la notice de ce livre à un carré de papier:

Lettre 117. — 1. « Collège de Reims, fondé en 1412, en la rue des Sept-« Voies, en y réunissant celui de Rethel. » Lebeuf, *Histoire du diocèse de Paris*, t. I, p. 405.

2. Frédéric-Maurice Foinart, né à Conches en Normandie, sous-principal du collège de Beauvais, puis curé de Calais, finit par se retirer à Paris où il mourut le 29 mars 1743. Voir, sur sa vie et ses ouvrages, le *Supplément au Nécrologe des Appelants*, p. 110 et 230.

cela vous sera plus facile qu'à moi. Si nous étions dans des temps plus favorables, je n'aurois pas désespéré de pouvoir le dédier au Roi. C'est l'histoire d'une partie de la minorité et de la majorité de Charles IX.

Ce que j'ai mis en note à la page 199, sur vos mémoires, n'est pas exact, je le corrigerai dans l'*Errata* [3]. Mézerai, dans sa grande histoire, a pris mieux que vous et moi le sens des historiens, voyez la page 261. C'étoit le procureur du roi, de Lyon, qui s'appeloit Pierre d'Auxerre, de même qu'il y a des gens qui s'appellent Jean d'Autun, Jacques de Troyes, etc.; et cette famille du nom d'Auxerre se trouve aujourd'hui en Espagne, d'où, en 1721, elle a fait écrire à notre prélat pour faire rechercher un baptistaire dans les paroisses d'Auxerre, que j'ai cherché moi-même inutilement.

M. l'abbé Leclerc et moi nous avons travaillé, ces jours derniers, à vous donner plus de satisfaction sur les Leclerc [4]. Vous en nommez qui sont ici inconnus, tels que les Leclerc des Etangs, Leclerc de Feuquières; je crois que vous avez voulu rire au sujet de ce dernier et que vous avez eu vue M. Leclerc, ancien voisin de M. de La Chauvinière. Permettez-moi cette petite digression. J'ai vu un acte qui fait Antoine Leclerc de La Forest fils de Germaine Chevalier, dame de La Forest. Ce bien lui est venu du côté maternel.

J'ai profité de ce que vous m'avez écrit au sujet des Leclerc et des Daubuz. Les Daubuz étoient fils de Pierre Daubuz, procureur

---

3. Lebeuf avait dit dans sa note : « D'Aubigné et M. de Thou nous apprennent seulement que ce fut le procureur du roi de la ville d'Auxerre qui porta à Lyon l'ordre d'exterminer les Huguenots de la même manière qu'à Paris. » Il a rectifié ce passage, dans l'Errata, ainsi qu'il suit : « Nous apprennent qu'à Lyon... ce fut le procureur du roi, nommé Pierre d'Auxerre, qui porta au gouverneur... » Voyez, sur la famille qui portait jadis le nom d'Auxerre, les longs détails fournis par Lebeuf dans ses *Mém. sur le diocèse*, t. IV, p. 447 et suiv.

4. Ici, comme nous l'avons fait déjà, nous renvoyons le lecteur, pour tout ce qui concerne la famille Leclerc, à l'excellente notice insérée dans l'*Annuaire de l'Yonne*, 1854, p. 177 et suiv., par M. Leclerc, juge de paix d'Auxerre. Quant aux Daubuz, voyez les *Mém. sur le diocèse*.

à Auxerre, nommé dans la rédaction de la coutume en 1561. Le curé de Saint-Mamert ⁵ vient de me dire que les Daubuz sortent de sa paroisse, et qu'il a vu dans ses papiers des filles de ce nom. Pour moi, je n'ai vu qu'une Daubuz, dans le Nécrologe de Saint-Renobert, comme épouse d'un sergent, morte en 1610. Ce sergent se nommoit Thibaud Mayeur.

Le délai de la reddition de la lettre à M. Boidot est la cause qu'il n'a pu avoir l'honneur de saluer Mgr l'évêque, y étant allé trop tard. Il lui auroit demandé en même temps le *Cas de conscience* que j'avois envoyé à Sa Grandeur, et que Sa Grandeur m'a dit avoir rapporté de Paris ⁶.

Je vous envoie de l'autre côté de cette lettre quelques-uns des principes ⁷ que M. Clavel, donné pour censeur à mon apologie du mandement de notre prélat sur les rites, a écrit en marge de mes cahiers. M. l'abbé de Vienne a déclaré à Mgr l'évêque qu'il ne voyoit pas qu'il fût nécessaire d'avoir une permission, et que lui, évêque, pouvoit faire imprimer cet ouvrage sans cela. C'est le parti que Monseigneur m'a dit qu'il faut prendre, mais, auparavant, il faut bien réfuter tous les faux principes de ce docteur. Quand cette communication n'auroit servi qu'à nous faire voir ce que les Sulpiciens ⁸ ont dans l'âme, elle est venue fort à propos ;

---

5. Saint-Mamert, ancienne paroisse d'Auxerre, aujourd'hui supprimée. — Saint-Renobert, ancienne paroisse d'Auxerre, également supprimée. Lebeuf est né dans les limites de cette dernière.

6. L'opuscule dont parle Lebeuf a paru en 1726, dans la *Continuation des Mémoires de littérature du P. Desmolets*, t. I, première partie, p. 105, sous ce titre : « Cas de conscience, proposé à MM. les docteurs de Sor-
« bonne : savoir, s'il est permis à un chanoine, étant au chœur, de réciter
« en son particulier un autre office que celui qu'on chante publiquement. »

7. Lebeuf a écrit en renvoi : « M. l'abbé de Vienne, dont j'ai la lettre
« qu'il écrit à Mgr, a voulu lire quelques-unes de ses notes (*il s'agit des
« notes du censeur*), mais il n'en paroît pas content. » Pierre de Vienne, connu sous le nom d'abbé de Vienne, docteur en théologie, conseiller au parlement de Paris, et abbé commendataire de Saint-Martin de Nevers, mourut en 1726 : cpr. *Gall. christ.*, t. XII, p. 682, et *Mercure de France*, mai 1726, p. 1039.

8. Les membres ou directeurs du grand séminaire de Saint-Sulpice, institué vers 1645, sur la paroisse du même nom à Paris, et desservi par la compagnie de Jésus.

ce sont des objections qui auroient servi de réplique à mon écrit, et qu'il faut tâcher, par avance, de pulvériser. Faites-en, s'il vous plait, part à M. Boidot, quoique j'espère lui écrire au premier jour. Si vous avez des matériaux propres à réfuter ces principes, faites-moi la grâce de me les communiquer. Je lis le dernier tome des *Conciles* du P. Labbe [9] à ce dessein, et je n'y trouve que trois conciles qui entrent dans les pensées de notre docteur Sulpitien. Il n'y en a point eu dans la province de Lyon ni de Sens. Celui de Reims de 1564 m'est très favorable. Si vous avez des commentaires rares sur les endroits du concile, où il est parlé du bréviaire et missel, c'est là où, je crois, qu'il faut espérer de trouver quelque chose. Le petit livre de M. Sonnet, *de Breviario et Missali diocesanis*, me va servir à merveille.

M. Noël marque dans ses manuscrits qu'un nommé Adine, d'Auxerre, a été secrétaire de Gabriel de Sion, Grec, et qu'un autre Auxerrois, nommé Denis, l'a été, à Rome, du cardinal Bellarmin [10].

M. Grasset, de Clamecy, ne m'a pu faire encore réponse, parce qu'il a été dangereusement malade.

J'ai appris ces jours-ci que M. Moullin d'Ayremeaux est décédé le 2 du mois. C'est un nommé M. Bourgogne que je connois particulièrement et que M. Boidot connoit aussi, qui va être le premier de la réforme de Bocachard [11].

M. Blondel m'a aussi écrit ces jours derniers pour m'accuser

---

9. « SS. Concilia, ad regiam editionem exacta, quæ nunc quartâ parte prodit auctior, curâ Philippi Labbei et Gabrielis Cossartii, Paris, 1672, 18 vol. in-f°. »

10. Robert Bellarmin, cardinal et théologien fameux, né le 4 octobre 1542, à Montepulciano en Toscane, mort à Rome le 17 septembre 1721. — Gabriel Sionite, orientaliste célèbre, auteur d'une foule d'ouvrages importants, né à Edden sur le mont Liban en 1577, mort à Paris en 1648.

11. Sur le P. Moullin, fondateur de la réforme de Bourgachard, voyez lettre du 14 septembre 1721, note 6. Quant à son successeur, *que Lebeuf connoissoit particulièrement*, serait-ce le P. Marin Bourgogne, chanoine régulier de Saint-Satur en Berry, lequel fut quelque temps curé de Perreuse (canton de Saint-Sauveur-en-Puysaie, Yonne), et se démit de ladite cure le 14 décembre 1716 ?

la réception de la lettre que je vous ai envoyée pour lui le 27 janvier dernier. Il m'a dit qu'il ne venoit que de la recevoir. Il marque qu'il n'a pas d'envie de se déplacer.

Comment va sa *Vie des Saints* ?

Il me paroît qu'il faudroit faire une réfutation en forme des principes Sulpitiens, comme on en fit une en 1680, à l'occasion du bréviaire de Paris [12], et comme M. l'évêque de Saint-Pons en a fait une [13].

---

118. — DE FENEL A LEBEUF.

[8 avril 1723.] ¹

J'ai l'honneur de vous écrire pour vous dire que M. Poisson partira, si il n'y a pas de retardement imprévu, le jeudi 15 de ce mois, pour arriver à Auxerre le lendemain par la voie du coche. Mais, Monsieur, il ne logera pas chez vous; vous êtes trop occupé par rapport au logement. Il n'y prendra pas non plus ses repas, je vous prie que cela soit ainsi, cela se fait aux dépens du clergé et qui que ce soit ne vous en auroit obligation; je lui donnerai ce qui est convenable, et, si par hasard il lui falloit quelque argent, vous lui donneriez et je le rendrois ici à votre ordre, ou je vous le ferois tenir par la voie du coche. Il vous reportera le manche de couteau, je vous remercie de me l'avoir fait voir, je

---

12. Le bréviaire de Paris dont parle Lebeuf avait été publié en 1680, et il avait soulevé, *de la part des Sulpitiens*, de nombreuses critiques. L'abbé Chastelain, qui avait eu la meilleure part à la composition du livre attaqué, défendit son travail par un opuscule intitulé : *Réponse aux remarques sur le nouveau bréviaire de Paris*. Paris, 1680. La bibliothèque d'Auxerre possède un exemplaire de cette réponse annoté par Lebeuf (A. 658).

13. Voyez, sur le livre de l'évêque de Saint-Pons, la lettre du 16 août 1720 et les notes.

Lettre 118. — Empruntée à la collection de Fontaine.

1. Cette lettre n'est pas datée par le doyen Fenel; mais Lebeuf a écrit en haut de la première page : « *Reçue le 8 avril* 1723. »

ne le crois pas très ancien, paroissant avoir été émaillé. Or, les Romains n'ont pas connu l'art d'émailler, si je ne me trompe.

Je n'enverrai pas à M. Desjours votre lettre, à cause de ce que vous y avez mis, que vous ne vous amusez pas à composer du chant, etc.; car, du caractère dont il est, ce terme d'amusement le choqueroit.

Il est certain qu'il auroit été à propos que vous fussiez venu ici pour revoir notre chant; mais le peu de politesse de Messieurs de votre église, pour la plupart, a fait prendre le parti de vous envoyer M. Poisson. Ceci entre nous, s'il vous plait. Je vous plains d'avoir des personnes du caractère de votre jeune prêtre 2; mais il faut parler bas à présent, tout est moliniste et ultramontain. Ce que vous m'avez mandé de votre examinateur est quelque chose d'étonnant 3. Une personne de considération me disoit, ces jours passés, que M. votre doyen, lorsqu'il est à Paris, parle de M. votre évêque d'une manière qui ne se peut souffrir, même en pleine table, en présence de toute sorte de gens et de valets; ce Monsieur ajouta qu'il avoit été témoin de quelques-unes de ces conversations et qu'il en avoit été outré.

J'oubliois de vous prier de chercher quelque endroit pour M. Poisson, où il soit commodément et nourri honnêtement. C'est un homme dont les mœurs sont douces, zélé, et qui n'est pas incommode. Il ne faut pas, pour bonnes raisons, qu'il soit chez vous; je vous en dirai la raison de vive voix.

Vous sçaurez le jour de l'Assemblée provinciale par M. votre évêque, qui a été convoqué par son métropolitain.

Je voulois vous en dire davantage et remplir le papier, mais on

---

2. Il est assez difficile de deviner ce que Lebeuf avait pu écrire au doyen Fenel. Probablement il s'agissait des querelles qui divisaient alors le Chapitre d'Auxerre, et remontaient jusqu'à M. de Caylus. Pour se faire une idée de la violence de ces luttes, on peut lire le récit de l'étrange scène qui se passa, vers cette époque, dans une réunion capitulaire : *Vie de M. de Caylus*, par Dettey, t. 1, p. 166, et Chardon, *Histoire d'Auxerre*, t. II, p. 419.

3. Il s'agit évidemment du censeur chargé d'examiner, avant l'impression, le travail apologétique de Lebeuf sur le mandement de M. de Caylus : cpr. lettre du 31 mars 1723.

m'avertit que deux ecclésiastiques, qui souperont ici, sont arrivés. Il faut leur tenir compagnie. M. Poisson sera porteur du reste.

Je prends, néanmoins, le temps de me plaindre de vous, même de votre « Monsieur » que vous mettez tout au haut de la page, et la ligne de votre lettre seulement au milieu ; mais je me plains plus amèrement encore de ce profond respect, par où vous finissiez votre lettre...

119. — DE LEBEUF AU P. PRÉVOST.

20 avril 1723.

Je me donne l'honneur de vous écrire par un de vos confrères de Bocachard, qui a vu bien du pays, qui a parlé au Pape, au roi de Sicile, au prince Eugène, etc. Je le connois pour l'avoir vu demeurer ici trois ou quatre ans. Il en sortit en 1717. Si vous aviez une colonie à envoyer à Prague, en Bohême, il vous dira l'endroit. Il y étoit, il y a un an ou environ, et a mangé plusieurs fois à la table du fondateur, dont les desseins sont traversés par les Pères, qui se fourrent partout [1].

Je vous écrirai dans peu par une autre occasion, ou peut-être par la poste. Celle-ci n'est que pour vous mettre en colloque avec le porteur.

P.-S. — Je crois qu'à présent vous avez donné dans une autre extrémité et que vous ne voulez plus m'écrire.

LETTRE 119. — Cette lettre, ainsi que les deux suivantes, est empruntée au recueil Sainte-Geneviève, 3 F, 13.

1. Voyez, pour l'explication et le développement de ce passage, la lettre du 28 avril 1723 et les notes qui l'accompagnent. Le chanoine régulier de la congrégation de Bourgachard, par l'intermédiaire duquel Lebeuf écrit ici au P. Prévost, était originaire de Savoie, et s'appelait Clavel ; voyez la lettre du 20 avril 1725.

120. — DE LEBEUF AU P. PRÉVOST.

23 avril 1723.

La présente doit vous faire plaisir de plus d'une façon : 1° parce que je vous y marque qu'enfin le paquet, qui est le *Cas de conscience* du bréviaire, est parti [1];

2° Parce que je vous envoie la décision d'un procès auquel vous avez pris quelque part.

Je vous prie de garder ce petit paquet jusqu'à la Trinité ou environ, auquel temps vous pourrez (ou dès à présent, si vous le voulez) le faire tenir cacheté à Saint-Germain-des-Prés ; mais il seroit cependant inutile de l'y envoyer, attendu que le Père Général ne sera de retour de la Diète que vers ce temps-là, et qu'il ne convient pas de le lui envoyer à Marmoutier par la poste [2].

La personne, que ce paquet regarde, me pria de le donner à des députés pour la diète des Bénédictins ; je le lui promis, et il me l'ouvrit pour me faire voir ce qu'il y avoit ; mais étant allé trop tard à Saint-Germain, j'ai trouvé les Pères partis.

Je reviens au premier article. J'ai donné le *Cas de conscience* sur le bréviaire au prieur de Reigni, lequel m'a promis de le remettre au collège des Bernardins [3] à M. Houssemaine, laïc, agent de ce collège, et j'ai mis sur l'enveloppe qu'on ira le retirer chez lui.

---

1. Voyez les lettres qui précèdent et leurs annotations, sur l'opuscule de Lebeuf, intitulé *Cas de conscience*, et sur ses démêlés avec le Chapitre d'Auxerre.

2. Le Chapitre général de la Congrégation de Saint-Maur se tint, pour cette fois, le 7 juin 1723, à Marmoutiers. Dom Denis de Sainte-Marthe, déjà supérieur de la congrégation, y fut réélu de nouveau.

3. Le collège des Bernardins, appartenant à l'ordre de Citeaux, et qui portait le nom d'un des cisterciens les plus illustres, saint Bernard, était situé à Paris, près de l'église Saint-Nicolas du Chardonnet. Lebeuf. *Histoire du diocèse de Paris*, t. I, p. 559.

1723 Ainsi, n'attendez pas qu'il vous l'envoie. Voilà le second voyage que ce cahier fait à Paris. Il faut envoyer le matin de bonne heure chez M. Houssemaine, autrement on ne le trouve guère. M. Boidot ne sera pas fâché de voir ce *Cas*. Dites-lui que tout ce qu'il m'a annoncé du bureau de M. Clavel et de M. Grandcolas [4] est véritable. Ce dernier n'a pas daigné me faire réponse. Le premier a raisonné en ultramontain outré. A l'égard de l'autre paquet que je vous envoie, vous le recevrez des mains d'une demoiselle de Clamecy, qui a épousé un M. Prévost qui est dans quelque commission considérable à Paris. Elle m'a promis de vous le remettre elle-même. Sa demeure n'est pas loin de Sorbonne.

Oserais-je vous prier de faire un tour proche Saint-Eustache? Vous y verriez un antiquaire qui a passé ces jours derniers en cette ville; il m'a fait l'honneur de venir me trouver, sur ce qu'on lui a dit que je travaillois aux antiquités du pays. C'est un Lyonnois, nommé Genébrier [5], qui a écrit sur les médailles de *Magnia urbica* et *Nigrinianus* en 1704, et dont j'ai vu que les journalistes de Trévoux, en 1705 [6], ont parlé (quoiqu'avec leur ton despectueux), poussés par le sieur Henrion, maître de pension, écolier de celui-ci [7]. Il promet de donner une dissertation fort

---

4. Jean Grancolas, théologien français, né vers 1660, près de Châteaudun, mort à Paris le 1ᵉʳ août 1732. On a de lui un grand nombre d'ouvrages de liturgie et de controverse religieuse.

5. La nouvelle Biographie universelle, éditée par MM. Didot, parlant de Genébrier, s'exprime ainsi : « Sa vie est tout à fait inconnue : nous savons « seulement par ses ouvrages qu'il était médecin et qu'il s'occupa particu- « lièrement de numismatique. » Suit la liste de ses ouvrages. Voyez *Biographie Didot*, Vᵒ Genébrier. C'est là encore un érudit sur la vie duquel les lettres de Lebeuf répandent une lumière utile.

6. Le journal de Trévoux de 1705 contient, en effet, deux articles sur les travaux de Genébrier : voir pages 947 et 983. Comme le dit Lebeuf, ces articles sont en même temps l'examen des critiques dirigées contre Genébrier par « M. Henrion, antiquaire aussi distingué par son érudition que « par la place qu'il occupe dans l'Académie royale des Inscriptions, place « qui ne se donne qu'au mérite. » (J. de Trévoux, 1705, p. 986).

7. Henrion, numismate, né à Troyes le 6 décembre 1663, et mort le 24 juin 1720 ; voyez *Biographie Didot*. Au moment de ses discussions avec Genébrier, il était élève à l'Académie des Inscriptions et Belles-Lettres, titre auquel font allusion les journalistes de Trévoux ; voyez note précédente.

ample sur Carausius 8. Il m'a dit qu'il en a plus de médailles que le Roi, et qu'il avoit passé à Autun, exprès pour voir cette ville, par rapport audit Carausius; qu'il ne veut pas être de l'Académie de France pour être plus libre dans ses opinions, et que les Anglois et les Allemands lui rendent plus de justice que nos journalistes. Il m'a dit confidemment qu'il va en Angleterre dans quinze ou vingt jours, et qu'il demeurera à Londres, où déjà il a été plusieurs fois avec M. le duc d'Aumont 9, et qu'il est ou qu'il va être de la Société royale de Londres, ayant milord Quarterey pour protecteur. Cet antiquaire est ami d'un M. Duhamel, professeur au collège des Grassins 10, neveu du fameux physicien de ce nom 11. S'il avoit le loisir, il iroit vous voir, sur le récit que je lui fais de votre mérite. Je lui ai montré tout ce qu'on a trouvé cet hiver à Champeaux, proche Sainte-Geneviève; il a estimé tout cela ancien, quoique non très précieux. La médaille de Licinius est ce qui lui a fait le plus de

1723

Auparavant, il avait fait partie de la Congrégation de la Doctrine chrétienne, et, en cette qualité, il avait professé dans quelques-uns des établissements que possédaient les doctrinaires, notamment à Noyers et à Avallon. Dans cette dernière ville, il enseignait la philosophie et l'hébreu. C'est sans doute à cette partie de la carrière de Henrion que fait allusion Lebeuf, lorsqu'il le qualifie de *maître de pension*.

8. Parmi les ouvrages de Genébrier figure une *Histoire de Carausius, empereur de Grande-Bretagne, collègue de Dioclétien et de Maximien, prouvée par les médailles*. Paris, 1740, in-4°. Voyez aussi, dans le *Mercure de France* (septembre 1731), une lettre de Genébrier *sur une médaille singulière de Carausius, adressée à milord comte de Pembroke*.

9. Louis-Marie-Victor d'Aumont, né en 1632, mort en 1704, exerça de hautes fonctions militaires et administratives sous Louis XIV, et fut membre de l'Académie des Inscriptions et Belles-lettres. — Milord Carteret fut ambassadeur d'Angleterre en Suède, après la mort de Charles XII : voyez *Mémoire de M. de Campredon sur les négociations du Nord* (*Cabinet historique*, t. V).

10. « Le collège des Grassins a été fondé pour les pauvres de la ville de Sens et des environs, vers l'an 1571, par MM. Grassin, rue des Amandiers. La chapelle fut bénite en 1578. L'abbé Chastelain, célèbre chanoine de Notre-Dame de Paris, qui avait été élevé dans ce collège, en parle dans ses mémoires manuscrits comme d'une excellente école. » Lebeuf, *Hist. du diocèse de Paris*, t. I, p. 406.

11. Duhamel (J.-B.), célèbre astronome et physicien, né à Vire (Calvados), en 1624, mort le 6 août 1706.

plaisir. Il a aussi vu les inscriptions de cette ville; je l'ai mené partout, et, comme il m'a fait offre de services en Angleterre, je lui ai donné une lettre pour M. Daubuz, prêtre anglican. Il m'a promis de la lui remettre et de m'en faire avoir des nouvelles, et de lui expliquer la mienne, s'il n'entend pas le françois. Je prie ce Daubuz de nous donner connaissance des débats littéraires de son grand-père ou grand-oncle Charles, afin qu'on en puisse parler dans la Bibliothèque bourguignonne, et je lui promets sur sa famille, originaire de cette ville, tout ce qu'il en pourra souhaiter. Je souhaiterois qu'il vous prît envie de faire la débauche d'aller voir ce M. Genébrier, à deux heures après-midi, à la deuxième ou troisième porte cochère à droite de la rue Plâtrière, en entrant, lorsqu'on vient de la rue Quitonne, proche Saint-Eustache. Il me montra les médailles et statues qu'il avoit achetées à Autun.

Autre événement. Il est passé, mardi dernier, en cette ville, un chanoine régulier que j'ai connu ici à Auxerre en 1715, 1716 et 1717. Il est de la congrégation de M. Moulin dont je lui ai appris la mort. Ce bon religieux (je ne sçais par quelle occasion) s'est trouvé faufilé avec les gros bonnets de l'Oratoire, dès l'an 1718, (peut-être à l'occasion de son premier voyage à Rome). Le P. La Borde [12] et d'autres l'ont envoyé en Flandre, auprès de M. Ernest, chanoine opulent de Sainte-Gudule de Bruxelles. Là, il a été propre, tout Savoyard qu'il est, d'aider M. Offremont, célèbre curé de Liége [13]; et ensemble ils ont été à Vienne en

---

12. Vivien de la Borde, prêtre de l'Oratoire, né à Toulouse en 1680, mort le 5 mars 1748. Voyez sa vie et ses ouvrages, dans le *Nécrologe des défenseurs de la vérité*, t. IV, p. 113 et 209. Le P. de la Borde avait accompagné à Rome, en 1716, l'abbé Chevalier, chargé par le Régent d'engager le pape Clément XI à expliquer la bulle *Unigenitus*.

13. Servais Hoffreumont, curé de Grasse, au diocèse de Liége, mort en Hollande le 2 mai 1737, âgé de 75 ans ; voir *Nécr. des déf. de la vérité*, t. I, p. 393. On y lit ces mots : « Il résolut (Hoffreumont) de s'opposer de « toutes ses forces à ce que la bulle (*Unigenitus*) fût introduite dans le dio-« cèse. Pour cet effet, il eut le courage, en 1720, de faire le voyage de Vienne, « et il obtint de l'empereur un rescrit qui défendoit à l'évêque de Liége « d'inquiéter personne au sujet de la Bulle. Le prélat fut piqué de cette

Autriche, tout cela depuis deux ans. Ce bon religieux y étoit dans le fort de tous les mouvements qu'on s'est donnés pour les décrets auliques. Il m'en a parlé assez savamment; et il s'est aperçu que, la Bavière exceptée, tout le reste de l'Allemagne est contre la constitution *Unigenitus*, qu'on y lit le P. Quesnel fort communément [14], même les princesses et dames, *verbi gratiâ*, dans la Silésie, Bohême, etc. Il m'a entretenu du comte de Sporck [15], lequel demeure proche Prague, et y a bâti un monastère où il voudroit mettre des religieux de bonne doctrine. Il m'a même persuadé de faire tenir à ce comte mon livre, et que cela lui fera plaisir. De Vienne, il est venu à Rome, où il a parlé à maints cardinaux, au Pape même. Je ne sçais si ce n'est pas de son temps que la *Tour de Babel* et la *Lettre des sept évêques* ont été remises à Sa Sainteté [16]. S'il vous va voir, comme il me l'a promis, en vous remettant un mot de lettre de ma main, auquel vous le reconnoitrez, je vous conseille de le bien interroger; il vous apprendra peut-être moultes choses qu'il n'a pu me dire, de crainte de violer les secrets de sa commission. Je ne sçais s'il vous dira qu'il a été volé proche Florence, en revenant de Rome. Il a fallu qu'il me l'ait dit pour rendre croyables les circonstances

1723

« demande, et fit tant que le rescrit fut révoqué. M. Hoffreumont, prévoyant
« tout ce qui pouvoit lui en arriver, prit le large et se retira en Hollande... »
Cpr. sur Hoffreumont et son appel au Conseil aulique l'*Histoire du livre des réflexions morales et de la constitution Unigenitus*, par Louail et Cadry, t. III, 3e section, p. 1.

14. Le célèbre auteur du livre des *Réflexions morales sur le Nouveau-Testament*, et par conséquent des cent-et-une propositions condamnées par la bulle *Unigenitus*, Quesnel (Pasquier), prêtre de la Congrégation de l'Oratoire, naquit à Paris le 14 juillet 1634, et mourut à Amsterdam le 2 décembre 1719.

15. François-Antoine, comte de Spork, né le 9 mars 1662, et mort le 30 mars 1738, en Bohême. Il consacra tous les revenus de son immense fortune à une foule de fondations d'utilité publique.

16. « *La Tour de Babel* ou la division des évêques de France qui ont eu
« part à la constitution *Unigenitus* depuis l'année 1714, pour servir de plan
« à une histoire des variations de ces prélats. » Voyez, sur ce curieux libelle, qui parut en mars 1721, l'*Histoire du livre des Réflexions morales et de la Constitution Unigenitus*, t. II, p. 610. — Quant à la *Lettre des sept évêques à Innocent XIII*, et aux circonstances dans lesquelles elle fut re-

de sa commission. Car il a aussi parlé au duc de Savoye, son maître, au prince Eugène [17]; et il avoit un air un peu plus mondain que celui dans lequel vous pourrez le voir.

Voilà deux passages qui m'ont fait bien plaisir, à cause des relations que cela peut m'occasionner avec les étrangers.

Je vous dirai que cela ne m'a point empêché de songer à vous et d'être toujours inquiet de ce que, après m'avoir écrit de petites lettres de quatre lignes, aux mois de janvier et février dernier, vous ne m'écrivez plus du tout. Auriez-vous voulu me déshabituer petit à petit d'avoir relation avec vous? A Dieu ne plaise. Vos lettres m'ont toujours été très agréables, toutes briéves qu'elles se soient trouvées. Je n'ai trouvé à redire que de ce que je n'y apprenois pas assez, et qu'au lieu d'employer tout le papier, vous m'en envoyiez encore d'inutile par principe de civilité, à moi, que vous savez être sans façon et ne souhaiter de vous que des lettres écrites de tous les côtés. La matière ne doit pas vous manquer à présent. Vous avez dû recevoir des mémoires sur MM. Leclerc aussi amples que vous pouviez les désirer. Mais je ne sçais comment ajuster ces traditions particulières d'Auxerre avec tout ce que dit le P. Anselme, qui ne dit pas un seul mot qui conduise à faire connoître la branche du procureur du roi d'Auxerre [18]. J'ai vu une charte de Louis XI, datée d'Amboise le 28 septembre 1470, au bas de laquelle il y a : « *Par le Roy*, le sire Du Lude et autres, présens. F. Leclerc. » C'est apparemment un secrétaire.

Songez, s'il vous plaît, que le *Cas de conscience* est arrivé à Paris dès le mercredi 21 de ce mois, et qu'il seroit fâcheux qu'en retardant trop de l'envoyer retirer chez M. Houssemaine, il fût perdu ; il m'a causé beaucoup de peine.

---

mise au pape, voyez la *Vie de M. de Caylus*, par Detley, t. I, p. 146 et suiv.

17. Victor-Amédée II, duc de Savoie, roi de Sardaigne. — Eugène-François, prince de Savoie, comte de Soissons, si connu sous le nom du prince Eugène.

18. Le P. Anselme paraît, en effet, avoir été fort mal renseigné sur la branche Auxerroise de la famille Leclerc. Voyez la notice que nous avons déjà citée. *Annuaire de l'Yonne*, 1854.

Je vous réitère encore l'humble demande que je vous ai faite, de me marquer ce que vous pourrez remarquer dans les cahiers de mon Histoire, que vous devez avoir reçus, à la réserve des trois derniers cahiers de la préface et des pièces justificatives, tant par M. Hamelin, du collége de Reims, que par M. Foudriat, ancien Gilotin.

Ayez donc la bonté de me faire une réponse au moins aussi longue que l'est cette lettre, et vous obligerez sensiblement celui qui est persuadé que la matière ne doit pas vous manquer, qui l'attend par la poste, et qui est, avec la reconnoissance la plus respectueuse, etc.

P.-S. — Si le R. P. Corrayer, que je salue, a quelque chose à envoyer en Angleterre, M. Genébrier est une belle occasion. Je ne reçois plus de nouvelles de M. de La Chauvinière, je ne sçais pourquoi.

---

124. — DE LEBEUF AU P. PRÉVOST.

Ce mercredi, 9 juin 1723.

Je ne sçais si vous aurez vu quelqu'un de la part de M. Julliot, curé de Courgy[1]. Ce soir, je lui ai écrit pour le prier instamment qu'il voulût bien se charger des papiers que vous m'avez préparés, devant partir mercredi, qui est demain. Je souhaite avec bien de l'empressement de recevoir le fruit de vos doctes recherches. Il seroit fâcheux que vos remarques vinssent trop tard. Le procureur de Saint-Germain arriva hier de Paris ; si j'avois sçu

---

1. Henri Julliot, prêtre du diocèse de Langres, d'abord chapelain (3 mars 1716) de la chapelle Saint-Jacques-le-Majeur, située sur la paroisse de Courgis, puis curé de l'église paroissiale de ce même village. — Courgis, autrefois Courgy, canton de Chablis (Yonne).

son départ, je vous aurois prié de lui envoyer votre paquet Saint-Germain-des-Prés.

Vos messieurs de Saint-Eusèbe m'ont prié de venir dans leur chartrier pour visiter leurs titres, à l'occasion de ce qu'on leur demande de Paris des preuves de leur conventualité. Ne seroit-ce point vous qui leur avez fait écrire? J'y ai été, et nous avons trouvé sept ou huit titres, qui prouvent qu'il y avoit depuis le XIIe siècle plusieurs religieux vivant en commun, et même qu'on y a fait le noviciat dans le dernier siècle. Si je sçavois que ce ne fût pas de votre part, je vous marquerois ici ce que j'ai vu. Le P. Maia ? s'est chargé de l'envoyer.

Je vous envoie une lettre d'un de vos prieurs qui peut vous faire plaisir. Vous devriez faire venir à Paris le manuscrit fait sous l'abbé Eberard [3].

Je souhaiterois sçavoir au plus tôt (je vous l'ai demandé il y a plusieurs mois) si je pourrois compter sur l'honoraire de mes messes, si, étant à Paris, je la célébrois dans votre église à la décharge de votre sacristie, et à combien cela monte par messe. J'ai un certain arrangement à prendre pour raisons; et si l'honoraire se trouve considérable, cela pourra m'engager à aller passer près de vous plus de temps que je ne ferois autrement. Je prendrois mes repas aux communautés de M. Ducreux, pour être plus à portée de votre bibliothèque; et je ménagerois ma bourse le plus que je pourrois, étant pour le présent très petite, à cause des dépenses extraordinaires que j'ai été obligé de faire, depuis un an, comme père de famille. Je vous prie de me faire là-dessus réponse au premier ordinaire, et, si mon paquet n'est pas parti, joignez à votre lettre la feuille de vos remarques les plus pressées;

---

2. Ou Maia ; le nom est presqu'illisible.

3. Il semble qu'en écrivant, au courant de la plume, Lebeuf ait commis là une légère erreur, et qu'il ait voulu parler, non pas d'un manuscrit écrit sous l'abbé Eberard, (il n'y a jamais eu à Auxerre d'abbé de ce nom), mais bien du Lectionnaire d'Ebrard. Lectionnaire que les Jansénistes Auxerrois invoquent si souvent à l'appui de leurs doctrines. Voyez, sur ce manuscrit aujourd'hui perdu, la *Tradition de l'église d'Auxerre*, dans le *Cri de la Foi*, t. III, p. 227.

car, si vous avez remarqué quelques fautes dans mon livre [1], outre celles que j'ai remarquées moi-même, il est temps de me l'envoyer, puisqu'on va bientôt composer l'*errata*.

J'ai été plusieurs fois chez la demoiselle qui m'a envoyé un billet de votre part, sans pouvoir me faire entendre à la porte. Je ne sçais si elle a changé de demeure. J'aurois peut-être mis à mon tour ce mot de lettre dans la sienne.

---

122. — DE FENEL A LEBEUF.

4 juillet 1723.

[Cette lettre, qui se trouve dans la collection de Fontaine, porte pour suscription : « A M. Lebeuf, chanoine et chantre de « l'église d'Auxerre, chez madame Lebeuf, veuve de M. Lebeuf, « secrétaire du roi, rue de la Harpe, près Saint-Cosme, à Paris. »
Elle débute par ce passage sur la *Prise d'Auxerre par les Huguenots* : « J'aurois souhaité vous envoyer votre livre qui est « entre les mains de M. Mouffle. Mais il vous fait lui-même ses « observations, et il souhaite voir le carton que vous avez fait « faire [1], étant persuadé que vous maltraitez trop deux de vos « évêques, qui, quoique peu vertueux, ont néanmoins des « familles, qui ne souffriroient pas patiemment qu'on divulguât « leur infamie. »
Fenel recommande ensuite à Lebeuf les achats de médailles dont il l'a précédemment chargé. Il ajoute : « Vous ne me dites « pas un petit mot de notre très cher M. de La Chauvinière [2].

---

1. Voyez la suite de la correspondance, *passim*, quant à la composition de l'*Erratum* que Lebeuf imagina d'ajouter, sans autorisation préalable, à son livre sur la *Prise d'Auxerre*, et quant aux incidents auxquels cette addition donna lieu.

LETTRE 122. — 1. Voir, sur ce carton, la suite de la correspondance.
2. Voir, sur les derniers jours de M. de La Chauvinière, la lettre du 25 mars 1724.

« Est-ce qu'il n'est plus à Paris? Marquez-lui bien, je vous en
« supplie, ma peine de ne l'avoir pu déterrer dans Paris. Seroit-
« il impossible de l'attirer ici pendant quelque temps avant notre
« impression ? »

Le reste de la lettre est sans intérêt.]

123. — DE LEBEUF A FENEL.

28 juillet 1723 [1].

J'ai été, conformément à ce que vous avez eu la bonté de m'écrire, chez M. de Luysant [2], lequel m'a donné ce que je lui ai demandé. Je n'ai pas cru devoir aller jusqu'à un louis; il m'a donné 27 livres, dont j'ai employé déjà les trois quarts. Vos deux vieux m'ont fait voir 254 médailles qu'ils font 300 livres. Les plus belles ou plus rares étoient dans des petits papiers dont j'ai pris le nom. Un autre à qui on m'a adressé veut avoir 200 livres de quarante-deux, que je n'ai pas vues. Ce prix m'a fait passer l'envie de les voir.

J'ai été rendre une visite de cérémonie au P. Chamillard, qui m'a assuré qu'il y avoit trois ou quatre personnes qui en ramassoient à Sens, et qu'on le lui avoit dit. Ce sont deux chanoines, dont il n'a pu me dire le nom. Mais certainement, depuis vous, quelqu'un a encore fait une ronde chez tous les marchands de Paris. Ils me disent tous qu'ils voient sans cesse des gens leur en demander, c'est ce qui en fait la rareté et la cherté.

LETTRE 123. — Cette lettre, écrite à Paris, est empruntée à la collection de Fontaine, ainsi que les deux suivantes, n°s 124 et 125.

1. Le millésime de 1723 n'est pas de la main de Lebeuf. Il a été ajouté après coup par l'un des Fenel; mais cette adjonction est certainement exacte. En effet, Lebeuf, entraîné par le désir de fouiller les bibliothèques de la capitale, a passé tout le mois de juillet 1723, à Paris, au risque de voir rogner sa prébende par la sévérité jalouse de ses collègues du Chapitre Voyez lettres des 4 juillet 1723 et 5 novembre 1728.

2. Charles-Nicolas Fenel de Luysant, l'un des frères du doyen Fenel.

Une personne m'en a encore promis aujourd'hui. Ce sont des inconnus qui font agir des personnes tierces.

Je compte partir demain ; j'ai mis au coche un paquet de toile mal construit, à l'adresse de M. Dufeu, dans lequel il y a les médailles que je vous ai achetées jusqu'ici, et des livres que je suis bien aise de vous faire voir. Mais, ce qu'il y a de plus considérable sont les cahiers de votre missel remplis de remarques. En le faisant enregistrer, on m'a dit que M. Dufeu étoit à Paris. Je prenois son nom pour avoir meilleur marché ; voyant cela j'ai dit que c'étoit pour sa femme ou quelqu'un de chez lui ; on l'a pesé, il pèse 30 livres ; il pourra coûter 25 sols de port ou environ. Il doit y avoir environ 5 livres de cuivre. Je ne sçais si vous serez content des médailles modernes que j'ai achetées voyant les anciennes trop chères.

Si je ne suis pas arrivé après demain vendredi, qui est le jour que le paquet sera déchargé à Sens chez madame Dufeu, je vous prie de le faire retirer et de l'ouvrir ; les médailles sont dans le milieu. Les vieilles sont dans un mouchoir sale. Excusez la malpropreté, le vert-de-gris qui est dedans vous fera faire abstraction de l'enveloppe.

P.-S. — Si vous voyez des gens d'Auxerre, dites-leur que Mgr l'archevêque est surpris des difficultés qu'on me fait lorsque je travaille pour son diocèse [3].

---

3. Ces difficultés ne devaient pas tarder à s'aplanir. Voyez Recueil Frappier, t. VI, *Mém. sur la conduite du Chapitre à l'égard des personnes distinguées*, p. 28. « Le 30 juillet 1723, lecture faite d'une lettre de Mgr
« l'archevêque de Sens, par laquelle il mande qu'il a besoin de M. Lebeuf,
« chanoine et souchantre, pour la révision d'un nouveau bréviaire de son
« diocèse. Messieurs ont prié M. le doyen de lui écrire une lettre d'honnê-
« teté, et de lui marquer que cela leur fa soit plaisir, puisque cela lui en
« fait ; et même, qu'en sa considération on tiendra présent à l'office le sou-
« chantre, pendant le temps qu'il sera absent dans son diocèse. »

124. — DE LEBEUF A FENEL.

Octobre 1723.

Comme je ne sçais pas si Mgr notre évêque vous a fait réponse à la lettre que je lui remis de votre part, et que je ne puis le sçavoir sans aller à Régennes, où il est toujours, je prends la liberté de vous écrire pour en sçavoir des nouvelles. Sa Grandeur étoit en compagnie lorsque cette lettre lui fut remise, et il ne put m'en dire son sentiment. Je vis seulement, à la lecture qu'il en fit tout bas, qu'il vouloit prendre un moment libre pour réfléchir; mais, étant pressé de revenir ici, je ne pus lui en parler en particulier. Une personne qui est auprès de lui, et qui reçoit souvent des nouvelles de la personne du clergé absente, m'a écrit que la plupart des curés donnent dans les souscriptions, du moins dans son canton, qui est du côté de la Loire. Ainsi, je vois qu'il en faudra toujours revenir là. Je vous prie donc, Monsieur, de faire en sorte que M. Jannot ne s'en éloigne pas, et qu'il conserve sa première bonne volonté à ce sujet.

On me conseille de vous prier de lui représenter encore qu'il demande trop pour son indemnité, et de lui faire trouver bonne et suffisante la somme de quatre cents livres; en second lieu, de donner deux ans pour le débit ou enlèvement des exemplaires, au bout desquels, s'ils ne sont enlevés de chez lui, ladite somme de 400 livres lui restera.

En troisième lieu, que le paiement des exemplaires restants se puisse faire en quatre termes, d'un an à un autre.

---

1. La lettre 124 n'est pas datée par Lebeuf; seulement le doyen Fenel a écrit, en haut de la première page : *En 1723, au mois de....* (*sic*). Nous complétons cette indication en nous fondant : 1° sur ce que Lebeuf y parle d'un article du *Journal de Verdun*, qui parut au mois d'octobre 1723 ; 2° sur ce qu'il indique les fêtes de la Toussaint comme alors prochaines.

J'aurai l'honneur de vous dire, Monsieur, que, si Mgr l'évêque ni le clergé ne le faisoient pas, il y aura des gens assez zélés pour entreprendre ce débit à leurs risques et périls, et pour faire en ce temps-là un traité avec M. Jannot. Mais, s'il plait à Dieu, on ne sera pas dans cette peine-là. Ceci soit dit entre nous.

Pour en revenir aux trois articles ci-dessus, si M. Jannot les passe, ayez pour agréable de me le faire savoir au premier ordinaire. Monseigneur se rendra ici vendredi 29, pour assister à l'action de grâces dimanche prochain, et il y restera les fêtes, et je lui lirai encore votre lettre. Mais faites en sorte que M. Jannot soit seul avec vous, et pour cela ayez la bonté de le faire venir un peu après votre lever; je me suis aperçu que, quelques personnes disant comme lui en sa présence, il se rend plus difficile.

En tout cas, Monsieur, je vous supplie instamment de me faire l'honneur de m'écrire au premier ordinaire, non une lettre bien longue, à cause de votre incommodité, mais une lettre très pressante en peu de paroles, où il soit marqué que voilà la plus belle occasion du monde qui se présente et qu'on va laisser échapper, si on ne se presse; que, Troyes ayant fait pour un nouveau bréviaire la dépense de 15 ou 20 mille francs, l'évêque de Nevers étant près d'en faire autant pour le sien, Auxerre auroit, ce semble, bien tort de reculer, tandis qu'on ne demande rien et qu'il ne s'agit que de risquer 400 livres, qu'on sera même maitre de retirer si on veut; qu'une bagatelle comme cela ne devroit point arrêter la plus belle occasion de faire honneur au diocèse d'Auxerre.

Je vous prie d'ajouter ce qui suit, en ces termes ou équivalents :

« Vous n'oublierez pas, sans doute, dans l'article de la vie de
« vos évêques d'Auxerre, ce beau trait de l'épiscopat de Mgr de
« Caylus; je sçais que vous ne ramassez pas moins de mémoires
« sur vos évêques morts ou vivants que je fais à l'égard de ceux
« de Sens, et vous devez vous ressouvenir de la conclusion que
« nous vous avons envoyée de notre Chapitre, du 11 octobre
« 1717, qui fait foi du zèle de Mgr votre évêque pour la réforme

« des livres d'église, et pour leur conformation à ceux de la
« Métropole, suivant l'esprit des canons. Vous m'avez envoyé
« autrefois une consultation faite à ce sujet par les docteurs de
« Sorbonne, qui décidèrent qu'un évêque est dans la règle lors-
« qu'il imite la Métropole dans la psalmodie, calendrier, etc.
« Mgr notre archevêque a cité les canons qui regardent ce fait de
« discipline, dans son mandement pour le bréviaire de Troyes.
« Il ne s'agit donc plus que d'achever ce qui fut commencé en
« 1717, et au sujet de quoi vous avez fait tant de voyages en
« cette ville, en conséquence de la demande que nous fîmes
« alors de vous à Mgr votre évêque. S'il vous falloit imprimer
« votre bréviaire en particulier, aucun imprimeur ne le voudroit
« faire pour quinze mille francs. En voilà un qui l'entreprend
« pour rien, et vous différez. »

Je ferai voir cette lettre non-seulement à Sa Grandeur, mais encore à un membre du clergé qui n'a jamais hâte ; et, sur l'effet qu'elle produira, je compte retourner à Sens après la Toussaint, pour y passer encore deux jours. J'aurai l'honneur de m'instruire à fond de vous-même sur notre trésorerie. Je suis fâché de ne vous en avoir pas parlé plus tôt.

Quand vous aurez fait usage de cette lettre, je vous prie... ?

Il est venu ici un homme de Nevers, qui m'a dit avoir passé chez vous il y a environ trois ans. Il rôde perpétuellement pour ramasser des médailles. Il m'en montra bien cinquante, mais peu de rares ; c'étoit apparemment son rebut. Ce que je lui vis de plus remarquable sont des pierres gravées, et un petit bœuf de cuivre qu'il avoit acheté à Autun. Il avoit une médaille grecque qu'il dit guérir du haut-mal ; elle me parut du Bas-empire. Jugez si cet homme étoit traitable sur les médailles : il estimoit un Numérianus, un peu plus beau que celui que je vous ai trouvé, 20 francs.

J'ai remporté ici l'exemplaire de mon livre que je vous avois

---

2. Il y a ici une déchirure qui empêche de lire la fin de la phrase. Lebeuf disait sans doute : « *Je vous prie de la détruire.* »

laissé, je vous en rapporterai un complet. On dit qu'il est annoncé dans le *Journal de Verdun*, et que le passage de M. de Valois, sur les *Senones quorum pars Autissiodorenses sunt*, y est tout entier [3].

M Legueux, de la poste, doit vous envoyer la feuille des additions et des corrections de mon petit ouvrage. Vous y verrez *Autrica Carnutum* et *Autrica Senonum* [4] sur les rangs; notre ville est la dernière nommée. M. de Valois, qui a écrit depuis l'auteur de la pièce de vers, n'a pas été de son avis. Il a cru qu'*Autricum* tout simplement avoit toujours signifié Chartres; mais nous avons d'aussi vieux titres que Chartres pour nous dire *Autrica Senonum*, de même qu'ils se disent *Autrica Carnutum*. Le mont Autric [5], où sont nos antiquités, est encore subsistant. Il s'appelait ainsi dès le siècle de Constance [6]. Notre évêque saint Annaire a quelquefois signé : *Episcopus Autricæ sedis*.

3. Voyez *Journal de Verdun*, octobre 1723, p. 250 et suivantes. Dans cette annonce de l'ouvrage de Lebeuf, il est longuement question des vins d'Auxerre, et, à ce propos, on cite le passage d'Adrien de Valois, dans sa *Notice des Gaules*, sur la qualité des vignobles de l'Auxerrois. C'est dans ce passage que se trouvent les mots rappelés ci-dessus par Lebeuf.

4. Dans la feuille ajoutée après coup à son *Hist. de la Prise d'Auxerre*, sous prétexte de corrections, l'abbé Lebeuf avait inséré une pièce de vers de Gaspard Damy, chanoine et lecteur de l'église cathédrale. Cette pièce, adressée à la ville d'Auxerre, commence par ce distique :

    Autrica Carnutum cereales pangat acervos,
      Autrica tu Senonum, dona lyœa canis.

Voyez, d'ailleurs, sur le sort que subit la feuille dont s'agit, les trois lettres suivantes.

5. Voyez ce que Lebeuf entend par le mont Autric, *Prise d'Auxerre par les Huguenots*, p. 9, 10 et 25.

6. Constance, prêtre de l'église de Lyon, vivait à la fin du ve siècle. Il a écrit une Vie de saint Germain, qui est un des documents les plus précieux de notre histoire. Voyez *Bibl. hist. de l'Yonne*, t. I, p. 46.

125. — DE LEBEUF A BOUTHILLIER DE CHAVIGNY, ARCHEVÊQUE DE SENS.

Le 7 novembre 1723.

Comme j'ai appris de Mgr notre évêque que, dans le voyage qu'il a fait à Sens, Votre Grandeur lui a dit que le bréviaire de Sens, accommodé à l'usage d'Auxerre, ne coûteroit pas plus que celui de Sens, j'ai cru qu'il é oit nécessaire, dans les circonstances présentes où le temps presse, d'avertir Votre Grandeur que, lorsque j'allai à Sens il y a quinze jours, pour ce sujet, M. Jannot ne laissa pas de faire des difficultés. Par le traité qui a été fait pour le bréviaire de Sens, il en doit tirer deux mille. Lorsqu'il en fut venu à tirer les trois cents, qui étoient de surcroit pour Auxerre, jamais il ne voulut consentir à changer un mot de rubrique pour mettre ces trois cents en usage. Je ne sçais pas s'il a des sujets de se défier de la sincérité de Monseigneur d'Auxerre, ou de douter que je fusse envoyé pour cela. Monseigneur a été d'autant plus surpris qu'il sçait qu'il n'y a encore rien de signé pour ce qui regarde Sens. Je doute, Monseigneur, que M. Jannot ait bien envisagé où l'acceptation du bréviaire de Sens nous conduit. Elle nous oblige à prendre l'antiphonier, le diurnal, le pseautier, les livres d'église pour les laïques, les heures, etc.; et cependant, pour un mot, il a reculé. A-t-il peur que l'on ne se repente un jour de s'être conformé à une si illustre métropole, et d'avoir pris les livres composés par ordre de Votre Grandeur ? J'attendois, outre cela, qu'il m'écriroit où l'on en est, ou quelqu'un pour lui, afin d'en faire le rapport à notre clergé.

LETTRE 125. — La suscription de cette lettre n'est pas de la main de Lebeuf; mais le doyen Fenel a écrit en haut de la première page : *Lettre adressée à M. l'archevêque de Sens*. Une autre main contemporaine a écrit à côté : *Lettre à communiquer à M. le doyen de Sens*, ce qui explique comment elle est tombée aux mains de celui-ci, et pourquoi elle se trouve comprise dans la collection de Fontaine.

Il est vrai que Monseigneur n'a encore pu l'assembler, mais c'est à cause de l'absence du principal membre de ce clergé, qui est archidiacre, grand vicaire et official. On attend son prompt retour pour finir cette affaire. Je marque à M. le doyen une raison que l'on a de ne pas se charger de la vente. Je suis persuadé que Votre Grandeur la trouvera bonne. Monseigneur d'Auxerre auroit aussi été bien aise d'avoir un exemplaire de ce qui a été tiré jusqu'ici, pour le montrer à son clergé, et lui prouver sensiblement que l'ouvrage ne trainera point en longueur, comme quelques-uns se l'imaginent. Nous sommes tous très persuadés, Monseigneur, que M. Jannot en passera par tout ce que Votre Grandeur lui dira. Il ne s'agit que de sept feuillets ou environ de nouvelle composition pour Auxerre, et d'en mettre les différents morceaux chacun à leur place. Tous Messieurs de Sens, hors ledit sieur Jannot, sont convenus que c'étoit très peu de chose.

126. — DE LEBEUF AU P. PRÉVOST.

Ce 19 décembre 1723.

Je ne sçais que penser de votre long silence, mais peut-être êtes-vous aussi mal satisfait du mien. Si cependant j'ai bonne mémoire, c'est vous qui êtes en reste, et je me souviens de vous

---

LETTRE 126. — Cette lettre est tirée du Recueil Sainte-Geneviève, 3 F. 13. Elle a été déjà publiée, ainsi que celle du 31 janvier 1724, par notre regrettable ami M. le comte Léon de Bastard, avec des notes auxquelles nous ferons quelques emprunts. Voyez *Bull. de la Soc. des Sc. de l'Yonne*, 1859, p. 121 et suiv.

1. Lebeuf n'a écrit que les mots « ce 19 décembre »; une main moderne a ajouté, sur l'original, le millésime 1721. C'est là une erreur évidente, puisqu'à la fin de sa lettre Lebeuf parle de ce qu'il a vu en 1722, et puisqu'au début il raconte la saisie de la *Prise d'Auxerre*, qui eut lieu à la fin de 1723.

avoir écrit pour vous demander quelques éclaircissements. Je vous importunerai encore à ce sujet, après que je vous aurai un peu entretenu de ce qui me regarde personnellement. Je ne doute pas que vous n'en sçachiez déjà quelque chose : cela a fait trop d'éclat[2]. J'avois fait une note assez longue vers le milieu de mon livre, en 1718, sur le P. Divolé, et j'y marquai en particulier que les Huguenots le haïssoient plus que les autres prédicateurs, parce qu'outre qu'il réfutoit vivement, il n'abandonnoit pas pour cela les maximes du royaume ; il se servoit de comparaisons familières pour confondre les Huguenots, il excusoit très bien les abus vrais ou faux qui sont parmi les catholiques, et, en donnant à notre Saint-Père le Pape la qualité qui lui est due, il ne laissoit pas que de le dire sujet aux faiblesses communes. Ensuite je rapportois un long lambeau de son sermon sur la messe, qu'une personne de mes amis me communiqua, depuis que j'avois fait ma Tradition[3]. La note ainsi tournée avoit passé en 1719[4], soit qu'elle eût été aperçue ou non. Cependant, le terrain ayant bien changé depuis ce temps-là, un poëte, qui avoit vu le livre et le texte du Père Divolé, et à qui je pense que le vieux livre appartenoit[5], me dit qu'il conviendroit mieux de rejeter cette note à la fin et de la mettre en explication de vers qu'il avoit sur le P. Divolé ; je trempai d'autant plus dans ce parti que je vis que, s'il y avoit de la difficulté, on en seroit quitte pour ôter le feuil-

---

2. Pour compléter les détails contenus dans cette lettre et les deux suivantes sur la saisie de la *Prise d'Auxerre*, voyez la *Vie de Jean Lebeuf*, par M. Challe, *Annuaire de l'Yonne*, 1848, p. 205 et suiv.; et l'*Essai sur l'Hist. de l'imprimerie dans l'Yonne*, par M. Ribière, p. 40 et suiv.

3. C'est-à-dire, depuis l'ouvrage intitulé: *Tradition de l'église d'Auxerre*, inséré dans le *Cri de la Foi*. Sans doute, Lebeuf n'aurait pas manqué d'y citer le sermon du P. Divolé, s'il l'eût déjà connu. Même en 1723, il paraît n'avoir eu que des renseignements incomplets sur les œuvres de ce religieux et sur leurs diverses éditions. Voyez, à cet égard, la note de M. de Bastard, *Bull. de la Soc. des Sc. de l'Yonne*, 1859, p. 22.

4. Le manuscrit de la *Prise d'Auxerre* avait été soumis à la censure royale vers la fin de 1718 ou le commencement de 1719. L'approbation du censeur, signée *Châteaubrun*, porte la date du 15 juin 1719.

5. Ce poëte ne serait-il pas le curé Perreau, qui avait fourni quelques vers de sa façon, pour insérer dans la feuille suspecte ? Voir la lettre 126.

let. C'est justement ce qui est arrivé. A peine le livre a-t-il paru que M. le doyen, qui reçoit de MM. de Bissy et de Soissons 6 tout ce qu'ils font de nouveau, leur a envoyé mon livre, Dieu sçait avec quelle apostille sur le feuillet en question; jugez de ce qu'ils ont pu faire. Le libraire Troche, qui étoit à Paris, a vu saisir ses exemplaires. On en a fait autant de ceux qu'il y avoit ici, tant à lui qu'à moi. M. Martineau de Solleyne a été commis par M. le Garde des sceaux pour faire ici la saisie 7. Ce dévot personnage a fait cela d'une manière que je ne puis vous exprimer. Cependant, au bout de quinze jours, nous avons eu main-levée, sauf à laisser brûler le cahier où tenoit le feuillet prétendu venimeux 8, comme contaminé, si bien qu'il y a peu d'exemplaires accompagnés des corrections et additions ; et j'ai fait perte de quelques exemplaires dans cette confusion 9.

J'espère donc, mon Révérend Père, que vous aurez la bonté d'attendre que j'aie pu voir clair avant que de vous en faire tenir

---

6. MM. de Bissy et de Soissons étaient les deux chefs du parti anti-janséniste. Nous avons déjà fait connaître Languet, évêque de Soissons, plus tard archevêque de Sens. Henri de Thiard, cardinal de Bissy, fut successivement évêque de Toul en 1692, évêque de Meaux en 1705, cardinal en 1714, abbé de Saint-Germain-des-Prés, etc. Saint-Simon, dans ses Mémoires, donne de nombreux renseignements sur ce personnage.

7. Jacques Martineau, seigneur de Souleines, près Auxerre, né en cette ville, mort à Paris en 1742. Voir, sur sa vie et ses ouvrages (car il était écrivain et poète) la Notice que Lebeuf lui-même a insérée dans les *Mémoires sur le diocèse*, t. IV, p. 424. Comparez, sur lui, le document curieux publié par M. Challe, *Annuaire de l'Yonne*, 1848, p. 212. Dans la lettre suivante, Lebeuf indique les circonstances qui lui avaient attiré l'hostilité de Martineau de Solleyne.

8. Le cahier, condamné au feu par la police, se composait de huit pages non cotées, commençant par les *Corrections des principales fautes* (5 pages), comprenant ensuite une pièce de vers latins de Gaspard Damy *In urbem Autissiodorum* (1 page) : tout ceci fort inoffensif. Venait enfin la *feuille venimeuse* (2 pages) : au recto se trouvait une seconde pièce de vers latins, avec la fameuse note sur le P. Divolé, et, au verso, deux pièces de vers français, signées *Perreau*.

9. La confusion a été telle qu'une foule d'exemplaires sont doublement incomplets. Non seulement ils ne contiennent pas le cahier supprimé, mais encore un *Supplément aux Pièces justificatives*, de huit pages non cotées, qui doit se trouver après la table des matières. En revanche, on cite des exemplaires, où, malgré la police, rien ne manque à l'œuvre de Lebeuf.

un. Vous eussiez bien fait de garder celui que je vous envoyai cet été, je vous l'abandonnois en propre, et je vous l'avois marqué, je vous aurois fait tenir ce qui y manquoit. Quoiqu'il en soit, l'imprimeur n'a été condamné en aucune amende, et son livre se débite à merveille ; chacun voudroit avoir ce qui a été fatalement ôté. Il le vend 3 fr. en blanc, et 4 fr. relié. Il m'a dit, à son retour, qu'il l'a fait afficher dans Paris [10].

En feuilletant dernièrement les lettres que j'ai du P. du Molinet, j'y trouve des remerciments qu'il fait à M. Noël, de lui avoir envoyé la vie de la B. Alpaïs de Cudot [11], cette célèbre fille dont la chronique de Saint-Marien parle à l'an 1180. Je vous prie de vouloir bien chercher ce manuscrit, qui doit être d'une main de soixante ans ou environ [12]. Vous sçavez sans doute que son corps est encore dans le prieuré de Cudot [13], à trois lieues de Joigny, prieuré dépendant de Saint-Jean de Sens, donné en considération d'Alpade par le roi Philippe-Auguste et par les seigneurs de Seignelay.

Comme M. Papillon est un bourguignon quelquefois rébarbatif, ainsi qu'il paroit quelquefois par ses lettres [14], ne pourroit-on pas (supposé que son manuscrit Pirotien fût perdu) le faire récrire sur une autre copie ? Seroit-il impossible d'en trouver ? Je crains qu'au premier jour il ne me chante une mauvaise gamme.

J'ai vu les *Nouvelles Littéraires* qui paroissent depuis le 1er

---

10. Comparez, sur cet incident, les deux lettres qui suivent, et leurs notes.

11. Voyez, entr'autres, sur la B. Alpaïs de Cudot, la Dissertation insérée par Lebeuf dans le *Journal de Verdun*, mars 1752.

12. Ce manuscrit, mentionné dans la *Bibl. historique de la France*, t. I, n° 4302, est aujourd'hui encore conservé à la Bibliothèque Sainte-Geneviève de Paris. (H. L.

13. Cudot, commune du canton de Saint-Julien-du-Sault, arrondissement de Joigny (Yonne). Le tombeau de la Bienheureuse Alpaïs existe encore dans l'église.

14. Voyez, sur le caractère de Papillon, les renseignements curieux et inédits qu'a donnés M. Anatole de Charmasse dans sa *Notice sur la corresp. littér. de Bénigne Germain*, Autun, 1864, p. 8 et suiv.

décembre [15]. Il paroît qu'on a été mal informé à mon sujet. On pourra rectifier ce qu'on a dit, par la suite. Je ne sçais si le respect pour Mme l'abbesse de Chelles [16] empêchera les journalistes de Trévoux de dire de moi autant de mal que les autres ont eu la bonté d'en dire du bien. Au moins, qu'ils ne se frottent pas au vin d'Auxerre, dont j'ai occasionné un éloge dans le *Mercure* [17].

---

127. — DE FENEL A LEBEUF.

24 décembre 1723.

J'ai appris avec bien du plaisir que l'affaire suscitée à votre libraire, à l'occasion de votre livre, étoit terminée ; je souhaite que ce soit à votre satisfaction. J'en ai reçu deux exemplaires, que j'ai fait relier ; on me les a apportés hier, et j'en présenterai un de votre part à M. Moufle [1]. J'ai déjà lu avec bien de la satis-

---

15. « Ce Recueil a été publié sous le privilège obtenu par Adrien Martel avocat, pour des *Mélanges de littérature de la société des Curieux*. Il n'en a paru que sept cahiers, du 1er décembre 1723 au 1er mars 1724, parce que le P. Desmolets, un des principaux rédacteurs, s'aperçut que l'ouvrage ne plaisait pas à ses supérieurs. » Barbier, *Dict. des Ouvrages anonymes*, n° 12321. Comparez la lettre de Fenel à Lebeuf, du 24 décembre 1723.

16. Louise-Adélaïde d'Orléans, *mademoiselle de Chartres*, fille du régent, prit l'habit de religieuse bénédictine à l'abbaye de Chelles le 30 mars 1717, fit profession le 23 août 1718 sous le nom de sœur Bathilde, et fut nommée abbesse le 14 septembre 1719. Elle avait accepté la dédicace de l'*Hist. de la Prise d'Auxerre*.

17. Lebeuf avait inséré, dans le *Mercure de France* du mois de novembre 1723, p. 872, un article intitulé : *Éloge des vins d'Auxerre*. Ce fut là le début de sa collaboration au *Mercure*. Il paraît aussi l'auteur d'un second article, sur le même sujet, publié dans le numéro de décembre 1723, p. 1096 et suiv., sous ce titre : *Lettre écrite par monsieur.... à l'auteur de l'éloge des vins d'Auxerre, inséré dans le dernier Mercure*.

Lettre 127. — Elle est tirée de la collection de Fontaine.

1. Barthélemy Moufle (voir sur lui la note 3 de la Lettre 13) avait donné, le 3 août 1723, une approbation élogieuse de la *Prise d'Auxerre*, approbation que Lebeuf a publiée en tête de son ouvrage.

faction presque toute la préface, où tout est intéressant. Je trouve qu'il auroit dû y avoir quelque chose de la satisfaction que fit Pierre de Courtenay à votre évêque [2], et dire qu'il étoit petit-fils de Louis VI; ne falloit-il pas dire aussi quelque chose de Mahaut, comtesse de Nevers [3], dont Guy Coquille a tant parlé dans son *Histoire du Nivernois*? J'aime sçavoir d'où viennent ceux dont on me parle. Je vous fais mes très humbles remercîments du présent que vous avez bien voulu m'en faire. Ce sera un des plus beaux ornements de mon cabinet. Les *Mémoires de littérature*, que vous m'avez aussi envoyés, ne sont guère exacts, même à votre sujet, par rapport à la dédicace qu'ils attribuent à Mgr le Duc [4].

J'y ai remarqué encore qu'ils attribuent l'Histoire du socinianisme à un chanoine régulier, quoique l'auteur soit un religieux Picpus, natif de Sens [5]. Lorsque j'en saurai le prix, je verrai à le faire venir; son style est peu de chose. Mandez-moi, je vous en prie, ce que je vous dois pour cela.

Rien ne m'a paru plus fou que le procédé de l'homme que vous avez le malheur d'avoir pour doyen. J'en informai Mgr l'archevêque, qui me dit qu'il falloit mépriser cela, et qui me dit même qu'il ne falloit pas montrer votre lettre au Chapitre, de crainte de donner occasion de brouille à certaines personnes qui ne cherchent que des occasions. Depuis ce temps, notre prélat a reçu votre lettre; il est fort animé contre ce monsieur, qu'il a traité comme il le mérite; hier, en lui allant présenter l'office de Noël, et cela en présence de tout notre corps, il dit qu'il lui en

---

2. Voyez, dans le *Gesta Pontificum Autissiodorensium*, le récit curieux de cette étrange satisfaction. *Bibl. hist. de l'Yonne*, t. I, p. 442.

3. Lebeuf a dédommagé ses lecteurs en donnant, dans ses *Mém. sur le diocèse d'Auxerre*, des détails complets sur la comtesse Mathilde. Nous nous contentons d'y renvoyer ici.

4. Voir la lettre précédente et les notes qui l'accompagnent.

5. Le P. Louis-Anastase Guichard, religieux du tiers-ordre de Saint François, dit de Picpus, né à Sens, mort à Paris le 15 août 1732. Il a publié, sous le voile de l'anonyme, un *Traité sur les livres défendus*, 1721; l'*Histoire du socinianisme*, divisée en deux parties, Paris, Barrois, 1723, in-4°. On lui attribue encore une *Histoire de Sens*, restée inédite.

écriroit vertement. Pour moi, je crois qu'il ne mérite pas cet honneur, et je lui conseillerois d'écrire plutôt au Chapitre, pour lui en demander justice, et de dire que, si on ne la lui fait pas, il le fera attaquer dans les formes. Au reste, cela ne me surprend point; car je le connois sur le pied d'un étourdi, d'un ignorant *ut octo*, et néanmoins infatué de son prétendu mérite au-delà de de ce qu'on peut dire. C'est sans doute l'éloge du bréviaire de Sens, mis dans le *mandatum* de Mgr votre évêque, à la tête du bref pour l'année 1724, qui a fait naître à ce doyen indigne le désir de s'en venger.

L'épouse de M. Jannot est accouchée, mais il ne peut quitter qu'elle ne soit relevée. Vous l'avez tracassé dans les commencements, mal à propos, et à présent il vous imite. Je suis fâché de voir qu'on se soit si peu mis en peine de finir, lorsque je l'aurois pu faire si aisément; je sçais le prix des choses et je voyois bien que rien n'étoit plus raisonnable que ses propositions. Nous allons toujours notre chemin, et il y a présentement six formes de tirées pour les parties d'automne, d'hiver et de l'été, pour les communs, et trois d'hiver, ce qui fait 21 feuilles, et trois du psautier, en tout 24 feuilles; ce qui contient au moins la huitième partie du bréviaire.

Je vous envoie vos lettres. En ouvrant le paquet qui étoit à mon adresse, la cire de la deuxième enveloppe, qui étoit à votre adresse, y étoit attachée d'une manière si forte qu'elle fut aussi emportée; c'est la raison qui me fait vous les envoyer sans enveloppe.

Puisque vos filles sont si difficiles à quitter leur pays, il faut s'en passer; cependant je vous remercie de tous vos soins pour cela.

Il est bien triste, pour M. votre official, qu'il ait été obligé à recommencer les procédures du malheureux prêtre dont vous me parlez, cela me fait peine[6]. Si vous sçavez quelque chose par

---

6. Nouvelle allusion au procès du curé Dubiez, dont il a été question plusieurs fois dans la correspondance. Il paraît que l'official de l'église cathédrale d'Auxerre, Ferréol Archambault, qui avait suivi la procédure

rapport au beau discours de M. votre indigne doyen, vous me ferez plaisir de m'en informer.

128. — DE LEBEUF AU P. PRÉVOST.

31 janvier 1724.

Je croyois avoir usé d'une voie assez diligente, en me servant de M. Boidot pour vous faire tenir de mes nouvelles; mais j'ai appris de lui-même son indisposition, plus de quinze jours ou trois semaines après qu'il a dû avoir reçu ma lettre, et qu'il me marquoit que, la veille, il vous avoit envoyé celle que je vous écrivois. Je crois que ma lettre étoit écrite du 26 décembre, et que je n'ai pas manqué de vous faire mille souhaits de bonne année, sans quoi je les réitérerois dans celle-ci, puisque nous sommes encore dans le mois complimentatif.

Mais venons à d'autres matières. Je ne vous marquerai pas ce que j'ai eu l'honneur de vous marquer touchant l'issue de mon livre. Le subdélégué [1] a fait dans cette affaire le fou et le bourreau. M. le Garde des sceaux a eu la bonté de m'écrire une lettre longue et très polie, dans laquelle il est blâmé de son procédé. Son greffier s'aperçut si bien de la manie de cet homme, qu'il l'a quitté ces fêtes de Noël, voyant qu'il l'avoit fait promener par toute la ville, même le jour de Noël, pour faire des perquisitions; et, depuis qu'il n'en a plus et qu'il ne peut en trouver, il est resté en repos, joint à cela qu'il a reçu [*mot illisible*]

---

contre le criminel, se vit obligé de la recommencer, par suite de circonstances que nous ne connaissons pas. Cpr. Lettre du 25 mars 1724.

LETTRE 128. — Elle est empruntée au manuscrit Sainte-Geneviève, 3 F. 13. Comparez ce que nous avons dit, à propos de la lettre 124 et des notes de M. Léon de Bastard.

[1] Martineau de Solleyne (voir lettre 124) avait agi, en cette occasion comme subdélégué à Auxerre de l'intendant de Bourgogne, Pierre-Armand de la Briffe.

de M. l'Intendant; mais il s'est vengé sur Mgr notre évêque. Pour faire davantage éclater son zèle, il a fait afficher, par toute la ville, l'arrêt qui supprime la lettre des sept évêques, du 19 décembre[2]. Voyant qu'on l'avoit arraché, la nuit du samedi au dimanche, il alla dès le lendemain dévotement en coller lui-même, et, lorsqu'il appréhendoit qu'on ne les déchirât, il faisoit monter un homme sur une échelle, et en tenoit le pied en robe. C'est ce qu'on a vu à la place Saint-Etienne.

Je travaille à présent à faire une histoire de nos comtes, mêlée de tout ce qu'il y a de civil et de politique dans notre pays; mais j'y trouve bien de l'obscurité en certains endroits. Je vous envoie un mot de lettre pour un sçavant que vous connoissez sans doute. Si vous ne le connoissez pas, je vous prie d'en agir comme si vous le connoissiez, et de l'aller voir à votre premier loisir. Ma lettre peut vous servir d'introduction suffisante. Je n'ai jamais vu ce sçavant abbé qu'une fois, à la persuasion de M. Boivin, garde de la Bibliothèque du Roi, et j'en fus fort bien reçu[3]. Dès là même que je lui eus dit que j'étois Auxerrois, il ouvrit son armoire, et me fit présent d'une brochure où il y a plusieurs savantes dissertations de sa façon; je lui promis une pareille brochure de mon livre, que je lui ferai aussi tenir, après que vous, à qui j'ai encore de plus grandes obligations, en aurez eu une. Mais la personne, qui est chargée de vous le faire tenir, n'est pas des plus diligentes de ce monde; un retard de trois ou quatre mois, plus ou moins, ne lui est pas extraordinaire. Cependant, cette fois-ci, c'est qu'elle n'a pas voulu faire coudre la brochure qu'on ne lui eût apporté le supplément, etc., qui est en refuge dans un autre

---

2. Nous avons déjà parlé de la lettre que les sept évêques, parmi lesquels M. de Caylus, avaient adressée au Pape le 9 juin 1721. Au mois de février 1723, ils en adressèrent une autre au roi, relativement à une instruction pastorale de M. de Bissy. C'est cette dernière qui fut condamnée par arrêt du Conseil d'Etat, en date du 19 décembre 1723.

3. Jean Boivin de Villeneuve, né le 28 mars 1663, mort le 29 octobre 1726, devint membre de l'Académie des Inscriptions en 1705 et de l'Académie française en 1721. Voyez, sur les services qu'il rendit à Lebeuf, en 1723, la Lettre du 5 novembre 1728.

endroit, à l'autre bout de Paris. En un mot, c'est que Paris est trop grand et que chacun y a ses affaires.

Souffrez que je vous demande si vous êtes content des deux éloges qui se trouvent avoir été faits de nos vins Auxerrois dans le *Mercure* de novembre et le 1ᵉʳ de décembre⁴? Vous devinez aisément où l'on en a pris les matériaux, et que je ne me suis pas endormi, dès lors que j'ai vu les auteurs du *Mercure* de bonne composition à cet égard. La ville a résolu de leur faire un présent considérable, et de ne se pas laisser surpasser par MM. de Reims⁵. Si vous aviez trouvé quelque chose qui eût rapport à ce dessein, surtout dans les lettres ou vers des sçavants du xvıᵉ siècle, cela pourroit encore être employé. M. Perreau, curé de Saint-Martin⁶, qui s'entend bien en poésie françoise, m'a dit qu'il feroit une pièce de vers sur la même matière, et on pourra l'envoyer en forme d'épître de remerciments à MM. du *Mercure*, et, en ce cas, y faire entrer ce qui n'a pas encore été dit, qu'on expliqueroit par des notes au bas de la page où seroient les vers. M. Perreau a déjà fait une petite pièce de vers qui est à la fin de mon livre, adossée à l'épigramme latine, la cause du bruit⁷. Plusieurs en ont été contents, même de mes ennemis, quoiqu'il y ait fait mon éloge. Le subdélégué en pestoit. Il eût voulu que l'on eût imprimé 300 vers de sa façon, qu'il m'a lus autrefois et qui me faisoient pitié. Il auroit encore voulu que j'eusse fait entrer dans mon livre une lettre de compliments, que M. l'abbé Bignon⁸ lui a écrite, afin que le public vit sa relation avec ce

---

4. Cpr. la Lettre 126, Note 17.
5. En effet, le Corps municipal envoya au rédacteur du *Mercure de France* une feuillette du meilleur vin d'Auxerre. Voyez Chardon, *Hist. d'Auxerre*, t. II, p. 420.
6. Pierre-Thomas Perreau, curé de Saint-Martin-lès-Saint-Julien, au faubourg d'Auxerre, né en cette ville le 26 septembre 1684, devint chanoine de la cathédrale le 29 octobre 1737, et mourut le 4 avril 1752.
7. En effet, nous avons déjà dit qu'au verso de la page, qui contient les vers latins sur le P. Divolé et la fameuse note de Lebeuf sur la faillibilité du pape, on trouve une pièce de vers français, signée P. T. Perreau. C. S. M. J. S. J. (curé *Sancti-Martini juxtà Sanctum-Julianum*.)
8. Bignon (Jean-Paul), prêtre de l'Oratoire, né à Paris en 1662, mort le

sçavant. J'ai toujours reniflé à ces propositions impertinentes. A la fin donc il s'est vengé, et l'on a vu que les ordres qu'il a reçus étoient une réponse qu'on lui faisoit aux avis qu'il avoit donnés.

Je vous remercie du passage de Brompton sur saint Thomas, il est bel et bon [9]. Je voudrois bien sçavoir quel étoit ce clerc Auxerrois son confident, vous ne me l'avez jamais dit ni écrit.

Je vois bien qu'il ne faut pas suivre Ughellus [10] dans ce qu'il dit de Renaud, archevêque de Capoue. On voit bien, par le cantorat d'Auxerre qu'il lui assigne, qu'il a eu en vue de l'identifier avec celui dont vous avez le corps à l'entrée de votre chapelle de Notre-Dame. M. Baluze, dans ses notes sur le *Gallia christiana* [11], est celui qui m'a fait penser à Ughellus. Il a lui-même cru que ce n'étoit qu'un seul et même Renaud.

Dom Toustain [12] m'a écrit une conjecture assez plausible sur notre *Vache grise* [13] ; il m'a renvoyé à ces vaches blanches que

---

12 mai 1743. Il fut nommé bibliothécaire du roi en 1718, à la mort de l'abbé de Louvois. Bignon fut aussi membre de l'Académie française et membre honoraire de l'Académie des Inscriptions.

9. Joannis Brompton *Chronicon*, éd. Roger Twysden, *Londini* 1652. On sait que Thomas Becket étudia le droit civil à Auxerre, avant de monter sur le siège épiscopal de Cantorbery. C'est alors, sans doute, qu'il eut pour ami et confident le clerc Auxerrois dont parle Lebeuf.

10. Ferdinand Ughelli, religieux de l'ordre de Citeaux, né à Florence le 21 mars 1595, mort le 19 mai 1670, s'est illustré par le grand ouvrage qui a pour titre : *Italia Sacra sive de Episcopis Italiæ opus*, Rome, 1644 et années suiv.; ouvrage qui fait en quelque sorte le pendant de notre *Gallia christiana*.

11. Lebeuf veut sans doute parler des Remarques que Baluze fit imprimer, en 1652, sur le *Gallia purpurata* de Frizon, et non pas sur le *Gallia christiana*.

12. Nicolas Toustain, qu'il ne faudrait pas confondre avec son parent et homonyme, Charles-François Toustain, le célèbre auteur du *Nouveau traité de Diplomatique*. Nicolas Toustain naquit au Repas (diocèse de Séez), vers 1686, entra dans la congrégation de Saint-Maur, et mourut à Lagny le 16 décembre 1741. Après la mort de D. Guesnié, il travailla, de concert avec D. Lepelletier, à préparer la seconde édition du *Glossaire de Ducange*. Voyez, *Bibl. gén. des écrivains de l'ordre de Saint-Benoît*, V^s Toustain et Lepelletier. Voyez aussi la suite de la correspondance.

13. Lebeuf entend par *Vache grise*, *Vacca varia*, une distribution en argent, faite annuellement aux chanoines de l'église cathédrale d'Auxerre, et fournie, selon le Glossaire de Ducange, par l'abbé de Saint-Germain, qui

1724 certains archidiacres d'Angleterre exigeoient *pro investiturâ* ; il en est parlé dans le recueil des décrétales de Grégoire IX. Voyez *Vacco*, à la table.

Enfin paroit-il un nouveau *Journal des Sçavants* ? Il y a longtemps qu'on le fait espérer [14].

Je me souviens que, lorsque je dis à M. de La Chauvinière que j'avois fait connoissance avec M. l'abbé des Thuileries, il me dit que c'étoit le *père de l'histoire de France* [15]. En effet, je vois par la lecture de sa brochure qu'il la possède en perfection. J'avois déjà pris mon plan sur les Conrads, comtes d'Auxerre, selon son désir, même avant de l'avoir lue, mais il m'a beaucoup raffermi et éclairci. J'avois cru que les deux tomes de la *Maison généalogique de France* étoient du P. Anselme, il dit en quelque part que l'ouvrage est de M. du Fourny [16]. Je ne sçais si ce seroit de ce M. du Fourny dont le Père Ange [17] voudroit me parler, dans la réponse qu'il me fait touchant un titre d'un chambellan de Blanche de Castille, femme de Louis, fils aîné de Philippe-Auguste, qui avoit, en 1210, cinq arpens de vigne entre Vaux et Ecolives [18]. Il me marque qu'il a trouvé copie de ce titre dans le cabinet d'un curieux de Paris, composé de près de deux mille

---

auroit converti en numéraire la redevance d'une vache grise, que, dans l'origine, il devait fournir en nature au Chapitre. Voyez *Mém. sur le diocèse d'Auxerre*, passim.

14. La publication du *Journal des Savants* interrompue au mois d'avril 1723, fut reprise au mois de janvier 1724, avec quelques changements dans le système de rédaction.

15. Claude du Molinet, sieur des Tuilleries, plus connu sous le nom d'abbé des Tuilleries, né à Séez en 1667, mort à Paris le 15 mai 1728.

16. La première édition de l'*Histoire généalogique de France*, par le P. Anselme, augustin déchaussé, fut publiée en 1674, en deux volumes in-4°. La seconde édition fut donnée en 1712, par Honoré Caille, seigneur du Fourny. Enfin, les PP. Ange et Simplicien publièrent, de 1726 à 1733, l'édition en neuf volumes in-folio.

17. Le P. Ange de Sainte-Rosalie, dont nous venons de parler dans la note précédente, naquit à Blois en 1655, et fit profession aux Augustins de Paris le 22 février 1671. Il s'appelait dans le monde François Raffard ; voir la suite de la lettre 126.

18. Vaux et Escolives, communes de l'arrondissement d'Auxerre.

volumes de pièces de cette matière. Si ce n'est pas M. du Fourny, ne seroit-ce pas M. Clairembauld [19] ?

En écrivant au Père Augustin [20], je lui apprenois que j'avois trouvé dans le Cartulaire de Saint-Marien d'Auxerre un Pierre Rafart, chevalier en 1216. Il me dit que son nom est Raffard, et qu'il n'est pas gentilhomme, que sa famille est de Blois, et que ce sont les jésuites, qui, ayant parmi eux son frère cadet, ont cru devoir faire connoître son nom. Ce Père paroit, au reste, très poli. Il me fait rire, en passant, d'un certain apothicaire de Blois, qui s'est fait fourrer dans les *Mercure* derniers.

Vous me feriez bien plaisir, mon Révérend Père, si vous me transcriviez, de Humbert de Montmoret [21], ce qu'il peut dire de M. de Chastellux à la bataille de Cravan, et de me marquer ce qu'il peut dire touchant cette bataille qui ne soit pas dans Paradin que j'ai ici [22].

129. — DE LEBEUF A FENEL.

Ce 25 mars 1724.

Je ne sçais, Monsieur, si vous avez vu un homme que je vous ai envoyé il y a un mois ou environ, lequel avoit une pièce d'or à vendre, sur un côté de laquelle je lisois : S. Johannes. Voici

---

19. Pierre Clairembault, généalogiste des ordres du roi, né en 1651, mort à Paris le 14 janvier 1740, et dont les immenses travaux manuscrits enrichissent aujourd'hui la Bibliothèque Impériale. Voir, sur ses relations avec Lebeuf, la suite de la correspondance.
20. C'est-à-dire au P. Ange de Sainte-Rosalie, voir ci-dessus.
21. Sur Humbert de Montmoret, voir lettre du 24 mars 1722; cpr. lettre du 29 août 1724.
22. Guillaume Paradin, historien français, né vers 1510, à Cuiseaux (près Chalon-sur-Saône), mort en 1590 à Beaujeu. On lui doit, entr'autres ouvrages, les *Annales de Bourgogne*, Lyon, 1566, in-f°, auxquelles Lebeuf fait allusion dans sa lettre.
LETTRE 129. — Empruntée à la collection de Fontaine.

1724 aujourd'hui des espèces que je vous envoie en personne, par l'occasion d'un frère Cordelier, qui demeure à Sens depuis qu'il est hors d'ici, où je pense qu'il auroit inclination de revenir. Je ne sçais ce que notre pays a fait à tous les religieux, mais ils disent tous (à la réserve peut-être des capucins qui sont ici dans un air dévorant), qu'ils s'aiment mieux chez nous qu'à Sens. M. Lasseré a paru assez content de notre grande village (sic), dans le rapide séjour qu'il y a fait. Il s'est seulement aperçu que les arts et métiers y ont beaucoup plus d'individus qu'à Sens. La chaudronnerie y afflue peut-être un peu plus aussi qu'à Sens. Ce que je vous envoie vient en bonne partie de chez un de nos chaudronniers qui a cru avoir un trésor ; je crois qu'il n'a guère gagné sur ce qu'il les a achetées, parce qu'y étant peu versé et sachant seulement qu'un juif aimoit fort celles où il y avoit Tit. Cæs., il a cru qu'il s'y en trouveroit, et c'est de quoi je ne me suis pas aperçu. Il y a un Sévère Alexandre qu'on m'a vendu pour de l'argent, je n'en voudrois pas être caution ; mais votre curiosité suppléera au reste ; un certain sol aussi, qui a deux écussons, qu'un marchand forain m'a vendu presque comme s'il étoit d'argent, quoiqu'il sonne comme du bois. Il y a ici un Monsieur qui a une médaille gothique qu'il dit d'or, et qu'il a achetée 14 livres, qui étoit alors le prix des louis ; elle en pèse bien un, si elle est de vrai or, mais on diroit de l'argent doré, tant cet or est pâle. C'est d'un côté une grosse tête et de l'autre un cheval courant en gambadant. Ce qui me fait croire qu'elle n'est point d'or, c'est quelle est bien grosse et bien épaisse, mais elle est sûrement gothique ou celtique et sans inscription.

Je ne dois pas vous cacher plus longtemps une nouvelle qui doit vous faire de la peine, c'est la mort d'un de nos bons amis de Paris, à la santé duquel vous avez bu quelquefois. Le dérangement causé dans ses affaires par les billets est plus qu'autre chose la cause de la maladie, d'une dissenterie, qui l'a conduit au tombeau dans le mois dernier [1].

---

1. La suite de la correspondance montre qu'il s'agit ici de M. de La Chau-

Comme M. notre syndic part aujourd'hui, pour rester un mois dans votre diocèse, surtout à Douchy, chez M. son frère curé, pendant la quinzaine, je pense que ces Messieurs les deux chefs du clergé, en l'absence de notre prélat, lui ont donné ordre de finir avec M. Jannot. Pour moi, je ne leur en parle plus qu'ils ne m'en parlent les premiers, depuis qu'ils ont laissé écouler le temps qu'ils m'avoient fixé. Ils croient épargner ; mais la dépense sera d'autant plus grande.

Aurez-vous ouï parler d'un curé de notre diocèse que deux maréchaussées ont arrêté, et qui est en prison à Saint-Pierre-le-Moutiers, comme soupçonné de complot avec un faux monnoyeur qui va être pendu? Nos officiaux et vice-gérants le laissent dans le cas et ne le revendiquent point. Chacun craint d'être juge en ces sortes d'affaires, depuis le déboire que M. Archambaud, official et grand-vicaire, a eu dans l'affaire de Dubiez.

Je ne sçais si vous aurez trouvé bonne la correction de *noctemque reduxerit*, appuyée sur Virgile. M. Archambaud est celui qui me pria de vous la faire remarquer. Je vous prie de me dire si vous en êtes content, et de me marquer où l'imprimeur en est.

Je me souviens d'avoir bien ouï parler chez vous de Villeneuve-la-Dondagre[2] ; y a-t-il quelque apparence que ce soit là où soit mort Othon, duc de Bourgogne au xe siècle?

Je fais mon possible pour déterrer quelle est la sainte Berthe dont on conserve des reliques à Adon (proche Gien), dans votre diocèse[3]. Ce qui m'a surpris est que je trouve un récépissé du curé d'Adon, en 1458, comme il reconnoît que l'abbé de Saint-Germain d'Auxerre l'a rendu dépositaire du chef, corps et ossements de madame sainte Berthe, en qualité de fermier de la cha-

---

vinière, mort en février 1724. Cpr. ce que nous en avons dit dans la préface.

2. Villeneuve-la-Dondagre, commune du canton de Chéroy, arrondissement de Sens.

3. On se rappelle que l'hagiographie de sainte Berthe est un des sujets qui ont le plus préoccupé Lebeuf, en sa jeunesse. Il paraît que ses recherches n'ont abouti qu'au doute; car sainte Berthe ne figure pas dans le Martyrologe Auxerrois de 1751. Voyez, du reste, la correspondance, *passim*.

1724 pelle Sainte-Croix, dite de Sainte-Berthe, située dans la paroisse d'Adon. En effet, dès le XII° siècle, l'abbaye de Saint-Germain d'Auxerre possédoit dans votre diocèse une église de Sainte-Croix ; mais ce qui est étonnant, c'est qu'on y prétend que cette sainte Berthe est sainte Batilde, reine, fondatrice de Chelles, et on y fait la fête le même jour ; ce qui ne peut être.

P.-S. — On n'a pas donné de *Mémoires de littérature*[4] depuis celui que je vous ai envoyé, parce qu'on veut, auparavant, avoir une bonne provision de pièces fugitives. Les *Nouvelles littéraires*[5] continuent. Votre bréviaire pourroit y être annoncé, si vous le vouliez ; j'y ai vu le nom de M. Herluyson ; mais il y a des gens qui les tracassent. On y a profité de la remarque que vous m'avez faite touchant l'auteur de l'Histoire du socinianisme[6]. Un chanoine de Troyes[7] vient de donner une Vie de saint Adérald[8], sur un manuscrit d'un auteur contemporain qu'il a découvert. Elle est bien imprimée et accompagnée de bonnes notes.

---

4. Les *Mémoires de littérature et d'histoire*, par de Sallengre, ont paru à La Haye en 1715 et en 1717, (2 vol. in-8°). Ils ont été continués plus tard par le P. Desmolets et l'abbé Goujet, sous ce titre : *Continuation des mémoires de littérature et d'histoire*. Paris, 1726-1731, 11 vol. in-12.

5. Les *Nouvelles Littéraires*, comme nous l'avons déjà dit (voir lettre du 19 décembre 1723, note 15), ont continué à paraître jusqu'au 10 mars 1724, époque à laquelle le P. Desmolet, l'un des principaux rédacteurs, fit cesser la publication, pour se soustraire aux tracasseries dont il était devenu l'objet.

6. Cpr. lettre du 24 décembre 1723, adressée par Fenel à Lebeuf.

7. Rémi Bréyer, né à Troyes en 1669, mort le 29 décembre 1749 ; voyez sa notice dans la Biographie Didot.

8. *Vie de saint Adérald*, chanoine et archidiacre de l'église cathédrale de Troyes, décédé le 20 octobre 1004 ; composée par un auteur contemporain, et publiée avec préface et notes. Troyes, 1724. Voyez sur cet ouvrage une lettre de Lebeuf, insérée dans le *Journal de Verdun*, de juillet 1752, p. 42.

130. — EXTRAIT DE LETTRES DE FENEL A LEBEUF.

18 mai 1724.[1]

Il y a longtemps que je n'ai eu l'honneur de vous écrire. J'en ai été détourné par mille petites affaires et par une incommodité presque continuelle, qui me rend très paresseux à écrire, ne le pouvant faire sans souffrir beaucoup. Je vous remercie de vos soins ordinaires pour les médailles.

M. l'abbé de Beringhem, notre archidiacre de Melun[2], amasse un cabinet de médailles. Il m'a dit ces jours passés qu'il en avoit déjà pour 10,000 fr., et qu'il alloit acheter la plus grande partie des médailles de feu M. l'abbé de Camp.

Vous me demandez des nouvelles du Bréviaire. Cela continue toujours sur le même pied, c'est-à-dire à deux feuilles par chaque semaine. Il y a huit mois que l'on a commencé l'impression et nous avons 64 feuilles entièrement finies..... S'il n'y arrive point d'accident, le tout finira à la fin de juin 1725, ou dans le mois suivant.

Ce que vous me mandez du changement de M. le doyen d'Auxerre me paroît incompréhensible[3].....

PIÈCE 130. — Empruntée à la collection de Fontaine.
1. Cette date n'est pas de la main de Fenel, mais de Lebeuf, qui a mis en tête de la page : « *Trouvée écrite à Sens le 10 mai* 1724. » Aussi la lettre n'est que commencée : c'est un fragment plutôt qu'une lettre véritable.
2. François de Beringhem, prêtre du diocèse de Paris, abbé et prévôt de Pignans (Var), archidiacre de Melun en avril 1721, vicaire-général de l'archevêque de Sens, Bouthillier de Chavigny, devint plus tard évêque du Puy-en-Velay.
3. Malheureusement la lettre de Lebeuf, à laquelle le doyen Fenel fait allusion, ne se retrouve ni dans la collection de Fontaine, ni ailleurs. On verra par la suite de la correspondance de quoi il s'agissait. Le Chapitre d'Auxerre, après avoir protesté avec tant d'énergie contre les réformes liturgiques, finit par suivre le torrent, et le doyen Moreau, qui était jadis à la tête du parti de la résistance, se mit à la tête du mouvement d'innovations. Voici quelques dates et quelques faits plus précis. 19 avril 1724, l'évêque ayant demandé au Chapitre de nommer des députés, pour s'en-

27 juin 1724.

1724

Je prends la liberté, Monsieur, de vous écrire, aussitôt que ma main, qui a été attaquée d'une espèce de paralysie, me le permet, quoiqu'avec beaucoup de peine, mes doigts refusant de me prêter leur secours.

Nous avons eu ici Mgr d'Auxerre, et il a assisté à trois de nos conférences, qui ont été chacune de trois à quatre heures. Je vous avouerai, sans compliment, que quelqu'estime que nous eussions de ce prélat, nous avons été dans la dernière surprise de l'entendre nous parler avec une érudition et une science très grande de l'Écriture-Sainte. Il est plus au fait des bréviaires que nous mêmes...

J'ai vu les deux cahiers envoyés à M. Jannot pour la réformation. J'appréhende que vous ne fassiez trop de changements et que vous n'ayez trop de cartons.....

P.-S. La conduite de M. votre doyen est une énigme pour moi [4]. Des offices de sa façon ne feront, à ce que je crois, guère d'honneur à votre Bréviaire.

tendre avec lui sur l'adoption d'un nouveau Bréviaire, le Chapitre choisit le doyen et le grand archidiacre pour en faire rapport à une prochaine réunion. — 21 avril, rapport du doyen et de l'archidiacre, qui concluent à la nomination de députés, chargés de s'entendre avec l'évêque, pour l'adoption et l'appropriation au diocèse d'Auxerre du nouveau Bréviaire de Sens. Le Chapitre accepte leurs conclusions et les choisit eux-mêmes pour députés. — 6 mai 1724, pouvoir est donné par le Chapitre à ses deux députés de consentir à tous les changements, dans les usages de la liturgie auxerroise, qu'ils croiront devoir adopter de concert avec les députés de l'évêque..., etc... Voir Recueil Frappier, t. IV, *Droits du Chapitre*, p. 63 et suiv.

4. Fenel dut être encore bien plus surpris lorsqu'il reçut du doyen Moreau une lettre datée du 20 août 1724, et commençant ainsi : « Puisque « nous nous appliquons aux moyens de profiter, pour ce diocèse, du bré- « viaire que l'on fait imprimer pour celui de Sens, nous nous sommes tou- « jours proposé, avant tout, de suivre, autant qu'il peut être en nous, votre « dessein, quoique nous n'en ayons pas tous les principes. Ainsi, sans nous « borner à admirer ce qui nous est venu de cet ouvrage, nous y avons « d'abord cherché les moyens de nous instruire suffisamment, pour être en « état de travailler à ce qui nous concerne, sans nous éloigner de vos « vues... » Bibl. de Sens, Mns. *Cartons de la liturgie Sénonaise*, t. II, p. 645.

131. — DE LEBEUF AU P. PRÉVOST.

Ce 28 juillet 1724.

Je crois pouvoir, sans trop abuser de vos bontés, ajouter encore ce feuillet à ma lettre pour vous avertir que j'ai mis ès mains de Mlle Daulmay (Richer du Bouchet de son nom), notre voisine, un petit paquet pour vous, qui contient trois choses : 1° votre livret imprimé à Caen touchant le bréviaire, et dont je vous remercie et vos MM. pareillement; 2° un cahier manuscrit du XIIIe siècle touchant saint Baudèle [1]; on vous l'envoie exprès, afin que vous écriviez à cette occasion sur saint Romule, qui y est désigné abbé de Saissi, au diocèse d'Auxerre, et que vous jugiez s'il n'y a pas apparence que c'est l'abbé Romble ou Romule [2], marqué au 27 mars dans quelques-uns de nos calendriers imprimés en gothique; mais en écrivant sur cela à Auxerre, ne dites pas que c'est moi qui vous ai envoyé le manuscrit, ni qu'il n'est à Sainte-Geneviève que par emprunt. On a adopté saint Patrice que nous n'avions jamais eu : mais on est bien difficile sur les autres; 3° je vous envoie deux cahiers écrits de ma main, pour les prêter à notre ami le P. Toustain, afin qu'il en dépouille tout ce qui pourra lui convenir [3]. Il sera assez temps que vous me ren-

1724

LETTRE 131. — Empruntée au Recueil Sainte-Geneviève, 3 F, 13.

1. Voici comment Lebeuf parle de ce manuscrit dans une note de la *Prise d'Auxerre*, p. 282 : « Un manuscrit de 800 ans, que j'ai découvert depuis « peu, nous a appris que la raison pour laquelle il (le monastère de Saissy- « les-Bois) porte le nom de Saint-Baudèle, célèbre martyr du Languedoc, « est parce que les moines de Nîmes, craignant les incursions des Barbares, « vinrent s'y réfugier avec saint Romule, leur abbé, et que ce lieu leur fut « donné par nos rois. »

2. Voyez, sur Saissy-les-Bois, la lettre du 7 avril 1722, note 5. — Sur l'abbé Romble ou Romule, voyez la correspondance, *passim*.

3. A propos des cahiers adressés par Lebeuf à D. Nicolas Toustain, voir lettre du 10 mars 1725, et la note 33 de cette lettre.

voyez ces trois cahiers tant parchemin que papier, dans un mois. J'ai trop peu de place ici pour vous écrire au sujet de M. de La Chauvinière. Il seroit bien vrai que je lui serois redevable, si j'avois fait de l'argent de tous les livres qu'il m'avoit proposé de lui faire vendre, mais je n'en ai pas pu venir à bout. Il en reste toujours un certain nombre dont personne ne veut et qui, tous pris ensemble, ne feront pas une grande somme. Entre vous et moi, c'est de mon vin que j'ai payé une bonne partie du loyer des chambres de M. et Mme Moreau. Mlle Daulmay arrivera samedi, 29, à Paris; elle sera logée chez M. Guéron, rue Zacharie, proche Saint-Séverin. Ce Monsieur a épousé une Richer Du Bouchet, et commerce en vins à ce que je crois; je lui ai dit que vous enverriez retirer ce paquet pour lui éviter la peine de le porter. Faites en sorte, je vous prie, qu'il ne soit pas égaré.

P.-S. — Si vous allez à Saint-Germain-des-Prés, essayez d'y voir l'Adon, manuscrit du IXe siècle, que le P. Mabillon cite dans la Vie de saint Adon[1], où il dit que sont tous les saints d'Auxerre. Je parle du martyrologe; voyez pour cela le catalogue de leurs manuscrits. Regardez dans cet Adon ce qui est dit des saints Savinien et Potentien, au 31 décembre.

132. — DE LEBEUF A....

6 août 1724.

[Cette lettre ne nous est connue que par le catalogue des autographes de la collection Chavin de Malan, Paris, février 1858.

Elle y figure sous le numéro 34, et elle est ainsi décrite :
« Lettre autographe, signée, 6 août 1724, 4 pages pleines in-4°.

---

1. Voyez *Elogium hist. S. Adonis, auctore D. Mabillon*, dans le tome II des *Acta sanct. ord. S. Bened.*, p. 262. Le martyrologe d'Adon a été publié en 1613 par le P. Rosweide, jésuite.

« Renseignements curieux sur les Bréviaires de diverses églises
« et sur la soutane violette des chanoines. »

Ajoutons que la question de savoir si les chanoines devaient ou non porter la soutane violette était, vers ce temps, à l'ordre du jour dans le diocèse d'Auxerre. En effet, le 12 décembre 1724, le Chapitre, sur l'invitation que lui en avait faite M. de Caylus, décida que désormais tous ses membres porteraient la soutane violette. Voir, aux archives de l'Yonne, Recueil Frappier, t. IV, *Mémoire sur les droits du Chapitre*.

---

133. — DE LEBEUF AU P. PRÉVOST.

29 août 1724.

Le voyage que M. Carrouge m'a assuré qu'il feroit à Paris, au commencement de ce mois, fait que je vous écris cette lettre en gros caractère, ne craignant point de charger un homme qui marchera sur les ondes à pied sec[1]. Mais c'est toujours en demandant que je forme mon style épistolaire. La plénitude de votre bonté suppléera à ma hardiesse. Les riches ont accoutumé d'être importunés par les pauvres.

Nous sommes ici dans une telle indigence qu'il ne s'y passe point de semaine en laquelle je ne souhaite être à Paris. Ce qui m'y a fait le plus aspirer depuis que j'ai eu l'honneur de vous écrire par M. Leclerc, est : 1° un manuscrit de Saint-Germain-des-Prés, qui vraisemblablement vient de Moustier-Saint-Jean[2], qui contient tout ce que Héric a écrit sur saint Germain, tant

---

LETTRE 133. — Cette lettre, ainsi que la suivante, est empruntée au Recueil de la bibliothèque Sainte-Geneviève, 3 F, 13.

1. Sans métaphore : un homme qui voyagera d'Auxerre à Paris par le coche d'eau.

2. Moutier-Saint-Jean, en latin *Reomaus*, célèbre abbaye bénédictine

en vers qu'en prose ; il est intitulé Cod. 633. L'Héric imprimé paroit fourré dans les miracles de saint Germain. Je souhaiterois par exemple savoir si, *lib. 2, cap.* 15, à la fin, le manuscrit parle des saints Optat, etc., Sanctin et Mémorien. Je soupçonne que c'est une addition³.

Pourroit-on savoir de vous s'il n'y a rien, par rapport à notre bonne ville, au deuxième tome du livre qui paroit depuis peu et qui est annoncé au *Mercure* de juillet : *Rerum Italicarum Scriptores, Mediolani*, 1723⁴ ? Je présume que les *Annales de France*, que ce tome renferme, nous apprendront quelque chose.

Je vois depuis quelques mois, en bien des endroits, une Vie d'Urbain II, annoncée comme publiée dans les œuvres posthumes des Pères Mabillon et Ruinart⁵. Ce dernier religieux, qui étoit Champenois et Rémois, a cru que ce pape étoit né en Champagne. Il s'agit d'accorder ce qu'il en dit, sur les auteurs originaux, avec la vie de Guibert, abbé de Saint-Germain d'Auxerre, Labbe, t. I, Bibl. Mns., p. 575, où il est dit que ce pape étoit né et avoit été élevé dans le voisinage de la ville d'Auxerre. Seroit-ce l'auteur de la vie de l'abbé qui se seroit trompé ? Chose à examiner.

---

d'hommes, au diocèse de Langres, aujourd'hui commune du département de la Côte-d'Or.

3. La question que Lebeuf pose au P. Prévost est relative à la discussion qui s'était engagée entre lui et les moines de Saint-Germain d'Auxerre : voir lettre du 14 septembre 1724 et les notes. Lebeuf prétendait que le corps de saint Optat reposait à Vierzon, malgré le texte d'Héric : « Requiescunt « in eadem basilicâ (Sancti-Germani Autiss.) sanctus Optatus, episcopus « cum duobus presbyteris. » C'est ce texte qu'il croyait interpolé ou comme on disait alors *fourré*.

4. « Rerum Italicarum Scriptores ab anno æræ christianæ quingente- « simo ad millesimum quingentesimum, » Milan, 1723-1738, 27 vol. in-f°. Immense compilation due aux soins de Muratori, célèbre érudit, né à Vignoles en 1672, mort à Modène en 1750.

5. Voyez cette Vie de Urbain II au tome troisième des œuvres posthumes de Mabillon et Ruinart, publiées par D. Thuillier, à Paris, en 1724. Dans cette vie, les savants Bénédictins établissent qu'Urbain II est né à Châtillon-sur-Marne, et que le texte sur lequel se fonde Lebeuf, c'est-à-dire l'*Histoire des abbés de Saint-Germain d'Auxerre*, par Guy de Munois, ne mérite en ce point aucune créance.

Vous m'avez souvent parlé d'un de Coublentz, célestin[6]; je trouve un village de ce nom dans l'Autunois, à deux lieues de Charlieu, en Brionnois; le célestin n'auroit-il point pris *Autiss.* pour *Augustod.* Souvent l'on s'y trompe, j'ai vu un vieux martyrologe s'y méprendre.

Je voudrois bien savoir aussi si Dom Bouillart, de Saint-Germain-des-Prés[7], parle, dans son histoire, des biens que saint Germain, évêque de Paris, donna à cette abbaye. Voyez le deuxième tome du III⁰ Siècle Bénéd., p. 93. Si vous aviez le temps, vous pourriez consulter un des tomes de Duchesne où les mêmes biens sont énoncés, mais différemment. Ce qui nous intéresse là dedans est que ces biens étoient dans le diocèse d'Auxerre.

Si vous voyez le P. Dolet, vous pourrez lui demander si le comte Ermenfrid, à qui saint Germain eut affaire, étoit comte de Nevers[8].

Nous ne voyons pas ici la Bibliothèque françoise[9]. Qu'est-ce que ce livre? On m'a écrit que mon livre y est nommé; pourroit-on en voir un tome?

M. Gilloton, avocat, m'a parlé d'un avocat de Paris, demeurant rue de Touraine, près les Grands-Cordeliers, qui a toute sorte de livres d'histoire. Il se nomme Maillard, et il est de ses

---

6. Voici comment Lebeuf en parle dans ses *Mém. sur le dioc. d'Auxerre*, t. IV, p. 454 : « Etienne de Coublanz, natif du diocèse d'Auxerre, profès
« des Célestins de Mantes en 1403, fut premier prieur de la maison de Mar-
« coucies, nouvellement fondée en 1408, puis provincial général en France,
« l'an 1423. Il mourut dans le couvent de Soissons en 1429. Il avait eu, dès
« le temps de son noviciat, une étroite liaison avec Nicolas de Clamengis et
« Gerson. »

7. Jacques Bouillart, bénédictin de la congrégation de Saint-Maur, né à Meulan en 1669, mort à Paris en 1726. Il a publié une *Histoire de l'abbaye royale de Saint-Germain-des-Prés, justifiée par des titres authentiques*, Paris, 1724, in-f°. Quant à la question que Lebeuf pose ici au P. Prévost, voyez la lettre suivante.

8. Lebeuf, dans ses *Mém. sur le diocèse*, etc. t. III, se borne à conjecturer qu'Ermenfrid, qui avait cédé quelques terres, dans le diocèse d'Auxerre, à saint Germain, évêque de Paris, ait été réellement comte d'Auxerre.

9. *Bibliothèque françoise* ou *Histoire littéraire de la France* (par Camuzat, Du Sauzet, Goujet et Granet), Amsterdam, Bernard, 1723 et suiv., 42 vol. in-12.

1724 amis; il a voulu avoir mon petit ouvrage. Cet avocat n'aurait-il point cet Humbert de Montmoret, si recherché et si introuvable [10]? Il ne tiendra qu'à vous de l'aller voir, si vous le jugez à propos. Je lui ai éclairci de ma main des objections qu'il avoit proposées à M. Gilloton.

P.-S. — M. Prévost de Bernay m'avoit écrit qu'il pourroit rendre quelque service à madame de La Chauvinière; je lui avois donné pour cela son adresse, je ne sçais s'il l'a été voir. Je lui ai aussi (et à feu son mari) déclaré bien des fois qu'un nommé M. Rosset, de leur connaissance, avoit 10 francs à eux, qu'il s'étoit chargé de leur rendre de ma part. Ce monsieur est, dit-on, à Toul, en Lorraine. Mme de La Chauvinière doit le connaître.

---

134. — DE LEBEUF AU P. PRÉVOST.

10 mars et jours suivants (sic), 1725.

1725 De retour de campagne, je me trouve un peu plus de loisir pour vous remercier de la magnifique lettre dont vous m'avez honoré. Il est vrai que je l'ai reçue fort tard, c'est ce qui me l'a rendue encore plus précieuse, car le délai ne m'a causé ensuite que plus de plaisir, lorsque j'ai vu quelle attention vous faisiez à tout ce que je prenois la liberté de vous demander.

Je vais commencer à en parcourir toutes les pages [1].

---

10. Lebeuf a fini par découvrir l'ouvrage introuvable d'Humbert de Montmoret, et voici comment il en parle dans ses *Mém. sur le dioc. d'Auxerre*: « J'avois espéré que le livre du frère Humbert de Montmoret, qui contient, « en vers latins, une description de cette bataille (celle de Cravant), m'ap- « prendroit quelques autres singularités, mais on n'y voit que des fictions, « qui défigurent les faits, loin de les éclaircir... Dans tout Paris, on n'a pu « trouver cet ouvrage que dans la bibliothèque de M. Du Fay, qui avoit « ramassé tous les poètes de France. Depuis la vente de la bibliothèque, ce « livre est passé à M. Bourret, célèbre avocat en la même ville. » Effectivement, l'ouvrage de Montmoret figure dans la *Bibliotheca Fayana*, Paris, 1725, sous le n° 1822.

LETTRE 134. — 1. Lebeuf avait inséré, dans son *Histoire de la prise*

Vous me parlez d'abord d'un Michel Disson, Auxerrois, je le connoissois déjà, mais ce n'est pas un martyr qui dût faire honneur à mon histoire, c'étoit un ligueur en titre; il fut tué par les royalistes [2]. C'étoit alors un abus de se répandre en louanges envers ces prétendus zélés catholiques. Je suis certain qu'il n'a été tué que vers 1593 ou 1594. Les vers qui forment son épitaphe sont bons, mais ils n'auroient pas convenu dans mon histoire. Ceux de Grognet [3], mis en entier, auroient fait pitié à tout le monde, quoique ce qu'il dit de la ville d'Auxerre ne tienne pas une page. J'ai l'édition que je cite. C'est un pauvre livre à mon avis; elle est in-8°.

Je n'ai point encore trouvé de Douet ou Donet dans nos grimoires auxerrois. [*En marge* : Il y a un Guillaume Douet ou Donet, trésorier de la cathédrale d'Auxerre en 1480]. Votre Radegonde de ce nom pouvoit être étrangère.

Le chantre d'Auxerre appelé Gontier [4] ne s'appeloit pas Ar-

---

d'Auxerre, p. 47-48, une longue note sur les anciennes familles auxerroises et leurs membres les plus connus. De son côté, le P. Prévost paraît avoir fait, sur ce même sujet, des recherches minutieuses. Il en résulta, entre les deux amis, un échange d'observations, de renseignements, de discussions. Une grande partie de la lettre ci-dessus y est consacrée. Quant à nous, il nous semblerait oiseux d'accompagner de notes chacun des noms plus ou moins obscurs qui se multiplient sous la plume du savant chanoine. Nous nous bornerons à donner çà et là quelques éclaircissements, et, pour le surplus, nous renvoyons d'avance le lecteur soit à la *Prise d'Auxerre*, soit aux *Mémoires sur le diocèse*, *passim*.

2. Lebeuf, dans ses *Mémoires sur le dioc. d'Auxerre*, t. III, p. 444, s'exprime ainsi : « Ce jour-là (12 octobre 1591), un bourgeois d'Auxerre, de la « paroisse Saint-Pierre-en-Château, appelé Michel Disson, ayant voulu les « poursuivre de trop près (les royalistes), fut malheureusement enveloppé : « un d'entre eux, qui s'étoit armé d'une faux, lui scia presque le corps en « deux. »

3. On trouve dans le *Recueil de dissertations de l'abbé Lebeuf*, publié par Cl. Gauchet (le baron J. Pichon), Paris, Téchener, 1843, toute une série de documents relatifs à Pierre Grognet, sa vie, ses œuvres, et les diverses éditions de ses œuvres. Ces documents se composent de lettres insérées par Lebeuf dans le *Mercure* à différentes dates, et d'une lettre, sur le même sujet, adressée à Lebeuf par le chanoine Joly.

4. Sur cette famille Auxerroise, cpr. les détails contenus dans la lettre du 5 novembre 1728.

mand, mais Arnoul. Je ne connois pas la postérité de Pierre Gontier, procureur du roi. J'avois cru qu'Arnoul et Palamèdes en étoient fils. J'ai été voir dans une maison des armoiries qui sont au manteau de la cheminée, et j'ai trouvé que ce sont comme trois glands chacun de cette sorte..... [5], et au milieu des trois une rose ouverte. Il me semble que M. le lieutenant criminel qui demeure auprès de cette maison, faite en église, m'a dit qu'elle venoit des Gontier.

Il me faudroit être bon devin pour deviner quelles étoient les armoiries de Pierre Lemasle, abbé de Saint-Père [6]; l'abbaye est trop récemment rebâtie pour qu'on les y retrouve. [*En marge* : Il y avoit un Jean Masle, tabellion royal à Auxerre en 1488, *ex comp. Urbis*]. Cela me fait ressouvenir de vous demander encore s'il est vrai que le Père Boyer des Blancs-Manteaux vous eût donné un paquet pour moi au mois de septembre dernier, lequel paquet de papier vous auriez confié au P. prieur de Saint-Père [7].

Je ne suis pas plus savant sur les Hinselin ou Hesselin que sur les Donet : il faudroit avoir un rolle des tailles ou fouages dessous Louis XI.

Il peut se faire que la Rousselette (*sic*), mère de R. Chaponai, ne soit aucunement parente de nos MM. Chacheré [8]. Je crois que les armoiries de nos Auxerrois sont une tour. Il y avoit un

---

5. Lebeuf figure ici, dans sa lettre, un gland ou peut-être une grenade. L'imperfection du dessin empêche de préciser la nature exacte du signe héraldique. Quant à la maison que signale Lebeuf comme étant celle des Gontier, on la remarque encore à Auxerre, sur la place du Cerf-Volant ; la tour qui domine la porte d'entrée paraît être du XVe siècle.

6. Voyez, sur Pierre Lemasle, abbé de Saint-Pierre d'Auxerre, l'*Annuaire de l'Yonne*, 1842, p. 201.

7. Il s'agit ici de D. Jacques Boyer, savant bénédictin, dont nous avons déjà souvent parlé, et de François Clouet, chanoine régulier de la congrégation de France, prieur-curé de Saint-Pierre, dont le nom paraît un peu plus loin dans cette même lettre.

8. Comparez à ce passage le *post-scriptum* de la même lettre. Ajoutons, pour plus de clarté, que J. Chasseré ou Chacheré, chanoine de la cathédrale et ami de Lebeuf (voir lettre du 13 septembre 1716), était fils du sieur Chasseré, seigneur de la Brosse, près d'Auxerre, et receveur au grenier à sel de Nevers, et de Anne Rousselet.

Nicolas Rousselet, licencié ès-lois à Auxerre en 1489, avocat au bailliage dès 1482.

Pour ce qui est de MM. Boileau, c'est une faute d'inadvertance à moi de les avoir mis comme Auxerrois. J'avois idée d'avoir vu ce nom vers 1410; mais c'étoit parmi les ecclésiastiques, notamment parmi les pénitenciers d'Auxerre; j'ai fait corriger ce mot dans la première ligne des corrections qui sont à la fin dans les exemplaires complets [9]. A l'égard des Mauduit, c'est sûrement une famille auxerroise. On trouve dans les comptes de l'hôtel de ville, dès l'an 1372, un Jean Mauduit. En 1375 et 1376, un Jean Mauduit (peut-être le même) est appelé capitaine d'Auxerre. En 1382, ce Jean est encore dit capitaine, et en cette qualité il étoit lieutenant du bailli en 1383. C'est lui apparemment dont on voit la tombe aux Jacobins [10], sous les cloches, où il est dit : « Jean Maulduit, bourgeois d'Auxerre, décédé en 1393. » Un Jehan Maulduiz étoit prévôt d'Auxerre en 1341.

Dom Bouillart a mal fait de ne pas expliquer ce qu'étoient ces biens patrimoniaux de saint Germain, évêque de Paris [11]. Il faut s'en consoler. Je me console aussi de ce que le Père Bolièvre à tant fait le réservé à votre égard sur son bréviaire. Je ne regarde pas comme une chose bien prête à éclore le bréviaire de Dom Dominique Fournier [12]. Je crois que vous seriez en état de donner auparavant une très ample dissertation sur les habits des chanoines; vous me paroissez disposé à en parler savamment [13]. J'appréhende bien que ma dissertation sur la récitation du bré-

1725

---

9. Lebeuf avait dit, dans la note de la *Prise d'Auxerre*, que nous avons rappelée ci-dessus : « Les Régnier, Gontier, Coignet, Boileau.... ont fleuri à « Auxerre entre 1300 et 1500. » Dans la feuille de corrections et additions, qui a motivé la saisie de 1723, il a rectifié cette mention de la manière suivante : « p. 47... Boileau, *lisez* Charmoy. »
10. C'est-à-dire, dans l'église des Jacobins d'Auxerre, aujourd'hui convertie en bâtiment d'exploitation (rue Valentin, n° 31).
11. Cpr. lettre précédente du 29 août 1724.
12. Voyez, sur Dominique Fournier, la note 1 de la lettre du 20 juillet 1715. Comparez *Bibl. générale des écrivains de l'ordre de Saint-Benoît*, t. I, p. 338.
13. On sait que le P. Prévost avait fait une étude spéciale de l'histoire

1725 viaire ne soit perdue [14]. Comme on appréhende aussi de découvrir l'endroit où est M. Jubé, il n'est pas à propos de s'en informer, mais on pourroit adresser un billet à Mme de Falconi, vis-à-vis le collége de Laon, qu'elle lui feroit tenir, si elle sçait où il est.

Je n'ai aucun accès chez M. le comte de Courson [15], mais je suis persuadé que les Coignet sont venus d'ici. Ce que vous dites des Rapine et des Vivien est conforme à l'antiquité auxerroise. Je trouve les mêmes remarques dans mes bucoliques, mais il ne m'est pas possible de dire depuis quand les Vivien ont disparu d'Auxerre. Pour des Rapine, il y en a encore à Nevers qui viennent de ceux d'Auxerre. Il y a de petites gens à Auxerre du même nom. Il ne m'est tombé entre mains aucune preuve que ces Vivien ayent fraternisé les Leclerc, les Trouvé. Les Vivien étoient de qualité à devenir évêques. Il y en a eu un qui fut élu évêque d'Auxerre, je crois que ce fut le même qui fut depuis évêque de Nevers, vers 1438 [16]. J'en ai envoyé la preuve au P. Dolet. Il peut se faire que M. Guillaume Trouvé et Thomas Vivien dont vous parlez fussent parents, mais leur liaison dans un même acte n'est pas une bonne preuve. Il la faudroit plus positive. Il y a eu à Meaux un M. Trouvé, théologal [17], si je ne me trompe, qui a écrit quelques livres de piété. Sûrement les Trouvé étoient communs à Auxerre en 1300 et 1400.

---

des chanoines réguliers, de leur discipline, etc. Il a laissé sur ce sujet des manuscrits considérables.

14. Lebeuf parle ici de sa dissertation intitulée : « Cas de conscience... sça« voir s'il est permis à un chanoine, étant au chœur, de réciter en son par« ticulier un autre office que celui qu'on chante publiquement. » Nous avons déjà dit que cette dissertation a été imprimée en 1726, dans la *Continuation des mémoires de Littérature*.

15. Pierre-Paul Coignet de la Tuillerie, comte de Courson, bailli royal d'Auxerre (1693-1731). — Le vieux *grognard* que nous venons de voir mourir à Auxerre, Jean-Roch Coignet, premier chevalier de la légion d'honneur, se vantait de descendre de l'ancienne famille des Coignet, dont une branche avait porté le titre de comte de Courson. Il n'en était certes pas indigne.

16. Voir, sur ce Jean Vivien, *Gall. christ.*, t. XII, p. 655, *ad notam*.

17. Lebeuf ne commet-il pas ici une légère erreur? Le Théologal de Meaux, auteur de différents livres de piété, s'appelait Simon-Michel *Treuvé* et non

J'aurois bien tort de me plaindre de vous, tandis que vous me fournissez tout ce que vous savez des de Tournay et Le Briois; mais je joindrai, s'il vous plait, mes plaintes aux vôtres contre les Cordeliers destructeurs de l'épitaphe des Le Briois. Ce n'a pu être qu'un barbare gardien, appelé Jacopin, qui ait été capable de ce renversement. [*En marge* : Les Le Briois viennent d'Appoigny; Hélie Le Briois demeuroit à Appoigny en 1482; il étoit notaire à Auxerre en 1491; en 1493 il étoit procureur à Auxerre.] Je ne sçais pas encore quelles sont les armoiries des Lecamus. Je sçais seulement qu'une de leurs descendantes, appelée Mme de Châteauvieux, est celle qui a été l'occasion pour laquelle notre prélat a donné un mandement, l'année dernière, contre l'irréligion et l'immodestie des dames dans les églises. Elle se présenta dans le sanctuaire de la cathédrale, l'évêque présent et allant donner la bénédiction du Saint-Sacrement durant l'Octave, avec un tel attirail, qu'elle mérita tout d'abord l'indignation de tout le public [18].

Le catalogue de nos baillis et gouverneurs, depuis 1400 jusqu'en 1600, est déjà commencé, mais je n'ai pu le finir à cause de quelques occupations de famille qui me sont survenues [19].

Votre Chevalier, dignitaire dans la cathédrale d'Auxerre, m'a un peu occupé : j'ai cherché partout, je ne trouve aucun dignitaire de ce nom, c'est peut-être Pierre Leclerc que vous avez voulu dire, ou au moins que le P. Viole a voulu dire. Il y en a eu un trésorier en 1600.

Nos MM. Gervais me paroissent disparus bien vite d'Auxerre, à moins qu'on ne veuille dire que les chaudronniers et vignerons de ce nom en descendent.

Trouvé. Il était originaire de Noyers, arrondissement de Tonnerre (Yonne). Voyez *Nécrologe des plus célèbres défenseurs de la vérité*, t. I, p. 142.

18. Non-seulement M. de Caylus fit de ce scandale l'objet d'un mandement, mais le Chapitre, par une délibération du 19 juin 1724, interdit aux femmes l'entrée du chœur durant les offices. Archives de l'Yonne, *Recueil Frappier*, t. IV, *Mémoire sur l'office divin*, p. 32.

19. Voir, un peu plus loin, la suite de cette même lettre.

1725

La maison de saint Just portait ce nom, il y a plus de deux cents ans[20], mais ce n'est pas une antiquité bien haute. Il falloit que le père de saint Just fût hors la ville, si c'étoit là le lieu de sa maison. Peut-être aussi cette maison a-t-elle eu ce nom à cause de quelque enseigne ; mais je pense qu'anciennement on ne mettoit pas de saint en enseigne.

Le livre sur la généalogie d'Étienne Porcher ne contient pas seulement 47 pages, mais bien 140 ; ce livre pourroit vous être utile. Tâchez de l'obtenir de quelqu'un de Joigny. De mon côté j'essaierai de vous l'avoir, quoiqu'il commence à être rare ; et si vous le jugez à propos, je vous l'achèterai. Je ne crois pas qu'il doive coûter la somme dont je vous suis redevable, qui est de 3 francs. J'aurois été bien aise de voir le P. Gerbauld, par rapport à la nouvelle alliance[21]. Ce sera sans doute au retour. Vous me dites qu'à Riom le nom de Lebeuf est connu par de bons endroits : expliquez-moi cette énigme.

Vous avez cru m'avoir répondu autrefois sur Urbain II, mais je vous assure que jusqu'à votre dernier paquet je n'en avois eu ni vent, ni nouvelle. C'étoit peut-être par quelqu'un de la nonchalance du P. Clouet. Je n'y sçaurois que faire ; au reste, je vois bien que c'est mon objection, faite il y a plusieurs années, qui a attiré la remarque latine que vous me communiquez.

Vous auriez pu vous dispenser de transcrire le long texte de Gollut[22] où il est fait mention de Geoffroi de Charny. J'ai ici ce Gollut où je le peux lire à loisir ; mais pour Meyer, je vous en

20. C'est la maison de la rue du Temple, au haut de laquelle se trouve encore, dans une niche, une statue de saint Just. Avant 1789, lorsque le Chapitre cathédral allait en procession à Saint-Amatre, il faisait une station devant cette maison.

21. Il y a là une énigme que nous renonçons à expliquer. Cependant nous supposons que Lebeuf, en parlant de *nouvelle alliance*, fait allusion à quelqu'incident des querelles religieuses de l'époque.

22. Louis Gollut, né à Pesmes, vers 1535, mort à Dôle en 1595, est surtout connu par l'ouvrage intitulé : *Mémoires historiques de la République Séquanoise*, Dôle, 1592, in-folio. — Nous avons déjà dit quel était l'ouvrage de Meyer, que Lebeuf n'avait pas à sa disposition, et qu'il désira plus d'une fois consulter.

suis très obligé. Vous m'eussiez fait plus de plaisir de me faire part de ce que dit d'Auxerre l'auteur d'un nouveau livre intitulé : *Voyage universel de la France*, imprimé en 1723 23.

Les Nauldet et Delyé sont des Auxerrois, dont vous m'apprenez des anecdotes, en revenant à la charge sur les Vivien. Je chercherai ce que j'aurai sur les Delyé et les Rayet. Pour ce qui est des De la Charité, je suis persuadé que je n'en ai rien, ni des Fassier.

La copie que vous m'envoyez de l'épitaphe d'Etienne Gentils, prieur de Saint-Martin-des-Champs, me fait plaisir. Je crois que pour les Guitton et Frappier de Donzi 24, vous pouvez vous adresser à Paris à M. Magnan, avocat dans la cour du Palais ; de mon côté, j'écris à Donzi pour vous donner satisfaction.

Je viens de trouver un *nota* de M. Noël, sur un Jean Vivien, seigneur de l'Armanderie, près Toucy, mort, selon lui, en 1663, et inhumé à Toucy. Il porte, dit-il, écartelé au premier d'argent au lion de sable, au deuxième d'azur, à la tour d'or.

Voici ce que je puis vous dire pour le présent sur les capitaines ou gouverneurs d'Auxerre 25 ; car ils sont tantôt appelés gouverneurs, tantôt capitaines, depuis Jean Maulduiz, dont je n'ose pas assurer qu'il ait été capitaine, dans le sens qu'on l'a entendu depuis. Je trouve que Louis de Poissy tâcha à l'être en 1398 ; en 1409, Gui, seigneur d'Égreville, est dit bailli et capitaine de Sens et d'Auxerre ; sa femme étoit une Isabelle d'Am-

1725

---

23. Le seul livre, imprimé en 1723 ou 1724, qui puisse se rapporter à l'indication de Lebeuf, est le *Nouveau voyage de France* (et non pas le *Voyage Universel*), par Piganiol de la Force, Paris, Legras, 1724, in-12.

24. La famille Frappier, de Donzy, n'est pas encore éteinte. Il en reste encore de nombreux représentants, parmi lesquels M. Frappier de Saint-Martin, président du tribunal civil de Moulins. Au dernier siècle, elle a produit le chanoine Augustin-Etienne Frappier, dont nous avons eu souvent occasion de citer les ouvrages imprimés et les recueils manuscrits. Voyez la notice consacrée à ce dernier, *Mém. sur le diocèse d'Auxerre*, t. IV, p. 433.

25. Ici, comme à propos des vieilles familles Auxerroises, nous croyons devoir nous borner à renvoyer le lecteur aux différents ouvrages publiés par Lebeuf, lorsqu'il eut approfondi davantage l'histoire de nos contrées.

boise; en 1412, Gasselin du Bos étoit bailli et capitaine d'Auxerre; en 1432, Simon Lemoyne est dit écuyer, capitaine d'Auxerre; il étoit mort dès 1436, et en 1433 Auxerre avoit pour gouverneur un Philibert de Vauldré ; en 1443, Philippe de Bourbon, capitaine d'Auxerre, et en 1451 ; en 1456, Philibert de Jaucourt, tantôt appelé seigneur de Villarnoul, tantôt seigneur de Marcault, tantôt simplement M. le gouverneur. En 1568 (*sic* pour 1468), Tristan de Toulongeon, et en 1474; il mourut l'année suivante. Jean Rapine fut capitaine pendant quelques mois en 1476; puis Olivier de Coetmen en 1480, 1485. En 1487, M. de la Heuze ou de la Heure, puis Jean de Sadonville ou Jean de Sandoville; Pierre de Chandio, mort dès 1490, époux d'Hélène de Chabannes, dame de Brinay; Henri le Rotier, premier valet de chambre du roi, 1490 ; Hector de Salazar, 1493; Lancelot du Lac, gouverneur de l'Auxerrois, 1502; Edme le Rotier, seigneur de Villefargeau, gouverneur et bailli d'Auxerre, 1505; Émard de la Clayette, gouverneur et bailli, 1514; M. de Boisy, gouverneur et bailli, 1527; François de Courtenai, gouverneur et bailli, 1537. Tout ce qui précède est tiré des comptes de l'hôtel de ville. Après quoi, il y a un déficit de plusieurs années. Le catalogue des baillis, par le P. Viole, ici-joint, y suppléera.

Je souhaite, mon Révérend Père, que vous soyez content du peu que mon indigence me fournit. Comme je ne me suis jamais appliqué beaucoup aux armoiries, je ne puis vous enrichir de ce côté-là. M. Noël en avoit bien ramassé, mais la plupart sont perdues maintenant. Il avoit conçu le dessein d'un Nobiliaire d'Auxerre.

M. Mignot vous aura sans doute marqué que votre dissertation sur saint Romule a fait merveille; il sera au 21 mars; mais on n'a pas voulu de saint Mellon [26]. Pour moi, je doute de l'authenticité du fait de Lupillus; je le connoissois déjà, mais j'y

---

26. Saint Mellon, premier évêque de Rouen, figure pourtant au *Martyrologe Auxerrois* de 1751, à la date du 22 octobre, et l'on y mentionne le miracle que ce saint opéra, en traversant Auxerre, sur la personne d'un menuisier, du nom de Lupillus, atteint d'une grave blessure.

faisois peu de fond. Il y a à Meillan, en Berri, une chapelle du nom de Saint-Romule, dépendante de l'abbaye du Bourdieu.

1725

Nous avons bien besoin que vous nous prêtiez la main pour un sermon du vénérable Héric, à la louange de saint Germain d'Auxerre. Il seroit à propos qu'on en lût une partie durant l'octave de ce saint; mais comme nos difficiles pourroient opposer que Héric n'est pas de rang à passer comme un Père, je vous prie de ramasser dans Bollandus, au 24 juin, un sommaire des preuves de sa sainteté. Vous savez que ses Homélies sont parmi celles des Pères, dans une certaine collection gothique [27]. Pour vous épargner une plus grande peine, j'envoie au Père Toustain ce sermon, transcrit par moi sur la publication qu'en a faite le P. Rovire dans son *Reomaus* [28], pages 58, 538, afin qu'il mette de côté les variantes sur le manuscrit d'Héric, qu'on a à Saint-Germain-des-Prés; car je ne puis deviner comment il y avoit, avant que les moines de Moutier-Saint-Jean adaptassent ce sermon à leur saint Jean de Reomai.

Le Père Viole a fait imprimer la fin de ce sermon à la fin de sa vie de notre saint Germain, tiré d'un manuscrit de l'église de Laon.

Avez-vous remarqué que, dans la vie de notre évêque saint Didier, il est parlé d'*Agrum Sessiacum* [29], comme appartenant dès lors à l'abbaye de Saint-Germain? Avez-vous aussi fait attention que saint Romulus paroit avoir eu pour successeurs immédiats Odon et Wala, abbés, et qu'on ne trouve nulle part des gens de ce nom, c'est-à-dire des Odon ni des Wala, que vers les

---

27. Voir, sur les œuvres d'Héric, les renseignements bibliographiques donnés par Lebeuf, *Mém. sur le diocèse d'Auxerre*, t. IV, p. 380. Cpr. *Bibl. hist. de l'Yonne*, t. I et II, passim.

28. Pierre Rovier, religieux de la Société de Jésus, né en 1573, à Avignon, mort le 28 juillet 1649, à Paris. L'un de ses principaux ouvrages est l'histoire du monastère de Réomé, autrement dit Moutier-Saint-Jean, histoire intitulée : *Reomaus seu historia S. Joannis Reomaensis in tractu Lingonensi*, Paris, 1637, in-12.

29. Saissy-les-Bois, arrondissement de Cosne (Nièvre), dont il a été déjà question plusieurs fois dans la correspondance.

VII⁰ et VIII⁰ siècles? J'ai cherché dans les annales et siècles bénédictins.

Je vous prie de me marquer où l'on trouve le *Codex canonum Ecclesiæ romanæ* cité, ou au moins l'appendice de ce codex, par le P. Mabillon, *Comment. in ord. rom.*, t. II, *Museum italicum*, p. 165 ³⁰. Vous ai-je fait injure en lisant l'abrégé du factum sur les Antoinistes, inséré au journal de Paris de janvier ³¹? Si vous voyez quelque part le *Mercure* de janvier, il vous fera songer à moi plus d'une fois ³². Pourrois-je vous demander si vous avez retiré du P. Toustain le cahier tiré du cartulaire de l'évêché d'Auxerre, où il y a beaucoup de mots de basse latinité ³³. Vous dûtes le recevoir cet été? Ayez la bonté d'y veiller. Le P. Martenne me marqua une fois que le P. Pez, allemand, a publié un commentaire de Rémi d'Auxerre sur la Genèse ³⁴; je vous prie de m'en marquer la première et la dernière période, afin que je

---

30. *Museum Italicum, complectens antiquos libros rituales Eccl. romanæ*, Paris, 1689, in-4°, ouvrage publié par Mabillon et Germain.

31. Voyez, *Journal des Savants*, janvier 1725, p. 52 : « Lettre aux auteurs du *Journal des Savants*, sur l'exposé qu'ils ont donné de la question de droit, *si les Antonins* (ou en d'autres termes, les religieux de Saint-Antoine) *sont chanoines réguliers.* » Lebeuf s'excuse d'avoir lu ce *Factum*, parce qu'il contient la critique d'un mémoire produit par les chanoines réguliers contre leurs adversaires les *Antonins* ou les *Antoinistes*. Il se pourrait même que le mémoire critique fût l'œuvre du P. Prévost.

32. Lebeuf a inséré trois articles dans le *Mercure de France* de janvier 1725 : 1° page 67, « Lettre à M. de la Roque sur les chasses d'Auxerre et en particulier sur celle de saint Hubert...; » 2° page 101, « Lettre écrite aux auteurs du *Mercure* touchant l'évêché de Bethléem; » 3° page 184, « Lettre écrite d'Auxerre à M. de la Roque, au sujet d'une nouvelle découverte de médailles romaines. »

33. On voit que, depuis la mort de D. Guesnié, Lebeuf n'avait cessé de collaborer à l'édition du Glossaire de Ducange, publiée par les bénédictins de la congrégation de Saint-Maur en 1733. Le nouveau correspondant auquel il adressait ses communications, était Nicolas Toustain, dont nous avons déjà parlé (note 12 de la lettre du 31 janvier 1724).

34. Bernard Pez, qui fut en Allemagne l'émule de nos plus savants et de nos plus laborieux Bénédictins, naquit en 1683 à Ips, passa la plus grande partie de sa vie à l'abbaye de Mœlk, sur le Danube, et mourut le 27 mars 1735. C'est dans le tome IV, p. 1-126, de son *Thesaurus Anecdotorum novissimus*, qu'il a publié le Commentaire de Rémi sur la Genèse.

voie s'il est le même qu'on a manuscrit à Pontigny. J'en ai donné un passage dans la *Tradition de l'église d'Auxerre*, p. 370. Vous pouvez le confronter.

P.-S. — Pour vous épargner autant de peine que je pourrai, je prierai le P. Toustain ou Martenne de regarder dans Héric ce qui concerne saint Optat.

M. Chacheré de la Brosse, qui est venu d'une Rousselet, dont le père étoit sieur de la Brosse, ne sçait pas quelles étoient ses armoiries. Elles ne sont ni à la Brosse, ni à Auxerre, dans leur ancienne maison. Les Rousselet, dont étoit Romain Rousselet, secrétaire du Chapitre d'Auxerre, vers 1630, et qui a fait une verrière à Saint-Renobert, portait écartelé d'une *bourse* ou chapeau à champ de gueules, et de trois colombes ou poussins blancs à champ d'azur.

135. — DE LEBEUF A FENEL.

27 mars 1725.

Je n'ai fait aucune découverte ici sur les médailles, depuis mon retour. A la fin tout se trouve épuisé.

Une autre fois je vous enverrai le reste de mes remarques sur vos rubriques. Le départ de M. Foucher[1], notre confrère, qui va pour avoir des saintes huiles, me paroit trop précipité pour vous écrire avec netteté ces remarques.

LETTRE 135. — Empruntée à la collection de Fontaine. Nous croyons devoir en supprimer tout le début, comme ne présentant aujourd'hui aucune espèce d'intérêt. Lebeuf y signale différentes fautes qui s'étaient glissées dans les épreuves du missel de Sens, épreuves qu'on lui avait soumises avant le tirage.

1. Claude Foucher, né à Orléans le 24 octobre 1681, chanoine de la cathédrale d'Auxerre le 20 octobre 1724, trésorier le 27 juin 1732, mort le 5 octobre 1751.

Le pont de Joigny étant tombé dimanche dernier[2], ce monsieur a avancé son départ de quelques demi-journées.

P.-S. — M. l'abbé Foucher est de la conférence du bréviaire et de mes amis. Il est souvent aux prises avec notre doyen.

---

136. — DE LEBEUF AU P. PRÉVOST.

20 avril 1725.

Que puis-je vous rendre sur toutes les peines que vous prenez de m'envoyer des mémoires ? Je viens encore hier, 25 mars, d'en recevoir un fort diffus, par les mains de M. Trébuchet[1], à son retour de Paris. Il est vrai qu'il est d'une date[2] d'un mois auparavant, mais ce n'est pas votre faute. Ce sont les occasions qui manquent chez M. le procureur de Paris. Pour être servi plus promptement, tâchez de faire connaissance avec M. Le Noir, au collège de Laon. Vous pourrez mettre chez lui vos paquets pour moi sous l'enveloppe de M. Mignot, en le priant de les donner au courrier qui passera chez lui au moins une fois par mois, pour avoir le journal. Je ne crois pas que ce lui soit une peine de

---

2. Trois arches du pont de Joigny furent enlevées par une inondation, le 26 mars 1725. Voir, sur cet événement et les circonstances qui le suivirent, la notice de M. Desmaisons sur le pont de Joigny, *Bull. de la Société des sciences historiques de l'Yonne*, 1862, p. 175.

LETTRE 136. — Empruntée au recueil de la bibliothèque Sainte-Geneviève, 3 F, 13. Nous répéterons ici ce que nous avons déjà dit à propos d'une lettre analogue, celle du 10 mars 1725: Il est impossible d'annoter la multitude des noms qui se pressent sous la plume de Lebeuf. Nous devons nous borner à donner là quelques éclaircissements, lorsqu'ils nous sembleront avoir une utilité sérieuse.

1. La famille Trébuchet était nombreuse à Auxerre. Il est difficile de savoir quel est celui de ses membres dont parle ici Lebeuf. Nous supposons, sans en être sûrs, qu'il s'agit de Claude Trébuchet, chanoine de Notre-Dame-de-la-Cité le 8 novembre 1719, mort le 21 décembre 1745.

2. Dans l'autographe la date est ainsi mentionnée : « Écrit durant le mois « d'avril à différentes reprises, fini et mis à la poste le vendredi 20 avril « 1725. »

donner des paquets au courrier, du moment qu'il n'y aura rien à 1725
débourser pour lui.

Il faut d'abord que je vous remercie de tout ce que vous m'apprenez de curieux, et qu'ensuite je vous fasse part de ce que je pourrai sur ce que vous me demandez. Quant à vos remarques sur notre Gilbert et notre Geofroi [3], le premier n'étoit pas Anglois, mais de l'Auxerrois ou du Nivernois; j'ai lu quelque part qu'il avoit une maison à Nevers; je ne sçais s'il n'y avoit pas aussi été chanoine. Nous verrons ce que M. Papillon nous développera là-dessus. Il m'a écrit ces jours derniers, il ne songe plus à vos mémoires, il croit que vous n'avez que cela à faire. Entre vous et moi, ce bon monsieur, que je n'ai jamais vu, me paroît un peu brusque dans son style. Vous serez content de la mention que nous avons faite de Geoffroi, dans la légende de Saint-Thomas.

Croyez-vous que du temps de l'évêque Hérifrid on sçavoit mieux chanter qu'aujourd'hui [4], et que toutes les messes étoient hautes? Pour moi, il me paroît que la messe de ce prélat ne fut que pour remercier Dieu de sa guérison, et je crois qu'il n'étoit guères en état de chanter pontificalement une messe. Où auroit-il pris ses officiers? Il n'y avoit qu'un prêtre à Gurgy [et encore] envoya-t-on toute la nuit en chercher.

Vous devez connoitre, par la petite liste que je vous ai envoyée de nos baillis, que Réné Viau, gouverneur, n'est pas le bailli du Vau. Je crois que, pour être plus exact et ne pas suivre si scrupuleusement le mémoire des Panier [5], j'aurois dû l'appeler M. de

---

3. Voir, sur Gilbert et Geoffroi, les longues notices que Lebeuf leur a consacrées, *Mém. sur le diocèse d'Auxerre*, t. IV, p. 376. Cpr., sur Gilbert, les dernières pages de la *Prise d'Auxerre par les Huguenots*, 286-288.

4. Hérifrid, évêque d'Auxerre, 887-909. Voyez, sur les circonstances de sa vie auxquelles il est fait allusion ci-dessus, la note que Lebeuf venait d'insérer dans la *Prise d'Auxerre*, p. 274. Cpr. *Mémoires sur le diocèse*, t. I, p. 216.

5. Joseph et Edme Panier, bourgeois d'Auxerre et marchands, ont composé l'un et l'autre une relation de la prise de cette ville par les Huguenots en 1567. Ils moururent tous deux en 1587, Edme le 21 septembre et Joseph le 26 octobre. Voyez, sur eux, la *Prise d'Auxerre* et les *Mémoires*

Vaux et non du Vau. C'étoit apparemment de Vaux, du côté d'Aigleny, dont il étoit seigneur. C'est aujourd'hui M. de Bernage qui possède cette terre, qui est de la paroisse de... (sic)⁶.

Je connois à merveille Jean Lordereau, abbé de Saint-Marien; je sçais même qu'il fut nommé à l'évêché d'Auxerre, mais qu'il mourut avant que d'avoir ses bulles. Comme il n'a eu aucune relation avec les années 1567 et 1568, je n'en ai pas parlé, ce sera pour quand je traiterai les affaires de la Ligue. Il ne descendoit que de paysans de Gurgy et des environs. Je ne connois plus de Lordereau dans le pays. J'ai oui dire qu'il y a un Lordereau, cordonnier ou savetier à Villeneuve-le-Roi⁷.

Je vous ai déjà dit qu'on a ici des vers de Hugues Vaillant, sur le ravage d'Auxerre, et même en trop grand nombre; je ne les ai pas trouvés trop excellents, ou bien les copies sont fautives. J'ai retrouvé, depuis peu, deux volumes d'épigrammes de ce religieux sur tous les saints de l'année. Il y a, ce me semble, quelque chose sur le corps de saint Germain, profané ou prétendu brûlé par les calvinistes. Il a été professeur à Pont-le-Roy. Mais vous êtes à la source pour le connoître. Le livre de tous les écrivains mauristes, qui n'est pas ici, n'a pas dû l'oublier. Je viens de trouver, dans la matricule de Saint-Maur, qu'il étoit d'Orléans⁸.

Vous me remettez bien tard dans l'esprit le chanoine régulier

---

sur le diocèse, passim. On a conservé, à l'archevêché de Sens, dans le dossier relatif à la vérification des reliques de saint Germain, une copie de la relation de Joseph Panier, copie écrite de la main même de Lebeuf.

6. Louis-Basile de Bernage, seigneur de Saint-Maurice, Vaux, Chassy, etc., conseiller d'état ordinaire, grand croix de l'ordre royal et militaire de Saint-Louis. Son fils, qui devint intendant de Moulins en 1744, prit le nom de *Bernage de Vaux.* Vaux, dont il s'agit ici, est de la paroisse de Merry-la-Vallée, canton d'Aillant-sur-Tholon. *Dict. de la Nobl.* par La Chesnaye des Bois, t. II, p. 354.

7. Voyez, *Mém. sur le diocèse,* t. II, p. 197 et 526. Il y a encore aujourd'hui des *Lordereau* dans le canton de Seignelay, duquel dépend la commune de Gurgy.

8. Voyez sur Hugues Vaillant et ses ouvrages, la *Bibl. hist. et critique des auteurs de la congrégation de Saint-Maur,* par Lecerf, p. 486.

Savoyard, bon homme, mais peu savant ; je le vis à Paris en 1723, la dernière fois que j'y étois : il disoit la messe chaque jour au Saint-Esprit. Si vous êtes curieux de sçavoir son existence, on pourra vous y apprendre s'il y va toujours. Il se nomme M. Clavel [9]. Il étoit profès d'une abbaye dans le Maine. M. Moullin étoit un saint homme et marchant droit. Dieu veuille que ses disciples l'imitent. Ne devroit-on pas être ravi à la cour d'un institut soumis aux Ordinaires [10] ? M. Bourgogne, s'il vit encore, est un des plus anciens.

J'avois écrit en effet à M. Daubuz d'Angleterre, connu par quelques ouvrages, mais M. Walker m'apprit, en 1723, à Paris, que ce monsieur étoit décédé, il le connoissoit. Je lui appris que ces Daubuz venoient d'Auxerre.

Je ne suis pas au fait de l'examen de la généalogie des Chevalier, comme vous [11]. Je laisse à M. l'abbé Leclerc ce que je ne peux faire. Permettez que je me contente de vous dire que je ne garantis point le nom de Guillaume, que j'ai donné au Chevalier seigneur de Miniers, p. 187 de mon livre. Le nom de Germain que je lui ai donné dans la table en est la preuve. Je crus, en voyant un G dans la signature, que cela signifioit Guillaume ; mais depuis que j'ai vu tant de fois le nom de Germain, j'ai cru que ce G devoit signifier Germain. Je crois que j'ai bien fait d'effacer Guillaume. Mais lorsque je le qualifie de lieutenant géné-

---

9. Cpr. lettres des 20 et 23 avril 1723.

10. Lebeuf fait allusion à ce que les chanoines réguliers de la congrégation de Bourgachard, qui a eu pour fondateur Moullin, acceptaient la juridiction de l'ordinaire.

11. La famille Chevalier était une famille alliée à celle des Leclerc. C'est pour cela que Lebeuf abandonne à l'abbé Leclerc le soin d'en étudier la généalogie. Quant à nous, nous nous bornons à renvoyer encore une fois le lecteur à la notice insérée dans l'*Annuaire de l'Yonne* de 1854, par M. le juge de paix Leclerc. Nous n'osons même pas dire quel était au juste le chanoine aux soins duquel Lebeuf s'en réfère pour ses recherches. Est-ce Dominique Leclerc, né à Varzy, dont nous avons déjà parlé dans une note des lettres précédentes ? N'est-ce pas plutôt Jean Leclerc, né à Auxerre le 19 mars 1675, chanoine le 4 mars 1702, et qui mourut le 8 août 1742 ? S'il s'agit de ce dernier, voyez le *Nécrologe des plus célèbres défenseurs et confesseurs de la Vérité*, t. II, p. 24.

ral de M. de Prie [12], j'avoue que j'ai mal fait de mettre l'épithète de général; il fut le lieutenant de M. de Prie, mais seulement en sa qualité de gouverneur et non pas dans celle de lieutenant du bailli. La cour y avoit pourvu en mettant M. Bochard ou Bouchard de Champigni, pour remplir cette judicature vacante par l'inhabileté et décès de M. Chalmeaux [13].

Je n'avois écrit ceci que selon que la mémoire m'avoit fourni, mais ayant regardé exprès les originaux, j'ai trouvé une lettre signée *Germ. Chlr.*, du 17 août. L'année n'y est pas, mais l'ordre de la liasse donne à entendre 1569. D'ailleurs, la matière qui y est traitée laisse à penser que l'époque est juste; ce n'est qu'une copie qu'apparemment ledit Chevalier donna de ce qu'il avoit écrit, car l'adresse est au bas et non au dos. Voici donc ce qu'il y a au bas : « A Monsieur de La Torratière [14], gouverneur de Saint-Fargeau. »

« Monsieur, ces jours passés il est advenu que un nommé
« Roboam a rendu méchamment aux rebelles et ennemis du roi
« le chastel de Régennes [15] qui.... à tout le pays, lequel on dit
« être à Saint-Fargeau, et pour autant que nous avons..... de le
« mettre en justice et envoyer au roi, je vous prie de le retenir
« et remettre en lieu où on puisse assurer sa dite Majesté.... et
« vous m'obligerez à vous faire à jamais service d'aussi bon
« cœur, Monsieur, que je me rends à vos bonnes grâces, priant
« Dieu de vous tenir en suffisante garde. D'Auxerre, ce 17 août.
« Votre serviteur voisin, Germ. Chlr. »

Je crois que ce style ne peut convenir qu'au lieutenant de M. de Prie et non à un simple maire, s'il étoit différent, ou à un simple bailli de Chapitre. Je vous laisse juge.

---

12. Aymar, sieur de Prie, baron de Toucy, nommé au commandement de la ville d'Auxerre en avril 1568. Voyez l'*Hist. des guerres du Calvinisme dans l'Yonne*, t. I, p. 194 et *passim*.

13. Voir *eodem*, p. 237, le récit de la mort de Chalmeaux.

14. Ou M. de la Corratière.

15. Voyez encore l'*Hist. des guerres du Calvinisme dans l'Yonne*, t. I, p. 252 et suiv., au sujet de l'occupation de Regennes par les Huguenots et de la trahison de Roboam.

Je me propose d'écrire à Saint-Bris, pour sçavoir de quel ordre étoit religieux le frère Chevalier, nommé dans le procès-verbal de la Coutume [16].

Miniers est de la paroisse Saint-Cyr-les-Entrains. M. Noël marque que de son temps c'étoit un Leclerc qui possédoit ce fief. Pour ce qui est de Ribourdin, j'abandonne cela entièrement à M. l'abbé Leclerc [17].

Dans ma note sur l'acte touchant la croix d'or, réfugiée à la Sainte-Chapelle de Paris [18], j'ai donné au P. Pesselières autant d'années de priorat que le P. Viole lui en donne, à sçavoir depuis 1543 jusqu'en 1597. Dom Viole met pour prieur en 1542 François Des Molins, et pour successeur à Dom de Pesselières en 1597 Laurent Crethé. Je ne sçais pas si c'est parce qu'il étoit auteur dès 1543, que le P. Viole l'a fait aussi prieur dès le même temps.

Je remets à une autre fois l'examen de la généalogie de Guillaume Bailli, président en la Chambre des Comptes. Nos Bailli d'Auxerre étoient de la paroisse Saint-Père.

Ce que je puis vous dire sur Guillaume Clausse est qu'il fut reçu chanoine en 1560, le 8 mars, à la prébende que Blanchet David lui avoit résignée. Il n'étoit alors que clerc; il y est dit du diocèse de Sens. Il devint capitulant depuis ce temps-là.

La Grange-aux-Rois est de la paroisse de Grandchamp, et re-

1725

---

16. Voyez, *Coutume d'Auxerre*, édition de 1563, in-4°, f° 42. v° : « Frère Charles-Philippe Chevalier, curé de Saint-Bris. »

17. Ribourdin, aujourd'hui ferme de la commune de Chevannes, près d'Auxerre, autrefois fief relevant de la tour de Serin.

18. La note à laquelle Lebeuf fait allusion se trouve dans la *Prise d'Auxerre, pièces justificatives*, p. 11. Elle est intitulée : « Addition faite « au livre des abbés de Saint-Germain d'Auxerre, par Frère Pierre de Pes- « selière, *qui fut prieur de cette abbaye depuis l'an 1544 jusqu'en 1597.* » Voyez aussi la notice que Lebeuf a consacrée à Pesselière, dans son catalogue des écrivains Auxerrois, *Mém. sur le diocèse*, t. IV, p. 405. Lebeuf y répète que Pesselière fut prieur de Saint-Germain de 1544 à 1597, c'est-à-dire pendant cinquante-trois ans, ce qui paraît bien long. Comparez l'*Hist. de l'abbaye de Saint-Germain* par l'abbé Henry, Auxerre, 1853, p. 504.

lève de la baronnie de Toucy. C'est notre écuyer qui a comparu à la Coutume, ou au moins son père [19].

Nous avons eu deux Montereul parmi nous. Simon de Montereul fut reçu en 1616, le 4 décembre, au canonicat de M. Dassier et à la dignité de grand archidiacre ; il est qualifié soudiacre parisien, bachelier en théologie. Il fut installé à sa dignité par M. Julien, alors sous-chantre. En 1619, Pierre de Montereul, prêtre parisien, fut reçu à la prébende vacante par la résignation de Simon, le 30 septembre. Ce Simon avoit aussi donné à Pierre son archidiaconé, mais Pierre le permuta avec Claude Lemuet, pour la chapelle de Sainte-Appoline de Monputois, paroisse d'Oüaine [20], et Simon devint, par permutation avec son frère, curé de Poinci, au diocèse de Meaux [21]. Voilà ce que j'ai tiré, il y a dix ans et plus, de nos registres sans sçavoir que cela vous serviroit. Les manuscrits de M. Noël m'apprennent que ce Simon devint curé de Saint-Sulpice à Paris. Pierre demeuroit ordinairement à Paris, en qualité de solliciteur du Chapitre. Il y bâtit une maison (à ce que dit M. Noël), au faubourg Saint-Germain, en 1641, proche le séminaire Bretonvilliers et le noviciat des Jésuites. J'ai une lettre de lui à M. Noël, du 4 juin 1659, datée de Paris. Il signe de Montereul et non de Montreuil.

Connoissez-vous des Tartarins à Paris, originaires d'Auxerre ? En 1629, on reçut ici pour chanoine un Jean Tartarin, prêtre Auxerrois. Un monsieur, de mêmes nom et surnom, se disant son neveu, est avocat des P. Jésuites à Paris.

M. Camus, que j'appelle Victor [22], selon et conformément à la

19. Le procès-verbal de la coutume d'Auxerre, dressé en 1561, mentionne parmi les représentants de la noblesse *Guillaume le Roy, écuyer, seigneur de la Grange-aux-Rois*. Lebeuf veut dire que c'est le même qui, vers 1568, joua un certain rôle dans les guerres religieuses. Voir, sur le seigneur de la Grange-aux-Rois et sur son fief, l'*Hist. des guerres du Calv.*, par M. Challe, t. I, p. 255.

20. Montputois, hameau de la commune d'Ouanne, canton de Courson (Yonne). La chapelle de Sainte-Apolline ou de Sainte-Apollonie, qui y existait jadis, est aujourd'hui détruite.

21. Poincy, canton et arrondissement de Meaux (Seine-et-Marne.)

22. Voyez, *Prise d'Auxerre, Pièces justificatives*, p. lviij : « Victor Ca-

vie d'Amyot, (Labbe, t. I. *Bibl.*, page 526), fut reçu en personne à son canonicat, le 11 février 1583; il avoit été déjà reçu par procureur un peu auparavant, mais comme les registres des années 1581 et 1582 ne se trouvent pas, je n'ai pu être suffisamment éclairci. Il m'a semblé qu'au registre 1653 (*sic* pour 1583), il est appelé Vorle Camus, *Verollus*, nom qu'il a pu changer depuis. Il y a une vitre à Saint-Étienne, dans la chapelle Saint-Gervais, appelée maintenant de Saint-Thomas, à cause des Marie [23] lieutenants-généraux, où est représenté un chanoine à genoux auprès d'un saint armé de pied en cap. M. Regnauldin [24] m'a dit qu'il tenoit des anciens que c'est Victor Camus. Les armes sont en haut et en bas d'azur, au milieu est une bande de gueules à trois étoiles, dessous sont deux gerbes d'or, dessus un lion d'or mi-parti (*sic*). Si ce chanoine s'appelle véritablement Vorle, il venoit apparemment de Châtillon-sur-Seine ou du voisinage. Regnauld Martin, autre ami de l'évêque Amyot et auteur de sa vie, étoit d'une lieue ou deux de ce Châtillon [25].

1725

« mus, chanoine et commensal de l'évêque Amyot, fit refaire la verrière de « la chapelle Saint-Gervais, dite aujourd'hui de Saint-Thomas. » Cette verrière existe encore. Voyez, *Annuaire de l'Yonne*, 1841, p. 46, *Description des verrières peintes de la cathédrale d'Auxerre*, par M. de Lasteyrie. Ajoutons que dans ses *Mémoires sur le diocèse*, publiés en 1743, Lebeuf persiste à appeler Camus *Victor* et non *Vorle*.

23. Pour comprendre cette phrase, il est indispensable de savoir que saint Thomas était le patron spécial de la famille Marie, et que tous ou presque tous les membres de cette famille portaient le prénom de Thomas, soit isolé, soit accompagné d'autres. Notre célèbre et très honoré compatriote M. Marie, avocat à la cour de Paris, membre du Corps législatif, s'appelle encore : Alexandre-Thomas Marie. Son père s'appelait Amable-Thomas ; son grand père, François-Thomas, etc.

24. Laurent Regnaudin, chanoine le 15 mars 1685, mort le 5 juin 1741. C'était évidemment, à l'époque où écrit Lebeuf, un des plus vieux chanoines de la cathédrale d'Auxerre.

25. Cpr. ce que Lebeuf dit de Regnaud Martin, soit dans son *Catalogue des écrivains Auxerrois*, soit dans sa *Liste des archid. de Puysaie*. Regnaud Martin, suivant l'exemple de Camus, avait fait faire une des verrières qui ornent encore le fonds de la chapelle Saint-Alexandre, aujourd'hui de la Vierge. Voyez, *Description des verrières de la cathédrale*, par M. de Lasteyrie. p. 45.

1725

Ne vous donnez pas la peine de copier l'épitaphe de M. de Souvré, elle est ici sur sa tombe [26].

Personne ne peut vous rien dire ici sur M. de Mézengarbe [27], ni sur sa famille. Ce fut un passe-volant. Ce que je sçais seulement par les registres de Saint-Eusèbe est que sa femme Mathie Humbert fut marraine à l'église de Saint-Eusèbe, le 8 juin 1589.

J'ai consulté les mémoires de Marolles, p. 120. Je ne sçais où il a pris que Saint-Pierre-le-Moutier est un prieuré dépendant de Saint-Germain d'Auxerre. Il est vrai que cette abbaye a quatre prieurés dans le voisinage, sçavoir : Chastillon-en-Bazois, Mazilles, la Chapelle-aux-Chats et Decize. Ce qui peut être de vrai là-dedans est que le prieur Rapine [28] pouvoit avoir eu [un] de ces quatre prieurés, qui auroit eu de sa dépendance la maison où logea la princesse.

Quant à Louis de Menou, des pages 389 et 401, je n'ai pas à y contredire. Ces MM. de Menou sont seigneurs de la paroisse de Nanvigne, à deux lieues de Varzi, où ils ont un beau château. Ils ont même eu le crédit de faire changer le nom de la terre, de sorte qu'on ne l'appelle plus que Menou [29]. C'est où est le culte du pèlerin saint Hugues, voyez *Boll.* 7 juillet. Avez-vous remarqué notre Auxerrois Baltazar, dans les mémoires dudit Marolles,

---

26. Malheureusement, la tombe et l'épitaphe, qui se trouvaient auprès du grand autel, ont disparu dans les remaniements que le Chapitre fit opérer dans cette partie du sanctuaire en 1767.

27. Le président de Mézengarbe, que le duc de Guise avait installé à la tête du bailliage d'Auxerre, quelque temps avant la soumission de cette ville à Henri IV. Il eut maille à partir avec un des Leclerc, et c'est probablement pour cela que son nom se glisse ici dans la lettre de Lebeuf. Voyez *Annuaire de l'Yonne* 1854, p. 197.

28. François Rapine, religieux bénédictin, prieur du couvent de Saint-Pierre-le-Moutier, devint aumônier de la reine Marie de Médicis en 1642. Voir, sur sa vie et ses ouvrages, Née de la Rochelle, t. III, p. 101.

29. Louis XIV, voulant récompenser les services de François-Charles de Menou et de ses ancêtres, érigea, au mois de juin 1697, la terre de Nanvigne et de Ménétreau, canton de Varzy (Nièvre), en marquisat, sous le titre de Menou. — Sur saint Hugues, solitaire à Nanvigne, voir lettre du 10 mars 1725.

p. 276? Etant tombé sur la page 118, où il est fait mention du Père Germain, carme déchaussé, prédicateur à Nevers en 1639, j'avois cru que ce pouvoit être le P. Germain Leprince d'Auxerre; mais je trouve qu'il mourut en 1617. Tâchez de savoir si c'étoit un Auxerrois que ce Germain, carme de Nevers.

Le vers de l'épitaphe d'Antoine de Bourbon : *Qui fut sacré par d'Auxerre et d'Escars*, ne peut-il pas s'entendre d'un particulier nommé d'Auxerre, comme d'un autre appelé d'Escars? Où se trouve cette épitaphe 30?

Je voudrois bien voir la dissertation de l'abbé de Vertot sur la vie de saint Germain 31. Si cet abbé ne fait que toucher un mot en passant sur le miraculeux *Alleluia*, ce n'est plus alors une dissertation expresse contre Constance, *soit histoire, soit roman*. Cette disjonction ne peut tomber que sur les additions faites à Constance. Je sçais qu'il y en a. Le miracle de l'âne ressuscité a été fourré. Le manuscrit de Saint-Germain-des-Prés n° 633 vous en convaincroit pleinement. C'est une addition que Héric même fit à son propre ouvrage.

Il m'a été impossible de parler de Vézelay plus au long pour deux raisons. La première, parce que je me bornois à ce qui est de notre diocèse; la seconde, parce que je manquois de matériaux. Celui (sic) du Jean de La Chasse m'a déjà été donné en

---

30. Lebeuf ne s'est pas arrêté à cette conjecture; car il ne l'indique même pas dans le chapitre de ses *Mémoires* « Sur le nom d'Auxerre envisagé « comme étant devenu nom particulier de famille. »

31. Voir la dissertation de l'abbé Vertot, dans les *Mémoires de l'Académie des Inscriptions et Belles-Lettres*, t. II, *Mémoires*, p. 367 et suiv. Le passage relatif à l'*Alleluia* est ainsi conçu : « Je ne prétends pas garantir « un fait si merveilleux et, soit histoire ou roman que l'ouvrage de Constan- « tin, et peut-être l'un et l'autre ensemble, comme la plupart de nos an- « ciennes chroniques, il suffit, pour la justesse du parallèle que je me suis « proposé, qu'on y trouve une trace de nos anciens usages conformes aux « mœurs et aux coutumes des Germains. » Ajoutons que le fait rapporté par Constance a été admis par Lebeuf, après contrôle, dans ses *Mém. sur le diocèse*, et depuis par les auteurs qui, de nos jours, ont appliqué à l'étude de la vie de saint Germain les procédés de la critique moderne : voyez le mémoire de M. Blin, inséré dans les actes du *Congrès scientifique*, session de 1858, t. II, p. 92.

partie par le frère du chanoine de Notre-Dame de Paris, appelé M. de Vérigny [32].

Vous êtes le premier qui m'ayez annoncé des Aguenin, chanoines de notre église, comme aussi de Sainte-Geneviève. Je n'ai jamais vu ce nom dans mes pancartes. Pour les de Piles, nous les connoissons mieux. Je trouve que la petite-fille du fameux Porcher de Joigny avoit épousé un Aguenin, conseiller au Châtelet; je trouve ceci d'hazard (sic). J'ai seulement voulu m'assurer du vrai nom de ce Porcher. Le livre de la généalogie ne l'appelle pas Gilles, comme vos mémoires, mais Etienne. Ils ne le font pas annoblir en 1366, au mois d'avril, avant Pâques, mais en 1364, au mois de juin. Je vous prie de voir lequel des deux a tort. Cela est important. L'acte d'anoblissement d'Etienne Porcher le qualifie de *sergent d'armes et maître des provisions de vin du roi, serviens armorum*, etc. Dans le même livre des Porcher, ce que je trouve de plus ancien sur les Delaporte est que le mari de la petite-fille d'Etienne Porcher, nommé Pierre Aguenin, conseiller au Châtelet, étoit fils de Jean Aguenin, procureur général, puis second président au parlement de Paris, et de Jeanne Delaporte.

Vous finissez votre lettre en me parlant des Bouchard, que je ne connois nullement, et des nobles rayés par M. Bouchu [33]. Charles Leclerc demeuroit apparemment à Sougères, paroisse de Gurgy, et non pas Fougères, paroisse de Cugy. Il y a un hameau du nom de Sougères à Gurgy. Quant au Merry, où demeuroit

---

32. Maintenant encore les documents relatifs à l'histoire de Vézelay, gaspillés ou détruits, soit à l'époque des guerres de religion, soit à celle de la Révolution française, présentent des lacunes tellement importantes qu'elles semblent de nature à décourager les chercheurs les plus infatigables. Voyez, du reste, ce que Lebeuf a dit, dans sa *Prise d'Auxerre*, au sujet d'un bourgeois de Vézelay, nommé Albert et non Jean de la Châsse.

33. En 1666, l'intendant de Bourgogne, Bouchu, fut chargé par Colbert de procéder, dans cette province, à la recherche des faux nobles. Il y déploya une grande rigueur, et souleva contre lui, non-seulement les protestations des parties intéressées, mais encore celle des Etats. Voyez, *La noblesse aux États de Bourgogne*, par Beaune et d'Arbaumont, Dijon, 1864, in-4°. p. 411 et suiv.

Madeleine Leclerc, il faut que ce soit une espèce de ville, puisqu'il y avoit des échevins. Ce doit être Merry-sur-Seine, au-delà de Troyes. Il y avoit des Leclerc à Troyes. Je trouve la lettre que les habitants de Troyes écrivirent à ceux d'Auxerre, lors de la prise de Régennes, signée Leclerc.

La ligne ascendante des Roujault ne m'embarrasse pas moins que vous : où la prendre ? Je ne connois pas même aucune preuve que ces MM. Roujault fussent d'ici. Il est vrai que la femme d'Etienne en étoit : elle s'appeloit Agnès Ferroul, mais *quid inde* ? Le registre de Saint-Eusèbe, 1605, marque le baptême de Marie, leur fille ; elle pouvoit y être née par hazard. Le père n'y est qualifié que d'avocat à la cour à Paris, mais, en 1618, il étoit bien plus relevé. Son fils Nicolas fut parrain, le 21 mars, d'un enfant de bourgeois, et il y est dit fils d'Etienne Roujault, secrétaire du roi.

Je me suis éclairci par moi-même sur dom Espiard. La matricule des bénédictins de Saint-Maur, qui est un in-folio imprimé, met pour 445ᵉ de la congrégation *Claudius Germanus Espiard*, de Semur, diocèse d'Autun ; il y est ajouté qu'il fit profession en 1631, le 2 janvier, à Saint-Rémi de Reims, âgé de 31 ans, et qu'il mourut prêtre, à Moutier-Saint-Jean en Bourgogne, le 3 mars 1649. Je ne crois pas que l'acte de sa réception à Saint-Germain d'Auxerre, avant la réforme, soit si facile à trouver.

Sur les Ferroul, qui est véritablement une famille d'Auxerre, c'est un article qu'on peut étendre. J'ai été à Saint-Eusèbe pour voir les armoiries d'un vitrage où est dépeint le sacrifice d'Abraham, en 1620 [34]; cette verrière, qui ferme une chapelle qui donne sur l'ancien cloître des religieux, porte une inscription à demi-cassée, où il y a du Ferroul et du Roujault. L'homme est représenté d'un côté avec ces armoiries-ci : d'azur à trois coquilles accompagnées en haut d'un croissant d'argent, au milieu un chevron brisé, de gueules, à la pointe duquel est une rose et dans les

---

34. Cette verrière existe encore à Saint-Eusèbe, dans la quatrième chapelle, côté sud de la nef.

deux brisures une étoile d'or. Cet homme est représenté accompagné d'un seul fils. La femme n'a aussi qu'une seule fille ; son écusson est de sable à trois clous, un chevron de sinople au milieu. Seroit-ce là les armes des Ferroul ? Les clous sont de fer, du moins à Auxerre. Le tour de l'écusson est une couronne d'épines. Excusez-moi si je parle si mal le jargon du blason ; je ne l'ai jamais étudié.

Ce qui me détermine à fixer Prix Soufflot à Saint-Eusèbe [35], est qu'il n'y a qu'en cette paroisse qu'on trouvoit alors des Prix Soufflot. Le père et le fils avoient le même nom et surnom, et étoient de la même paroisse [36].

---

137. — DE LEBEUF A FENEL.

Auxerre, ce 11 mai 1725.

A mon retour du voyage que j'ai été obligé de faire du côté de la Loire, j'ai trouvé ici M. Grasset, notre confrère, qui m'a paru charmé de l'honorable réception que vous lui avez faite, aussi

---

35. Lebeuf explique ici l'opinion qu'il a émise dans la *Prise d'Auxerre*, p. 109 et 110, à savoir que Prix Soufflot, bourgeois d'Auxerre, blessé dans une procession par les Huguenots, habitait la paroisse Saint-Eusèbe.

36. Dans le recueil Sainte-Geneviève, 3 F. 13, ces mots terminent une page, et l'on trouve immédiatement en haut de la page suivante : « Parlons « maintenant un peu liturgie... », comme si la lettre continuait sans interruption. Pourtant il y a là une partie complètement distincte, écrite sur feuille détachée, et qu'on a eu tort de joindre à la lettre du 20 avril 1725. Dans cette seconde partie, Lebeuf parle de la rédaction du Rituel d'Auxerre, et de l'influence que Philopald, trésorier d'Appoigny, exerce sur M. de Caylus. Or, le Rituel d'Auxerre, qui parut en 1730, ne fut guère commencé que vers 1728, et Philopald ne devint trésorier d'Appoigny que le 9 juillet 1727. Nous ajournons donc, à notre second volume, la publication du fragment mal à propos annexé à la lettre du 20 avril 1725 dans le recueil de la bibliothèque Sainte-Geneviève.

LETTRE 137. — Cette lettre, ainsi que les trois suivantes, n°⁸ 136, 137 et 138, est empruntée à la collection de Fontaine.

bien que Mgr l'archevêque et tous vos Messieurs [1]. Comme j'avois oublié de lui dire que tout ce qui a été fait à Dollot, en dernier lieu, sur saint Germain, a été arrêté de concert exprès avec moi, il a cru qu'il pourroit tirer de ce lieu de nouvelles lumières pour la perfection de l'office de ce saint évêque; mais il a dû s'apercevoir que M. le prieur de Dollot n'est pas content de ce qu'il a pu faire à ce sujet jusqu'ici, et qu'il attend d'Auxerre même l'accomplissement d'un tel office. Et, en effet, l'abondance de la matière de ce saint fait que, jusqu'à présent, on ne peut se vanter d'avoir trouvé ce qui lui conviendroit le mieux, au moins quant à l'arrangement, sur lequel on se partage suivant les différentes idées qui naissent.

J'aurai l'honneur de vous dire, Monsieur, qu'étant allé à Douzy, petite ville de ce diocèse, sur le chemin de Nevers, afin d'y voir ma sœur [2] dans le couvent où elle est pensionnaire, j'ai cru devoir profiter de l'avance des deux tiers du chemin, malgré le mauvais temps, et j'ai poussé jusqu'à Nevers, pour y voir le savant ecclésiastique qui travaille au bréviaire avec Mgr l'évêque de cette ville, attendu qu'il est déjà sur l'âge et accablé d'infirmités. Ce vénérable acolyte [3], qui est celui-là même qui a donné au public une véritable édition de saint Paulin, celle de Jean d'Avranches, celle de Lactance et plusieurs autres ouvrages, a la même part dans la composition du bréviaire de Nevers, que j'ai dans celui que vous sçavez. Mais comme l'évêque de ce lieu [4] est assez particulier dans ses manières, le public ne connoit de ce qui se passe que ce qu'il veut.

---

1. Il y avait eu, le 2 mai 1725, à Sens, une assemblée provinciale du clergé, à laquelle le chanoine Grasset assista comme député du diocèse d'Auxerre et fondé de procuration de M. de Caylus. Voyez la relation de cette assemblée, par Mignot, *Recueil Frappier*, t. VI.
2. Eugénie Lebeuf, qui devait plus tard épouser son cousin, Edme Lebeuf, notaire et capitaine de la milice bourgeoise à Joigny.
3. Le Brun des Marettes : voyez lettre du 20 avril 1719.
4. Charles Fontaine des Montées, né à Orléans comme Le Brun des Marettes, nommé évêque de Nevers le 27 août 1719, mort le 20 février 1740. Voyez, *Gall. christ.*, t. XII, p. 661.

1725

Tout ce que j'ai pu remarquer, dans ce bréviaire, est que l'on y lira des leçons de l'Écriture plus longues que les vôtres ; que ces leçons auront leur répons propre ; qu'au deuxième nocturne des dimanches à neuf leçons on y lira du Nouveau-Testament, selon l'ancien usage de Nevers que j'ai vu marqué dans le vieil ordinaire ; que le verset sacerdotal sera censé le commencement de laudes, comme dans le bréviaire de Bourges ; et une marque locale qu'on y est très bien fondé, c'est qu'au jour de Noël, où primitivement l'on n'enclavoit pas les laudes dans la messe, il y a dans l'ordinaire de Nevers, très ancien, qu'après la première messe on dit le verset sacerdotal, puis *Deus in adjutorium*. Je crois que l'on pourroit s'accommoder de cet usage, qui n'a pas dû être particulier à Nevers, de lire de saint Paul au deuxième nocturne de ce dimanche. Il est un peu tard pour rendre cela général à tous les dimanches, mais il seroit très facile de le rendre praticable aux dimanches surnuméraires d'après la Pentecôte, lorsqu'il y en a ; je vous prie d'y faire attention. Mais au premier nocturne, il faut toujours continuer les prophètes jusqu'à concurrence d'Isaïe, selon l'ancien usage universel. Mgr de Waterford devroit faire attention que, s'il y a des gens qui ne prennent aucune part à saint Paul, qui se lit à toutes les messes de l'année, *aut circiter*, ceux-là ne méritent aucunement qu'on leur propose cet ... (*mot déchiré*) au milieu des prophètes ; ils n'y feront pas plus grande attention.

J'ai voulu médailliser partout où j'ai passé, mais bien inutilement ; il n'y a à Donzy qu'un seul chaudronnier, qui n'avoit rien. A la Charité-sur-Loire, le subdélégué y donne la chasse, tant chez les deux orfèvres que chez les chaudronniers. A Nevers, c'est bien pis : le lieutenant-général, nommé M. Rapine [5], s'est fait un médailler depuis trois ans, et tous les orfèvres et chaudronniers lui ont porté tout, *sperantes favorem*. J'en ai trouvé qui en avoient encore ; mais ils ont voulu se dédommager sur

---

5. Voyez, sur Rapine de Sainte-Marie, alors lieutenant-général du pays de Nivernois, Née de la Rochelle, t. II, p. 271.

moi du *gratis* qu'ils avoient exercé envers leur magistrat. C'est pourquoi, *néant*; ils me les vouloient vendre 3 livres l'une par dedans l'autre. Je n'en ai pu trouver qu'une, qu'un orfèvre moins attaché m'a lâchée pour un prix peu exorbitant. Je vous l'envoie par cette lettre. J'ai vu le médailler de M. Rapine. Il y a bien du bon, autant que je puis m'y connoitre, mais il y a bien du padouan 6. J'étois averti qu'il ne falloit pas le lui dire. Je sortis de chez lui fort content de lui, d'autant que je lui avois fort applaudi.

138. — DE LEBEUF A L'ABBÉ PASCAL FENEL 1.

9 septembre 1725.

Je ne sçais pourquoi je n'ai pas eu de réponse de M. La Roque 2, principal auteur du *Mercure* 3, sur la réfutation que je lui ai promise de quelques idées de M. Capperon, doyen de Saint-Maixent, au diocèse d'Amiens 4. Il est vrai qu'il ne m'a pas non

---

6. C'est-à-dire, des imitations de médailles antiques fabriquées au XVIIᵉ siècle par deux graveurs de Padoue.

LETTRE 138. — 1. Jusqu'ici toutes les lettres de Lebeuf étaient adressées à Charles-Henri Fenel, le doyen du Chapitre de Sens. Celle-ci est la première qui soit écrite au neveu du doyen, le chanoine Jean-Basile-Pascal Fenel.

2. Antoine de la Roque, né à Marseille en 1672, mort à Paris le 3 octobre 1744. Ayant obtenu en 1722 un privilège, pour reprendre ou continuer la publication du *Mercure* (voir note suivante), il en devint le principal rédacteur jusqu'en 1744. Son frère, Jean de la Roque, prit aussi quelque part à la rédaction de ce recueil, qui fut longtemps fort estimé.

3. Plusieurs journaux ou recueils français ont porté le nom de *Mercure*. C'est d'abord le *Mercure françois* de 1605 à 1644; le *Mercure Galant* de 1672 à 1710, sous la direction de Donneau de Visé, et, de 1710 à 1714, sous celle de Charles Rivière Dufresny; le *Nouveau Mercure Galant*, de 1714 à 1716, rédigé par Lefèvre de Fontenay; le *Nouveau Mercure*, 1717 à 1721, rédigé par l'abbé Pierre-François Buchet; le *Mercure*, 1721-1723, rédigé par Charles Rivière Dufresny; enfin, le *Mercure de France*, dédié au roi, 1724-1791, 977 vol. in-12.

4. On trouve dans les premiers volumes du *Mercure de France* (voyez

plus répondu sur bien d'autres choses; et c'est ce qui me fait espérer que ce sera pour une autre fois; auquel cas j'aurai l'honneur de vous en donner avis.

En m'en retournant de Sens la dernière fois, qui étoit le 19 juillet, j'avois l'esprit si rempli des figuraires lapidaires [5] que vous eûtes la bonté de me faire voir, que je ne pus m'abstenir d'en ramasser dans mon chemin. Ce fut surtout dans la gorge qui est entre le château de Palesteau ou Palleteau et le moulin à vent d'Armeaux [6] que j'en aperçus; je les ramassai et comme je me vis déjà un peu chargé vis-à-vis le moulin à vent d'Armeaux, je les mis dans un buisson, vis-à-vis et à quinze pas de la porte de ce moulin à vent abandonné, du côté de l'occident. Ce sont des figures d'animaux ou approchant, pétrifiées en cailloux à face. Il y en a surtout dans les vignes en descendant du château de Palleteau, tirant vers le moulin et laissant Armeaux et son église à droite. Je ne sçais si vous aurez vu le *Mercure* où votre ancienne fête de l'Ane [7] est mentionnée. Ce que je sçais c'est qu'on en a bien ri, à Paris et ici. Si je sçavois le détail de la Pelotte d'Auxerre [8], aussi bien que celui de la fête des fous de Sens, il pourroit y trouver un jour sa place. Je crois qu'en 1725 il est permis de rire d'une cérémonie qui, dès l'an 1245, fut qualifiée par Odon, cardinal de Tuscule, en ces termes : « In contemptum Dei, opprobrium cleri et derisum

---

notamment tome de janvier 1725, p. 15), plusieurs articles de Capperon, sur des sujets d'histoire naturelle et autres. Cependant la biographie de cet écrivain est fort obscure. On sait seulement qu'il fut doyen de Saint-Maixent, au diocèse d'Amiens, et de Mons-en-Vimeu, (voyez *Biog. Didot*, v° Capperon).

5. Nous dirions aujourd'hui des *fossiles*.

6. Armeau, commune du canton de Villeneuve-sur-Yonne. — Le Grand-Palleteau, château et hameau de la commune d'Armeau.

7. Voyez, dans le *Mercure de France*, juillet 1725, p. 1593, l'article de Lebeuf intitulé : « Lettre écrite à M..., sur un terme de basse latinité (*abbas Cornardorum*)...

8. Lebeuf n'a pas tardé à faire de cet ancien usage de l'église d'Auxerre l'objet d'articles pour le *Mercure de France* : voyez ce journal, février et mai 1726.

populi. » Les lettres de ce cardinal, datées de Sens, le 4 des ides de novembre, sont à la fin de votre martyrologe manuscrit, avant le nécrologe⁹.

139. — DE LEBEUF A L'ABBÉ PASCAL FENEL.

6 novembre 1725.

La réponse que j'ai eue de M. de La Roque, est que vous lui ferez un très grand plaisir de lui envoyer vos remarques sur l'opinion de M. Capperon, touchant la pétrification du poisson et autres animaux, et qu'elles verront le jour. Je crois que vous aurez reconnu une certaine pièce touchant le chant ecclésiastique, dans le premier volume de septembre¹. On l'a lue ici avec plaisir, et elle a fait rire aux dépens de quelques nouveaux compositeurs qui se produisoient, mais qui ne disent plus mot.

Le signor Joseph, vénitien, grand marchand médailliste, part demain de cette ville, où il est venu faire vendanges. Mais il n'a pas fait grande récolte de médailles. C'est celui-là même qui rôde autour de Montargis ; il m'a dit qu'il auroit l'honneur de voir M. le doyen en s'en retournant. C'est pour cela que je l'ai chargé de cette lettre. Il me paroît très honnête personne dans sa profession. Il porte sur lui un livre italien fort curieux. Sans doute qu'il vous l'a fait voir.

Si vous voulez que je vous serve d'entremetteur pour vos remarques qui regardent le *Mercure*, vous n'aurez, Monsieur, qu'à me les envoyer ici. Les occasions sont assez fréquentes. Je les renverrai incontinent à l'adresse que M. La Roque m'a indiquée.

---

9. L'un des éditeurs, M. Chérest, les a publiées dans ses *Recherches sur la fête des Fous*, *Bull. de la Société des Sciences de l'Yonne*, 1853, p. 46.

LETTRE 139. — 1. C'est un article anonyme de Lebeuf, intitulé : « Lettre « écrite de... en Brie, contenant quelques remarques sur le chant ecclé- « siastique. » *Mercure de France*, septembre 1725, p. 1987.

140. — DE LEBEUF AU DOYEN FENEL.

Ce 17 novembre 1725.

Persuadé que je suis que vous ne bornez pas votre zèle à votre seule métropole, j'ai recours à vous pour la pauvre église d'Auxerre, dans un temps où j'espère que vous ne me refuserez pas de la secourir. On est bien éloigné aujourd'hui, parmi nous, de dire qu'on ne veut point de bréviaire, de missel, etc. On a franchi le pas en faisant l'effort de prendre un nouveau bréviaire. En conséquence de cela, les députés les plus qualifiés ne veulent plus que retranchement, suppression, adoucissement. On iroit volontiers jusqu'à faire dire vêpres le matin et la messe le soir. C'est une pitié que d'entendre, à présent que le bréviaire est fait, raisonner les députés qui n'ont plus rien à faire[1]. Ils disent qu'il faudroit mettre matines toute l'année à 6 heures, vêpres à 2, primes à 9 heures et demie ou 10 heures. Le torrent de la mitigation semble avoir rompu ses digues. Je suis honteux de vous dire que, plus on voit que l'office va devenir court, plus on se dispose à le faire chanter vite. En effet, ne sera-t-il pas bien honorable de commencer à 6 heures des matines à neuf leçons, pour les faire durer jusqu'à 7 heures ? Car, passé 7 heures, ce n'est plus heure de matines, et on croira être à l'heure de primes, on courra le grand galop, ceux surtout qui doivent aller ensuite à la collégiale de Notre-Dame.

Ce narré, Monsieur, ne doit vous intéresser qu'autant que vous prenez part au bon ordre des églises suffragantes. Je vous prie donc de me mander vivement ce que vous en pensez, et s'il n'est pas à propos de persister dans notre usage de commencer mati-

---

1. Non seulement le Bréviaire était composé, mais son impression était presque complètement achevée, et le Chapitre d'Auxerre, par une délibération du 29 décembre 1725, décida que l'on commencerait de s'en servir à la cathédrale le premier dimanche du Carême de l'année 1726.

nes dans la nuit, selon les fêtes, plus tôt ou plus tard, à mesure qu'elles doivent durer. Le voici tel qu'il est actuellement :

Aux fériés et simples, à 6 heures ;

Aux doubles mineurs, à 5 heures et demie ;

Aux doubles majeurs, à 5 heures ; de même tous les dimanches ;

Aux semi-solennels, à 4 heures et demie ;

Aux solennels, à 4 heures ;

A quelques annuels, à 3 heures et demie ;

A quelques autres annuels, à 3 heures.

Au lieu de tout cela, on veut que désormais 5 heures soit le plus haut point du jour. Le Chapitre n'a pas encore parlé ; ce sont les députés qui raisonnent ainsi, à l'exception de quelques-uns. Ils se flattent que le Chapitre ne demandera pas mieux.

Les vêpres se disent ici à 3 heures au plus tôt ; à 3 heures et demie dans les moyennes saisons, à 4 heures en été. Les députés penchent à ordonner qu'au plus tard elles se disent toujours à 3 heures.

Que dites-vous, Monsieur, de cette métamorphose ? Si c'est là le fruit du bréviaire, la postérité éclairée nous en sera-t-elle bien obligée ? Déjà on se prépare à chanter rondement à toutes fêtes, même aux annuels ; on avance, comme chose certaine, qu'il est singulier à l'église d'Auxerre que les matines d'une annuelle durent trois heures. On prend des mesures pour ne les faire durer que deux. Ah ! que cela sera bien chanté !

Où sera cette différence des fêtes que les conciles ont demandée ? On ne s'en embarrasse guères, pourvu qu'il y ait plus de temps pour dormir et jouer.

Nous sommes une demi-douzaine de zélés qui tombons d'accord que le premier fruit du partage ou scission des psaumes est de faire chanter lentement. Point du tout ; on se dispose à courir, en sorte que ce ne sera plus la peine de venir à l'église. Ceux qui levèrent l'étendard de ce bouleversement sont gens que j'ai toujours vus avoir hâte dans la psalmodie et qui ne trouvent jamais l'office assez court. Je vous demande donc en grâce,

Monsieur, de me faire écrire là-dessus une lettre la plus pleine que vous pourrez de votre zèle canonial. Rien n'est plus digne de votre attention que les églises subalternes, où il y a des chefs prêtres peu éclairés. La police ecclésiastique a établi des métropolitains pour éclairer les suffragants qui donneroient aveuglement dans l'excès.

Empruntez, Monsieur, je vous prie, la plume de quelqu'un pour une demi-heure, et contentez-vous de signer la lettre. Je vous prie même de divulguer ce beau dessein de nos messieurs, afin que chacun puisse les blâmer comme ils le méritent. *Non inferamus crimen gloria nostra, nec demus maculam in gloria nostra.*

Je ne sçais si *tandem aliquando* Joseph, le médailliste italien, est parti d'ici. Il y a quinze jours qu'il me dit adieu de jour en jour. Il étoit en cette ville dès le milieu d'octobre. Il aura remarqué que j'ai bien donné la chasse aux médailles, pour vous en fournir et m'en donner quelques-unes. Il m'a paru un fin matois. J'avois envie de vous écrire par lui, mais ma lettre auroit été de vieille date. M. votre neveu pourra en recevoir une de quinze jours ou trois semaines par ce curieux, par laquelle je lui mande qu'il fera plaisir aux auteurs du *Mercure*, de leur envoyer ses remarques contre le système de M. Capperon, et qu'ils les mettront en usage. L'argent devenant rare, c'est la cause pour laquelle je ne suis plus si hardi à faire des emplettes pour vous. Joseph m'a un peu nui dans un bon marché que je comptois avoir de quelques médailles, dont je vous ai déjà écrit. Il jase un peu trop avec les bourgeois qui savent le train des marchandises. Il dit que, s'il étoit riche, il feroit creuser à l'endroit où l'on en a trouvé, cet été, sur la surface d'une terre labourée. Pour moi, qui ne le suis guère plus que lui, je laisserai la chose à faire aux paysans que j'ai animés à cela.

141. — DE LEBEUF AU P. PRÉVOST.

Ce 23 novembre 1725 1.

Il y a suffisamment de temps que je n'ai eu l'honneur de vous écrire ; mais quand il y en auroit moins, je le ferois aujourd'hui pour vous prier de vouloir bien nous donner en conscience votre avis sur le renversement, qu'on veut faire ici, des anciennes heures de commencer l'office. M. Mignot vous envoie là-dessus un mémoire qui seroit encore plus diffus, si on avoit eu le loisir ; mais le péril est urgent. Nous nous pressons d'y remédier. Nous avons maints molinistes qui ne demandent que de l'adoucissement. Nous sommes assis, *sedilibus demissis*, à toute la psalmodie généralement quelconque. Ce n'est pas assez ; il a fallu un bréviaire très court, où les psaumes sont coupés, où l'on a ôté le plus qu'on a pu de duplications d'antiennes et de répons, tout ancien et vénérable que fût cet usage, comme Thomasius [2] et le P. Martenne l'ont si bien prouvé. On veut, à présent, que les matines, qu'on commençoit à 3 ou 4 heures du matin, soient à 5 heures au plus tôt ; ce qui étoit à 5 heures, on le met à 5 heures et demie ; ce qui étoit à 5 heures et demie passera à 6 heures.

On veut, ou que l'office soit chanté bien vite, ou que l'on reste à laudes jusqu'à sept heures et demie, huit heures. L'intervalle

---

LETTRE 141. — Cette lettre a été publiée pour la première fois, par M. Benoît, juge d'instruction au tribunal de la Seine, d'après l'original autographe, appartenant à M. Sohier (de Mantes). Voyez *Bulletin de la Société des Sciences de l'Yonne*, 1861, p. 111.

1. C'est à tort que dans le *Bulletin de la Société des Sciences*, loco citato, cette lettre a été publiée sous la date du 23 septembre. Elle porte en réalité la date du 23 novembre.

2. Joseph-Marie Thomasi, savant liturgiste et théologien, né en Sicile en 1649, nommé cardinal le 18 mai 1712, et mort le 31 décembre de la même année. Une édition complète de ses ouvrages a été publiée à Rome en 1747, 7 vol. in-4°. Dans sa *Tradition de l'église d'Auxerre*, Lebeuf cite fréquemment le cardinal Thomasi, qu'il appelle « *Thomasi, italien.* »

d'entre cet office et tierces deviendra ce qu'il pourra. Si on se rapproche de midi pour le matin, on en veut faire autant pour le soir, et mettre vêpres, qui varioient selon les saisons, toujours à 3 heures. M. D'Argenteuil [3], ex-jésuite, veut une règle générale; cela suffit. L'auteur des astres a bien mal fait de n'être pas de son avis; si c'avoit été lui, il auroit fait lever et coucher toujours le soleil à une même heure, règle générale.

Mais, mon Révérend Père, en examinant les choses devant Dieu, ceux qui sçavent un peu de liturgie peuvent-ils souffrir cela sans s'y opposer? Je vous prie donc de nous aider de votre sentiment que je suis bien persuadé devoir être de la bonne morale. Les Jésuites se lèvent bien chaque jour à 4 heures, et nous ne le ferions pas une douzaine de fois dans l'année! Les ténèbres, qu'on commençoit à 6 heures du soir, seront désormais à 5 heures. A Sens on (ne) les commence qu'à 7 heures, à la métropole. Vous voyez que le point de vue, où l'on veut tout réunir, est le midi, et faire de tout l'office un seul tout, où à peine y aura-t-il des intervalles. Vêpres dites à 3 heures et demie avec complies, on aura bien plus de loisir de battre la carte ou les dez, si on en est d'humeur. Venez donc au secours de votre mère église et ne tardez pas. Essayez de vous éclaircir comment, à Notre-Dame de Paris, on empêcha d'ôter matines de minuit. J'ai idée que M. Chastelain fut le plus opposé à ce changement. Si on sçavoit comment il s'y prit, on pourroit faire de même. Toujours, mandez ce que vous en sçaurez, et d'autres églises pareillement, mais ne me nommez pas dans votre lettre à M. Mignot, afin qu'il puisse hardiment communiquer votre lettre à mes adversaires. On estime tout ce qui vient de vous. J'espère que vos raisons seront goûtées par les chanoines qui feront attention pourquoi ils sont chanoines. Soyez un Tertullien à cet égard, et ne crai-

---

3. Jean-Baptiste Le Bascle d'Argenteuil, né à Paris le 20 décembre 1663, entra d'abord dans la compagnie de Jésus, devint chanoine de la cathédrale d'Auxerre le 9 décembre 1715, et mourut le 9 mars 1743. Voir quelques détails singuliers sur sa naissance, *Recueil Frappier*, t. VI, *Prise de possession des canonicats et dignités*, p. 14.

gnez pas d'appeler le système futur *mollissimam et humanissimam disciplinam*. Que cela fait-il, disent ces amateurs du relâchement, dont quelques-uns sont même appellants, que cela fait-il, une heure plus tôt ou plus tard? N'est-ce pas ce que disent les bénins escobars, tambourins, etc., sur le jeûne : diner à 11 heures ou midi, une heure plus tôt ou plus tard? Où la coutume sera de diner à 11 heures, les jours de jeûne, il n'y aura qu'à avancer à 10; ce ne sera qu'une heure de différence. La belle affaire!

Je suis bien aise que M. Lenoir, correspondant de M. Mignot, ait l'honneur de votre connaissance. Je me servirai de lui pour vous faire toucher la première fois le peu d'argent que je vous dois.

Que pensez-vous de la généalogie Porchérique?

M. Leclerc a emprunté des Cordeliers leur nécrologe récrit vers 1570. Il y a trouvé des matériaux qui vous serviront.

142. — DE LEBEUF AU DOYEN FENEL.

2 décembre 1725.

J'appréhende que vos incommodités ne vous empêchent de me faire l'honneur de m'écrire; j'attendois cependant, avec empressement, votre avis sur le dessein que M. notre doyen prend d'introduire du relâchement dans notre église. Comme il s'agira d'en opiner un jour sérieusement en conscience, et chacun sur son âme, j'ai cru devoir consulter, en attendant, deux sçavants auteurs de mes amis, résidant à Paris, qui sont le Père Martenne, bénédictin, et le Père Le Brun, de l'Oratoire. Ils me répondent que c'est une tache qu'on essaie à faire tomber sur notre église, et que le retard des offices vers les six heures du matin, et

---

LETTRE 142. — Empruntée à la collection de Fontaine.

l'avancement de vêpres tendent à la rendre méprisable, et sur le rang des petits chapitres et des collégiales; que, lorsqu'on fait des règlements, ce doit être pour rappeler la ferveur ancienne et non pour s'en éloigner, autrement il faut laisser les choses comme elles sont; que, si nous n'étions qu'une douzaine de chanoines, ce pourroit être pardonnable, à cause qu'il y a toujours quelques infirmes et quelques paresseux, mais qu'étant cinquante-deux, le nombre des infirmes et des paresseux ne peut pas empêcher qu'on ne fasse l'office avec décence, quand même matines se diroient plus tôt qu'elles ne se disent; d'ailleurs que les lois ont pourvu aux uns et aux autres. Ils nous apportent l'exemple de l'église de Notre-Dame de Paris, celui de celle de Vienne, où le plus tard que matines se commencent est à 4 heures du matin, et qu'on y est si exact que ceux qui n'y sont pas venus ne peuvent entrer ce jour-là à l'église, pas même pour y dire une basse messe; que c'est à nous de montrer l'exemple aux autres églises de la ville; que les Jésuites mêmes se lèvent bien à 4 heures; que la loi de nos heures, étant conforme à l'antiquité, nous est à peu près comme celle de l'heure du repas des jours de jeûne, qu'il n'est plus permis d'avancer après toutes les condescendances qu'on a eues jusqu'ici. Il est vrai que les matines ont déjà été reculées autrefois et que c'est à cause de cela qu'il ne faut pas les reculer davantage; qu'il ne seroit pas de la bonne morale de dire en parlant du repas du jeûne : qu'importe une heure plus tôt ou plus tard; qu'en reculant matines et avançant vêpres, on se met hors d'état de garder les intervalles nécessaires et établis par l'Église; que, si on veut y faire trouver de l'intervalle, comme précédemment et actuellement il y en a, on sera obligé de chanter avec une précipitation qui n'édifiera pas, etc.

Vous voyez, Monsieur, que la matière est assez grave pour que je vous importune. Je vous prie donc d'avoir la bonté de me marquer si M. notre doyen, qui ne vient presque jamais à matines, a plus raison que ceux qui y sont assidus. Dans la question présente, il n'est pas nécessaire que vous le nommiez, parce qu'il n'est pas seul de son avis.

J'attendrai aussi vos ordres sur quelques médailles d'argent que j'ai pour vous. La saison est trop mauvaise pour que je m'en rende le porteur. Je vous souhaite une meilleure santé et vous prie de me croire, etc.

---

143. — DE LEBEUF AU P. PRÉVOST.

12 décembre 1725.

Le penchant qu'on a ici pour le relâchement est si grand, que les gens les plus réguliers donnent dedans. Je n'ai rien à ajouter à ce que vous écrit M. Mignot, touchant M. Leclerc. Je lui ai dit des choses qui devroient faire ouvrir les yeux à ceux qui aiment une morale exacte. Elles seront peut-être mieux reçues, venant de votre part. Déjà il ne peut pas se plaindre d'avoir loin à venir pour matines; il n'y a ni forêt, ni eau à passer, de chez lui à l'église. Il ne seroit à souhaiter de sa part qu'un peu d'attention au maintien du bon ordre. Or, c'en est un lorsqu'on se lève matin pour matines, et qu'on s'assemble tard pour vêpres. Plus on dit matines matin, plus je crois qu'on est louable, et plus on dit vêpres tard, plus on les rapproche de leur heure, et par conséquent plus on est conforme à l'ordre de l'Église. On pourroit demander qu'on les rétablit comme elles étoient avant les guerres, mais on ne le fait pas, quoique ce fût une chose digne de louange. Mais au moins qu'on laisse donc les choses, là-dessus, comme elles sont. Si l'office est abrégé d'un demi quart d'heure, parce que deux molinistes ont fait retrancher la duplication des antiennes et des répons, convient-il que nous nous levions une heure ou deux plus tard? *Non ideo facta est nox*, dit saint Chrysostôme, Hom., 26, *ut per totam dormiamus et otiosi simus*. En 1670

LETTRE 143. — Empruntée au Recueil de la bibliothèque Sainte-Geneviève. 3 F. 13.

et 1671, on retrancha ici toutes les prosules des matines des grandes fêtes et les neumes des répons qui étoient fort longues. Cependant, on ne changea point les heures de commencer matines ; elles ont resté les mêmes que depuis 200 ans ou environ, quoique le retranchement de ces prosules abrége d'une demi-heure ou approchant. Avant le bréviaire de 1670, on lisoit des leçons plus longues. Depuis l'abréviation, l'heure n'a pas été changée. On les lisoit dans des légendaires que nous avons encore, où les homélies des Pères sont écrites en entier.

Où sont les guerres civiles, les guerres intestines qui nous obligent, à l'occasion des garnisons de troupes et des gardes aux tours et portes de la ville, de reculer nos matines, comme on le fit la première fois en 1444, dans le fort des guerres du duc de Bourgogne, dont nous soutenions le parti contre la France? Dieu nous préserve de ces tristes temps! En 1444, par adoucissement, on conclut de ne plus dire matines, les doubles, qu'à 4 heures, et les fêtes de trois leçons, à 5 heures. Aujourd'hui on trouve que 5 heures pour les doubles à cinq leçons est encore trop tôt, on veut une demie heure plus tard, afin de sortir plus tard, dire prime plus tard, cesser l'usage de dire primes plus tôt en été qu'en hiver. Je trouve une seconde occasion où nos prédécesseurs furent forcés par les guerres de commencer l'office plus tard. Ce fut le 26 septembre 1567; ils conclurent de ne commencer les doubles qu'à 6 heures, et les simples à 6 heures et demie. Mais ils n'eurent pas le plaisir de pratiquer ce règlement mitigé. Le lendemain la ville fut prise. Etant remis en 1570, ils rétablirent l'ancien usage, qui a encore lieu aujourd'hui, et que nos relâchés veulent détruire. Ils nous comparent à des chapitres de douze ou quinze chanoines, comme si, entre cinquante deux, tous pouvoient être malades ou absents à la fois.

Heureusement Dieu permet que plusieurs, même des paresseux, soient dans la spéculation pour la bonne morale et qu'ils louent le bien où ils le trouvent.

144. — DE LEBEUF AU DOYEN FENEL.

22 et 30 décembre 1725.

Je crois que vous me permettrez de faire quelques remarques sur la lettre dont vous m'avez honoré. Je vois bien, quand vous ne me le diriez pas, que vous n'avez pas cru devoir vous expliquer au contraire du sentiment de Mgr notre évêque. Mais je ne puis vous céler que j'ai été fort surpris, quand j'ai appris qu'il tendoit les mains à cette infraction d'un usage bon et louable. On ne demande rien de nouveau, on ne veut point rétablir l'antiquité, mais la laisser telle qu'elle est. Car tous les auteurs conviennent qu'il faut suivre en cela l'usage des lieux. Or, notre usage est à peu près comme le vôtre, c'est-à-dire de finir vers les 7 heures communément et d'avancer dans la nuit, à mesure que l'office doit être long. Mais qu'ont fait ceux qui avoient envie de faire une brèche? Ils ont chanté si vite que ce qui doit durer jusqu'à 7 heures ne va pas jusqu'à 6 heures et demie, et ainsi du reste. Nous sommes bien éloignés d'avoir en vue de rien rappeler de l'antiquité, nous souhaitons seulement nous tenir à ce que nous en avons. Et nous n'avouerons jamais qu'il ne soit plus louable de dire vêpres tard que de les dire tôt; or, c'est notre usage de les dire à 3 heures dans les plus petits jours, à 3 heures et demie lorsqu'ils croissent et à 4 heures dans les grands jours. Qu'y a-t-il à reprendre dans cet usage? On ne l'a pas célé à notre doyen. On lui a dit que, si vêpres étoient finies à 3 heures et demie en tout temps, il auroit plus de loisir de se divertir à l'*ombre* ou au *trictrac*. Car, pour ce qui est des petites heures, il n'y est jamais. A matines, deux ou trois fois par mois; c'est son usage. Aussi est-il bien embarrassé quand il faut prêcher l'exactitude dans les assemblées générales, et souvent on lui donne son paquet sur cet article.

Lettre 144. — Publiée d'après l'autographe qui fait partie de la collection de Fontaine.

1725   Nous mettons une grande différence entre les offices accessoires et l'office canonial. Le concile de Cambrai exhorta à ôter ces offices, mais non pas ceux qui prouvent que le clergé de la cathédrale est maître dans les autres églises; à la bonne heure pour le petit office de *Beata*, les anniversaires : cela n'est pas de la même conséquence que de dire vêpres et matines à leurs différents temps. Nous avons consulté les casuistes même les plus doux, un Francolin même, qui parlent tous en faveur de la récitation de l'office à lieu et heure convenables, et même ajoutent qu'il faut les séparer. Nous n'exigeons pas cette séparation où elle n'est pas ; mais qu'où il y en a, on la conserve. En un mot, voilà ce qu'il y a d'inconcevable dans les manières de notre doyen : il ne sçauroit se tenir dans la médiocrité. Il y a dix ans, il ne vouloit rien changer, pas même les plus grands abus. Aujourd'hui, il veut tout changer, même les bonnes choses. Mais il avoit mal calculé lorsqu'il a cru qu'il auroit la pluralité. Car en sondant la pensée de nos messieurs, on en a trouvé plus de vingt-cinq qui ne seront pas pour cette innovation. Ceux-là même qui ne viennent presque jamais à matines ne peuvent s'empêcher d'être pour l'usage louable de les dire matin. Ils déclarent que, quand même on les diroit à 7 heures, ils n'y viendroient pas davantage. Ainsi, Monsieur, vous voyez que cet adoucissement projeté ne tend pas à un grand bien. Nous remarquons que ce sont toujours les mêmes qui viennent à matines, même les jours qu'elles se disent le plus matin. Ceux qui sont le plus éloignés, qui demeurent hors le cloître, et aux extrémités de la ville, y sont le plus assidus; ce sont les mêmes qui réclament le plus fort contre le relâchement. Entre cinquante deux, n'y auroit-il pas de quoi se reposer les uns après les autres ? Néanmoins les plus voisins de l'église sont les plus paresseux.

Pour ce qui est de chanoines en pension, il n'y en a qu'un; encore est-il dans un endroit où l'on soupe vers les six ou sept heures, selon la mode d'ici. Les chanoines sont même plus assidus à matines que les chantres commis, et très souvent ils en font les fonctions. Et, comme dit le P. Prévost dans la sçavante lettre qu'il a écrite : pour deux fois qu'on se lève à trois heures dans l'année, cela vaut-il la peine de tant disputer avec le chevet? On vous a mal expliqué, lorsqu'on vous a dit que l'on ne disoit primes qu'à 8 heures et demie, 9 heures, lorsqu'on s'est levé à 3 heures. Comme on est hors de matines à 6 heures le jour de Pâques et Pentecôte, on commence primes à 7 heures et demie; et cela est assez concevable, parce que les jours sont devenus déjà grands.

J'ai bien de la peine à croire que les solennités de matines fussent autrefois si simples que vous le marquez. A l'égard de la longueur des vigiles, il est impossible qu'elles ne fussent plus longues qu'aujourd'hui, puisqu'on y lisoit les chapitres de l'Écriture tout entiers, les actes des saints tout au long, les sermons et homélies dans toute leur étendue. On doubloit toutes les antiennes et cela s'observoit partout. Je parle de la haute antiquité. Comment donc eût-il été possible que de telles vigiles avec laudes n'eussent duré, dans les grands jours, que deux heures?

Je viens d'apprendre tout à l'heure de M. l'abbé de Marnay, frère de notre doyen, que vous avez disposé de votre bibliothèque en faveur de Messieurs de votre Chapitre [1], que cette bibliothèque sera à côté de chez vous et qu'on fait déjà une porte de communication. Cette nouvelle me fait bien du plaisir; outre que votre nom est déjà immortel à Sens par bien des endroits, il le sera encore pour davantage de raisons. On a souvent eu envie d'en faire autant ici, mais la place a toujours manqué. Ce fondement de bibliothèque publique ne peut que donner de l'émulation dans votre ville. Mais on ne dit rien de votre médailler.

---

1. C'est en effet au mois de décembre 1725 que le doyen Fenel légua au Chapitre sa belle bibliothèque (voyez ci-dessus, p. 38), avec obligation de la rendre publique les lundi et jeudi de chaque semaine. Un peu plus tard, dans son testament du 21 janvier 1727, il légua au Chapitre vingt-cinq arpents de terre, dont les produits devaient être affectés à l'entretien de cette bibliothèque. Malheureusement il ne prit aucune mesure analogue pour la conservation de ses médailles, et sa collection fut vendue ou dispersée. Voyez note de M. Salmon sur Pascal Fenel, numismatiste, *Revue de Numismatique*, t. VI, 2ᵉ série.

1725 Que deviendra-t-il ? Sera-t-il dilapidé, comme tant d'autres qui ont été dissipés ? Vous avez, Monsieur, trop de prévoyance pour le souffrir. Je souhaite que dans vingt ans, lorsqu'il sera une fois plus nombreux, vous y mettiez ordre. M. l'abbé de Marnay est venu ici à l'occasion de la mort de son père dont il n'hérite rien. Le doyen a, dit-on, tout raflé, pour partager avec les absents.

J'ai été bien réjoui de ce que vous m'avez mandé, il y a bien quinze jours ou trois semaines, que vous vous portiez mieux que depuis trois ans, et que vous aviez même été au Chapitre. *Etenim atque etenim*. Dieu veuille vous donner encore vingt ans de santé ; c'est le souhait que je vous fais, en finissant cette année, vous priant de me croire, etc.

FIN DU TOME PREMIER.

TABLE

DES LETTRES ET DES PIÈCES

CONTENUES DANS LE TOME PREMIER.

		Pages.
Préface.		v
1.	De Lebeuf à l'abbé Chastelain. — Auxerre, 1708.	1
2.	De Lebeuf à ***. — Paris, 7 janvier 1711.	8
3.	De Lebeuf à l'abbé Chastelain. — Auxerre, 6 juillet 1712.	11
	Mémoire sur saint Ursin et deux autres prétendus saints.	16
4.	De Lebeuf au P. Lebrun de l'Oratoire. — 25 septembre 1721.	18
5.	De Lebeuf au doyen Fenel. — Auxerre, 25 mars 1713.	19
6.	Du doyen Fenel à Lebeuf. — Sens, 8 juin 1715.	23
7.	De Lebeuf au doyen Fenel. — Auxerre, 21 juin 1715.	26
8.	Extrait de lettres adressées par le doyen Fenel à Lebeuf, 20 juillet, 21 septembre 1715.	30
9.	De Lebeuf au P. Lebrun de l'Oratoire. — Auxerre, 27 octobre 1715.	35
10.	Extrait de lettres adressées par le doyen Fenel à Lebeuf. — 7 décembre 1715, 12 janvier 1716.	39
11.	De Lebeuf au doyen Fenel. — 23 janvier 1716.	43
12.	Extrait de lettres adressées par le doyen Fenel à Lebeuf. — 7 février, 22 février, 23 mars 1716.	47
13.	De Lebeuf au doyen Fenel. — Auxerre, 3 mai 1716.	52
14.	Du doyen Fenel à Lebeuf. — 9 mai 1716.	54
15.	De Lebeuf au doyen Fenel. — 4 juin 1716.	56
16.	De Lebeuf au doyen Fenel. — Auxerre, 8 juillet 1716.	60
17.	Du doyen Fenel à Lebeuf. — 12, 13, 14, 15 et 16 juillet 1716.	65
18.	De Lebeuf au doyen Fenel. — Auxerre, 13 septembre 1716.	70
19.	Du doyen Fenel à Lebeuf. — 14 septembre 1716.	71

20. — De Lebeuf au doyen Fenel. — 6 novembre 1716 72
21. — Extrait de lettres adressées par le doyen Fenel à Lebeuf. — 11 décembre 1716. — 17 janvier 1717 73
22. — Du doyen Fenel à Lebeuf. — 24 avril 1717. 77
23. — De Lebeuf au Chapitre de l'église de Tours. — 8 juillet 1717. 83
24. — De Lebeuf au P. Echard. — 13 août 1717 86
25. — Du doyen Fenel à Lebeuf. — 28 août 1717 89
26. — De Lebeuf au doyen Fenel. — 17 septembre 1717. . . . 92
27. — Du doyen Fenel à Lebeuf. — Sens, 20 septembre 1717 . . 95
28. — De Lebeuf au doyen Fenel. — Auxerre, 8 octobre 1717. . . 99
29. — Du doyen Fenel à Lebeuf. — 13 octobre 1717 101
 Extrait des registres de délibérations du Chapitre métropolitain de Sens. — 11 octobre 1717 103
30. — De Génevaux à Lebeuf. — 23 novembre 1717. 104
31. — De Lebeuf au curé Vilman. — Auxerre, 1er décembre 1717. 105
32. — De D. Jacques Boyer à Lebeuf. — Auvergne, 8 décembre 1717 112
33. — De Lebeuf à de Tallevenne. — Auxerre, 14 décembre 1717. 113
34. — De Lebeuf au curé Vilman. — 21 décembre 1717 115
35. — De Lebeuf à D. Jacques Boyer. — Auxerre, 27 décembre 1717. 118
36. — De Lebeuf à Herluyson. — Auxerre, 31 décembre 1717 . . 120
37. — De Tallevenne à Lebeuf. — 17 janvier 1718. 124
38. — Du doyen Fenel à Lebeuf. — Auxerre, 8 février 1718 . . . 124
39. — De Lebeuf au P. Prévost. — Auxerre, 20 février 1718 . . 127
40. — De Lebeuf à Génevaux. — 20 février 1718 130
41. — De Lebeuf à M. de Caylus. — 20 février 1718 132
42. — Mémoire adressé par Lebeuf à M. de la Chauvinière, au sujet de tombeaux se trouvant à Pontigny. — Mars 1718. . . . 136
43. — De Lebeuf au chanoine Huet. — 2 avril 1718 144
44. — Du doyen Fenel à Lebeuf. — avril 1718 145
45. — De Lebeuf au P. Vigier. — 8 mai 1718 147
46. — De Lebeuf au doyen Fenel. — 18 mai 1718 148
47. — De Lebeuf à D. Jacques Boyer. — 16 juin 1718 150
48. — De Lebeuf à Jubé. — Auxerre, 23 juin 1718. 152
49. — De Lebeuf au doyen Fenel. — 7 juillet 1718. 154
50. — Du doyen Fenel à Lebeuf. — 17 juillet 1718 155
51. — De Lebeuf à D. Dolé. — Auxerre, 7 août 1718 156
52. — De Lebeuf au curé Vilman. — Auxerre, 28 septembre 1718. 159
53. — De Lebeuf au P. Janninck. — 28 septembre 1718. . . . 166
54. — De Lebeuf à D. Guesnié. — Auxerre, 28 septembre 1718 . 167
55. — De Lebeuf à D. D'Espingles. — Auxerre, 10 novembre 1718. 168
56. — De Lebeuf au curé Vilman. — 11 novembre 1718 169
57. — De Lebeuf à M. de Tallevenne. — Auxerre, 16 décembre 1718 170

58. — De Lebeuf au curé Vilman. — 27 décembre 1718	173
59. — De Lebeuf à M. de la Chauvinière. — 26 janvier 1719 . .	179
59 (bis). — De Lebeuf à M. de la Chauvinière. — 6 février 1719 . .	182
60. — De Lebeuf à Anthoine. — Auxerre, 23 février 1719 . . .	182
61. — De Lebeuf à D. du Caméru. — 20 avril 1719	186
62. — De Lebeuf à D. Dolé. — Auxerre, 23 avril 1719	187
63. — De Lebeuf à Lebrun des Marettes. — Auxerre, 26 avril 1719.	190
64. — Du doyen Fenel à Lebeuf. — 23 juin 1719	191
65. — De Lebeuf au P. Prévost. — Juin ou juillet 1719 . . .	193
66. — Du doyen Fenel à Lebeuf. — 4 août 1719	195
67. — De Tallevenne à Lebeuf. — 9 août 1719	196
68. — De Lebeuf au doyen Fenel. — 12 septembre 1719. . . .	196
69. — Du doyen Fenel à Lebeuf. — 19 octobre 1719	197
70. — De Lebeuf au P. Prévost. — 10 janvier 1720.	198
71. — De Lebeuf au P. Prévost. — 13 janvier 1720	199
72. — De M. de la Chauvinière à Lebeuf. — 23 février 1720 . .	201
73. — Du curé Vilman à Lebeuf. — 16 août 1720	204
74. — De Lebeuf à l'abbé de Prémontré. — Auxerre, 18 décembre 1720	208
75. — De Lebeuf à D. Martenne. — Auxerre, 10 janvier 1721 . .	210
76. — De Lebeuf au P. Prévost. — 10 janvier 1721.	213
77. — De Lebeuf au doyen Fenel. — 15 janvier 1721	216
78. — De Lebeuf au doyen Fenel. — 10 janvier 1721	217
79. — De Lebeuf au P. Prévost. — Auxerre, 20 février 1721 . .	219
80. — De M. de la Chauvinière à Lebeuf. — Paris, 24 mars 1721. .	223
81. — De Lebeuf au P. Janninck. — Paris, 21 avril 1721. . . .	225
82. — Du doyen Fenel à Lebeuf. — 10 août 1721.	234
83. — De Lebeuf au doyen Fenel. — 15 août 1721.	235
84. — De Lebeuf au P. Prévost. — 16 août 1721	239
85. — De Lebeuf au P. Prévost. — 10 septembre 1721. . . .	244
86. — De Lebeuf au P. Prévost. — 14 septembre 1721. . . .	249
87. — De Lebeuf au doyen Fenel. — Auxerre, 17 septembre 1721. .	253
88. — De Lebeuf au P. Prévost. — 21 septembre 1721. . . .	255
89. — De Lebeuf au P. Prévost. — 9 novembre 1721	257
90. — De Lebeuf au P. Prévost. — 18 novembre 1721. . . .	260
91. — Du doyen Fenel à Lebeuf. — 28 décembre 1721. . . .	263
92. — De Lebeuf au P. Prévost. — 6 janvier 1722.	272
93. — De Lebeuf au doyen Fenel. — 13 janvier 1722	274
Note à consulter, jointe par Lebeuf à la lettre précédente .	280
94. — De Lebeuf au doyen Fenel. — 8 février 1722	284
95. — De Lebeuf au P. Prévost. — 8 février 1722.	287
96. — De Lebeuf à D. Martenne. — 10 février 1722.	289

97. — De Lebeuf au P. Chamillard l'aîné. — 10 mars 1722		292
98. — De Lebeuf au P. Du Sollier. — 20 mars 1722.		294
99. — De Lebeuf au P. Prévost. — 24 mars 1722		298
100. — De Lebeuf au P. Prévost. — 7 avril 1722.		304
101. — De Lebeuf au doyen Fenel. — 29 mai 1722		308
102. — De Lebeuf au P. Prévost. — 19 juin 1722.		310
103. — De Lebeuf au P. Prévost. — 28 juin 1722		312
104. — De Lebeuf au doyen Fenel. — 10 juillet 1722.		317
105. — De Lebeuf au P. Prévost, — 26 juillet 1722.		319
106. — De Lebeuf au doyen Fenel. — 2 août 1722		321
107. — De Lebeuf au doyen Fenel. — 14 octobre 1722		322
108. — De Lebeuf au doyen Fenel. — 10 novembre 1722.		324
109. — Du doyen Fenel à Lebeuf. — 14 novembre 1722.		326
110. — De Lebeuf au P. Prévost. — 16 décembre 1722.		329
111. — De Lebeuf au P. Prévost. — 26 décembre 1722		331
112. — De Lebeuf au P. Prévost. — 22 et 27 janvier 1723		333
113. — Du doyen Fenel à Lebeuf. — 6 février 1723		337
114. — De Lebeuf au P. Prévost. — 7 février 1723.		339
115. — De Lebeuf au P. Prévost. — 21 février 1723.		340
116. — De Lebeuf au P. Prévost. — 5 mars 1723		343
117. — De Lebeuf au P. Prévost. — 31 mars 1723		346
118. — Du doyen Fenel à Lebeuf. — 8 avril 1723		350
119. — De Lebeuf au P. Prévost. — 20 avril 1723		352
120. — De Lebeuf au P. Prévost. — 23 avril 1723		353
121. — De Lebeuf au P. Prévost. — 9 juin 1723		359
122. — Du doyen Fenel à Lebeuf. — 4 juillet 1723.		361
123 — De Lebeuf au doyen Fenel. — 28 juillet 1723		362
124. — De Lebeuf au doyen Fenel. — Octobre 1723		364
125. — De Lebeuf à Bouthillier de Chavigny, archevêque de Sens. — 7 novembre 1723.		368
126. — De Lebeuf au P. Prévost. — 19 décembre 1723		369
127. — Du doyen Fenel à Lebeuf. — 24 décembre 1723		373
128. — De Lebeuf au P. Prévost. — 31 janvier 1724.		376
129. — De Lebeuf au doyen Fenel. — 25 mars 1724.		381
130. — Extraits de lettres du doyen Fenel à Lebeuf. — 18 mai 1724		385
131. — De Lebeuf au P. Prévost. — 28 juillet 1724.		387
132. — De Lebeuf à ...... — 6 août 1724		388
133. — De Lebeuf au P. Prévost. — 29 août 1724.		389
134. — De Lebeuf au P. Prévost. — 10 mars et jours suivants 1725.		392
135. — De Lebeuf au doyen Fenel. — 27 mars 1725.		403
136. — De Lebeuf au P. Prévost. — 20 avril 1725.		404
137. — De Lebeuf au doyen Fenel. — 11 mai 1725		416

138. — De Lebeuf à l'abbé Pascal Fenel. — 9 septembre 1725	. . .	419
139. — De Lebeuf à l'abbé Pascal Fenel. — 6 novembre 1725	. . .	421
140. — De Lebeuf au doyen Fenel. — 17 novembre 1725.	. . .	422
141. — De Lebeuf au P. Prévost. — 23 novembre 1725.	. . .	425
142. — De Lebeuf au doyen Fenel. — 2 décembre 1725.	. . .	427
143. — De Lebeuf au P. Prévost. — 12 décembre 1725.	. . .	429
144. — De Lebeuf au doyen Fenel. — 22 et 30 décembre 1725	. . .	431

FIN DE LA TABLE DU TOME PREMIER.

AUXERRE, IMPRIMERIE DE G. PERRIQUET.

PUBLICATIONS DE LA SOCIÉTÉ

DES SCIENCES HISTORIQUES ET NATURELLES
DE L'YONNE.

BULLETIN DE LA SOCIÉTÉ, une livraison par trimestre. — Auxerre, Perriquet. — La collection depuis 1847, dix-neuf volumes in-8°.

BIBLIOTHÈQUE HISTORIQUE DE L'YONNE, ou collection pour servir à l'histoire des différentes contrées qui forment aujourd'hui le département, recueillie et mise en ordre par M. l'abbé Duru, aumônier de l'Asile public d'Aliénés d'Auxerre. Deux volumes in-4°, avec planches. — Auxerre, Perriquet et Rouillé.

CARTULAIRE GÉNÉRAL DE L'YONNE, recueil de Documents authentiques pour servir à l'histoire des pays qui forment ce département, publié sous la direction de M. Quantin, chevalier de la Légion d'honneur, correspondant du Ministère de l'Instruction publique pour les travaux historiques, vice-président de la Société des Sciences de l'Yonne. — Auxerre, Perriquet et Rouillé. Deux volumes in-4°, avec planches.

INSECTES NUISIBLES aux Arbres fruitiers, aux Plantes potagères, aux Céréales et aux Plantes fourragères, à l'Homme, aux Animaux et à l'Économie domestique, par M. Ch. Goureau, colonel du génie en retraite, officier de la Légion d'honneur. — Auxerre, Perriquet et Rouillé; Paris, Victor Masson. Un volume in-8° et trois suppléments.

HISTOIRE NATURELLE DES DIPTÈRES DES ENVIRONS DE PARIS, œuvre posthume du docteur Robineau-Desvoidy, publiée par les soins de sa famille, sous la direction de M. H. Monceaux, membre de la Société entomologique de France, secrétaire de la Société des Sciences de l'Yonne. Deux forts volumes in-8°. — Auxerre, Perriquet; Paris, Victor Masson.

ÉTUDE HISTORIQUE SUR VÉZELAY, par M. Aimé Chérest, vice-président de la Société des Sciences de l'Yonne, in-8°. — Auxerre, Perriquet. — Le premier volume seul est paru; le second paraîtra en 1867.

HISTOIRE DES GUERRES DU CALVINISME ET DE LA LIGUE dans l'Auxerrois, le Sénonais et les autres contrées qui forment aujourd'hui le département de l'Yonne, par M. Challe, officier de la Légion d'honneur, président de la Société des Sciences de l'Yonne. — Auxerre, Perriquet, 2 vol. in-8°.

CATALOGUE RAISONNÉ DES ANIMAUX VERTÉBRÉS qui vivent à l'état sauvage dans le département de l'Yonne, avec la clef des espèces et leur diagnose, par le docteur Paul Bert, professeur de physiologie et de zoologie à la Faculté des Sciences de Bordeaux. — Auxerre, Perriquet; Paris, Victor Masson. 1 vol. in-8°, avec planches.

FLORE DE L'YONNE, catalogue des Plantes croissant naturellement ou soumises à la grande culture dans le département de l'Yonne, par M. E. Ravin, directeur du Jardin Botanique de la ville d'Auxerre, 2e édition, 1 vol. in-8°. — Auxerre, Perriquet, 1866.

www.ingramcontent.com/pod-product-compliance
Lightning Source LLC
Chambersburg PA
CBHW071606230426
43669CB00012B/1841